U0786056

丰顺年鉴

Fengshun Yearbook

2022

丰顺年鉴编纂委员会 编

方志出版社
Publishing House of Local Records

图书在版编目（CIP）数据

丰顺年鉴. 2022 / 丰顺年鉴编纂委员会编. — 北京 : 方志出版社, 2022.10
ISBN 978-7-5144-5341-6

Ⅰ. ①丰… Ⅱ. ①丰… Ⅲ. ①丰顺县－2022－年鉴 Ⅳ. ①Z526.54

中国版本图书馆CIP数据核字(2022)第226201号

丰顺年鉴（2022）

责任编辑：张　健
责任校对：刘玉霞
责任印制：梅中英
出 版 者：方志出版社
地　　址：北京市朝阳区潘家园东里9号（国家方志馆4层）
邮　　编：100021
网　　址：http://www.zgfzcb.cn
发　　行：方志出版社图书营销中心（010-67110500）
印　　刷：揭阳市榕城区榕文印刷厂
开　　本：787毫米×1092毫米　1/16
印　　张：25.5
字　　数：560千字
版　　次：2022年10月第1版
印　　次：2022年10月第1次印刷
定　　价：188.00元

·版权所有　翻印必究·

（如有印装质量问题，请与我社图书营销中心联系）

丰顺年鉴编纂委员会

顾　问： 张志锋

主　任： 罗达祥

副主任： 石远平　谢定雄

委　员： 朱传讯　徐柳明　王象山　陈奕鹏　李逊浩
李　威　李显益　张加钦　王湘阳　张　剑
朱德平　简光瑞　蔡　君　张武珍　陈志国
朱耀辉　罗剑峰　黎新辉　杨愉兆　赖建军
卢科峰　刘震辉　杨永亮　徐名暹　徐德林
王凌凌　王　超

丰顺年鉴编辑室

总　审： 石远平（兼）　谢定雄（兼）

主　编： 简光瑞（兼）

副主编： 曾杏美

编　辑： 张国强　黄喜勤　曾　波　谢定锋　叶铭杰
肖晓春　陈志纯

编 辑 说 明

一、《丰顺年鉴(2022)》（以下简称本年鉴）以马克思列宁主义、毛泽东思想、邓小平理论、“三个代表”重要思想、科学发展观、习近平新时代中国特色社会主义思想为指导，坚持辩证唯物主义和历史唯物主义的立场、观点和方法，主要记述2021年丰顺县的政治、经济、文化和社会发展情况，汇集各行业最具代表性的重要信息，为各级领导决策提供依据，为海内外各界人士、各部门了解与研究丰顺提供服务，同时也为续修《丰顺县志》积累史料。

二、本年鉴设特辑、大事记、概览、中共丰顺县委员会、丰顺县人民代表大会、丰顺县人民政府、中国人民政治协商会议丰顺县委员会、丰顺县纪委监委、民主党派·群众团体、法治、军事、综合管理监督、农业·农村、工业、交通运输、邮政·通信、城乡建设·环境保护、商业贸易、财税·金融、教育、文化 旅游 体育、社会科学、卫生、社会生活、镇（场）、名录、主题索引27个类目，约60万字。为便于检索，不同层次的标题和字体、字号以及版式设计，都有明显的区别，其中条目一级的标题统一用黑体字加【】号表示。

三、本年鉴数字用法、标点符号、计量单位分别执行国家标准《出版物上数字用法》(GB/T 15835 — 2011)、《标点符号用法》(GB/T 15834 — 2011)、《国际单位制及其应用》(GB 3100 — 1993) 和《有关量、单位、符号的一般原则》(GB 3101 — 1993)。

四、本年鉴资料来源于全县各有关单位，并经各组稿单位领导把关，由年鉴编辑室修改、校核，再送总审审定。文中的主要数据由组稿单位提供，但由于统计口径不尽相同，个别数据可能与县统计局公布的不一致，使用时以县统计局公布的数据为准。

五、为保存各部门的人事资料，本年鉴收录相关部门、单位负责人名录。

▲ 2021年1月17日，丰顺县在开发区举行坚真文体中心主体工程封顶仪式（郑坤　摄）

▲ 2021年3月12日，丰顺县党史学习教育动员大会在县会展中心召开（郑坤　摄）

▲ 2021年3月31日，县委理论学习中心组2021年第三次集体学习会在中共丰顺（临时）县委成立旧址丰良镇九龙村永昌居召开　　　（郑坤　摄）

▲ 2021年4月21日，中共丰顺县委推进乡镇体制改革现场会在汤西镇召开　　　（郑坤　摄）

▲ 2021年5月14日，2021年全县农村工作会议暨实施乡村振兴战略现场推进会在县会展中心召开 （郑坤 摄）

▲ 2021年5月19日，2021年梅州日报赴圩节走进龙岗镇暨红色马图第三届茶香节活动在马图村红色文化广场启动 （郑坤 摄）

▲2021年6月3日，梅州市新时代文明实践中心建设工作推进会在丰顺县县城召开 （郑坤 摄）

▲2021年7月1日，市委书记陈敏（左三）、市长张爱军（左二）率队到丰顺县嘉应学院紫琳学院调研项目建设情况 （郑坤 摄）

▲ 2021 年 7 月 14 日，梅州市丰顺县产业项目“三个一批”现场会在广州海珠（丰顺）产业转移工业园召开　（郑坤　摄）

▲ 2021 年 9 月 14 日，县委书记张志锋（前排左三），县委副书记、代县长罗达祥（前排右三）率队到嘉应学院紫琳学院项目现场调研　（郑坤　摄）

▲ 2021 年 10 月 22 日，县委书记张志锋（前排左二），县委副书记、代县长罗达祥（前排左三）到梅州市铭海车业有限公司调研　　（郑坤　摄）

▲ 2021 年 10 月 26 日，中国共产党丰顺县第十四次代表大会在县会展中心开幕　　（郑坤　摄）

▲2021年11月15日，中国人民政治协商会议第十一届丰顺县委员会第一次会议在县会展中心开幕 （郑坤　摄）

▲2021年11月16日，丰顺县第十六届人民代表大会第一次会议在县会展中心开幕 （郑坤　摄）

客潮交融　特色食品

▲ 汤坑炒面线　（卢胜文　摄）

▲ 汤坑面线　（程晓丹　摄）

▲ 汤坑牛肉炒水粄　（卢胜文　摄）

▲ 汤坑婆油豆干之黄豆豆干　（卢胜文　摄）

▲ 汤坑婆油豆干之薯粉豆干　（卢胜文　摄）

▲ 汤坑捆粄　（卢胜文　摄）

▲ 丰顺碗子粄　（卢胜文　摄）

▲ 汤坑牛肉丸　（卢胜文　摄）

客潮交融　特色食品

▲ 汤坑“豆糕粄”
（卢胜文　摄）

▲ 八乡番薯
（八乡山镇党政办提供）

▲ 八乡苦笋　（卢胜文　摄）

▲ 汤南菜粄　（卢胜文　摄）

▲ 汤西、八乡“大猪粄”（酿粄）
（卢胜文　摄）

▲ 汤坑薯粄　（卢胜文　摄）

▲ 丰顺桃粄　（卢胜文　摄）

▲ 汤坑“处叶粄”　（卢胜文　摄）

客潮交融　特色食品

▲ 丰顺豆干角（卢胜文　摄）

▲ 汤坑软粄　（卢胜文　摄）

▲ 丰良盐味粄（卢胜文　摄）

▲ 汤坑火糖猪肉
（卢胜文　摄）

▲ 丰顺猪红咸菜煲
（卢胜文　摄）

▲ 大龙华炒番薯粉条
（大龙华镇党政办提供）

▲ 汤西香芋焖鹅肉　（汤西镇党政办提供）

▲ 马图茶·梅州市非物质文化遗产
（龙岗镇党政办提供）

目　录

特　辑

大事记

概　览

中共丰顺县委员会

丰顺县人民代表大会

丰顺县人民政府

中国人民政治协商会议
丰顺县委员会

丰顺县纪委监委

民主党派·群众团体

法　治

军　事

综合管理监督

农业·农村

城乡建设·环境保护

商业贸易

财税·金融

教　育

文化　旅游　体育

社会科学

卫　生

社会生活

镇（场）

名　录

主题索引

特　辑

在中国共产党丰顺县第十四次代表大会上的讲话（报告）

中共丰顺县委书记　张志锋

（2021年10月26日）

现在，我代表中共丰顺县第十三届委员会向大会作报告。

中国共产党丰顺县第十四次代表大会，是丰顺县在开启全面建设社会主义现代化国家新征程、向第二个百年奋斗目标迈进的关键时期召开的一次十分重要的会议。大会的主题是：高举中国特色社会主义伟大旗帜，坚持以习近平新时代中国特色社会主义思想为指导，团结带领全县广大党员干部群众，乘势而上、接续奋斗，在更高起点上推动丰顺苏区高质量振兴发展，奋力打造生态发展区建设先行示范县、梅州融入沿海经济带建设之星，为全面建设社会主义现代化国家而不懈奋斗！

一、回首过去五年：在全面奔康路上牢记嘱托、感恩奋进

县第十三次党代会以来的五年，是抢抓发展机遇、经受重大考验、取得突出成就的五年。这五年，我们在以习近平同志为核心的党中央坚强领导下，认真贯彻党的十九大和十九届二中、三中、四中、五中全会精神，深入落实习近平总书记对广东系列重要讲话和重要指示批示精神，积极服务融入“双区”“双城”和“两个合作区”建设，紧紧围绕省委“1+1+9”工作部署和市委“123456”思路举措，立足生态发展区定位，紧扣“1333”工作思路和“八个争先”目标任务，大力实施有效投资和产业培育重点工程，全力推进经济社会发展和党的建设，与全国、全省、全市一道高质量打赢精准脱贫攻坚战、同步全面建成小康社会，推动各方面工作迈出坚实步伐、取得重大进展，为“十四五”开好局、起好步奠定了坚实基础。

——这五年，我们讲政治、把方向，思想引领得到新加强。高度重视思想政治建设，把学习习近平新时代中国特色社会主义思想作为第一议题和常设议题，持续推进“两学一做”学习教育常态化制度化，巩固深化“不忘初心、牢记使命”主题教育成果，扎实开展党史学习教育，全县党员干部“四个意识”明显增强、“四个自信”更加坚定、“两个维护”更加自觉。开展大规模宣传宣讲培训，重点抓好党的十九大及十九届二中、三中、四中、五中全会精神等的学习，干部教育培训工作得到加强，党员干部忠诚干净担当的精气神进一步提振。开展多轮次“大学习、深调研、真落实”工作，县领导带头组织重大课题调研，让丰顺苏区高质量振兴发展行动落地见效。

——这五年，我们抢机遇、谋发展，经济实力迈上新台阶。全面贯彻新发展理念，坚持发展是硬道理，坚定不移走生态优先、绿色发展之路，全县经济稳中有进、进中向好。2016—2020年，实现地区生产总值比增13.3%，固定资产投资比增17.6%，社会消费品零售总额比增24.8%。2021年前三季度，实现地区生产总值比增6.1%，规模以上工业总产值、增加值分别比增36%和8.4%，实际利用外资比增62.5%，一般公共预算收入比增7.4%，社会消费品零售总额比增4.1%，金融机构存贷比达60%。一是平台更大。用好对口帮扶政策，积极争取广州海珠区资金、产业支持，加快推进园区建设，海珠（丰顺）产业园2020年获评省四星级服务园区。建成粤东最大最集聚的绿色饲料生产基地。梅州丰顺国际声谷小镇规划展馆和万洋众创城招商中心建成开放。二是项目更多。坚持精准招商、以商招商、产业链招商，深入实施乡贤回乡投资兴业工程，成功引进国际声谷、万洋众创城、十里凤凰、坚真大湖天池等49个重大产业项目。全力服务项目建设，坚真文体中心、韩山场馆建设和双十科技项目落户园区入选十大“梅州速度”。三是产业更兴。大力发展优势主导产业，与中国电子信息行业联合会共建“中国电声之都”，电声产业基地入选国家外贸转型升级基地，电声行业产值在全市县域中率先实现超百亿元。推动文旅、农旅、养旅融合发展，成功创建省全域旅游示范区，留隍镇入选省旅游风情小镇，广东潮客小镇获评省优秀小镇。青恒生物疫苗项目建设加快推进。加快发展现代农业，成功打造茶叶、特色蔬菜2个省级产业园，2个镇23个村获省“一镇一业”“一村一品”认定。2019年入选国家级电子商务进农村综合示范县，打通农村物流配送“最后一千米”。四是创新更强。加大科技创新投入力度，牵头制定省地方标准《扬声器生产工艺规范》，设立研发机构的规模以上工业企业达26家、比例提高到46.4%，实现5亿元以上工业企业研发机构全覆盖，科研经费支出占GDP比重逐年提高。

——这五年，我们抓环境、夯基础，城乡面貌发生新变化。统筹资源要素，加大城乡基础设施建设和人居环境整治力度，以点带面推进城乡各美其美、美美与共。一是城市更美。突出功能完善和品质提升，加快建设宜居宜业宜游的温泉之城，老旧小区改造力度持续加大，高铁丰顺东站及连接线、城区路面沥青化、汶水河人行景观桥、汤西桥至黄埔桥段景观提升等城建项目建成使用、发挥效益。着力打造城市新地标，乡贤捐建近8亿元的坚真文体中心主体基本建成、国际会议中心投入使用。成功创建国家卫生县城，智慧县城创建稳步推进。二是镇村更净。深入实施“百村示范、千村整治”工程和“两美”行动，多措并举提升镇村环境质量。全域推进“三清三拆三整治”，因地制宜打造“四小园”，乡村风貌实现整体提升、更具特色。切实抓好农村垃圾、污水、厕所“三大革命”，镇级污水处理厂全部建成运营，村庄保洁覆盖面和行政村垃圾处理率均达100%，全部行政村达到干净整洁村标准，建成美丽宜居村138个。三是基础更实。全力推进基础设施建设，470.6千米“四好农村路”全面建成，县城堤路建设项目、村村通自来水工程全面完成，12宗总投资8.9亿元的重要江河堤防加固及碧道项目、投资7亿元日产15万立方米的新区供水工程加快建设。落实信息基础设施建设三年行动计划，20户以上自然村实现光纤网络全覆盖，无线高速局域网实现行政村全覆盖，5G网络实现县城重要区域全覆盖。四是生态更优。全面落实“河长制”，加快推进城区截污改造和雨污分流工程建设，国省考2个断面水质持续达标，水环境质量达标率连续四年保持100%，韩江获评“中国最美家乡河”，被省推荐为2022年全国水系连通及水美乡村建设试点县。“林长制”改革、“绿满丰顺”大行动落地见效，森林覆盖率达78.79%，排名全市第三、全省第八，丰良三山村等5个村获评全省首批“国家森林乡村”。

——这五年，我们扩开放、促改革，发展活力实现新提升。深度融入粤港澳大湾区、深圳先行示范区建设，以举办大型活动为窗口持续扩大对外开放，成功举办首届中国梅州国际茶业精英峰会、纪念东江苏维埃政府暨红十一军成立90周年、第四届民族地区文旅产业发展论坛等重大活动，连续举办多届喜德盛杯国际自行车邀请赛和全国山地自行车专业赛等重大赛事，参与打造新发展格局战略支点的步伐进一步加快。全力推进“两高双十”交通项目建设，“双十”项目完成投资35.6亿元、里程276.3千米，梅汕高铁、丰华高速建成通车，大丰高速项目加快推进，206、235国道改造项目全线通车，与“双区”时空距离进一步缩短。深化营商环境综合改革，“数字政府”建设加快推进，“粤政易”“粤省事”“粤商通”使用面不断扩大，五年来减税降费4.33亿元，新增各类企业2057户、个体户12819户，市场活力得到进一步释放。全面完成县党政机构改革、乡镇体制改革、县直经营服务和公益三类事业单位改革，统筹推进政法系统、群团组织等体制改革，下放实施县级权责清单事项1025项，农村集体产权制度改革试点工作全面完成，基层放权赋能得到进一步落实。

——这五年，我们优服务、提质效，民生福祉达到新水平。坚持每年办好十件民生实事，做好普惠性、基础性、兜底性民生建设，人民群众获得感幸福感明显增强。一是脱贫攻坚全面完成。坚决打赢精准脱贫攻坚战，突出产业扶贫、就业扶贫、消费扶贫，建立健全防返贫帮扶机制，全县5253户14451名建档立卡相对贫困人口全面脱贫，61个省定贫困村全部退出，在全市率先实现行政村集体经济年收入全部超过5万元。乡贤企业珠江投资公司、杰出乡贤许应裘和汤西大罗驻村队员钟奕苑分别获评全国脱贫攻坚先进集体和先进个人。二是教育事业加快发展。坚持教育优先发展战略，扎实推进省教育研究院教育现代化实验区建设，顺利完成“县管校聘”改革，成功创建广东省推进教育现代化先进县，中高考成绩连年提升。新改扩建实验中学、实验小学及附属幼儿园等20多间中小学校（幼儿园），新增优质学位10740个。由杰出乡贤朱孟依捐建10亿元以上的嘉应学院紫琳学院建设进展顺利，2022年9月可实现首批招生。三是医疗卫生持续进步。积极创建省卫生强县，大力实施“强基创优”行动计划，县人民医院、妇幼保健院升级改造如期完工，县第二人民医院、中医院搬迁启用，公建民营村卫生站实现全覆盖。成功举办首届中医药传承创新（梅州·留隍）峰会，成功创建全国基层中医药工作先进单位。四是就业形势保持稳定。积极实施“粤菜师傅”“广东技工”“南粤家政”工程，新增城镇就业1.46万人，城镇登记失业率控制在3.5%以内。五是文明创建成效显著。打造新时代文明实践新标杆，新时代文明实践中心建设被确定为全国试点，“五度五化”丰顺模式广泛推广。积极推进文化惠民工程，综合文化服务中心实现行政村全覆盖。扎实开展三级文明联创，成功获评省文明城市，汤西南礤村、砂田黄花村获评全国文明村。六是文化资源高效利用。深入挖掘红色文化和优秀传统文化资源，强化对文化遗迹遗址的保护、开发和利用，八乡山滩良村、龙岗马图村入选省级红色党建示范村，汤南龙上古寨等8个村入选中国传统村落，潭江凤坪畲族村入选全省首批少数民族特色村寨。七是社会保障不断健全。加快构建覆盖全县人口的社会保障体系，基本医疗保险实现全覆盖，基本养老保险覆盖率持续提升，底线民生保障标准稳步提高。“丰顺生态富民”“以茶为媒发展富民产业”“打造中国畲族故里振兴民族乡村”项目分别获评年度全国民生示范工程。

——这五年，我们保安全、护稳定，社会治理展现新成效。坚持统筹发展和安全，突出抓好维护政治安全专项行动和社会矛盾问题专项治理，确保社会大局和谐稳定。一是治理效能不断提升。借鉴新时代“枫桥经验”，深化平安之乡建设，圆满完成“七五”普法，积极防范化解矛盾纠纷，在全省率先连续五年获评“全国信访工作三无县”。落实市域社会治理现代化试点任务，村级“全科网格”不断完善，法治县、法治镇创建通过省评估验收，创建民主法治村实现全覆盖，北斗拾荷村获评全国民主法治示范村，潭江大胜村获评全国乡村治理示范村。二是除恶治乱不断深入。深入开展“六清”行动，巩固对黑恶势力犯罪的压倒性态势，健全遏制黑恶势力滋生蔓延的长效机制，破获涉黑恶案件84宗，打掉恶势力犯罪团伙5个、涉恶团伙37个，查处“保护伞”17名。三是风险防范不断加强。坚决落实过“紧日子”要求，做好政府债务化解工作，推动防控形势总体安全、积极向好。坚定不移打好防范化解重大金融风险攻坚战，“处非”工作年度考核连续四年全市第一。安全生产形势稳定向好，创建省食品安全示范县通过中期评估。四是疫情防控不断强化。坚持人民至上、生命至上，毫不松懈抓好常态化疫情防控，全面落实“四个早”“四集中”，织牢织密立体防控网，实现并保持“零疫情”。疫苗接种工作有序推进，加快构筑全民健康免疫屏障。

——这五年，我们强党建、聚合力，政治生态呈现新气象。全面落实新时代党的建设总要求，坚持以政治建设为统领，全力抓好党的政治建设、思想建设、组织建设、作风建设、纪律建设，推动全面从严治党向纵深发展。严格执行省委“两个维护”十项制度机制，坚决全面彻底肃清李嘉、万庆良恶劣影响。坚决守好意识形态安全“南大门”，落实意识形态工作责任制，全县意识形态安全平稳可控。认真实施加强党的基层组织建设三年行动计划，深入推进“头雁工程”和“党员先锋工程”，整顿软弱涣散村党组织55个，圆满完成两届村级换届工作，从根本上扭转村党组织书记年龄偏大、学历偏低、能力偏弱、“一肩挑”比例偏小的局面。落实新时期好干部标准，坚持德才兼备、以德为先，提拔（重用）科级干部326人，交流科级干部250人，县委选人用人工作和从严管理监督干部好评率连年上升。扎实推进政法队伍教育整顿，政法机关执法司法公信力进一步提升。持续推进正风肃纪反腐，巩固反腐败斗争压倒性胜利，支持县纪委监委立案696件696人，查处违反中央八项规定精神和“四风”问题227起227人。扎实推进监察体制机制改革，成立县监察委员会。探索建立压实乡镇党委主体责任、派驻监督清单量化考核定期通报和案件警示教育等制度，一体推进“三不”机制向纵深发展。按要求组建县委巡察机构，顺利完成十三届县委巡察全覆盖目标，发现并整改问题5196个。在全省率先探索建立巡察质量考核评估机制，得到省纪委监委主要领导的充分肯定。坚决配合十二届省委第六轮巡视及县委书记县长任期经济责任、自然资源资产（任中）审计工作，全面落实巡视、审计反馈问题整改工作，营造了风清气正的良好政治生态。支持人大、政协依法依章程履职，人大建议、政协提案有效落实，人大依法监督、政协民主监督效能不断提升。加快构建大统战工作格局，外事、侨务、台港澳、民族、宗教工作深入开展，工青妇、文联、科协、关工委、老促会、侨联、工商联、残联等团体组织作用得到更好发挥。编制、老干、党史、方志、档案、保密等工作取得新成效。强化党管武装工作，持续巩固军政军民团结，国防动员和“双拥”工作再上新台阶。

五年来取得的成绩来之不易、令人振奋。县第十三次党代会以来取得的所有成绩，最根本在于习近平新时代中国特色社会主义思想的科学指引和党中央的坚强领导，得益于省委的科学部署、市委的重视关心，得益于历届班子接力奋斗和老领导、老同志打下的坚实基础，得益于全县广大党员干部群众的辛勤努力，也离不开驻丰单位、解放军和武警部队官兵的大力支持，离不开海内外乡贤等社会各界人士的鼎力相助。在这里，我代表十三届县委，向所有为丰顺改革发展作出贡献的同志们、朋友们，表示衷心的感谢，并致以崇高的敬意！

五年的奋斗历程，深刻启示我们：必须旗帜鲜明讲政治，高举中国特色社会主义伟大旗帜，坚持正确的政治方向，在思想上政治上行动上始终与党中央保持高度一致；必须坚持以发展为第一要务，坚持工业立县、科技兴县、交通强县，毫不动摇抓好实体经济，加快构建现代产业新体系，全面提升丰顺的综合实力和整体竞争力；必须坚定不移深化改革、扩大开放，从制约发展的条条框框中解放出来，充分释放发展动力和活力；必须坚持以人民为中心的发展思想，多做打基础、利长远、惠民生的实事，让改革发展成果更多更公平惠及人民群众，不断增强人民群众的获得感、幸福感、安全感；必须从严管党治党，深刻总结历史经验教训，突出领导干部这个“关键少数”，从严抓思想教育、抓选人用人、抓正风反腐，保持党的先进性、纯洁性。这些经验十分宝贵，需要倍加珍惜、长期坚持、不断发展。

在总结成绩的同时，我们也清醒地认识到下来工作中还存在不少困难和问题：经济总量偏小，财力薄弱、收支矛盾突出问题尚未根本解决；产业结构单一、辐射带动能力弱，新兴产业和先进制造业仍处于发展起步阶段；南北部发展不平衡、不协调，交通和城镇建设任务重，民生社会事业与人民群众日益增长的期望值仍有差距；要素保障力度不足，在碳达峰、碳中和形势下，项目建设受到用地指标、环境容量、节能减排等制约；作风建设需要进一步加强，少数党员干部精神懈怠，不作为、不担当现象时有发生；全面从严治党存在薄弱环节，形式主义、官僚主义有新表现，消极腐败现象在某些领域依然存在。以上问题和挑战，我们必须高度重视、勇于面对，采取有力措施，切实加以解决。

二、展望未来五年：在新征程中乘势而上、接续奋斗

习近平总书记在庆祝中国共产党成立100周年大会上，系统总结了建党100周年以来的非凡成就、宝贵经验，提出以史为鉴、开创未来的“九个必须”，这是我们做好今后五年工作的根本遵循。全县各级党组织和广大党员干部要胸怀“两个大局”，切实把学习贯彻落实习近平总书记“七一”重要讲话和对广东系列重要讲话、重要指示批示精神作为当前和今后一个时期的首要政治任务，把智慧和力量凝聚到党中央决策部署和省委、市委工作安排上来，坚持辩证思维，把握主要矛盾和矛盾的主要方面，抢抓发展机遇，不断把丰顺苏区高质量振兴发展事业推向前进。

今后五年，是我国实现第一个百年奋斗目标之后，乘势而上向着第二个百年奋斗目标进军的第一个五年，也是丰顺经济社会跨越赶超、高质量发展的关键五年。放眼全球，新冠肺炎疫情激化了世界百年未有之大变局，“逆全球化”浪潮有所抬头，国际环境错综复杂，不确定性、不稳定性明显增加，但中国日益走近世界舞台中央，崛起之势不可阻挡。纵观全国，进入新发展阶段明确了我国发展的历史方位，贯彻新发展理念明确了我国现代化建设的指导原则，构建新发展格局明确了我国经济现代化的路径选择。环顾全省，省委围绕落实习近平总书记赋予广东的使命任务，深入实施“1+1+9”工作部署，统筹推进常态化疫情防控和经济社会发展，顺利开启了全面建设社会主义现代化新征程。聚焦全市，市委提出围绕建设现代化，深化实施“123456”思路举措，打造生态经济发展新标杆，建设生态发展区先行示范市，为广东在新征程中走在全国前列、创造新的辉煌贡献梅州力量。立足丰顺，我们有优越的交通区位、有突出的生态优势、有特色的产业经济、有众多的热心乡贤，我们要展丰顺所长、扬自身优势，赛龙夺锦、勇当高质量发展先锋。全县各级党组织和广大党员干部要坚持正确大局观，从表象中发现本质，把握时代脉搏、认清长远趋势，在全国全省全市大局中找准丰顺机遇，因势利导、顺势而为，成为勇立潮头推动改革发展再出发的弄潮儿，勇担新时代历史使命的排头兵。

今后五年全县工作的指导思想是：高举中国特色社会主义伟大旗帜，坚持以习近平新时代中国特色社会主义思想为指导，深入贯彻党的十九大和十九届二中、三中、四中、五中全会精神，贯彻落实省委“1+1+9”工作部署和市委“123456”

思路举措，抢抓“双区”建设、“双城”联动、“两个合作区”建设、进一步推动老区苏区振兴发展、高质量加快构建“一核一带一区”区域发展格局等重大机遇，坚持稳中求进工作总基调，科学把握新发展阶段，完整、准确、全面贯彻新发展理念，加快融入新发展格局，以推动高质量发展为主题，以深化供给侧结构性改革为主线，以改革创新为根本动力，以满足人民日益增长的美好生活需要为根本目的，坚持系统观念，更好统筹发展和安全，优化“1333”和“八个争先”思路举措，落实好常态化疫情防控工作，全力实施有效投资和产业培育重点工程，加快建设现代化经济体系，推进乡村全面振兴、基层高效治理、城乡融合发展，建设“四宜”城市范例，打造生态发展区建设先行示范县和梅州融入沿海经济带建设之星，奋力推动丰顺苏区高质量振兴发展，为全面建设社会主义现代化国家而不懈奋斗。

今后五年全县工作的奋斗目标是：

——经济发展取得明显成效。经济保持中高速增长，综合经济实力明显增强，至2025年全县生产总值年均增长8%左右，人均生产总值突破3.4万元、年均增长8%以上，一般公共预算收入年均增长8%以上，一、二、三产业结构进一步优化。

——改革开放迈出坚实步伐。市场活力、社会活力充分激发，产权制度改革和要素市场化配置改革取得良好成效，公平竞争制度更加健全，营商环境水平进入全市前列，服务融入“双区”“双城”“两个合作区”建设的体制机制更加完善。

——文明建设达到更高水平。社会主义核心价值观更加深入人心，公共文化服务体系更加健全，人民精神文化生活日益丰富，优秀客潮传统文化和红色革命文化影响力进一步提升，文化软实力明显增强，文化自信更加坚定。

——生态环境获得更好保护。国土空间开发保护格局得到优化，能源资源配置更加合理，空气质量优良率、森林覆盖率、流域水质稳步提升，主要污染物排放总量持续减少，生态安全屏障更加牢固，城乡人居环境更加优美。

——民生事业实现蓬勃发展。城乡居民人均可支配收入与经济增长基本同步，就业、教育、医疗、社保、住房等重点民生持续改善，基本公共服务均等化水平明显提高，社会保障体系更加完善，人民对美好生活的向往得到更大程度满足。

——治理效能得到综合提升。依法治县迈出坚实步伐，平安丰顺建设全面深化，基层治理水平明显提高，防范化解重大风险体制机制不断健全，重大突发公共事件应急能力和防灾减灾抗灾救灾能力明显增强。

今后五年，我们要重点抓好以下八项工作，以“八个聚焦”，推动“八个提质”：

（一）聚焦激发创新活力，推动深化改革、扩大开放稳步提质。借鉴“双区”“双城”“两个合作区”改革开放经验，深化简政放权、完善市场机制、释放改革红利，及时将制度创新成果转化为发展实效。一要突出改革重点。坚持问题导向、聚焦重点环节，深入推进县党政机构、乡镇体制、事业单位改革，以及乡村振兴综合改革、新型农村集体经济专项改革、营商环境综合改革、市域社会治理现代化等重点领域和关键环节改革，形成一批可复制可推广的制度创新成果。加强改革整体推进和督促落实，提高改革综合效能。二要强化科技创新。深入实施创新驱动发展战略，健全政府投入为主、社会多渠道投入机制，提高全社会研发支出占生产总值比重，推动更多科技成果转化为现实生产力。加强与工信部电子五所等科研院校的战略合作，强化企业创新主体地位，努力实现省级实验室和研发中心零的突破。坚决落实好支持科技创新政策，健全人才评价、流动、激励机制，搭建更多创新创业和科研技术交流平台，吸引各类优秀人才扎根丰顺、建功立业。三要激发市场活力。结合县情实际，深化国资国企改革，找准突破口、提升竞争力、打造新引擎，做大做强公有资本和公有企业。持续培育壮大市场主体，优化民营经济发展环境，大力推进土地、技术、数据等要素市场化配置改革，降低企业制度性交易成本，落细落实各项惠企政策，促进非公有制经济健康发展和非公有制经济人士健康成长。全力抓住当前资本市场改革发展的重大机遇，深入支持企业利用资本市场加快发展，力争5年内培育3—5家本地有实力的企业成功上市。四要转变政府职能。以“丰顺服务，天天进步”宗旨，深入推进简政放权、放管结合、优化服务，加快“数字政府”建设，深化政务公开，全面推行“不见面”审批，健全行业部门数据共享机制，推进政务服务标准化、规范化、便利化。积极构建“亲清”新型政商关系，敢于善于跟企业家交朋友，深入开展“双月”沟通等暖企行动，努力为企业搭舞台、送服务、解难题，进一步营造崇商重企的浓厚氛围。五要扩大对外开放。强化大局观念和机遇意识，全力服务融入粤港澳大湾区、深圳先行示范区、横琴前海两个合作区。借力海内外客属潮属团体、商会等平台，加强与大湾区、海西区、“一带一路”沿线国家和地区的务实合作，促进共同发展。加强人文交流，利用海内外杰出乡贤众多的优势，引导他们积极参与丰顺建设。

（二）聚焦打造“四宜”城市，推动设施建设、城市管理稳步提质。推进以人为核心的新型城镇化，抓好县城品质提升工程，坚持按“高起点规划、高标准建设、滚动发展”理念推进城市发展，打造宜居宜业宜游宜乐城市范例。一要完善现代交通网络。抢抓我省建设交通强省重大机遇，高水平推进交通基础设施建设，加快构建内外高效联通的交通运输网络，不断提升交通智慧化绿色化发展水平。全力配合梅汕高速扩建和大丰、梅潮、丰揭等高速规划建设，以及韩江航道升级建设，重点推进国省道、跨市跨县道路、县乡公路建设，抓好县城大外环、汤留快速干线前期工作，力争2021年通过“四好农村路”省级示范县验收、三年内建成国家级示范县，以交通效率提升发展效益。二要推进城市提质扩容。通过补短板、扩规模、提品位，让城市更精美、更舒适、更和谐。大力完善城区基础设施，加快推进坚真文体中心、新区供水一期建设，确保2022年6月前建成运行。实施城市更新行动，加快老旧小区、历史名镇名街改造和社区建设，全面完成雨污分流建设。以黄埔大桥新建高架桥和罗湖桥扩宽项目建设为重点，大力实施市政路网畅通工程，完善城市“微循环”。深入实施榕江北河“百里碧道”示范工程和堤路改造建设，全面提升一河两岸滨水景观，加快打造“百里榕江画廊”。依托高铁丰顺东站和紫琳学院建设，拓宽城市发展空间，加快城市提质扩容步伐。三要提升城市管理水平。创新城市管理理念，理顺城市管理体制，深入开展市容卫生、市场秩序、交通秩序、小区管理等综合整治行动，着力增强城市功能、破解管理难题，用“绣花”功夫管好城市，不断提升城市管理精细化、标准化、网格化水平。坚持科技赋能，打造新型智慧城市，有序推进智慧建设、智慧小镇（社区）、智慧政务、智慧康养、智慧医疗、智慧教育等领域项目建设，力争3年取得显著成效、5年展现重大成果。

（三）聚焦壮大实体经济，推动项目引进、产业发展稳步提质。坚持以发展为第一要务，毫不动摇抓实体经济，夯实项目基础、延伸产业链条、优化产业结构、加快转型升级，促进全县经济发展总量、质量和效益同步提升。一要打造重大发展平台。创新完善产业共建机制，努力把海珠（丰顺）产业园建成产业转移示范园区，力争至2025年培育若干个产值超50亿元的企业和上百亿元的产业。统筹推进产业园二期扩园和茶背产业园建设。加快推进梅州丰顺国际声谷小镇项目建设，围绕“产业孵化、招商服务、人才配套”三大功能，着力打造以智能电声终端研发为特色的人工智能产业高地。高水平建设万洋众创城，广聚明星企业、优质项目入园投产，着力打造粤东西北地区制造业集聚平台建设运营的标杆项目。二要做强做大主导产业。以创新驱动为抓手，进一步发挥培英、泰昌、万圣等电声龙头企业带动作用，抓好电声产业配套园建设，加快电子电声产业转型升级，推动电子电声产业迈向中高端、做成大产业，打造名副其实的“中国电声之都”。积极探索与大型国企合作，加快钢铁产业转型升级、提质增效步伐，努力实现高质量发展。推动绿色饲料园扩能增效，加快构建生产管理先进、产品优质安全、资源高效利用的现代饲料生产经营体系。加强以商招商、提升产业集聚效益，依托立讯精密、双十科技等先进制造业项目落户，推动产业扩能强链、科技创新补链、园区招商扩链、服务配套延链，引进更多高新技术型企业，培育壮大智能制造产业。三要创新发展战略性新兴产业。大力推动科研成果转化落地，支持新南方发展南药产业、青恒生物发展疫苗产业，促进中医药和生物制药创新发展。加快5G通信、工业互联网、物联网建设，促进互联网、大数据、人工智能与不同产业深度融合，发展数字经济、赋能高质量发展。要围绕提升中小企业创新能力和专业化水平目标，通过梯度培育、强化创新、精准服务，鼓励引导广大中小微企业“专精特新”发展。四要加快发展文旅产业。擦亮“中国温泉之城”“中国长寿之乡”名片，充分发挥温泉、生态、文化等资源优势，推动文旅、农旅、养旅、体旅深度融合，全方位提升旅游产业竞争力，打造高品质全域旅游目的地。加快建设隬隍国家级旅游度假区、八乡山五星级旅游名镇，支持韩山、八乡山大峡谷创建国家AAAA级景区，扎实推进隬隍潮客小镇、坚真大湖天池、韩山茶镇、大宝山等重大项目建设，力争两年内成功创建国家级全域旅游示范区。做大做强自行车赛事品牌，积极举办各类体育赛事活动，大力发展体育产业，推动“体育+”融合发展。五要壮大特色现代农业。深入推进农业结构调整，推动品种培优、品质提升、品牌打造和标准化生产，做优做强茶叶、食用菌、青榄、红薯、金柚等特色种植业，积极发展林下经济和林业产业。全面对接服务大湾区和“两个合作区”需求市场，抓好以代米生物为主体的特色蔬菜产业园、天业冷链物流产业园和韩山泉等项目建设，以“五子登科”让农业焕发新活力。依托穗丰、裕丰、瑞马奇、汤南小菜等龙头企业，培育引进优质粮油食品研发加工与储备项目，加快实施粮油食品产业集聚基地规划建设。

（四）聚焦乡村全面振兴，推动城乡融合、联动发展稳步提质。坚持农业农村优先发展，借力各方面帮扶力量，激发乡村振兴内生动力，突出抓好“九大攻坚行动”，力争到2025年，全县农业现代化取得重大进展，农村生活设施便利化基本实现，乡村建设行动取得明显成效。一要大力巩固脱贫攻坚成果。以驻镇帮镇扶村工作为抓手，全力推进“千企帮千镇、万企兴万村”行动，支持符合条件的企业参与乡村建设服务项目，让组团式帮扶发挥最大效益。用好用足“过渡期”政策，加强扶贫项目资金资产管理和监督，健全防止返贫监测机制，夯实乡村振兴基础。二要大力发展农村经济。依托乡村特色优势资源，构建现代乡村产业体系，让农民更多分享产业增值收益。扎实推进“一村一品、一镇一业、一县多园”建设，鼓励各镇村因地制宜发展特色产业，加快推进茶叶、特色蔬菜2个省级产业园提档升级。深入推进国家级电子商务进农村综合示范县建设，充分发挥新型农业经营主体联农带农作用，促进农民收入和农村消费双提升。加强农村集体“三资”管理，多渠道筹集资金发展光伏发电等绿色产业项目，确保2023年行政村集体经济年收入均达到10万元以上。三要大力建设美丽圩镇。统筹城镇规划、建设、管理，加快推进县城和圩镇联动发展，重点抓好汤坑镇和汤南、汤西、埔寨、北斗等附城乡镇建设，破解城乡融合发展堵点。支持指导各镇实施美丽圩镇建设，扩展圩镇建设空间，提升圩镇基本公共服务和建设管理水平，把圩镇建设成为服务农民的区域中心，在城乡融合发展中振兴乡村，推动镇村同建同治同美。四要大力实施乡村建设行动。深入推进生态宜居美丽乡村建设，以汤坑两区三村、留隍五村连片、砂田六村连片、汤南新楼村、汤西新岭村等示范项目为节点，串珠成链带动周边和沿线村庄打造高品质美丽乡村示范带，提升全域乡村建设水平，确保2025年80%以上的行政村达到美丽宜居村标准。全面提升村庄规划实用性，加强乱占耕地建房治理，抓好农房管控和风貌提升，鼓励各镇村打造地域特色鲜明的乡村风貌品牌。实施农村人居环境整治提升五年行动，健全农村生活垃圾处理、污水治理和厕所管理长效机制。实施优质普惠的农村水利保障工程，完成农村集中供水全覆盖任务，让农民喝水更放心。推进新一轮垦造水田和高标准农田建设，确保粮食播种面积只增不减，切实保障粮食安全。强化金融支农服务和创新，撬动更多社会资金投入乡村振兴。

（五）聚焦实现绿色发展，推动污染防治、生态保护稳步提质。牢固树立绿水青山就是金山银山理念，坚定不移走生态优先、绿色发展之路，推动实现碳达峰目标走在全市前列，积极打造碳达峰、碳中和先锋县。一要狠抓污染防治。巩固扩大污染防治攻坚成果，坚持精准治污、科学治污、依法治污，紧盯老百姓身边的突出生态环境问题，重点抓好治气、治水、治土、治固废，推进生活垃圾分类，加快补齐城乡环保基础设施短板，严格落实中央、省生态环境保护督察整改工作，坚决守护丰顺碧水、蓝天、净土。二要狠抓系统治理。坚持从生态系统整体性出发，全力配合做好韩江中上游（原中央苏区）山水林田湖草沙一体化保护和修复工程项目，积极推进全国水系连通及水美乡村试点县项目建设，带动全域水生态修复与治理、中小河流治理、碧道建设，强化“河长制”管理，进一步构筑生态安全屏障。深入开展“绿满丰顺”大行动，推进国家储备林建设，全面推行“林长制”，不断提升森林资源培育和管护水平。规范矿产资源管理，推进矿山生态修复，切实做好损毁土地复垦工作。三要狠抓低碳发展。坚持把发展建立在资源高效利用和绿色低碳的基础之上，推动减污降碳协同增效。强化国土空间规划和用途管控，科学规划城镇、农业、生态空间和生态保护红线、永久基本农田、城镇开发边界“三区三线”。积极探索与先进地区开展林业碳汇交易、生态产品投融资、碳资产抵（质）押贷款和森林资源资产证券化等方面的务实合作，推进林业一、二、三产业融合创新发展。推行绿色清洁生产，推动园区循环化改造。倡导简约适度、绿色低碳、文明健康的生活方式和消费模式，开展绿色生活创建活动。

（六）聚焦传承苏区精神，推动文化建设、文明发展稳步提质。围绕举旗帜、聚民心、育新人、兴文化、展形象的使命任务，全面加强社会主义精神文明建设，提升文化软实力和社会文明程度，加快建设新时代文化强县。一要用好苏区红色资源。传承苏区精神，赓续红色血脉，结合新的时代要求赋予苏区文化、苏区精神新的时代内涵。要弘扬李坚真精神，激励每位党员干部争当“坚真大姐式的好干部”，把坚真大姐等先辈的革命精神传承下去。加强爱国主义教育基地建设，积极推动坚真纪念馆申报国家级基地。加大东江苏维埃政府和红十一军成立、红四军进驻马图、汤坑战役、丰良九龙、大龙华宝田庐革命旧址群等红色遗址遗迹开发保护利用力度，打造一批红色旅游精品线路和红色教育教学圈。二要弘扬优秀传统文化。充分挖掘历史文化资源，加强埔寨火龙、黄金迎灯、砂田菜花灯、丰良山歌等非物质文化遗产的保护与传承。传承好畲族特色文化，支持凤坪畲族村打造“中国畲族故里”和国家级少数民族特色村寨。活化利用种王上围、建桥围等传统古村落，保护修缮蓝田书院、绍阳书室等古建筑，以及丁日昌、李坚真、李国平等名人故居和他信英拉祖居，擦亮历史文化名片。三要提高社会文明程度。深入实施习近平新时代中国特色社会主义思想传播工程，积极践行社会主义核心价值观，持续开展市民文明素养提升行动。巩固拓展新时代文明实践中心建设全国试点成果，丰富发展新时代文明实践内涵，稳步提高市民文明素质和社会文明程度。深入推进县镇村“三级文明联创”，坚持系统创文、惠民创文、常态创文，扎实开展“五大创建”，强化先进典型示范引领，努力在三年内获得创建全国文明城市提名资格，力争六年内创建成功。四要提升公共文化服务水平。以满足群众多样化、多层次的精神文化需求为导向，实施文艺作品质量提升工程，加强现实题材创作生产，推出一批弘扬苏区精神、反映时代风采的文艺精品。创新实施文化惠民工程，健全三级公共文化设施网络，推动公共文化数字化建设，多渠道开展“文化下基层”活动，不断丰富基层群众的精神文化生活。

（七）聚焦创造美好生活，推动民生福祉、公益事业稳步提质。坚持以人民为中心，始终把保障和改善民生放在经济社会发展的突出位置上，认真落实民生实事项目人大代表票决制，全力办好民生实事，提升人民生活品质，推进共同富裕，不断增强人民群众获得感、幸福感、安全感。一要强化就业优先政策。坚持经济发展就业导向，高质量推进“粤菜师傅”“广东技工”“南粤家政”三项工程，加快实施“农村电商”“乡村工匠”“高素质农民培育”重点工程，千方百计扩大就业容量，确保完成城镇新增就业、城镇登记失业率控制目标任务。健全就业公共服务体系，支持和规范发展新就业形态，保障劳动者待遇和权益，推动实现更加充分更高质量就业。二要推动教育振兴发展。努力办好人民满意的教育，落实“双减”政策，推动学前教育普惠发展、义务教育均衡发展、普高教育提质发展、职业教育现代发展、特殊教育延伸发展，加快建设广东省教育研究院教育现代化实验区。加快推进乡贤捐建规模超1万个学位、从幼儿园到高中的紫琳学院附属学校和韩江学校建设，全力做好汤南中心小学、丰顺一中迁建工作。扎实推进嘉应学院紫琳学院建设，确保明年9月首批招生。三要深化健康丰顺行动。加快建设省卫生强县，力争三年左右时间推动县人民医院成功创建“三甲”医院，统筹抓好县级医院在建工程建设，提升乡镇卫生院基本医疗服务能力。推进疾病预防控制体系改革，完善突发公共卫生事件监测预警处置机制，提高应对突发公共卫生事件能力。传承发展中医药事业，巩固全国基层中医药工作先进单位创建成果，不断提升中医药服务能力水平。抓好国家生育政策及配套支持措施落实，促进人口长期均衡发展。深入开展全民健身运动，不断增强人民体质。四要健全社会保障体系。深入实施全民参保计划，全面落实养老保险、医疗保险、失业和工伤保险制度，提升社会保障能力。积极应对人口老龄化，加大养老服务设施建设力度，推动养老事业和养老产业协调发展。加强对困难群众和特殊群体的关爱帮扶，稳步提高城乡低保、特困人员供养和医疗救助标准，完善基本民生保障兜底机制。

（八）聚焦统筹发展安全，推动风险防控、社会治理稳步提质。坚持国家总体安全观，落细落小防风险、保安全、护稳定各项措施，把安全发展贯穿于经济社会发展各领域全过程，努力把丰顺建设成为最安全稳定、最公平公正、法治环境最好的地区之一。一要守护国家安全。严格落实国家安全责任制，建立健全国家安全风险研判、防控协同、防范化解机制，加强国家安全执法，坚定维护国家政权安全、制度安全、意识形态安全，加大国家安全宣传教育力度，筑牢国家安全人民防线。二要确保经济安全。树立长期过“紧日子”思想，坚持每月研究财政预算收支情况，培养财源、扩大税源。加强经济安全风险预警和防控机制建设，积极稳妥处理好债务问题，切实防范化解金融风险。坚决落实国家能耗双控政策，淘汰落后产能，提高企业抗风险能力。三要保障生命安全。慎终如始抓好常态化疫情防控工作，有力有序推进疫苗接种，筑牢全民免疫屏障，持续巩固“零疫情”成果。完善和落实安全生产责任制，压实企业主体责任，加强安全生产监管执法，坚决遏制危险化学品、矿山、建筑施工、交通运输等行业领域较大以上安全事故发生。完善应急管理体系，加强洪涝干旱、森林火灾、地质灾害等自然灾害防御工程和重要物资储备设施建设，提高防灾、减灾、抗灾、救灾水平。四要维护社会稳定。坚持和发展新时代“枫桥经验”，全面完成市域社会治理现代化试点任务，落实好“八五”普法工作，加快构建社会矛盾综合治理机制。推动扫黑除恶常态化，严防发生各类治安、刑事恶性案件和个人极端暴力事件，坚决打击电信网络新型违法犯罪，努力建设平安之乡、法治丰顺、和顺之城。

三、立足新的起点：关键在于全面加强党的领导和党的建设

实现今后五年发展目标，关键在党、

关键在人，必须更加坚定自觉地坚持和加强党对社会主义现代化建设的全面领导，把全县各级党组织锻造得更加坚强有力，更好地团结带领广大党员干部群众推动丰顺苏区高质量振兴发展。

（一）坚持把“两个维护”落实到苏区振兴的全过程、各方面。始终把党的政治建设摆在首位，把准政治方向、夯实政治根基、涵养政治生态，切实担负起党和人民赋予的光荣使命。严守政治纪律和政治规矩，巩固提升坚决全面彻底肃清李嘉、万庆良恶劣影响成果，在思想上、政治上、行动上同以习近平同志为核心的党中央保持高度一致。强化“两个维护”制度机制，坚决按照习近平总书记、党中央决策部署和省委、市委工作要求谋划推动丰顺发展，用工作体现忠诚老实，用发展体现担当负责，用解决问题体现落实成效，以“赶考”的清醒答好新时代丰顺答卷。

（二）坚持用党的创新理论武装头脑、指导实践、推动工作。坚持思想建党、理论强党，将党的先进理论转化为推进改革发展稳定和党的建设各项工作的实际行动。把学习贯彻总书记思想作为头等大事，全面落实第一议题、常设议题制度，深入学习贯彻习近平总书记“七一”重要讲话和对广东系列重要讲话、重要指示批示精神，系统学习习近平治国理政新理念新思想新战略，切实强化理论武装、筑牢思想根基，进一步增强“四个意识”、坚定“四个自信”、做到“两个维护”，不断提高政治判断力、政治领悟力、政治执行力。深入开展党史学习教育，弘扬伟大建党精神，从中汲取迈进新征程、奋进新时代的强大力量。持续深化“大学习、深调研、真落实”，将贯彻落实总书记思想同抓好当前最紧迫最重要的工作紧密结合起来，统筹抓好疫情防控、经济发展、乡村振兴、环境保护、基层治理、安全生产等重点工作，确保总书记思想在丰顺大地落地生根、结出硕果。

（三）坚持推动基层党组织全域提升、全面进步、全面过硬。认真贯彻组织工作条例，一年一主题、一步一台阶，实施好新一轮加强党的基层组织建设三年行动计划，全力打造坚强战斗堡垒。巩固农村基层党组织领导地位，深入实施抓党建促乡村振兴政策，持续整顿软弱涣散基层党组织。高质量推动机关党的建设，开展新一轮模范机关和基层党建示范点创建活动，推动机关党建和中心工作有机融合。强化机关企事业单位党的领导，提高“两新”组织党建质量，推动党组织从“有形覆盖”到“有效覆盖”转变。完善县镇村三级党员干部联系服务群众网络体系，深入开展结对帮扶、联系联建活动，引导广大党员更好地组织群众、宣传群众、凝聚群众、服务群众，切实解决好基层群众的急难愁盼问题。

（四）坚持以新时代好干部标准选优配强各级领导班子。把新时代好干部标准落到实处，严把干部选拔任用的政治关、能力关、廉洁关，全力锻造忠诚干净担当的各级领导班子。认真履行“办党校、管党校、建党校”主体责任，完善县镇党校硬件设施建设，更大力度推进党员干部大学习、大培训。严格实行“全科网格”管理，压实县镇村挂钩干部责任，为干部干事创业提供平台，锻造想干事、能干事、干成事的干部队伍。注重在基层一线和重要工作、重点项目一线培养锤炼干部，让各级干部增强“八项本领”、提升“七种能力”，练就担当负责的硬脊梁、铁肩膀、真胆识。建立健全干部考核机制，用好职级并行制度，推动形成能者上、优者奖、庸者下、劣者汰的正确导向。坚持党管人才原则，大力培育各类高层次、创新型人才，引进急需紧缺人才，为丰顺高质量发展提供坚强的人才支撑。

（五）坚持党的领导、人民当家作主、依法治国有机统一。推动丰顺苏区实现高质量振兴发展，必须坚持党的绝对领导，充分调动一切积极因素，团结一切可以团结的力量。要加强和改进新时代人大工作，支持人大及其常委会依法行使职权、开展工作，指导和督促“一府一委两院”自觉接受人大监督，不断发展全过程人民民主。要坚决落实中国共产党领导的多党合作和政治协商制度，支持开展协商议政和民主监督，把人民政协制度优势更好转化为治理效能。要不断完善大统战工作格局，做好外事、侨务、台港澳、民族、宗教工作，巩固和发展最广泛的爱国统一战线。要发挥工会、共青团、妇联、关工委、老促会、文联、科协、侨联、工商联、残联等人民团体作用，把各自联系的群众紧紧凝聚在党的周围，成为推动党和人民事业进步的先锋力量。要扎实推进编制、老干、党史、方志、档案、保密等工作提质增效。要进一步强化党管武装工作，密切军政军民关系，发挥好双拥工作和军民共建的重要作用，加强国防后备力量建设。

（六）坚持把新时代全面从严治党引向深入。走好新时代的长征路，必须坚定不移贯彻全面从严治党方针，做到态度不变、决心不减、尺度不松。要以强有力的政治监督，确保党中央重大决策部署和省委、市委工作要求贯彻落实到位。要坚持严的主基调不动摇，坚定不移推进反腐败斗争，推进“四项监督”贯通融合，推动党内监督和人大、民主、行政、司法、审计、统计、舆论等各类监督有机结合，努力实现不敢腐、不能腐、不想腐一体推进战略目标。要毫不松懈纠治“四风”，严格落实中央八项规定精神，对形式主义、官僚主义全面检视、靶向纠治，持续为基层松绑减负。要坚持严管厚爱相结合、激励约束并重，落实“三个区分开来”，用好监督执纪“四种形态”，旗帜鲜明为担当者担当、为负责者负责，充分激发干部干事创业的内生动力。

同志们！盛世伟业，苏区上下鼓角齐鸣；路远任重，百年梦想照亮征程。丰顺人民一直拥有自强不息、勇往直前的精神禀赋，只要我们践行初心、勇担使命、接续奋斗，我们的目标就一定能够实现！让我们更加紧密地团结在以习近平同志为核心的党中央周围，高举中国特色社会主义伟大旗帜，以一往无前的奋斗姿态、风雨无阻的精神状态，在更高起点上推动丰顺苏区高质量振兴发展，为全面建设社会主义现代化国家而不懈奋斗！

政府工作报告

——2022年2月18日在丰顺县第十六届人民代表大会第二次会议上

丰顺县人民政府县长　罗达祥

各位代表：

现在，我代表县人民政府向大会报告政府工作，请予审议，并请政协委员和其他列席人员提出意见。

一、2021年工作回顾

2021年是建党一百周年，也是“十四五”规划和第二个百年奋斗目标开局起步之年。我们坚持以习近平新时代中国特色社会主义思想为指导，深入学习贯彻党的十九大和十九届历次全会精神，认真贯彻党中央、国务院决策部署，坚决落实省、市和县委工作要求，在县人大及其常委会、县政协的监督支持下，坚定不移推动高质量发展，以新担当新作为努力实现“十四五”开好局起好步。

一是综合实力有新的提升。全县地区生产总值118.7亿元，增长2.3%；规模以上工业增加值12.7亿元，增长5.4%；一般公共预算收入7.9亿元，增长7.6%；固定资产投资下降29%；社会消费品零售总额增长0.7%。全县农业总产值47.5亿元、增长7.5%。加大技改投资和增资扩产，新增规模以上企业14家、“专精特新”企业2家。园区能级不断提高，建成海珠路、工业大道、园区大道，新签入园企业10家，3个项目竣工投产，实现产值55.1亿元。建成万洋众创城厂房10万平方米，标准厂房（一期）10万平方米成功封顶。

二是发展动能有新的增强。推进“放管服”改革和数字政府建设，“粤智助”实现全市首批全覆盖。企业开办和工程建设审批实现“一网通办”，“照、章、税”实现“一窗通取”，新增各类市场主体3500户。实现高频事项“省内通办”222项、“跨省通办”79项。坚持创新驱动发展，新增市级工程技术研发中心2家、高新技术企业4家，组建广东省科学院梅州产业技术研究院“丰顺产业创新服务中心”。全年成功签约23个项目，投资总额72.5亿元，其中超10亿元项目1个，超额完成市下达招商任务。

三是乡村振兴有新的进展。全面开展驻镇帮镇扶村工作，深入实施“九大攻坚”行动，制定出台农房管控和乡村风貌提升、农村人居环境整治项目考核等办法。特色蔬菜产业园入选2021年省级特色农业产业园，获省补助资金5000万元。成功申报2022年全国水系连通及水美乡村试点县，获中央补助资金1.2亿元。农村集中供水基本实现全覆盖，农村无害化卫生户厕普及率100%。新建高标准农田1153.33公顷，新增垦造水田55.6公顷，复耕复种撂荒耕地88.2公顷。粮食播种面积2.29万公顷，总产量16.3万吨，实现“双增长”。广东供销放心农产品直供配送丰顺县子平台投入运营。

四是城乡面貌有新变化。坚真文体中心、嘉应学院紫琳学院、新区供水工程等一批城市提质项目有序推进。完成榕江北河左岸堤路、新世纪国有农贸市场改造、新城区沿江路雨污分流等一批城市更新项目。丰华高速建成通车，完成206国道、226省道等一批路面升级改造和中小河流治理、碧道项目等一批水利工程。全力抓好中央生态环境保护督察整改，开展河湖“清四乱”行动，韩江、榕江北河国考断面水质达到上级考核要求。科学实施应急抗旱保供水工程建设，群众饮用水安全更有保障。206国道交通秩序专项整治工作扎实，道路设施更整洁、群众出行更安全。天然气“县县通”工程全市首个开工。开通运营171个5G基站，实现县城、工业园全覆盖。启动城乡生活垃圾转运一体化PPP项目建设。如期完成省市民生实事12个农村生活污水治理设施建设。

五是民生事业有新的进步。坚持把八成以上财力用于民生，办好十件民生实事，“我为群众办实事”54个重点项目全部完成。“粤菜师傅”“广东技工”“南粤家政”三项工程扎实有效，新增城镇就业2371人。县中医院搬迁启用，县人民医院、妇幼保健院和一批中小学校、幼儿园升级改造如期完成。落实“双减”政策，共建省教育研究院教育现代化试验区取得阶段性成效。“公建民营”养老机构供给侧改革成效显著，顺康养老护理院投入使用，底线民生保障标准和城乡居民医保参保率稳步提高。圆满完成281个村（社区）“两委”换届工作，“一肩挑”率达98.5%。毫不放松抓好疫情防控，平战一体化运作，人员核查、流调溯源、核酸检测、哨点监测、隔离管理、疫苗接种等各项工作有力有效，免疫屏障筑得更牢。全面启动“八五”普法，被省市推荐评选2021年度全国信访工作示范县。安全生产专项整治三年行动取得实效，创建省食品安全示范县进入验收阶段。政法队伍教育整顿成效明显。扫黑除恶斗争常态化开展，电信网络诈骗等各类违法犯罪行为得到有效遏制，全县社会大局和谐安定。此外，国防动员、人民防空、民族宗教、外事侨务、退役军人、民兵、工会、青年、妇女儿童、科协、统计、工商联、文联、侨联、残联、烟草、供电、气象、消防、老龄、史志、档案等各项工作取得了新进步新成绩。

六是政府建设有新的气象。坚持和加强党的全面领导，推深做实党史学习教育，深刻领悟“两个确立”的决定性意义，自觉把增强“四个意识”、坚定“四个自信”、做到“两个维护”融入实践、落在日常、践于行动。党风廉政建设和反腐败工作取得新成效。自觉接受人大依法监督和政协民主监督，高质高效办理县人大代表建议9件、县政协提案31件，推动人大监督事项、政协协商议政成果落地落实。严格执行中央八项规定及其实施细则精神，厉行节约、反对浪费，让政府日子过紧、让群众日子过好。坚持依法行政，认真落实审计监督、政务公开等制度，推动政府决策科学化、民主化、法治化，政府治理能力不断提升。

各位代表！这些成绩的取得，根本在于习近平总书记的领航掌舵，是以习近平新时代中国特色社会主义思想科学指引的结果，是省委省政府、市委市政府和县委坚强领导的结果，是人大、政协和社会各界监督支持的结果，更是全县人民共同奋斗的结果。在此，我代表县人民政府表示衷心的感谢和崇高的敬意！

我们也清醒地看到，丰顺县发展面临不少困难和挑战：经济发展的不确定不稳定因素比较多，经济下行和企业经营压力大。实体经济不强，产业结构层次不高，企业偏小偏弱、技术创新能力有待提升。交通、教育、医疗等公共服务离群众期盼还有较大差距，促进共同富裕任重道远。财政收支矛盾突出，税源型企业少，资金调度紧张。政府作风还需改进，形式主义、官僚主义仍不同程度存在，等等。对此，我们要直面问题挑战，聚力攻坚突破，采取有力措施加以解决，决不辜负全县人民的期待。

二、2022年工作安排

2021年是党的二十大召开之年，也是新一届政府履职担当的开局之年。做好2021年工作，必须坚持稳字当头、稳中求进，坚决扛起政治责任、扛起发展重任、扛起时代使命，抓住主要矛盾、把握工作重点，不断做强经济基础，提升区域综合实力，在推动丰顺苏区加快振兴、共同富裕征程中展现新作为、见到新成效。

2021年工作的总体要求是：以习近平新时代中国特色社会主义思想为指导，全面贯彻落实党的十九大和十九届历次全会以及中央经济工作会议精神，深入贯彻习近平总书记对广东系列重要讲话和重要指示批示精神，按照习近平总书记赋予广东的使命任务要求，弘扬伟大建党精神，加强党的全面领导和党的建设，坚持稳中求进工作总基调，完整、准确、全面贯彻新发展理念，积极参与打造新发展格局战略支点，全面深化改革开放，坚持创新驱动发展，推动高质量发展，认真落实省委“1+1+9”工作部署和市委工作安排，落实“八个聚焦、八个提质”思路举措，狠抓发展第一要务，突出实体经济、乡村振兴两大重点，统筹疫情防控和经济社会发展，统筹发展和安全，继续做好“六稳”“六保”工作，推动经济稳健提升，保持社会大局稳定，在更高起点上推动丰顺苏区高质量振兴发展，奋力打造生态发展区建设先行示范县、梅州融入沿海经济带建设之星，以优异成绩迎接党的二十大胜利召开。

2021年丰顺县经济社会的主要预期目标是：全县地区生产总值增长8%，固定资产投资增长12%，社会消费品零售总额增长8%，地方一般公共预算收入增长8%，规模以上工业增加值增长14%；全体居民人均可支配收入增速与经济增速基本同步；城镇登记失业率控制在3.5%以内；完成省下达节能减排降碳约束性指标任务。

围绕上述目标任务，要以更大力度推动五个方面工作。

（一）*以更大力度推动工业发展。*工业稳则经济稳、就业稳、社会稳，我们要树立大抓工业发展理念，全力冲刺规模以上工业总产值百亿元大关，筑牢实体经济强县根基。

大力实施传统产业升级行动。聚焦将电声产业发展作为苏区产业变革的典型案例，深入实施“丰声计划”，引导由龙头企业牵头组建创新联盟，提升产业链协同创新水平，促进更多企业往终端产品发展，全面擦亮“中国电声之都”品牌。继续密切与省发改委、省工信厅、省生态环境厅对接沟通，尽快做好选址地块土地征收、报批和项目规划等工作，确保电子电声配套基地下半年动工建设。聚焦打造百亿钢铁产业，紧密与国有钢铁企业洽谈合作，加快推进钢铁产能置换步伐。围绕项目落地，集中精力统筹推进用地、供水、供电、供气、交通等工作，全力推动项目年内动工建设。认真实施技改投资后补助政策，支持制造企业迈向高端化、智能化、绿色化。借助工业特派员、行业专家等“外脑”提升企业创新能力，打造更多创新平台，力争新增高新技术企业2家以上、科技型中小企业20家以上、“专精特新”企业2家以上。

大力实施产业园区提升行动。瞄准办好一流经济技术开发区，推进扩园强园优园工程，打造“一区多园”发展格局，积极创建省级高新区，建设高水平产业空间。启动生活配套区建设，完善园区住宿、餐饮、文化娱乐、商业零售等设施，提升园区服务水平和务工环境，推动园区产业集聚、产城融合发展。启动汤坑至埔寨235国道综合提升工程，通过沿线道路交通优化、建筑立面整治、景观绿色提升、文化特色彰显，打造四季有花、全年有景的“最美工业大道、最美普通国道”。更大力度争取对口帮扶资金，加快推进文明路、振兴路、工业大道至白塔延伸线、创业大道、园区大道连接线等路网建设，打通园区“断头路”。扎实推进国际声谷小镇建设，打造智能终端产业高地。加快标准厂房、实验楼、员工宿舍建设进度，确保上半年入驻立讯精密先进制造业生产线。加大万洋众创城招商平台建设力度，力争开工建设面积超30万平方米，建成交付超15万平方米，引进超50家优质企业。

大力实施工业企业倍增行动。坚持做优存量、做大增量并举，按照“选好选优、培优培强”的原则，大力支持企业通过科技创新、产业链整合、资本运作等提升综合竞争力，推动企业实现规模与效益倍增。坚持用户思维，积极构建“亲清”新型政商关系，扎实开展县领导挂点重点企业帮扶和政企“双月”沟通等暖企行动，把稳生产落到具体企业、具体产品，以“母亲式”服务为企业解决实际问题，在企业用电、用气、用工等方面做好服务，坚决避免出现拉闸限电、断气关闸情况。多措并举加快“小升规”，落实省市新一轮“小升规”促进政策，积极推进小微企业上规模，为全县工业经济作贡献。全面落实减税降费等纾困政策，引导金融机构加大对中小微企业信贷投入，鼓励商业银行完善中小微企业信贷产品创新措施，积极开发服务“新品”、增加制造业中长期融资，促进中小微企业融资增量、扩面、降价。培育企业上市后备资源，集中筛选一批上市意愿强、经营业绩好、发展潜力大的企业，纳入重点培育对象并作梯队规划、动态管理，从产业政策、金融辅导等方面全力支持，力争上市公司实现从0到1突破。

大力实施招商引资增效行动。把招商引资作为一把手工程来抓，加强招商队伍建设，培养一批懂政策、通产业、能招商、善谈判的专业人才，力争2021年招商引资取得大突破。深入实施乡贤回乡投资兴业工程，坚持“每月走出去、每季请进来”，充分发掘“双区”乡贤优势资源，把更多高水平产业、高素质人才、高质量项目引进来，力争实现若干个投资超10亿元的大项目落户。大力推进产业链招商、专业招商，建立招商项目库、招商资源库，围绕电子电声、智能装备等产业链，努力引进延链补链强链项目。突出招大引强，面向上市公司、头部企业等目标，积极寻求与歌尔、惠威等电声龙头企业开展合作，力争立讯体系产业链企业、威富集团等一批意向企业早日落地，培育壮大先进制造业。

（二）*以更大力度推动项目建设*。坚持把项目建设作为扩大有效投资的重要载体，多点发力谋项目，多措并举抓进度，推动项目工程量、实物量、投资量“三量齐升”。

推进产业项目建设。以大项目引领大发展，集中力量推进泰昌科技、泰雅达等22个在建项目建设、力争50%以上项目年内竣工投产，早日发挥拉动增长的重要作用。想方设法打好征地报批组合拳，扫除项目征地拆迁障碍，加快金亨制罐、海新金属等签约项目供地，动工建设美丽加、立盛高等一批供地项目。全面推进潮客小镇、坚真大湖天池、韩山茶镇、马图红色研学基地、铜鼓峰、八乡山、大宝山等重大产业旅游项目建设，加快建设留隍国家级旅游度假区、八乡山五星级旅游名镇，高标准高品质创建国家级全域旅游示范区。

加快基础设施建设。适度超前开展基础设施建设，全力配合大丰高速、梅汕高速改扩建等年内动工建设。加快建成紫琳大道、学院路，确保8月通车。认真解决用地、资金等问题，加快推进355国道留隍至潘田段、227省道潭江出米田至留隍横居段、235国道砂田丰埔桥至三合段等改建升级项目，扎实做好206国道东里至揭阳交界段绕城公路等前期工作，打通堵点，优化提升城区路网。开工建设教堂水库、潘田河（吉奉水）治理工程、南礤水碧道工程（二期）等项目。建好天然气接收门站，确保年底前县域管网与主干网接驳。抓好5G基站等新型基础设施建设。

加强发展要素保障。坚持要素跟着项目走，统筹用地、用林、用能等指标，全力跟踪服务重点项目建设。全面落实自然资源支持实体经济发展政策措施，确保不低于50%县级新增建设用地计划指标用于产业项目。开展工业项目净地出让专项行动，加大闲置低效土地利用力度，盘活低效产业用地，实现“土地等优质项目、打粮食的项目”，提高亩均产出和效益。研究吃透国家和省政策，加强向上沟通对接，积极争取中央预算内投资、政府债券等各类资金支持。组建项目服务专班，建立“四个一”工作机制，通过现场办公、蹲点督办，全力打好项目建设大会战。

打造优质营商环境。深化商事制度改革，提升“一网通办”效能，落实注销退出制度，提升企业全生命周期服务便利化水平。加快数字政府建设，促进跨部门业务协同和流程优化，少一些排队串联，多一些统筹并联，实现从项目准入至竣工验收全链条覆盖。持续深化“放管服”改革，开展首批下放职权事项“回头看”，对部分承接不顺、运行不畅的行政职权事项进行差异化调整，合理优化第二批职权下放事项，确保放得“稳”、落得“实”。通过战略重组和优化配置，推动资源向优势企业和核心主业集聚，锻造国资国企引擎。支持县属企业与优质民企合作参与资本运作，推动主业拓展，提高盈利能力，努力把县属企业打造成政府性投资项目和产业发展项目的投资主体、建设主体、融资主体。

（三）*以更大力度推动乡村振兴*。深入实施“九大攻坚”行动，加快农业农村现代化，助力全市乡村振兴走在全省前列。

促进农业高质高效。坚持以工业化理念抓农业，推进“一村一品、一镇一业、一县多园”建设，以2个现代农业产业园建设为引领，启动建设1—2个乡村产业社区，大力培育现代农业示范区。实施“三品一标”行动，做精做特留隍榄、黄金糖、汤南面、八乡薯、高山茶等富民农产品。引导和支持社会资本开发农民参与度高、受益面广的休闲农业、精品民宿，培育新型农业经营主体，促进三产融合，不断打开乡村发展新空间。严守耕地保护红线，开展农田整治提升行动，加快垦造水田和高标农田建设，推进拆旧复垦和撂荒耕地复耕复种。落实粮食安全和“菜篮子”责任，打造优质农产品生产供应基地，让更多农副产品加速“链”向“双区”。

促进乡村宜居宜业。实施农村人居环境整治提升五年行动，扎实抓好共建乡村洁净美好家园工作，统筹推进农村厕所革命、生活污水和垃圾治理，提档升级农村水电路气网，力争生态宜居美丽乡村达到60%以上。加强宅基地审批管理，坚决遏制新增农村乱占耕地建房行为。抓好红色遗址、名人故居祖居、传统建筑、古村落的保护利用，持续推进农房管控和风貌提升，打造富有“潮客风韵”的特色乡村风貌和美丽乡村示范带。深化拓展新时代文明实践中心（所、站）建设，坚持移风易俗、规范乡村治理、培育乡风文明，实现“外在美”与“内在美”的有机统一。

促进农民富裕富足。扎实推进驻镇帮镇扶村，深入开展“千企帮千镇、万企兴万村”行动，巩固拓展脱贫攻坚成果。开展农村集体资产管理专项整治，盘活利用集体资产。鼓励村（社区）因地制宜发展光伏等绿色产业，确保70%以上的村集体经济年收入达10万元以上。依托广东供销放心农产品直供配送丰顺县子平台，实施电子商务下乡进村和农产品进村进城工程，有效畅通生产者与终端客户之间的渠道，增强联农带农富农能力。

*（四）以更大力度推动环境提升。*实施全县域环境综合治理，全面提升新型城镇化水平，加快建设副中心城市。

让城乡更有品质、更具特色。充分发挥城市规划引领作用，加快编制好国土空间规划，高质量划定“三区三线”，确定好功能分区、开发强度、配套设施、空间环境等要求，为城市发展留足空间。深刻汲取广州大规模迁移砍伐城市树木问题的教训，牢固树立正确政绩观，坚持人民城市人民建、人民城市为人民，加大历史文化保护力度，科学节俭务实推进城市绿化，更好读懂丰顺、热爱丰顺、建设丰顺。狠抓一批城市品质提升重点工程，确保坚真文体中心、嘉应学院紫琳学院、新区供水一期如期投入使用。加快推进雨污分流工程、截污改造工程、市政道路升级、老旧小区改造等一批惠民项目建设。以绣花功夫，采用微改造方式推进一批农贸市场、停车场、公厕、人行天桥等便民设施，利用边角地、插花地、闲置地，规划建设小巧精致的口袋公园。健全创建文明城市常态长效机制，在城市管理、市场建设、环卫保洁等方面采取务实管用措施，不断提升创建水平。全力推进美丽圩镇建设，力争2021年所有圩镇达到“宜居圩镇”标准，留隍、丰良达到“示范圩镇”标准。抓好汤坑、汤西、汤南、埔寨、北斗等附城乡镇建设，连线成片建设一批特色鲜明、辐射带动能力强的乡村振兴示范带。

让生态更加平衡、更可持续。深入打好污染防治攻坚战，强力推进第二轮中央环保督察反馈问题整改，做好治山治水、显山露水文章。坚持把“三线一单”作为产业布局、结构调整、项目建设选址的重要依据，确保高标准执行，不搞变通突破。全面落实河（湖）长制，巩固提升河湖“清四乱”成效，保障全域水质稳步提升。高质量推进山水林田湖草沙一体化保护和修复工程项目实施，让丰顺青山常在、秀水长清。集中力量推进全国水系连通及水美乡村试点县工作，精心打造县域综合治水的丰顺样板。全面推行林长制，大力实施生态公益林、国家储备林、国土绿化工程，筑牢生态屏障。大力发展绿色低碳产业，坚决落实能耗双控，提升人民生态文明意识。在全县开展自然资源资产梳理行动，摸清重点领域资源资产家底，形成生态产品目录清单。探索生态产品价值实现路径，以市场化方式推动石料、河砂等矿产资源开发，切实把生态资源转化为经济资产。

（五）*以更大力度推动民生改善*。对标共同富裕，聚力办好民生实事、补齐民生短板，把群众急难愁盼问题一个一个解决好。

持续厚实人民幸福感。集中财力继续办好十件民生实事。全面实施全民参保计划，推进企业职工基本养老保险全国统筹、基本医疗保障和失业保险省级统筹工作。完善社会救助制度，稳步提高城乡低保、特困人员、残疾人等保障水平。高标准建设丰顺老年公寓，打造粤东地区五星级医养结合养老机构。加快推进汤南中心小学、埔南幼儿园等一批中小学、幼儿园建设，积极创建全国义务教育优质均衡县。深化教育领域改革，落实“双减”政策，奋力提升教育质量和育人水平。统筹推动县级医院在建工程建设，抓好县中医院旧院区改造升级、砂田卫生院迁建等项目前期工作。抓实县域医共体建设，提升基层医疗卫生服务水平。

持续增强人民获得感。全力稳就业，高质量推进“粤菜师傅”“广东技工”“南粤家政”三项工程发展，重点抓好高校毕业生、农民工等重点群体就业，力争新增就业2200人以上。高质量建好丰顺体育公园和一批村（社区）文体设施，让公共文化设施建设和人口集聚进程相匹配。慎终如始抓好常态化疫情防控，严格落实全链条防控措施，推进疫苗接种，提升流调溯源、核酸检测、哨点监测、隔离管理等应急能力，坚决守住来之不易的疫情防控成果。支持国防和军队建设，做好退役军人和优抚对象服务保障。

持续提升人民安全感。贯彻总体国家安全观，落实意识形态工作责任制，守好政治安全“南大门”。严厉打击各种暴力、黄赌毒、电信网络诈骗等违法犯罪活动，推动扫黑除恶长效常治。强化矛盾纠纷排查，稳妥有力化解一批信访积案和历史遗留问题。完善地质灾害防治网格化管理体系，做好防汛抗旱、森林防灭火等工作。压紧压实安全生产责任，深化城镇燃气、道路交通、“三小”场所等领域安全隐患排查治理，加强食品药品安全监管，全力维护全县人民群众生命财产安全。加强统计、审计工作，做好工会、共青团、妇联、人防、外事、侨务、港澳台、档案、气象、慈善、老促会、老龄、关心下一代等工作。

三、全面加强政府自身建设

坚持和捍卫“两个确立”，坚决做到“两个维护”，不折不扣落实好省、市和县委的各项部署要求，百姓所忧、我必担之，百姓所盼、我必行之，努力建设务实高效廉洁的人民满意政府。

坚持少说多干。大力弘扬实干精神，不说无的放矢的空话、穿靴戴帽的套话，坚持把精力向工作上集中、向任务上集中、向实干上集中，把解决问题作为打开新局面的突破口。坚持调查研究开路，了解民生民情，发现新情况新问题，悟出新方法、找到新思路、形成新举措、谋划新战略。大力倡导“一线工作法”，党员干部特别是“一把手”要发挥“头雁”效应，在县委、县政府领导下，认真开展工作，当好“施工队长”，把“办公室”搬到工厂车间、田间地头，做到情况在一线掌握、矛盾在一线解决、工作在一线推动。

坚持务实担当。党员干部要从思想上固本培元，自觉把工作状态提起来，不断增强“慢进是退、不进更是退”的责任担当和思想自觉，主动作为、动真碰硬，始终做到一鼓作气、一抓到底，推动全县产业发展、营商改革、城市建设等领域不断实现新突破。自觉把工作作风实起来，力戒形式主义、官僚主义，建立闭环管理，强化监督问责，紧抓快干、马上就办，绝不能把说了当做了、把做了当做成了，确保定下的工作、明确的任务，说一件干一件成一件，做到工作目标、主要任务、时间节点、承担部门、负责人员“五落实”，以实干推动发展，以实干赢得未来。

坚持清正廉洁。严格落实全面从严治党主体责任，扎实推进政府系统党风廉政建设。加固中央八项规定的堤坝，锲而不舍纠“四风”、树新风，减轻基层负担。全面落实法治政府建设实施纲要，做到依法行政。落实全过程人民民主，主动接受人大依法监督、政协民主监督和人民群众监督，严格执行县人大及其常委会的决议决定，扎实办好代表建议意见和委员提案。践行过紧日子思想，强化预算刚性约束，厉行节约保运转，切实把有限财力用在改善民生、促进发展上。充分发挥审计监督职能和巡察利剑作用，营造激浊扬清、干事创业的良好政治生态。

各位代表！踏浪前行风正劲，不负韶华争朝夕。让我们更加紧密地团结在以习近平同志为核心的党中央周围，在县委的坚强领导下，团结依靠全县人民，以虎虎生威的雄风、生龙活虎的干劲、气吞万里如虎的精神，在更高起点上推动丰顺苏区高质量发展，以优异成绩迎接党的二十大胜利召开！

名词解释

“九大攻坚”行动：实施农村违法乱占耕地建房整治攻坚行动、高标准农田建设攻坚行动、种业翻身仗攻坚行动、农村生活污水治理攻坚行动、农村集中供水全覆盖攻坚行动、村内道路建设攻坚行动、美丽圩镇建设攻坚行动、渔港建设攻坚行动、金融支持乡村振兴攻坚行动。

“清四乱”：对流域面积1000平方千米以上河流、水面面积1平方千米以上湖泊的管理范围内乱占、乱采、乱堆、乱建等问题开展的专项整治行动。

“六稳”“六保”：稳就业、稳金融、稳外贸、稳外资、稳投资、稳预期；保居民就业、保基本民生、保市场主体、保粮食能源安全、保产业链供应链稳定、保基层运转。

“专精特新”：“专”是指采用专项技术或工艺进行专业化生产制造；“精”是指采用先进适用技术或工艺，按照精益求精的理念，建立精细高效的管理制度和流程；“特”是指采用独特的工艺技术配方或特殊原料进行研制生产；“新”是指依靠自主创新、转化科技成果、联合创新或引进消化吸收再创新方式进行研制生产。

“四个一”工作机制：一个项目、一个专班、一个方案、一抓到底。

“三品一标”：品种、品质、品牌和标准化生产。

“三线一单”：生态保护红线、环境质量底线、资源利用上线和环境准入负面清单。

大事记

1月

6日 丰顺县召开全县防范生产安全事故暨消防、森林防灭火工作会议。

7日 县委书记曾永祥率队到县农业农村局调研农业农村“十四五”发展工作。

8日 县委书记曾永祥，县委副书记、县长廖茂忠率队到海珠（丰顺）产业园区调研“十四五”发展工作。

11日 省政协副主席、省住房和城乡建设厅厅长张少康率队到丰顺县调研乡村振兴和脱贫攻坚工作，并开展送温暖慰问活动及定点联系工作。市委常委、市政府党组副书记黄文沐，县委书记曾永祥，以及市、县相关单位负责人等参加调研或座谈。

13日 县新冠肺炎防控领导小组（指挥部）召开会议，传达省市有关会议和文件精神，通报目前疫情最新情况，部署春节期间丰顺县疫情防控工作。县委书记曾永祥主持会议。

15日 丰顺县召开全县疫情防控工作会议，贯彻落实全国、全省、全市疫情防控工作电视电话会议精神，对冬春季节丰顺县疫情防控工作进行再动员、再部署、再落实。县委书记曾永祥，县委副书记、县长廖茂忠出席会议并讲话。

17日 丰顺县举行坚真文体中心主体工程封顶仪式。广州凯源房地产实业有限公司、深圳凯南房地产开发有限公司董事长许应裘，副市长张晨，县委书记曾永祥等出席仪式，县委副书记、县长廖茂忠主持仪式。

是日 丰顺县创建广东省文明城市总结表彰大会暨创建全国文明城市动员大会在县会展中心召开，深入贯彻落实习近平总书记关于精神文明建设的重要论述和全国、全省精神文明建设表彰大会精神以及1月15日召开的梅州市精神文明建设表彰大会暨全国文明城市创建、国家卫生城市复审动员大会精神，表彰丰顺县创文先进集体和先进个人，总结工作经验，动员部署再出发，对创建全国文明城市工作进行再鼓劲、再加压、再推进。省文明办副主任吴祖清，市委副书记王庆利，县委书记曾永祥，市委宣传部副部长、市文明办主任刘建丰出席会议，县委副书记、县长廖茂忠主持会议。

20日 县委书记曾永祥主持召开县委“十四五”规划建议征求意见座谈会，围绕研究谋划丰顺县“十四五”规划听取意见建议。

22日 县委书记曾永祥，县委副书记、县长廖茂忠率队督导检查重点场所疫情防控工作。

是日 丰顺县第十一次归侨侨眷代表大会召开。县委书记曾永祥，市侨联主席汤志平出席开幕式并讲话，县委常委、统战部部长廖月芝主持开幕式。

25日 县委书记曾永祥率队走访园区部分重点企业。

是日 县村（社区）“两委”换届工作领导小组会议召开，深入学习贯彻习近平总书记关于基层党建重要论述和对广东重要讲话、重要指示精神，研究部署下一阶段全县村（社区）“两委”换届工作。县委书记、县换届工作领导小组组长曾永祥主持会议并讲话。

26日 中国共产党丰顺县第十三届委员会第十一次全体会议在县会展中心召开。这次全会的主要任务是以习近平新时代中国特色社会主义思想为指导，深入贯彻落实习近平总书记出席深圳经济特区建立40周年庆祝大会和视察广东重要讲话重要指示精神，深入学习贯彻党的十九届五中全会、中央经济工作会议精神，认真落实省委十二届十一次、十二次、十三次全会和市委七届九次、十次全会部署，总结丰顺县2020年工作，谋划“十四五”时期全县经济社会发展，审议《中共丰顺县委关于制定国民经济和社会发展第十四个五年规划和二〇三五年远景目标的建议》，部署2021年工作，奋力推动丰顺苏区高质量振兴发展，加快打造梅州融入沿海经济带建设之星、生态发展区建设示范县。会议在完成各项议程后闭幕，县委书记曾永祥代表县委常委会作总结讲话。会议以举手表决的方式通过了《中共丰顺县委关于制定国民经济和社会发展第十四个五年规划和二〇三五年远景目标的建议》、中国共产党丰顺县第十三届委员会第十一次全体会议决议。

27日 县新冠肺炎疫情防控领导小组（指挥部）召开会议，传达上级有关会议和文件精神，通报目前疫情最新情况，研究部署丰顺县春运暨近期农业农村新冠肺炎疫情防控等重点工作。县委书记曾永祥主持会议。

是日 县委书记曾永祥率队到汤南镇督导检查疫情防控、安全生产、森林防火、消防安全、村级换届等工作。

31日 全县森林防火工作紧急会议召开，深入学习贯彻习近平总书记关于安全生产工作的重要指示精神，传达贯彻国家林草局防火司对梅州市森林防火工作的指示要求，通报近期全县森林防火工作情况，分析研判当前森林防火工作形势，对春节、元宵、清明节期间森林防火工作进行总动员、再部署，严字当头、防范在先、压实责任，坚决遏制山火、坚决守护森林。县委书记曾永祥主持会议。

2月

3日 中国人民政治协商会议第十届丰顺县委员会第六次会议在会展中心开幕。本次会议应出席委员254人，实到203人，符合政协章程有关规定。

4日 丰顺县第十五届人民代表大会第六次会议在县会展中心开幕。县委书记曾永祥出席会议，县委副书记、县长廖茂忠向大会作政府工作报告，县人大常委会主任、党组书记邱翠茂主持会议。会议应到会代表247人，实到会代表215人，符合法定人数。

是日 中国人民政治协商会议第十届丰顺县委员会第六次会议圆满完成各项议程后，在县会展中心胜利闭幕。郑春鹏新当选为县政协常务委员，陈奕鹏当选为县政协秘书长；会议还审议通过《政协第十届丰顺县委员会第六次会议决议》。

5日 丰顺县第十五届人民代表大会第六次会议在完成各项议程后，在县会展中心大会堂胜利闭幕。大会以无记名投票的方式，选举李炎飞为丰顺县人民检察院检察长；并表决通过关于丰顺县人民政府工作报告的决议、关于丰顺县国民经济和社会发展第十四个五年规划和二〇三五年远景目标纲要的决议、关于丰顺县2020年国民经济和社会发展计划执行情况与2021年计划的决议、关于丰顺县2020年预算执行情况与2021年预算的决议、关于丰顺县人民代表大会常务委员会工作报告的决议、关于丰顺县人民法院工作报告的决议、关于丰顺县人民检察院工作报告的决议以及丰顺县人民政府2021年民生实事项目。

7日 按照党中央、省委、市委部署要求及县委工作安排，丰顺县委领导班子召开2020年度民主生活会暨巡视整改专题民主生活会，紧密结合个人思想、学习和工作实际，深入进行党性分析，认真查摆突出问题，严肃开展批评和自我批评。县委书记曾永祥主持会议，市委组织部副部长、市委第七督导组组长吴席军到会指导。

9日 丰顺县组织收听收看全市疫情防控安全生产和春节物资保障会议。

是日 县委书记曾永祥率队开展春节期间安全生产、消防、物资供应保障、春运安全、疫情防控等工作检查。

19日 县委书记曾永祥率队督导检查森林防灭火工作并慰问值班人员。

24日 县委书记曾永祥率队到北斗镇桐新村调研现代农业和文旅项目建设情况。

25日 省应急管理厅党委委员、副厅长杨胜强率省、市督导组一行到丰顺县督导森林防灭火工作。

3月

3日 省政协党组成员、副主席薛晓峰率队到丰顺县开展美丽乡村建设和“加强我省地热资源综合开发利用情况”回头看专题视察活动。省政协理论研究会会长刘日知，省政协常委、政协人口资源环境委员会主任凌锋，省政协港澳台委员会主任廖京山等参加视察活动。市政协党组成员、副主席周秋明，县领导曾永祥、廖茂忠、黄建斐、石远平、张晓山、陈新化以及市、县相关部门负责人等陪同视察。

4日 县委常委会召开会议，传达学习贯彻习近平总书记在全国脱贫攻坚总结表彰大会上的重要讲话精神以及《国务院关于新时代支持革命老区振兴发展的意见》精神，研究丰顺县贯彻落实意见。县委书记曾永祥主持会议。

5日 县委书记曾永祥率队到广州市花都区联系工作。

是日 丰顺县召开韩江干流丰顺段涉水违法行为专项行动工作会议。县委副书记、县长廖茂忠主持会议并讲话。

8日 县委书记曾永祥率队到县妇联开展走访慰问活动。

是日 县委书记曾永祥率队到县委政法委调研政法队伍教育整顿工作。

9—10日 省政协专委会第二分党组副书记、经济委员会主任王珺率队到丰顺县开展党史学习教育主题党日活动。

11日 县委书记曾永祥，县委副书记、县长廖茂忠率党政考察团到兴宁市、五华县等地，就关于全面推进乡村振兴加快农业农村现代化进行考察。

12日 全县党史学习教育动员大会召开。会议认真学习贯彻习近平总书记在党史学习教育动员大会上的重要讲话精神和党中央《关于在全党开展党史学习教育的通知》精神，传达贯彻全省、全市党史学习教育动员大会精神，对全县开展党史学习教育进行动员部署，县委书记曾永祥主持大会并讲话。

是日 全县政法队伍教育整顿动员部署会议召开。会议深入学习贯彻习近平新时代中国特色社会主义思想，认真贯彻落实全国、全省、全市政法队伍教育整顿有关会议精神，对全县政法队伍教育整顿工作进行动员部署。县委书记、县委政法队伍教育整顿工作领导小组组长曾永祥出席会议并讲话。县长、县委政法队伍教育整顿工作领导小组第一副组长廖茂忠主持会议。

15日 县委书记曾永祥率队到县教育局调研全县教育工作。

是日 丰顺县收听收看全省传达贯彻习近平总书记重要讲话精神暨全国两会精神干部大会电视电话会议。

16日 省委政法队伍教育整顿省级驻点指导组到丰顺县调研政法队伍教育整顿工作。省级驻点指导组副组长、潮州市政协党组成员、副主席吴启忠出席会议并讲话，县委书记、县委政法队伍教育整顿工作领导小组组长曾永祥代表丰顺县作工作情况汇报。

是日 县委书记曾永祥率队检查督导政法队伍教育整顿工作。

29日 2021年丰顺县村（社区）党组织书记培训班开班，县委书记曾永祥出席开班仪式并作专题辅导报告。

31日 中共丰顺县委在丰良镇举行中共丰顺（临时）县委成立旧址、中共丰顺县支部成立旧址完成修缮揭幕仪式。县领导曾永祥、廖茂忠、邱翠茂、黄建斐参加仪式。仪式由县委常委、宣传部部长林剑主持。

是日 丰顺县委在丰良镇九龙村榕树塘“永昌居”——中共丰顺（临时）县委成立旧址召开县委理论学习中心组2021年第三次集体学习会。

4月

1日 丰顺县组织收听收看全省加强基层党组织建设工作会议。

2日 中国共产党丰顺县第十三届纪律检查委员会第六次全体会议召开。会议总结全县2020年纪检监察工作，部署2021年工作任务。县委书记曾永祥出席会议并讲话，县委副书记、县长廖茂忠传达十九届中央纪委五次全会、十二届省纪委六次全会及七届市纪委七次全会精神，县委常委、县纪委书记、县监委主任凌晓文主持会议。

是日 县委书记曾永祥率队走访重点企业，并检查疫情防控、安全生产、森林防火等工作。

6—7日 在参加市委理论学习中心组暨全市县处级领导干部党史学习教育专题研讨班开班后，全县县处级领导干部通过分组讨论、交流发言、集中自学等形式开展党史学习教育专题研讨。县委书记曾永祥，县委副书记、县长廖茂忠，县人大常委会主任邱翠茂，县政协主席黄建斐分别主持研讨会。

8日 县委理论学习中心组暨全县科

级领导干部党史学习教育专题研讨班在县会展中心大会堂开班。县委书记曾永祥作动员讲话暨主题报告，县委副书记、县长廖茂忠主持开班式。

9日 全县政法队伍教育整顿查纠整改环节工作动员部署会议在会展中心召开。

是日 县委书记曾永祥率队督导创建全国文明城市工作。

19日 丰顺县组织收听收看党史学习教育省委宣讲团专题宣讲报告会。

21日 县委推进乡镇体制改革现场会在汤西镇召开，县委书记曾永祥，市委编办副主任周庆文出席会议并讲话，县委常委、组织部部长曹志辉主持会议。

22日 省政府副省长许瑞生到丰顺县调研自然保护地建设、全面推行林长制和森林防火等工作并检查节前旅游市场安全管理工作情况。省自然资源厅党组副书记、省林业局局长陈俊光，省文化和旅游厅党组副书记、副厅长、省文物局局长曾颖如，梅州市领导黄文沐，县领导曾永祥、廖茂忠等参加调研。

25日 县委理论学习中心组举行2021年第五次集体学习会，专题学习《中共中央国务院关于全面推进乡村振兴加快农业农村现代化的意见》《国务院关于新时代支持革命老区振兴发展的意见》。县委书记曾永祥主持会议。

26日 丰顺县召开第二季度防范较大以上生产安全事故暨消防工作及“五一”期间安全防范工作会议。县委副书记、县长廖茂忠出席会议并讲话。

是日 县委书记、县委政法队伍教育整顿工作领导小组组长曾永祥深入县部分单位督导政法队伍教育整顿工作开展情况。

是日 全县2021年交通公路工作会议召开，总结“十三五”时期和2020年全县交通运输工作，部署“十四五”时期和2021年全县交通运输工作。县委副书记、县长廖茂忠出席会议并讲话。

28日 县委书记曾永祥率队检查五一节前安全生产工作。

30日 丰顺县镇领导班子换届工作会议召开。会议认真学习贯彻习近平总书记关于做好换届工作的重要指示精神，贯彻落实党中央的决策部署和省委、市委的工作要求，对丰顺县镇领导班子换届工作进行动员部署推动落实。县委书记、县委换届工作领导小组组长曾永祥出席会议并讲话。

5月

6日 县委书记曾永祥，县委副书记、县长廖茂忠率队到海珠（丰顺）产业园区调研重点项目建设推进情况。

是日 县委书记曾永祥，县委副书记、县长廖茂忠率队调研嘉应学院紫琳学院和梅州丰顺国际声谷项目规划建设工作。

10日 县委书记、县委政法队伍教育整顿工作领导小组组长曾永祥率队督导政法队伍教育整顿工作。

是日 县委书记曾永祥率队到部分县直单位、社区调研党史学习教育开展情况。

是日 县委书记曾永祥率队到县音乐家协会合唱团调研《永远跟党走 筑梦新时代——梅州市第十四届“百歌颂中华”暨第三届“庆百年·颂党恩·开新局”歌咏活动》准备工作。

12日 县委书记曾永祥率队督导城区重点市政项目建设。

13日 县委政法队伍教育整顿工作

领导小组第五次（扩大）会议召开，深入学习贯彻习近平总书记关于开展政法队伍教育整顿的重要指示精神，传达上级政法队伍教育整顿有关会议、文件精神，部署下一阶段重点任务。县委书记、县委政法队伍教育整顿工作领导小组组长曾永祥主持会议。

14日 珠海市政协副主席曾祥华率调研组到丰顺县调研“粤菜师傅”工程高质量发展工作以及推动美食传承创新，发展壮大地方美食的做法等工作。县委书记曾永祥、县政协主席黄建斐、副县长李吉祥陪同调研。

是日 2021年全县农村工作会议暨实施乡村振兴战略现场推进会在县会展中心召开。会议深入学习贯彻习近平总书记关于“三农”工作的重要论述精神，贯彻落实中央一号文件和中央农村工作会议、全国脱贫攻坚总结表彰大会，以及省委农村工作会议暨全省实施乡村振兴战略工作推进会、全市农村工作会议暨实施乡村振兴战略现场推进会精神，总结全县2020年“三农”工作情况，研究部署2021年和今后一个时期全面推进乡村振兴、加快农业农村现代化工作。县委书记曾永祥出席会议并讲话。

18日 丰顺县召开打击治理电信网络诈骗和禁毒工作专题会议，强调要认真学习贯彻习近平总书记的重要指示精神，全县动员、全民参与、全力打击、全面防范，坚决遏制电信网络诈骗犯罪多发高发态势，切实维护社会稳定和人民群众切身利益。县委书记曾永祥主持会议并讲话，县委副书记、县长廖茂忠出席会议并作工作部署。

19日 2021年“梅州日报赴圩节”走进龙岗镇暨红色马图第三届茶香节活动在马图村红色文化广场启动。县委书记曾永祥，梅州日报社党委书记、社长罗金良，梅州日报社党委副书记、总编辑黄山松，梅州日报社党委副书记、总经理梁庚，县委常委、县纪委书记凌晓文，副县长曾小丽等出席活动。

是日 县委书记曾永祥率队到大龙华镇、黄金镇、潘田镇等地督导乡村振兴工作。

是日 县委书记曾永祥率队到龙岗镇马图村调研交通道路、红色教育基地建设和茶产业发展等工作建设情况。

22日 县委常委会暨县新冠肺炎防控领导小组（指挥部）召开会议，深入学习贯彻习近平总书记关于新冠肺炎疫情防控工作的重要指示精神，传达学习省委常委会会议、全省疫情防控工作电视电话会议、市委常委会暨市新冠肺炎防控领导小组（指挥部）会议等会议精神，听取丰顺县疫情防控工作情况汇报，专题部署丰顺县疫情防控工作。县委副书记、县长廖茂忠主持会议并讲话。

21日 县委书记曾永祥率队赴江西省吉安市高新技术开发区考察学习，深入学习贯彻习近平总书记关于老区苏区工作重要论述和重要指示精神，学习借鉴苏区振兴、园区建设运营、产业培育体系等方面先进经验。吉安县委副书记、吉安高新区党工委副书记、管委会主任陈晓东，丰顺县人大常委会主任邱翠茂参加活动。

22—23日 县委书记曾永祥带队到江西省赣州市考察先进制造业高质量发展和乡村振兴工作。赣州市政协原主席罗春涛、刘建平以及丰顺县人大常委会主任邱翠茂参加考察。

25日 县委书记曾永祥，县委副书记、县长廖茂忠率队调研高考备考工作。

27日 全县加快项目投资推进会议召开，听取2021年1—4月全县固定资产投资完成情况和重点项目建设情况，部署下一阶段工作。县委书记曾永祥出席会议并讲话，县委副书记、县长廖茂忠主持会议。

28日 县新冠肺炎防控领导小组（指挥部）召开扩大会议，深入学习贯彻习近平总书记关于疫情防控的重要论述精神，传达学习省委常委会暨省新冠肺炎防控领导小组（指挥部）会议、市委常委会暨市新冠肺炎防控领导小组（指挥部）会议精神，研究部署丰顺县疫情防控工作。县委书记曾永祥出席会议并讲话。

是日 丰顺县组织收听收看梅州市开展党史学习教育工作会议。

是日 全县推进先进制造业高质量发展大会召开。县委书记曾永祥出席会议并讲话。

31日 县委党史学习教育领导小组会议召开，深入学习贯彻习近平总书记在党史学习教育动员大会上的重要讲话和重要指示精神，传达学习省委、市委党史学习教育领导小组会议及上级有关会议、文件精神，总结前期工作及部署下一阶段工作，审议有关文件稿。县委书记、县委党史学习教育领导小组组长曾永祥主持会议并讲话。

6月

1日 在收听收看全省、全市“三防”工作视频会议后，丰顺县立即召开会议，传达贯彻会议精神，部署全县“三防”工作。县委书记曾永祥出席会议并讲话。

2日 县委书记曾永祥率队到汤南镇调研督导“三防”工作。

3日 梅州市新时代文明实践中心建设工作推进会在丰顺县召开。市委副书记王庆利出席会议并讲话。

7日 县委书记曾永祥，县委副书记、县长廖茂忠率队到丰顺中学、实验中学两个考点巡视高考工作。

8日 市委副书记、市长张爱军率队到丰顺县，围绕城乡供水、固定资产投资和项目建设等工作进行调研。县领导曾永祥、廖茂忠、罗裕权、曾小丽，以及市、县相关单位负责人等陪同调研。

9日 丰顺县开展党史学习教育工作会议召开。会议深入学习贯彻习近平总书记在党史学习教育动员大会上的重要讲话精神，认真落实党中央决策部署和省委、市委工作安排，传达市委党史学习教育巡回指导工作任务和有关要求，推动丰顺县党史学习教育走深走实。市委党史学习教育第六巡回指导组组长钟立强到会指导并讲话。县委书记、县委党史学习教育领导小组组长曾永祥主持会议并作表态发言。县委常委、宣传部部长、县委党史学习教育领导小组常务副组长林剑汇报丰顺县党史学习教育开展情况。

是日 丰顺县县组织收听收看全省端午期间疫情防控和安全防护工作视频会议。

10日 丰顺县乡村振兴局正式挂牌成立。

14日 县委书记曾永祥率队开展燃气行业安全生产专项检查。

是日 丰顺县组织收听收看全省安全生产工作视频会议、全市安全生产工作视频会议。

是日 全县安全生产工作会议召开。会议深入学习贯彻习近平总书记关于安全生产的重要论述，特别是对湖北十堰市张湾区艳湖社区集贸市场燃气爆炸事故作出的重要指示精神，认真贯彻落实全省、全市安全生产工作视频会议部署要求，加强源头防范，化解隐患，落实责任，坚决守护人民群众生命财产安全。县委书记曾永祥出席会议并讲话。

18日　县委书记曾永祥率队到汤南镇隆烟村崇德善堂调研八一南昌起义军汤坑战役旧址保护利用工作。

23日　丰顺县组织收听收看全省脱贫攻坚总结表彰大会。

24日　县组织收听收看全省乡村振兴驻镇帮镇扶村工作动员部署电视电话会议。

25日　县委书记曾永祥率队开展“迎七一　防风险　保安全”安全生产督导检查和“七一”慰问活动。

29日　县委书记曾永祥率队到县坚真文体中心，检查丰顺县庆祝中国共产党成立100周年系列活动各项准备工作。

30日　丰顺县举行2021年广东扶贫济困日县领导捐款活动。

7月

1日　市委书记陈敏，市委副书记、市长张爱军率队到丰顺县嘉应学院紫琳学院调研项目建设情况，并现场研究解决项目推进中遇到的困难和问题。

2日　全县“两优一先”表彰大会召开。县委书记曾永祥出席会议并讲话，县委常委、组织部部长曹志辉宣读《中共丰顺县委关于表彰丰顺县优秀共产党员、丰顺县优秀党务工作者和丰顺县先进基层党组织的决定》，与会领导为受表彰代表颁奖。

7日　全县学习贯彻习近平总书记在庆祝中国共产党成立100周年大会上重要讲话精神干部动员大会召开。会议传达学习习近平总书记重要讲话精神，落实省委、市委的部署要求，对全县学习宣传贯彻工作进行全面动员部署。县委书记曾永祥出席会议并讲话。

9日　县委书记曾永祥，县委副书记、县长廖茂忠率队到嘉应学院紫琳学院调研项目建设情况。在听取项目建设工作情况汇报后，召开座谈会，研究解决项目推进过程中存在的困难和问题。

14日　梅州市丰顺县产业项目“三个一批”现场会召开。现场共有50个产业项目集中开工、竣工（投产）和签约，项目涵盖电子电声、康养旅游、生物制药等领域，总投资额达153.3亿元。市领导陈敏、张爱军、霍阳、李远青、温向芳、陈元星，嘉应学院党委书记吴琦，中国电子信息行业联合会副秘书长徐金声，广州市海珠区政府副区长孙伟，广东新南方集团有限公司董事长朱拉伊，立讯精密工业股份有限公司副董事长王来胜，万洋集团总裁吴建明，深圳旭生实业集团有限公司董事长林启生，县委书记曾永祥以及“三个一批”有关企业代表出席活动，县委副书记、县长廖茂忠主持活动。

21日　县新冠肺炎疫情防控领导小组（指挥部）会议召开。会议深入学习贯彻习近平总书记关于疫情防控的重要论述精神，传达上级有关会议和文件精神，通报丰顺疫情防控有关情况，对抓好常态化疫情防控、安全生产、“三防”等工作进行再部署、再推动。县委书记曾永祥主持会议并讲话，县委副书记、县长廖茂忠出席会议。

23日　丰顺县召开政法队伍教育整顿“回头看”推进会。“回头看”省指导组联络员栾红兵等4人到会指导。

30日　县委书记曾永祥，县委副书记、县长廖茂忠率拥军慰问团到梅州军分区开展“八一”慰问活动。梅州军分区司令员段见云，市委常委、军分区政委陈煜昌等领导参加会见。

是日 县委书记曾永祥参加县委办秘书党支部党史学习教育专题组织生活会。市委第六巡回指导组组长、市科协二级调研员钟立强到会指导。

31日 丰顺县组织收看收听全省疫情防控、安全生产和三防工作电视电话会议。电视电话会议结束后，丰顺县接着召开贯彻落实会议。

8月

3日 省政府副省长王曦率队到丰顺县调研工业、科技、教育工作。王曦一行先后前往丰顺县汤坑中学、嘉应学院紫琳学院、梅州丰顺国际声谷小镇。省政府副秘书长许典辉、省科技厅厅长龚国平、省工信厅厅长涂高坤、省教育厅副厅长朱超华等参加调研；梅州市领导陈金銮、霍阳、张晨、温向芳，县领导曾永祥、廖茂忠等陪同调研。

4日 丰顺县举行丰顺县中医院迁建工程竣工暨吉祥门诊大楼启用仪式。

9日 中国共产党丰顺县第十三届委员会第十二次全体会议在县会展中心召开。会议通过《关于召开中国共产党丰顺县第十四次代表大会的决议（草案）》，确定中国共产党丰顺县第十四次代表大会于2021年10月在县城召开。县委副书记、县长廖茂忠主持会议并讲话。

19日 丰顺县组织收听收看在广州召开的全省推动老区苏区全面振兴发展工作会议。

23日 丰顺县组织收听收看全省机关党的建设工作暨深化模范机关创建工作推进会视频会议。

24—25日 省政协调研组到丰顺县开展“关于落实‘一核一带一区’新战略，加快打通梅江—韩江水运大通道的提案”督办调研工作。

26日 2021年广东省雁洋公益基金会“叶剑英基金助学金”发放仪式在县关工委举行，共发放助困助学等资金5.4万元，全县27名品学兼优的贫困学子每人获得2000元资助。

30日 县委书记张志锋率队调研疫情防控和秋季开学工作。

是日 丰顺县工商业联合会（总商会）第十三次会员代表大会在县城会展中心召开。市委统战部副部长、市工商联党组书记罗桂芳，县领导张志锋、廖茂忠、邱翠茂、黄建斐、凌晓文、石远平、罗裕权等出席大会开幕式。县委常委、统战部部长廖月芝主持开幕式。

9月

3日 丰顺县召开贯彻落实中央第四生态环境保护督察组督察广东省工作专题会议，强调要深入学习贯彻习近平生态文明思想，全面落实中央生态环保督察反馈问题整改工作要求，全力保障此次督察工作各项任务顺利完成。县委书记张志锋出席会议并讲话。

7日 丰顺县组织收看收听广东交通强省建设大会。、

8日 丰顺县召开2021年教师节庆祝大会，热烈庆祝第37个教师节，表彰在教育工作中取得突出成绩的优秀教师和教育工作者，大力弘扬尊师重教的优良传统，加快推进全县教育事业蓬勃发展。

14日 县委书记张志锋，县委副书记、代县长罗达祥率队到部分重点项目建设现场调研。

15日 丰顺县召开新冠肺炎疫情防控工作领导小组（指挥部）会议，贯彻落

实上级会议精神，进一步研判形势、完善举措、压实责任，研究部署丰顺县疫情防控重点工作。县委书记张志锋主持会议。

是日 丰顺县生态环境保护委员会会议召开，深入学习贯彻习近平生态文明思想，传达省、市生态环境保护委员会会议精神，研究部署下一步工作。县委书记、县生态环境保护委员会第一主任张志锋主持会议并讲话。

17日 宣布丰顺县人武部党委第一书记任职大会在县会展中心召开。县委书记张志锋任丰顺县人武部党委第一书记。梅州军分区司令员段见云宣读梅州军分区党委关于张志锋任丰顺县人武部党委第一书记的任职决定，并向张志锋颁发任职证书。

是日 县委书记张志锋率队检查中秋、国庆节安全生产和疫情防控工作。

18日 中国共产党丰顺县第十三届委员会第十三次全体会议在县会展中心召开。全会的主要任务是，坚持以习近平新时代中国特色社会主义思想为指导，深入学习贯彻习近平总书记“七一”重要讲话和对广东系列重要讲话、重要指示批示精神，特别是关于横琴、前海开发开放的重要论述，深化落实《国务院关于新时代支持革命老区振兴发展的意见》，贯彻落实省委十二届十四次全会和市委七届十一次全会精神，总结上半年工作，就主动服务融入横琴、前海“两个合作区”建设、做好下半年工作作出部署，奋力在新征程上推动丰顺苏区高质量振兴发展。

26日 丰顺县领导干部党章党规党纪教育培训班开班，培训班以“学党史悟思想，守纪律铸忠诚”为主题，主要任务是坚持以习近平新时代中国特色社会主义思想为指导，深入学习贯彻习近平总书记“七一”重要讲话精神和关于全面从严治党重要论述精神，教育引导全县党员领导干部增强“四个意识”、坚定“四个自信”、做到“两个维护”，永葆忠诚干净担当的政治品格，为丰顺苏区高质量振兴发展提供坚强保障。

30日 县委全面依法治县委员会召开第三次会议，认真学习贯彻习近平法治思想，传达学习省委全面依法治省工作会议精神以及梅州市委全面依法治市委员会第五次会议精神，通报丰顺县2020年法治建设工作情况，审议有关文件稿。县委书记、县委全面依法治县委员会主任张志锋主持会议。

10月

9日 县新冠肺炎防控领导小组（指挥部）召开会议，深入学习贯彻习近平总书记关于疫情防控工作的重要指示精神，传达省、市新冠肺炎防控领导小组（指挥部）会议精神，听取丰顺县疫情防控工作情况汇报，研究部署下一步工作。县委书记张志锋主持会议。

11日 县委书记张志锋率队到潘田镇、建桥镇调研基层党建、疫情防控、乡村振兴、森林防火、安全生产等工作。

12日 县委书记张志锋主持召开丰顺县第十四次党代会报告征求意见专题会议。

13日 县委全体（扩大）会议召开，决定于10月25日至27日在县城召开中国共产党丰顺县第十四次代表大会。

是日 全县基层党建重点工作任务推进会召开。

25日 中国共产党丰顺县第十四次代表大会协商会议召开。会议协商代表资格审查委员会名单；大会主席团组成人员以及大会秘书长名单；大会议程；各代表团划分，指定各代表团临时召集人和代表团讨论地点；大会秘书处工作机构；以及大会注意事项和布置各代表团召开预备会议有关事宜。

是日 县第十四次党代会举行预备会议。会议由县委书记张志锋主持。本次会议应到代表331名，实到326名，符合规定人数。会议以举手表决的方式通过中国共产党丰顺县第十四次代表大会代表资格审查委员会名单，大会主席团名单、大会秘书长名单；通过大会议程。预备会议结束后，举行代表资格审查委员会会议。会议由县委副书记、政法委书记梁玉辉主持。会议审议通过代表资格审查报告，并提请大会主席团第一次会议审议研究。

是日 丰顺县第十四次党代会主席团第一次会议召开。会议以举手表决的方式，通过中国共产党丰顺县第十四次代表大会主席团常务委员会成员名单、大会副秘书长名单、代表资格审查报告、列席人员名单、大会日程安排、大会秘书处工作机构以及各次大会执行主席名单。

26日 中国共产党丰顺县第十四次代表大会在县会展中心开幕。会上，县委书记张志锋代表中共丰顺县第十三届委员会，向大会作题为《乘势而上 接续奋斗 奋力谱写丰顺苏区高质量振兴发展新篇章》的报告。大会由县委副书记、代县长罗达祥主持。大会应到会代表331名，实到会代表325名，符合规定人数。大会还审议县纪委工作报告（书面），全县党费收缴、使用和管理情况报告（书面）。

是日 中国共产党丰顺县第十四次代表大会举行主席团第二次会议，县委书记张志锋主持会议。会议听取各代表团讨论县委报告、县纪委工作报告和党费收缴使用管理情况报告的情况汇报；听取第十四届县委委员、候补委员，县纪委委员候选人预备人选及出席市第八次党代会代表候选人预备人选情况的说明；会议表决通过十四届县委委员、候补委员、县纪委委员和出席市第八次党代会代表候选人建议名单以及《大会选举办法》（草案）。

27日 中国共产党丰顺县第十四次代表大会举行大会选举。大会以无记名投票的方式，选举中国共产党丰顺县第十四届委员会委员55名，候补委员10名，纪律检查委员会委员23名，出席梅州市第八次党代会代表40名。大会由县委书记张志锋主持。会议应到会代表331名，实到会代表326名，符合规定人数。大会由县委书记张志锋主持。

是日 中国共产党丰顺县第十四次代表大会闭幕。大会宣布中国共产党丰顺县第十四届委员会委员、候补委员、县纪委委员和出席梅州市第八次党代会代表选举结果。会议表决通过《中国共产党丰顺县第十四次代表大会关于第十三届委员会工作报告的决议》（草案）；《中国共产党丰顺县第十四次代表大会关于县纪委工作报告的决议》（草案）。大会应到会代表331名，实到会代表324名，符合规定人数。大会由县委书记张志锋主持。

是日 中国共产党丰顺县第十四届委员会第一次全体会议召开。会议选举产生中国共产党丰顺县第十四届委员会常务委员会委员和书记、副书记。张志锋、罗达祥、梁玉辉、林剑、罗小平、石远平、张晓山、廖月芝、张学鹏、钟凌玮、徐晓东当选为县委常委，张志锋当选为县委书记，罗达祥、梁玉辉当选为县委副书记。县委书记张志锋主持会议并代表新一届县委领导班子作讲话。市换届选举指导组和换届风气督导组领导到会指导。会议应到会县委委员55人、候补委员10人，实到会县委委员55人、候补委员9人，符合规定人数。

31日 县史志办公室和八乡山镇党委、政府联合策划出品的歌曲《红薯情》（作词：宋青松，作曲：陈光华，演唱：李佳儒）在中央电视台音乐频道播出，这是丰顺县有史以来第一篇文艺作品在央视播出。

11月

11日 县委书记张志锋率队调研温泉资源开发利用和文旅体产业发展情况。

15日 中国人民政治协商会议第十一届丰顺县委员会第一次会议在县会展中心开幕。县政协主席黄建斐代表政协第十届丰顺县委员会常务委员会作工作报告，县政协副主席郭春山向大会报告提案工作情况。县政协十一届一次会议应出席委员246人，实到225人，符合政协章程规定人数。会议由县政协副主席陈美琼主持，市换届选举指导组、市换届风气督导组到会指导督导。

16日 丰顺县第十六届人民代表大会第一次会议在县会展中心开幕。县委副书记、代县长罗达祥代表县人民政府向大会作工作报告。会议还书面报告《丰顺县2021年1月至9月份国民经济和社会发展计划执行情况的报告》《丰顺县2021年1至9月份财政预算执行情况的报告》；以举手表决的方式，通过丰顺县十六届人大一次会议选举办法。大会应到会代表277人，实到会代表271人，符合法定人数。大会由县人大常委会主任邱翠茂主持。市换届选举指导组和换届风气督导组领导到会指导。

17日 中国人民政治协商会议第十一届丰顺县委员会第一次会议完成各项议程，在县会展中心胜利闭幕。会议表彰县政协十届六次会议以来的优秀提案和承办提案先进单位，选举产生政协第十一届丰顺县委员会领导机构，黄建斐当选主席；陈美琼、蔡运林、陈新化、彭水利、罗炳元等当选副主席；陈奕鹏当选秘书长；王吉欣等49位当选常务委员。

18日 丰顺县第十六届人民代表大会第一次会议完成各项议程后，在县会展中心大会堂闭幕。大会通过县人民政府工作报告等六个决议草案；选举产生新一届县人大常委会主任、副主任、委员，县人民政府县长、副县长，县监察委员会主任，县人民法院院长，县人民检察院检察长以及出席梅州市第八届人民代表大会代表。邱翠茂当选为县第十六届人民代表大会常务委员会主任，罗达祥当选县人民政府县长，廖若旦、刘超平、吴伟明、马扬闲、张良生、谢仕华当选县人大常委会副主任，林剑、张晓山、罗小天、李吉祥、曾小丽、谢定雄、罗灏当选县人民政府副县长，张学鹏当选县监察委员会主任，邹宇平当选县人民法院院长。李炎飞当选县人民检察院检察长（根据法律规定，选出的县人民检察院检察长须报经梅州市人民检察院提请梅州市人民代表大会常委会批准）。

23日 广东省教育厅原厅长、党组书记、暨南大学教授、博士生导师罗伟其率队到丰顺县调研，广东省政协委员、广东开放大学原党委书记罗海鸥，嘉应学院副校长罗嘉文，市教育局局长彭旭，县领导张志锋、石远平、张晓山、罗炳元等参加调研。

24日 县委党史学习教育领导小组会议召开，深入学习贯彻党的十九届六中全会精神、《关于充分发挥基层党组织战斗堡垒作用和党员先锋模范作用 进一步深化党史学习教育“我为群众办实事”实践活动的通知》文件精神、省委党史学习教育工作推进会和市委党史学习教育领导小组会议精神，部署丰顺县党史学习教育工作。县委书记、县委党史学习教育领导小组组长张志锋主持会议并讲话。

是日 丰顺县召开新冠肺炎疫情防控工作领导小组（指挥部）会议，深入学习贯彻习近平总书记关于疫情防控工作的重要指示精神，传达省、市疫情防控工作领导小组（指挥部）会议精神，听取近期丰顺县疫情防控工作情况汇报，研究部署下一步工作。县委书记张志锋主持会议。

12月

9日 县委全面深化改革委员会召开第六次会议，传达中央、省、市全面深化改革委员会会议精神，研究部署有关事项。县委书记、县委全面深化改革委员会主任张志锋主持会议。

是日 县委全面依法治县委员会召开第四次会议，传达学习中央、省委和市委有关会议精神，审议相关文件，并对下一步工作进行研究部署。县委书记、县委全面依法治县委员会主任张志锋主持会议。

15日 省委党史研究室副主任易立率调研组一行到丰顺县调研乡村振兴、党史研究等工作，市委党史研究室主任邓文庆，县领导张志锋、石远平、马扬闲、彭水利，县委组织部、县史志办、县农业农村局等单位相关负责人参加调研活动。

28日 市委常委、政法委书记梁维到丰顺县，就抓好经济社会发展、平安建设等工作进行调研。

是日 省供销合作联社党组成员、理事会副主任翁少能率队到丰顺县调研冷链物流项目和直供配送区域子平台建设情况。县委书记张志锋，副县长曾小丽，以及市、县相关单位负责人等陪同调研。

29日 市委常委、副市长刘晋生到丰顺县调研检查安全生产、项目建设等工作。

是日 县委书记张志锋率队督导检查安全生产和疫情防控等工作。

31日 县委常委会召开会议，传达学习贯彻中共中央政治局党史学习教育专题民主生活会、中央农村工作会议、中央全面深化改革委员会第二十三次会议精神以及习近平总书记在中国文联十一大、中国作协十大开幕式上的重要讲话精神和对全国老干部工作、党内法规制度建设作出的重要指示精神，传达省委常委会会议、市委常委会会议精神，研究丰顺县贯彻落实意见。县委书记张志锋主持会议。

概 览

基本情况

【位置面积】 丰顺县位于广东省东部，梅州市南端，属南亚热带季风气候区，辖16个镇、1个国有农场，行政区域面积2710.22平方千米。2021年年末，全县户籍人口726188人，旅外华人华侨和港澳台同胞40多万人。梅汕高铁在丰顺县境内设有丰顺东站和建桥站两个站。梅汕高速公路穿境而过，并在县城设立两个出入口，广梅汕铁路横贯县内中部，县通镇公路全部实现水泥硬底化，国道206线、235线，省道228线、224线、334线贯穿而过。

【自然条件】 丰顺县是全国地热资源丰富的县份，素有“九汤十八礤”之称，是著名的温泉之城，地热活动区遍布8个镇、24处，日动储量2.2万立方米，最高水温92℃，硅、氟、氡等元素含量符合医疗用热矿水标准，具有分布广、储量大、水温高、水质好、高端开发价值高等特点，主要用于发电、旅游服务业、养殖业、公共汤湖洗浴、家庭洗浴等方面。中华人民共和国第一座地热发电站——邓屋地热电站建立在丰顺县汤坑镇。重要矿产资源有铁、钨、铅、锌、钼、锡、铜、金和稀土等金属矿，花岗岩、高岭土、钾长石、叶蜡石、水晶、石墨、云母等非金属矿。铁矿储量在2000万吨以上，属中型矿。

丰顺县旅游资源丰富，有众多的温泉、瀑布、奇峰异石、文物古迹，主要旅游景点有大宝山旅游度假区、千江温泉度假区、龙鲸河漂流、龙归飞瀑、揭岭飞泉、铜鼓峰高山旅游区、黄花村乡村游、八乡山大峡谷、韩山生态旅游区及太平寺、济公殿、西岩寺、丰顺公园、坚真公园，有国家级非物质文化遗产“埔寨火龙”和省内独特的畲族风情。保留着水乳交融的潮客文化、历史悠久的宗教文化和红色激扬的老区文化。

【丰顺名人】 丰顺县是泰国前总理他信、英拉的祖居地，县著名人物有晚清洋务运动领袖丁日昌，民族英雄徐名鸿，华夏女杰李坚真，数学大师李国平，国民革命军中将吴逸志、少将陈勉吾等，中国人民解放军将军胡军、黄锦容、林才文，爱国侨领丁家骏、何侨生、郑明如、陈修试、罗锦碟、徐廷侨等，国内实业家有地产大王朱拉伊、朱孟依和朱庆伊兄弟，中南五省糖王冯小华、李国辉，自行车大王谭伟龙等。

（史志办）

经济社会发展

【概况】 根据地区生产总值统一核算结果（初步核算数），2021年丰顺县实现地区生产总值118.68亿元，同比增长2.3%。其中，第一产业增加值25.84亿元，增长1.7%，对地区生产总值增长的贡献率为16.7%；第二产业增加值43.9亿元，同比下降3.8%，对地区生产总值增长的贡献率为-63.3%；第三产业增加值48.94亿元，同比增长8.6%，对地区生产总值增长的贡献率为146.6%。三次产业结构比重为21.8∶37.0∶41.2；人均地区生产总值24748元，同比增长2.2%。

全年城镇新增就业2371人，城镇失业人员实现再就业150人。年末城镇登记失业率为2.53%，比上年减少0.02%。全年一般公共预算收入完成7.92亿元，同比增长7.6%；其中税收收入完成4.32亿元，同比增长8.3%。全年一般公共预算支出完成50.93亿元，同比下降6.7%。

【农业】 全年粮食作物种植面积22926.8公顷，同比增长0.02%；粮食总产量119428吨，同比增长0.3%。主要经济作物产量中，全年花生总产量4984吨，同比增长1.2%；蔬菜总产量222547吨，同比增长2.4%；园林水果总产量65473吨，同比增长2.0%；茶叶总产量4807吨，同比增长5.3%。全年肉类总产量46531吨，同比下降3.9%，其中：猪肉产量13003吨，同比增长3.1%；禽肉产量32038吨，同比下降6.8%。全年水产品总产量10895吨，同比下降18.6%。

【工业和建筑业】 全年实现规模以上工业总产值83.15亿元，同比增长15.4%；全年完成规模以上工业增加值12.69亿元，同比增长5.4%。全年规模以上工业企业实现主营业务收入85.91亿元，同比增长22.8%；实现利税2.76亿元，同比增长2.1%；实现利润总额1.44亿元，同比下降17.8%。全年规模以上工业企业完成出口交货值8.75亿元，同比下降8.8%。全年实现资质以上建筑业总产值148.75亿元，同比增长20.9%；全年完成建筑业增加值25.53亿元，同比下降11.1%。

【固定资产投资】 全年完成固定资产投资同比下降29.0%，其中工业投资同比下降18.1%，工业投资中技改投资同比下降28.5%；房地产开发投资13.95亿元，同比下降37.3%。商品房销售面积288206平方米，同比下降21.5%，销售总额18.24亿元，同比下降20.3%。

【交通和邮电业】 全年旅客周转量1940万人公里，同比下降70.2%；货物周转量62960万吨公里，同比增长7.9%。全年完成邮政业务总量5755万元，同比增长16.3%。

【国内贸易】 全年实现社会消费品零售总额55.72亿元，同比增长0.7%。按经营地分，城镇实现社会消费42.14亿元，同比增长0.6%；乡村实现社会消费13.59亿元，同比增长1.0%。按消费类型分，商品零售实现49.75亿元，同比增长0.4%；餐饮收入实现5.98亿元，同比增长2.8%。

【对外经济贸易和旅游业】 全年外贸进出口总额1.44亿美元，同比下降6.2%，其中出口1.44亿美元，同比下降1.9%。全年实际利用外资793万美元，同比增长52.9%。全年接待游客204.24万人次，同比下降67.3%。全年旅游营业收入10.64亿元，同比下降69.1%。

【金融和保险业】 年末全县各项贷款余额126.28亿元，同比增长16.6%；各项存款余额225.88亿元，同比增长11.0%，其中住户存款余额178.93亿元，同比增长8.1%。全年保费收入2.47亿元，同比增长2.1%，其中人寿险保费收入8393万元，同比下降16.2%；财产险保费收入1.63亿元，同比增长15.0%。全年保险赔款支出9417万元，同比增长39.1%，其中人寿险赔款支出1261万元，同比下降6.4%；财产险赔款支出8155万元，同比增长50.4%。

【科学技术和教育】 年末全县事业单位和抽样企业各类专业技术人员10087人。其中，正高级专业技术人员16人，副高级专业技术人员1482人，中级专业技术人员3075人，初级专业技术人员2993人。全县有幼儿园118所，在园幼儿18011人；小学168所（含小学教学点），在校学生44341人；初中学校26所，在校学生22485人；高中学校7所，在校学生9251人；职业技术学校1所，在校学生1661人；特殊教育学校1所，在校学生30人。

【文化、卫生和体育】 年末全县有文教体育服务中心16个，文化馆、图书馆、纪念馆各1个，博物馆2个，电影院4家；有广播电视台1座，播映内容丰富，节目多彩。全县年末有卫生机构329个，实有床位2099张，在职人员2971人（其中卫生技术人员2388人）。其中：医院6家，实有床位1480张，卫生技术人员1146人；基层医疗卫生机构中镇级卫生院16家，实有床位535张，卫生技术人员819人，村卫生站264个，卫生技术人员112人；专业公共卫生机构5个，床位84张，卫生技术人员239人；其他卫生机构1个，卫生技术人员72人。年末全县有面积大小不等的体育活动场所1121个。全年组织镇以上体育活动竞赛8次。

【人口、人民生活和社会保障】 2021年年末，全县户籍人口726188人，比上年末减少5.8‰。据住户抽样调查结果，全年全县常住居民人均可支配收入23709元，比上年增长8.5%，其中全年城镇常住居民人均可支配收入29412元，比上年增长8.8%；全年农村常住居民人均可支配收入17251元，比上年增长10.4%。2021年城乡居民医疗保险参合率100%。

【资源和环境】 2021年年末，全县共有环境监测站1个，共有城市（县城）生活污水处理厂1座，城市（县城）生活污水处理能力达到4万吨/日，城市（县城）生活污水集中处理率100%。城市生活垃圾无害化处理率100%。全年规模以上工业综合能源消费量7.37万吨标准煤，比上年下降4.6%。规模以上工业单位增加值能耗下降10.5%。全社会用电15.16亿千瓦时，同比增长5.3%，其中工业用电量8.11亿千瓦时，同比增长1.3%。

（统计局）

党的建设

【概况】 2021年，丰顺县党的建设工作坚持以习近平新时代中国特色社会主义思想为指导，深入贯彻落实党的十九大和十九届历次全会精神，深入落实习近平总书记对广东系列重要讲话和重要指示批示精神，全面贯彻新时代党的建设总要求和新时代党的组织路线，落实省委“1+1+9”工作部署和市委工作要求，隆重庆祝中国共产党成立100周年，开展党史学习教育，坚定不移加强党的全面领导和党的建设，党的建设质量和水平得到进一步提高。截至2021年年底，丰顺县共有基层党组织750个（其中：党委38个，党总支部33个，党支部679个），党员总数为22611名。

【党的政治建设】 坚持把政治建设摆在首位，从高从严落实省委“两个维护”十项制度机制，不断提高各级党组织和广大党员干部的政治判断力、政治领悟力、政治执行力，引导增强“四个意识”、坚定“四个自信”、做到“两个维护”，忠诚拥护“两个确立”，推动习近平总书记和党中央各项决策部署在丰顺大地落地见效。完善政治要件闭环落实机制，跟进落实习近平总书记重要讲话和重要指示批示104项。严格落实重大事项请示报告制度，及时向市委请示报告推进老区苏区振兴发展、年度工作情况等重大事项。持续巩固坚决全面彻底肃清李嘉、万庆良恶劣影响成果，引导党员干部牢记“五个必须”、反对“七个有之”、做到“三个决不允许”。督促各级党组织健全民主集中制，完善镇村党组织议事决策机制，全面落实“三会一课”、民主生活会、民主评议党员等制度，推动党内政治生活严起来。

【党的思想建设】 把学习贯彻习近平新时代中国特色社会主义思想作为首要政治任务，坚持第一议题、常设议题制度，召开县委常委会会议46次、中心组学习会12次。深化“大学习、深调研、真落实”工作，围绕学习贯彻习近平总书记“七一”重要讲话、党史学习教育和党的十九届六中全会精神开展大学习大培训，推动习近平新时代中国特色社会主义思想在丰顺落地生根、结出硕果。扎实开展党史学习教育。高起点谋划、高标准推进，按照“1+10+N”（“1”是省领导班子办实事项目，“10”是省级“办实事、开新局”重点民生项目，“N”是各部门上报项目，也是要向社会公布并接受省委督导的项目。）思路，带动全县750个党组织、2.2万名党员弘扬伟大建党精神、增强工作本领。县委领导通过讲专题党课、调研指导、参观展览、参加专题组织生活会等多种方式参与党史学习教育，带头讲党课65次、大走访640人次。大力开展“我为群众办实事”实践活动，县领导牵头落实重点民生项目54项，推动就业、教育、住房、医疗卫生、社会保障、交通安全等重点领域工作不断取得新成效。全县各级党组织在“我为群众办实事”实践活动中完成办实事项目2200多项。抓实党员教育培训。加强东江苏维埃政府和红十一军成立、红四军进驻马图等红色遗址遗迹开发保护利用。依托2个省级“红色村”党建示范工程、4个市级镇街党校示范点、7个市县级党员教育基地和10个党史学习教育实践基地，全覆盖开展党员教育培训。

【党的组织建设】 扎实做好县、镇、村（社区）集中换届工作。认真贯彻落实党中央和省委、市委部署要求，严把换届选人关、程序关、纪律关，严明“十严禁”“八不准”换届纪律，严肃换届风气，确保选出好干部、配出好班子。2月全面完成282个村（社区）“两委”换届工作；9月完成16个镇领导班子换届工作；10月召开县第十四次党代会，选举产生新一届县委、县纪委领导班子；11月召开县十六届人大一次会议和县政协十一届一次会议，选举产生新一届县人大常委会、县政府、县政协领导班子和县法院检察院两长。持之以恒抓好干部队伍建设。全面落实新时代好干部标准，以镇领导班子换届为契机，大力选拔忠诚、干净、担当的优秀干部，优化领导班子结构，提拔（重用）科级干部110人次，县管干部晋升职级101人次。严格落实“凡提四必”“三个不上会”要求，实行“政治表现和廉政情况双签字”制度，在全县范围内开展专题制度学习，加强干部日常分析研判，选人用人进一步规范。扎实推进组织体系建设。制定实施新一轮基层党建三年行动计划方案，系统谋划党建工作，压实县镇村党建责任，县几套班子成员定点联系党支部，党员领导干部直接联系群众。积极创建抓党建促乡村振兴示范县，大力发展高山茶、特色蔬菜、青榄及光伏发电等绿色产业，壮大村集体经济。全覆盖开展村级巡察，常态化开展扫黑除恶斗争，有效治理村霸等问题。落实市域社会治理现代化全国试点工作，获省市推荐评选2021年度“全国信访工作示范县”。深化“双报到、双服务”活动，组织67个县直单位党组织和2500多名党员广泛服务于疫情防控和“创文巩卫”一线，让党旗在基层一线高高飘扬。深化模范机关创建活动，落实公立医院党委领导下的院长负责制，建立中小学校党组织领导的校长负责制。做好新业态和新就业群体党建工作，实现“两新”组织“两个覆盖”，新建非公有制企业党组织2个、社会组织党组织3个。成立新阶联党支部，新业态和新就业群体党建工作得到加强。从严把好入口关，发展党员553名。全力优化人才发展环境。认真贯彻落实省、市人才新政，成功引进医学博士1人、急需紧缺人才9人，招录具有大学本科以上学历公务员（选调生）114人，招聘教育人才100人、卫生人才65人、社工120人，招募“三支一扶”人员26人。县级乡村振兴人才驿站升级打造成功。推动“三项工程”落地见效，培训“粤菜（客家菜）师傅”470多人、“广东技工”1000多人、“南粤家政”440多人。举办各类型主体培训班，培训领导干部5100多人次。

（县委组织部）

中共丰顺县委员会

丰顺县委主要事项

1月11日，省政协副主席、省住房和城乡建设厅厅长张少康率队到丰顺县调研乡村振兴和脱贫攻坚工作，并开展送温暖慰问活动及定点联系工作。张少康对丰顺县乡村振兴和脱贫攻坚工作及重点任务开展等各项工作给与充分肯定，希望接下来丰顺县要深入学习贯彻党的十九届五中全会精神，习近平总书记出席深圳经济特区建立40周年庆祝大会和视察广东重要讲话、重要指示精神，以及习近平总书记在中央农村工作会议上的重要讲话精神，进一步提高政治站位，按照中央决策部署，以及省委省政府、市委市政府工作要求，坚持把解决好"三农"问题作为重中之重，强化农业农村优先发展，采取更有力的举措、汇聚更强大的力量全面推进乡村振兴，促进农业高质高效、乡村宜居宜业、农民富裕富足。市委常委、市政府党组副书记黄文沐，市有关领导，县委书记曾永祥，县委副书记、县长廖茂忠，县有关领导以及县相关单位负责人等参加调研或座谈。

1月17日，丰顺县坚真文体中心主体工程封顶仪式隆重举行。广州凯源房地产实业有限公司、深圳凯南房地产开发有限公司董事长许应裘，副市长张晨，梅州军分区司令员段见云，梅州军分区政委陈煜昌，嘉应学院副校长罗嘉文，广州凯源房地产实业有限公司、深圳凯南房地产开发有限公司副总经理许桦，广东电白建设集团有限公司副总经理陈国平，广东电白建设集团有限公司副总经理赖华新，广东省建筑设计研究院五分院院长张小良，县委书记曾永祥，县人大常委会主任邱翠茂，县政协主席黄建斐等出席仪式，县委副书记、县长廖茂忠主持仪式。

1月22日上午，县委书记曾永祥，县委副书记、县长廖茂忠率队督导检查重点场所疫情防控工作，强调要持续加强疫情防控工作，严密落实疫情防控措施，切实把防控工作抓实抓细抓落地，做好冬春季和春节期间防疫工作，相关部门要落实监管责任，切实抓好本行业、本系统防控工作，慎终如始织密筑牢疫情防控的坚固防线。

2月25日，省应急管理厅党委委员、副厅长杨胜强率省、市督导组一行到丰顺县督导森林防灭火工作。通过现场督导、查阅台账，督导组一行对丰顺县深入学习贯彻中央、省、市关于森林防灭火工作重要指示精神，严格对标对表，举一反三，认真开展森林防灭火整改落实工作予以充分肯定。督导组要求，丰顺县一要进一步压实工作责任，包山头、守路口，严格管控野外火源，重点盯守、严防死守；二要进一步提高思想认识，克服麻痹思想、侥幸心理，从严从实抓好森林防灭火工作；三要进一步加大宣传力度，使森林防火知识家喻户晓、深入人心；四要进一步强化队伍建设，健全森林防灭火体制机制，配齐备足救火设备，常态性开展培训演练，有效提高科学扑救能力；五要进一步加大案件查处力度，从严查处野外违规用火，做到发现一起、查处一起，严厉打击，绝不手软。县领导曾永祥、廖茂忠、梁玉辉、张晓山以及市、县相关部门负责人等参加督导。

3月3日，省政协党组成员、副主席薛晓峰率队到丰顺县开展美丽乡村建设和“加强我省地热资源综合开发利用情况”回头看专题视察活动。省政协理论研究会会长刘日知，省政协常委、人口资源环境委员会主任凌锋，省政协港澳台委员会主任廖京山等参加视察活动。市政协党组成员、副主席周秋明，县领导曾永祥、廖茂忠、黄建斐、石远平、张晓山、陈新化，以及市、县相关部门负责人等陪同视察。

3月5日，县委书记曾永祥率队到广州市花都区联系工作，积极争取花都区的指导和支持，助推丰顺苏区加快振兴发展。曾永祥对花都区在精准扶贫工作开展以来的帮扶和帮助支持表示衷心的感谢。花都区委书记黄伟林，县领导石远平、陈少洲、朱报正参加活动。

3月7日，市委副书记、市长张爱军到丰顺县调研重点项目建设情况。张爱军强调要深入学习贯彻习近平总书记重要讲话和重要指示批示精神，认真落实省委“1+1+9”工作部署和市委“123456”思路举措，抓住苏区振兴发展有利时机，大力推进项目建设和重点工作，深化文旅融合，推动产业振兴发展。市领导孙春明，县委书记曾永祥，县委副书记、县长廖茂忠参加调研。

3月9日，省政协专委会第二分党组副书记、经济委员会主任王珺率队到丰顺县开展党史学习教育主题党日活动。王珺强调要注重统筹推进，把党史学习教育与落实“十四五”开局之年各项重点任务结合起来，更好地将党史学习教育过程中激发出来的信念信心、热情激情，转化为攻坚克难、干事创业的具体行动，为全面加快梅州苏区振兴发展，打造生态经济发展新标杆提供坚强保证，以良好精神风貌和优异成绩庆祝中国共产党成立100周年。市政协副主席、农工党梅州市委员会主委李利平，县委书记曾永祥，县政协主席黄建斐，县委常委、副县长陈少洲，市管四级调研员傅伟芳，以及市、县相关单位负责人等参加调研。

3月10日，市政府副市长张晨到丰顺县开展调研基层医疗卫生服务能力提升相关工作。张晨表示，中心卫生院升级建设工作是强基层的“头号工程”，事关乡镇人民群众的健康福祉。各级各有关部门要统一思想、形成合力，瞄准同一目标齐抓共管，心往一处想、劲往一处使，全力推动全市基层医疗卫生服务能力再上新台阶。市政府副秘书长黄伟华、市卫生健康局局长林雨兰、市医疗保障局副局长赖志坚，市人民医院院长钟志雄，县委书记曾永祥，县委常委、宣传部部长林剑，县委常委、隁隍镇党委书记张晓山等陪同。

3月11日，县委书记曾永祥，县委副书记、县长廖茂忠率党政考察团到兴宁市、五华县等地，就关于全面推进乡村振兴加快农业农村现代化进行考察。学习借鉴兄弟市（县）实施乡村振兴战略工作先进经验，助推丰顺县乡村振兴发展。梅州市委常委、兴宁市委书记余其豹，兴宁市委副书记、市长洪国华，五华县委书记吴晖，五华县委副书记、县长朱少辉等会见考察团或陪同考察。丰顺县人大常委会主任邱翠茂、县政协主席黄建斐参加考察活动。

3月16日，省委政法队伍教育整顿省级驻点指导组到丰顺县调研政法队伍教育整顿工作。省级驻点指导组副组长、潮州市政协党组成员、副主席吴启忠出席会议并讲话。强调驻点指导组将在全省政法队伍教育整顿领导小组领导下，将从“指导、督促、协调、推动”四个方面，通过听取汇报、调研座谈、检查台账等方式开展工作，确保教育整顿取得实效，实现筑牢政治忠诚、清除害群之马、整治顽瘴痼疾、弘扬英模精神的目标任务。县委书记、县委政法队伍教育整顿工作领导小组组长曾永祥代表丰顺县作工作情况汇报，县长、县委政法队伍教育整顿工作领导小组第一副组长廖茂忠出席会议。

3月20日下午，“火龙杯”2021年中国山地自行车联赛第一站（广东·梅州丰顺站）在丰顺县大宝山景区精彩开赛。中国自行车运动协会主席崔大林到现场指导，中国自行车运动协会副主席兼秘书长孙为民，广东省体育局副局长杨海，梅州市政府副市长张晨，县委书记曾永祥，梅州市体育局局长陈建新，县委副书记、县长廖茂忠，县人大常委会主任邱翠茂，县政协主席黄建斐，以及大宝山生态旅游养生度假村董事长罗斌，大宝山生态旅游养生度假村总经理黄渊以及县委、县人大、县政府、县政协班子成员，县直有关单位主要负责同志，有关企业代表、赛事组委会委员和全体参赛运动员、裁判员以及新闻界、摄影界人员等约1000人参加活动。副县长曾小丽主持开幕式。

3月21日下午，中国自行车运动协会主席崔大林率队到丰顺县调研指导体育工作。中国自行车运动协会副主席兼秘书长孙为民，国家自行车队教练组组长李纯昌，县委书记曾永祥，及省、市、县相关部门负责人参加调研。

3月29日，2021年丰顺县村（社区）党组织书记培训班开班。县委书记曾永祥出席开班仪式并作专题辅导报告，强调要深入学习贯彻习近平新时代中国特色社会主义思想，贯彻落实习近平总书记在党史学习教育动员大会上的重要讲话精神，深入实施“头雁工程”，学理论、悟思想、强能力、办实事、开新局，筑牢实施乡村振兴战略的坚强战斗堡垒，带领党员群众满怀信心迈入新发展阶段，开启全面建设社会主义现代化国家新征程。会议听取县委政法队伍教育整顿工作领导小组办公室（县委政法委）、县法院、县检察院、县公安局、县司法局汇报学习教育环节工作情况。

3月31日上午，中共丰顺县委在丰良镇九龙村榕树塘“永昌居”——中共丰顺（临时）县委成立旧址召开县委理论学习中心组2021年第三次集体学习会。按照党史学习教育的要求，用好红色资源，创新学习形式，现场体验、现场学习、现场教育、现场研讨，瞻仰革命旧址，聆听红色故事，重温入党誓词，开展红色教育。

4月21日，县委书记曾永祥，市委编办副主任周庆文一行先后前往汤西镇综合行政执法队、党群服务中心等地，详细了解综合行政执法体制改革、行政审批、行政体制改革等方面工作情况。随后召开县委推进乡镇体制改革现场会。会上，曹志辉传达省委编办主任潘享清到梅州调研讲话精神。汤西镇、县委编办、县司法局、县政务服务数据管理局分别介绍改革工作情况。县委书记曾永祥，市委编办副主任周庆文出席会议并讲话，县委常委、组织部部长曹志辉主持会议。

4月22日至23日，省政府副省长许瑞生到丰顺县调研自然保护地建设、全面推行林长制和森林防火等工作并检查节前旅游市场安全管理工作情况。省自然资源厅党组副书记、省林业局局长陈俊光，省文化和旅游厅党组副书记、副厅长、省文物局局长曾颖如，梅州市领导黄文沐，丰顺县领导曾永祥、廖茂忠等参加调研。

4月30日，市委副书记、市长张爱军到丰顺县调研榕江北河治理工作。强调要深入学习贯彻习近平生态文明思想，践行“绿水青山就是金山银山”的理念，坚定不移走好生态优先、绿色发展道路，推进系统治理工程，确保榕江北河水质持续稳定达标。市委常委、市政府党组副书记黄文沐，市政府秘书长陈亮，县委副书记、县长廖茂忠等陪同调研。

5月14日上午，珠海市政协副主席曾祥华率调研组到丰顺县调研“粤菜师傅”工程高质量发展工作以及推动美食传承创新，发展壮大地方美食的做法等工作。调研组一行先后前往丰顺县丰泰职业培训学校，金贵大道好日子农庄，丰顺县坚真文体中心、汤南镇八角塘嘉应学院紫琳学院项目现场等地参观考察，听取相关工作情况介绍，详细了解丰顺县在推进“粤菜师傅”工程以及重点项目建设情况等工作。调研组认为，丰顺县地处梅潮交界，有着独特的客潮特色饮食文化，食材资源丰富，在推动“粤菜师傅”工程高质量发展、传承创新地方美食等工作上取得显著成效，为促进城乡就业，全面推进乡村振兴作出积极贡献。接下来，希望双方加强沟通交流合作，学习借鉴好经验、好做法，共同推进“粤菜师傅”工程高质量发展。县委书记曾永祥、县政协主席黄建斐、副县长李吉祥陪同调研。

5月19日上午，2021年“梅州日报赴圩节”走进龙岗镇暨红色马图第三届茶香节活动在马图村红色文化广场启动。县委书记曾永祥，梅州日报社党委书记、社长罗金良，梅州日报社党委副书记、总编辑黄山松，梅州日报社党委副书记、总经理梁庚，县委常委、县纪委书记凌晓文，副县长曾小丽等出席活动。

5月21日，县委书记曾永祥率队赴江西省吉安市高新技术开发区考察学习，深入学习贯彻习近平总书记关于老区苏区工作重要论述和重要指示精神，学习借鉴苏区振兴、园区建设运营、产业培育体系等方面先进经验，为丰顺经济高质量发展提供支撑。考察期间，曾永祥一行先后到立景创新科技（吉安）有限公司、江西立讯智造有限公司等地，实地考察吉安市高新技术开发区规划发展建设情况，详细了解立讯相关企业主营业务、生产规模、产品销售、技术创新及投资建设等情况，并召开工作交流座谈会，寻求合作机遇，搭建发展平台，打开交流合作新局面。吉安县委副书记、吉安高新区党工委副书记、管委会主任陈晓东，丰顺县人大常委会主任邱翠茂参加活动。

5月22—23日，县委书记曾永祥带队到江西省赣州市考察先进制造业高质量发展和乡村振兴工作。曾永祥一行先后到赣州国际陆港、赣州南康家居特色小镇、赣州市经济开发区、赣州穗丰实业有限公司、蓉江新区公园、兴国县将军园、于都县中央红军长征出发地纪念园、禾丰兰花小镇等地考察学习先进制造业高质量发展、乡村振兴、红色资源保护利用、专业小镇建设以及特色产业发展等工作。赣州市政协原主席罗春涛、刘建平以及丰顺县人大常委会主任邱翠茂，县领导凌晓文、石远平、刘超平、罗裕权及县直有关单位负责人参加考察。

6月8日下午，市委副书记、市长张爱军率队到丰顺县就城乡供水、固定资产投资和项目建设等工作进行调研。张爱军强调，做好城乡居民饮水，特别是农村集中供水工作是梅州市党史学习教育“我为群众办实事”实践活动的重要内容，各级各部门要坚持以人民为中心的发展思想，用心用情用力推动农村集中供水在年底前基本实现全覆盖。县委书记曾永祥，县委副书记、县长廖茂忠，县领导罗裕权、曾小丽，以及市、县相关单位负责人等陪同调研。

6月25日，县委书记曾永祥率队开展“迎七一　防风险　保安全”安全生产督导检查和“七一慰问”活动。走访慰问部分老党员，给他们带去党组织的关心关怀以及节日的问候，感谢他们为党的事业和丰顺苏区振兴发展所作的贡献，并向全县广大党员致以亲切问候和崇高敬意。县领导曹志辉、梁玉辉、石远平等参加活动。

6月26日，市委副书记、市长张爱军到丰顺县调研乡村振兴工作情况。张爱军先后到留隍镇凤凰溪、潮客小镇和潭江镇凤凰山北麓潭江高山茶文化推广中心项目建设现场、凤坪畲族村党群服务中心、官溪下村新时代文明实践点，仔细了解丰顺全面推进乡村振兴各项工作开展情况，对丰顺各项工作所取得的成效给予充分肯定。在丰顺期间，张爱军还到丰华高速公路管理中心看望慰问建设者，送上党委政府的感谢和祝福，希望建设单位严把质量关，加快完善各项收尾工作，让丰华高速公路更好造福沿线群众。县委书记曾永祥，县长廖茂忠，县领导石远平参加调研。

7月1日上午，丰顺县举行坚真国际会议中心落成庆典仪式。广州凯源房地产实业有限公司、深圳凯南房地产开发有限公司董事长许应裘，市有关领导，许应裘挚友田伟，广州凯源房地产实业有限公司、深圳凯南房地产开发有限公司副总经理许桦，县委书记曾永祥，县人大常委会主任邱翠茂，县政协主席黄建斐出席庆典仪式，县委副书记、县长廖茂忠主持庆典仪式。

7月1日上午，县委、县政府举行丰顺县2021年广东扶贫济困日活动暨“千企帮千镇　万企兴万村”行动启动仪式。市有关领导，广州凯源房地产实业有限公司、深圳凯南房地产开发有限公司董事长许应裘，广东省合生珠江教育发展基金会理事、秘书长龚鸣，许应裘挚友田伟，县委书记曾永祥，县委副书记、县长廖茂忠，广州凯源房地产实业有限公司、深圳凯南房地产开发有限公司副总经理许桦，碧桂园集团丰顺项目总经理何纯锚，广东珠光文化旅游有限公司董事长吴献华，县人大常委会主任邱翠茂，县政协主席黄建斐等出席活动。

7月1日下午，市委书记陈敏、市长张爱军率队到丰顺县嘉应学院紫琳学院调研项目建设情况时强调，要深入学习贯彻落实习近平总书记重要讲话精神，压紧压实工作责任，加强统筹兼顾，紧盯目标任务，创新思路破解难题，确保这一“头号工程”项目顺利建设，力争2022年秋季实现首期招生。市有关领导，县委书记曾永祥、县长廖茂忠，县领导梁玉辉、石远平参加活动。

7月14日上午，梅州市丰顺县产业项目“三个一批”现场会召开。现场共有50个产业项目集中开工、竣工（投产）和签约，其中开工项目18个，总投资80.1亿元；竣工项目9个，总投资10.5亿元；签约项目23个，总投资62.7亿元。项目涵盖电子电声、康养旅游、生物制药等领域，总投资额达153.3亿元。市委书记、市人大常委会主任陈敏，市委副书记、市长张爱军，市领导霍阳、李远青、温向芳、陈元星，嘉应学院党委书记吴琦，中国电子信息行业联合会副秘书长徐金声，广州市海珠区政府副区长孙伟，广东新南方集团有限公司董事长朱拉伊，立讯精密工业股份有限公司副董事长王来胜，万洋集团总裁吴建明，深圳旭生实业集团有限公司董事长林启生，县委书记曾永祥以及“三个一批”有关企业代表出席活动，县委副书记、县长廖茂忠主持活动。

7月19日，省直机关工委副书记李剑先，中国石化广东石油分公司党委委员、副总经理王征苑率队到汤西开展驻镇帮镇扶村对接工作。县委书记曾永祥，县委常委、办公室主任、政法委书记石远平，副县长曾小丽参加相关活动。

8月3日，省政府副省长王曦率队到丰顺县调研工业、科技、教育工作。王曦一行先后前往丰顺县汤坑中学、嘉应学院紫琳学院、梅州丰顺国际声谷小镇。省政府副秘书长许典辉、省科技厅厅长龚国平、省工信厅厅长涂高坤、省教育厅副厅长朱超华等参加调研；梅州市领导陈金銮、霍阳、张晨、温向芳；县委书记曾永祥，县委副书记、县长廖茂忠等陪同调研。

8月4日上午，丰顺县举行丰顺县中医院迁建工程竣工暨吉祥门诊大楼启用仪式。省中医药局副局长柯忠，市政府副市长张晨，省中医院党委书记翟理祥，县委书记曾永祥，市卫生健康局副局长周秋明，广东省陈绍常慈善基金会创始人、广东常裕瑞集团公司董事长陈绍常，广东省粤东钢铁有限公司董事长马扬圳，县人大常委会主任邱翠茂出席仪式。县委常委、宣传部部长林剑主持仪式。活动中，林剑宣读全国人大常委会原副委员长、全国妇联名誉主席彭珮云发来的贺信。柯忠、张晨、翟理祥、曾永祥、周秋明、陈绍常、马扬圳、邱翠茂等领导嘉宾共同为丰顺县中医院迁建工程暨吉祥门诊大楼正式竣工启用亮灯。

9月17日，市人大常委会副主任李远青到丰顺县开展县镇人大换届选举工作专项督查及县乡人大工作和建设情况专题调研。调研组一行深入到汤南镇八角塘嘉应学院紫琳学院项目现场、丰顺县坚真文体中心项目现场、汤西镇人大代表中心联络站、汤西镇和安村人大代表联络站，通过实地督查、调阅台账、听取汇报，详细了解丰顺县县镇人大换届选举进展情况。县领导张志锋、邱翠茂、石远平、曾命城参加调研和座谈会。

10月10日上午，梅州市坚真市民服务中心项目捐建签约活动在丰顺县留隍镇举行。项目计划总投资约3.5亿元，由广州凯源房地产实业有限公司、深圳凯南房地产开发有限公司董事长许应裘先生全额捐建。市委书记陈敏、市长马正勇出席活动。市领导刘晋生、孙春明、曾永祥，许应裘好友田伟，县委书记张志锋、县委副书记、代县长罗达祥等参加活动。

10月14日，嘉应学院党委书记吴琦、校长杨洲率队到丰顺县调研嘉应学院紫琳学院筹建工作。通过实地调研、听取汇报，调研组对丰顺县按照省委省政府、市委市政府部署要求，着力解决困难问题，全力加快征地拆迁，项目建设有序有效推进表示充分肯定。希望接下来要牢牢把握时间节点、目标任务，开足马力抓建设，保障工程顺利推进。县委书记张志锋，县委副书记、代县长罗达祥等陪同调研。

10月25日下午，丰顺县第十四次党代会代表集中观看警示教育片《警钟长鸣》。全体党代表还签订《严守换届纪律公开承诺书》。

11月12日上午，省政协副主席张少康为顾问、政协人口资源环境委员会主任凌锋为组长的省政协调研组一行，到丰顺县开展“打好农村生活污水治理攻坚战”民主监督调研。调研组对丰顺农村生活污水治理成效给予充分肯定。调研组指出，农村生活污水治理，是农村人居环境整治的突出短板，也是实施乡村振兴战略的重要举措，希望丰顺县因地制宜做好规划，科学选择治理模式和处理工艺，积极探索突破人力、资金等方面的瓶颈，补齐短板，继续深入推进农村生活污水治理工作。市政协副主席李忠良，县领导张志锋、黄建斐、石远平、李吉祥等参加调研活动。

11月23日，广东省教育厅原厅长、党组书记，暨南大学教授、博士生导师罗伟其率队到丰顺县调研。罗伟其一行深入到汤南镇八角塘嘉应学院紫琳学院项目现场察看，随后召开座谈会，认真听取学院建设情况汇报。罗伟其指出，紫琳学院项目是一项功在当代、利在千秋的民生工程，也是朱孟依支持家乡教育事业发展的爱心工程，为苏区振兴提供强有力的人才和智力支持。广东省政协委员、广东开放大学原党委书记罗海鸥，嘉应学院副校长罗嘉文，市教育局局长彭旭，县领导张志锋、石远平、张晓山、罗炳元等参加调研。

12月11日上午，国家林草局防火司司长周鸿升率队到丰顺县指导森林防火工作。国家林草局湿地司二级巡视员杨锋伟、国家林草局驻广州专员办副专员贾培峰，省林业局党组成员、总工程师郑永光参加调研。市委常委、副市长曾永祥，县委书记张志锋，县长罗达祥，县领导石远平、谢定雄及相关单位负责人陪同调研。国家林草局一行现场调研丰顺县森林防火临时检查站、瞭望塔工作，并召开座谈会，听取全县森林防火工作情况汇报，详细了解丰顺县辖区基本概况、森林防灭火工作开展以及防灭火人员和物资储备等情况。指导组充分肯定广东省、梅州市森林防火工作成效，强调要进一步提高思想认识，坚持以习近平生态文明思想为指引，牢固树立人民至上、生命至上理念，克服麻痹大意思想，以林长制为总抓手，全面压实各级林长和生态护林员责任，严防森林火灾发生。要突出抓好火源管控，按照“党政同责、一岗双责、齐抓共管、失职追责”的要求，抓实抓细各项防火措施，高质量推进森林火灾风险普查，及时堵塞隐患漏洞，同时坚持规划先行，有序推动防火阻隔系统建设，完善森林防火应急预案，做到防患于未然。要强化队伍能力建设，进一步提升救火队伍专业水平，加强防火知识学习，做到精准研判、科学扑救，同时运用好奖惩机制，依法追究火灾肇事者以及相关责任人的责任。

12月15日，省委党史研究室副主任

易立率调研组一行到丰顺县调研乡村振兴、党史研究等工作。在丰良镇机关大院，易立一行看望慰问省委党史研究室驻镇帮镇扶村工作队员，了解驻镇工作队办公、生活情况，听取乡村振兴规划建设工作。易立强调，驻镇工作队要深入学习贯彻习近平总书记关于乡村振兴的系列重要论述，落实省委、省政府乡村振兴驻镇帮镇扶村工作部署要求，巩固拓展脱贫攻坚成果，推动驻镇帮镇扶村工作取得良好开局。市委党史研究室主任邓文庆，县委书记张志锋，县领导石远平、马扬闲、彭水利，县委组织部、县农业农村局、县史志办等单位相关负责人参加调研活动。

12月19日上午，省直机关工委常务副书记姚奕生到丰顺县汤西镇调研驻镇帮镇扶村和乡村振兴工作。调研组一行先后深入到汤西镇南礤村万里碧道（南礤段），河西村拟建的汤西镇红色展览馆等地，现场听取驻镇帮镇扶村工作队与汤西镇党委有关建设情况汇报。姚奕生充分肯定了汤西镇驻镇帮镇扶村、乡村振兴等工作。他表示，汤西镇区位优势明显、自然资源丰富、发展平台广阔，乡村振兴潜力大、远景好，希望驻镇帮扶工作队不断创新工作思路和工作方法，进一步细化帮扶措施，因地制宜，精准施策，加速推动各项振兴发展方案落地见效。梅州市委常委、市政府副市长、市委秘书长、市直机关工委书记曾永祥，县委书记张志锋，县领导石远平，县直机关工委、汤西镇、驻镇帮镇扶村工作队等相关负责同志陪同调研。

12月28日，市委常委、政法委书记梁维到丰顺县，就抓好经济社会发展、平安建设等工作进行调研。梁维一行走访部分政法机关，看望慰问党员干部，并召开座谈会，听取全县经济社会发展、当前重点工作、平安建设情况汇报，与党员干部进行交流。通过现场调研、听取汇报，梁维认为，新一届县领导班子工作思路明确、发展信心坚定、团结干事动力强劲。希望丰顺县接下来要继续深入学习贯彻党的十九届六中全会、省委十二届十五次全会和市第八次党代会精神，巩固深化党史学习教育成果，推动丰顺苏区高质量振兴发展。县领导张志锋、罗达祥、梁玉辉、林剑、罗小天等陪同调研。

12月28日，省供销合作联社党组成员、理事会副主任翁少能率队到丰顺县调研冷链物流项目和直供配送区域子平台建设情况。调研组一行先后深入到广东供销（丰顺）天业冷链物流产业园项目建设现场、广东供销放心农产品直供配送丰顺子平台、广东代米生物科技有限公司、县域助农服务综合平台、新供销天润粮油配送中心等地，实地考察丰顺县冷链物流项目和直供配送区域子平台建设等情况，对各项目规划新、定位准、进展快给予充分肯定。希望丰顺县接下来要深入贯彻落实习近平总书记关于供销合作社工作的重要指示精神，围绕“三农”工作大局，持续深化供销合作社综合改革，推动供销合作社加快成为服务农民生产生活的综合平台、党和政府密切联系农民群众的桥梁纽带。县委书记张志锋，副县长曾小丽，以及市、县相关单位负责人等陪同调研。

12月29日下午，市委常委、副市长刘晋生到丰顺县调研检查安全生产、项目建设等工作。刘晋生先后到丰顺县汤南镇八角塘嘉应学院紫琳学院项目现场、海珠（丰顺）产业转移工业园综合服务中心、广东丰顺万洋众创城招商中心、海珠（丰顺）产业转移工业园标准厂房项目现场，详细了解项目建设进度、安全责任制落实、招商引资产业发展、疫情防控等情况。刘晋生强调，要深入学习贯彻习近平总书记关于安全生产重要论述和关于疫情防控工作的重要指示精神，始终把人民群众的生命安全放在第一位，强化责任担当与安全监管，在保证安全和质量的基础上加快推进项目建设。刘晋生还到埔寨镇埔西村开展党支部定点联系工作。县委书记张志锋，县委副书记、县长罗达祥，县委常委、副县长陈少洲以及有关单位相关负责人陪同调研。

丰顺县委主要会议

2021年丰顺县委主要会议一览表

表1

召开时间	会议内容
1月4日	召开县委全面深化改革委员会第四次会议
1月6日	召开县委常委会会议
1月13日	召开县委常委会会议
1月13日	召开县新冠肺炎疫情防控领导小组（指挥部）会议
1月15日	召开全县疫情防控工作会议
1月16日	召开全县创建广东省文明城市总结表彰大会暨创建全国文明城市动员大会
1月20日	召开县委常委会会议
1月22日	第十一次归侨侨眷代表大会召开
1月25日	召开全县村（社区）“两委”换届工作会议
1月26日	中国共产党丰顺县第十三届委员会第十一次全体会议在县会展中心召开
1月26日	中共丰顺县委十三届十一次全会闭幕
1月27日	召开县新冠肺炎疫情防控领导小组（指挥部）会议
1月27日	召开县委常委会（扩大）会议
1月29日	召开县委理论学习中心组2021年第一次集体学习会暨县委领导班2020年度民主生活会前专题学习研讨会
1月30日	召开县委常委会（扩大）会议
1月31日	召开全县森林防火工作紧急会议
2月3日	中国人民政治协商会议第十届丰顺县委员会第六次会议在会展中心开幕
2月4日	丰顺县十五届人大六次会议开幕
2月4日	丰顺县政协十届六次会议闭幕
2月5日	丰顺县第十五届人民代表大会第六次会议胜利闭幕
2月7日	召开年度民主生活会暨巡视整改专题民主生活会
2月22日	召开县委常委会会议

续表1

召开时间	会议内容
3月4日	召开县委常委会会议
3月9日	召开县委常委会会议暨县委政法队伍教育整顿领导小组第一次会议
3月12日	召开全县党史学习教育动员大会
3月18日	召开县委常委会会议
3月18日	召开全县创建全国文明城市指挥部召开第一次会议
3月19日	召开重点项目建设暨统计工作会议
3月26日	召开县委政法队伍教育整顿工作领导小组会议
3月31日	召开县委理论学习中心组2021年第三次集体学习会
3月31日	召开县委常委会会议
3月31日	召开县委党史学习教育领导小组第二次会议
4月2日	中国共产党丰顺县第十三届纪律检查委员会第六次全体会议召开
4月8日	召开县委常委会会议
4月9日	召开全县政法队伍教育整顿查纠整改环节工作动员部署会议
4月21日	召开推进乡镇体制改革现场会
4月25日	召开县委常委会会议
4月25日	召开县委理论学习中心组2021年第五次集体学习会
4月30日	召开镇领导班子换届工作会议
5月13日	召开县委常委会会议
5月14日	召开2021年全县农村工作会议暨实施乡村振兴战略现场推进会
5月18日	召开打击治理电信网络诈骗和禁毒工作专题会议
5月22日	召开县委常委会暨县新冠肺炎防控领导小组（指挥部）会议
5月27日	召开全县加快项目投资推进会议
5月28日	召开全县新冠肺炎防控领导小组（指挥部）扩大会议
5月31日	召开县委常委会会议
6月9日	召开开展党史学习教育工作会议
6月11日	召开县委常委会会议
6月21日	召开县委常委会会议
6月25日	召开县委常委会会议
6月25日	召开精准扶贫精准脱贫驻村干部座谈会
6月29日	召开全县政法队伍教育整顿工作总结大会
7月2日	召开“两优一先”表彰大会
7月5日	召开县委常委会会议暨县委党史学习教育领导小组会议

续表1

召开时间	会议内容
7月14日	召开产业项目“三个一批”现场会
7月21日	召开丰顺县新冠肺炎疫情防控领导小组（指挥部）会议
7月23日	召开政法队伍教育整顿“回头看”推进会
7月27日	召开县委理论学习中心组举行2021年第八次集体学习会
8月9日	召开中国共产党丰顺县第十三届委员会第十二次全体会议
8月30日	召开丰顺工商业联合会（总商会）第十三次会员代表大会
9月8日	召开2021年教师节庆祝大会
9月15日	召开县委常委会会议
9月15日	召开新冠肺炎疫情防控工作领导小组（指挥部）会议
9月15日	召开丰顺县生态环境保护委员会会议
9月17日	召开宣布丰顺县人武部党委第一书记任职大会
9月17日	召开县委审计委员会第四次会议
9月18日	召开中国共产党丰顺县第十三届委员会第十三次全体会议
9月30日	召开县委常委会扩大会议
9月30日	召开县疫情防控工作领导小组（指挥部）会议
9月30日	召开县委全面依法治县委员会第三次会议
9月30日	召开创建全国文明城市工作推进会
10月9日	召开县新冠肺炎防控领导小组（指挥部）会议
10月13日	召开县委常委会会议
10月13日	召开县委全体（扩大）会议
10月19日	召开县委常委会会议
10月25日	召开中国共产党丰顺县第十四次代表大会协商会议
10月25日	第十四次党代会举行预备会议
10月25日	中国共产党丰顺县第十四次代表大会举行代表资格审查委员会会议
10月25日	召开丰顺县第十四次党代会主席团第一次会议
10月26日	中国共产党丰顺县第十四次代表大会在县会展中心开幕
10月26日	中国共产党丰顺县第十四次代表大会举行主席团第二次会议
10月27日	中国共产党丰顺县第十四次代表大会举行大会选举
10月27日	中国共产党丰顺县第十四次代表大会胜利闭幕
10月27日	丰顺县召开中国共产党丰顺县第十四届委员会第一次全体会议
11月4日	召开县委常委会扩大会议
11月5日	召开全县乡村振兴工作推进会
11月15日	中国人民政治协商会议第十一届丰顺县委员会第一次会议在县会展中心开幕

续表1

召开时间	会议内容
11月15日	丰顺县十六届人大一次会议举行党员负责同志、代表团召集人会议
11月16日	丰顺县第十六届人民代表大会第一次会议开幕
11月17日	丰顺县政协十一届一次会议闭幕
11月18日	丰顺县第十六届人民代表大会第一次会议闭幕
11月24日	召开县委常委会（扩大）会议
11月24日	召开县委理论学习中心组举行2021年第九次集体学习会
11月24日	召开县委党史学习教育领导小组会议
11月24日	召开新冠肺炎疫情防控工作领导小组（指挥部）会议
12月9日	召开县委常委会（扩大）会议
12月9日	召开县委全面深化改革委员会第六次会议
12月9日	召开县委全面依法治县委员会第四次会议
12月9日	召开县委理论学习中心组2021年第十次集体学习会
12月16日	召开县委常委会（扩大）会议
12月16日	召开县委理论学习中心组2021年第十一次集体学习会
12月16日	召开全县党管武装工作会议
12月24日	召开创建全国文明城市暨共建洁净美好家园工作推进会
12月31日	召开县委理论学习中心组举行2021年第十二次集体学习会
12月31日	召开县委常委会会议

2021年度丰顺县委、县委办主要文件目录

（一）2021年度丰顺县委（丰发）发布文件目录

丰发〔2021〕1号　中共丰顺县委关于制定国民经济和社会发展第十四个五年规划和二〇三五年远景目标的建议

丰发〔2021〕4号　中共丰顺县委关于中国共产党丰顺县第十四次代表大会代表选举工作的通知

丰发〔2021〕5号　中共丰顺县委关于调整县委审计委员会主任、副主任的通知

丰发〔2021〕6号　中共丰顺县委　丰顺县人民政府关于县党政领导分工的通知

丰发〔2021〕7号　中共丰顺县委关于印发《法治丰顺建设规划（2021—2025）》的通知

丰发〔2021〕8号　中共丰顺县委　丰顺县人民政府转发《县委宣传部　县司法局关于在全县公民中开展法治宣传教育的第八个五年规划（2021—2025年）》的通知

（二）2021年度丰顺县委（丰委）发布文件目录

丰委〔2021〕1号　关于邀请市委领导出席丰顺县创建广东省文明城市总结表

彰大会暨创建全国文明城市动员大会的请示

丰委〔2021〕2号　关于同意召开丰顺县第十五届人民代表大会第六次会议的批复

丰委〔2021〕3号　关于同意召开政协第十届丰顺县委员会第六次会议的批复

丰委〔2021〕4号　关于徐柳明等同志任职的通知

丰委〔2021〕6号　中共丰顺县委关于同意成立中共丰顺县政协十届六次会议临时党委的批复

丰委〔2021〕8号　关于成立中共丰顺县第十五届人民代表大会第六次会议临时委员会和下设八个临时党支部的通知

丰委〔2021〕9号　中共丰顺县委2020年工作总结

丰委〔2021〕10号　中共丰顺县委2020年抓党建工作情况报告

丰委〔2021〕11号　中共丰顺县委关于2020年落实全面从严治党主体责任的情况报告

丰委〔2021〕12号　丰顺县2020年法治政府建设年度报告

丰委〔2021〕13号　中共丰顺县委十三届十一次全会情况报告

丰委〔2021〕14号　丰顺县近期森林防火工作情况报告

丰委〔2021〕16号　关于支持丰顺县规划建设电子电声产业配套园项目的请示

丰委〔2021〕17号　关于石远平同志任职的通知

丰委〔2021〕18号　关于朱报正同志任职的通知

丰委〔2021〕19号　关于邀请市领导同志出席“火龙杯”2021年中国山地自行车联赛第一站（广东·梅州丰顺站）活动的请示

丰委〔2021〕20号　关于马扬闲同志任职的通知

丰委〔2021〕26号　中共丰顺县委　丰顺县人民政府关于请求支持解决嘉应学院紫琳学院建设有关事项的请示

丰委〔2021〕28号　关于邀请市有关领导同志出席丰顺县庆祝建党100周年系列活动的请示

丰委〔2021〕29号　关于恳请批准同意市有关领导同志出席2021年丰顺县“三个一批”项目现场会的请示

丰委〔2021〕30号　关于同意成立丰顺县选举委员会的批复

丰委〔2021〕31号　中共丰顺县委关于召开中国共产党丰顺县第十四次代表大会的请示

丰委〔2021〕32号　关于邀请市相关领导出席丰顺县中医院整体迁建工程竣工暨吉祥门诊大楼启用仪式的请示

丰委〔2021〕33号　关于曾永祥同志免职的通知

丰委〔2021〕34号　关于曾永祥同志免职的通知

丰委〔2021〕35号　中共丰顺县委关于召开中国共产党丰顺县第十四次代表大会的请示

丰委〔2021〕36号　关于同意《县政协换届工作方案》的批复

丰委〔2021〕37号　关于转发《丰顺县工商联（总商会）换届工作方案》的通知

丰委〔2021〕38号　关于张志锋同志任职的通知

丰委〔2021〕39号　关于罗达祥、廖茂忠同志职务任免的通知

丰委〔2021〕40号　关于梁玉辉等同志职务任免的通知

丰委〔2021〕41号 关于曹志辉、凌晓文同志免职的通知

丰委〔2021〕42号 关于罗达祥等同志职务任免的通知

丰委〔2021〕43号 关于请求支持加快推进嘉应学院紫琳学院征地建设的请示

丰委〔2021〕45号 关于毛嘉鹏同志免职的通知

丰委〔2021〕46号 关于协调解决生活垃圾转运至梅州市垃圾焚烧厂处理等相关事项的请示

丰委〔2021〕47号 丰顺县关于市第七次党代会以来的工作总结及今后五年工作打算的报告

丰委〔2021〕48号 关于同意召开县十六届人大一次会议的批复

丰委〔2021〕49号 关于同意召开政协第十一届丰顺县委员会第一次会议的批复

丰委〔2021〕50号 关于中国共产党丰顺县第十四届委员会委员、候补委员和纪律检查委员会委员候选人预备人选的请示

丰委〔2021〕51号 中共丰顺县委关于丰顺县领导班子换届人事安排建议方案的请示

丰委〔2021〕52号 中共丰顺县委关于丰顺县纪委领导班子换届人事安排建议方案的请示

丰委〔2021〕53号 关于确定丰顺县出席中国共产党梅州市第八次代表大会代表候选人预备人选的情况报告

丰委〔2021〕55号 关于巡视发现违规发放津补贴问题整改情况的报告

丰委〔2021〕56号 关于丰顺县委、县纪委换届选举结果的报告

丰委〔2021〕57号 关于中共丰顺县委十四届一次全会县纪委十四届一次全会选举情况的报告

丰委〔2021〕58号 关于选举产生丰顺县出席中国共产党梅州市第八次代表大会代表的情况报告

丰委〔2021〕59号 中国共产党丰顺县第十四次代表大会召开情况报告

丰委〔2021〕60号 关于同意县十六届人大一次会议延期召开的批复

丰委〔2021〕61号 关于成立中共丰顺县第十六届人民代表大会第一次会议临时委员会和下设八个临时党支部的通知

丰委〔2021〕62号 中共丰顺县委关于同意成立政协第十一届丰顺县委员会第一次会议临时党委的批复

丰委〔2021〕63号 关于丰顺县人大十六届一次全会、政协丰顺县十一届一次全会选举情况的报告

丰委〔2021〕64号 丰顺县食品安全工作情况报告

丰委〔2021〕65号 关于陈诺文同志任职的通知

丰委〔2021〕66号 关于廖若旦同志职务任免的通知

丰委〔2021〕67号 关于陈小刚同志不再挂职的通知

丰委〔2021〕68号 关于林楚辉同志退休的通知

丰委〔2021〕69号 中共丰顺县委 丰顺县人民政府关于2021年乡村振兴战略实施情况的报告

丰委〔2021〕70号 关于陈新化等同志职务任免的通知

丰委〔2021〕72号 中共丰顺县委关于丰顺县党政领导班子成员分工调整的备案报告

丰委〔2021〕73号 关于张晓山同志任职的通知

（三）2021年度丰顺县委办公室（丰委办）发布文件目录

丰委办〔2021〕1号　关于林冠夫等同志职务任免的通知

丰委办〔2021〕2号　关于吴汉疆等同志职务任免的通知

丰委办〔2021〕3号　关于林冠夫等同志任职的通知

丰委办〔2021〕4号　关于邱楚灵同志任职的通知

丰委办〔2021〕5号　关于陈润宁同志任职的通知

丰委办〔2021〕6号　关于邓东珍等同志任职的通知

丰委办〔2021〕7号　关于朱军委同志任职的通知

丰委办〔2021〕8号　关于黄明敏同志任职的通知

丰委办〔2021〕9号　中共丰顺县委办公室印发《关于加强丰顺县4家公立医院党的建设工作的实施方案》的通知

丰委办〔2021〕10号　关于朱军委等同志任职的通知

丰委办〔2021〕11号　中共丰顺县委办公室　丰顺县人民政府办公室关于调整扶贫工作机构设置的通知

丰委办〔2021〕12号　关于朱军委等同志职务任免的通知

丰委办〔2021〕15号　关于在创建国家信访工作“三无”县工作中先进单位和先进个人的表扬通报

丰委办〔2021〕16号　关于方祝妹同志任职的通知

丰委办〔2021〕18号　中共丰顺县委办公室关于印发《丰顺县法治社会建设实施纲要（2021—2025年）》的通知

县委办公室工作

【概况】　2021年是中国共产党成立100周年，是“十四五”开局之年。在县委的正确领导下，县委办坚持以习近平新时代中国特色社会主义思想为指导，深入贯彻落实党的十九届五中、六中全会精神和习近平系列重要讲话精神，大力发扬孺子牛、拓荒牛、老黄牛精神，顺利、圆满、出色地完成了各项工作。

【党的建设】　全面落实新时代党的建设总要求，坚持以政治建设为统领，把制度建设贯穿其中，全面加强党的“六大建设”，推动从严治党向纵深发展。

强化理论武装，加强政治建设。高度重视思想政治建设，把学习习近平新时代中国特色社会主义思想作为第一议题和常设议题，全年共召开党总支会议与主题党日活动13次，上党课4次，召开党总支支委会议13次，理论学习中心组集中学习7次，意识形态工作分析研判4次，深入学习贯彻习近平总书记“七一”重要讲话和对广东系列重要讲话、重要指示批示精神，认真抓好党的十九届五中、六中全会精神的学习，切实强化理论武装、筑牢思想根基，坚决守好意识形态安全“南大门”，落实意识形态工作责任制，进一步增强“四个意识”、坚定“四个自信”、把“两个确立”真正转化为做到“两个维护”的思想自觉、政治自觉、行动自觉。

夯实支部堡垒，加强组织建设。坚决贯彻落实新时代党的组织路线，认真贯彻执行《中国共产党支部工作条例（试行）》和党的基层组织建设三年行动计划，深入推进“头雁工程”和“党员先锋工程”。做好党员的发展和培训工作，全年共发展4名入党积极分子，3名预备党员，2名正式党员。积极组织党务工作者参加上级部门举办的业务培训，着力提升党务工作能力和水平。严肃党内政治生活，高质量开好组织生活会、民主生活会，贯彻落实好“三会一课”制度。扎实推进党支部标准化规范化建设，使基层党支部进一步制度化、规范化和标准化，切实把党支部建设成为带头践行“两个维护”、做好“三个表率”、树牢“四个意识”的坚强战斗堡垒，为推动办公室工作顺利开展提供坚强的组织保障。

树立先锋形象，加强纪律建设。坚持思想教育和制度引导两手抓，全面加强纪律建设。严格贯彻习近平总书记关于进一步纠正“四风”、加强作风建设重要批示和中央八项规定精神，持续深入整治“四风”问题，全面落实党风廉政建设和反腐败工作责任。全面落实县委巡察反馈意见，建立健全13项制度，全面完成3大方面22个问题的整改，自觉接受县纪委派驻县委办纪检监察组的监督。以开展纪教月活动为契机，强化廉政教育，进一步转变党员干部思想作风和工作作风，不断提高干部职工拒腐防变能力。围绕政治纪律、组织纪律、廉洁纪律、群众纪律、工作纪律和生活纪律，扎实有效开展谈话提醒工作，达到预期效果。

【党史学习教育】 把开展党史学习教育作为首要政治任务抓落实，认真修好这门必修课，“五学”并举，全方位开展学习实践，推动党史学习教育不断走深走实。

领导带头学。领导带头示范，充分发挥领导干部“关键少数”作用。讲授专题党课。县委书记以普通党员身份参加县委办公室秘书党支部主题党日活动，并为秘书党支部上了一堂主题为“强化党史学习教育，锻造过硬党办队伍”的精彩党课；县委常委、办公室主任石远平先后为县委办公室全体党员干部、汤西镇石江村、综合督查党支部分别上主题为“行走的党课”“深化党史学习，汲取奋进力量”“以伟大建党精神引领党办伟大实践”的党课；其他干部同志也先后在各支部讲授专题党课，把党史学习教育同总结经验、实践活动和推动工作结合起来。召开理论学习中心组会议。集中学习《中共中央国务院关于全面推进乡村振兴加快农业农村现代化的意见》《国务院关于新时代支持革命老区振兴发展的意见》；习近平总书记在党史学习教育动员大会上和“七一”重要讲话精神；总书记关于革命传统的重要论述《用好红色资源，传承好红色基因，把红色江山世世代代传下去》；新民主主义革命时期历史、社会主义革命和建设时期历史，改革开放新时期历史、党的十八大以来的历史；党的十九届六中全会精神；中共党史、中共丰顺县地方历史等内容。全年，共召开6次以党史为内容的理论学习中心组会议。

个人主动学。县委办干部职工在工作之余，积极主动真学、细学、深学。充分利用线上网络平台和节目，如“学习强国”、广东干部培训网络学院、党史学习教育“有声图书馆”、“打卡广东红”、《行进大湾区》第二季“红色起点”等，把党史学习教育开展得有声有色。认真阅读党史学习教育指定教材，做好学习笔记、撰写学习心得体会，全办干部全年共撰写学习笔记700多篇。

集中研讨学。为有效落实党史学习教育工作要求，县委办组织党员干部集中学习研讨，通过思想的碰撞，擦出智慧的火花。邀请县委党史学习教育宣讲团成员县史志办主任卢胜文作“从中国共产党百年辉煌看丰顺革命斗争历史”主题授课；县委党校徐运良老师作“以史为鉴，开创未来”主题授课、学习贯彻中共十九届六中全会精神专题宣讲。共召开2次党史学习教育动员会、3次专题宣讲会、1次学习习近平总书记“七一”重要讲话精神座谈会、5次专题组织生活会、1次民主生活会。

现场体验学。组织党员干部先后到丰良镇九龙村榕树塘“永昌居”——中共丰顺（临时）县委成立旧址、平远县仁居镇红四军纪念园、坚真公园开展主题党日活动，通过实地实物、鲜活讲解、流动讲堂、互动体验等方式开展现场教学，着力对全办党员干部职工加强党的初心使命、性质宗旨、理想信念教育。引导党员干部传承红色基因，赓续共产党人精神血脉，继承和发扬革命先烈的遗志。

实地检验学。县委办践行全心全意为人民服务的根本宗旨，通过开展“我为群众办实事”实践活动，充分检验党史学习教育效果。党员领导干部率先垂范、身先士卒，县委常委、办公室主任石远平和分管领导多次带队到镇、村开展精心大走访，“零距离”“面对面”听民情、纳民意、解民忧，共梳理“我为群众办实事”项目16项。县委办详细制定实施方案，定期跟进促落实，16个实事项目全部完成。

【履职尽责】 紧扣中心、服务大局，勇挑“重担子”、练就“铁肩膀”、甘做“老黄牛”，充分发挥县委的“坚强前哨”和“巩固后院”作用，进一步提升“三服务”工作水平。

办文办会更加高质高效。按照《党政机关公文处理工作条例》规定，严把起草关、审核关、收发关，把办文、办会做到精致，进一步提高了以文辅政水平。2021年以来，共拟发县委（县政府）文件84号，拟发县委办（县府办）文件99号，拟发县委常委会会议纪要56号、县委工作纪要14号、其他文件通知300多号，办理各种公文1000多件。严格落实印信管理，实行印信管理登记制度。认真做好会前、会中、会后服务，力争做到全面、精简、细致，圆满完成了县委十三届十一、十二、十三次全会，丰顺县坚真国际会议中心落成庆典仪式，丰顺县2021年广东扶贫济困日活动暨“千企帮千镇万企兴万村”行动启动仪式，中国共产党丰顺县第十四次代表大会，2021年丰顺县“三个一批”项目现场会等一系列重大会议活动。全年共承办各类会议150多场次。

干部人事更加细致认真。严格贯彻落实新时代党的组织路线，坚持党管干部原则，落实好干部标准等一系列制度要求。进一步梳理排查了干部职工工资福利和津贴补贴发放情况，确保县委办系统工资福利和津贴补贴发放合法合规。认真组织公务员教育培训和在线学习工作，严格抓好公务员干部学习网络学习任务、学习强国、普法学习和能力素质提升教育，确保学习培训全覆盖。认真抓好公务员平时考核工作，加强干部日常管理和监督，印发实施了《中共丰顺县委办公室公务员平时考核办法实施方案（试行）》，建立了日常考核、分类考核、近距离考核的知事识人体系。高质量完成选人用人和档案审查工作，全年共完成28人次的调动手续，完成17人次干部晋升提拔任用程序，持续深入开展在职干部职工档案审核工作。紧密配合、圆满完成县换届选举工作，顺利完成县党代会代表候选人、县人大代表候选人等推荐选举工作。

新闻报道更加广泛深入。围绕学习贯彻中国共产党成立100周年大会，县委十三届十一、十二、十三次全会，县第十四次党代会，县人大、政协两会等会议进行了系列宣传活动，对全县重点项目建设进行宣传报道，在《南方日报》《梅州日报》和新华网、人民日报社《民生周刊》等媒体发表新闻400多条。全方位报道丰顺县招商推介会、“火龙杯”2021年山地自行车联赛、梅州市新时代文明实践中心建设工作推进会、全县推进制造业高质量发展大会、丰顺县2021年广东省扶贫济困日活动暨“千企帮千镇”“万企兴万村”启动仪式、坚真国际会议中心落成庆典仪式、梅州市丰顺县产业项目“三个一批”现场会等多场大型会议活动。

督查督办更加务实有效。围绕上级和县委决策部署，细化督查督办工作的目标任务，全面推进全县中心工作和县委决策的贯彻落实。全年承接办理县委领导及上级督办事项33件，对全县森林防火及安全生产、疫情防控及疫苗接种工作、2020年绩效考核工作、第二人民医院升级建设项目、县委常委会工作要点、“国家反诈中心”App推广安装及打击电信网络诈骗、中央环保督察信访案件等事项的贯彻落实开展现场督查33场次。累计编发督查专报6期，疫情督查通报7期，办理上报材料36篇次。

机要保密更加稳妥安全。深入学习贯彻习近平总书记关于机要密码工作重要指示批示精神，推动机要密码工作科学发展，实现全年电报办理“无错情、无差错、无事故”的工作目标，全年共办理电报4615份。扎实推进保密法制建设，提升保密科技水平，夯实保密管理基础，推进国家保密治理体系和治理能力现代化。组织开展2021年全民国家安全教育日、密码法宣传教育活动和保密法宣传活动，全方位提升党政机关、企事业单位和社会公众的密码、保密安全意识。

财务行政更加规范合理。自觉遵守各项规章制度和财经纪律，做到小事讲风格、大事讲原则，认真执行新的政府会计制度，做好“数字财政”系统上线工作，严格做好行政费用的审核和支出工作，进一步细化会计核算，理顺账务科目，使得财务对业务活动的反映更为及时、合理、规范。

后勤保障更加及时有力。完善机关治安防范机制，认真做好行政中心安保工作，规范车辆出入管理，做好设施设备的维护维修、升级改造和办公会议场所的日常维护工作，重点保障了县党代会、人大、政协等重大会议的后勤服务，全年共完成各类大、中、小型会议及其他活动任务380多场次。持续做好卫生保洁工作，为各机关单位提供干净整洁的工作环境。

档案管理更加有条不紊。加强监督指导，提升行政管理水平，对2021年有档案移交进馆的单位分管领导和档案员进行文书档案培训，共培训60多人次；对汤坑镇黎峰村、金溪村，埔寨镇埔南村、采芝村等进行业务指导，促进村级档案规范化建设。加强档案宣传，增强全县档案意识，以“档案话百年”为主题，结合党史学习教育，到汤坑镇邓屋村、汤南镇新楼村开展国际档案日系列宣传活动，共发放各类宣传资料1000多份。全力做好脱贫攻坚和疫情防控档案监督指导工作，于2021年10月底完成全县脱贫攻坚档案验收进馆工作，完成2020年度疫情防控档案移交进馆工作。落实综合档案馆建设进度情况的通报，做好县重点工程项目档案的指导及验收工作。

值班值守更加严格负责。严格落实

24小时值班制度，高度重视突发事件信息报送的时效性，落实全县“一盘棋”应急响应机制，强化信息报送，加强督促检查。2021年向市委值班室、市政府总值班室上报突发事件信息专报76期，向县委县政府领导发送值班信息221条，落实回复省、市领导批示件46份，接收并处理上级文件14份，安排节假日值班93批次，督促检查各单位、各镇（场）值班情况62次。

服务接待更加体贴周到。严格执行《中央八项规定实施细则》和《中共丰顺县委办公室公务接待管理实施方案》的通知要求，本着热情周到、厉行节约、安全保障的原则，在细致服务上下功夫，做到让来宾满意、让领导放心。全年共接待上级来宾及外出乡贤共计607批次7568人，会场服务469场次，参加食堂及外出接待服务20多场次。

（李逊浩）

机关事务管理

【安全生产】 严格执行安全生产和消防安全“一岗双责”制度，加强学习教育宣传，全面落实安全生产和消防安全责任，确保各项工作安全、有序推进。常态化开展安全生产和火灾隐患集中排查整治，及时发现问题并迅速整改落实到位，确保电、水、气和楼房建筑等基础设施的安全使用。严格对照梅州市消防标准化建设示范点验收标准和“五化”建设要求，健全完善了消防安全等有关规章制度，发展了一批志愿消防员，完成了微型消防站建设和消防标识的全面升级改造，进一步提升了县行政中心的消防安全。多次组织县行政中心有关人员开展安全生产和消防安全技能培训演练，切实提升干部职工的安全意识和技能。

【接待工作】 执行中央八项规定精神和公务接待的有关规定，认真学习上级接待部门的流程规范，加强对工作人员的教育培训，以提高接待服务水平为目标，改进工作方法，规范接待工作程序，精心编制接待方案，确保让来宾满意、让领导放心。2021年，共接待各级领导、海内外乡贤约546批次，其中，省部级以上领导98批次。其间，在县庆祝中国共产党成立100周年系列活动、产业项目“三个一批”现场会、县第十四次党代会以及人大、政协两会期间的后勤保障等任务中，做到零差错、零失误，得到了各级领导和嘉宾的一致好评。

【后勤保障】 进一步提高服务意识，提升后勤保障质量。做好会务保障工作，2021年共完成各类会议及活动后勤保障任务380多场次，重点保障了县党代会、人大、政协等重大会议的后勤保障工作。做好设施设备的维护维修和升级改造工作，切实加强巡查维保力度，做到安全生产无事故，报修处置无拖延，保障了设备安全正常使用。对新世纪广场显示屏和县行政中心大屏幕进行升级改造，通过不间断播放党的政策，让更多人民群众听到党的声音，营造浓厚的党建氛围。规范用车管理，严格执行公务用车有关规定，做好公务用车审批流程，严肃公用车纪律和管理，合理有效配备公务用车资源，加强对司机的教育培训，切实降低运行成本和确保安全用车。严格执行各项保卫制度，加强对外来人员和车辆的盘查登记，强化与信访、公安等部门的信息沟通和协调配合，做好对来访人员的劝导，合力维护机关大院正常的办公秩序。坚持做好常态化防疫工作，组织有关工作人员做好卫生消毒和值班值守，认真排查人员进院情况，严格值守，严格出入，服务保障好县会展中心新冠疫苗大型临时接种点高效运行。在膳食管理方面坚持以习近平总书记关于厉行节约、反对浪费的重要指示精神为指引，合理分配原材料采购和膳食安排，做到节约用水、用电、用气和杜绝浪费。健全完善了各个岗位工作职责、管理规定和操作标准，切实提高工作人员的技能服务水平和确保食品卫生安全。

（罗　斌　彭懋扬）

组织工作

【概况】 2021年，全县组织系统坚持以习近平新时代中国特色社会主义思想为指导，深入学习贯彻党的十九大精神以及党的十九届历次全会精神，认真贯彻落实新时代党的建设总要求和新时代党的组织路线，贯彻落实全国、全省、全市组织部部长会议精神，牢牢把握职责定位，胸怀大局，忠诚履职，担当作为，为丰顺苏区奋力推动“十四五”开好局、起好步提供了坚强组织保证和人才支持。

【党史学习教育】 围绕学习贯彻习近平新时代中国特色社会主义思想开展大学习大培训，全面落实第一议题学习制度，认真落实省委“大学习、深调研、真落实”部署要求，对全县700多名科级党员干部进行全员集中培训，办好村（社区）党组织书记等专题培训班，引导党员干部参加线上学习培训，确保理论武装全员覆盖、扎实有效。扎实做好庆祝中国共产党成立100周年系列工作，做好全国、全省、全市“两优一先”表彰对象提名，组织开展全县“两优一先”表彰工作，颁发2300多枚“光荣在党50年”纪念章。“七一”、春节期间下拨县管党费80多万元，走访慰问困难党员5000余人次。拍摄“红色印记·光辉历程”专题片，举办“红色信仰·时代之声”主题演讲，开展“铭记光辉历史，传承红色基因”调研，加强东江苏维埃政府和红十一军成立、红四军进驻马图等红色遗址遗迹开发保护利用。用好2个省级“红色村”党建工程示范点、4个市级镇党校示范点、7个市县级党员教育基地和10个党史学习教育实践基地成果，全覆盖开展党员教育培训。抓好“四史”书目学习研讨，组织开展专题培训。各级党组织在“我为群众办实事”实践活动中完成办实事项目2200多项。

【队伍建设】 圆满完成换届选举工作。坚持把党的领导贯穿换届工作全过程，扎实做好进退留转干部思想政治工作，严明换届纪律，圆满完成县镇领导班子换届，组织意图人选均高票当选。完成282个村（社区）“两委”换届，对新班子和新进人员实施“扶上马、送一程”专项帮带行动。换届后，乡镇领导班子成员平均年龄39.5岁，全县村党组织书记“三个一肩挑”比例为99.2%，村级“两委”干部平均年龄45岁，比上届降低4岁，镇村领导班子结构进一步优化。加强干部培养使用。坚持在高质量发展主战场、矛盾风险最前沿、艰苦偏远基层一线发现、培养和选拔干部，稳步推进公务员职务与职级晋升工作，全年提拔（重用）科级领导职务干部110人次、公务员晋升职级149人次（其中县管干部101人次）。从“双一流”等高校选调4名优秀大学生到村任职锻炼，抽调34名优秀年轻干部参与县委、县政府中心工作，加大优秀年轻干部发现培养力度。围绕新时代支持革命老区振兴发展、防范化解重大风险、学习贯彻《中国共产党组织工作条例》等重点工作，举办专题培训班35期，培训干部5000多人。提升公务员队伍建设质量。稳妥推进公务员分类改革，扎实做好公务员“四级联考”和选调生考录工作。做深做细思想政治工作，落实常态化谈心谈话机制，实施激励干部担当作为措施，扎实做好公务员职务与职级晋升、平时考核、年度考核以及机关绩效考核等工作，开展做人民满意公务员活动，提振干事创业精气神。坚持从严管理干部，抓早抓小抓预防，为干部健康成长提供保障。按照中央部署，深入开展干部人事档案专项审核工作，组织做好清理规范全县公务员工资津贴补贴，调整公务员基本工资标准。

【基层党组织和党员队伍建设】 压实基层党建责任。制定实施新一轮基层党建三年行动计划方案，严格落实基层党建责任，深化“一月一研判”基层党建工作制度，落实抓基层党建工作述职评议考核制度，实行县镇两级领导班子挂点联系村（社区）制度，健全党支部工作联系点制度，推行“全科网格”管理，推动基层党建各项工作向纵深延伸。推动基层党组织达标创优。开展模范机关和基层党建示范点创建活动，培育打造1个市级“两新”党建工作示范点。对新一轮7个软弱涣散村党组织进行整顿。提高党的组织覆盖和工作覆盖质量。农村基层党组织对各类组织、各项工作的全面领导力进一步增强。持续推进“两新”党组织摸排和组建“双同步”工作，丰顺县5类大型企业有党员的党组织覆盖率100%，新建“两新”党组织5个，实现“两新”组织“两个覆盖”。成立新阶联党支部，新业态和新就业群体党建工作得到加强。坚持党建引领重大任务落实。坚持党建引领克难攻坚，让党旗在抗疫、创文、征地拆迁、重点项目、扫黑除恶专项斗争等急难险重任务一线高高飘扬。开展抓党建促乡村振兴示范县创建工作，实施党建引领乡村振兴“五大工程”。实施发展壮大村级集体经济三年行动方案，全面消除年收入5万元以下的村，年收入10万元以上的村达到47%。深入开展“我为乡村振兴添光彩”、党员“双报到、双服务”等活动，广泛组织党员干部开展基层治理、创文、疫情防控等志愿服务活动。

【引才育才工作】 及时调整充实县委人才工作领导小组，把人才工作纳入党建述职考核，健全党委统一领导、组织部门牵头抓总、各职能部门密切配合的人才工作机制。提升引进人才质量，2021年以来引进医学博士1人、急需紧缺人才9人、定向引进教育系统硕士研究生6人，其中急需紧缺人才引进人数比去年全年增长125%。推动“三项工程”落地见效，培训“粤菜（客家菜）师傅”470多人、“广东技工”1000多人、“南粤家政”440多人。举办绿色饲料、茶园管理、橄榄种植等现代农业人才培训班培训技术骨干和相关从业者500多人。在县人才驿站的基础上升级改造为县乡村振兴人才驿站，制订镇乡村振兴人才驿站建设方案，赋能乡村振兴。

【老干部服务管理工作】 加强离退休干部党组织建设，通过集中学习、送学上门、线上学习等形式，组织老干部开展党史学习教育活动。积极支持“一委五老”组织以歌舞、书画展、座谈会等形式开展庆祝中国共产党成立100周年活动，引导老同志在加强思想政治引领、青少年教育、农村青年创业等方面发挥作用。认真落实老干部政治待遇和生活待遇，省离退休干部服务管理系统投入使用。做好医疗保健工作，组织老干部健康检查，实现老干部凭卡看病，为3名离休干部申报核定享受副（部）省长级医疗待遇、102名离休干部申报核定享受副厅局级医疗待遇。坚持走访联系制度和困难帮扶，全年上门看望慰问老干部555人次、慰问因病住院干部86人次、帮扶特殊困难老干部28人次，把党和政府的关心关爱落到实处。

【模范机关创建工作】 坚持把党史学习教育作为重大政治任务，第一时间制订党史学习教育工作方案、成立领导小组、召开动员大会，加快工作推进。为机关党员干部发放《中国共产党简史》等辅导读本，运用学习教材以及“学习强国”等平台常态化创新开展党史学习“每日一课”，组织开展部机关党史学习知识竞赛，选派组工干部参加全市组织系统庆祝中国共产党成立100周年党史党建知识竞赛并荣获三等奖。组织党员到本地革命旧址和纪念场馆开展“学党史、忆先辈、担使命”主题党日活动暨党史学习教育活动，通过观看庆祝中国共产党成立100周年大会直播以及《血战湘江》等红色教育作品，聆听红色故事，接受深刻的革命教育和党性洗礼。扎实开展“我为群众办实事”实践活动，部领导先后深入到汤坑镇红旗社区和八乡山镇等地开展大走访，积极组织党员干部参与文明实践志愿服务，打通服务群众“最后一千米”。严肃开展党史学习教育专题组织生活会，完成查摆问题整改落实。加强党风廉政建设，强化日常监督管理，严格落实“一岗双责”，及时签订“2021年党风廉政建设目标责任书”，扎实开展纪律教育学习月活动。进一步完善机关制度，规范财务管理行为，加强三公经费支出管理。及时补选了1名支委，发展了2名中共预备党员，部机关党支部在县“两优一先”推荐评选中被评为“先进基层党组织”。

（何夏生　丁伟倡）

宣传工作

【概况】 2021年，丰顺县宣传思想文化战线在县委、县政府的正确领导下，坚持以习近平新时代中国特色社会主义思想为指导，全面贯彻党的十九大和十九届历次全会精神，认真贯彻落实《中国共产党宣传工作条例》，紧扣庆祝建党百年和党史学习教育主题主线，聚焦重点，打造亮点，守正创新做好各项工作，推动全县宣传思想文化工作“十四五”开局良好。

【理论武装】 坚持落实“第一议题”制度，县委理论学习中心组召开集体学习会12次，切实用“关键少数”带动“绝大多数”。印发《2021年全县党委（党组）理论学习中心组学习计划暨学习型党组织建设工作计划》，全县各级中心组按照学习计划安排，结合党史学习教育有力有序开展专题学习研讨，推动理论学习往深里走、往实里走，切实发挥了理论学习中心组的“排头兵”作用。组建党的十九届六中全会精神、习近平总书记“七一”重要讲话精神和党史学习教育县委宣讲团，在全县广泛开展巡回宣讲活动269场次。健全用好红色宣讲团、百姓宣讲团、巾帼宣讲团等特色宣讲队伍，结合新时代文明实践活动，围绕“学党史、感党恩、跟党走”等主题开展各类宣讲活动1200多场次，着力打通理论宣讲“最后一千米”。

扎实组织理论阐释，开展“学党史、悟思想、办实事、开新局”理论征文活动，推动县领导同志和优秀共产党员撰写一批理论文章在《悦读丰顺》报刊登。扎实做好“学习强国”平台宣传推广及供稿工作，组织“Ta改变了我”“我心中的英雄”等主题征文活动，全年各类型供稿284条。

宣传舆论　紧紧围绕庆祝中国共产党成立100周年这条主线，举全战线之力步调一致地组织开展好宣传庆祝活动，重点推出“七个一”项目，即拍摄一部微电影《变迁》，拍摄了一部MV《党啊，亲爱的妈妈》，创作出版发行一部25万字的长篇小说《流年河》，举办群众文艺作品征集评选活动，举办一场以庆祝中国共产党成立100周年为主题的征文比赛，举办一场以庆祝中国共产党成立100周年为主题的书画、摄影等作品展览，举办一系列文艺巡回演出。县融媒体中心围绕“庆祝中国共产党成立100周年”“奋力谱写全面建设社会主义现代化国家丰顺新篇章”等主题以及县委、县政府中心工作，精心组织策划做好重大主题宣传，全年电视采集播出新闻12672条/次；“丰顺发布”微信公众号发布宣传报道2682条，月平均阅读量28.2万次；“财丰民顺”微信公众号发布宣传报道2861条，月平均阅读量8.6万；“丰顺发布”App发布宣传报道12977条；新闻专题制作发布各类专题片120多期，推送《微视频》节目95期，上传“学习强国”并推送视频121期；电视滚动播出公益广告超15万条/次；丰顺人民广播电台播出新闻12672条/次，播出公益广告65700条/次。《悦读丰顺》报发行24期120版。

【党史学习教育】　推动全县750个党组织、1.8万名党员开展形式多样的党史学习教育，发放指定教材2.8万多册，开展专题学习5000多次，主题党日活动1899场次。充分利用全县62处革命遗址遗迹、2个红色村党建示范工程点等红色教育资源，打造10个县级党史学习教育实践基地，组织编写《广东中央苏区丰顺革命简史》《烽火潘田》等具有丰顺特色的学习参考材料，创排山歌剧《初心》、歌曲《红薯情》等一批红色题材的文艺作品，举办中共丰顺（临时）县委成立旧址史料展等，组织参观革命遗址遗迹、革命纪念场馆等642次、2.8万多人次，引导党员干部从党的艰辛奋斗中汲取奋进力量。统筹各级各类资源开展党史专题宣讲活动，科级以上领导干部讲专题党课632次，基层党组织书记讲专题党课1372次，录制《主播说党史》《文明实践公开课》等微视频节目开展“云端”微宣讲，营造了“学党史、悟思想、办实事、开新局”的浓厚氛围。在全社会开展以党史为重点的“四史”宣传教育，突出青少年群体，深入开展党史学习教育进校园等活动，引导广大青少年坚定不移听党话、跟党走。聚焦群众“急难愁盼”问题，突出抓好县“十件民生实事”和创建全国文明城市73项民生微工程，实施一批民生事项，推动就业、教育、住房、医疗卫生、社会保障、道路交通安全整治等领域重点工作有效落实。全县梳理并完成办实事项目2203项。

【精神文明】　扎实创建全国文明城市，制定《丰顺县创建全国文明城市指挥部工作方案》，通过抓重点、破难点、创亮点等系列“组合拳”，推动“创文+志愿服务”“创文+疫情防控”“创文+社会治理”常态化，文明新风进一步彰显，新一轮创建开局良好。以创建全国文明城市为龙头，全面落实“五大创建”任务，深入开展文明村镇、文明单位、文明家庭、文明校园等创建活动，文明创建向全域高质量延伸拓展。砂田镇、八乡山镇2个镇获评梅州市“十佳乡风文明镇”，建桥镇郑屋村等12个村获评梅州市“百佳乡风文明村”。开展先进典型评选宣传，评选出8户2020年度丰顺县“文明家庭”、11户“最美家庭”、10户“书香家庭”、10户“绿色家庭”、10户“美丽庭院”、10名“好媳妇”。2人分获广东省第一、二季度“广东好人”，1人获评“梅州市道德模范”，1人获评“梅州市道德模范”提名奖，3人分获梅州市第一、二、三季度“梅州好人”，8人获评2020年度丰顺县“身边好人”，6人获评梅州市“新时代好少年”。丰顺中学入选2021—2023年创建广东省文明校园先进学校，17所学校获评梅州市“文明校园”。

【文化建设】 深入推进公共文化服务体系建设，投入1200多万元，建成县图书馆1个总馆、16个分馆、48个服务点，县文化馆1个总馆、16个分馆、50个服务点，总分馆制建设覆盖率100%；全县261个行政村综合性文化服务中心实现全覆盖，均实行免费开放，初步形成县镇村三级公共文化服务体系，公共文化服务能力提升明显。扎实推进红色革命遗址保护利用工作，评选出第二批10个县级爱国主义教育基地，龙岗镇马图村革命遗址群、八乡山镇小溪村革命遗址群、汤南崇德善堂——“八一”南昌起义军汤坑战役旧址等3个项目成功获批广东省红色革命遗址保护利用专项资金支持1506万元。坚真纪念馆被评为2020年度梅州市优秀人文社科普及基地，被认定为广东省人文社会科学普及基地，被评为2020年度梅州地区博物馆、纪念馆开放服务最佳教育推广单位。深入推进名人故居（旧居）保护工作，完成了丁日昌故居、冯剑南故居、吴逸志旧居和市级文物保护单位丰顺县苏维埃政府旧址的修缮工程；完成了省级文物保护单位种王上围的修缮工程设计方案，同时积极推进李坚真故居、他信英拉祖居、蓝田书院的保护修缮工作。深入实施文化惠民工程，结合春节期间“文化进万家”工作部署，各类文艺协会和文艺工作者组建文艺轻骑兵到基层开展各类文艺文化活动，丰富了群众的精神文化生活。一批文艺作者潜心创作出一批优秀作品，跻身国家、省级报刊或展览评比活动，推动了全县文艺事业繁荣发展。编排的节目《“金牌”司仪》荣获2021广东省群众艺术花会（戏剧曲艺）曲艺类铜奖。

【文明实践】 印发2021年度全国试点工作任务清单，落实新时代新要求，在“一三五九”的丰顺经验基础上持续深化拓展，探索出“五度五化”的经验模式，着力打造梅州新时代文明实践新标杆。6月3日，成功举办全市推进新时代文明实践中心建设工作现场会。高标准推进汤坑镇、丰良镇两个省级文明实践示范所和34个省级示范站建设，完成示范所（站）自评。着力打造埔河文庙新时代文明实践基地、潭江镇官下村龙溪跻宁新时代文明实践点等示范阵地，延伸文明实践网络。推动文明实践与党史学习教育紧密结合，用好各级爱国主义教育基地、各类红色资源，开展形式多样的“学党史”文明实践活动，引导基层干部群众听党话感党恩跟党走。发挥党员先锋模范作用，结合“我为群众办实事”实践活动，组织开展各类惠民志愿服务800多场次，着力打通宣传群众、教育群众、关心群众、服务群众的“最后一千米”。

【网信工作】　召开县委网络安全和信息化委员会全体会议，研究部署全县网信重点工作，指导各镇（场）、各单位明确工作目标和职责，提升防范化解风险能力，牢牢守护意识形态安全“南大门”。县网信办不断健全网上舆情态势监测和研判机制，及时预警、处置各类有害信息；强化部门协调联动，开展“清朗”“剑网”等系列网络专项整治行动，2021年，全县互联网生态秩序井然。组织开展了全县网络安全大核查和重点部门网络安全专项检查，对全县各单位关键信息基础设施、重要领域开展安全检查，提高了全县防范网络安全风险能力。组织县内主要媒体开展了庆祝中国共产党成立100周年网上宣传、网络安全周、“网络中国节”等系列活动，营造了全社会文明和谐的网络舆论氛围。

【出版版权】　坚持把“扫黄打非”工作与整顿规范市场经济秩序和社会治安综合治理相结合，保持“扫黄打非”高压态势，在封堵和查缴政治性非法出版物、扫除淫秽色情文化垃圾、打击侵权盗版行为、加强版权保护等方面取得了明显的成效。深入开展“正道”“新风”“清源”“净网”“护苗”等五大专项行动，全面加强市场监管，有力保障了全县文化意识形态领域的安全。全年9次联系相关职能部门出动执法人员100多人次，检查经营单位60多家次，收缴盗版侵权出版物236册（份），发出责令整改通知书6份，进一步净化了全县文化市场环境。组织“绿书签”专项行动进校园，共开展活动50多场（次），派发宣传小册子、绿书签6000多份（册），张贴宣传海报1000多张（份）。进一步做好内部资料性出版物管理工作，全年非宗教类一次性内部资料出版物许可出版5份。

【意识形态】　修订印发《丰顺县党委（党组）意识形态工作责任制实施方案》，推动县委书记与各镇（场）党委书记签订《丰顺县落实意识形态工作责任制责任书》，进一步加强党对意识形态工作的领导，压实工作责任。建立“两新”组织形势报告会和哲学社会科学报告会、研讨会、论坛、讲座管理制度，进一步加强思想理论阵地管理。落实主管主办和属地管理责任，加强宣传、政法、统战、公安、文广、网信、出版等各部门的工作落实力度，严管各类意识形态阵地。加强意识形态领域各类倾向性苗头性问题的分析研判，召开联席会议3次，聚焦热点事件、重要时间节点、庆祝中国共产党成立100周年和党史学习教育等重点抓好各项工作，及时处置各类问题，全年未发生严重意识形态事件和严重舆情事件。加强意识形态工作责任制落实情况检查考核，对考核结果进行通报，同时将各镇（场）考核结果作为机关年度绩效考核的依据。

【队伍建设】　始终把党的政治建设作为根本性建设，严明政治纪律和政治规矩，不断提高干部的政治判断力、政治领悟力、政治执行力，增强“四个意识”、坚定“四个自信”、做到“两个维护”。深入开展党史学习教育，引导党员干部学史明理、学史增信、学史崇德、学史力行，不断增强干部凝聚力战斗力向心力。结合宣传工作时代特点，结合干部队伍实际，持续开展增强脚力、眼力、脑力、笔力“四力”教育实践，着力在强化干部担当作为上下功夫，不断增强干部在理论舆论、文化文明、用网治网和处理复杂突发事件的能力。认真贯彻落实中央八项规定及其实施细则精神，持之以恒加强作风建设，坚决纠正“四风”，推动全面从严治党向纵深发展，努力打造一支担当使命责任、勇于创新创造的时代新军。

（陈　尚）

县直机关工委

【概况】　2021年是中国共产党成立100周年。一年来，县直机关工委坚持习近平新时代中国特色社会主义思想为指导，深入贯彻党的十九大和十九届五中、六中全会精神，认真落实习近平总书记对广东系列重要讲话和重要指示批示精神，以及省委全会、市委和县委全会精神，按照新时代党的建设总要求，坚持把党的政治建设摆在首位，扎实开展党史学习教育，持续推进模范机关创建活动，推动实施新一轮基层党建三年行动计划，规范完善组织体系，提升机关党建工作的凝聚力、号召力，为实现丰顺高质量振兴发展提供坚强组织保证。

【党的建设】　坚持以党的政治建设为统领，坚决做到“两个维护”。坚持把政治建设摆在首位，从高从严落实省委“两个维护”十项制度机制。坚持正确政治方向，不断提高政治判断力、政治领悟力、政治执行力，锻炼对党忠诚的政治品格。深刻认识“两个确立”的决定性意义，坚决维护党中央的权威，更加坚定地同以习近平同志为核心的党中央保持高度一致，不折不扣地把党中央的各项决策部署和县委的工作要求落到实处。工委认真落实“第一议题”、常设议题制度，2021年共召开班子会议19场、理论中心组学习4次、支部会18场、专题组织生活会2场。引导所辖77个党组织坚决全面彻底肃清李嘉、万庆良的恶劣影响，督促县直单位党组织健全民主集中制，全面落实“三会一课”、民主生活会、民主评议党员等制度，严肃党内政治生活，切实增强“四个意识”，坚定“四个自信”，做到“两个维护”。

【党史学习教育】　扎实开展党史学习教育，淬炼党性修养。认真学习指定学习资料，工委党员干部职工人手一套习近平所著的《论中国共产党历史》和指定学习材料《中国共产党简史》，采用集体学习与个人自学形式，充分利用“学习强国”和省干部网络学院等载体，强化理论武装，注重淬炼思想。坚持用党的创新理论立根铸魂，工委主要领导带头上党课——《中国共产党百年辉煌》；组织机关党员干部对习近平总书记重要讲话精神暨全国“两会”精神进行集中学习研讨，组织党员干部收听收看“七一勋章”颁授仪式，认真学习习近平总书记庆祝中国共产党成立100周年大会上的讲话精神，做到学党史、悟思想、办实事、开新局。工委机关积极开展“我为群众办实事”实践活动，结合“创文巩卫”工作，参与文明交通劝导、环境卫生整治、疫情防控等志愿活动26场次。组织115名入党积极分子和党的发展对象、28名新党员及工委机关全体党员到坚真纪念馆、中共丰顺县委旧址（丰良镇九龙村榕树塘）、红十一军旧部（八乡山镇滩良村）等党史学习教育基地，开展革命传统教育，学习革命先辈事迹，传承红色基因、赓续革命血脉。工委机关选派3位党性强、业务精的同志参加县委党史学习教育联络督导巡回指导工作。

【新一轮党建三年行动计划】 着力推动实施新一轮党建三年行动计划，完善上下贯通、执行有力的组织体系。按照县委贯彻落实《广东省加强党的基层组织建设三年行动计划（2021—2023年）》实施方案，2021年以“完善组织体系开启新征程”为主题，结合绩效考核，采取实地核验、平时督（抽）查相结合，考核通报61个县直单位机关党建工作责任制落实情况，提升机关党建工作水平。规范党组织设置和按期换届。全年发出换届提醒函35份，推动基层组织按期换届。新成立博爱慈善协会、新阶联等两新组织党支部。根据县直单位和乡镇改革，及时调整县市场监管局、县自然资源局、县人民法院等党组织的设置和党员的组织关系转接，规范县公路事务中心党委、县应急局党委、县人民医院党委、县第二人民医院党委党组织设置，同步配齐配强领导班子。高质量做好县直机关出席党的二十大、市第八次党代会代表、县第十四次党代会代表的推荐选举工作，提前谋划酝酿出席省第十三次党代会代表推荐人选。

【模范机关创建活动】 持续深化模范机关创建活动，打造让党中央放心、人民群众满意的机关。认真贯彻落实《中共丰顺县委办公室关于深化县直机关模范机关创建的通知》精神，按照“讲政治、守纪律、负责任、有效率”的要求，做实做细创建工作举措，县直各单位积极创新模范机关创建活动，亮点纷呈。如县农业农村局和县司法局参加省市劳动技能创新大赛获得优秀奖；县税务局机关党委打造家风家教长廊，宣扬谷文昌、孔繁森、杨善洲等优秀共产党员的家教家风。“两新”组织中山友好医院党支部被评为市级基层党建示范点，同时推荐为省基层党建示范点。开展县直机关党组织和在职党员“双报到、双服务”活动，全年组织59个县直机关党组织到汤坑镇17个村（社区）开展“双报到、双服务”活动，组团开展服务149次，报到党员人数1572名，党员开展服务2747人次，办好民生实事186件。

【机关党建工作】 抓好机关党建工作责任落实，提高机关党建工作质量。制定《2021年县直机关党建工作要点》，统筹规划全年党建工作，推动县直单位党组织认真履行党建主体责任和班子成员“一岗双责”，坚持围绕中心抓党建，抓好机关党建促进业务发展，以党建工作绩效考核为抓手，督促77个县直党组织按季度报送“三会一课”纪实汇总表，严肃党内组织生活，做好发展党员和党员监督管理、党员信息采集统计报送、党费收缴、网上转接党员关系等工作，提升党建工作质量。举办县直单位党组织书记素质能力提升培训班，将学习贯彻中共十九届六中全会精神和党建业务能力提升深度融合，组织86名党组织书记及党务干部到平远县红四军纪念园参观学习，感悟革命先烈的顽强不屈、英勇无畏的精神。开展庆祝中国共产党成立一百周年系列活动，认真做好省市县“两优一先”推荐人选提名考察工作，4个党组织被评为市级先进基层党组织，7位同志被评为市级优秀党员、优秀党务工作者。组织94名新党员入党宣誓活动，颁发398枚“光荣在党50周年”纪念章，承办庆祝建党百年红色演出，参加红色歌曲大合唱。开展党内关怀帮扶活动，发放5.2万元慰问患重病党员、困难党员、因公牺牲党员家属，让他们感受到党组织的温暖。

【党风廉政建设】 抓正风肃纪反腐工作，推动落实党廉责任制。贯彻落实中央八项规定及其实施细则。大幅精简会议、文件总量，为基层减负，力戒形式主义、官僚主义等突出问题，落实党风廉政建设责任制和意识形态工作责任制，完善全面从严治党主体责任清单，严格落实一把手党风廉政建设主体责任及班子成员“一岗双责”，签订责任书。严格执行个人有关事项报告制度。开展抓早抓小，党内谈话，建设良好家风。做好县委巡察整改回头看，自觉加强领导干部“八小时以外”活动情况的监督，重点对其“社交圈”“生活圈”“休闲圈”等的监督。

（办公室）

机构编制工作

【概况】 中共丰顺县委机构编制委员会办公室（简称县委编办），是中共丰顺县委机构编制委员会（简称县委编委）常设办事机构，受县委编委领导，承担县委编委日常工作，列县委办事机构序列，归口县委组织部管理。设综合股、机构编制管理股、监督股、事业单位登记管理股（丰顺县事业单位登记管理局）4个内设机构，核定行政编制15名、实有11人。下设事业单位丰顺县电子政务中心，核定事业编制3名、实有3人。

2021年，县委编办坚持以习近平新时代中国特色社会主义思想引领机构编制工作，在县委、县委编委的正确领导和市委编办的精心指导下，较好地完成各项工作任务，为在更高起点上推动丰顺苏区高质量振兴发展，打造生态发展区建设先行示范县、梅州融入沿海经济带建设之星提供了有力的体制机制保障，确保“十四五”开好局、起好步。

【全县深化机构改革情况】 巩固提升党政机构改革。全面完善32个党政机构的“三定”规定和调整方案并重新印发。不断优化机构职能体系，将县扶贫工作局更名为县乡村振兴局、将县公安局森林分局由县林业局划归县公安局直接领导、明确县市场监管局市场监管综合执法职责、妥善解决地震职能划归县应急管理局后涉及的相关问题、协同推进行政复议体制改革等。印发《丰顺县党政部门及中央、省属、市属驻丰有关单位安全生产工作职责》，建立健全安全生产体系。统筹编制资源保障乡村振兴等重点工作，为县农业农村局等16个部门增加15名行政编制、28名行政执法编制。每个执法队设置2—3个中队和1个法制审查室。2021年全县共办理991宗行政执法案件，其中，行政处罚255宗，行政检查727宗，行政强制9宗。召开3次县委编委会，研究解决90项县直和乡镇急需解决的问题。

纵深推进乡镇体制改革。协调县政府办公室、县司法局、县政务数据局等部门，梳理公布下放行政执法权519项，下放政务服务事项506项。各镇规范设置经济发展和财政服务中心、公用事业社会保障服务中心、农业农村服务中心（加挂农产品质量安全监管服务中心、水务服务所牌子）、文旅教体服务中心、退役军人服务站、卫生院（加挂卫生健康服务中心、疾病预防控制中心牌子）等6个事业单位，核增各镇卫生院事业编制17名，助力打好疫情防控阻击战。建章立制。设置综合治理委员会、公共服务委员会、应急管理委员会、综合行政执法委员会、规划建设委员会五大委员会，建立统一指挥协调平台。印发《乡镇五大统一指挥协调工作平台运行规则》，进一步规范五大平台建设；印发《乡镇党政机构岗位设置、与县级部门对应表》，健全乡镇机构“一对多”“多对一”机制，确保上下职责对应、工作运行顺畅。印发《加强乡镇执法能力建设工作方案》，规范乡镇综合行政执法队设置。召开县委推进乡镇体制改革（汤西）现场会，开展乡镇体制改革督查，确保改革落地见效。

扎实开展事业单位改革。规范开发区内设机构设置和领导职数配备，各个内设机构调整为正股级。调整县法学会秘书处管理体制。加强教育卫生文化事业发展，重新核定中小学教职工编制为5432名；全面推进县域医疗共同体建设；利用红色遗址保护利用中心开发八乡山、龙岗两镇丰富的革命文化资源。

【机构编制监督检查工作情况】 按照中央编委部署开展第二次全国机构编制核查，统筹推进2021年度机构编制统计工作。主动参与县“12345”政府服务热线工单，承办主体认定工作20单。开展机构编制“条条干预”问题自查自纠和相关线索收集。结合各项改革，全年统筹完成5条机构编制问题整改。开展编外人员调研摸底工作。

【事业单位登记管理工作情况】 规范事业单位登记管理工作。推进机关群团统一社会信用代码赋码工作。办理上级授权初始赋码1个，变更信息赋码20个，撤销信息赋码2个。推进涉改事业单位法人登记工作。办理设立登记3个、注销登记7个、变更登记70个。推进事业单位法人信用建设工作。全面完成170个事业单位法人年度报告和公开。依法依规开展事业单位法人登记、做好事业单位法人证书电子证照、开展事业单位法人公示信息“双随机、一公开”抽查等工作。推进事业单位法人证书到期换领工作。全面完成130个事业单位法人证书到期换领工作。推进事业单位法人登记政务服务工作。落实事业单位法人简易注销工作。办理简易注销登记7个。

【电子政务中心工作】 按照要求做好机构的网站审核和标识管理，化被动申请为主动服务，帮助单位申请注册、代缴费，确保中文域名注册和续费工作取得实效。有序为各单位开通微网站，在“国家网络安全宣传周”做好中文域名相关知识的宣传活动。

【党建工作与自身队伍建设】 严明政治纪律和政治规矩。深入学习贯彻习近平新时代中国特色社会主义思想以及党的十九大和十九届历次全会精神，认真领会习近平总书记关于机构编制工作的重要论述，树牢“四个意识”、坚定“四个自信”、坚决做到“两个维护”。严格执行第一议题制度，组织理论学习中心组学习12次、上党课6次、专题学习6次。深入开展党史学习教育。严格按照县委关于开展党史学习教育部署要求，研究制定《县委编办党史学习教育活动实施方案》。融合机构编制工作特点，学好“指定书目”、上好党课、抓好“专题学习研讨”、构建“现场教学”体系、讲好“红色故事”、开好组织生活会。组织观看红色电影、学习参观红色教育实践基地，接受红色革命教育和党性洗礼。严格落实“三会一课”制度，全年共召开党员大会5次、支委会13次，开展主题党日活动12次。新吸收入党积极分子1名。持续推进基层党组织加强党的建设三年行动计划，出台《县委编办深化模范机关创建活动实施方案》，开展模范党支部和模范机关创建活动，全面提升支部标准化建设水平和模范机关服务水平，获评“丰顺县先进基层党组织”。落实意识形态工作责任制，把牢意识形态正确方向，全年召开意识形态和宣传思想工作专题会议2次。持续深化作风建设，全面落实党风廉政建设责任制，深入开展廉政警示教育，着力筑牢风险防控底线。深入推进“我为群众办实事”实践活动，支持挂钩村——八乡山镇高基村乡村振兴工作经费5万元用于疏通河道、整理堤围；深化“双报到、双服务”志愿活动，压实网格化管理责任，支持汤坑镇五一社区“创文”经费2万元，积极组织党员干部参与“创文”“两美”“巩卫”活动85人次。加强机构编制队伍自身建设。采取个人自学、集中培训等多种方式，累计培训65人次。抓好公务员平时考核工作，制定《县委编办公务员平时考核工作方案》，确保取得实效。加强编办信息报送工作。向市以上报送信息13篇，其中被市委编办采用刊登1篇。严格落实疫情防控工作要求，全体干部职工（含退休职工）疫苗接种覆盖率达到100%。

（综合股）

统战工作

【概况】 2021年，在县委、县政府的正确领导下和市委统战部的关心指导下，统战部坚持以习近平新时代中国特色社会主义思想为指引，认真贯彻落实习近平总书记对广东的重要讲话和重要指示批示精神，围绕县委、县政府中心工作，牢牢把握大团结大联合主题，充分发挥统战工作优势，最大限度凝聚共识、凝聚人心、凝聚智慧、凝聚力量，全面做好党外人士、非公经济人士、新阶层人士、港澳台侨、民族宗教等统战方面工作，为丰顺的振兴发展贡献统战力量。

【共同思想政治基础】 通过举办县委十三届第十一次全会精神贯彻情况调研座谈会、党史学习教育、“迎接建党百年，坚定四个自信”专题宣讲报告会、丰顺县统一战线庆祝中国共产党成立100周年座谈会、丰顺县统一战线学习贯彻党的十九届六中全会精神座谈会等方式，引导统战干部和党外知识分子、非公有制经济人士、民族宗教界人士、新的社会阶层人士等统战对象把思想和行动统一到党中央的决策部署上来，统一到县委县政府的工作举措上来，激发大家参政议政热情，充分发挥其联系广泛、智力密集等优势，为县委县政府决策建言献策，激励大家参与到丰顺老区苏区高质量振兴发展中来，为推进伟大事业、实现伟大梦想不懈奋斗。

【民族特色村寨品牌】 2021年8月，省民族宗教委主任李秀英到潭江镇凤坪畲族村为第一批“广东省少数民族特色村寨”揭牌。2021年争取少数民族发展资金300万元，助推凤坪畲族村乡村振兴。截至2021年年底，文化旅游驿站主体结构及木结构天面安装、瓦顶铺设已完成，进入装修粉刷阶段；高山茶文化推广中心已经完成混凝土主体结构和钢架结构，下一步将进行玻璃结构安装；民俗展示中心已完成征地及土地平整工作，正在进行基础工程建设阶段。与中南民族大学方清云教授合作的《凤凰山中的畲族故里》已送达中国社会科学出版社准备出版。

【提高宗教事务管理】 开展打击非法宗教活动，积极宣传党的宗教政策方针，确保无宗教渗透、非法传教（包括邪教活动）现象，营造清净宗教氛围和良好社会秩序。加强对宗教界人士的思想教育，组织宗教界代表人士到海丰县红宫红场、澎湃故居和新山村开展“助力新时代共筑中国梦”爱国主义教育活动。将宗教领域疫情防控工作和宗教活动场所平安创建工作相结合，切实做好各项疫情防控和安全生产工作，与各镇（场）签订丰顺县宗教工作责任书，首次将民族宗教工作列入年度督查，全力维护全县宗教领域和谐稳定。深入开展反宗教极端思想宣传教育进农村、进社区、进机关、进学校、进企业、进网络“六进”活动20场次，发放《宗教事务条例》《中华人民共和国反恐怖主义法》等宣传材料3500多份，解答群众咨询400多人次，有效提高了群众对宗教极端主义的认识和防范抵制意识，增强了维护社会和谐稳定的责任感和使命感。

【台港澳侨统战工作】 通过电话、传真、微信等方式，与海外华侨社团、侨领、新侨民、港澳同胞联络沟通89人次，不断加深与海外华侨社团、侨领、新侨民、港澳同胞的联络和沟通。开展“惠侨暖企”活动，走访丰顺县鸿润电子有限公司、丰顺县鑫润电子有限公司、丰顺正通高分子材料有限公司等侨资企业，宣传党的十九届五中全会及县委全会精神，帮助解决存在的困难和需求。做好广东省侨心慈善基金会送赠1000件棉背心的发放工作，协助完成2家“侨心图书室”的筹建和挂牌工作。做好侨务信访工作，调处答复4宗来信来访，落实1名归侨侨眷的政治待遇。扎实做好涉台港澳侨疫情防控工作，协同有关单位促成接种疫苗向海外华人开放。做好第12届香港“摘星计划”励志助学工作，资助7名品学兼优贫困生实现大学梦。

【对外联络交往工作】 与外地丰顺商会加强沟通联系，发挥商会桥梁纽带作用，通过商会活动向外出乡贤通报乡情、宣传推介家乡的招商环境与政策，鼓励和引导丰顺乡贤回乡投资兴业、支持家乡公益事业发展，发挥丰顺商人资源优势，助推丰顺经济社会发展。

【无党派人士工作】 联合组织部门加强党外干部提拔使用力度，丰顺县政协副主席陈春妮当选为梅县区人民政府副区长，丰顺县残联理事长罗灏当选为丰顺县人民政府副县长。对照无党派人士主要标准和资格条件，通过摸查和认定，完成61名县级无党派人士的认定与登记工作，并推荐1名为省级无党派人士。

【换届选举工作】 圆满完成工商联换届有关人事安排工作，召开了丰顺县工商业联合会（总商会）第十三次会员代表大会，创新民营企业维权服务机制，吸纳法律人士加入工商联执委，主动为会员企业提供法律服务，助力企业健康发展。严格按照程序完成政协第十一届丰顺县委员会委员产生工作，结构比例均符合要求。

【党史学习教育】 立足爱党爱国爱社会主义主题，充分挖掘利用红色资源，开展党史学习教育。组织干部职工到东江革命根据地史料陈列馆、坚真纪念馆等地开展各种纪念瞻仰活动，重温入党誓词，邀请统战部黄喜洁作“传颂坚真正气　厚植爱党情怀”红色演讲，大力唱响共产党好、伟大祖国好，让爱党爱国成为全县各族群众美好的时代主旋律，同时推荐其参加市、县举办的庆祝中国共产党成立100周年“红色信仰·时代之声”主题演讲比赛并荣获梅州市优秀奖、丰顺县二等奖。组织观看《生死坚守》，进一步激发党员干部的爱国热情，凝聚团结奋斗之力。联合工商联、新阶联举办了“建党百年·琴音向党”为中国共产党成立100周年献礼系列活动，奏响时代主旋律，向中国共产党成立100周年献礼，激励全县广大统一战线成员共同为全面建设美丽丰顺而不懈奋斗。举办县委统战系统“迎接建党百年，坚定四个自信”专题宣讲报告会，引导统战系统干部、政协委员、工商联企业家、新阶层人士紧紧团结凝聚在党的周围，坚定政治方向，增强“四个意识”、坚定“四个自信”、践行“两个维护”，激发干事创业新活力，助推苏区高质量振兴发展。持续做好对高龄失能归侨、困难归侨、台胞台属的帮扶救助，帮助在丰顺生活、工作的内地港人协调解决遇到的困难和问题。实地走访了解大山背村的基本情况，积极加强与其他部门的沟通联系，加大人力、物力和资金等方面的投入，共同做好大山背村的创文工作和新农村建设工作，为创建全国文明城市作出积极贡献。收集社情民意，梳理制定问题清单，切实把党史学习教育成果转化为“我为群众办实事”的实际行动，共梳理办完成实事项目11项。

【党建引领推动工作】 严格落实第一议题制度，深入学习贯彻习近平新时代中国特色社会主义思想，贯彻落实习近平总书记对广东系列重要讲话和重要指示批示精神，先后召开理论中心组学习13次，开展主题党日活动12次，组织党员培训班1次。坚持落实党建工作责任制，认真实施新一轮党的基层组织建设三年行动计划（2021—2023年），带头和推动党的组织体系建设，及时补选党支部委员3名，谈心谈话14次，发展入党积极分子2名，2021年6月获得丰顺县“先进基层党组织”称号。加强党员领导干部联系服务群众工作，积极加强与其他部门的沟通联系，加大人力、物力和资金等方面的投入，共同做好大山背村的创文工作和新农村建设工作，为创建全国文明城市作出积极贡献。切实做好“双报到、双服务”党员志愿活动，积极发挥基层党组织的战斗堡垒作用和党员先锋模范作用，推动统战各项工作守正创新开新局。

（张俊添）

政策研究

【概况】 2021年，县委政研室在县委、县政府的坚强领导下，坚持以习近平新时代中国特色社会主义思想为指导，深入学习贯彻党的十九大和十九届历次全会精神，紧紧围绕县委中心工作，恪尽职守、开拓进取，各项工作取得较好成效，以文辅政、以智辅政功能进一步显现，参谋助手作用进一步发挥。

2021年年末，全室有干部职工16名，其中领导班子成员3名，一般公务员4名，事业单位工作人员9名。

【党史学习教育】 党员干部认真研读党史学习教育指定教材，用好“学习强国”、有声图书馆、“打卡广东红”等平台，扎实开展党史学习，全年召开党史学习教育动员会2次，专题组织生活会1次，专题学习会5次，3次专题宣讲会，学习习近平总书记“七一”重要讲话座谈会1次。组织党员干部到中共丰顺（临时）县委成立旧址、八乡山东江苏维埃纪念馆等基地开展主题党日活动，深刻感悟老一辈共产党人的理想信念和革命精神，汲取奋进力量。领导班子多次带队到支部联系点邓屋村开展“我为群众办实事”实践活动和“双报到、双服务”活动，梳理并完成“我为群众办实事”项目5项，开展志愿活动12次，覆盖群众近3000人，得到群众的广泛赞誉。

【以文辅政】 组织全室干部加强理论学习，研究解读2021年中央一号文和国务院、省、市关于新时代支持革命老区振兴发展的意见等政策文件，并及时融入到文稿服务中。坚持把全室力量、资源、精力向文稿服务集中，形成“层层负责、分工负责、共同负责”的良好工作格局。一年来组织起草县委“十四五”规划建议、县第十四次党代会报告、政府工作报告等一大批重要文稿。做好文稿收集和起草把关工作，助推丰顺县成功竞得特色蔬菜省级产业园和全国水系连通试点项目。安排人员高效为县党政领导提供资料服务，得到县党政领导充分认可，为保证县委县政府高效运转作出积极贡献。

【调查研究】 深化“大学习、深调研、真落实”工作，深入基层开展调查研究。聚焦县委、县政府的中心工作，带着乡村振兴、党史学习教育、茶产业发展等课题，先后到潭江、丰良、八乡山、留隍等镇调研，形成调研文章10余篇，并将调研成果融入文稿，更好地服务了县委、县政府决策。与县政务服务数据管理局组成联合调研组，深入开展政务服务调研，形成《关于“我为群众办实事”暨丰顺县政务服务情况的调研报告》，为丰顺县优化政务服务环境提出了科学有效的对策建议，助推“丰顺服务、天天进步”。

【全面深化改革】 在县委深改委的领导下，深改办发挥改革协调作用，聚焦民生难点，对标看齐上级部署，召开2次全面深化改革会议，把党中央决策部署和省委、市委对全面深化改革工作要求传达到位，落实到位。县委印发《县委全面深化改革委员会2021年重点改革工作安排》等重要改革文件，助推乡镇体制改革、乡镇综合行政执法改革等改革取得扎实成效，协调推动各领域改革不断向纵深发展。

【自身建设】 领导班子带头贯彻中央八项规定精神，落实廉政谈话、党内谈话制度，关心干部成长，掌握思想动态，推动党员干部转作风、强服务、提效能、树新风。全室干部不断发扬艰苦奋斗精神，加班加点干事业、任劳任怨作奉献，展现出了特别能吃苦、能战斗、能奉献的政研队伍形象。全室坚持民主公开、公平公正、竞争择优的原则选拔干部，激发干部职工干事创业的热情。2021年，严格把关发展党员2名、培育发展对象1名，党员占比达73.3%；提拔副科级干部1名，提拔副股级干部1名，新调入公务员2名，2名试用期干部按期转正。

【重要事件】 6月11日，协调召开县委全面深化改革委员会第五次会议；12月9日，协调召开县委全面深化改革委员会第六次会议。

（吕展祥）

党校工作

【概况】 2021年，中共丰顺县委党校在县委的正确领导下，坚持以习近平新时代中国特色社会主义思想为指导，深入学习贯彻党的十九大和十九届历次全会精神，深入贯彻落实习近平总书记关于党校办学治校系列重要指示精神和《中国共产党党校（行政学院）工作条例》，大力实施“123”发展战略，围绕中心，服务大局，开创了干部教育培训新局面，用忠诚和担当迎接中国共产党成立100周年，向鲜红的党旗献上崇高的礼赞。

【疫情防控】 坚持把新冠肺炎疫情防控作为头等大事和重大政治任务来抓，通过建机构、定方案、组专班和成立党员志愿服务队，形成“八有”丰顺模式，为全县实现“零疫情”体现党校担当。组织11名在职党员走进社区、亮明身份，开展“双报到”“双服务”活动，直接联系服务群众8次，投入资金3万元，解决民生实事8件，在大战大考中体现硬核担当。

【思想引领】 聚焦学习贯彻习近平新时代中国特色社会主义思想，依托“三会一课”、理论学习中心组专题学习和中央党校“网络课程”专家解读，深学细思习近平总书记系列重要讲话和重要指示批示精神。全年支委会“第一议题”学习22次，中心组学习14次。结合党史学习教育，坚持把习近平总书记“七一”重要讲话和党的十九届六中全会精神作为主题党日、学员论坛、“我为群众办实事”实践活动核心内容，精心录制《党课开讲啦》党史“金课”2节，引导党员干部和学员读原著、学原文、悟原理，思想引领更具“党校味”。

【干部培训】 实施“骨干教师培训计划”，分期分批选派教师参加中央、省、市党校师资培训班学习，举办1期“用学术讲政治”专题研修班，提升教研骨干授课能力水平。鼓励在职教师考取硕士研究生1人，新招录硕士研究生1人，晋升高级讲师职称1人。认真研发专题课程，全年开发新专题课程22门，形成“1+X+N”课程体系。加大习近平新时代中国特色社会主义思想和习近平总书记“七一”重要讲话和党的十九届六中全会精神教学分量，在主体班次中专设教学模块，实现各类培训班次学习全覆盖。全年举办培训班次29期，参训干部5453人次，其中主体班15期，参训干部4280人次。

【研究阐释】 组织教研骨干开展研究阐释，撰写阐释文章21篇，从学理上解读百年重大成就、党的奋斗经验、伟大历史使命。围绕四个历史时期的党史，收听收看中央党校专家学者深度解读，研讨学习贯彻党的十九届六中全会精神，全面系统学习党的百年奋斗史，感悟思想伟力，坚定忠诚信念。深入研究百年党史中的原创性思想、变革性实践、突破性进展和标志性成果，坚持课题研究同总结丰顺实践经验相结合，深挖活用丰顺苏区红色资源，开展课题研究市级2项、县级1项、校级1项，形成决策咨询报告1篇。

【宣传宣讲】 开展示范宣讲习近平总书记重要讲话和党的十九届六中全会精神，及时发出党校声音，着力引导党员干部坚定历史自信、担当时代责任、开创事业新局。遴选3名教研骨干参加县委宣讲团，选派8名教师组成送教下乡志愿服务队，推进党史解读和党的十九届六中全会精神“六进”。全年宣讲56场次，受众达2856人次。利用融媒体手段，策划“四史”教育专栏，打造“红色学府大讲堂”名片。

用好“一刊两屏三栏”，开设学习专栏，深度阐释党的十九届六中全会提出的重大理论和实践命题。

【意识形态】 胸怀“国之大者”，践行初心使命、响应伟大号召，坚持党校姓党根本原则，坚持以党的旗帜为旗帜、以党的意志为意志、以党的使命为使命，严守党的政治纪律和政治规矩，坚持在党爱党、在党言党、在党忧党、在党为党，思想上、政治上、行动上自觉同党中央保持高度一致。坚持以课堂教学为主渠道、以网络宣传为主阵地，以师德师风建设为关键点，积极稳妥防范化解干部培训领域重大风险，确保不发生重大教学事故风险，坚守意识形态安全党校阵地。

【基础设施】 扎实开展“我为群众办实事”实践活动，完成保卫室安全设施升级改造，完善安保网络安全系统，提升安全防范能力。校园防雷工程竣工使用。政府采购人脸识别门禁系统。利用科技力量，助力疫情防控。整合“智慧党建”“智慧教务”“数字图书”和党校门户网站，率先在全市党校系统建成“智慧党校”，打造网络化、移动化、智能化、开放化、一体化的红色学府。实施“教师安居乐教计划”，完成房改房维修改造3间，有效解决了教师住房困难问题。

【从严治党】 积极探索“纵合横通强党建”机制，做细“条主责、块双重”，从“纵合力、横联通”双向发力，实现“齐心抓、党建强”。探索学、训、研、讲、实“五位一体”学习教育模式，提高党员干部党性修养和理论素养。践行抓支部、创模范，抓书记、当头雁，抓党员、做表率，抓阵地、争达标，抓示范、树品牌，坚持会前成本子、会后进盒子、年终成格子“三会一课”纪实管理，打造“五抓三子”党建品牌。党校关工委荣获“全县关心下一代工作先进集体”表彰。2021年12月28日，市委组织部调研组到校开展机关党建工作“互看互学互评”，给予高度好评。

（办公室）

关心下一代工作

【概况】 在县委、县政府的正确领导和省、市关工委的指导帮助下，县关工委深入学习贯彻党的十九大和十九届三中、四中、五中、六中全会精神，学习贯彻习近平总书记系列重要讲话精神，坚持“急党政所急、想青少年所需、尽关工委所能”的工作方针，大力发挥“五老”的优势作用，在加强和改进青少年思想道德教育，促进青少年健康成长等方面，做了深入而细致的工作，推进丰顺县关心下一代工作向前发展。

【思想引领】 根据中国关工委和省、市关工委的通知和上级党委的统一部署，县关工委采取多种形式深入学习宣传党的十九届五中、六中全会精神，认真学习贯彻习近平总书记系列重要讲话精神和对关心下一代工作的重要指示精神，认真贯彻全国关工委工作会议和全省关工委工作会议精神，扎实开展“大学习、深调研、真落实”活动，把学习党史教育活动引向深入，以学“四史”为重点，努力做到读原著、学原文、深领会。其次是深入开展专题宣传活动，编印了学习宣传材料下发至基层关工委，出版大型专题宣传栏，张贴挂图等，营造了良好的宣传氛围，先后到汤西镇中心小学、丰良中学、汤坑镇第二中心小学等学校调研，指导各中小学校深入开展党史教育、革命传统教育、德育和法制教育，积极组织和参与汤坑镇第二中心小学、汤西镇中心小学等120多间中小学校举行德育、法制教育报告会、学习会。

【主题教育活动】 县关工委认真贯彻中国关工委、省市关工委有关文件精神，在青少年中深入开展“传承红色基因、争做时代新人”以及“中华魂”主题教育等活动，并根据中国关工委开展“传承红色基因、争做时代新人”线上教育活动的部署，扣紧活动的主题，结合本地的实际，采取丰富多彩、形式多样的形式，将培育和践行社会主义核心价值观推向更深层次，教育广大青少年一起学习、宣传、传承党和国家的“红色基因”，听党话跟党走、担当起民族复兴的大任，争做一名时代新人。

召开多层次会议进行学习宣传贯彻落实。县关工委把开展“传承红色基因、争做时代新人”等活动作为工作的重中之重，在全县关心下一代工作会议上进行全面部署，同时在县关工委常务工作班子会议、“五老”座谈会，以及联合县委老干部局召开学习贯彻党的十九届五中全会精神会议上进行认真的学习和部署。7月6日和12月2日，县关工委积极配合市关工委先后在汤坑镇第二中心小学和丰良镇中心实验小学举办2场“党史教育进校园、红色基因代代传”巡展活动，取得了良好教育效果。

深入调研，明确开展活动的思路和方法。县关工委先后到八乡山东江苏维埃政府暨红十一军成立史料陈列馆和红十一军军部旧址、龙岗镇马图村“红四军”活动旧址、砂田镇黄岗坪土楼红色文化现场教学点，还有华夏女杰李坚真纪念馆等红色教育基地参观学习，探寻革命先烈和前辈的革命足迹，瞻仰老一辈革命家的革命风采。

精心组织，多层次多形式开展教育活动。在4月2日清明节前夕联合县退役军人事务局、汤坑镇党委政府等单位，组织汤坑镇第二中心小学学生到黎峰村“革命烈士纪念碑”，举行“缅怀革命先烈、铭记光辉党史、赓续红色血脉”党史教育清明节活动。在5月11日联合汤西镇党委政府，走进红色苏区美丽大罗开展“学党史、感党恩、办实事、关爱下一代健康成长”新时代文明实践活动。指导配合各镇、单位、学校关工委开展教育活动，如汤坑、丰良、砂田、隌隍等镇利用清明节、青年节、建党节等节日，组织青少年学生、党员干部到烈士纪念碑缅怀瞻仰革命烈士，到坚真纪念馆、马图和八乡山革命遗址、大埔三河坝革命旧址等参观学习，营造浓厚的学习教育氛围。组织学生参加省、市关工委举办的“社会主义核心价值观”征文活动，共收到征文作品150多篇，经初评报省、市关工委36篇，其中1篇学生作品被省关工委评为初中组三等奖。利用日常工作、下乡调研期间以及到各镇中心小学开展创建农村留守儿童“爱心之家”活动期间，采取座谈、宣讲、组织学生读红色书籍、写心得体会文章等形式，开展灵活多样的教育活动。

【创建五好基层关工委建设】 根据中国关工委、省关工委有关文件和梅市关工委《关于深入开展创建“五好”基层关工委活动的意见》精神，县关工委以开展“党建带关建”活动为切入点，从抓基层、建制度方面下功夫，建立健全关心下一代工作长效机制，继续开展创建“五好”基层关工委活动。同时抓好部分县直单位、镇村、学校关工委成员班子，特别是抓好镇（场）关工委常务副主任的选任工作。根据市关工委文件精神，县关工委对全县基层关工委创建“五好”活动进行自评，对照市关工委的自评标准自评五好达标率81%。

【关心下一代宣传工作】 县关工委根据各时期的工作出版宣传栏，开设学习园地，悬挂宣传横额等，采取多种形式大力开展关心下一代宣传工作，抓好通讯报道和报刊征订发行工作，2021年全体通讯员在《中国火炬》《秋光·关心下一代》等刊物、网站和中国关工委、省关工委微信公众号发表文章信息50多篇。同时，县关工委在2022年度订刊工作中，得到县财政局、县教育局、县卫生健康局、县农商银行和汤坑镇、丰良镇、瑠隍镇等单位的大力支持，完成订阅《中国火炬》235份、《秋光·关心下一代》318份，县关工委宣传工作2004—2021年连续18年被中国关工委评为先进集体，县关工委办公室江智强2021年11月被《中国火炬》杂志社评为“优秀通讯员”。

【做好“叶剑英基金助学金”发放工作】 根据市关工委发放叶剑英基金助学金的工作部署，县关工委在深入调查核实、确定受助学生对象的基础上，县关工委于8月26日举行发放仪式，向27名家庭贫困的高中生发放助学金54000元，每名学生受助2000元。

【农村留守儿童“爱心之家”工作】 根据梅州市政府文件、丰顺县委办公室文件精神，县教育局、县民政局、县关工委通力合作、密切配合，2018年12月底18家镇级中心小学“爱心之家”全面挂牌成立，顺利完成上级的建“家”要求。为巩固办“家”成果，发挥它的应有作用，县关工委注重组织人力对全县“爱心之家”建设及开展活动情况进行了调研，促使“爱心之家”活动常态化，真正把“爱心之家”办成幸福温暖、充满关爱的“心灵家园”。在2021年“六一”儿童节期间和其他重要节日期间，汤坑、汤西、丰良等镇中心小学“爱心之家”结合实际，开展丰富多彩的关爱留守儿童活动。

【培训和帮扶】 县关工委以普及农产品电子商务知识和打造特色品牌为重点，采取送学到村、面向群众的做法，3月11日，县关工委联合瑠隍镇关工委在该镇大坪村举办“农村创业青年茶叶品牌知识培训班”，共有该镇56名创业有成的青年学员、种茶大户和“两委”干部参加培训。6月24日，县关工委联合龙岗镇党委、政府，组织汤坑、八乡山、砂田等镇创业学员以及部分镇关工委负责同志共50多人，到著名的革命老区马图村开展“学党史、助力乡村振兴”学习交流活动。11月26日，县关工委联合丰顺县嘉洪农林有限公司、梅州市尚锋电子商务有限公司举办“农村青年创业致富带头人培训班”，共有来自汤坑、瑠隍、北斗等镇的农村创业青年代表、农民企业家和部分镇关工委常务副主任共50多人参加培训。

按照省、市关工委的部署，推荐了2名学员并由县关工委副主任黄晓阳带队共3人参加市关工委组织的农村创业青年学习考察活动，组织4名学员参加市关工委举办的“梅州市农村创业青年新媒体营销人才培训专题班提高班”、推荐1名学员参加省关工委“高级班”的培训。为庆祝中国共产党成立100周年，努力推进新农村建设，努力为乡村振兴助力，为建党百年华诞献礼，根据县委组织部、县委老干部局的工作部署，6月22日，县关工委、县老促会联合召开“丰顺县新时代新农村建设座谈会”。出席座谈会的有县关工委、县老促会常务班子全体成员、各镇（场）关工委常务副主任、部分镇村“五老”代表以及部分创业有成的农村创业青年、农企公司代表共50多人。

【纪念县关工委成立20周年系列活动】 2020年是丰顺县关工委成立20周年。在2021年3月30日召开的纪念梅州市关工委成立20周年暨全市关心下一代工作表彰大会上，丰顺县汤西镇关工委和县关工委主任刘德姜等5个先进集体和9名先进个人获得梅州市关工委、市文明办的表彰。12月30日，县关工委联合县文明办，在县委党校召开纪念丰顺县关工委成立20周年暨全县关心下一代工作会议。县委常委、组织部部长、党校校长徐晓东出席会议并作讲话，代表县委、县政府对县关工委多年来的工作给予了充分肯定，要求全县各级关工委要深入贯彻党中央关于关心下一代工作的决策部署和习近平总书记重要指示精神，把握新时代关心下一代工作的新任务新要求，以良好的精神状态、创新的工作举措、扎实的工作作风，做细做实关心下一代工作。受县关工委主任刘德姜的委托，县关工委常务副主任巫自华代表县关工委作题为《二十年关爱勇探索，新时代再创新佳绩》的工作报告。县委组织部副部长、老干部局局长马文腊，县委宣传部副部长、县文明办主任刘烨出席会议。参加会议的有各镇（场）关工委主任（党委副书记兼）、常务副主任，有关县直单位关工委负责同志，部分“五老”代表，以及先进集体和先进个人代表共90多人。大会回顾总结了县关工委成立20年来尤其是党的十八大以来的工作历程、取得的成绩和经验，并对今后工作进行部署。大会表彰25个“全县关心下一代工作先进集体”、39名“全县关心下一代工作先进工作者”、18名“全县优秀农村创业青年”。

为总结丰顺县关工委成立20周年来取得的成绩和工作经验，县关工委从2020年7月开始着手编辑一本纪念县关工委成立20周年的画册——《20年关爱情》，于2021年6月顺利出版，并在12月30日县关工委联合县文明办在县委党校召开的纪念丰顺县关工委成立20周年暨全县关心下一代工作会议上举行首发仪式。

（江智强）

老促会工作

【概况】 2021年，是中国共产党成立100周年，是学党史、悟思想、办实事、开新局不平凡的一年。丰顺县上下在各级党政的正确领导下，开展党史学习教育，举行庆祝活动，举办主题展览，组织文艺演出，活动精彩纷呈。一年来，县老促会在县委、县政府的正确领导和重视下，结合自身实际，主动跟进中心，认真学习党史，“不忘初心、牢记使命”，传承红色基因，讲好老区故事，牢记立会初衷，履行工作职责，努力完成上级交办的各项工作任务。

2021年，丰顺县老促会被中国老促会评为宣传工作三等奖；4月17日，省老促会会长陈开枝到丰顺县调研国家振兴中央苏区优惠政策落实的相关情况，参观考察建设中的紫琳学院等地；4月29日，省老促会原顾问曾洪调研马图村。上级老促会到丰顺县，体现了对丰顺县老区的关注和关怀。县老促会会长陈修忠等陪同了上级领导的全程活动。

【政治思想建设】 主动参加县老干部局的学习制度，坚持定期学习。学习过程中，认真听取辅导人员的发言，领会精神要点，组织讨论消化，巩固学习效果。一年来，累计集中学习6次以上，每次都觉得有新鲜感、收益感，从而不断提高学习的紧迫感和自觉性。

结合重大时事要事学习。老促会认真学习习近平总书记在庆祝中国共产党成立100周年大会上的重要讲话，学习党的十九届六中全会精神，学习《中共中央关于党的百年奋斗重大成就和历史经验的决议》等，不断深化对百年党史的学习领悟，增强“四个意识”、坚定“四个自信”、做到“两个维护”，坚定不移拥戴核心，维护核心，永远听党话、跟党走。

学习广东省委8月28日《关于新时代支持革命老区和原中央苏区振兴发展的实施意见》，学习党报、党刊、老区主流媒体的报道文章，学习老促会系统的材料简报等。

联系工作实际，开展学习讨论，提高认识，为开展各项工作提供动力基础和思想保证。

【庆祝中国共产党成立100周年】 举办庆祝座谈会。6月22日，老促会会同关工委等单位，举行庆祝建党百年座谈会。大家一致认为，中国特色社会主义道路，实施乡村振兴战略，是党和人民100年创造积累的根本成就，是引领中国进步、增进人民福祉、实现民族复兴的康庄大道。

八乡山镇滩良村的党员代表曾祥沛说：“今日的滩良村，是广东省的红色村，是新农村建设的示范村。与改革开放前相比，经济社会、群众生活都发生了天翻地覆的变化。”他说，实施党中央乡村振兴战略以来，滩良村的发展更是日新月异。随着红色资源的保护和利用，让周边的基础设施更加完善。在东江苏维埃政府和中国工农红军第十一军成立旧址上新建的东江革命斗争史陈列馆，自2020年冬落成开放以来，前去参观学习的各界人员就达650多批次，共7000多人。

龙岗镇马图村的党员钟带生说，过去的马图，是人穷山光路崎岖；现在的马图，是人富山绿路宽敞。马图绿茶，已经支撑起了一个声名鹊起的大产业。全村有22个专业生产合作社，仅茶叶单项，全村人均收入就超过1.5万元。村道已经是柏油路面，水泥硬化公路已经修到了成片的茶山。随着红色旧址的保护修缮，红四军进驻马图史料馆、中央苏区县革命史料馆、红四军军部见龙居广场的落成，迎来了四面八方的游人。村容村貌整洁美观，到处呈现一派欣欣向荣的新农村景象。

撰写庆祝征文。6月间，《中国老区建设》发来征稿函，要求各地撰写庆祝建党100周年征文，内容是出版《庆祝中国共产党成立100周年特刊》。老促会认真对待这一工作，经过讨论研究，决定抓紧时间，撰写以八乡山的变化发展为主题的文稿应征。征文中，突出宣传八乡山是英雄之山、绿色之山、美丽之山。八乡山的光荣革命历史，早就闻名遐迩。现在，八乡山成了人们趋之若鹜的旅游胜地。7月间，3000多字文稿被选用。

参观红色革命遗址，感受中国共产党波澜壮阔的百年征程。如新修缮的丰顺县第一个党组织与土地革命战争时期丰顺县委诞生地，观看庆祝活动的文艺演出、图片展览等。

【开辟红色教育阵地】 县老促会把调研县域重要的革命遗址作为主要的工作内容，调研人员先后到八乡山、龙岗、砂田、留隍、潭江、小胜、丰良、汤坑等镇，比较系统地调查了解当地革命遗址的保护和利用情况，整理出相关资料，说明这些革命遗址的历史背景、时间、事件、人物和历史意义。

2021年，丰顺县的62处遗址录入《梅州市红色革命遗址名录》。其中，全国妇女爱国主义教育基地1处，省级遗址4处，市县级遗址15处，县级遗址4处，其他未定级39处。

2020年以来，龙岗镇马图村“见龙居”、“红四军进驻马图史料馆”、“中央苏区丰顺县革命史料陈列馆”、“东江苏维埃政府暨红十一军成立”纪念馆、丰顺县第一个党组织成立所在地、丰顺县第一个临时县委所在地等红色场馆先后建立，有效地保护利用了一批红色革命遗址。

地处汤南镇隆烟村崇德善堂的“汤坑战役纪念园”，已经得到广东省层级的立项和专款。这是具有重大纪念意义的红色项目工程，它将使人们牢记“八一南昌起义”的光辉历史。

【乡村振兴】 传统种植产业得到发展。留隍镇的橄榄产业有力推动了乡村振兴战略的实施。留隍橄榄年产量达3.7万吨以上，产值5亿多元。留隍镇于2006年被广东省科技厅定为“青榄专业镇技术创新试点单位”后，产业规模不断得到新的发展。镇域种植面积连片百亩以上的自然村，有合口村、南坑村等40多个，其中青榄专业村25个。留隍橄榄种植生产，已经形成规模化、集约化和专业化的产业体系。

留隍镇成立橄榄协会起到对产业推波助澜作用，为留隍橄榄产业的发展增添引擎力量。廖嘉臣的橄榄庄园还投入400多万元和1万株以上优质橄榄苗，在县内的丰良镇布心村、兴宁市径南镇的星耀村，分别建设了33.33公顷和67公顷规模的橄榄生产基地，有力地拉动和促进了当地的山区经济发展。

特色养殖产业创新而起。县内特色养殖业顺应市场需求而风生水起。八乡山镇方吉村、贵人村回乡创业的大学生曾祥坤和廖小军，他们各在当地把大片山地围圈起来，把野公猪与土种母猪杂交的新品种猪放在山上野养。经过训练，他们可以用广播音乐，把群猪“呼唤到”固定的饮水、进食和栖宿地点。现在两处年出栏量达500头以上。这些养殖农户的大量产品，通过当地直销和电商平台等方式，销售到深圳、广州、佛山等地市场，得到了丰厚的经济回报。

小胜镇发展胡蜂养殖令人眼睛一亮。胡蜂又叫虎头蜂、马蜂，生长在南方山区的丛林中，有较高的药用价值和食用价值，其蜂蛹是许多地方餐桌上的美味佳肴。小胜镇村民李广安，成立丰顺县诚飞养殖合作社，专门养殖销售胡蜂。他还用代养模式，带动了6家农户稳定增收。2021年年底，李广安拥有200多群胡蜂，产品销往云南、贵州等地，获得了可观的效益。

乡村振兴景象喜人。2021年，走访了丰良、建桥、潭江、小胜、留隍镇等地。参观访问中，对农村迅速发展的巨大变化感同身受。所经过的公路，全部是硬化路或柏油路；所看见的村落，都是新房楼阁。到处青山绿水，乡村呈现一派繁荣兴旺、蒸蒸日上的喜人景象。

砂田镇贫困户128户324人，如期实现脱贫率100%；4个省定贫困村均退出贫困村行列。全镇4个省定贫困村及2个面上村，连片、连线进行美丽乡村规划建设，村民铲除了20多千米公路杂草，清理了39千米溪流、圳渠淤泥，清拆了975间35840平方米危旧房，粉刷扮新了111座完整的老房舍，新建公厕17间，带来了城乡面貌一新的喜人变化。

【烈士后裔发放助学金工作】 召开工作座谈会。2021年8月27日，丰顺县老促会会同丰顺县复退军人事务局联合召开全县烈士后裔助学金受助代表座谈会，16位助学金受助学生到会。县委组织部领导和相关单位人员参加会议。

丰顺县为烈士后裔发放助学助困金的工作，已经连续开展了27年，累计发放金额124.3万多元，先后为637名就读各级学校的烈士后裔补助了一定数额的助学金。

撰写感恩文章。根据上级的建议要求，各地被确定受助的烈士后裔要写一篇感恩体会文章，一式四份报县、市评奖。丰顺县的28名受助者，一致响应参与。所有学生都表示要感恩先烈，感恩党，要把党和政府的重视关怀、社会各界的关心帮助，作为树立信心、奋发向前的动力，要努力学习，树立远大理想，用实际行动回报先烈，回报社会，回报国家。经评选，丰顺县朱宝鑫、简文文分别获二、三等奖。

精准把每位学生的助学金发放到各人的指定账户。丰顺县发放烈士后裔助学金的工作，在认真、细致、负责的思想指导下，连续27年无差错、无投诉，多次被升级表彰和获得荣誉。

【讲好老区红色故事】 红色文化进校园的新举措。2018年8月，丰顺县教育局、坚真纪念馆、汤坑镇第一中心小学共同启动了纪念馆“小小讲解员”队伍的组建。他们定为每学年在四年级的学生中，采取自愿报名、家长同意、考核面试的方式，选出男女同学共80人，在节假日分批次到纪念馆现场观摩、学习、培训，担负讲解工作。小小讲解员经过实践学习，由专业人员陪带，直到独立上场主讲。至2021年8月，小小讲解员在坚真纪念馆宣讲了80多场次，得到了广大参观人士的认可和好评。还在梅州市“开放服务最佳做法”评选中获得“最佳教育推广”的先进荣誉。

组织通讯员队伍，积极主动向革命老区主流媒体《中国老区建设》《源流》杂志“两刊”上送信息。2021年，《中国老区建设》采用2篇（含1幅图片）；《源流》采用了16篇（含11幅图片）稿件；在各级老区网发布5篇以上。

完成2022年度《中国老区建设》《源流》杂志的发行订阅任务。在县政府重视支持下，订阅《中国老区建设》180份、《源流》300份，实现老区学校、乡村全覆盖。

（李少级）

丰顺县人民代表大会

主要会议

【县十五届人大六次会议】 2021年2月4日至5日，丰顺县举行了第十五届人民代表大会第六次会议。这次会议应到会代表247人，实到会210人，符合法定人数。根据疫情防控指引要求，不是本届县人大代表的县委领导、市管二级调研员、副处职干部、市管四级调研员，县政府组成人员，工作居住在丰顺县的十三届全国、省十三届和市七届人大代表，县武装部政委，县纪（监）委、县法院、县检察院各1名负责人，曾担任正处职、县人大常委会常务副主任，镇人大副主席列席会议。出席政协丰顺县十届六次会议的全体委员在分会场列席2月4日上午的大会。

会议期间，代表们始终保持饱满的政治热情，认真履行宪法和法律赋予的职责，听取和审议县长廖茂忠所作的政府工作报告，审查县人民政府提出的丰顺县国民经济和社会发展第十四个五年规划和二〇三五年远景目标纲要（草案），审查了丰顺县2020年国民经济和社会发展计划执行情况与2021年计划草案的报告、丰顺县2020年预算执行情况与2021年预算草案的报告，听取和审议丰顺县人民代表大会常务委员会工作报告、丰顺县人民法院工作报告和丰顺县人民检察院工作报告。会议经过审议审查，采取无记名投票方式，表决通过以上七个报告，并作出相应的决议。会议还以无记名投票方式，表决通过2021年丰顺县人民政府十项民生实事项目。

在审议各个工作报告中，代表们以实事求是的精神肯定2020年丰顺县各个方面工作所取得的主要成绩和基本经验，同时结合实际，就进一步贯彻落实党的十九大和十九届二中、三中、四中、五中全会精神和习近平总书记视察广东重要讲话精神，做好2021年工作，提出意见和建议。这次会议共收到代表10人以上联名提出的建议意见共9件（含6件由议案转建议意见）。会议充分发扬民主，严格依法办事，选举李炎飞为丰顺县人民检察院检察长。

【县十六届人大一次会议】 2021年11月

16日至18日，丰顺县隆重举行第十六届人民代表大会第一次会议。这次会议应到会代表277名，实到会272名，符合法定人数。列席会议的有：工作居住在丰顺的十三届全国人大代表和省人大代表，不是本届县人大代表的县委、人大、政府、政协、纪委监委、武装部领导和其他市管领导干部，曾任正处职和县人大常委会常务副主任在丰顺居住的老同志，县政府工作部门负责人，县直正局以上单位和部分省、市驻丰顺单位主要负责人，县委办常务副主任、副主任，县纪委驻县委办纪检组组长，法院副院长和检察院副检察长，县人大常委会机关副科职以上干部，以及有关镇镇长、人大副主席。出席政协丰顺县十一届一次会议的全体委员列席11月16日上午的大会。

这次会议，是在全县全面建成小康社会，乘势而上，接续奋斗，奋力谱写丰顺苏区高质量振兴发展新篇章的新形势下举行的一次重要会议。县委、县人大常委会和县政府对举行这次会议十分重视。县人大常委会领导及其机关全力以赴，精心组织，做了大量的组织准备和会议筹备工作。由于领导重视，准备工作充分，代表积极履行职责，这次会议依法顺利地完成预定的各项议程，并取得圆满成功。

会议期间，代表们始终保持饱满的政治热情，认真履行宪法和法律赋予的职责，听取和审议代县长罗达祥所作的政府工作报告，审查丰顺县2021年1月至9月国民经济和社会发展计划执行情况的报告、丰顺县2021年1月至9月预算执行情况的报告，听取和审议丰顺县人民代表大会常务委员会工作报告、丰顺县人民法院工作报告和丰顺县人民检察院工作报告。会议经过审议审查，采取无记名投票方式，表决通过以上报告，并作出相应的决议。

会议严格依法办事，充分发扬民主，选举产生了丰顺县第十六届人大常委会的组成人员，其中邱翠茂为主任，廖若旦、刘超平、吴伟明、马扬闲、张良生、谢仕华为副主任，徐柳明等24人为常务委员会委员；选举罗达祥为丰顺县人民政府县长，林剑、张晓山、罗小天、李吉祥、曾小丽、谢定雄、罗灏为副县长；选举邹宇平为丰顺县人民法院院长，李炎飞为丰顺县人民检察院检察长。还选举产生丰顺县出席梅州市第八届人民代表大会代表54人。会上，新当选人员还进行宪法宣誓。

主要工作

【县镇人大换届选举工作】 根据《中华人民共和国全国人民代表大会和地方各级人民代表大会选举法》、地方组织法的规定和省市换届工作安排，在县委的领导下，丰顺县县、镇人大换届选举工作从2021年7月开始，11月底结束。经过各级各部门的共同努力，县镇人大换届选举胜利完成各项选举任务。

选民登记情况：全县16个镇，总人口733812人，其中18周岁以上人口584271人，登记选民569168人，未列入选民名单2103人。

提名酝酿代表候选人情况：省确定丰顺县代表名额287名，本次换届选举分配县代表名额279名，共划分选区178个；县人大常委会确定镇代表名额1206名，本次换届选举分配镇代表名额1200名，共划分选区507个。全县登记选民569168人，县代表共178个选区，共推荐产生489名初步代表候选人；经县有关部门联审取消32名初步代表候选人，确定正式代表候选人457名。县人大代表候选人中，政党、人民团体推荐的41名，选民10人以上联名推荐的416名；其中女性124名，占21.14%，少数民族4名，占0.88%。镇代表共507个选区，共推荐产生1756名初步代表候选人；经镇党委组织有关部门联审取消17名初步代表候选人，确定正式代表候选人1739名。镇人大代表候选人中，政党、人民团体推荐的92名，选民10人以上联名推荐的1647名；其中女性518名，少数民族7名。

选举代表情况：全县参加选举投票选民548799人（其中委托投票21668人），参选率为96%。选举产生县人大代表278名，其中政党和人民团体推荐当选41名，选民10人以上联名推荐当选237名；非党51名，占18.35%；女性54名，占19.42%；少数民族2名，占0.72%。年龄35岁以下的17名，占6.12%；36岁至55岁的243名，占87.41%；56岁以上的18名，占6.47%。大学本科及以上的109名，占39.21%；大专及高职58名，占20.86%；中专、职高及高中75名，占26.98%；初中及以下36名，占12.95%。选举产生镇人大代表1200名，其中政党和人民团体推荐当选161名，选民10人以上联名推荐当选1035名，非候选人当选4人；非党347名，占28.92%；女性331名，占27.58%；少数民族3名，占0.25%。年龄35岁以下的184名，占15.33%；36岁至55岁的903名，占75.25%；56岁以上的113名，占9.42%。大学本科及以上的227名，占18.92%；大专及高职233名，占19.42%；中专、职高及高中480名，占40%；初中及以下260名，占21.67%。县镇人大代表与往届比，年龄有所降低，学历有所提高。

人代会选举情况：新一届镇人大一次会议于9月28日召开，会议选举产生镇人大主席16人，镇长16人，人大副主席16名，副镇长77名。选举产生的地方国家机关125名工作人员中，35周岁以下43名，占34.4%；35周岁至55周岁82名，占65.6%；本科以上学历97名，占77.6%；大专及高职27名，占21.6%，中专职高及高中1名，占0.8%。县十六届人大一次会议于2021年11月16日至18日召开。会议选举产生梅州市八届人大代表54名；县十六届人大常委会组成人员31名，其中主任1名、副主任6名、委员24名；县政府领导人员8名，其中县长1名、副县长7名；县监察委员会主任1名；县法院院长1名；县检察院检察长1名。

【2021年度工作情况】 始终坚持党的领导，突出正确的履职方向。加强党的理论学习，贯彻党的决策部署，突出人大政治机关的属性，突出正确的履职方向。强化政治建设。坚持把学习贯彻习近平新时代中国特色社会主义思想与习近平总书记关于坚持和完善人民代表大会制度的重要思想结合起来，与习近平法治思想和系列重要讲话精神结合起来。一年来，共召开37次党组会议、20次党支部会议进行学习，推动学习习近平新时代中国特色社会主义思想往深里走、往实里走、往心里走，推动人大工作与时俱进、完善发展。严守党的政治纪律和政治规矩，坚决全面彻底肃清李嘉、万庆良恶劣影响，营造良好的政治生态。贯彻党的决策部署。严格执行重大事项向县委请示报告制度，做到事前主动请示、事后及时报告，全年向县委请示报告重大问题和重要事项11件，确保人大各项工作毫不动摇地体现党的领导。在决定重大事项上充分体现县委意

图，通过法定程序把县委的主张转化为全县人民的共同意志和自觉行动。夯实组织基础。认真学习领会新时代党的组织路线，把忠诚干净担当作为从政之基、立身之本，主动作为，勇于担当，为推进“四个机关”建设提供坚强政治保证。扎实开展党史学习教育，引导全体党员干部增强“四个意识”、坚定“四个自信”、做到“两个维护”。深刻认识“两个确立”，不断提高政治判断力、政治领悟力、政治执行力，真正做到学党史、悟思想、办实事、开新局。

始终坚持依法履职，突出有力的监督成效。充分发挥人大监督在促进经济社会发展和维护群众利益方面的作用，在法治丰顺建设上更加担当作为。强化财经监督，提高财经效能。围绕经济高质量发展，进行财政预算执行和其他财政收支的审计工作情况调研8次，听取和审议关于国民经济和社会发展计划执行情况等报告9次，并提出审议意见文件5个，及时督促县政府及其职能部门、县监委做好处理和落实，促进经济社会高质量发展。抓好民生监督，回应群众关切。把群众呼声和要求作为监督的风向标，开展环保、就业保障、就医条件等工作的视察调研16次。开展气象法、劳动法等法律法规实施情况执法检查5次，推动气象、劳动保障、医疗健康事业持续健康发展。对乡村振兴、公共文化体育设施建设、环境保护、“四好农村”路等工作调研13次，并听取审议专项工作报告，推动城乡面貌提升。加强法治保障，维护法制统一。加强宪法、《中华人民共和国民法典》的宣传和实施监督，弘扬宪法精神，维护宪法权威，推动宪法实施。聚焦公平正义和法治建设，作出“八五”普法决议。加强规范性文件备案审查，全年共审查5件县政府规范性文件。创新监督方法，增强监督实效。率先在全市试行县人大常委会与县“一府一委两院”监督工作联席会议制度，统筹推进代表建议意见办理、人大常委会审议意见的落实、民生实事项目推进等，大幅提升人大监督工作的实效，推动人大工作与时俱进，科学发展。

始终坚持服务中心，突出忠诚的履职担当。把县委确定的重大工作落实到各项目标任务中去，确定人大依法履职的方向和重点。换届选举工作圆满完成。2021年是换届选举之年，县人大常委会把坚持党的领导、充分发扬民主和严格依法办事有机结合起来。按照县委的部署，加强对各镇的督促指导，协助镇村解决选举过程中出现的矛盾和问题，保障镇人大换届选举工作有序进行。通过选举、资格审查、确认等程序，共产生县十六届人大代表278名、各镇人大代表1198名，选出镇人大正副主席、政府正副镇长，完成了镇级人大换届选举工作。全力做好县人大换届选举，顺利完成县人大、政府、监委、法院、检察院的换届选举，完成丰顺选区梅州市八届人大代表的选举工作，完成县人大换届选举工作。人事任免依法实施。坚持党管干部和人大依法任免干部有机统一，及时把县委提名人选通过法定程序转变为地方国家机关工作人员，认真审查人事任免议案，组织拟任人员到会作任职前表态、宣誓、接受任命书，及时办理任免手续和文件、人事资料归档。一年来，常委会任免本级国家机关工作人员35名，开展宪法宣誓11次，补选市人大代表4名。中心工作扎实推进。到挂钩村开展创文、创卫，实施“我为群众办实事”，完成金汤村金瓯寨矮桥栏杆的升高加固，支持埔寨镇采芝村、八乡山镇和乐村、汤西镇双湖村文体设施建设、解决挂钩镇村安全饮水问题等16项民生实事。选派2名优秀干部到汤坑镇金汤村和小胜镇参与乡村振兴工作。按照县委安排，选派一名常委会领导专门负责丰顺坚真文体中心的建设协调工作，其中国际会议中心已落成。

始终坚持人民至上，突出代表的主体地位。坚持人民至上，发挥代表主体作用，为民代言、汇聚民智、解决民愁。积极回应群众关心关切。围绕代表关切群众关注的民生热点难点问题开展监督工作。对县十五届人大六次会议人大代表票决的2021年十件民生实事项目，采取现场督办、专题调研、听取汇报等方式，督查县政府及其职能部门办好、办实、办成，让保民生措施有力度有温度。围绕“健康广东”，组织工作和生活在丰顺县的全国、省市和县镇人大代表参加“更好发挥人大代表作用”主题活动，共1028名各级代表参加活动，有力推进医疗卫生设施建设，推动医疗卫生水平提高。组织各镇县人大代表和各工委室调研2022年民生实事项目选题，收集民情民意，听取意见建议，广泛凝聚共识。认真办理代表意见建议。进一步改进代表建议办理工作，完善代表建议督办机制，提高建议解决率。发出指导性文件，加强督促指导，确保在法定期限内完成答复。县人大常委会环资工委等5个工委分别负责对口单位的督办工作，对办理过程进行全程监督。代表对建议办理的评价为满意的有9件，满意率100%。全力创建代表履职条件。组织镇人大正副主席和部分市、县人大代表、县人大常委会组成人员到深圳人大干部培训中心参加人大换届选举工作、履职能力提升培训。进一步完善代表联络站（室）建设的软硬件设施，完善民情民意收集、交办、反馈机制，有效提升代表联络站（室）的阵地作用。积极组织代表参加常委会开展的执法检查、执法调研活动，使人大代表了解法律法规在本县的实施情况。充分发挥代表示范作用。认真落实“双联系”制度，支持和保障代表更好发挥桥梁纽带作用。各级人大代表积极参与常态化疫情防控，动员带动群众做好疫苗接种等工作。发动代表带头参与水电节约行动，反对餐饮浪费，以实际行动践行低碳节能行动。

始终坚持强基固本，突出履职的效能提升。始终把加强自身建设和机关建设作为促进工作、提升水平的落脚点，努力提高依法履职、服务大局的能力和水平。机关效能建设得到加强。以落实县委第一巡察组的巡察整改为契机，加强机关作风能效建设，建立健全各项规章制度，以制度规范行为、提高效能。深入开展党史学习教育，传承红色基因，提升机关效能。扎实做好人大“三会”服务，在服务中提高工作能力。机关组织基础明显夯实。认真贯彻落实《党政领导干部选拔任用工作条例》，严格核定职数配备干部、严格规范干部选拔任用程序、严格遵守组织人事纪律，着力充实人大常委会机关科级干部队伍力量，进一步激发机关活力。机关廉政水平有效提升。严格落实中央八项规定及其实施细则，认真履行党组党风廉政建设主体责任和“一岗双责”。积极开展党纪、法纪、政纪和勤政廉政警示教育，自觉开展批评和自我批评，思想上不断完善，政治上不断求强，工作上不断求精，作风上不断求实。严格控制人大工作经费支出，严格执行廉洁从政的各项规定，支持纪检监察机构履行监督责任，推动人大常委会机关党风廉政建设向纵深发展。宣传工作取得显著成效。加强对意识形态工作的监管，严肃宣传纪律，把握正确的舆论导向。加强与省、市级人大的沟通联系，加强对各镇宣传工作的督促指导，形成上下联动、齐抓共管的局面。全年共向市人大办报送新闻稿件38篇，在“学习强国”平台和省、市人大网站（公众号）发表文章19篇，排名全市各县（市区）第二。在县级及其他媒体发表文章41篇、县电视台播放30次以上，为讲述好丰顺人大故事、传播好丰顺人大声音、树立好丰顺人大形象营造良好的社会氛围。

（曾庆溢）

附：2021年县人大常委会发布的主要文件目录

丰人常〔2021〕1号　关于补选张志锋、邱翠茂同志为梅州市第七届人民代表大会代表的报告

丰人常〔2021〕2号　关于陈文新等同志职务任免的通知

丰人常〔2021〕3号　关于接受郑春鹏、周福香同志辞去县十五届人大代表职务的请求的决定

丰人常〔2021〕4号　关于徐柳明同志职务任免的通知

丰人常〔2021〕5号　关于马建生同志职务任免的通知

丰人常〔2021〕6号　关于接受张武珍同志辞去县十五届人大常委会委员职务的请求的决定

丰人常〔2021〕7号　关于张武珍同志任职的通知

丰人常〔2021〕8号　关于印发《丰顺县人大常委会2021年工作要点》的通知

丰人常〔2021〕9号　印发《丰顺县人大常委会2021年监督工作计划》的通知

丰人常〔2021〕10号　关于蔡满文同志职务任免的通知

丰人常〔2021〕11号　关于印发《丰顺县人大常委会及人大机关庆祝中国共产党成立100周年网络安全保障工作方案》的通知

丰人常〔2021〕12号　关于接受冯金银辞去县十五届人大代表职务的请求的决定

丰人常〔2021〕13号　关于调整《丰顺县人大常委会2021年工作要点》的通知

丰人常〔2021〕14号　关于调整《丰顺县人大常委会2021年监督工作计划》的通知

丰人常〔2021〕15号　县十五届人大常委会第三十九次会议审议意见

丰人常〔2021〕16号　关于接受陈文俊辞去县十五届人大代表职务的请求的决定

丰人常〔2021〕17号　关于成立丰顺县选举委员会的通知

丰人常〔2021〕18号　关于丰顺县第十六届人民代表大会代表名额分配和选举问题的决定

丰人常〔2021〕19号　关于各镇人大代表名额及各类代表比例的决定

丰人常〔2021〕20号　县十五届人大常委会第四十次会议审议意见

丰人常〔2021〕21号　关于黎委托同志免职的通知

丰人常〔2021〕22号　关于接受刘雪峰辞去县十五届人大代表职务的请求的决定

丰人常〔2021〕23号　关于设立16个镇选举委员会和县直选举工作办公室、埔寨农场选举工作办公室的决定

丰人常〔2021〕24号　关于曾庆溢同志任职的通知

丰人常〔2021〕25 号　关于调整县镇两级人民代表大会代表选举日的决定

丰人常〔2021〕26 号　关于接受廖茂忠同志辞去丰顺县人民政府县长职务的决定

丰人常〔2021〕27 号　关于接受凌晓文同志辞去丰顺县监察委员会主任职务的决定

丰人常〔2021〕28 号　关于罗达祥同志任职的通知

丰人常〔2021〕29 号　关于张学鹏同志任职的通知

丰人常〔2021〕30 号　关于接受邱翠茂等同志辞去丰顺县选举委员会组成人员职务的决定

丰人常〔2021〕31 号　关于任命曾命城同志为丰顺县选举委员会主任的决定

丰人常〔2021〕32 号　关于调整部分选区名额分配的决定

丰人常〔2021〕33 号　关于调整部分镇选举委员会组成人员的决定

丰人常〔2021〕34 号　县十五届人大常委会第四十三次会议审议意见

丰人常〔2021〕35 号　关于接受梁玉辉同志辞去丰顺县人民政府副县长职务的决定

丰人常〔2021〕36 号　关于林剑同志任职的通知

丰人常〔2021〕37 号　关于罗灿雄同志免职的通知

丰人常〔2021〕38 号　关于接受钟凌玮同志辞去丰顺县人民政府副县长职务的决定

丰人常〔2021〕39 号　关于接受罗裕权同志辞去丰顺县人民政府副县长职务的决定

丰人常〔2021〕40 号　关于接受毛嘉鹏同志辞去丰顺县人民法院院长职务请求的决定

丰人常〔2021〕41 号　关于任命邹宇平同志为丰顺县人民法院副院长、代理院长的决定

丰人常〔2021〕42 号　县十五届人大常委会第四十七次会议审议意见

丰人常〔2021〕43 号　县十五届人大常委会第四十八次会议审议意见

丰人常〔2021〕44 号　关于补选崔毅、陈伶俐同志为梅州市第七届人民代表大会代表的报告

丰人常〔2021〕45 号　关于许可梅州市公安局对丰顺县第十六届人民代表大会代表罗盛辉采取刑事强制措施的决定

丰人常〔2021〕46 号　关于丰顺县第十六届人大常委会领导分工的通知

丰人常〔2021〕48 号　关于严明珠同志任职的通知

丰人常〔2021〕49 号　关于朱传讯等同志职务任免的通知

丰顺县人民政府

县政府办公室工作

【概况】 2021年，县政府办公室坚持以习近平新时代中国特色社会主义思想为指导，深入贯彻落实党的十九大和十九届历次全会精神，全面贯彻落实习近平总书记对广东重要讲话、重要指示批示精神，忠实践行“五个坚持”要求，在县委、县政府的正确领导下，围绕全县发展大局，充分发挥参谋助手作用，认真履职尽责，主动担当作为，全面提升“三服务”工作水平，为丰顺苏区振兴发展做出应有的努力和贡献。

【党建引领】 深入贯彻党的十九大和十九届历次全会精神，结合开展党史学习教育，全面落实新时代党的建设总要求，深化模范机关创建工作，推动自身建设全面进步、全面过硬。落实主体责任。办党组牢固树立抓党建的“主体”意识，党组书记履行党建第一责任人职责，始终把党建工作抓紧抓牢抓实，确保党建工作各项任务落实到位。完善制度配套。制定年度党支部工作要点、领导班子理论学习中心组学习计划等，保障党建责任落实，促进党建工作质量不断提高。抓好意识形态。牢牢掌握意识形态工作的领导权、主动权和话语权，不断把党的理论、路线、方针和政策的宣传教育与县府办中心工作紧密结合起来，使意识形态的宣传教育工作做到入情入理、潜移默化。聚焦学习教育。贯彻落实党史学习教育的总体要求，按照省、市、县的工作部署，深入开展推动党史学习教育，把主题教育中激发出来的政治热情转化为政府办攻坚克难干事创业激情，融合到决策参谋、综合协调、督促检查和后勤保障等工作中，达到“学党史、悟思想、办实事、开新局”的效果。强化廉政建设。加强对办公室党员干部的日常教育、监督和管理，规范开展党内谈话等工作，严格遵守党的各项工作纪律，进一步巩固良好政治生态。

【办文办会质量】 严格把好收发文格式关，不断提高文电收办的精准度和发文办理的时效性，压缩发文数量、规范发文流程，做到精简行文、按需发文。全年印发县府文件74件、丰府函文件154件、县府办文件16件、丰府办函文件311件，会议纪要59期。

【督办联络】 履行日常督办督促县有关单位办理公文落实情况累计2585次，督办室对未按时办理、办结的个别单位进行跟进催办共528次。实地督查检查40余次，落实县交办事项10件，发出5件督办通报，转办“互联网+督查”11件，负责办理报送相关文件19件，跟踪跟进重点工作100余项，对“县政府十件民生实事和县重点工作”实行定期督办，并在10月对部分滞后项目的牵头单位开展实地督查、查阅资料等；全程参与中央第四生态环境保护督察组交办信访举报问题的办理工作，压实各部门职能职责，深入一线，切实科学整改存在问题，督促“举一反三”“回头看”等有效机制，把人民群众最迫切需要解决的问题是什么进行到底，把工作始终贴近人民；全力做好县疫情防控指挥部办公室部署各项督查督办工作，在节日期间，到人员密集、场所密闭、哨点医疗机构等区域进行督查，把“三查一询问”全面落实，坚决克服麻痹思想、厌战情绪、侥幸心理、松懈心态，有效巩固丰顺来之不易的疫情防控成果。

【综合协调保障】 围绕县政府重点工作开展和日常工作运转，主动从全局谋划思路、安排工作和处理问题，确保了分工不分家，协调一致推进工作，凝聚全县工作合力，保证了政府工作的高效运转。根据中央和省、市、县关于疫情防控工作的部署，及时会同县委政研室、县卫生健康局等核心部门，先后起草并及时调整《关于成立县防控新型冠状病毒感染的肺炎疫情工作领导小组的通知》《丰顺县防控新型冠状病毒感染的肺炎疫情指挥部工作方案》等文件，并协助做好中央和省、市、县疫情防控会议保障工作，确保丰顺县疫情防控各项工作有序开展。

【政务公开】 强化信息公开，加强政务新媒体的管理，根据工作职责，进一步加强指导、监督政府信息公开工作。一年来，县政府网站共公开信息3500多条、全国政务新媒体账号共15个，完成向市汇报的周报40份，共发稿约2600件，确保政务新媒体安全高效运行。“丰顺公安”微博受到省府办通报表扬。

【职能转变协调】 积极协调统筹全县政府职能转变和“放管服”改革工作。共梳理出下放政务服务类事项506项；行政处罚、行政检查、行政强制等行政执法事项共519项。

【金融服务】 坚持稳字当头、精准施策，突出抓好服务实体经济、防控风险、深化改革三大任务，推动金融工作高质量发展。防控金融风险工作得到新加强。金融运行总体平稳，维护好“中国金融生态县”的招牌。推动金融机构支持实体经济取得新成效。发挥好结构性货币政策工具和信贷政策精准滴灌作用，构建金融有效支持小微企业等实体经济的体制机制。全县贷款余额128.24亿元，存贷比为56.52%。推动培育企业上市工作取得新成效。合理引导金融机构对重点企业给予倾斜，不定期引导优质券商到企业上门服务，协调证券公司、银行与青蒿药业、宇星新材等重点拟上市企业开展对接服务，推动双十科技有限公司通过引进战略投资方式直接融资，协力帮助做好上市服务工作。

【外事工作】 继续加强与县委统战部、县侨联等部门沟通合作，强化侨务资源共享，依托香港丰顺同乡联谊会、泰国丰顺会馆，新加坡丰顺会馆等海外侨团和其他专业协会，进一步搭建梅州和丰顺推进“一带一路”建设。积极协调处理新冠肺炎疫情防控的涉外事务，负责做好广东口岸入境丰顺县人员接收回丰工作，全年共接收境外回丰人员33人。

【信访工作】 信访工作在县委、县政府的正确领导下和市信访局的指导下，认真落实习近平总书记加强和改进人民信访工作系列重要指示和重要论述，认真执行国家、省市信访部门的各项工作部署，抓好源头治理，落实工作责任，积极推进“全国信访工作示范县”和“全省信访工作示范乡镇”的创建工作，着力防范和化解各类矛盾，实现了全县群众信访量逐年下降和重要敏感时段“三个不发生”目标。丰顺县“把握枫桥经验时代内涵践行基层信访工作实践”的经验做法于2021年12月22日在中央人民广播电台《神州之声》栏目宣传报道。

（综合股）

政务服务数据管理

【概况】 2021年，政数局在县委、县政府的正确领导下，坚持以习近平新时代中国特色社会主义思想为指导，认真贯彻落实党的十九大、十九届历次全会精神，扎实开展党史学习教育，聚焦为群众办实事解难题，推动“放管服”改革向纵深发展，大力推进“数字政府”建设，多措并举促进政务服务提质增效，持续优化丰顺县营商环境。

【办事大厅建设】 整合优化“一窗通办”专区。深化工程建设项目审批制度改革。设立工程建设项目审批综合服务窗口，通过流程优化、并联审批，压减审批时限。在工程建设审批管理系统上共受理审批项目393个，正式受理审批事项544个、办结544个。全面压缩企业开办时限。打造“企业开办绿色通道”，企业开办时间压缩在1个工作日办结，通过新设刻章服务窗口，新办企业在“绿色通道”一次办理和领取营业执照、公章、普通发票，实现“照、章、税”一窗通取和最多跑一次的目标。推进不动产登记便利化。持续优化不动产登记流程，设立不动产登记综合服务区，实现不动产登记、查询、纳税、交易“一站式服务”。

推进“省内通办”“跨省通办”。新设立“跨省通办、省内通办”专窗，其中江西省赣州市、福建省龙岩市可在梅州办理的“跨省通办”事项共79项，广州、潮州、汕头、汕尾、揭阳等5地市可在梅州办理的“省内通办”事项共222项，主要涉及社保、企业注册、公积金、卫生健康等多种类别的高频事项。

深化乡镇体制改革。推行“一枚印章管审批”模式，梳理8项任务清单并跟踪指导落实。举办多种形式的学习培训，协调县直职能部门加强与乡镇的对接沟通，确保政务服务事项下放能够“放得下、接得住、用得好”。共下放镇级政务服务事项498项。

【网上办事大厅建设】 推进政务服务“网上办”。广东政务服务网丰顺分厅共进驻36个县级部门、16个乡镇，可网上办1686项政务服务事项，其中1555项支持全流程网办、1582项支持网上预约办。同时，逐步嵌入“一件事”主题导办、非税支付、物流寄递、智能服务等应用，实现线上快速办理。

打响“粤系列”名牌。持续推广“粤省事”应用，全县户籍人口实名注册“粤省事”达49万人，“粤省事”梅州专区可办920项民生服务事项，关联电子证照73个，让“群众少跑腿、数据多跑路”成为新常态。加强推广“粤政易”应用。推进非涉密公文通过“粤政易”在线审批办理，逐步形成市、县、镇、村四级联通的“掌上政府”，全县累计开通用户13385名，激活率99.88%，有效保障了数据安全。

实现“粤智助”全覆盖。为贯彻落实广东省数字政府改革建设要求和广东农信省联社发展数字化时代“勤劳金融”工作部署，在全市各县（区）中，丰顺县率先完成全县301台“粤智助”政府服务自助机投放工作，实现全县283个行政村（居）委投放全覆盖，推动更多政务服务事项“就近办、自助办、一次办”。

完善事项实施配置。为解决造成企业和群众无法通过广东政务服务网正常办理该部分事项，政数局狠抓丰顺县政务服务事项进驻市统一申办受理平台工作。完善事项实施配置。梳理出仍未进驻平台的事项清单，督促各单位对表内标示“需要实施”的事项完成认领、办理环节及人员实施配置，对表内标示“无须实施”的事项完成导入子项、新增确认操作。做好事项办理保障。督促各单位按照平台审批操作流程做好事项受理、审查、决定各环节业务办理。加强平台操作培训。召开平台系统功能培训会，为各单位抓紧做好政务服务事项进驻市统一申办受理平台工作提供有力的技术保障。

加强配套保障制度建设　实行政府权责清单制度。及时公布和动态调整权责清单。组织各部门对政务服务事项进行认领、补全、发布，进一步统一办事指南、精简办事材料和优化办事流程。目前，丰顺县36个县直单位已实施依申请类事项和公共服务事项共1974项，通过广东政务服务网及时向公众公布，确保全县政务服务事项办理的一致性以及事权下放“放而不乱”“放管衔接”。

提高政务服务满意度。“12345”政务服务热线累计受理工单3555件，按时办结率为100%，群众满意率为99.9%；政务服务“好差评”系统，丰顺县主动参评率99.7%，差评整改率为100%。

摸清丰顺县数据资源家底。为摸清丰顺县的政务信息系统和公共数据资源底数，逐步解决当前系统台账不全、数据家底不清、数据基准性不高、数据碎片化等问题，通过印发《丰顺县政务信息化能力和公共数据资源普查工作方案》并先后两次邀请省数广公司技术专家，组织相关单位开展业务培训等。丰顺县已普查了34个信息系统、7400个业务事项、699个信息资源。

推进县政务信息资源共享平台建设。为逐步解决政务信息系统不能互通、数据不能共享的问题，丰顺县认真实施了政务信息资源共享平台项目，在省市县一体化建设的指导原则下，建立和完善丰顺县政务数据汇聚、治理、服务、应用长效运行体系，为丰顺县“数字政府”提供有力的数据支撑。项目正在稳步推进，年底前可完成并投入使用。

规范县级政务信息化项目立项审批。通过印发《丰顺县县级政务信息化项目管理办法》《丰顺县县级政务信息化项目立项审批细则》，进一步规范县级政务信息化项目的规划设计、立项审批、部署实施、服务运营、验收审计、监督评价全过程管理，以制度推动政务信息资源纵横联通、整合共享，提升政务信息化建设实效。

完成政务外网示范建设。按照市政数局统一部署开展政务外网示范建设。三批共395条电子政务外网线路已验收并交付各单位使用。

加强政府网站安全保障。落实发布审核制度。充分利用政府网站集约化平台和“政务新媒体政治导向把关系统”的信息发布纠错功能，确保发布信息内容及时、合法、完整、准确。增强网络安全防护。强化监测预警和应急处置，切实做好防攻击、防病毒、防瘫痪、防泄密等工作，确保政府网站和政务新媒体安全平稳运行。做好日常巡网检查。督促各单位要认真落实日常巡网、检查制度，及时发现页面错乱、排版不规范、功能链接不可用等问题，并做到立即整改。加强组织制度保障。制定丰顺县人民政府门户网站管理办法、信息发布登记制度、网站值班制度、网站应急预案、安全责任制度，成立县政数局预防和处理信息系统突发事件应急领导小组等加强组织领导，强化制度保障。

（李正彦）

中国人民政治协商会议丰顺县委员会

主要会议

【县政协十届六次会议】 中国人民政治协商会议第十届丰顺县委员会第六次会议于2021年2月3日至4日在县城举行。

会议审议通过了黄建斐代表十届县政协常务委员会所作的工作报告、郭春山所作的提案工作情况报告，表彰县政协2020年优秀提案和承办提案先进单位，选举郑春鹏为十届县政协常务委员，陈奕鹏为十届县政协秘书长。委员们列席丰顺县第十五届人民代表大会第六次会议开幕大会，听取并讨论县长廖茂忠所作的政府工作报告，讨论《丰顺县国民经济和社会发展第十四个五年规划和二〇三五年远景目标纲要（草案）》及其他报告。

县政协副主席陈美琼、县政协主席黄建斐分别主持开幕大会和闭幕大会。县委书记曾永祥，县委副书记、县长廖茂忠，县人大常委会主任邱翠茂，县委、县人大常委会、县政府、县纪委监委的领导同志，县武装部政委，县法院院长、县检察院代理检察长，全体政协委员出席开幕和闭幕大会。历届县政协主席，部分市政协委员，没有安排县政协委员的县直正局以上单位和省、市属驻丰单位主要负责同志；县委办、县政府办、县纪委办、县纪委派驻县委办纪检组和县政协机关科室有关负责同志列席会议。

【县政协十一届一次会议】 中国人民政治协商会议第十一届丰顺县委员会第一次会议，于2021年11月9日至11日在丰顺县城举行。

会议审议通过主席黄建斐代表县政协十届常务委员会所作的工作报告、副主席郭春山代表县政协十届常务委员会所作的提案工作情况报告。委员们列席丰顺县第十六届人民代表大会第一次会议，听取并讨论代县长罗达祥所作的政府工作报告及其他报告。会议表彰县政协十届六次会议以来的优秀提案和承办提案先进单位，选举产生政协第十一届丰顺县委员会领导机构，黄建斐当选为主席；陈美琼、蔡运林、陈新化、彭水利、罗炳元当选为副主席；陈奕鹏当选为秘书长；王吉欣等49人当选为常务委员。

县政协副主席陈美琼、县政协主席黄建斐分别主持开幕大会和闭幕大会。县委书记张志锋，县人大常委会主任邱翠茂，县委、县人大常委会、县政府、县纪委监委领导同志，历届县政协主席，县武装部政委，郑奕雄、马扬闲、朱报正，县法院代理院长、检察院检察长，全体政协委员出席开幕和闭幕大会。历届县政协主席，部分市政协委员，没有安排县政协委员的县直正局以上单位和省、市属驻丰顺单位主要负责同志，县委办、县府办、县纪委办、县纪委派驻县委办纪检组和县政协机关科室有关负责同志列席会议。

主要工作

【党的建设】 一年来，始终恪守中国共产党对政协工作的全面领导这一根本政治原则，确保政协事业方向正确、行稳致远。

狠抓理论武装。始终把学习贯彻习近平新时代中国特色社会主义思想放在首要位置，组织召开政协全体会议2次，党组会议19次，主席会议13次，理论学习中心组会议专题学习9次，深入学习党的十九届六中全会精神，深入学习习近平总书记“七一”讲话、在中央政治局集体学习会上的讲话等系列重要讲话精神以及中央和省、市政协工作会议精神等，进一步强化思想政治武装，提高政治站位，坚决全面肃清李嘉、万庆良恶劣影响，以实际行动捍卫“两个确立”，坚决做到“两个维护”。

狠抓党史教育。党史学习教育开展以来，县政协机关坚持把党史学习教育作为一项重大政治任务，以高度的思想自觉和行动自觉提早谋划、迅速启动，成立了领导小组，制定工作方案，及时召开动员大会，统一思想、统一行动，推动党史学习教育走深走实。按质按量做好规定动作，创新抓好自选动作，县政协领导讲授党史专题党课12次，邀请县委宣讲团召开专题宣讲会2次；组织专题研修班1次，瞻仰革命遗址9次，观看红色影视2次，参观主题展馆10次，唱响红色赞歌1次，致敬英雄模范3次。充分发挥革命遗迹和红色资源丰富的优势，策划出版《丰顺苏区别样红》，引导党员干部深刻把握和领会党百年奋斗的重大成就、历史意义、历史经验，增强锚定奋斗目标、努力建功未来的信心和决心。

狠抓党建引领。坚持县委中心工作推进到哪里，政协工作就跟进到哪里，全面落实县委决策部署，严格执行重大事项请示报告制度，自觉将党的领导贯穿到政协全部工作之中，做到与县委同心同德、同频共振、同向发力。充分发挥政协党组管大局、保落实的核心作用，完善“政协党组—机关党支部—党小组”三级组织体系，建立全体会议期间和重要学习培训等活动中设立临时党组织制度，实现党的组织对党员委员全覆盖、党的工作对政协委员全覆盖。健全政协党组、机关党支部工作规则，深化落实党建工作责任清单和党风廉政建设责任制，全面从严治党向纵深推进。

【政治协商】 紧扣县委、县政府工作重点、社会发展难点、群众关注焦点，坚持靶向发力，深入协商，精准建言。一年来，围绕壮大实体经济、生态环境卫生整治、乡村全面振兴发展等事关全县重大决策、重要工作举措、经济社会发展等议题，共组织全会协商2次、常委会协商6次、主席会协商6次、情况通报2次，重点调研7项，常委走访视察10次，提出一系列有分量、有见地的意见和建议，充分把政协人才荟萃、智力密集的优势转化为助推丰顺改革发展的优势。

【民主监督】 坚持把“助推县委、县政府决策部署落地落实”作为民主监督的重要方向。积极选派10名委员担任特约监督员，围绕民生实事、营商环境、执纪执法、重大项目实施、社会事业发展等，开展协商式民主监督，促进查摆整改问题、提升工作效能。发挥政协提案的独特监督作用，先后对《关于扩宽罗湖桥和黄埔桥解决城区交通瓶颈问题的提案》《关于在实验中学路口设置红绿灯的建议》和《提升城市规划科学性，优先发展公共交通》等年度重点提案进行重点跟踪督办，推动相关问题的落实解决。围绕“我为群众办实事”、发展公共交通、食品安全“你点我检”和集中发放执行案款等民生热点难点，深入开展民主监督活动13场次，参加委员达100余人次，推动监督工作常态化、制度化。

【参政议政】 坚持高标准、严要求，立足选题准、调研实，主动发出政协“好声音”，积极建言献策助力改革发展。县政协十届六次会议和十一届一次会议期间，6位政协委员以“充分挖掘和保护桐梓洋红色文化资源助推乡村振兴发展”“巩固扩大脱贫攻坚成果实现脱贫攻坚与乡村振兴有效衔接”“推进农村公厕改革　助力乡村振兴发展”等为主题作大会发言，聚智献策服务丰顺振兴发展。积极创新载体、提供平台，通过政协全体会议协商和常委会协商等形式，引导民主党派、工商联、新阶联等各界人士有序建言、提出建议，积极投身到丰顺高质量发展的主战场，贡献力量、创造辉煌。

【对外宣传】 注重以文化人，以史资政，充分用好用活丰顺苏区众多的革命遗迹、丰厚的红色历史文化资源，策划出版书籍《丰顺苏区别样红》，担当起赓续红色基因、传承红色文化、讲好红色故事的责任。不断加大对外宣传力度，在《南方日报》《梅州日报》、“财丰民顺”和政协机关网站等各级媒体供稿、刊发新闻稿件200多篇，不断提升丰顺的知名度和影响力，为丰顺跨越式发展创造良好环境、汇聚磅礴合力。

【政协印记】 主动参与抗疫“斗争”。县政协领导充分发挥头雁效应，深入一线、靠前指挥，倡议引领政协委员积极投身所在地区疫情防疫工作，号召政协常委刘碧辉、委员刘亿淦等捐赠米粉、面、矿泉水等一批抗疫物资，助力广州抗疫。在政协办公室常备口罩、消毒液及清热解毒药品等防疫物资，号召全体干部职工坚持“非必要不出梅”和做好个人防疫措施，积极动员政协委员和机关干部的亲属朋友接种第三针疫苗，为维护丰顺“零疫情”“零感染”良好态势、确保人民生命安全做出政协贡献。

深入推进为民办实事。坚持把为群众办实事作为检验党史学习教育成效的试金石，县政协领导班子成员到挂点镇、村走访群众59人次，收集反映问题共25条，制定解决措施25条；政协机关走访群众221人次，收集反映问题4条，制定解决措施4条。积极号召政协委员和相关单位，出谋划策、统筹资金合计约150万元，大力支持北斗镇北斗村和茜坑村、埔农大塘管理区、大龙华镇、潭江镇富溪村、留隍镇茶背村、黄金镇遍沙村、砂田镇新塘村、汤坑镇金丰村等挂钩镇、村的创文及环境卫生整治、村道亮化升级、基础设施维修、生产生活用水、体育健身器材增设等一批人民群众面临的实际困难和问题，真情实意为群众办实事、解难题。

助力推动乡村振兴。按照县委统一部署，2021年6月30日，选派优秀干部挂职北斗镇党委副书记，全面对接乡村振兴工作。通过帮镇扶村工作队和全镇的共同努力，全面完成“三清三拆三整治”、农村无害化卫生户厕改造、镇级污水处理设施建设和“村村通自来水”建设工程，大力推动沿206国道发展轴、沿乡道128线发展轴和北河路（镇政府门口）改线工程建设，持续推进十八渡经锡坑至桐梓洋约17千米（红军路）道路扩宽升级，加强原红十一军旧址（薛屋）作为丰顺县爱国主义教育基地建设，为打造“梦里水乡、醉美北斗”留下政协印记。积极响应县委号召，组织干部开展打扫卫生、文明交通等志愿服务活动14场次，参与人数超过100人次；参与新时代文明实践活动4次，动员挂钩的金丰村群众投身创文工作、接种疫苗、垃圾分类等活动，参与人数50人次，助力城乡环境卫生整治。

【凝聚共识】 切实发挥人民政协作为最广泛的统一战线组织作用，把团结各界、凝聚共识摆在更加突出的位置。做好对口联络和联谊服务工作，接待省、市和珠海、河源等各级各地政协来丰顺开展电子电声产业、“粤菜师傅”工程和高质发展等调研活动，传播丰顺好声音，扩大丰顺影响。落实定期走访制度，走访委员企业，为丰顺改革发展寻求最大公约数、增进最大共识度、形成最大凝聚力。加强政协委员联系群众工作，完善7个委员工作室，协助做好政策宣传、协调关系、理顺情绪、化解矛盾、凝聚共识工作，为县委、县政府工作举措落地落实厚植社会基础。

【队伍建设】 根据政协章程和有关规定，在县委的指导下，圆满完成政协换届，选举产生县政协十一届委员会主席、副主席、秘书长和常务委员，增强县政协的领导力量；把好委员的政治关、素质关、程序关、纪律关，把246名热爱政协工作、参政议政意愿强、具有较强界别影响力的优秀代表人士吸纳到了政协组织中来，为谱写新时代政协事业新篇章提供了坚强的组织和人才保障。充分利用红色资源，组织政协委员和机关干部职工开展红色文化教育，着力履职本领和服务水平。深入推进模范机关创建活动，持之以恒正风肃纪，自觉推进作风建设常态化、长效化。根据巡察反馈意见，制订整改方案、提出切实管用的整改措施，全面完成25个问题的整改，建立健全完善10项制度，提升政协机关履职效率。严格按照有关规定，做好保密工作，2021年未发生泄密情况。根据实际情况组织机关工会活动，发放工会会员慰问品，提升工会会员身心健康。严格落实意识形态责任制，充分发挥政协网站的独特作用，向社会广泛宣传“正能量”。

（彭建斌）

丰顺县纪委监委

主要会议

【县纪委十三届六次全会】 中国共产党丰顺县第十三届纪律检查委员会第六次全体会议，于2021年4月2日在县城举行。县委书记曾永祥出席全会并讲话，县委副书记、县长廖茂忠传达了习近平总书记在十九届中央纪委五次全会上的重要讲话及中央纪委全会精神、省委书记李希在省纪委十二届六次全会上的讲话和省纪委全会精神、市委书记陈敏在七届市纪委七次全会上的讲话和市纪委全会精神。全会审议通过了县委常委、县纪委书记、县监委主任凌晓文代表县纪委常委会所作的《坚守高政治站位落实高质量要求，为丰顺“十四五”开好局起好步提供坚强保障》工作报告，听取8名乡镇和县直单位党委（党组）书记述责述廉并进行评议。

主要工作

【践行“两个维护”】 强化政治学习。县纪委常委会坚持落实“第一议题”制度，通过理论学习中心组、党小组学习，特别是每周一常委会学习，不断强化县纪委监委班子成员及全体干部思想政治素质，确保思想和行动与党中央保持高度一致。重点深入学习了《习近平谈治国理政》第三卷以及习近平总书记出席深圳经济特区建立40周年庆祝大会和视察广东重要讲话重要指示精神。全年，县纪委常委会“第一议题”学习贯彻习近平总书记重要讲话、重要指示批示精神48场（次），组织理论学习中心组学习6场（次）。

强化政治监督。切实把习近平总书记的重要指示、重要批示等政治要件和党中央重大决策部署在丰顺落地见效情况作为监督工作重中之重，重点围绕贯彻落实疫情联防联控、做好“六稳”工作、落实“六保”任务、打好三大攻坚战、推进乡村振兴战略等重大决策部署情况，专门制订印发监督工作措施方案，落实全程监督。全力抓好落实疫情防控情况的监督。全年组织开展疫情防控工作察访70场次，督查疫情防控点126个，电话督查42次，发现并督促整改问题193个，发出提醒函、建议函4份，处置问题线索7条，立案2件2人，给予党纪政务处分2人、诫勉1人、谈话提醒5人，为丰顺坚决打赢疫情防控阻击战、总体战，实现“零确诊”提供坚强保障。全力抓好违建别墅问题专项监督。严格对违建别墅、乱占耕地建房问题整治工作开展监督，督促县自然资源局落实好违建别墅整治主体责任，要求相关部门严格依法依规处置，既要查处违建也要保障业主合法权益，重点抓好粤东大峡谷景区、韩山历史文化风景区、鹿湖温泉度假村等共3宗50栋违建别墅问题的整改。全力抓好乱占耕地建房问题专项监督。对开展农村乱占耕地建房问题整治工作，及时向领导小组办公室发送提醒函，约谈县自然资源局“一把手”，并与该局相关领导干部座谈，压实牵头部门责任，督促加大工作力度、加快整治进度。

强化政治体检。积极配合省委巡视组系统检查，抽调精干力量，全程配合做好十二届省委第六轮巡视第四巡视组对丰顺县开展的巡视工作。同时，发挥职能，加强省委巡视期间全县纪律监督，确保全县各级各部门“及时、准确、全面”提供相关巡视检查材料、配合谈话，有力保障省委第四巡视组巡视丰顺期间各项工作顺利开展，按既定的工作计划、时间节点完成巡视工作。在省委巡视期间，县纪委监委按要求及时、准确、全面向巡视组提供报告及分析材料4份，其他相关检查材料共152份，快速圆满落实巡视组交办的6宗群众举报线索核查任务。

强化整改提升。专门成立县纪委监委落实整改工作领导小组，把巡视整改落实工作作为重要政治任务，从严抓实抓好。严格落实县委整改办下发的整改任务分工。专门制订印发整改落实工作方案，明确牵头整改3项、配合整改5项整改任务的责任领导、责任部门和整改期限，指定办公室负责跟踪督办、台账收集管理，加强与上级和县整改办的联系沟通，及时做好整改情况报送工作，确保整改一项、销号一项。整改期间，县纪委监委召开整改领导小组工作会议5场，专门召开牵头事项推进会1场，召开督查协调会议2场，落实整改措施25条，出台及修订完善制度机制4项，全部事项均在规定期限内落实整改。抓实对县委巡察工作专项检查反馈意见的整改落实。把省委第四巡视组对丰顺县委巡察工作专项检查反馈的四大类问题，分解细化成10项小问题，并制订13条整改措施扎实整改。各项整改任务均扎实整改并长期坚持，防止问题复发。认真做好省委巡视转信的核查处置工作。巡视以来，县纪委监委受理或转办省委第四巡视组移交信件86件，均能及时处置，至2020年12月底全部办理完毕。积极协助县委督促全县落实整改。充分发挥职能职责，协助做好全县落实巡视反馈意见整改监督工作，压实各级党委（党组）主体责任。在落实巡视整改期间，对全县17个镇（场）和17个县直部门共34个责任单位开展实地督查，发现问题8项并及时压实21家单位加强整改，有力保障较好完成整改任务，如期向省委巡视办报送整改情况。

【日常监督】 用好“两书”监督。积极运用纪律检查建议书和监察建议书，督促相关单位（部门）压实党风廉政建设主体责任。2021年以来，共向有关党组织和单位（部门）下发“两书”31份，规范和纠正违纪违规行为19次，督促建章立制12项。

压实派驻监督。印发《2020年丰顺县纪委监委派驻（出）机构监督清单（试行）》，引导派驻（出）机构落实精准监督、跟进监督、全程监督，特别是紧盯异常数据、异常现象开展监督。不定期对派驻（出）机构开展监督情况进行通报，推动更好地发挥监督“探头”作用。至年底，12个纪检监察组累计开展监督937次，共发现问题230个，移送问题线索14条。

抓好巡察监督。千方百计抓巡察质量的同时，重点抓好巡察整改后半篇文章，督促已巡单位落实整改。出台制度机制促整改。制订印发《关于加强巡视巡察整改日常监督实施办法（试行）》，统筹整合县纪委监委、县委组织部、县委巡察办监督力量，进一步规范巡察整改日常监督工作。组织开展“回头看”。县委根据巡察工作的实际，对汤西镇党委、县应急管理局党委进行了巡察“回头看”，发现县应急管理局落实巡察整改主体责任不到位、整改不力的情况，严格作为问题线索移送县纪委监委处置，立案追责2名领导干部。

强化对镇党委监督。以抓好《党委（党组）落实全面从严治党主体责任规定》落实为契机，制订出台《镇党委落实党风廉政建设主体责任清单及年度考核工作方案》，从4大方面19项内容，引导镇党委主动履职。

提升群众监督。进一步升级完善惠民信息公开平台，拓宽监督渠道。投入资金对县惠民信息公开平台进行改造，完善丰富平台功能，重点实现与市惠民资金补贴“一卡通”监督平台对接、联通。至2020年12月底，丰顺县惠民信息平台公开事项达到87项，累计发布惠民补贴信息1176万条，监管资金额64.12亿元，发送惠民补贴短信66万条，借助惠民信息平台发现问题线索19条，立案查处38件38人，移送司法机关7人，挽回经济损失78.68万元，在平台运用、发挥平台作用方面，丰顺县走在全市前列。进一步改善接访场所和设备，优化举报环境。对县纪委监委接访室进行改善，特别是为各镇纪委，机关各室、各派驻机构统一配齐检举举报平台所需硬件设施，畅通信件流转，提升受理效率。全年，县纪检监察机关接收群众信访举报共474件，应核128件，100%转出办理，在省、市信访举报工作考核检查中，受到了省、市领导的充分肯定和高度表扬。

【专项整治】 全力保障脱贫攻坚决战决胜。聚焦脱贫攻坚目标任务，坚持把纪律和监督挺在前面，专门印发《2020年全县扶贫领域监督执纪问责工作要点》，对扶贫领域腐败和作风问题线索进行全面盘点梳理并加大处置力度。全年，立扶贫领域案件39件，查处37人，通报典型问题4起10人，圆满完成脱贫攻坚决战决胜之年线索清仓任务。

全力做好涉黑恶腐败和“保护伞”问题集中惩治收官工作。严格按照上级部署和县委扫黑除恶专项斗争工作进度要求，扎实做好涉黑恶腐败和“保护伞”问题线索处置的收官工作，重点高质高效完成“线索清仓”“案件清结”“伞网清除”等“六清”目标任务。专项斗争以来，累计处置涉黑涉恶腐败和“保护伞”问题线索35条，立案34件34人，给予党纪政务处分33人，移送司法机关2人，发出并督促落实相关纪检监察建议书、提示提醒函9份，收到整改反馈9份。查处涉黑恶腐败和“保护伞”问题案件在全市各县（市、区）排名第二，被评为“2019年度梅州市扫黑除恶专项斗争先进单位”。

全力推进生态环保领域腐败和作风问

题整治。紧盯丰顺榕江北河、地矿产卫片违法图斑整治和河道采砂管理中失职渎职行为，以砖厂环境污染问题查处为突破口，加大对生态环保领域腐败和作风问题的整治。全年，查处生态环保领域腐败和作风问题案件9件9人，及时督促相关职能部门追缴“应收而未收”行政罚款共274.2万元，并形成1份详细的调查报告书面上报县委县政府，得到县委、县政府的充分肯定。

全力抓好人防领域廉政问题专项整治。重点督促县住建、自然资源等职能部门进一步提高政治站位，扎实开展专项整治，对清查出的39宗问题认真研判，严格按照时间节点抓好整改落实。在专项检查中，发现线索3条，并形成1份监督检查专报上报县委，得到县委主要领导的充分肯定。

全力压实村（社区）“两委”换届纪律。严格按照省、市、县委对村（社区）“两委”换届工作的部署和要求，制订《加强村（社区）“两委”换届监督工作方案》《换届腐败和作风问题线索处置工作预案》《丰顺县村（社区）“两委”换届巡察监督工作预案》以及《丰顺县纪委监委聚焦村（社区）“两委”换届落实“九看”“六类人员”察访指引》等制度机制，建立县纪委监委班子成员联系挂点乡镇工作机制，组织班子成员分赴17个镇（场）提醒镇（场）党政班子落实对“六类人员”的警示提醒，紧紧围绕“九看”开展监督，通报3起违反换届纪律典型问题，针对个别群众信访反映，及时启动检查，抓实抓细村（社区）“两委”换届纪律，做法得到省纪委督导组的高度肯定，有力推动村级换届顺利进行，并确保换届纪律风清气正。

【审查调查】 保持反腐败高压态势。针对线索存量较大的情况，切实加大线索清理清查和处置力度，科学运用“四种形态”加快线索处置进度，对应核线索全面清减，落实“减存量”目标，积极为2021年轻装上阵、查办有影响力案件打好基础。全年，全县纪检监察机关共处置线索521条、比增145.8%；立案187件187人、比增29.9%、其中，立科级以上党员干部21人、镇纪委立案75人、派驻（出）机构立案27人；结案192件192人、结案率96%，挽回经济损失485.4万元，移送司法机关10件10人。共运用“四种形态”批评教育帮助和处理517人次。其中，第一种形态333人次，占比64.4%；第二种形态145人次，占比28%；第三种形态21人次，占比4.1%；第四种形态18人次，占比3.5%。

筑牢审查调查安全防线。加大陪护队伍建设力度，升级改造县镇谈话点软硬件设备设施；扎实做好常态化疫情防控工作，落实安全责任制；制订出台《县纪委监委审查调查安全检查工作方案》，建立了协作区内常态化自我检查、协作区之间定期交叉检查、县纪委监委主要领导或委托副书记组织系统抽查等多种形式的审查调查安全工作检查机制，强化查安全工作自我排查、整改，全年组织专职陪护人员开展法规学习和突发事件应急演练等培训6场（次）；通过协作区自查、交叉检查、系统抽查等共发现安全工作不规范、不严格问题隐患44个，全部严格督促落实整改，有力保障“双安全”和“零事故”。

严格案件监督办理。始终严抓案件质量关口，从问题线索处置到案件办结，严格对承办部门进行全程跟踪监督，对线索处置超期限未办理、“久立未结”等情况及时提醒、催办。同时，组织纪检干部深入学习领会监督执纪问责“六字诀”和查办案件“七个看”精神实质，严格落实“双报告”制度，确保线索处置、案件查办质量，保障审查调查工作的纪法效果、政治效果和社会效果相统一。全年，案件监督管理部门对问题线索处置、案件办理情况催办37次，发出提醒函10份，对5宗“久立未结”案件进行催办审结，实现“久立未结”案件台账全部清零，线索处置“两报告”22条（次）、立案20人，保持零申诉。

【作风建设】 深化形式主义、官僚主义问题治理。认真学习贯彻广东省委办公厅文件精神，结合丰顺县实际，制定并印发《全县纪检监察系统贯彻落实粤委办〔2020〕10号文具体措施和分工安排》，详细列明督促要求、具体任务、责任部门和完成时间，并制作进展情况统计表，严防形式主义、官僚主义问题反弹。全年，查处形式主义、官僚主义问题案件58件58人，通报典型问题5起17人，重点在中秋、国庆、元旦节前通报了汤南镇徐某森等9名值班领导和工作人员违反值班工作纪律的问题。

持之以恒纠“四风”树新风。紧盯疫情防控常态化和经济社会发展中的“四风”问题，一手抓查处，一手督促职能部门查找问题根源、完善制度机制、认真拉网履职。全年，立案查处享乐主义、奢靡之风问题42件42人，通报典型问题4起8人，重点督促相关职能部门修订完善了公车管理和使用监督、村干部津贴补贴发放、公务接待、开会发文、调查研究、督查检查考核等制度机制。同时，加强廉政教育宣传，强化正面引导，编辑书籍《追寻——李坚真廉洁事迹》，制作坚真廉洁操行馆VR在线展馆，在建桥镇郑屋村建设一条由“作风篇”“清风篇”“家风篇”三大篇章组成的“十里花溪廉政文化长廊”，树立廉洁文化新风尚。

【政治巡察】 落实“全覆盖”，探索向中小学、卫生院延伸。严格按照《县委巡察工作规划（2017—2021年）》扎实稳步推进县委巡察工作，至2020年年底共完成九轮常规巡察和七轮村级巡察，对全县83个副科以上单位党组织和282个村（社区）党组织开展巡察，两项覆盖率均达100%，提前完成县委一届任期内巡察全覆盖目标任务。同时，在第九轮常规巡察中，丰顺县选取了2间中心小学和2家卫生院进行延伸巡察，力争通过巡察解决群众关切的热点、难点“小问题”，进一步赢得民心向背“大政治”。

落实“内外联动”，推动发现问题更加精准。认真学习上级好经验好做法。充分利用配合省委第四巡视组对丰顺县委开展巡视、市委第三巡察组对丰顺法院开展巡察的契机，积极学习省委巡视组、市委巡察组的工作精神、工作方式方法，不断提升县委巡察工作业务水平。严抓巡察质量考核评估。抓好《中共丰顺县委巡察组巡察质量考核评估实施办法（试行）》实施，取得较大成效，得到省、市纪委主要领导高度肯定。考评办法实施前的第五、六轮巡察上报县委专报5份，向县纪委监委移送线索7条、成案率42.8%；考评办法实施后的第七、八轮巡察上报县委专报11份，向县纪委监委移送线索16条，线索成案率提升至80%，工作质量明显提高。及时沟通会商巧借外力。印发《关于县委巡察机构与相关职能部门会商研判机制的意见》，对巡察过程中拿捏不准的问题，及时商请相关职能部门进行会商研判，或借助职能部门专业力量核实弄清有关情况，提高巡察发现问题的精准度。

落实“效果导向”，积极构建长效制度机制。从制定巡察方案，到开展巡察，直到抓好整改，建立覆盖全过程的制度机制，推动巡察工作制度化、规范化。重点制订出台《中共丰顺县委巡察组巡察质量考核评估实施办法（试行）》《关于进一步深化巡察整改工作的意见》《镇党委落实党风廉政建设主体责任清单及年度考核工作方案（试行）》等28项工作制度机制。同时，还专门编制《中共丰顺县委巡察工作实用手册》《十三届县委巡察工作综合资料汇编》《巡察工作流程》等多种巡察工具书，用以提升巡察干部综合业务能力，力推巡察工作高质量发展。

【体制改革】 推动主体责任与监督责任贯通衔接。积极协助县委落实全面从严治党主体责任。全年，提交县委常委会会议学习研究党风廉政建设工作19场（次），及时传达上级典型案例通报11件、其他相关文件12件，解决了工作中遇到的困难问题，审核通过工作方案或制度机制5件。积极推动各级党委（党组）主体责任扛在肩上抓在手上。重点落实“三个抓”：抓关键、约谈“一把手”。全年，共约谈提醒“一把手”22人（次），其中新任党组织“一把手”谈话10人、运用“第一种形态”处置问题线索约谈“一把手”10人、述责述廉评议排名最后的党委（党组）书记2人，压实各级党委（党组）开展提醒谈话和警诫谈话。抓派驻监督考核。制定出台《2020年县纪委监委派驻（出）机构监督清单（试行）》，推动派驻派监督工作有目标、有抓手、有章可循；印发《丰顺县纪委监委派驻（出）机构年度考核工作方案》，推动派驻（出）机构真正沉下身子，主动嵌入监督、靠前监督，防止蜻蜓点水、浮于表面，避免干多干少、干好干坏一个样，倒逼所监督单位党组织主体责任落实。抓镇党委责任考核。出台《镇党委落实党风廉政建设主体责任清单及年度考核工作方案》，将对镇党委抓党风廉政建设工作进行考核，并将考核结果作为新一年度镇党政班子成员特别是“一把手”提拔重用廉政意见回复的重要依据，以此推动镇党委主体责任落实，与镇纪委监督责任协同贯通。

推动“四项监督”贯通衔接。切实加强本系统内部信息共享、资源整合、力量统筹，提升“四项监督”合力，确保监督实效。抓纪律、监察监督，为派驻、巡察监督提供有力依据和坚强后盾。加大审查调查力度，及时处置派驻机构、巡察机构移送的问题线索，为派驻机构、巡察机构排除监督过程中遇到的困难和阻力。通过审查调查、监督检查发现各级各部门系统性、制度漏洞等问题，及时提出纪律检查建议、监察建议，为派驻监督、巡察监督提供参考和抓手。抓派驻、巡察监督，为纪律、监察监督提供贴身服务和线索情报。充分发挥派驻机构派的权威、驻的优势，强化对所联系监督部门的贴身监督，确保纪委监委相关工作部署、纪律检查建议、监察建议、党纪政务处分决定等落到实处。同时，通过巡察进行系统检查，及时向纪检监察机关提供情报、移送问题线索，推动问题治理。抓派驻和巡察机构互相配合、互相监督。通过派驻机构为巡察组开展巡察工作提供信息，巡察进驻为派驻机构挖掘深层次问题，提升监督合力。同时，又通过派驻机构对巡察进驻期间的工作作风等进行跟进监督、全程监督，通过巡察发现部门存在问题情况检验派驻机构履职情况，实现派驻、巡察互相监督，以此不断推动“四个监督”协调联动、共同发力、互相依靠、互相监督、形成闭环。

推动职能部门和社会监督贯通衔接。积极推动党内监督与人大监督、民主监督、行政监督、司法监督、审计监督、统计监督和社会监督有机贯通、相互协调。压实职能部门履行监督责任。加强派驻日常监督、巡察政治监督，重点推动组织、人社、审计、财政、农业农村、民政等职能部门发挥职能监督、拉网履职，出台《丰顺县行政事业单位国有资产管理暂行办法》《丰顺县行政事业单位和国有（集体）企业资产处置管理暂行办法（修订）》等多项制度。完善线索移送机制。加强与反腐败协调小组成员单位的沟通联系，定期召开县委反腐败协调小组会议，及时解决协作配合工作中遇到的困难问题，完善问题线索移送机制，规范问题线索移送。全年，公检法及环保等职能部门移送问题线索38条。畅通群众监督渠道。重点通过大力推广基层版网络举报平台、升级完善惠民信息公开平台、督促职能部门严格落实信息公开等，积极搭建畅通群众与纪检监察机关联结的桥梁，以此提升社会监督。

【队伍建设】 抓内控。严格落实请示报告制度，坚决杜绝在疫情防控关键阶段出乱子、掉链子、捅娄子；从严抓实干部内部管理，对巡察抽调人员和专职陪护人员在未开展巡察和审查调查期间，统筹安排到机关或派驻（出）机构协助工作，强化日常管理；在办公场所加装安全门禁系统，及时更换残旧车辆、办公办案设备等，做足机关安全、高效运转基础。

抓警示。及时传达纪检系统干部违纪违法典型案例通报，对纪检监察干部开展警示教育，督促干部按照“五个摆进去”要求，开展自查自纠；严防“灯下黑”，对反映纪检监察干部的信件、线索及时处置，对纪检干部违规违纪情况，坚决“小题大做”。全年，配合上级核查纪检监察干部问题线索2条，查处和调离纪检监察岗位各1人。

抓监管。全面建立干部廉政档案，重点将“重要社会关系”拓展至兄弟姐妹以及配偶的兄弟姐妹等，充分发挥廉政档案在年度考核、评先评优、提拔重用中的廉政“关口”作用，防止“带病上岗”“带病提拔”，并通过综合研判个人社会关系网络，实行执纪执法回避，严防“关系案”“人情案”发生。共建立纪检监察干部个人廉政档案125份，并逐一进行审核和分析。

重关怀。加强干部激励机制，做好“传帮带”，提拔重用敢担当、善作为的年轻干部，并努力用好工会福利制度及时帮助干部解决生活困难。全年，提拔任用（含职级晋升）和交流机关干部38人，提拔和调任镇纪委书记和专职副书记10人，帮助、慰问困难干部20人（次）。

强学习。通过业务培训班、每月知识测试等，特别是通过建立“青年论坛”干部交流平台，启动“青年论坛”活动，加强干部业务交流，引导年轻干部修好理论武装必修课，掌握好看家本领。全年，举办“青年论坛”交流会2场（次），开展全员培训5批，组织优秀纪检监察干部到省、市纪委监委跟班学习8人，合计培训670人（次）。

（朱传讯　张焕拔）

民主党派・群众团体

中国农工民主党梅州民兴医药有限公司支部委员会

【概况】 梅州民兴医药有限公司农工党成立于2006年，2021年年底有党员19人。

【党务活动】 农工党民兴支部在农工党梅州市委和丰顺县统战部门领导下，密切结合自身工作特点，不断探索抓好基层农工党党建和思想政治工作的规律、机制和方法。2021年，通过全体成员的支持和参与，积极建言献策、联合丰顺县政协、丰顺县委统战部联谊活动等方面取得显著的成绩。讨论如何进一步发挥民主党派农工党支部成员在新形势下为社会主义建设建功立业的主观能动性多作贡献。支部经常召开全体农工党党员大会，组织大家学习讨论。会上大家为党和政府文件精神所鼓舞，踊跃发言、畅谈体会，并为进一步做好各项工作提出建设性意见。通过学习，党员们自觉参与各项政务活动。为加强农工党与政府部门间的了解与相互沟通，2021年支部还与县政协、县委统战部、文体部门举办联谊活动，加强相互的了解和友谊。成员们一致认为这是一个好形式将继续举办联谊活动。

【社会服务】 发挥特色积极参与社会服务，民主党派成员要树立良好的社会形象并在为经济建设服务方面取得成果。首先要做好本职工作，这是为经济建设服务的落脚点。支部倡导爱岗敬业和奉献精神。同时积极与生产企业合作，对当地医药企业提出的技术问题进行现场指导，并将一些疑难问题带回，配合有关单位做好疫情期间的防疫物资防控的有效提供。社会服务为载体，树立支部形象社会服务工作是民主党派的形象工作。支部充分发挥以医疗为主的优势，社会服务工作上，在农工党支部领导的带领下近年共捐赠物资800多万元。

【思想建设】 2021年来，支部始终将提高党员素质放在首位，坚持加强党员的思想建设和提高党员的思想觉悟，支部多次组织支部委员和部分党员进行学习，联合丰顺县委统战部去丰良九龙嶂红色革命根据地等各乡镇进行调研，通过加强学习，提高支部全体党员的整体素质，培养党员做好本职工作、服务社会的敬业精神。在加强自身建设、参政议政、建言献策、社会服务等方面都取得一定成绩。总体上看，各项工作有序开展，为政府部门做好助手并做出积极的贡献。

总 工 会

【概况】 2021年，县总工会在县委和上级工会的正确领导下，以习近平新时代中国特色社会主义思想为指导，全面贯彻党的十九大和十九届五中、六中全会精神，进一步贯彻落实习近平总书记关于工人阶级和工会工作的重要论述，进一步在服务中心大局和服务职工中积极展现工会作为，团结全县职工为实现丰顺苏区高质量振兴发展而不懈奋斗。

【党史学习教育】 周密部署，有序推进。县总党组把开展党史学习教育作为一项重大政治任务，按要求统一思想和行动，多次召开会议传达学习上级有关文件会议精神，研究部署党史学习教育，制订印发《丰顺县总工会开展党史学习教育实施方案》，明确学习教育重点工作、具体举措和要求，使党员干部对党史学习教育准确理解，把握到位。领导带头，全员参与。县总班子领导带头为党员讲党课，带头以普通党员身份参加党支部学习。全体党员干部通过参加支部“三会一课”活动、党史宣讲会、“学党史 看电影”主题活动、现场红色学习等多种形式，不断深化党史、新中国史、改革开放史、社会主义发展史的认识和理解，进一步提升了党性修养和思想觉悟，激发了工作热情。共开展党组理论中心组专题学习8次、支部集中学习15次、专题党课5次。扎实开展“我为群众办实事”实践活动。开展送清凉、送温暖、“情暖农民工 · 留丰过大年”等工会品牌慰问活动，积极筹措资金65.78万元为抗疫一线医务人员、困难职工、农民工等8000余人送上慰问金及慰问物资；联合县科工商务局在龙岗镇新华村举办“南粤家政”居家服务培训班，为90名村民提供培训服务；开展新业态劳动者温暖行动，为丰顺县众诚物流有限公司等多家新业态建会企业职工送去工会的温暖和关怀；联合县农业农村局等多部门到创文网格化挂钩内岭村开展“我为群众办实事”送医送健康下乡、卫生大扫除等系列活动，支持内岭村“创国文”经费10万元。

【思想建设】 强化思想政治引领。组织全县各级工会和企业职工集中收听收看庆祝中国共产党成立100周年大会实况；邀请县委党校讲师到埔寨农场为10家企业职工代表专题宣讲习近平新时代中国特色社会主义思想，进一步提高职工群众思想觉悟。大力弘扬劳模精神、劳动精神、工匠精神。在“五一”劳动节前夕召开全县劳模代表座谈会，进一步营造争先创优的社会氛围，激励全县广大职工群众为丰顺县振兴发展贡献智慧和力量；做好劳模培育选树工作，积极营造劳动光荣的社会风尚和精益求精的敬业风气。

【组织建设】 加强基层工会组织建设。开展“农民工入会”集中行动，加强新建企业、小微企业、工业园区等非公企业集聚区工会组建工作，加强对物流快递、网约送餐、货运驾驶等新就业形态劳动者建会入会工作，努力扩大工会组织覆盖面。2021年民主建会17家，发展会员2892人，其中农民工会员2850人。抓好智慧工会工作。抓紧抓实会员实名认证工作，截至2021年12月，全县基层工会及基层以上工会组织登记审核通过289个，会员数据批量导入2.3万多人，会员实名认证近1.7万人；加大“粤工惠”平台宣传力度，利用“丰顺县总工会”粤工惠号开展会员福利活动3次，共有1000名会员获得奖励，利用平台发布各类资讯48篇。积极推进产业工人队伍建设。加强对产业工人队伍建设，进一步深化《新时期产业工人队伍建设改革实施方案》，着力做好协调、任务分解、进展汇总、督查落实工作。抓好工会干部培训。组织全县200多名基层工会干部参加丰顺县工会干部业务培训班；组织20名社会化工会工作者参加2021年度梅州市社会化工会工作者网络培训班；组织30家基层企业工会主席参加梅州市企业民主管理暨职工代表培训优秀讲师业务网络培训班；组织16名工会干部参加全市工会干部学习贯彻党的十九届六中全会精神、中国共产党梅州市第八次代表大会精神暨工会业务培训。

【文体活动】 联合县创文办等单位共同举办“中国梦·劳动美——永远跟党走，奋斗新征程”2021年丰顺县首届职工羽毛球预选比赛；组织全县职工参加梅州市总工会“我心向党”红色经典职工线上诵读活动，丰顺县职工获二等奖1名、三等奖3名；各级工会积极开展各类文体活动，如县审计局工会开展“学党史、感党恩、跟党走”知识竞赛活动，汤坑中学工会、丰顺县税务局工会、广东深华药业有限公司工会等开展“我为职工办实事”活动。

【评优评先】 推荐评选省五一劳动奖状1个、省五一劳动奖章1名，市模范职工之家2个、模范职工小家2个。申报创建省级“三个一批”建设示范点2个、省级“户外劳动者爱心驿站”1个、省级“工会爱心妈妈小屋”2个、市级“劳模工匠创新工作室”1个、市级“工会爱心妈妈小屋”2个。

【困难帮扶】 开展2021年度困难职工家庭申报和认定工作，2021年新建档困难职工4户。累计使用各级各类帮扶资金28.8万元，惠及职工67人次，有效帮助解决了困难职工医疗、生活困难、子女上学等方面的困境。深入推进在职职工医疗互助保障计划，截至2021年12月，全县共有227个单位参加职工互助保障计划，覆盖会员2.1万多人次；申请理赔报案816例，赔付总金额106.2万元。

【维权维稳】 维护劳动领域政治安全。县总工会成立了维护劳动领域和重点企业政治安全专项行动工作专班，及时解决广东汇威高科技有限公司、幸福里等2宗有关劳资纠纷舆情事件，维护职工队伍和社会稳定。保障职工合法权益。开展“尊法守法·携手筑梦”公益法律宣传宣讲活动，不断提高职工法律意识；组织企事业单位开展“安康杯”竞赛活动；开展民主管理厂务公开和集体协商工作，培育民主管理厂务公开示范企业1家。做好女职工权益保障工作。积极配合有关部门推荐选手参加第一届梅州市“南粤家政”技能大赛活动；在全县开展“玫瑰书香”女职工主题阅读活动；联合县人民医院等单位开展“关爱女性，健康扶贫”乳腺专家义诊；组织开展“她健康，家越美”主题活动。

【其他工作】 进一步加强对基层工会年度工会经费预算的指导审核；继续落实对受疫情影响的困难中小微企业返拨工会经费优惠政策，累计为丰顺县符合条件的困难中小微工会经费返拨补助共43.39万元；聘请南方会计师事务所对30家基层工会开展工会经费年度审计，规范工会经费收支管理。

（郑 锐）

共 青 团

【概况】 2021年，团县委在县委、县政府的坚强领导下，以习近平新时代中国特色社会主义思想为指导，深入学习宣传党的十九届五中、六中全会精神，深入贯彻落实习近平总书记关于青年工作的重要思想，扎实开展各项工作。

【服务中心大局】 全力做好志愿服务工作。组织志愿者服务梅州市新时代文明实践中心建设工作推进会、丰顺县庆祝中国共产党成立100周年系列活动、丰顺县“三个一批”现场会，积极参与县委、县政府中心工作。组织开展文明旅游、文明餐桌、生活垃圾分类、全民“两美”志愿行动、“河小青”护河志愿服务行动等志愿活动累计70场次，参与志愿者达2150人次，为建设美丽丰顺贡献积极力量。从6月起组织志愿者在城区9个主要交通路口常态化开展文明交通志愿服务活动，目前共出动志愿者953人次，为创建文明城市积极营造安全、畅通、和谐、有序、文明的交通环境。贯彻落实青年发展规划。扎实推进落实《梅州市青年发展规划（2021—2025年）》，召开县中长期青年发展规划实施工作联席会议第一次全体会议，构建齐抓共管、协同联动青年工作机制，推动规划贯彻落实。大力开展常态化疫情防控志愿服务行动。通过开展防疫知识宣传、环境卫生整治、助力疫苗接种工作等形式，积极参与疫情防控工作。据不完全统计，2021年以来开展志愿服务活动累计110多场次，参与志愿者达2000多人次。

【思想政治建设】 以中国共产党成立100周年为契机，结合重要时间节点，切实开展党史学习教育，面向全县青年开展形式新颖、线上线下结合互动的党史宣传教育活动，以青年喜闻乐见的方式开展思想引领工作。开展五四青年座谈会，通过深入学习贯彻习近平总书记系列重要讲话，特别是习近平总书记在清华大学考察时重要讲话精神，进一步树牢“四个意识”，坚定“四个自信”，做到“两个维护”。邀请县党史学习教育宣讲团成员为全体共青团干部作丰顺革命历史专题授课，铭记光辉历史，传承红色基因。成立8名青年干部组成的丰顺县青年讲师团，讲师团成员在全县各级团组织、各中小学校开展党史学习教育共50场次，覆盖青少年7700人次。联合县相关部门组织开展“党史学习教育进校园”暨“童心向党”教育实践活动，推动“四本书”有机融入学校思想政治教育课堂。“五四”期间，组织全县34所中学794名新发展团员参加“学党史、强信念、跟党走”集中入团仪式；“六一”期间，组织全县111所中小学少工委开展“学党史、强信念、跟党走”集中入队仪式；在入团、入队仪式期间开展党史专题讲座、红色故事会等教育活动，引导团员、少先队员感悟初心使命，汲取精神力量。充分发挥团、队组织体系优势，以团支部会、少先队中队会为主要载体，发动各级团组织定期开展学习交流活动，全县562个团支部已全部开展党史学习教育，召开3325次专题党史学习会，100%开展主题团日活动。

【党史学习教育】 成立党史学习教育工作领导小组。组织召开团县委党史学习教育动员部署会议、共青团系统党史学习教育动员部署会议，研究制定《团县委关于开展党史学习教育的实施方案》《团县委关于开展“我为群众办实事”（我为青年做件事）实施方案》，确保学习教育活动扎实有效地开展，确实取得成效。组织专题学习。通过党员支部大会、领导班子理论学习中心组、专题宣讲报告会、个人自学、团干讲党团课等方式，组织机关党员、全县团干部开展学习习近平总书记“七一”重要讲话精神、党的十九届六中全会精神等专题学习，做到学深悟透、融会贯通、入心入脑、走深走实。大力开展“我为群众办事”（我为青年做件事）活动。持续做好“助星圆梦”，共筹集17.4万元资金帮助29名困难学生顺利进入大学。深化“展翅计划”品牌工作，推进“千校万岗”大学生就业帮扶行动，提供各行各业的优质实习岗位164个，帮助大学生提前建立职业意识，提升就业能力。继续推进“圆梦计划”，帮助更多新生代产业工人提升素质，有效服务产业转型升级。深入实施“广东高校毕业生志愿服务乡村振兴行动”，共有16名志愿者投身到丰顺县16个乡镇中参与乡村振兴一线，进一步做好高校毕业生就业工作。开展2021年丰顺县考编就业公益助考活动，切实帮助考生解决考编就业难的问题。

【深化改革工作】 牢固树立大抓基层的鲜明导向，以“智慧团建”为总抓手，扎实推进“命脉工程”，整体推动基层团组织建设。组织召开全县“命脉工程”工作推进会，认真传达学习上级团委对做好基层团建工作的各项部署，切实提高基层团干部对贯彻落实好“命脉工程”工作要求的政治意识；加强村（社区）团组织建设，全县261个村、19个社区均于3月全面完成团组织换届工作，切实加强丰顺县团的基层组织建设和团干部队伍建设；全力做好镇级团组织换届工作，全县16个镇级团委于12月全面完成换届工作，选优配强领导班子，规范设置委员会，深化共青团改革的落实，进一步增强基层团组织的吸引力、凝聚力和战斗力，切实巩固扩大党执政的青年群众基础；持续推进“三个100%”，坚决打好“两新”组织团建攻坚战，推动8家规模以上“两新企业”建立团组织，完成市级任务率高达100%，其中广东深化药业有限公司团总支部成功创建“省级非公团建示范组织”；大力抓好团员发展工作，团员教育管理进一步加强，年度团员编号使用率达100%，位居全市前列；顺利召开中国少年先锋队丰顺县第二次代表大会，选举产生中国少年先锋队丰顺县第二届工作委员会，为加强丰顺县新时代少先队工作，强化少先队的建设，推动丰顺县少年儿童事业奠定组织基础。

（办公室）

妇　联

【概况】 2021年，在县委和上级妇联的坚强领导下，全县各级妇联组织坚持以习近平新时代中国特色社会主义思想为指导，全面贯彻落实党的十九大和十九届历次全会精神，深入开展党史学习教育，围绕县十四次党代会提出的“八个聚焦”，推动“八个提质”工作思路，紧紧围绕中心、服务大局，立足家庭、服务妇女，团结带领广大妇女听党话、跟党走，推动全县妇女事业高质量发展。

【思想政治建设】 党史学习教育稳步推进。坚持将学党史、悟思想、办实事、开新局贯通起来，以习近平总书记在党史学习教育动员会上的重要讲话、“七一”重要讲话和党中央指定书目等为重点，采取领导带学、个人自学、集体研学等方式，增强党史学习教育的针对性和实效性。一年来，理论学习中心组专题学习研讨12次、支部专题学习39次。利用红色资源开展革命传统教育，组织参观“梅州红色文化名片巡回展”、八乡山东江苏维埃政府暨红十一军成立史料陈列馆，前往中共中央至中央苏区秘密交通线汕头中站旧址（汕头红色交通站陈列馆）、中共丰顺（临时）县委和丰顺县第一个中共支部成立旧址等红色基地参观学习，接受红色革命教育和党性洗礼。组织全体党员、干部集中观看红色优秀专题影片《金刚川》，进一步筑牢忠于社会主义、共产主义的理想信念，增强工作的责任感和使命感。意识形态工作多措并举。把学习宣传贯彻党的十九届六中全会精神作为重大政治任务，坚定不移把“两个确立”真正转化为做到“两个维护”的政治自觉、思想自觉、行动自觉。深入开展“巾帼心向党 奋斗新征程”主题宣传群众性教育活动。邀请宣讲团成员进企业为女企业家代表作党史学习教育专题巾帼大宣讲，加强对女企业家们的思想政治引领，激励广大女企业家凝心聚力、共谋发展。组织开展“传承红色家风，铭记百年党史”专题讲座，引导广大妇女同胞学懂、学好、用好党史基本著作，弘扬新时代文明家庭新风尚。以歌颂中国共产党成立100周年为主题，组织新时代文明实践活动之“书香飘万家——南粤儿童心向党”丰顺县亲子诵读比赛活动，让孩子们铭记红色历史、追寻红色足迹、传承红色基因。各级妇联开展未成年人思想道德教育活动52场次，覆盖1万多人次。推荐选手参加梅州各级妇女组织“学党史颂党恩 巾帼展新姿”主题演讲活动荣获三等奖，用党的百年辉煌和伟大业绩鼓舞广大妇女。

【巾帼建功行动】 凝聚巾帼创业力量。成立梅州市女企业家协会丰顺小组，助推市女企业家协会年会在丰顺成功举办，充分展现丰顺县女企业家创业实效，提高丰顺县女企业家凝聚力和影响力。结合优秀女企业家、女致富带头人创业特点，开展电子商务、农产品技术升级等农村妇女技能培训。利用线上、线下等多种途径，鼓励农民特别是从事农业的妇女群众登录“广东精农网院”进行注册学习，提升自身硬实力。配合相关部门推动“南粤家政”“粤菜师傅”等项目实施，利用妇女群体宣传优势，广泛开展妇女母婴服务、居家服务等南粤家政宣传，鼓励并推荐妇女参加技能培训，促进乡村振兴发展。搭建税企沟通桥梁。与县税务局联合开展“我是三八红旗集体 我为群众办实事”主题实践活动启动仪式，深入企业举办“春日·税收约企恳谈会”，搭建妇联、税务部门和企业间高效沟通桥梁，旨在通过开展各类公益活动，送创业就业信息、送增收致富技能、送法律健康知识，用榜样的力量引领妇女，用优质的资源服务妇女，用姐妹的情谊联系妇女，进一步弘扬新时代巾帼精神。助力文明城市创建。联合相关部门开展生活垃圾分类宣传志愿服务活动。通过多种形式，全方位进行生活垃圾分类宣传，提升群众参与垃圾分类的知晓率、参与率和分类的准确率，提高群众垃圾分类的自觉性，倡导绿色、低碳的生活方式。深入创文巩卫网格村 金湖村开展卫生清扫、环境整治、垃圾分类宣传等全民“两美”志愿活动12场次，助力丰顺县创建全国文明城市。2021年，成功申报梅州市美丽家园示范村1个、美丽家园示范户1户。帮助妇女创业减负。联合相关部门继续开展丰顺县妇女创业小额担保贷款贴息项目（2020—2022年），积极争取省贴息资金，为广大妇女创业减少利息负担。2021年共为13名妇女提供创业小额担保贷款，放贷130万元，贴息10万元。挖掘巾帼先进典型。全县广大妇女立足本职、建功立业，在精准扶贫、创文创卫和抗击新型冠状肺炎疫情等工作中，为推进丰顺振兴发展贡献巾帼力量，各条战线涌现出一大批优秀先进个人和先进集体。2021年，获评广东省“三八”红旗手1名、“巾帼文明岗”1个；梅州市“我心中的三八红旗集体”1个、“我心中的三八红旗手”2名、“我心中的巾帼文明岗”2个。通过选树典型，号召全县广大妇女以先进为榜样，在创业创新中展现巾帼新担当，在促进乡村振兴中展示巾帼新风采，在推进改革发展中彰显巾帼新力量。

【维护妇女儿童合法权益】 加强社会化维权渠道。通过广播、电视、宣传标语、分发宣传资料等多种形式，大力宣传中国建立的全面保障妇女权益法律体系，宣传维护妇女权益、促进妇女全面发展和男女平等取得的成就，重点做好习近平法治思想、民法典尤其是婚姻家庭编、未成年人保护法、反家庭暴力法的宣传教育。畅通“12338”热线服务，在“三八”维权周特殊时间节点，围绕“倾听妇女心声 关护妇女权益”的主题，开展县妇联主席接听“12338”热线活动，切实发挥热线服务妇女、服务群众的积极作用。发挥妇联信访窗口的作用，2021年共接待信访案14宗，针对来信来访来电个案开展调查、落实、调解、回访，切实为妇女群众排忧解难。推进基层维权机制建设。常态化做好婚姻家庭纠纷排查化解工作，发挥县级婚调组织主力军作用，借力综治平台，联合司法、基层自治组织力量，实现镇级婚调室挂牌成立全覆盖。推动村（社区）成立“妇女议事会”，发挥基层议事协调作用，开展议事活动347次，提高妇女参与议事积极性、主动性，推动妇女参与基层社会治理，解决妇女操心事、烦心事、难办事。法治宣传入村进校。深入汤坑镇后安村开展“美好生活·民法典相伴”“打击治理电信网络新型违法犯罪”主题普法宣传教育活动，把“法治大餐”送到家，把法律服务送上门。利用“反家暴日”时间节点，依托全县3558名妇联执委的影响力，进村入户发放宣传资料、张贴宣传海报，积极营造宣传氛围。2021年，全县开展“反家暴”主题讲座29场次。开展“关爱儿童 护苗成长”之禁毒知识进校园活动，提高学生对毒品的认识，进一步筑牢抵御毒品侵害的思想防线。邀请家庭教育讲师团讲师入校开展“交通安全暨校园安全”法治教育讲座，教育学生们做一名学法、懂法、知法、守法的新时代好少年，提高全校师生安全意识，增强法治观念，为构建平安校园营造良好的氛围。关爱重点特殊人群。依托基层妇联对辖区内妇女儿童的基本信息进行摸底排查，了解掌握贫困、残疾、单亲、失亲等重点特殊家庭1362户，涉及妇女儿童3244人。针对这些特殊人群，基层妇联执委、巾帼志愿者、妇女骨干定期沟通情况、商量帮扶措施，设定结对帮扶联系人，定期上门关爱问候，了解服务需求，签订“爱心联系卡”服务，开展精准的关爱保护工作。实施“两个规划”成效明显。贯彻男女平等基本国策，全面总结丰顺妇女儿童发展规划（2011—2020年），按时按质完成“两个规划”终期评估，实施成效明显，主要目标已基本实现。对照可比量化指标，丰顺县达标率93.94%。聚焦丰顺县妇女儿童发展中的新形势　新任务　新挑战，在广泛调研、公开征求意见和专家论证的基础上，组织编制新一轮“两个规划”，大力推动妇女儿童发展和家庭建设相关内容纳入丰顺县“十四五”规划。

【关爱帮扶困难妇女儿童】　开展“大走访”活动。领导带头深入到创文巩卫网格挂钩村——金湖村开展大走访活动，通过倾听妇女群众心声民生座谈会、入户走访等形式，“零距离”“面对面”听民情、纳民意，推动“我为群众办实事”实践活动。利用节日契机，入村入户开展走访慰问活动，慰问单亲特困母亲家庭、困难妇女、困境儿童、留守儿童、挂钩扶贫户共400多人，为他们送上慰问金和慰问品共计30多万元，让他们深切感受到党和政府的关怀与温暖。扶贫帮困务实开展。持续开展“爱心父母牵手困境儿童大联盟”行动、孤贫帮扶和单亲特困母亲“四援助”活动。争取省援建单亲特困母亲安居房1户，投入援建款2.6万元；争取省妇女儿童基金会资金5万元，资助困境儿童50名；争取市“叶剑英基金”5.5万元，资助贫困学生55名。关爱儿童身心健康。走进学校开展“关心关爱儿童身心健康成长”心理健康知识讲座210场次，加强青春期学生的教育管理，提升青少年的心理素质，让学生们学会释放压力、缓解情绪，以积极饱满的热情，健康地生活、学习。为妇女健康保驾护航。联合中国人寿丰顺支公司开展“她健康　粤幸福”惠民公益活动，为丰顺县妇女累计赠送“两癌”公益保险32000份，其中定向为原贫困村贫困妇女赠险17000份，进一步拓宽了“两癌”患病妇女救助渠道，提升了妇女健康风险防范意识和保险保障水平。联合卫生部门举行“广东省中医院乳腺科广东省中西医结合乳腺中心——丰顺分中心”揭牌仪式暨“关爱女性　呵护乳腺”专家义诊活动，把省城专家请到“家门口”，现场免费为70多名女性同胞提供乳腺彩超检查，开展一对一专家咨询，解答疑惑。积极实施母亲关爱工程和中央专项彩票公益金支持低收入妇女“两癌”救助项目，争取资金14.8万元，救助“两癌”患病妇女15名，缓解农村妇女因病致贫返贫，助力巩固拓展脱贫攻坚成果。

【家庭文明建设】　打造家风家教实践基地。发挥各家庭文明建设示范点、博物馆、家长学校、纪念馆、展览馆、主题公园等阵地资源优势，开展家教家风主题宣传、廉政宣传教育、爱国教育等家教家风活动。2021年，建立市级家风家教实践基地、家长学校各1所。全县家庭文明建设工作推进会暨好家风故事分享会在潭江镇官下村举行，现场授牌第二批丰顺县家风家教实践基地3个，优秀家庭代表现场分享好家风故事，充分发挥典型的示范带动作用，大力宣扬家风家训主题，推动家庭教育工作创新。开展“家”字主题教育活动。举办村（社区）家长学校负责人培训班，特邀省家庭教育研究会秘书长麦志强教授围绕“家长学校建设的新问题和新要求”作专题讲座，在如何提高家长素质、建设家庭文化、创新家教经验、推动家风传承等方面提出宝贵意见。深入社区开展“把爱带回家——给孩子最好的教育”主题讲座，引导家长教育孩子要用现代科学的理念，注重家风家训，激发孩子对学习的兴趣。2021年，各级妇联组织亲子阅读、家风家教活动68场次，覆盖1万多人次。选树文明典型。开展新时代文明实践活动——丰顺县“弘扬家庭文明新风·共创城乡美好生活”系列评选活动，挖掘表彰“最美家庭”11户、“书香家庭”10户、“绿色家庭”10户、“美丽庭院”10户、“好媳妇”10名；“优秀组织奖”3个。2021年获评第六届梅州市“自强不息好少年”3名，“孝老敬亲好媳妇”3名。通过选树典型，号召广大妇女和家庭成员以先进为榜样，着力改善宜居环境、传承良好家风，以家庭和谐促进社会和谐，以家庭文明带动社会文明，为书写丰顺县“十四五”规划发展新篇章凝聚更多正能量。

【节日系列活动】 开展节日主题系列活动。为迎接“六一”国际儿童节的到来，让小朋友度过快乐而有意义的节日，开展庆“六一”——童心向党 趣味跳蚤市场活动、“童心向党 感恩成长”六一文艺会演暨性别平等教育实践活动等，让孩子们用自己独特的方式表达爱国爱党的情怀，让性别平等观念在孩子们的心里生根发芽。利用端午节传统节日，走进幼儿园开展以“粽情端午中华情，童心庆党一百年”端午节主题活动，让小朋友们在积极参与中传承节日习俗，引导小朋友们悟中国精神，增强文化自信，厚植爱党爱国爱社会主义情感，坚定心向党、感党恩、跟党走的信念，激励小朋友争做新时代中华精神的传承者。开展温暖重阳“敬老月”活动。为传承中华民族孝老爱亲传统美德，大力营造老年友好社会氛围，联合县女企业家协会到埔寨镇开展温暖重阳“敬老月”志愿服务活动，对获得“七一勋章”“光荣在党50年”纪念章的老党员、百岁婆、退伍老兵、抗战老兵家属、高龄贫困户等进行走访慰问，传递党和政府对他们的关爱，增强老年人的获得感、幸福感、安全感。

【队伍建设】 抓好基层组织建设。结合村（社区）“两委”换届契机，同步抓好村（社区）妇联换届工作。通过换届，全县280个村（社区）共选举产生新一届妇联执委3156名，其中妇联主席280名，副主席232名，兼职副主席36名，妇联主席100%进“两委”。3156名妇联执委中，中共党员有424人，大专以上文化程度的有346人（其中本科以上学历57人），年龄50岁以下的有2447人。执委中涵盖致富女能手、女村医村教、返乡创业女性、退役女军人、女社工等各行各业、各个领域的优秀女性，合理优化了执委队伍结构，村（社区）妇联组织进一步健全，妇联队伍结构进一步优化，妇联组织的活力和战斗力得到了增强。抓好干部素质提升。为提高换届后村（社区）妇联围绕中心、服务大局、服务妇女的能力，针对各镇（场）妇联专职干部和全县各村（社区）妇联主席300多人举办了丰顺县基层妇联领头雁培训班，培训涵盖党的十九届六中全会精神解读、新时代如何做好基层妇联工作、妇女“两癌”健康知识、关爱妇女儿童法律、贯彻男女平等基本国策等内容。通过培训，进一步提升了基层妇联引领联系服务妇女群众水平，提升村（社区）妇联干部履职能力和综合素质，推动引领服务联系妇女各项工作真正落实落地在基层。

（杨藤花）

科　协

【概况】　2021年，县科协坚持以习近平新时代中国特色社会主义思想为指导，认真贯彻落实习近平总书记“七一”重要讲话精神，按照党史学习教育精神的工作部署，认真分析面临的机遇与挑战，更好地服务县委、县政府的中心工作，为推动丰顺社会和经济发展作出应有的贡献。2021年，丰顺县科协被广东省科协评为2021年广东省全国科普日优秀组织单位。

【思想政治建设】　按照党史学习教育精神的工作部署，县科协及时召开党史学习教育动员大会，制定党史学习教育方案，结合“三会一课”和创文工作，深入开展红色教育主题党日活动，开展“学党史、悟思想、办实事、开新局”宣讲活动。认真学习贯彻习近平总书记在庆祝中国共产党成立100周年庆祝大会上的重要讲话精神，组织召开党史学习教育专题组织生活会。认真传达学习习近平总书记在党的十九届六中全会上的重要讲话精神和全会精神，组织召开党史学习教育专题民主生活会。切实加强组织领导，贯彻落实上级党委关于意识形态工作的决策部署及指导精神，加强重点领域的意识形态工作。

【同心抗疫】　疫情就是命令，防控就是责任。县科协认真落实县委、县政府各项工作部署要求，聚焦严防严控、联防联控。继续加强宣传引导，及时回应社会关切，帮助群众科学认识疫情，充分利用报刊、广播、电视、网络等媒体加强政策措施宣传解读，广泛宣传疫情防护知识，提高公众自我保护意识和能力。充分发挥党员先锋模范带头作用，积极响应新冠病毒疫苗接种工作，截至12月31日，县科协全部在职干部职工均已完成新冠疫苗三针剂接种。

【专题报告活动】　为更好地弘扬主旋律、传播正能量，讲好中国科学家故事，4月22日，县科协联合有关单位分别在丰顺中学和县实验中学举办“科学家精神报告团‘传承2021’广东行（丰顺）活动”。丰顺中学分会场邀请核潜艇研究设计专家黄旭华之女黄峻以《我的父亲黄旭华》为主题作专题报告。县实验中学分会场邀请彭湃烈士之孙、中国第一任核潜艇总设计师彭士禄院士之女彭洁以《忠于理想的两代人》为主题作专题报告。致敬先辈模范，弘扬中国科学家精神，传播科学文化。

【主题科普活动】　组织开展科普讲座两场。邀请中山大学附属第三医院眼科孙懿博士在丰顺县实验小学举办“关爱眼睛，防控近视”专题讲座，孙懿博士通过大量的数据、生动的图片、贴近生活的案例，深入浅出指导大家正确认识眼睛。活动采取线上直播和线下讲座相结合，汤坑镇一小所属各学校的学生都能收看，收看人数1万多人次。邀请县人民医院口腔科副主任罗泽龙医师在县实验小学举办“口腔科普知识”主题讲座，罗泽龙医师用通俗的语言进行讲解，详细讲解了科学刷牙的正确方法。活动采取线上直播与线下讲座相结合的方式，听讲的学生有1万多人次。“丰顺县‘5·12’防灾减灾日宣传活动”。活动现场，县科协工作人员设立科普知识宣传区，通过展出科普宣传展板、开展科普知识咨询、向广大群众发放各类宣传资料等方式宣传防灾避险等应急知识，积极为防灾减灾日宣传活动营造良好的氛围。开展“全国科普日”现场培训活动2场次。县科协联合县农业农村局在隍镇开展了2021年科技下乡活动暨橄榄种植管理技术培训活动，活动分为讲座培训和现场指导两部分。讲座培训中，农业技术人员为农户进行各类实用种植技术培训，如橄榄生产技术规程。现场指导方面，市农业局专业技术人员到橄榄种植基地指导农户橄榄优化生产，对橄榄生产过程中出现的病虫灾害提出“预防为主，综合防治”的措施。参加培训人数有60多人，现场发放资料300多份。县科协联合县农业农村局到八乡镇银河村开展2021年秋冬季茶园管理技术培训班活动，面向农村、针对农民开展乡村振兴农民科学素质提升行动。参加本次培训的农户有60多人，农业技术人员以简明扼要的语言向农户们普及了秋冬季茶园管理技术、优质茶叶的采摘技术及注意事项、成年茶园的维护措施和红火蚁防控技术等知识。讲座培训结束后，工作人员与农户们一起到银河村茶园基地现场进行了实地教学，并给出了指导建议，让他们真正做到学以致用，受到农户们的热烈欢迎。

【青少年科技创新大赛】 为培养丰顺县青少年的创新精神和实践能力，展示丰顺县青少年的科幻绘画成果，县科协举办2021年丰顺县青少年科技创新大赛。此次科幻绘画作品主题为“海洋净化”“病毒预警”和“智能交通”。此次活动共有30多所中小学校和学生300多人参加，收到各校选送科幻绘画作品300多幅。此次大赛推动丰顺县青少年科技活动的蓬勃发展，培养丰顺县青少年的创新精神和实践能力，提高丰顺县青少年科技素质，激发丰顺县科技辅导员的积极性，推进丰顺县科技教育事业的普及与发展。

（胡春娜）

侨　联

【概况】 2021年，丰顺县侨联坚持以习近平新时代中国特色社会主义思想为指导，深入开展党史学习教育工作，按照县委、县政府的工作部署，在市侨联的具体指导下，认真履行工作职能，有序推动各项工作，取得了积极成效。

【县十一次侨代会】 2021年1月22日，丰顺县第十一次归侨侨眷代表大会召开。大会的主题是以习近平新时代中国特色社会主义思想为指导，认真学习贯彻习近平总书记重要讲话精神，全面贯彻党的十九大和全国第十次侨代会精神，进一步凝聚侨联的力量，在推进共建“一带一路”倡议、主动参与粤港澳大湾区建设中建功新时代，为实现丰顺苏区振兴发展做出新的贡献。大会听取和审议丰顺县侨联第十届委员会工作报告，选举产生丰顺县侨联第十一届委员会委员，张镇有当选为县侨联第十一届委员会主席，罗洁营、罗乾凤（女）当选专职副主席，蔡孟波、徐代燎当选兼职副主席，罗乾凤（兼）当选秘书长，聘请了一批荣誉主席、名誉主席和顾问，大会还审议通过丰顺县第十一次归侨侨眷代表大会决议。

【党史学习教育】 加强理论学习。按照上级的统一部署，县侨联以党史学习教育为契机，全面把握党史学习目标任务，把深学百年党史、学深悟透党的重大创新理论贯穿学习教育全过程，推动党史知识应知应会、习近平新时代中国特色社会主义思想入脑入心，实现学党史、悟思想的全覆盖，夯实理论基础，更有力武装侨联党员干部头脑，引导侨联干部从党史学习中领悟和践行“三牛”精神。开展专题调研。将党史学习教育同贯彻落实习近平总书记关于侨务工作的重要指示批示精神相融合，深入砂田镇沙溪村调研创建“侨胞之家”，历经半年，沙溪村“侨胞之家”完成场所整修、制度上墙等硬件配置，强化侨联基层组织建设。办好民生实事。以“我为群众办实事”实践活动检验党员干部党史学习教育成效。通过大走访活动，精心梳理出3件需解决的项目并及时研究对策：利用港胞捐资的5万元支持挂钩丰良镇成东村建设竹洋小广场，解决多年来群众无健身娱乐场所的精神文明生活需求；拨款5000元支持挂点汤坑镇向群社区创文工作，解决经费不足的问题；开展6次党员志愿服务，在职党员纷纷下沉到挂点社区开展创文巩卫工作。

【侨界关爱行动】 积极开展走访慰问。春节前夕，深入丰良镇慰问21名贫困户，并寄予新春祝福。春节期间还慰问离退休干部8人，“七一”期间走访慰问2名党龄50周年老党员，并颁发“光荣在党50年”纪念章，及时传递党的关怀，让老干部们继续发挥余热，为侨联工作提出宝贵意见。用足用好华侨事业费。遵循专款专用原则，利用丰顺县王俊宏教育基金持续为3名侨界贫困大学生提供每人每年3000元助学金，该3名学生即将完成学业。同时坚持用好省拨贫困归侨扶贫救助补助专项资金，全年共为81户贫困归侨下拨补助款27.65万元，切实把党和政府的温暖送到归侨侨眷心中。

【加强沟通合作】 继续加强与县委统战部等沟通合作，强化侨务资源共享。依托泰国丰顺会馆、新加坡丰顺会馆等海外侨团，拓展海外联谊。加强与兄弟县侨联的交流，不断创新工作理念，同时积极选派干部参与省、市侨联举办的各类培训班，不断提升业务能力，做好新时代侨联工作。继续加强与县直有关部门的联系，大力挖掘客侨文化资源，在保护的基础上活化利用名人故居（旧居）资源传承，积极推动做好泰国前总理他信、英拉兄妹的祖居地的修缮和开发等工作。

【积极参政议政】 随着社会主义法治建设的不断完善，各级侨联进一步发挥民主参与、民主监督的作用，侨界人士中的各级人大代表、政协委员参政议政水平得到普遍提高。丰顺县第十一届政协会议中，侨界有4名政协委员认真履行职责，倾听侨声，了解民意，为全县国民经济和社会发展以及侨务法制建设献计献策。

【常态化工作】 持续加强自身建设。认真落实新时代党的建设总要求，狠抓思想政治建设，深入开展模范机关创建活动，严格落实“三会一课”制度，增强机关党支部的凝聚力。支持派驻纪检监察组履行监督责任，狠抓机关效能提升，努力营造风清气正的政治生态。做好侨界群众接访工作。2021年共接访群众30余人，依照归侨侨眷相关政策，为群众答疑解惑。做好疫情防控工作。紧跟习近平总书记的重要指示，严格执行县委县政府的疫情防控部署，加强统筹协调和宣传引导，做好摸底排查，有力有序推进新冠病毒疫苗接种工作，切实加强干部职工自身防护和机关内部防控。

（人秘股）

工 商 联

【概况】 2021年，县工商联坚持以习近平新时代中国特色社会主义思想为指导，认真贯彻落实党的十九届五中、六中全会精神、习近平总书记对新时代民营经济统战工作作出的重要指示批示及视察广东等系列重要讲话精神，围绕中心，服务大局，认真做好新时代民营经济统战工作，有效组织广大民营企业抗击疫情，有序推动复工复产，用心用情开展系列暖企行动，做好“六稳”工作，落实“六保”任务，巩固脱贫攻坚，全面推进“万企帮万村”、助力乡村振兴，促进“两个健康”工作亮点纷呈，取得了新业绩，开创了工商联事业新局面。

【党史学习教育】 党史学习教育开展以来，工商联高度重视，全面动员部署，打造“六有”学习阵地、做好主题党日活动、整合各类服务资源、扎实开展“我为群众办实事”、加强革命传统教育等，引领党员干部进一步做到学史明理、学史增信、学史崇德、学史力行，不断从党史学习教育中汲取开拓奋进的力量，以昂扬的精神状态不断开创工作新局面。5月19日，工商联开展党史学习教育暨“主题党日”活动，组织全部干部及部分商会会员共22人到龙岗镇马图村红色教育基地学习考察学习，重走游击老区，缅怀革命先烈。为进一步传递党的温暖和关怀，庆祝中国共产党成立100周年，6月29日到老党员谢定勇家中进行慰问，为其送上了慰问金及学习资料，并颁发和佩戴“光荣在党50年”纪念章。

【商协会建设】 2021年8月30日，丰顺县工商联（总商会）第十三次会员代表大会胜利召开。大会选举徐代燎为工商联主席、总商会会长，陈洁华为工商联常务副主席，选举非公有制经济人士副主席36人、非公有制经济人士副会长26人、常委29人。新一届工商联领导班子年龄更加年轻，文化程度更高，结构更加合理，增强了工商联的号召力、凝聚力和影响力。2021年，中华全国工商联、梅州市工商联、五华工商联分别赴丰顺开展创新发展考察调研活动，就商会如何进一步加强自身建设、服务会员企业、增强商会凝聚力等问题进行深入探讨。2021年丰顺县工商联被评为全国“五好”县级工商联。

【乡村振兴】 认真开展“千企帮千村”“万企兴万村”精准扶贫行动。丰顺县万企帮万村推行双向选择，灵活采取“多企帮一村”“一企帮一村”“一企帮多村”等方式，村企自愿协商、自主选择结对共建。自“万企帮万村”活动开展以来，先后有20家民营企业积极参与“万企帮万村”活动，成功对接148个行政村（丰顺县共有261个行政村），成功注册企业50家。广大民营企业充分发挥各自优势，形成了一个村企优势互补、互利互赢、共同发展良好的局面。同时，组织会员企业就围绕如何科学实施精准扶贫规划进行探讨，采取产业帮扶、就业帮扶、捐赠帮扶等多元化的帮扶模式，引导民营企业家进一步强化政治担当、勇挑社会责任。

【开展普法宣传】 举办培训班，加强非公有制经济人士队伍建设。3月11日，丰顺县工商业联合会举办《中华人民共和国民法典》专题讲座。讲座邀请丰顺县工商联法律顾问罗育斌律师解读《中华人民共和国民法典》。罗育斌分别就“企业财富管理、企业合同管理、企业劳动用工全流程合规”等与企业生产经营息息相关法律知识进行深入浅出的讲解，会上还进行互动交流，帮助企业解决企业法律难题。同时组织开展全省统一的民法典宣传月活动，通过开展专题讲座、法律宣讲报告会、上门到企业赠送《中华人民共和国民法典》书籍等形式加大宣传力度，营造浓厚法治氛围，打造民法典学习宣传品牌，形成制度化、常态化宣传局面。6月8日，县工商联分别到食品百货商会、泰昌科技发展有限公司举行“我为群众办实事”赠送民法典书籍活动。

（吴国森）

文　联

【概况】　2021年县文联根据上级文联的工作部署，紧紧围绕县委、县政府的中心工作，结合当前党史学习教育工作的开展，充分发挥文联联系指导各协会的作用，宣传贯彻落实意识形态工作，推动全县文艺工作的开展，取得一定的成效。

【主题宣传】　紧密结合县委、县政府的中心工作要求和文联的实际，县文联认真完成规定的任务、动作，加强和群众的联系，突出主题，用文艺服务群众。2021年县文联召开了文学艺术界七届四次全委会，传达了全县宣传思想工作会议精神，总结了2020年文艺工作取得的成绩，尤其是在聚焦县委中心工作，聚焦创文工作和新时代文明实践中心工作中，积极创作，组织开展好文艺活动，各个协（学）会的工作有声有色，亮点纷呈。

为迎接中国共产党成立100周年，讴歌党的不凡历程和丰功伟绩，中共丰顺县委宣传部、中共丰顺县委组织部、丰顺县文学艺术界联合会联合主办，丰顺县作家协会承办“党在我心中”主题征文比赛活动。这次征文比赛，引起广泛的关注，激发社会大众爱党爱国的巨大热情，收到一大批稿件。5月16日，经评委们的评审，评选出一等奖作品1篇，二等奖作品3篇，三等奖作品5篇，优秀奖作品30篇。

6月8日上午，由县委宣传部、县文化广电旅游体育局、县文联联合主办，县文化馆、县社科联和县美术家协会、书法家协会、摄影家协会共同承办的“颂党恩·礼赞党”——丰顺县庆祝中国共产党成立100周年美术、书法、摄影作品展在县坚真纪念馆开幕。县委常委、宣传部部长林剑、县文化广电旅游体育局马扬闲出席开幕仪式，并为作品展揭幕。县委宣传部、县文化广电旅游体育局、县文联部分党员干部和县美协、书协、摄协的文艺家、社会各界人士，参加揭幕式。展演内容精彩丰富，社会大众反响良好。

【创作成果】　漆画创作成绩斐然。4月18日，梅州市美术家协会漆画艺术委员会在丰顺举办挂牌仪式。广东省青年美术家协会主席钟瑞军，中国美术家协会漆画艺委会委员、广东省美术家协会漆画艺委会主任苏星，市文联主席陈锐锋，县委常委、宣传部部长林剑，副县长李吉祥出席挂牌仪式。

工艺创作喜获硕果。为庆祝中国共产党成立100周年，广东工匠艺人优秀作品大赛暨广东工艺精品展，丰顺美协组织徐代铭、黄得新、刘逸彬、黄若芳等民间工艺人为庆祝中国共产党成立100周年创作一批丰顺石雕、剪纸等作品代表梅州丰顺县参展。参展作品，获得专家的认可和好评，荣获1银3铜的好成绩。

文学创作亮点生辉。长篇小说《流年河》由丰顺县作协的一名作者创作，作品讲述在地处粤东的客家山区中，素有“水乡”“竹乡”之称的流年镇里，郑顺势、欧阳月云、吕一笔、林才上、丁观照等一拨20世纪60年代生人的人生故事。作者通过书写这些人的人生经历，呈现位于流年河畔的小镇——流年镇的变化，映照祖国的变化，反映时代的变化。他们的成长与时代相融，际遇与国脉相连，命运与国运相牵。8月1日，该书由花城出版社出版发行，一经出版，作品就受到读者和市场的喜爱。

【创作活动】 作协组织采风创作活动，举办文学讲座。10月6日下午，丰顺县作家协会、悦读会组织会员到汤西镇开展“丰顺作家老区行”采风活动，作家深入汤西镇了解老区历史、感受人文风貌、活跃创作思维，助力丰顺文学繁荣发展。11月21日，广东省作家协会“红色文学轻骑兵”活动在丰顺县县城举行，著名作家鲍十、徯晗通过文学讲座的形式，分享文学创作经历和写作手法，为丰顺广大基层作家、文学爱好者送上文化盛宴。

美协组织写生创作和文化交流活动。11月12日至14日，丰顺县美术家协会与东莞市美术家协会石龙分会联合举办了“大美丰顺——东莞石龙·梅州丰顺美术家红色之旅”采风写生活动。两地优秀画家深入丰顺采风创作，先后参观了全国第一个县级漆画创作基地、参观“空山·静水——胡声畅水彩小品展”等，到龙上古围、龙归寨瀑布、邹家围、九龙嶂柑子窝等地写生，感受客潮交融的丰顺文化和建筑特点，相互交流创作经验，增进两地画家友谊。

书协开展书法进校园活动和青少年书法展比赛。11月4日，县文联组织近20名文艺工作者走进东留中学，开展系列文艺活动。县文联、隝隍镇政府、县新华书店、东留中学、县书协等有关领导、文艺工作者、师生参加活动。县书协举办一场书法知识讲座，县书协主席罗皓讲授《怎么练书法》；讲座结束后，10多位书法家现场挥毫，师生们零距离观看书法家写字，与书法家们互动交流；现场完成的书法作品被赠送给学校师生。11月16日，丰顺县举办“学党史，听党话，临古帖”——庆祝中国共产党成立100周年丰顺县首届“兰亭杯”青少年书法展比赛。此次活动由丰顺县教育局、丰顺县文联、丰顺县文明办、丰顺县妇联、丰顺县团委主办，丰顺县书法家承办，丰顺县实验中学协办。本次比赛成立评审组，聘请广州美术学院书法专业教师洪权博士为组长，评委组经过严格评审，从决赛93份投稿中评出获奖作品。

摄协组织铜鼓峰摄影采风和影艺交流活动。为培养协会会员的摄影兴趣，提高艺术修养和摄影水平，增加会员之间互动，促进影艺交流，10月10—11日，重阳节前夕，县摄协组织30多名会员到丰顺县砂田镇境内的粤东第一峰——铜鼓峰（海拔1559.5米）开展采风活动。

楹联学会组织会员联艺征对活动。由于防疫形势要求，丰顺县楹联学会利用微信群开展“2021年中秋征对”活动。会长张世琳拟上联求对，会员们踊跃显身手，限于即时应对。该活动活跃了节日气氛，歌颂当今人们生活的幸福和欢乐。

县文联精心编辑出版大型年刊《泉乡文艺》。《泉乡文艺》是丰顺县文联主办的文艺专刊，呈现展示各协（学）会一年来文艺工作的亮点，展示文艺家的创作作品。

（洪陆丰）

残 联

【康复服务】 2021年，残联共为12名听力残疾人士提供高质量助听器适配；帮助114名贫困白内障患者实施复明手术，减免患者晶体费、手术费和一般检查费；辅助器具服务站共为513多人次免费配发轮椅、拐杖、盲杖、护理床、读书机、助听器等各项残疾人辅助器具632多件；社区残疾人康园中心共为374名残疾人提供康复训练和日间照料；为563名精神残疾人提供每人450元的医疗救助（服药）补贴。

【社会保障】 2021年，残联共为2699名残疾人核（换）发了残联“中华人民共和国残疾人证”。认真做好残疾人“两项补贴”对象的资格审核，配合民政部门做好补贴资金发放工作。2021年，全县共发放残疾人两项补贴资金3893多万元，其中为9792名重度残疾人发放护理补贴（243元每人每月）资金2845多万元，为4734名低保残疾人发放生活津贴（181元每人每月）资金1048多万元。切实做好丰顺县城乡重度残疾人基本医疗保险参保工作，共投入资金1683840元，资助5262名重度残疾人购买2022年度城乡居民医疗保险；积极配合县社保部门，认真做好16周岁以上的重度、精神和智力残疾人摸底筛查、数据传送及资金落实工作，共投入资金732960元，资助6108名重度、精神和智力残疾人购买了城乡居民养老保险，保障其基本生活；为250名贫困智力、精神和重度残疾人发放残疾评定补贴（150元/人）资金3.75万元；同时，继续加强与县民政部门沟通协调，优先保障残疾人，切实将符合条件的贫困残疾人纳入最低生活保障线，给予定期救济。

【特殊教育】 2021年，通过与县教育局密切配合，全县共有167名适龄残疾儿童以随班就读、特殊学校就读、送教上门等形式就读，2021年有16名残疾考生被高等院校录取（其中研究生2人、本科生7人、大专生7人），积极为这16名残疾大学生申请南粤助残工程助学金21.5万元，帮助他们顺利入学接受教育。同时对25名学前儿童进行信息录入及收集，并发放2.5万元助学资金。

【就业扶贫】 为提高残疾人职业技能水平，拓宽残疾人就业渠道，县残联积极筹措培训资金，委托丰顺县丰泰职业培训学校对丰顺县25名残疾人进行粤菜师傅职业技能培训。不断加强对残疾人就业政策宣传力度，印发《广东省实施〈中华人民共和国残疾人保障法〉办法》《按比例安排残疾人就业年审办理指南》至县内各机关、企事业等用人单位和各镇（场），积极向未达到按比例安排残疾人就业比例的用人单位宣传残疾人就业政策。2021年对95家已落实按比例安排残疾人就业的企事业单位进行就业年审，共审核传送166名残疾人用工信息给税务部门，近三年共征收残疾人就业保障金2283万元（其中2019年征收717万元，2020年征收854万元，2021年征收661万元），资金全部上解至国库基金。为最大限度帮扶残疾人就业，县残联积极为有就业意向的残疾人提供就业咨询、进行求职登记，引导有求职意愿的残疾人和相关企业在广东省残疾人综合服务平台进行登记注册，及时把残疾人求职信息通过县人社局推送给相关企业。2021年全县新增16家用人单位按比例安排残疾人职工就业31人。在2021

年“全国助残日”期间，县残联与县人社局联合举行线上残疾人招聘活动，广东讯源建筑工程有限公司、丰顺县顺康护理院有限公司、广东宇星阻燃新材股份有限公司等爱心企业共设置20多个岗位，5名残疾人和用工单位达成了就业意向。为帮助残疾人自主创业，将残疾人的产品推送到抖音直播平台，帮助残疾人增加销售渠道，扩大产品销售实现创收。积极推选3名自主创业的残疾人参加2021年的广东省众创杯残疾人公益赛项目，发放奖励资金16500元。17个镇级社区残疾人康园中心为374名残疾人提供辅助性就业。认真落实残疾人自主创业就业奖励扶持政策，通过组织各镇（场）调查审核，对21名符合条件实现自主创业残疾人进行资金扶持，发放扶持资金11.7万元，其中规模比较大型的种植、养殖及加工厂有4家，分别给予每家8000元的资金扶持；对17家残疾人个体户给予每家5000元的资金扶持。动员各级各部门采取“帮、包、带、扶”多种形式重点扶持贫困残疾人家庭脱贫，全县共有2215名建档立卡残疾人在精准扶贫中得到扶持。

【专项调查】 2021年，县残联精心组织实施全国残疾人基本服务状况和需求信息数据动态更新工作，共培训341名调查员，对丰顺县282个村社区和1.4万多名持证残疾人进行入户调查，准确采取2020年10月1日至2021年9月30日有关残疾人信息动态更新数据，为政府制定残疾人优惠政策提供科学依据。

【组织建设】 认真开展组织业务培训，以健全规范基层残疾人组织建设为重点，全面加强县、镇残联和村社区残疾人协会建设，切实发挥县、镇、村残疾人组织作用，逐步规范基层残疾人组织制度化建设，着力提高为残疾人服务的水平。2021年7月，县残联赵永新被国务院残疾人工作委员会授予“全国残疾人工作先进个人”荣誉称号。积极动员和组织全体残联干部职工和专职委员参加“心悦普法”微信小程序学习与考试，建设一支“人道、廉洁、服务、奉献”的高素质残疾人工作人才队伍，为加快推进丰顺县残疾人工作提供组织保障和人才支撑。

【信访维权】 认真完成150户贫困重度残疾人居家无障碍改造工作，改善了贫困残疾人家庭无障碍设施，大大方便了残疾人日常生活，提高了残疾人的生活质量；认真做好残疾人来信来访工作，及时回复民生热线、丰顺县惠民信息平台咨询信箱群众反映个案及咨询相关问题，共答复10件。各类信访件办结率为100%，做到事事有着落、件件有回音，没有发生残疾人越级上访、集体上访和恶性上访事件。

【扶残助残】 2021年全国助残日期间，县残联、县委党校与中国联通丰顺县分公司联合举办“关爱残疾人，我们在行动”助残日活动，为20多名听障人士现场讲解及办理“畅听王卡”，切实帮助听障人士与健全人士即时无障碍通话交流。

【宣传文体】 充分利用助残日“助残脱贫 决胜小康”宣传主题，采取网站、横幅、宣传单等多种宣传形式，广泛深入地宣传残疾人事业的法律法规、康复知识、党政领导走访慰问残疾人活动、自强模范先进事迹、志愿者助残活动等，通过发放残疾人办事指南、康复手册和宣传单等方式，充分利用各种社区资源帮助残疾人参加各种文体活动，丰富残疾人的文体生活，营造了全社会关心支持残疾人事业的浓厚氛围，社会扶残助残风尚蔚然成风。

【服务设施】 县委、县政府高度重视县残疾人事业发展，在县财政相对紧张的情况下，将县属国有资产——原县文具厂划拨给县残联作为县残疾人康复中心大楼建设用地。县残联主动担当作为，积极争取中央苏区政策资金350万元、省财政资金300万元共650万元用于大楼建设。采取招投标方式遴选有资质的社会技术力量进行合作，借助社会技术力量在新建的康复中心开展残疾人康复服务。康复中心已于2021年6月25日正式揭牌并投入使用。康复中心的建成，有力推动了丰顺县残疾人康复服务工作深入开展，为全县脑瘫、智障、自闭症残疾儿童等有康复需求的残疾人提供科学有效的康复训练服务。截至年底，康复中心各项康复训练项目顺利开展，已收训15名残疾儿童。同时，残疾人各项康复服务有序扎实开展。

（蔡　婷）

法　治

政法委及综治

【概况】　2021年，全县政法机关坚持以习近平新时代中国特色社会主义思想为指导，坚持党对政法工作的绝对领导，围绕建党百年安保维稳主线，有力推进维护国家政治安全和社会稳定、常态化推进扫黑除恶斗争、政法领域全面深化改革、党史学习教育、政法队伍教育整顿等重点工作，履行好维护国家政治安全、确保社会大局稳定、促进社会公平正义、保障人民安居乐业的职责任务。全县政法工作取得“五个新”。

【政法队伍建设】　坚持以创新理论武装头脑。全县政法单位坚持第一议题制度，围绕党史学习教育，认真学习习近平新时代中国特色社会主义思想和党的十九届五中、六中全会精神和习近平总书记“七一”重要讲话精神，学习贯彻《中国共产党章程》《中国共产党政法工作条例》等，把党的绝对领导作为政法工作的根本保证，保持政法工作正确的政治方向。自我革命开展政法队伍教育整顿。全县政法单位紧紧围绕“筑牢政治忠诚、清除害群之马、整治顽瘴痼疾、弘扬英模精神”四项任务，整体工作卓有成效。营造优良政治生态。坚决全面彻底肃清流毒影响，全县政法队伍政治生态明显优化、纪律作风明显改善、素质能力明显增强、执法司法公信力明显提升，为“十四五”开好局起好步营造公正公平的司法氛围。

【社会风险防控】　严防死守，巩固疫情防控成果。全县政法单位严密织牢联防联控和群防群控两张网，落实好“四个一”应急处置和“网格化”防控机制，加强涉疫情矛盾排查化解。严厉查处打击利用疫情扰乱社会秩序、破坏疫情防控的违法犯罪行为，在法治轨道上统筹推进各项防控工作，为丰顺“零”疫情做出丰顺政法担当。“四个最严”，筑牢国家政治安全。全县政法单位深入学习贯彻习近平总书记对防范化解重大风险工作的重要指示精神，坚决打好维护政治安全八大专项行动的攻坚战，严厉打击邪教捣乱破坏活动，坚决守好梅州国家政治安全“南大门”。连续多年，丰顺县未发生危害国家安全和社会稳定的重大政治事件，未发生邪教人员规模性公开聚集案（事）件。“五个一”，维护社会稳定。全县信访维稳部门严格落实“五个一”工作方案，落实化解措施，防止发生规模性聚集事件。强化个案化解力度，确保了中国共产党成立100周年大庆、党的十九届六中全会等重大节点丰顺县社会大局和谐稳定。多元解纷，提升矛盾纠纷解决力。深入贯彻习近平总书记“把非诉讼纠纷解决机制挺在前面”指示精神，全县政法单位打出“基层化解+诉前联调+立案调解”组合拳。2021年，全县各级调委会累计调处矛盾纠纷2878宗，调解率100%，调解成功率98%以上，丰顺县连续5年获评“全国信访工作三无县”。

【打击违法犯罪】 推动扫黑除恶长效常治。全县各级各部门深入贯彻落实党中央关于常态化扫黑除恶斗争的决策部署，持续保持对黑恶势力违法犯罪的高压态势，形成有效震慑。重拳出击专项打击有成效。2021年，全县开展声势浩大的“飓风2021”“梅安2021”各项打击违法犯罪专项行动。实现全县电信网络诈骗警情数、刑事警情数取得同比、环比“双下降”，通过了上级解除对汤坑镇电信网络新型犯罪突出镇（街）挂牌整治、汤西镇电信网络新型犯罪突出镇（街）提名提醒和丰顺县摩电交通安全问题挂牌整治验收。

【法治丰顺】 大力完善法律服务体系。加强对驻村法律顾问的管理，实施村（社区）法律顾问“五个一”项目助力乡村振兴，大力实施法律明白人培育工程，已累计培育法律明白人856人，实现每个村（社区）均配置有3名以上法律明白人，成为法治乡村建设的带头人。全面优化法律援助服务。发挥联席会议机制，畅通办案沟通渠道，县法院、县检察院、县司法局互相建立衔接协商机制，提升联动服务效能。2021年，丰顺县法律援助处累计办理法律援助案件736件，为当事人挽回经济损失和维护合法利益130多万元，免收法律服务费用30多万元。认真当好法律参谋。充分发挥政府法律参谋作用，2021年累计完成法律事务和文件审查共67件，审查各单位征求意见134件。加强对重大行政决策的监督。为榕江北河丰渴交界河段治理工程等项目发展等重要事项提供法律意见，从法律层面做好风险评估，为县委、县政府科学决策提供法律意见。持续深化“放管服”改革。县法院进一步健全审判权运行机制，继续推进以审判为中心的刑事诉讼制度改革；深化民事审判工作机制改革，推进民事案件繁简分流；县检察院以行政非诉执行监督为突破口，认真开展行政非诉执行活动监督，运用“两法衔接”信息共享平台，加强对各行政执法部门录入系统的案件严格审查监督，促进依法行政；县公安局交管、治安、出入境方面53项事务实现跨省通办、省内通办或无证办事；县司法局累计推出窗口服务提质增效、法治为民见行见效、法治建设创新创先、法律服务惠民利民4方面19项便民行动。

【社会治理】 健全社区矫正管控工作。全县积极打造法治社矫、平安社矫、精准社矫、智慧社矫的丰顺样板。县党委政府统一领导、司法行政机关组织实施、相关部门密切配合、社会力量广泛参与、多种主体协同共治的社区矫正工作领导体制和工作机制初步形成。丰顺县在册社区矫正对象165人，2021年安置帮教对象313人，安置率达100%，帮教率100%。创新项目稳步推进。丰顺县“三员”一体的多功能网格管理丰顺模式的实践创新项目、“丰顺电信诈骗新型违法犯罪综合治理”项目、“创新123工作机制，保护未成年人健康成长”共3个实践创新项目被市委政法委形成经验材料汇编成册，印发至各级各部门交流学习。丰顺县市域社会治理“德治”教化基地建成对外开放。网格化运行日趋完善。通过日常督促、通报督促、重点督促三结合、培训与激励的工作机制，不断压实网格员工作责任感，进一步激发全县综治网格员工作积极性。“我为群众办实事”活动举办得有声有色。县委政法委疫情防控“三人小组”时刻待命，国家安全、反邪教、防范电信诈骗专题宣讲有声有色，政法各单位中小学校园周边安全环境整治、爱路护路联防工作、各项安全隐患排除、社区群众“急难愁盼”问题等一系列为民办实事活动屡获好评。

（综合调研室）

公　安

【维护社会政治稳定】 2021年，县公安局认真学习贯彻落实上级维稳工作会议精神，紧紧围绕“建为民公安，保丰顺平安”这一目标，深入开展各类矛盾纠纷排查调处，不断健全和完善情报信息搜集、分析、研判机制，对影响和危害国家安全及社会政治稳定的活动动向、苗头、组织和各种潜在危害做到了及时捕捉、准确鉴别，及时做好不安定因素排查化解工作，有效维护了丰顺县社会政治稳定。

【严厉打击刑事犯罪活动】 2021年，县公安局根据上级公安机关的统一部署，突出重点，集中力量，精心组织开展扫黑除恶专项斗争和“飓风2021”“梅安2021”等专项打击行动，精心组织部署，强力开展破案战役，成功侦破了一批大案，有力地打击了各类违法犯罪分子的嚣张气焰，确保了全县社会治安的持续稳定。2021年，全县共立刑事案件950宗，破案436宗（同比增长1.1%）；刑拘383人，提请逮捕244人，刑拘人数和逮捕人数同比2020年分别上升12.8%、16.9%；抓获在逃人员29名；发生命案5宗全部破案。通过一系列的严打整治行动，打出了声威，确保了丰顺社会治安的持续稳定。

【治安管理】 2021年，县公安局狠抓治安管理工作，深入开展严厉打击“胡豆子”“鱼虾蟹”“押大小”等赌博活动及扫除“黄赌毒”专项打击行动。全年共查处涉赌博案件38宗，其中刑事案件22宗，行政案件16宗，共提请逮捕56人，行拘100人，刑拘73人；查处涉黄案件9宗，其中刑事案件8宗，行政案件1宗，共提请逮捕15人，行拘28人，刑拘17人；共查处吸毒人员24名，强制隔离戒毒5名，刑事拘留12人，提请逮捕11人，全县共侦破毒品案件9宗（省目标案件1宗），打掉团伙2个，抓获公安部通缉在逃人员1名，查获易制毒案件共4宗，收治病残吸毒人员3人。通过有力的打击整治，全县辖区内的“黄赌毒”等违法犯罪活动得到了有效遏制，营造了良好的社会风气。

【户政管理】 2021年，县公安局户政部门认真抓好人口信息系统建设等工作，加强户政业务建设，为领导决策提供了人口信息依据，为人民群众提供了优质服务。全年共受理居民身份证35360张，审核上传居民身份证41297张（其中市内异地3865张，省内异地5375张）；受理、制作临时身份证3715张；审核、签发准迁252张；审核、审批出生入户5928人，恢复户口56人，项目变更666人，注销虚假（双重）户口185多人，22名大中专学生因毕业将户口迁入丰顺。

【专项行动】 2021年，县公安局开展扫黑除恶专项斗争和“飓风2021”“梅安2021”专项打击行动，有力确保了全县社会治安持续和谐稳定。2021年，共受理各类线索23条，立九类涉恶案件13宗，破案9宗，刑拘27人，打掉涉恶团伙2个，查封、冻结、扣押涉案资产约13万元；共侦破盗抢案件89宗，为群众挽回损失约20万元；破电诈案80宗，抓获124人，打掉团伙10个，反诈中心及时止付止损约45万元；办理食药环案件18宗，抓获14人，刑拘12人，提请逮捕10人，直诉2人，涉案金额价值251.23万元。

【出入境管理】 2021年，县公安局出入境管理部门深化“放管服”改革，继续落实便民利民措施，提升了服务质量和管理水平。全年共受理各类出入境证件申请966人次，其中受理护照12人次、往来港澳通行证909人次、往来台湾通行证2人次、前往港澳通行证申请15人次、港澳居民来往内地通行证16人次、边境通行证12人次，实质性审查劝阻非紧急非必要出国工作申请44人、涉赌涉诈存疑情形内控3人。

【道路交通管理】 采取强力措施，在全县范围内开展交通安全整治行动，全县道路交通安全形势平稳向好。2021年，共查处各类交通违法行为37772起；查处（含移交交通运输执法局）违法大货车263辆次，卸载2319.56吨，超载罚款19.8万元，对驾驶人记分1122分，查处涉牌涉证违法行为6705起，查处酒醉驾399起（比2020年同期383起增长4.2%），查扣机动车4286辆（其中摩托车3404辆，汽车882辆），受理新车入户9936辆（含摩托车）、换证10491人、补证173人；处理各类交通事故392宗（比2020年同期448宗减少12.5%），交通事故死亡23人（与2020年同期29人减少20.7%），受伤468人，直接经济损失约66.36万元。

【调研宣传与信息】 县公安局指挥中心结合公安工作中心任务，充分发挥指挥中枢和桥梁纽带作用，扎实开展调研活动，及时为领导决策提供参谋服务，实现调研工作新突破；强化宣传舆论引导工作，扩宽宣传渠道，积极发挥宣传工作在打击犯罪、教育群众、弘扬正气、树立公安新形象等方面的作用。2021年，指挥中心共撰写各类简报、快讯、论文、讲话稿件等300余篇。全年各类宣传稿件被中央、省、市各级主流媒体采用报道300多篇次，官方政务新媒体有序运营。其中，中央级媒体16篇，省媒南方日报社新媒体平台“南方+”约140篇，“平安丰顺”微信公众号关注用户数6万人，共发布推送1095篇内容，总阅读量达345万次。

【疫情防控】 2021年，县公安局加强国内中高风险地区和境外来丰返丰人员的大数据预警核查，主动配合相关部门做好定点医院、集中隔离场所等重点部位安全管理工作，坚决防止疫情反弹。截至2021年年末，成功剥离出涉重点地区人员预警数据9989条，再逐一下发给“三人小组”排查反馈，始终保持“零疫情”局面，成为梅州唯一、全省少有的最安全县区。

【队伍建设与立功受奖】　县公安局把学习贯彻习近平新时代中国特色社会主义思想和党的十九大及十九届历次全会精神、习近平总书记对公安工作的一系列重要批示与重要讲话精神，作为全县公安机关专项学习贯彻活动和各类培训的重要内容的必修课，认真组织开展公安队伍教育整顿工作，增强“四个意识”、坚定“四个自信”、做到“两个维护”，有效地提高了公安队伍的整体素质和战斗力，涌现出了一大批先进单位和个人。2021年，标兵选树4人次，申报个人二等功1人、集体二等功1个；个人三等功10人，集体三等功2个；申报公安部个人嘉奖1人，市局个人嘉奖19人，县局个人嘉奖63人次，县局集体嘉奖8个，先进工作者75人。

（徐俊轩　吴志欣）

检　察

【概况】　2021年，县检察院坚持以习近平新时代中国特色社会主义思想为指导，全面贯彻落实党的十九大和十九届历次全会精神，按照“讲政治、顾大局、谋发展、重自强”新时代检察工作总要求，忠实履行法律监督职责，始终以高度政治自觉、法治自觉、检察自觉为大局服务、为人民司法服务，各项检察工作取得新进展。

【服务发展大局】　坚持以能动司法服务经济社会发展。扎实做好疫情防控常态化工作，对涉疫案件提前介入、宽严相济，办理涉疫案件3件5人。精准开展司法救助助力乡村振兴，向符合救助条件的群众发放司法救助金14人、19.06万元，分别同比增长180%和131%，司法救助率居全市第一。认真落实“河长+检察长”“林长+检察长”及生态环境损害赔偿衔接等协作机制，起诉破坏生态环境资源犯罪13件15人，切实保护生态环境。积极转变司法理念，护航民营经济健康发展。办案中充分考虑民营企业生产发展，慎重适用限制人身和财产的强制措施。对5名民营企业负责人依法作出不捕不诉处理，并开展企业合规经营法治宣传。办理侵害民营企业犯罪6人，起诉侵犯知识产权类犯罪7人。

【刑事检察】　全年共批准逮捕各类刑事案件166件244人，提起公诉231件387人。依法办理涉嫌诈骗、寻衅滋事等涉恶犯罪案件2件6人。坚决落实“少捕慎诉慎押”刑事司法政策，对不构成犯罪、证据不足或犯罪情节轻微的不批捕93人，不起诉33人。对367名被告人依法适用认罪认罚从宽制度，适用率88.65%。强化未成年人检察工作，持续落实“一号检察建议”，坚持“教育为主，惩罚为辅”原则，依法不批捕未成年人10人、附条件不起诉5人。深入贯彻落实《中共中央关于加强新时代检察机关法律监督工作的意见》文件精神，依法监督刑事立案撤案各1件，开展侦查活动违法监督28件，发出纠正违法通知书9份，依法改变侦查机关定性13件22人，追捕3人，追诉2人。向法院提出量刑建议327人，全年诉前羁押率60%。办理监外执行违法违规案件34件，办理刑事执行违法违规案件17件，开展强制医疗检察4件4人。核查涉财产刑判决案件184人次，涉案金额508.6万元，办理财产刑执行违法违规案件27件。

【民事、行政检察】 办理民事检察监督案件6件，发出民事执行活动监督检察建议3份，认真开展行政非诉执行活动监督，受理案件3件，审结3件，发出检察建议3件。运用“两法衔接”信息共享平台，对各行政执法部门录入系统的34件案件严格审查，对2件涉嫌犯罪的案件监督移送司法机关处理，促进依法行政。

【公益诉讼检察】 受理公益诉讼线索112件，办理公益诉讼案件104件，同比增长174%，发出诉前检察建议60份，诉前磋商函37份。对辖区内16个镇的60多处红色遗址开展保护专项监督工作，推动英烈纪念设施的管理和保护。开展饮用水水源保护和饮用水二次供水专项监督活动，开展红火蚁疫情防控工作，开展燃气安全、水浮莲清理等专项监督工作，维护人民群众生命健康安全，保护生态环境。开展地热资源保护专项监督工作，向各职能部门和镇政府发诉前检察建议，推动各职能单位认真履职，强化地热资源管理，受到县委领导的批示肯定。

【参与平安丰顺建设】 坚持和发展新时代“枫桥经验”，检察长接待来访群众11批15人，批办信访案件30件，全部做到7日内程序回复、3个月内办理过程或结果答复。与县司法局联合建立梅州市首个刑事赔偿保证金提存制度，保障双方当事人的合法权益，该举措被《南方日报》《梅州日报》等多家媒体宣传报道。认真落实《中华人民共和国未成年人保护法》赋予检察机关的未成年人保护法律监督职责，组织检察官送法进校园，宣讲法治教育课，开展防范校园电信诈骗宣传活动。检察院荣获“丰顺县‘七五’普法工作先进集体”称号。不断创新社区矫正法律监督工作，与县纪委监委共同签署全市首个《关于加强监督社区矫正工作协调办法（试行）》，并深入全县16个镇开展社区矫正检查，核查纠正社区矫正对象脱管漏管情况，促进社区矫正工作严格规范。

【队伍建设】 深入开展党史学习教育，从党的百年奋斗史中汲取智慧和力量，弘扬伟大建党精神。扎实开展政法队伍教育整顿专项活动，深入查纠整改除顽疾，激发自查自纠的内生动力，推动队伍革命化正规化专业化职业化建设。严格执行过问或干预、插手司法办案等“三个规定”记录填报制度，围绕纪律作风、司法办案等开展检务督察，以全面从严管党治检引领新时代过硬检察队伍建设。增强检察工作公开度和透明度，自觉主动接受监督，邀请人大代表、政协委员和人民监督员参与监督评议案件、检察听证、检察开放日等重要活动15次。不断提高检察新闻宣传软实力，新闻作品被市级以上媒体采用100多篇次。2篇论文在全省法学会检察研究会征文活动中分别获得三等奖和优秀奖。1名干警获评梅州市扫黑除恶专项斗争先进个人，1名干警在梅州市全面推进河长制工作中被评为先进个人，6名干警获评梅州“平安之星”。

（罗伟坤）

法　院

【概况】 2021年，县法院坚持以习近平新时代中国特色社会主义思想为指导，深入学习贯彻习近平法治思想和习近平总书记“七一”重要讲话精神，全面贯彻党的十九大和十九届历次全会精神，紧紧围绕“努力让人民群众在每一个司法案件中感受到公平正义”目标，把握“司法为民、公正司法”主线，忠实履行宪法法律赋予的职责，狠抓司法办案，圆满完成党史学习教育、队伍教育整顿、“五个提升年”活动等重要任务，为丰顺县经济社会高质量发展提供了有力的司法保障和服务，共受理各类案件4163件，结案4058件，同比分别增长30.79%和25.91%，结案率94.42%，法定审限内结案率100%。

【打击违法犯罪】 受理刑事案件239件，审结234件，判处罪犯329人，判处五年以上有期徒刑29人。建立扫黑除恶长效机制，确保扫黑除恶工作常态化开展，审结涉黑恶案件1件3人，判处财产刑17.5万元。贯彻“两山”理念，依法保护生态环境，审结失火罪9件9人、非法狩猎罪1件2人、污染环境罪1件6人。严惩危害群众生命财产安全犯罪，审结故意伤害、强奸、非法拘禁等暴力犯罪案件17件27人，审结“两抢一盗”、敲诈勒索等多发性侵财犯罪案件32件47人。严惩电信网络犯罪，从快打击“两卡”（手机卡、银行卡）违法犯罪活动，审结电信诈骗、帮助信息网络犯罪活动等案件5件9人。严惩危害道路交通安全和社会管理秩序犯罪，审结危险驾驶、交通肇事案件60件60人，其中50人因“醉驾”入刑。坚持“教育、感化、挽救”方针，审结未成年人犯罪案件7件17人。加强人权司法保障，落实刑事案件律师辩护全覆盖工作，为86名被告人指定辩护人，为256名被告人提供法律帮助。

【化解民商事纠纷】 受理民商事案件2687件，审结2619件，其中调解结案1157件，撤诉412件，调解撤诉率60.11%，一审民事服判息诉率91.38%，以上两项指标均居全市基层法院首位。依法保障民生权益，审结交通事故损害赔偿、住房、医疗、劳资纠纷等涉民生领域案件541件。维护公民、法人的合法财产权益，审结物权确认、土地承包、相邻关系等权属案件21件。维护诚信市场秩序，审结借款合同、信用卡、保险等金融纠纷案件747件。切实保障未成年人、妇女、老年人、残疾人等合法权益，审结婚姻家庭、赡养抚养、遗产继承等家事案件840件。依法处置房地产领域问题楼盘案件260件，成功调解商品房买卖合同纠纷系列案件200件。

【兑现胜诉权益】 受理执行案件1237件，执结案件1204件，执行到位金额1.04亿元。有财产案件在法定期限内执结率为98.53%，无财产案件终本合格率100%。深入开展“南粤执行风暴”、根治夏季欠薪、涉农合机构等专项执行行动，巩固和提升基本解决执行难成果。开展执行款专项清理工作，开通执行款账户网银转账支付功能，按照“一案一账户”工作要求，做到案款收支对应，简化申请执行人领款手续。完善司法网络拍卖机制，提升财产变现效率，成功处置房产、汽车等涉案标的18件。加大对规避、抗拒执行等行为的惩戒力度，积极参与社会信用体系建设，将856名“老赖”纳入全国法院失信被执行人名单库，限制高消费873人次。加大司法救助力度，依法为35名困难申请执行人发放救助金41.84万元。

【便民利民服务】 创建“做好加法联动、赋能多元解纷”工作品牌，打出“基层化解+诉前联调+立案调解”组合拳，努力将矛盾纠纷化解在基层、化解在萌芽状态。与县司法局联合制定《关于诉讼服务站的工作办法》，在未设立人民法庭的乡镇设立8个诉讼服务站，各选派1名法官及1名法官助理驻点联系，不定期到诉讼服务站工作，打通司法服务“最后一千米”。出台规定在离婚案件当事人领取民事调解书时，主动向当事人出具生效证明书。服务实体经济发展，成立法官司法服务组，组织法官走访企业27家，帮助企业防范化解经营风险和用工纠纷。完善科技法庭建设，建成远程视频提审系统，与全市8个看守所实现“单对单”远程视频提审开庭，降低疫情防控的风险。全面提升执行指挥中心功能，开展网络查控、远程指挥等执行工作。积极推行线上诉讼服务，利用“云上法庭”、移动微法院，大力开展线上开庭和线上调解，共网上立案683件，网上开庭101件。

【司法公开】 全面落实司法公开，持续推进阳光司法，及时发布案件信息以及法院工作动态，不断满足群众的多元司法需求。公开发布各类信息492条，上网裁判文书1393份，在新闻媒体发表宣传稿件138篇次，庭审直播691件，其中1件机动车交通事故责任纠纷案件入选广东法院“民法典百场庭审直播”活动案例。落实“谁执法谁普法”责任制，开展民法典宣传、领导干部旁听庭审、送法进企业等普法活动33场次。

【深化司法改革】 继续推进以审判为中心的刑事诉讼制度改革，坚持证据裁判规则，避免刑事冤假错案发生。将认罪认罚从宽制度作为2021年度“平安之乡”实践创新项目，出台工作方案，细化目标任务，审结刑事认罪认罚案件数189件372人。深化民事审判机制改革，组建3个速裁团队，推进案件繁简分流、轻重分离、快慢分道。落实四级法院审级职能定位改革，制定实施方案，稳妥推进各项改革。落实审委会、专业法官会议制度，发挥集体智慧研判案件，召开审委会5次、专业法官会议12次。

【队伍建设】 夯实忠诚根基，融合推进党史学习教育、政法队伍教育整顿和“五个提升年”活动。制定《关于落实“第一议题”制度的实施办法》，开展“第一议题”学习30次，党组中心组理论学习8次，“一把手”讲党课8次。筑牢支部战斗堡垒，科学设置党支部，建立普通党员上讲台宣讲的学习教育机制。打造“党建引领、司法惠民”党建品牌，各党支部结合工作实际打造支部党建特色品牌。围绕“学史明理、学史增信、学史崇德、学史力行”和“学党史、悟思想、办实事、开新局”的目标要求，深入开展“我为群众办实事”实践活动36场次，推出了一批便民利民举措，解决了一批当事人“急难愁盼”的案件。开展谈心谈话139次，谈话覆盖率100%，开展多轮自查填报工作，有64人主动填报存在问题。加强“三个规定”日常监管，在“三个规定”平台填报过问案件记录47人次。针对执法司法存在的突出问题，着力补短板、强弱项、堵漏洞，不断健全完善正风肃纪长效机制、司法制约监督机制、干警素质能力提升机制，共制定完善11项制度，全面完成政法队伍教育整顿各项工作任务。

（吕彩君）

司法行政

【概况】 2021年，丰顺县司法局坚持以习近平新时代中国特色社会主义思想为指导，全面贯彻党的十九大和历次全会精神，深入贯彻习近平法治思想，坚持以人民为中心的发展思想，立足新发展阶段、贯彻新发展理念、打造新发展格局的战略支点，更加注重系统观念、法治思维、强基导向，确保丰顺县“十四五”开好局、起好步，奋力为丰顺苏区高质量振兴发展提供优质高效的法律服务和坚强有力的法治保障。

【依法治县】 组织召开县委全面依法治县委员会第三、第四次会议，审议通过《丰顺县2021年全面依法治县工作要点》《丰顺县2021年依法行政工作要点》《法治丰顺建设规划（2021—2025年）》《丰顺县法治社会建设实施纲要（2021—2025年）》等文件，研究和部署当前和今后一个时期丰顺县全面依法治县工作，加快推进法治丰顺建设进程。印发《关于统一和规范丰顺县乡镇综合行政执法制式服装的通知》《关于要求制定镇综合行政执法委员会工作细则的通知》和《丰顺县关于明确镇行政执法案件案号和文书编号规则的通知》等指导文件，确保规范乡镇综合行政执法。深化“放管服”改革，牵头印发《丰顺县全面推行证明事项告知承诺制工作实施方案》。2021年4月1日，将行政执法类事项519项下放至16个乡镇，收集行政执法典型案例，形成《丰顺县行政处罚案例汇编》，并下发到各个乡镇，用于指导行政执法工作。开展法治政府建设与责任落实督察工作，督察形式分为单位自评和实地督察，先后深入到汤坑镇、埔寨镇、县林业局、县应急管理局4个单位进行实地督察，并对各单位自查和实地督察情况进行通报。完成对17个镇（场）机关落实全面依法治县工作绩效考核和对全县28个政府机关依法行政和政务诚信绩效考核。

【依法行政】 召开乡镇综合行政执法会商协调小组会议和县委全面依法治县委员会执法协调小组会议。进一步规范完善丰顺县行政检查、行政处罚、行政强制三类行政执法行为的执法流程和执法文书范本，积极推进各乡镇统一使用《广东省行政执法流程和执法文书范本》。开展卷宗评查工作，2021年1—2月期间，通过广东省案卷评查系统，完成对人力资源社会保障、自然资源、生态环境、住房城乡建设等部门近180宗卷宗评查。12月启动2021年度行政执法案卷评查工作，全县约抽查200宗卷宗，其中评查乡镇已办结的行政处罚案件达110宗，做到评查全覆盖。2021年累计审核证件次数达1900多次，办理行政执法证件1427份。组织参加综合法律知识培训考试270人次。全县各级行政执法主体通过广东省行政执法公示平台共录入行政执法行为2345宗，其中行政检查753宗、行政处罚423宗、行政许可1169宗。

【法制审核】 2021年累计完成法律事务和文件审查共67件，其中规范性文件5件，重要规划、重大实施方案等行政决策和政策性措施文件12件，公告类文件23件，合同协议13件，县政府批示其他文件14件。此外，审查各单位征求意见134件。制定并公布《丰顺县人民政府办公室关于公布县级行政规范性文件制定主体清单的通知》（丰府办函〔2021〕59号），明确县一级规范性文件有权制定主体。坚持规范性文件逢文必审制度，2021年已将4件政府规范性文件送市司法局和县人大常委会备案。制定《关于印发〈关于2021年度重大行政决策事项目录〉的通知》（丰府办函〔2021〕92号），按程序批准后向社会公布，切实加强对目录中的重大行政决策的监督。

【行政复议与应诉】 印发《丰顺县行政复议体制改革实施方案》，确保行政复议体制改革的各项措施落实到位。组建丰顺县行政复议赔偿委员会和行政复议咨询委员会，印发《丰顺县关于推进“复议为民促和谐”专项行动的工作方案》《丰顺县人民政府关于进一步优化县政府本级行政复议与应诉案件处理程序的通知》。2021年共受理行政复议案件10宗，审结率100%，纠错率0%，实质化解案件9宗，实现行政复议化解行政争议主渠道作用。代理县政府行政诉讼案件7件，已审结7件。印发《丰顺县人民政府办公室关于建立败诉行政案件和行政机关负责人出庭应诉报告制度的通知》，认真落实行政机关负责人出庭应诉制。

【公共法律服务】 部署全县村（社区）法律顾问协助完善村规民约的修订，北斗镇陈名正律师协助拾荷村修订的村规民约入选全市《“偓制定、偓承诺、偓执行”优秀村规民约（居民公约）汇编》（偓：客家话，指我），助力法治乡村建设。大力实施法律明白人培育工程，已累计培育法律明白人856人，实现每个村（社区）均配置有3名以上法律明白人，成为法治乡村建设的带头人。深化律师行业党史学习教育，组织丰顺县律师事务所和律师积极参与“百所兴百村”“千所联千会”品牌服务行动，全面加强律师执业规范，提升律师行业的社会形象。

【法律援助】 发挥联席会议机制，畅通办案沟通渠道，与县检察院、县法院建立衔接协商机制，提升联动服务效能。结合“我为群众办实事”实践活动，举办“保障农民工工资支付条例”“‘尊法守法·携手筑梦’服务农民工公益法律服务”“法援惠民生普法夕阳红”等法律服务活动，积极宣传法律援助法，切实提高群众对法律援助的知晓率、首选率、满意率。扩大法律援助服务范围，深化减证便民改革，对符合《广东省法律援助条例》的申请对象和符合《广东省人民政府办公厅关于印发广东省全面推行证明事项告知承诺制工作实施方案的通知》规定的18项情形的，一律实行证明事项告知承诺制，开通“绿色通道”，给予法律援助，实现法律援助事项“马上办、一次办”，使法律援助惠及更多困难群众。2021年，丰顺县法律援助处累计办理法律援助案件722件，其中刑事案件687件，民事案件35件，为当事人挽回经济损失和维护合法利益300多万元，免收法律服务费用90多万元。

【公证工作】 与县检察院联合建立刑事赔偿保证金提存制度，应县检察院要求出具梅州市首个刑事赔偿保证金提存公证书。推出公证服务“只跑一次”“一次都不用跑”“免费代写非诉讼法律文书”等7项便民举措，实现8类简易公证事项“只跑一次”。吹响青年文明号，深入开展“我为群众办实事”实践活动，积极开展“公证助老情暖夕阳”主题服务活动，创新推出上门办证、免费办理老年遗嘱公证、开通涉企“绿色通道”等服务举措，持续提升服务水平。2021年，公证处共为410宗案件办理公证，其中“只跑一次”的案件公证数量为329件，占比80.2%；上门办证服务累计15件（次）、为2名老人免费办理遗嘱公证，为1户经济困难家庭申请减免公证费。

【普法宣传】 印发《2021年丰顺县普法依法治理工作要点》《2021年丰顺县落实普法责任制联席会议成员单位普法责任清单》。新修建砂田南溪村乡村法治文化公园，已累计打造乡村法治文化公园10个。组织开展丰顺县第四届“谁执法谁普法”履职报告评议活动，对县农业农村局、县民政局、县财政局、建桥镇人民政府、丰良镇人民政府、黄金镇人民政府进行评议，6家受评议单位均被评定为优秀等级。组织全县国家工作人员参加党史专题学考暨2021年度学法考试。据统计，全县参加2021年学法考试领导干部共12697人，参考率达99.73%，及格率达99.96%，优秀率达99.71%，平均分达99.78分。2021年丰顺县开展领导干部旁听案件庭审学法用法活动共计3场次。结合“我为群众办实事”实践活动要求，开展普法宣传服务活动。据统计，2021年，全县累计开展各类宣传活动393场，宣讲活动135场。全面总结丰顺县“七五”普法工作取得的扎实成效和宝贵经验，表彰丰顺县“七五”普法工作先进集体和先进个人，开启“八五”普法规划新征程。制定《县委宣传部、县司法局关于在全县公民中开展法治宣传教育的第八个五年规划（2021—2025年）》。组织开展宪法宣传周“宪”在进行时系列活动，推动宪法宣传进农村、进社区、进机关、进校园、进企业、进军营、进网络，弘扬宪法精神、维护宪法权威。

【社区矫正帮教】 2021年共接收新入矫社区矫正对象159人，共解除社区矫正137人，开展社会调查评估共83宗。在安置帮教方面，2021年共接收313人，平均安置率达100%，帮教率100%。

每月召开全县社区矫正工作联席会议和矫情分析会，共同研判、协商推进社区矫正工作重点问题，做好重点社矫对象监管。成立“丰顺县社区矫正委员会”，并积极推动各镇成立镇一级社区矫正委员会，标志着丰顺县党委政府统一领导、司法行政机关组织实施、相关部门密切配合、社会力量广泛参与、多种主体协同共治的社区矫正工作领导体制和工作机制初步形成。认真贯彻落实《中华人民共和国社区矫正法》，2021年对违反监管规定的社区矫正对象累计给予训诫27人次，书面警告8人次，提请治安管理处罚1人次。2021年累计开展远程会见144次，会见家属431人次。

【人民调解】 县人民法院和县司法局共同在法院诉讼中心组建丰顺县民商事人民调解委员会，推动行业专业领域内的矛盾纠纷得到及时化解。在未设立法庭的乡镇设立诉讼服务站，为当地群众提供“一站式”多元解纷服务。建立交通事故纠纷诉前调解工作程序，在县公安局设立交通事故调解工作室，依法及时就地化解因交通事故产生的矛盾纠纷。联合丰顺县人民法院制定《关于构建多元解纷工作机制的方案》，推动矛盾纠纷的源头预防、前端化解、关口把控。2021年指导全县282个村（社区）调解委员会顺利实现换届，全县有调解员1372人，其中专职人民调解员32人。2021年，全县各级调委会累计调处矛盾纠纷2878宗，调解率100%，调解成功率98%以上，努力擦亮“全国人民调解工作先进集体”的金字招牌。

【文艺作品】 2021年第三届广东省法治文化节“法润人心”文艺作品评选活动中，丰顺县司法局原创的法治文艺作品快板节目《民法“典”亮新生活》从全省报送214件作品中脱颖而出，经过初选和复评，获全省第二名（金奖），并受邀到佛山、河源等多个地市进行展演。

【“开放日”活动】 2021年12月3日，梅州市社区矫正中心“开放日”活动在丰顺县成功举办。来自市人大、市委政法委、市公安局、市检察院、市法院、梅州监狱、市强戒所和各县（市、区）政法系统有关工作人员等共计102人参加活动。活动当天，参加活动人员及嘉宾参观丰顺县社区矫正基地，观看丰顺县社区矫正工作特色模式的专题宣传片《依法矫行 用情矫心》和保护未成年人社矫对象普法短剧《暖阳》，与会人员对丰顺县社区矫正基地的建设成果给予充分肯定。

（徐铱曼）

军　事

人民武装

【概况】　2021年，丰顺县武装工作在军分区党委和县委县政府正确领导下，始终坚持以习近平强军思想为指导，坚决贯彻省、市两级工作部署，凝心聚力，狠抓落实，工作形势总体稳步向上向好。

【党管武装】　12月16日，县委书记张志锋主持召开党管武装工作会议，会议指出，2021年全县深入学习贯彻党的十九届六中全会精神，进一步增强“四个意识”、坚定“四个自信”、做到“两个维护”，推动全县党管武装工作高质量发展，坚决扛起政治责任，突出思想引领，增强忧患意识，压实领导责任，切实肩负主体责任，发挥主导作用，重视关心党管武装工作。持续抓好备战打仗，抓实国防动员、民兵组织整顿、征兵工作。双拥成效提升，广泛开展全民国防教育，持续营造全社会关心军队和国防建设的浓厚氛围，扎实开展拥军工作，推动丰顺县双拥工作再上新台阶。夯实发展基础，突出基层建设，各项工作落地见效，专武干部队伍、基层武装部建设持续加强，落实各项制度，工作质量不断提高。

【战备训练】　紧盯应急应战职能使命，深化拓展军事斗争和动员准备。修订完善各类方案。按照战备条例和实战化要求，及时做好方案对接，修订完善行动方案。严格落实日常战备。深入贯彻上级战备工作法规，狠抓战备教育、机关值班、战备演练等日常战备制度落实，值班首长和值班员全时保持在岗在位；引接智慧城市、应急指挥平台等信息系统；着眼科学化存储、快捷化装载，保持正规战备秩序和良好戒备状态。突出按纲施训。坚持党委每月议战议训，分析研究战备训练形势，分批次组织县应急连、镇应急排骨干集训，组织轻舟分队技能集训，组织安全警戒连、道桥保障连集训，有效提升民兵遂行任务能力。提升民兵工作质效。按照任务常态、队伍专业、管理规范的要求，优化编组结构，顺利完成应急、专业、特殊三类基干民兵和普通民兵的整组任务。

【国防动员】 立足丰顺县实情，坚持人民战争思想，突出全民参与，持续提升国防动员能力。健全国防动员机制。明确责任分工，加强组织管理体系建设，强化国防动员工作落实。根据县主要领导变动实际，及时调整国防动员领导小组成员；4月，协调召开县国动委会议，研究部署民兵、征兵等大项工作，在动员体系的不断完善中提高国防动员平战转换能力。抓好兵员征集。紧紧扭住征集高素质兵员这个重难点，压实各级主体责任，采取新媒体、进校园、挂横幅、点对点上门宣传等方式线上线下同步广泛发动，大学毕业生和大学生征集比例创新高，圆满完成了兵役征集任务。兵员征集质量明显好于往年。摸清国防动员潜力底数。指导县国动委各专业办，对照潜力指标体系中所列的调查对象、调查内容、调查指标，逐条、逐项核对，切实把潜力数据搞全，做到不缺项、不漏项。依据《国防动员潜力数据整治方案》，明确要求、明确责任，组织任务单位认真负责地填报，层层审核把关，切实把潜力数据搞准。

【从严治军】 充分发挥党委领导核心作用，严格落实制度，积极改进作风，坚持依法决策，打牢班子团结。坚持团结协作。在日常工作中，始终坚持大事讲原则、小事讲风格的方式，委员之间经常谈心交心，拉袖提醒，在干事创业中增进革命友谊，统一单位建设思想，为下步发展指明方向。坚持正风反腐。落实党委主体责任、纪委监督责任、行业部门廉政主管责任，强势传导全面从严治党压力。突出教育预防，狠抓问题整改，强化重点监督，从严执纪问责。高标准做好巡视巡察反馈问题整改“回头看”，推动问题纠治到位。严格守规守章。认真贯彻民主集中制十六字方针，涉及人武部建设的重大决定，坚持集体研究决定，会上当面化解意见分歧，以规章制度规范工作运行。

【双拥共建】 县人武部作为军地桥梁，积极推动双拥工作各项政策落到实处。应急作用发挥明显。一年来，人武部组织民兵应急连参与地方森林灭火共10余次。积极支援地方建设。县人武部联合中山友好医院和汤坑镇金溪村开展一次大型送医送药义诊文明实践活动，进一步提高优质医疗服务，做到便民、惠民、增强群众的保健意识，受到当地群众的广泛认可和赞誉。着力解决驻军实际问题。县人武部联合县司法局成立法律援助工作站，为部队官兵提供免费法律咨询和法律援助服务，派驻值班律师为军人、军属解答法律问题，并为符合法律援助条件的军人、军属开辟绿色通道。

（陈智成）

武　警

【概况】 中国人民武装警察部队梅州支队执勤二大队丰顺中队，诞生于中国人民解放军闽粤赣边纵队的摇篮里，成立于1949年10月，此后建制历经多次调整，重新组建于1983年1月，主要担负丰顺县看守所外围武装警戒及处置驻地突发事件等任务。

建队以来，中队始终坚持党对军队的绝对领导，牢记初心使命，永葆忠诚本色；始终坚持弘扬军队优良传统，赓续红色基因，让革命事业薪火相传；始终坚持聚焦练兵备战，不断提升打赢能力，不辱使命，不负人民；始终坚持持之以恒抓建设谋发展，基础底蕴不断厚实，确保部队绝对忠诚、绝对纯洁、绝对可靠。在支队党委的正确领导和驻地党委政府的关怀支持下，代代官兵锐意进取，奋勇争先，各项工作取得了优异成绩。中队于1998年、2004年、2012年、2013年、2014年、2017年、2018年先后7次被总队评为“基层建设先进中队”，2020年被评“四铁”先进中队。2006年，中队一班在担负驻地抢险救援任务中，表现出色，被支队记集体三等功。2007年6月，中队在参与地方抗洪抢险任务中不辱使命，任务完成圆满，被总队记集体三等功。中队先后有33名官兵荣立个人三等功。

中队自组建以来，代代官兵始终与党同心、与时代同行，牢记职责使命，践行“永远做党和人民的忠诚卫士”的铮铮誓言，永葆人民军队的宗旨本色。在安保维稳中打头阵，在处突反恐中当尖刀，在抢险救援中做勇士，为驻地丰顺县的社会稳定、经济发展、人民安居乐业立下了不朽功勋。

【强化政治引领】 2021年，是党和国家历史上具有里程碑意义的一年。一年来，中队坚持在学史力行中强化政治引领，深刻把握政治之年、大庆之年的特殊要求，坚决贯彻执行党的十九届六中全会精神，紧跟武警梅州支队党委决策部署，用信念浇灌忠诚，以实干笃定前行，厚积薄发打基础，扎扎实实强底蕴，确保政治过硬、任务完成质量好，部队建设呈现出稳步向上的良好态势。

【维护社会稳定大局】 2021年，在支队党委领导和县委、县政府的关心支持下，中队结合新冠肺炎疫情防控实际，扎实开展执勤隐患治理，多次协调目标单位配置防冲撞拒马、维修巡道电动门以确保设施正常运行，经常与目标单位开展联合方案演练，数十次担负押解任务，与看守所开展常态化联席会议共同研究解决问题，确保丰顺县看守所外围武装警戒绝对有效，维护了社会稳定大局。

【履行使命任务】 近年来，先后参加总队、支队、县公安局的实战对抗演练30余次，参加广东省统一部署的“12·30”雷霆扫毒跨区武装逮捕任务、埔寨元宵节烧火龙机动备勤、长途武装押解和春节、全国两会等敏感期的城区武装巡逻等任务，得到总队、支队党委的充分肯定和县委、县政府与人民群众的高度认可。中队全体官兵将继续秉持实事求是、艰苦奋斗的优良作风，擦亮忠诚底色，踔厉奋发、笃行不怠，为维护驻地平安稳定贡献全部力量。

（古竟发）

人民防空

【概况】 根据战时防空，平时防灾需要，按照“专业对口、人员精干、应急有效”的原则整组人防专业队伍，全县组建五类人防专业队伍，即抢险抢修、医疗救护、消防、治安和运输专业队，并按编制表配齐了装备器材。

在县机要局的具体业务指导下，县人防办大力推进国动委指挥所建设进程，完善普通密码机房软硬件建设，安装了铁门、铁窗、防护墙和弱电系统等安全防护措施，已通过机要部门验收，待关键设备进场后即可投入使用。

【人防工程】 2021年是人防“结建”新政策执行的开局之年，县人防办认真组织粤府办〔2020〕27号的研读，熟练掌握文件精神并坚决贯彻执行，依法开展人防工程易地建设费收缴工作；依法审批防空地下室建设项目和验收竣工防空地下室。

【安全生产】 为深入贯彻习近平总书记关于安全生产重要指示批示精神，贯彻落实国务院安委会和省委、省政府的工作部署，县人防办紧扣“消除事故隐患，筑牢安全防线”主题，以疫情防控常态化条件下人防工程安全生产和专项整治三年行动隐患排查整治工作为重点，加强领导，精心组织，落实责任，从严查处安全隐患，确保整治效果。发现有防空地下室安全出口堵塞的单位，已经责令相关单位进行现场整改，已具备安全疏散条件。

【深化“放管服”改革】 按照梅市府〔2019〕12号的要求，县人防办按照市局要求和做法，大力落实丰顺县人防工程建设营商环境。研究县级操作规范，与牵头的县自然资源局密切配合，逐步安排报建项目进入“梅州市工程建设项目联合审批系统”，推进并联审批工作。同时积极推进联合图审，将人防设计审查并入施工图设计文件审查，不再对设计方案进行单独审查。按梅市建字〔2020〕148号要求，参与县联合验收前期准备工作，研究具体操作规范，大力推进房屋市政工程竣工联合验收工作，精简明确联合验收所需测绘成果，推进联合测绘成果在线共享应用。推行承诺制办理。按照报建程序和市局的做法，相应制定丰顺县人防事项工作指引，明确实行承诺制方式办理的具体项目范围、办理条件、具体要求等。

【通信指挥】 为应对复杂的国际形势和军事斗争需要，进一步提高县防空警报快速反应能力和广大群众对警报音响的识别能力，根据《中华人民共和国人民防空法》《广东省实施〈中华人民共和国人民防空法〉办法》等有关规定，县人防办大力推进警报建设工作：因人防办已并入住建局，而警报控制系统仍设在县政府，不利于应急操作和维护保养。在县直单位新建一套防空警报控制系统（升级版），确保战时应战，急时应急，能迅速发挥报知效能。随着县城提质增容、规模不断扩大，防空警报覆盖面明显不足，出现很多警报盲区。在县城规划区范围内增设电声警报器多台，确保中心城区防空警报全覆盖。县城原有电动防空警报器始装于2006年，已非常残缺老旧。为确保使用效能，对多台电动警报器进行深度维修保养，延长其使用寿命。9月18日，成功组织了2021年度防空警报试鸣活动，鸣响率100%。

【人防宣传教育】 县人防办利用多种形式深化人防宣传教育工作，创新宣传教育形式、重点，宣传应急救援和自救自护知识。重点加强对城区初级学生人防知识教育，并将人防宣传工作延伸到社区、企业和重点乡镇，让市民认识人防知识，加强学习和了解。

（徐建满）

综合管理监督

发展和改革

【概况】 2021年，丰顺县发展改革工作在县委、县政府的正确领导和省、市业务主管部门的具体指导下，坚持以习近平新时代中国特色社会主义思想为指导，认真贯彻落实习近平总书记对广东工作重要讲话重要指示精神，全面贯彻新发展理念，加强统筹谋划，推进重点项目建设，全力推动有效投资，积极为促进丰顺苏区高质量振兴发展做出应有的贡献。

【加强统筹规划】 密切监测全县经济运行态势，认真分析全县主要经济指标完成情况、经济运行存在主要困难和问题等情况，形成《丰顺县2021年1—9月份国民经济和社会发展计划执行情况报告》，提交县人大十六届一次会议审议。同时，根据县十五届人大六次会议审议意见，进一步修改完善《丰顺县国民经济和社会发展“十四五”规划纲要》，并报县政府印发实施。

【加强项目审批服务】 加大“放管服”力度，落实政务服务“马上办”，全面推行政府投资在线审批，积极为企业和群众提供优质高效的审批服务。全年共办理审批、核准项目112项，总投资额56.3亿元；项目备案189项，总投资额41.43亿元。

【全力推进重点项目建设】 2021年丰顺县列入市重点项目32项，总投资205.52亿元，2021年投资计划35.34亿元，全年完成投资29.62亿元，占年度任务的83.81%。其中省重点项目7项，总投资124.36亿元，2021年投资计划13.6亿元，全年完成投资11.68亿元，占年度任务的85.88%。

【积极争取项目资金】 加强项目谋划，及时组织做好项目资金申报工作，争取丰顺县更多项目列入中央和省资金配套，支持丰顺县项目建设。2021年丰顺县申报地方专项债项目15个，通过发展改革委审核7个，争取到债券资金12.3亿元。组织申报2022年中央预算内投资项目15

项，总投资8.78亿元，计划可申报中央预算内资金2.68亿元。申报债券项目13项，总投资17.89亿元，计划可申报债券资金4.31亿元。

【加强物价调控管理】 加强市场价格监测，及时掌握上报市场价格情况，为政府制定价格决策提供翔实资料。根据市场价格变动情况，及时调整燃气价格。同时，认真做好涉案物价格认定工作，积极为公安司法部门、行政执法机关办理案件提供价格依据。全年共受理涉案物价格认定356宗，认定金额330.81万元。

【加强粮食和物资储备管理】 根据省、市关于2021年政策性粮油库存检查自查工作的部署要求，牵头成立丰顺县2021年粮油库存检查工作领导小组，制定《2021年丰顺县政策性粮油库存检查工作督导方案》，认真开展粮油库存检查工作督导。联合县科工商务局、县财政局、县农业农村局、县卫生健康局、县市场监管局等单位组成专项检查组，到广东穗丰食品有限公司开展现场检查，督促企业严格落实防疫主体责任，进一步完善防控措施、资料台账等，切实做好进口粮食质量安全和疫情防控工作。联合县农业农村局到丰顺海新、丰顺温氏家禽、梅州双胞胎等加工企业，开展政策性粮食销售出库跨区域监管，督促相关企业严格按照国家相关规定，落实好粮食饲料加工用途，确保不流入口粮市场。组织开展安全生产教育和粮库安全隐患排查，保障粮库生产安全。

【推动牵头工作】 按省市特色小镇创建导则，推进丰顺县国际声谷小镇的创建工作，国际声谷小镇已列入省第三批入库名单，同时，丰顺县留隍潮客特色小镇的创建工作正在有序推进。推进县社会信用体系建设，积极开展行政许可和行政处罚信用信息公示，截至12月底，丰顺县收录行政许可13181条、行政处罚714条。同时，协助做好公务员录用、调任人选的社会信用记录查询工作，全年共查询141名录用人员、3名调任人员的社会信用记录。加强对油气输送管道开展安全生产排查，对巡查发现的存在问题，及时督促相关单位和企业进行整改。积极开展成品油市场综合整治工作，联合县市场监管局、县公安局、县应急管理局等部门及相关镇政府，全年查处私卖成品油案件3宗，涉及柴油26.35吨、煤油17桶，及时处置转运，切实维护人民群众生命财产安全。认真落实省关于化解钢铁过剩产能核查工作要求，抓好反馈查出问题的整改工作。同时，认真抓好能耗双控工作，协助县武装部做好国民经济动员相关工作。

（王维恒）

自然资源管理

【概况】 2021年，丰顺县自然资源局坚持以习近平新时代中国特色社会主义思想为指导，深入学习贯彻党的十九大和十九届历次全会精神，全面落实县委、县政府和上级自然资源部门的各项工作部署，围绕“两统一”（统一行使全民所有自然资源资产所有者职责；统一行使所有国土空间用途管制和生态保护修复职责。）核心职责，讲政治、勇担当、稳发展、优空间、护资源、促集约，为丰顺苏区高质量振兴发展提供优质的自然资源保障和服务。

【全面加强机关建设】 坚持以政治建设

为统领，落实“第一议题”制度、党组理论学习中心组学习制度，筑牢意识形态主阵地。全年开展理论学习中心组学习17次。坚持以党建工作为引领，实施好新一轮加强党的基层组织建设三年行动计划，深入开展“双报到、双服务”活动和模范机关创建活动，高质量推动机关党的建设。大力推进党支部标准化规范化建设，严肃认真开好组织生活会；做好入党积极分子的培养教育。扎实开展党史学习教育，推进“我为群众办实事”实践活动，完成地灾治理、解决不动产登记有关历史遗留问题等15个项目，使党史学习教育真正入心入脑、见行见效。做好自然资源所属地管理改革收尾工作，完成转隶下放乡镇在编人员47人。加强法治建设。制订并落实依法行政工作要点、普法计划，强化政策法律法规宣传，营造良好法治环境。坚持常态化疫情防控措施，严格落实疫苗接种，推进加强针接种；加强人员排查，严格管控，巩固疫情防控成果。

【坚持规划引领发展】 全速推进国土空间总体规划（2020—2035年）编制工作，统筹划定“三区三线”，逐步构建“一主、两副、双向对流、多点支撑”的总体开发保护格局，已形成县级规划初步成果。做好2021年省预下达规模落实工作，已完成紫琳学院、代米生物、国际声谷、十里凤凰、瑠隍自来水厂等14个项目的预留规模落实方案编制，确保优先保障重要民生、脱贫攻坚项目、重大基础设施及重大产业项目等建设需求。做好详细规划编制工作。积极推进中心城区控制性详细规划编制，已批复实施控制性详细规划面积1675.67公顷；实现县域村庄规划全覆盖，并扎实开展村庄规划评估和优化提升工作。

【合理开发利用资源】 多渠道争取土地利用指标，推动思想观念从“等、靠、要”转变为“争、挣、腾”。一方面强化沟通，“争”指标。全年取得用地批复7个批次（含1个单独选址项目），批准面积约26.14公顷。另一方面落实“增存挂钩”机制，“挣”取指标。全年完成处置2009年至2018年批而未供土地15.83公顷，“挣”取指标7.57公顷；完成处置2019年至2021年批而未供土地25.22公顷，“挣”取指标7.91公顷。超额完成2021年度“三旧”改造任务，至年底已新增实施改造面积12.66公顷，完成率126.55%；完成改造面积7.96公顷，完成率108.5%。大力推进垦造水田工作。自行组织实施了9个垦造水田项目，已通过市级验收，新增水田面积52.4公顷，基本完成兑现承诺任务。完成在已建高标农田上实施垦造水田试点任务20公顷。全力配合省建工集团完成66.67公顷垦造水田任务，5个项目已通过市级验收。推进2021年度垦造水田任务60公顷，已立项9个项目。稳步开展农村拆旧复垦。2021年完成验收项目共5个，验收面积10.2公顷；通过省平台完成交易项目14个，交易面积58.68公顷，助推美丽乡村建设。科学合理开发利用矿产资源，完成采矿权审批登记8宗。

【依法加强资源保护】 着重做好2020年度和2021年季度土地矿产卫片执法监督检查工作，整改工作到位，达到省、市要求，且位于全市前列；下力推进农村乱占耕地建房问题专项整治工作，坚决遏制耕地“非农化”防止“非粮化”。严肃抓好安全防范。认真落实自然资源领域安全生产责任，开展非煤矿山安全专项整治工作；严格测绘行业安全管理，强化测绘资质、地图市场和测绘质量监管。着力完成年度绿色矿山建设任务，年底4家矿山经专家组评估认定，纳入梅州市“绿色矿山”推荐名单。

【深入优化营商环境】 规范土地收储、供应等环节，有序落实年度收储计划，全年重点收储14宗共32.73公顷土地；抓好土地出让，全年丰顺县国有建设用地使用权出让共计成交10宗，成交面积26.13公顷。深入推进“放管服”改革，优化行政审批程序。2021年共办理2宗《用地预审与选址意见书》，出具54份选址意见证明和17个项目的规划选址意见；出具23份用地红线图和25份规划条件；核发了88份《建设工程规划许可证》；出具71份《建设工程验收合格书》。持续实施“双提升”建设。实现增量房转移登记等所有业务类型的不动产交易、缴税、登记“一窗受理”；实现不动产过户登记与用电过户的并联办理；实现生成不动产登记电子证照，实行“一证一码”模式，实现“交房即交证”常态化，进一步优化全县营商环境。圆满完成不动产登记存量数据整合质量提升工作，并于2021年10月通过专家验收。

【聚焦民生办好实事】 稳步开展乡村振兴驻镇帮镇扶村工作，与相关单位派遣人员组成工作队进驻汤南镇，助推镇村经济提质增效。完成丰顺县征地区片综合地价制订工作，成果通过了省政府批准。扎实推进“房地一体”农村不动产确权登记发证工作。严密做好地质灾害防治工作。重点开展5处大型及以上地灾隐患点治理，完成34处中小型地质灾害隐患点核减任务；汛期采取群测群防、专业监测、预警预报、临灾避让等措施，切实筑牢“生命防线”、守住“零伤亡”底线。

（罗嘉胤）

市场监督管理

【概况】 2021年，市场监督管理局紧紧围绕县委、县政府和上级部门的决策部署，以习近平新时代中国特色社会主义思想为指导，认真贯彻落实党的十九大和十九届二中、三中、四中、五中、六中全会精神，落实国家、省、市市场监管工作会议精神，围绕“六稳”“六保”工作，对接县委县政府和市局的中心工作，贯彻新发展理念、服务新发展格局，积极做好常态化疫情防控下市场监管各项工作，着力抓改革优环境、严监管促公平、保安全守底线、提质量强动能、夯基础增能力，推动丰顺“十四五”市场监管工作开好局、起好步。

【疫情防控】 扎实推进市场监管领域疫情防控常态化各项工作，强化落实“人物同防”措施，落实落细各项措施，组织明察暗访，督促落实责任，加强食品、药品和产品质量监督抽查工作，严厉打击疫情期间扰乱正常经营秩序和侵害消费者合法权益等违法行为。

加强进口冷链食品监管。充分发挥“冷库通”追溯系统支撑作用，做好源头管控及全程可追溯，加强督促经营者规范使用“冷库通”，严格账号注册、信息录入、每周核酸检测全覆盖等相关事项的落实，全年组织溯源系统“冷库通”小程序应用培训3场次。集中精力加强冷冻肉制品和水产品等进口冷链食品监管。共监督检查冷库763家次；完成重点场所从业人员核酸检测800人次，产品监测827份次，环境监测672份次，监测结果均为阴性。

强化农贸市场综合治理。继续担负起农贸市场疫情防控专班职责，加强农贸市场从业人员健康管理，严格落实“一人一场”监管制度、活禽经营市场“1110”制度，保持农贸市场每日清洁消毒全覆盖。加强野生动物整治，不定时对全县7个农贸市场进行检查，共累计检查农贸市场88个次，检查市场档口960个次，未发现经营野生动物及相关制品。有序推进农贸市场升级改造任务，2021年启动东山市场、隬隍新建街市场、南市场、金盘市场的升级改造工程项目。其中东山市场于9月完工，已投入使用。隬隍新建街市场于8月动工，至年底正在建设当中。南市场、金盘市场改造设计方案和施工图已完成，至年底正在走图审程序。

做好退热类药品信息登记和新冠疫苗安全监管工作。督促零售药店发挥前沿岗哨把关作用，提高“哨点”监测敏感性，对全县辖区内174家零售药店开展全覆盖监督检查，督促药店落实主体责任，及时准确登记退热类药品信息，共上传购药信息约29.08万条，与医疗保障部门建立联合惩戒机制，对疫情防控措施落实不到位的药店从严处理，2021年来对1家药店暂停医保定点资格6个月，对1家药店取消医保定点资格，对2家药店进行停业整顿，限期整改11家药店。强化新冠疫苗储存运输安全监管，对全县22家新冠疫苗接种点进行全覆盖检查，所有接种点均按规定做好疫苗储存和运输管理。

【统筹发展和安全】 坚决落实“四个最严”，牢固树立以人民为中心的发展思想，依法加强“四大安全”监管工作，在关系民生安全的监管领域取得新成效，全年市场安全形势稳中向好。

严守食品安全底线，保障群众舌尖上的安全。落实食用农产品放心消费工程。抽取全县8家农贸市场17923批次食用农产品进行快检，整体完成率100%。共发现140批次不合格，整体合格率99.22%，共销毁不合格产品99.03公斤，对不合格产品均采取无害化处理。全力推进食品抽检工作。完成千人5批次食品抽样2529批次，完成率101.16%，不合格发现率1.64%；针对元旦、春节、端午、中秋开展应节食品专项抽检，共开展节日食品抽检51批次。全力开展创建省级食品示范县验收工作。对照评估细则，做好材料收集整理工作，2021年5月邀请广东省食品安全学会专家对丰顺县创建验收工作进行测评，对丰顺县食品安全各业态、各行业进行全方位摸查，并将测评反馈结果通报各相关单位，做好问题清单的整改落实。深入开展食品生产安全隐患排查治理，对食品生产企业和小作坊开展日常监督检查，组织开展固体饮料、压片糖果、代用茶等食品专项整治、开展“吸食（固体）”类食品专项整治、“湿粉统一查”、食品生产环节标签标识等专项整治，共检查食品生产企业53家次，要求3家企业限期整改并提交书面整改报告。加大食品从业人员培训和考核力度。落实餐饮服务从业人员学习培训，截至12月20日，辖区内餐饮服务经营者培训覆盖率达83.53%，培训工作还在继续。加强学校食堂食品安全监管。针对学习食堂“互联网+明厨亮灶”安全监管平台开展培训。开展春、秋两季校园食品安全守护行动和学校食堂飞行检查食品安全专项整治行动，对辖区内学校全覆盖检查，全力保障全县师生的饮食安全。开展“查餐厅”活动。随机抽取1家大型餐饮企业、1家幼儿园食堂进行现场检查，同时邀请县党代表、梅州日报社、幼儿园家长代表参与其中，全程以“视频+图文”形式向社会公开检查情况。加快小作坊提质行动，推动小作坊转型升级，通过帮扶指导食品生产者厂房的改造升级，提升生产场地环境卫生条件，引导传统特色食品小作坊由“小散低、脏乱差”向“小而精、名特优”转型升级，2021年共新增食品加工小作坊13家。

强化药化械监管，构筑“两品一械”安全屏障。做好药化械良不良反应上报和监测工作。截至10月，全县消除“零报告”单位，共完成药品不良反应（ADR）检测报告上报255例，医疗器械不良事件（MDR）上报187例，化妆品不良反应上报31例。强化药化械监督抽检工作。完成药品抽检20批，化妆品6批，医疗器械5批，其中药品和医疗器械合格率100%，化妆品合格率83%；大力开展中药饮片质量集中整治、药品网络销售违法违规行为专项整治、兴奋药第二类精神药品专项检查专项整治等工作。开展儿童化妆品专项检查和网络销售化妆品专项整治。截至目前共出动检查人员354人次，检查家数68家次，有效规范儿童化妆品和网络销售化妆品经营行为。

加强特种设备监察力度，及时排除风险隐患。健全特种设备安全风险分级管控和隐患排查治理，坚持问题导向，全面开展系统性风险排查和管控，全年检查特种设备生产使用单位165家，检查发现一般隐患141个，重大隐患60宗，下达特种设备安全监察指令书60份，现已全部完成整改，并开展整改“回头看”，实现隐患治理闭环管理。开展重大节假日特种设备专项检查工作，共检查企业52家次，发出特种设备安全监察指令书20份；未发生特种设备安全事故。开展气瓶安全监管改革工作，推进气瓶信息电子登记和瓶体涂覆。2021年以来，丰顺县已录入云数据库气瓶信息数量83281条，已涂覆液化石油气瓶73633只。以“互联网+”模式推行电梯无纸化维保监管系统，督促辖区内电梯维保单位主动接入梅州智慧电梯管理平台，现接入系统电梯1165台，接入率达90.4%，为电梯监管提供了有力的数据支撑，实现政企互通。

强化工业产品质量监管，履行产品质量监督职责。强化工业产品质量监督抽查，对热轧带肋钢筋、钢坯、扬声器、定配眼镜、砂轮等产品进行监督抽查。截至年底，共开展县级专项监督抽检5场次，在生产和流通领域共抽检24批次。深入开展生产领域产品质量监管。进一步加强对县内钢铁企业、电声企业、砂轮厂等企业开展巡查监管，对钢铁企业开展集中约谈，要求企业切实履行产品质量安全主体责任，在依法依规生产的同时确保产品质量安全。深入开展产品质量“问诊治病，清零行动”，对丰顺县辖区内企业开展“清零行动”核查，共出动检查人员150多人（次），检查生产企业60多家（次）。至年底丰顺县企业的“清零行动”已圆满完成。切实加强流通领域质量风险排查，深入开展危险化学品、钢筋产品、电动自行车、燃气器具、消防产品、电线电缆、塑料袋等产品在流通领域的质量安全排查，共出动执法人员400多人次，检查门店130多家，确保流通领域产品安全稳定。开展丰顺县电声产品质量提升专项整治行动，先后选取50家电声企业，由工业和信息化部电子第五研究所负责对他们进行实地检查、专项抽检、质量分析反馈、接受问诊，帮扶解决实际问题。

【严格执法】 突出工作重点，强化监管执法，积极开展常态化疫情防控相关违法案件查处专项行动。

建立健全信用监管机制。持续推动2020年度企业年报公示工作，截至6月30日，全县应当报送公示2020年度年报的企业3150户，已经报送公示的3063户，年报公示率为97.23%，列全市第三名。协助停产停工企业依法办理注销登记，及时清理长期未经营的“僵尸企业”和“休眠企业”。2021年以来共注销企业195户，立案49户，依程序已吊销49户，进一步净化市场主体底数。全面推行“双随机、一公开”监管。针对不同风险等级、信用水平的检查对象合理确定抽查比例和频次，统筹科学制订年度抽查计划。截至10月31日，共抽取企业户数基数3547户，组织抽查企业201户，抽查率5.67%，圆满完成省、市局下达的总目标。至2021年年末在全县范围内开展无照经营专项整治工作，共查处无照经营案件5宗，罚没入库0.8万元。

加大案件查处力度，严厉打击违法违规行为。重点围绕钢材、知识产权、广告、打私、食品药品、医疗器械、化妆品等领域做好执法工作。至2021年年末，全系统共立案234宗，罚没金额45.31万元。牵头推进“双打”工作，召开全县“双打”工作会议，进一步加大对侵权假冒违法犯罪活动的打击力度，全县共出动执法人员3455人次，检查相关经营户2753户次，捣毁制假生产窝点2个，立案查处假冒伪劣案件56宗。共查处“双打”案件49宗，罚没入库17.58万元；“打私”案件7宗，罚没入库14.65万元，为整顿和规范市场经济秩序做出了积极的贡献。

加强网络交易和价格监管。坚持网络交易线上线下一体化监管原则，着力维护网络市场公平竞争秩序，开展“网剑行动”，依法严厉打击网络经营违法行为。共检查网站、网店524个次，实地检查药品网络销售企业1家，处理网络消费投诉7宗，未发现网络交易违法行为。开展丰顺县电子商务平台“双随机、一公开”抽查，并对4家疑似电商平台企业进行实地核查，确认其为自建网站经营者。开展打击非法传销和加强直销监管。至2021年年末市场监督管理局共出动执法人员47人次，检查相关经营户107户次。开展价格监督专项检查行动，组织实施价格收费监督检查，加大重点民生商品和防疫物资价格的监管力度，打击捏造、散布涨价信息、抬高价格等价格违法行为。共受理价格类投诉举报8件，办结率100%；召开行业座谈会4次，共立案5宗，罚没入库0.296万元，有力维护辖区内市场价格秩序。

严查广告媒体，规范广告市场秩序。加强户外广告巡视和互联网监测，全面加强食品、保健食品、药品、医疗器械等虚假违法广告监管，严格“三品一械”广告审查。截至12月，共查处医疗器械广告案件1宗，罚没款0.15万元；查处食品广告案件1宗，罚没款0.1万元；查处药品广告案件1宗，罚没款0.08万元；查处化妆品广告案件1宗，罚没款0.08万元。

强化诚信消费建设。积极开展2020年“守合同重信用”企业公示活动。2021年共有105家企业获得2020年“广东省守合同重信用企业”称号，其中新增申报企业35家。举办以“尚俭崇信，守护阳光下的盘中餐”2021年食品安全宣传周启动仪式，开展食品安全知识进社区、“质量月”“安全用械　创新发展”医疗器械安全宣传周等主题活动，构建诚信自律的社会风尚。

【商事制度改革】 进一步压缩企业开办时间，提升企业开办便利度。在收到企业设立登记申请后，对材料齐全、符合法定形式的企业于2小时内做出准予登记的决定，将企业开办时间压缩到一个工作日内。2021年全县新增各类市场主体3501户，全县各类市场主体总量达28945户，再创历史新高。进一步完善“一网通办”平台，提升企业登记注册效率。实现企业设立、变更、注销及相关许可事项实现“一网通办”，至2021年年末，共有20户企业通过一网通办平台成功申办。优化企业省内迁移流程，完善企业电子化档案库，满足商事主体异地办事需求。从7月初开始实行以来，共5户企业通过优化程序办理省内迁移业务。

【品牌战略】 加强商标、知识产权保护。建立健全知识产权保护工作机制，持续加大对“马图绿茶”“八乡山番薯”地标产品的宣传、使用、保护工作，在各乡镇设立宣传牌，扩大地标产品影响力。注重专利培育，推动专利量质并进。对符合专利资助条件的企业给予资助，其中发明专利资助7件，实用新型专利资助149件，外观设计专利资助4件，共资助人民币336200元。严厉查处各类商标侵权假冒行为。针对专利真实性、商标使用行为和商标代理行为开展检查，共查处商标侵权案件6宗，罚没款0.61万元；假冒专利案件4宗，罚没款0.099万元。鼓励丰顺县企业和个人提高专利申请的积极性，通过企业群和公众号潮客汇“知识产权专栏”推动开展知识产权质押融资贴息、评估、资助等工作，有效提升丰顺县专利申请质量数量和自主创新能力。

加强标准化建设工作。积极推进市级地方标准制定工作，组织梅州市马图茶叶有限公司起草《地理标志产品——马图绿茶》，该标准2021年获批立项市级地方标准。推出丰顺县首批客家菜师傅工程团体标准。至2021年年末，丰顺县企业产品和服务标准自我声明已有16家企业公开38项标准。协助企业做好条码管理工作，2021年新注册商品条码企业9家，到期续展企业24家，制作胶片169条。

【民生工程】 开展免费快检活动。每周一次到校园周边大型商场超市、临时市场等开展免费快检活动，共开展12场次，免费为市民开展食用农产品快检553批次，未发现不合格产品。

畅通“12315”热线，为消费者提供便捷高效服务。抓好消费者投诉举报受理工作，成功实现“12345”平台和“12315”平台对接。全年共受理消费者投诉案件415件，举报案件318件，共计733件，同比2020年增长了136%；接受咨询服务约400件；为消费者挽回经济损失11.78万元，办结率98.6%，调解成功率93%，有效化解消费纠纷矛盾。

开展集贸市场、基层医疗卫生机构免费检定工作。全年共检定/校准各类计量器具5281台（套），其中强制检定4977台（套），非强制检定为304台（套），免收集贸市场医疗卫生单位检定费用约16.88万元，免收企业检定计量收费约60.9万元。加强民生计量检测，对辖区内30家加油站落实了全覆盖检查，确定了计量防作弊系统版本号较低的8家加油站为重点监管对象。开展眼镜制配场所专项监督检查。2021年以来，检查验配眼镜企业7家，设备21台，依法对制配场所内强检计量器具超期未检企业作出行政处罚2宗。

开展重大活动、农村集体聚餐食品安

全保障工作。进一步加强集体聚餐食品安全监管，共监督农村集体聚餐2场次，圆满完成丰顺县第十四次党代会、丰顺县第十六届人民代表大会等重大活动餐饮保障任务23场次。

组织开展“你点我检”现场监督抽检活动。根据民众票选出淡水鱼、鸡肉、酱腌菜等民众最关切的食品种类进行抽检，共抽检样品9批次，抽检样品全部合格，满足民众的食品安全保障需求，提高了食品安全抽检的公信力。

【队伍建设】 聚焦强化党建引领和组织支撑，全面夯实干事创业根基，激发全县市场监管系统干部职工奋发进取担当作为。

政治建设更加坚定。坚持把学习贯彻习近平新时代中国特色社会主义思想作为深化理论武装工作的首要政治任务，认真落实党组理论学习中心组学习制度，全年组织中心组集中学习27次。认真履行“一岗双责”，做到抓党建和抓业务相促进、管事与管人相统一。层层签订党风廉政建设责任书，强化重点岗位和重要环节的风险防控。认真组织开展纪律教育月学习活动，加强对党员干部的日常监督管理，全年开展干部谈话提醒35人次。

队伍建设更加过硬。坚持从制度、纪律、作风等方面切实加强局党组班子建设，严肃党组织整治生活。大力推进职级晋升，全年共提拔晋升干部21人次。强化队伍的服务能力建设，努力在优化服务中转作风、强担当、促落实，立足岗位职能，结合党史学习教育共开展“我为群众办实事”实践活动66项。加强系统性业务培训，举办15场次417人次培训，组织相关人员参加各级各类学习培训共747人次，切实增强市场监管队伍综合素质和履职能力。

法治建设稳步向前。做好普法工作，充分利用“3·15”消费者权益保护日、食品安全宣传周、开设知识产权宣传专栏等形式开展对社会公众普法。2021年组织全系统参加全国市场监管系统法律法规知识竞赛，取得较好成绩，同时积极组织参加年度普法学习和考试，全体干部都完成学考。严把案件审核关，做到案件核审在处罚主体、执法主体、适用法律条款、定性标准、证据事实、办案程序等方面进行把关。截至11月底，共审核案件223宗。

【放权赋能】 强化各乡镇市场监管业务培训和工作指导。梳理完善下放的171项行政处罚、行政强制等事项的执法依据供乡镇学习，举办乡镇职权下放体制改革培训班，邀请市局、县局具有从事多年执法、监管一线经验的业务骨干进行授课培训，促进各乡镇在市场监管工作中实现业务水平的融合和执法能力的提升，确保下放事项“接得住、管得好、用得活”。

（陈 韵）

审 计

【概况】 2021年，丰顺县审计局坚持以习近平新时代中国特色社会主义思想为指导，认真学习贯彻党的十九届历次全会精神，紧扣上级审计机关和县委、县政府决策部署，充分发挥审计监督作用，为全县经济社会发展做出了积极贡献。2021年，丰顺县审计局获评“梅州市文明单位”，局支部委员会获评“先进基层党组织”。

【加强党的领导】 坚持以政治建设为统

领，推动营造良好政治生态。深入开展党史学习教育。突出学党史、悟思想、办实事、开新局，聚焦百年党史，紧密结合工作实际，组织党员干部职工开展了53次政治学习，重点学习习近平总书记在党史学习教育动员大会和庆祝中国共产党成立100周年大会上的重要讲话精神等，开展了“学党史、感党恩、跟党走”党史知识竞赛、“我为群众办实事”实践、参观八乡山东江革命根据地史料陈列馆红色教育基地等庆祝中国共产党成立100周年系列活动，营造浓厚政治氛围。夯实基层党建根基，全面深化理论学习。2021年，开展理论学习中心组会议22次、党小组学习会议28次、党课3次、专题宣讲会2次，切实提高政治理论水平。切实发挥县委审计委员会办公室职能，起草《“十四五”丰顺审计工作发展规划》和《丰顺县本级2021至2022审计年度审计项目计划》，并筹备召开县委审计委员会第四次全体会议，研究部署丰顺县审计工作，全面加强党对审计工作的领导。

【全面从严治党】 深入推进党风廉政建设和反腐败工作，制定《丰顺县审计局2021年党风廉政建设工作计划》，严明政治纪律和政治规矩，压实管党治党根本政治责任。强化对党员干部的教育、管理和监督，完善廉政制度，规范审计工作。组织党员干部观看警示教育纪录片，参观建桥镇党风廉政建设长廊，参观八乡山镇东江苏维埃政府暨红十一军成立史料陈列馆和红色廉政教育馆，结合开展党风廉政教育、党史学习教育和革命传统教育，引导审计干部职工做到知敬畏、存戒惧、守底线，树牢廉洁意识，提升党性修养。健全完善规章制度，立足新要求，结合工作实际，修订并印发《丰顺县审计局党内谈心谈话制度》《丰顺县审计局国内公务接待管理办法》，进一步规范工作方法，扎紧织密制度笼子。积极配合监督检查，配合县委巡察办开展巡察整改落实情况督查工作、县委组织部开展全县公务员法律法规实施情况监督检查工作。全面深入排查问题，不折不扣抓好整改落实，不断改进工作作风，推动党风廉政建设。

【发挥监督职能】 丰顺县审计局紧扣上级审计机关和县委、县政府决策部署，坚持全面审计、依法审计，拓展审计广度和深度，高质量完成各项审计任务。2021年共完成审计项目22个，审计查出违规金额2377万元，发现非金额计量问题79个，提出审计建议57条，形成审计专报2篇。切实促进领导干部依法履职尽责、守法守规守纪、担当作为，促进有效投资落地，提高保障和改善民生水平，推动经济社会高质量发展。

【推进整改落实】 认真贯彻落实习近平总书记对审计整改工作的重要批示精神，把审计查出问题的整改工作作为重要政治任务，切实扛起监督责任，加强审计发现问题整改的跟踪督促。开展2020年度审计发现问题整改监督检查工作，派出审计整改检查组对丰顺县2020年审计查出264项问题的整改情况进行监督检查，督促被审计单位压实审计整改主体责任，切实巩固整改成效。截至2021年11月底，相关单位已完成249个问题的整改，整改率94.32%。

【推进疫情防控】 丰顺县审计局高度重视，常态化抓好疫情防控工作。出台防控新冠肺炎疫情工作方案，明确具体防控措施，对个人防护、办公场所卫生安全管理、物资保障等方面作出要求，为防控工作提供指导。落实县疫情防控办工作部署，以“应接尽接”为目标，积极组织干部职工接种新冠疫苗，截至2021年12月底，全局干部职工第二针疫苗接种率100%，第三针疫苗接种率93%，切实巩固免疫屏障。日常开展中高风险地区旅居史人员排查工作，时刻关注全国疫情防控大局，做好相关来梅人员筛查和离梅干部职工行程管理，助力全县疫情防控大局。

（郑　坚）

统　计

【思想政治教育】 县统计局坚持把党建工作作为首要政治任务来抓，认真组织学习《中国共产党简史》《论中国共产党历史》《习近平新时代中国特色社会主义思想学习问答》《毛泽东　邓小平　江泽民　胡锦涛关于中国共产党历史论述摘编》、中共十九届六中全会精神、习近平总书记在庆祝中国共产党成立100周年大会上的重要讲话精神和习近平总书记关于各项工作的重要论述等党的政治理论知识。开展中国共产党成立100周年系列活动，通过组织党员干部开展党史学习教育、到红色教育基地八乡山东江革命根据地史料陈列馆和丰良镇九龙村永昌居中共丰顺（临时）县委旧址参观学习、邀请县委党史学习教育专题宣讲团作党史专题宣讲等多种形式开展学习教育，丰富学习内容、坚定理想信念。党员干部充分利用“学习强国”App、广东省干部培训网络学院、国家统计局在线学习中心等平台，自觉加强政治理论、统计法律法规和统计业务知识学习，主动适应新形势新任务新要求，不断提高统计服务水平。

【党的建设工作】 县统计局年初制定《2021年丰顺县统计局党建工作计划》，明确2021年党建工作重点，并认真贯彻执行。认真落实“三会一课”制度、召开民主生活会和组织生活会，不断提高全体党员干部党性意识和责任担当意识，进一步提升县统计局党支部党的建设工作水平。结合“我为群众办实事”活动、创文巩卫、垃圾分类、“两美”等活动，多次组织党员干部到网格责任区——汤坑镇金溪村开展志愿服务活动，充分发挥党员模范先锋作用，带头当好道德风尚的传播者、文明行为的践行者和文明创建的参与者。

【党风廉政建设】 县统计局认真落实全面从严治党、党风廉政建设和反腐败工作主体责任，研究印发《中共丰顺县统计局党组进一步落实全面从严治党主体责任清单》，并通过层层签订责任书，强化责任担当，狠抓责任落实，推动主体责任落到实处。认真开展纪律教育学习月活动，强化党员干部的廉洁自律意识。认真开展党内谈话，加强对党员干部的日常教育和监督管理，坚持把抓早抓小、动辄则咎、全面从严治党的要求落到实处。

【疫情防控】 县统计局高度重视新冠肺炎疫情的防控工作，充分认识疫情的严峻性和复杂性，加强健康知识宣传、坚持日常疫情防控，认真组织本单位干部职工及其家属做好新冠疫苗接种工作，严格落实重大事项和外出离梅请示报告制度。县统计局主要负责同志和党员志愿者充分发挥模范先锋作用，积极主动参与基层防疫工作。

【统计法制宣传】 县统计局始终坚持将

学习贯彻党中央、国务院关于统计工作重要文件作为统计法治建设的首要任务来抓，积极开展统计普法宣传教育，进一步增强统计工作者的统计法治意识。按照“谁执法谁普法”的要求，结合“统计开放日”“宪法宣传周”等重要时间节点、利用统计法规知识进党校和各类统计业务培训会等活动，积极开展统计法律法规宣传，努力营造依法统计、依法调查的良好氛围，提升全民统计法治意识。同时，开展统计执法和部门联合双随机执法检查，有效净化统计环境、保障统计数据质量。

【统计调查分析】 县统计局深入贯彻落实党中央、国务院关于统计工作重要文件精神，认真做好各类统计指标数据采集上报和统计分析工作，加强与相关职能部门沟通，深入基层开展统计调研，及时跟踪分析丰顺县经济运行主要经济指标情况。加强统计调查分析、提高统计服务水平，为县委、县政府决策部署提供有力的数据支撑，为推动丰顺经济高质量发展提供准确的统计信息支持。

【统计基层建设】 县统计局结合农村统计基层基础调研工作，指导各镇（场）做好统计队伍建设和补充，加强统计队伍、统计人员的业务培训和统计法律法规培训，进一步提升基层统计业务人员的综合素质，为提高统计源头数据质量提供保障。

【第七次全国人口普查】 县统计局严格按照《丰顺县第七次全国人口普查工作进度安排》和上级有关工作部署，组织工作人员根据第七次全国人口普查结果，认真撰写《丰顺县第七次全国人口普查公报》，经批准后按相关规定通过县主流媒体公布相关数据。

【绩效考核群众满意度调查】 根据《丰顺县机关绩效考核方案（试行）》和《丰顺县事业单位绩效考核方案（试行）》，县统计局为县机关、事业单位群众满意度调查工作牵头单位，为切实做好该项工作，确保调查工作公平公正，县统计局多次组织工作人员认真解读文件，对具体工作细则进行研究讨论，对各个工作环节进行详细安排，明确各个工作环节时间节点和人员分工，按时保质地完成了全县机关、事业单位群众满意度调查工作。

（许树跃）

农业·农村

农业农村工作

【概况】 2021年是实施“十四五”规划开局之年。一年来，在县委、县政府的正确领导下，农业农村局坚持以习近平新时代中国特色社会主义思想为指导，深入贯彻落实习近平总书记关于“三农”工作的重要论述，坚决落实上级决策部署和工作要求，扎实开展党史学习教育，全面推进乡村振兴，发展现代农业，促进了农业增效、农民增收、农村繁荣稳定，农业农村工作取得可喜成绩。2021年全县实现农业总产值47.5亿元，比上年同期增长7.5%，为“十四五”规划开好局、起好步打下良好基础。

【农业产业结构】 着力打造粮食、茶叶、水果、特色蔬菜（食用菌）、畜牧水产养殖业等主导产业，不断优化产业结构，壮大产业规模，健全联农带农机制，促进农民增收，打造乡村振兴示范样板区。传统农业生产稳中有进。2021年全县粮食作物播种面积2.29万公顷、总产16.3万吨，分别比增286.67公顷、0.22万吨。其中，水稻面积1.82万公顷、总产10.34万吨，玉米面积1066.67公顷、总产0.42万吨，豆类面积486.67公顷，总产0.11万吨，薯类面积3200公顷、总产5.4万吨。生猪出栏17.8万头，年末生猪存栏11.9万头，其中能繁母猪0.96万头；家禽出栏2900万羽；肉牛出栏4900头，年底存栏12500头。组织实施丰顺县茶叶产业园。项目建设实际总投资超过2.07亿元，其中省级财政资金0.5亿元，县级统筹配套资金0.17亿元，企业自筹资金1.4亿元。成功申报丰顺县特色蔬菜产业园。计划总投资2.06亿元，其中申请省级专项资金5000万元，市县财政统筹资金5624万元，撬动社会资本投入1亿元。积极开展梅州柚扩种工作。2021年丰顺县梅州柚新扩种面积215.67公顷，主要品种为沙田柚、三红柚等，产业规模达421.13公顷。大力发展畜禽标准化规模养殖。2021年共创建2个省级畜禽养殖标准化示范场。其中，广东讯源生态养殖科技有限公司计划总投资13亿元建设生态养殖生猪标准化规模养殖场，工程已投入资金1亿元，建成后年存栏生猪将达15万头，年出栏生猪将达30万头。

【乡村振兴】 进一步完善乡村振兴制度机制建设。出台《丰顺县2021年农村人居环境整治项目考核实施办法》《丰顺县关于推进农房管控和乡村风貌提升的实施方案》《丰顺县“三农”领域突出短板“九大攻坚”行动工作方案》等指导性文件。深入推进美丽宜居乡村建设。全面完成“三清三拆三整治”任务，农村生活垃圾收运处理体系完成率100%，农村无害化卫生户厕普及率100%，全县清拆7454间15.1万平方米，完成全年计划数的71.5%；完成农村公厕建设470个，所有行政村基本达到干净整洁村标准，建成美丽宜居村138个。抓好巩固脱贫攻坚成果与乡村振兴有效衔接。全县如期全面完成脱贫攻坚任务，61个省定相对贫困村，202个分散面上村，相对贫困户5253户14451人已于2020年底全部退出。农业农村局刘文勇、饶远获评广东省脱贫攻坚先进个人。2021年6月县乡村振兴局正式挂牌，明确了工作职责，理顺了工作关系，扎实开展巩固拓展脱贫攻坚成果同乡村振兴有效衔接，为全面实施乡村振兴战略打下坚实基础。

【农业经营主体】 积极培育新型农业经营主体，助推乡村振兴。全县有省、市级龙头企业35家（其中省级12家、市级23家）；有各类农民合作社563家（其中国家级示范社5家、省级10家、市级14家）；全年认定33家县级示范家庭农场，新增备案20家，累计备案58家，共有1073家符合条件的规模经营户进入家庭农场名录系统。加强农村实用人才培养，健全指导服务体系。开设新型职业农民培训班，强化经营管理、营销理念等知识培训，提升新型农业经营主体管理水平，全年培育新型农业经营主体带头人120名。

【农村体制改革】 抓好农村集体产权制度改革工作。2020年10月，丰顺县全面完成农村集体产权制度改革试点，确定了成员身份，完成股份制改革，实现了信息化管理，壮大集体经济，强化了资产管理，促进城乡融合发展。全县成立股份经济合作联合社263个，股份经济合作社3174个；确认集体成员身份132119户643997人；完成股份量化的农村集体经济组织5个，经营性资产1970.4万元，份额量化31个，经营性资产2574.5万元，份额配置3401个；完成登记赋码数3437个。为巩固农村集体产权制度改革成果，做好全县农村集体经济组织相关信息管理，建立了丰顺县农村集体经济组织成员与股权登记信息系统，各镇（场）集体经济组织成员名册将相关信息全部录入系统，并督促镇村核实完善相关信息和完成股权证打印工作。组织开展扶持壮大村集体经济工作。根据市委组织部、市财政局、市农业农村局《关于开展扶持村级集体经济试点工作壮大村级集体经济的通知》精神，丰顺县选定8个村作为试点开展扶持村级集体经济试点工作。结合本县实际，制定县级实施方案，同时指导试点村以农村集体资产、资源、资金等要素整合利用为纽带，以土地股份合作、农业生产经营合作为主要经营形式，因地制宜探索资源有效利用、提供服务、物业管理、混合经营等多种集体经济实现形式，制定村级实施方案，实现试点村集体经济发展取得重大突破，农民持续增收能力显著增强。推进农村承包土地经营权流转工作。全县完成农村土地承包地流转1.6万亩，为农业适度规模经营打基础。

【农产品质量安全监管】 围绕抓好农产品质量安全和创建省级食品安全示范县，积极开展农产品“三品一标”和省级名牌产品的认证，全面提升丰顺县农产品“三品一标”和品牌效应。目前丰顺县通过“三品一标”认证产品共有21个，已有11家企业12个农产品获“粤字号”农业产品品牌。7家企业的9个产品正在申报绿色食品认证，1家企业1个产品申报绿色食品续展认证，5家企业5个产品申报“粤字号”农业产品品牌，2家企业认证粤港澳大湾区“菜篮子”生产基地，1家企业认证粤港澳大湾区“菜篮子”生产基地。

【农业生产条件】 2021年度，全县高标准农田建设项目规划面积1153.3公顷，总投资4168.1万元，将于2022年3月完工。

【党的建设】 提高政治站位，落实党建主体责任。坚持以习近平新时代中国特色社会主义思想为指针，认真学习贯彻党的十九大和十九届历次全会精神，强化政治引领，抓好党组中心组理论学习，强化意识形态领域工作，加强党基层组织建设，提高了党员干部的政治素质和理论水平，促进了工作作风转变。认真贯彻执行政治纪律和政治规矩，局领导班子团结带领全局系统党员干部，认真学习贯彻落实习近平新时代中国特色社会主义思想，增强“四个意识”、坚定“四个自信”、做到“两个维护”，自觉在思想上政治上行动上同党中央保持高度一致，自觉履行政治责任，坚决贯彻落实中央和省委、市委、县委重大决策部署。扎实开展党史学习教育。深入贯彻落实习近平总书记关于党史学习教育重要讲话精神，牢记初心使命、传承红色精神，推进党史学习教育走深走实，扎实开展“我为群众办实事”实践活动，切实为群众解决生产上、技术上的疑难问题，受到广大群众的好评。认真履行党风廉政建设第一责任人职责。坚持把党廉建设与履职尽责、服务群众同部署、同落实。开展谈话提醒、抓早抓小，发现苗头问题及时提醒、制止。认真执行《中国共产党廉洁自律准则》，带头落实中央八项规定精神，坚决抵制“四风”及形式主义、官僚主义，自觉接受组织和群众监督；局党组修订了《丰顺县农业农村局各项规章制度》18项，建立了长效机制，强化了党风和廉政建设工作。

（杨步云　刘　钊）

林　业

【概况】 2021年，县林业局在县委、县政府的正确领导下，坚持以习近平新时代中国特色社会主义思想为指导，积极践行习近平生态文明思想，深入开展党史学习教育，认真抓好林业工作，取得了良好成效。森林覆盖率达78.79%，森林蓄积量达868.02万立方米。

【党廉建设】 深化县直机关模范创建。坚持用党的创新理论“铸魂”，始终把学习贯彻习近平新时代中国特色社会主义思想作为头等大事和首要政治任务，强化政治机关意识，打造绝对忠诚的政治机关。

扎实开展党史学习教育。按照党中央总体部署及省委、市委、县委工作安排，认真开展县直机关庆祝中国共产党成立100周年系列活动，巩固深化“不忘初心、牢记使命”主题教育成果，高标准高质量完成党史学习教育各项任务。

加强党风廉政教育建设。始终把纪律和规矩挺在前面，广泛开展警示教育，让党员干部知敬畏、存戒惧、守底线，强化日常监督，注重抓早抓小，让“第一种形态”成为常态。

【森林培育】 完成2021年梅州市丰顺县高质量水源（水土保持）林建设造林更新项目总面积646.33公顷，义务植树7.87公顷；完成丰顺县2021年高质量水源林（新造林抚育）项目4066.67公顷；完成2021年丰顺县大径材培育项目400公顷；完成3133.33公顷丰顺县2020年度中央财政森林抚育任务。2020年八乡山镇滩良村、和乐村、汤坑镇横东村等9个行政村获评广东省森林乡村。

【森林资源管护】 全面推进林长制工作。制定出台了丰顺县林长制工作方案以及县级林长工作制度、监督制度、巡林制度等，建立林长联席会议制度，30多个县直单位及各镇（场）作为成员单位，全面参与林长制工作，实现由林业部门“小马拉大车”转为各级各部门“同唱一台戏”，形成齐抓共管的工作格局。建立“林长+检察长”工作机制，充分发挥检察监督在森林资源保护的作用。构建县镇村三级林长管理体系。由县委书记任总林长，县长任第一总林长，36名县领导分别担任17个责任区的县级林长，镇党政主要负责同志担任镇级林长，村支部书记和村委会主任担任村级林长，各镇挂村干部担任林管员，构建起横向到边、纵向到底的“一长两员”组织体系。至年底，全县有县级林长36人、镇级林长242人、村级林长1495人，监管员1117人、护林员699人，对全县范围内21.27万公顷森林实行县、镇、村三级林长“网格化”管理。同时，智慧林长信息管理平台已经搭建好，正在进行对部分功能优化完善工作；丰顺县林长制森林资源管护中心已经建设完成，并投入使用。

进一步加强森林防火工作。建网格、责任压得实。局领导班子带头到镇村防火一线开展检查督查。建立网格化管理责任体系，699名护林员分片包山头的森林防灭火工作责任。重宣传、全民动起来。加大森林防灭火宣传力度，媒体宣传铺天盖地，通过县电视台、微信公众号、短视频等方式，滚动推送《森林防火条例》、安全用火知识、野外违规用火、追责问责反面典型案例超过1万条次。短信宣传家喻户晓，利用中国移动、中国电信短信平台发布森林防灭火宣传短信、公开信超过300万条。入户宣传深入扎实，通过宣传车、移动音响、村应急广播等设备，使用通俗易懂的本地方言广播防火动态和防火知识2.6万多次。驻村工作组和各村“两委”干部、护林员采取“敲门行动”，发放禁火令、告知书以及签订森林防火承诺书等44万份，引导广大人民群众积极参与森林防灭火工作。管源头、火种禁得严。进入森林防火特别防护期以来，丰顺县严格实行“十不准五不烧”（“十不准”是指严禁林区一切野外用火：不准烧荒烧垦、烧荒积肥、烧田埂草；不准上坟时烧纸、烧香、放鞭炮、放孔明灯；不准在林区吸烟；不准在野外烧蜂、烧蚂蚁、烧火驱兽和使用火铳枪械狩猎；不准夜间在林区点火把照明行路；不准炼山造林或烧木炭；不准特殊人员及小孩进入林区玩火；不准见火不报、不救；不准在林区烤火取暖、生火野炊；不准破坏森林防火宣传牌、瞭望台。“五不烧”是：未经批准不烧；未开好防火线不烧；未准备好打火工具不烧；刮风、高温、干旱天气不烧；

无人看守不烧。）和野外火源管理制度，开展“猎火”专项行动，依法严厉打击野外违规用火和森林火灾肇事者。在重点防火区域、进山主要路口设立镇村固定防火检查站282个、临时检查站385个，出动检查人员846人，每天上岗森林巡护人员1200多人次，对进入林区的车辆进行登记、人员进行防火宣传、缴纳火种和扫防火码进山，确保火种不上山、火源不入林。消隐患、漏洞堵得牢。为防患于未“燃”，投入超过800万元，开展清坟边、清林边、清地边、清隔离带、清旅游景区内可燃物的“五清”专项行动。其中，已清理集中连片纯松林周边可燃物隐患499.4公顷；清理维护已建成的生物防火林带、旅游景区道路隔离带125千米；清理防火区内电力、电信和其他生产经营单位周边可燃物隐患295个；清理铁路、高速公路沿线边坡可燃物隐患846千米；清理公墓、连片坟地周边可燃物隐患204处。新建防火道路40千米，防火隔离带35千米，生物防火林带50千米。常督查、整改落实快。进入特别防火期以来，林业局设立5个督导组，认真检查各镇村台账资料、应急物资储备、防火装备配备、带班值班等工作，发现问题328个，至年底已全部整改到位。

认真开展打击毁林专项行动工作。以林长制为抓手，压实属地管理责任，督促、指导各镇（场）抓好林地、林木保护管理和查处违法违规行为。据统计，2021年共审核（报批）林地23宗64.39公顷，审核审批率100%。指导各镇（场）林木采伐审批166宗，审批面积2100.26公顷，蓄积142140.51立方米，材积99950.15立方米。经对丰顺县2013—2017年打击毁林专项行动图斑264个初步核查结果统计，存在疑似违法违规图斑115个，林业局已拟好对疑似违法图斑整改通知函，要求各镇（场）务必高度重视，精心组织，狠抓落实，确保按期整改到位。据各镇（场）自查核实，确认违法图斑14个、违法占用林地面积15.63公顷；已立案件数5件，已办结案件数5件，刑事案件移送数1件，查处林地面积1.66公顷，恢复林地面积1.66公顷，行政处罚罚款金额159700元。

本次专项行动开展前（2018—2020年）森林督查查处整改情况，下发判读图斑1945个，疑似违法图斑104个，涉嫌违法占用林地面积25.03公顷，涉嫌违法采伐林木蓄积11322.6立方米，补种林木株数9114株；已立案件数51件，已办结案件数51件，刑事案件移送数11件，查处林地面积5.2公顷，恢复林地面积16.62公顷，行政处罚罚款金额390211元。

开展2021年森林督查图斑核查和整改工作。2021年，国家下发判读图斑393个，经初步核查共发现疑似违法图斑157个，涉嫌违法占用林地面积102.87公顷，涉嫌违法采伐林木蓄积4070.5立方米。经查处整改，已立案件6宗，已办结案件6宗，查处林地面积1.14公顷，恢复林地面积1.14公顷，行政处罚罚款金额133418元。全县各镇场查处整改工作仍在加紧进行中。

做好林业有害生物防控工作。完成2021年梅州市丰顺县松材线虫病综合防治项目，对全县56056.67公顷松林实施全年监测，对8154.87公顷发生松材线虫病疫情的松林，挂设了420套松墨天牛诱捕器，清理了病死树3万多株。完成了2021年梅州市丰顺县薇甘菊人工及化学防治项目，对山边、林缘的233.33公顷薇甘菊实施了防治。在完成自然保护地优化整合基础上，认真开展自然保护地编制科考和勘察立标，逐步推进6个自然保护地建设工作，扎实推进丰顺县韩山森林公园科普宣教基础设施建设，确保如期完成任务。

【林业产业发展】 积极引导广大群众发展林业产业、林下经济，通过国家、省、市政策指引、资金扶持、示范带动、加强服务等措施，推进林业产业、林下经济发展，掀起科学利用林地发展致富，大力培育建设可持续发展的林业产业和林下经济基地。至2021年年底，全县林下经济产业经营面积约5万多亩，辐射带动农户9800多户，实现年产值3亿多元。扶持、打造了广东田园牧歌八乡休闲农业发展有限公司、丰顺县凤畲茶业发展有限公司、广东嘉汇顺泰农业发展有限公司、丰顺县白泥湖农业种养有限公司4个省级林业龙头企业和丰顺县嘉宝果种植专业合作社（省级林业专业合作社），为丰顺林业产业和林下经济振兴发展作出示范、带动作用。林业局积极支持12个（批）企业实施国家投资项目——梅州市丰顺县油茶低产低效林改造项目，其中已完成面积326.67公顷，正在实施的有262.67公顷。

（李向炬）

水　务

【概况】 2021年，县水务局坚持以习近平新时代中国特色社会主义思想为指导，全面贯彻落实习近平总书记“节水优先、空间均衡、系统治理、两手发力”治水思路党和党的十九大、十九届历次全会精神，认真落实广东省水利高质量发展工作部署，围绕县委、县政府中心工作，上下一心、真抓实干，切实加强依法治水管水，全力推进中小河流治理、全域自然村集中供水、水系连通及水美乡村建设试点县等民生水利工程建设，更好地发挥水利对经济社会发展的重要作用，打造新阶段水利高质量发展“丰顺样板”，助推乡村振兴发展。

【重点水利工程建设】 2021年，丰顺县在建水利项目共59个（其中中小河流治理工程15个，小流域综合治理工程3个，全域自然村集中供水工程33个，堤防建设及水库除险加固项目4个，碧道建设项目3个，移民工程1个），总投资约5.85亿元，年度计划投资3.74亿元，完成年度投资约3.46亿元。

投资6311.1万元实施2019年度山区中小河流治理工程4个，治理河长42.54千米。投资2.16亿元实施2020年度山区中小河流治理工程10个，治理河长93.8千米。投资2821.82万元实施《灾后薄弱环节建设实施方案》中的东联水治理工程，治理河长11.18千米。投资约1.53亿元推进全域自然村集中供水项目33个，受益人数16.45万人。投资5100.58万元实施生态清洁型小流域治理工程3个，防治水土流失79.76平方千米。投资1782.79万元建设碧道3条，建设长度6.1千米。投资3841.43万元实施丰顺县榕江北河左岸罗湖桥至金河大桥堤路建设工程，建设堤长707米。投资1429万元实施水库（大南、上坟围、干桢坪）除险加固工程3个。投资359.97万元实施丰顺县汤坑镇虎局移民村沿河碧道工程（一期）。

此外，2021年，丰顺县成功入选国家2022年水系连通及水美乡村建设试点县。项目总投资3.4亿元，实施试点建设工程9个，综合治理河长66.04千米，受益人口约22.53万人。总投资2.39亿元实施丰顺县村村通自来水工程（2016—2018年）项目18个，已基本完工。

【河（湖）长制工作】 2020年度丰顺县全面推行河长制、湖长制工作被梅州市评为优秀等次。河长持续巡河履职。2021年，县、镇、村三级392名河长共巡河12070次，发现问题324项，逐宗全面整改落实到位。开展专项整治行动。2021年，丰顺县累计投入资金约489.85万元，清理水面漂浮物19187.8吨、河道长度313.58千米、水域面积10.04平方千米。开展韩江干流丰顺段涉水违法行为专项整治，共发现涉水违法问题点位32处，完成整治32处。开展河湖“清四乱”专项行动，累计发现“四乱”问题44个，全部整改完毕。全面开展河湖管理考核。2021年3月，县河长办联合县水务局对全县17个镇（场）进行了2020年度河长制工作检查考核，对存在的主要问题通过提醒、通报等方式，倒逼河长和有关部门履职尽责。全面规范河道采砂管理，依法有序完成2019年度省管河道出米田、葛布村可采区河砂开采相关工作，正在推进丰顺县韩江干流河段2020年度石九村可采区河砂开采权出让招标工作。河道管护有效落实。拨付省涉农资金1080万元落实河道日常管护工作，投资756.58万元开展68条50平方千米以下河流的河道管理范围划定工作，持续加强河道、水库、山塘日常管理。

【水资源与水政执法】 坚持依法行政，落实最严格水资源管理制度，严守“三条红线”，发挥水资源最大刚性约束重要作用。共组织完成27个取水许可项目的水资源论证技术审查，办理完成新发、变更和延续取水许可82项。严格按照已下达用水总量控制指标实施依法取水许可审批，协调好区域经济社会发展与水资源承载能力、水环境承载能力的关系，依法完成程序行政审批，协调好农业、工业、生活用水及生态用水，确保丰顺县用水总量控制在2.98亿立方米内。依法依规征收水资源费，共征收水资源费约353.58万元。开展节水机关创建工作。成立了丰顺县节水型社会建设工作领导小组，制订水利机关创建活动方案，完成丰顺县县城堤围所、丰顺县引龙灌区管理所、丰顺县鸡笼山灌区管理所等水利行业节水型单位验收。依法打击非法采砂行为。开展韩江干流留隍河段专项整治行动，2021年，水政执法巡查丰顺县韩江干流、县管河道及其他支流共1227次，出动执法车辆1384次，执法人员3558人次，查扣非法运输河砂作业工具一批（其中运砂用摩托车30辆、改装吉普车9辆、三轮摩托车4辆），停放在留隍综合执法队；查处水事违法案件共4宗，处罚12万元。受理信访投诉件1宗，办理答复信访件1宗，办理上级扫黑除恶转交线索2宗，投入3.85万元制作公告牌、宣传单、宣传标语等物料。做好水土保持监督管理工作。2021年，共审批水土保持方案16个，生产建设项目报备验收4个，监督执法检查31个；下发图斑需要整改6个，已全部完成整改。

【农村饮水安全】 扎实推进全域自然村集中供水全覆盖工作，总投资约1.53亿元，工程已基本完工，正在推进工程验收结算工作。推进农村饮水安全运行管护。全年共投入254万元实施完成农村饮水安全维修养护工程共7处，涉及人口6万人。全面落实农村饮水安全管理“三个责任”，强化饮水安全的监管。

【水电建设管理】 农村水电站本年建设完成投资2100万元。全县农村小水电发电设备拥有量285处20.96万千瓦，发电量约达1.75亿千瓦时，总收入约8920万元。开展小水电清理整改核查评估工作，顺利完成辖区内287宗小水电站核查评估报告的编制、审批和上报工作，通过小水电站清理整改“一站一策”方案的评审和生态流量核定，共退出小水电站1宗。

【水库安全鉴定及维修养护】 夯实水库安全运行管理责任，完成小型水库运行暗访问题整改20条，在建小型水库除险加固工程暗访整改5条。完成丰顺县汤南镇八角塘水库竣工验收工作。开展水库安全鉴定工作，完成2020年度第三批8宗、2021年度第二批14宗、虎局水库和洋坑水库共24宗水库安全鉴定工作。开展小型水库维修养护及安全管理标准化工作。总投资约116.6万元实施2021年16宗小型水库工程设施维修养护，完成“粤坝卫士”App标准化评分工作，运用科技化手段不断强化监管水平。

【水旱灾害防御调度工作】 开展地毯式安全大检查。2021年共检查各类水利防洪工程390宗，自查发现存在安全隐患问题12宗，对发现存在安全隐患的工程已及时组织进行整改。全面落实防汛工作责任制，层层签订水利工程防汛安全责任书。认真制定超标准防洪预案，完成《梅州市丰顺县城区超标准洪水防御预案》（初稿）《丰顺县洪涝灾害抢险救灾应急联动方案》《丰顺县水务局防汛应急预案》和《水利工程防御洪水预案》的编制和完善工作。提升应急抢险能力。加强防汛抢险队伍建设，共落实应急抢险队伍18支400多人，抢险队员均进行登记造册。拨付80多万元资金购置更换防汛器材及物料，不断提高基层抗洪抢险水平。认真做好防汛预警设施建设和管理。配置信息接收终端和卫星电话，完善水库动态监管系统，建设10个镇级远程视频监控站点和8个水位站、23个自动监测雨量站、2个自动气象站及山洪灾害县级监测预警系统，确保设备系统运行正常。加强防御知识宣传，发放山洪灾害防御宣传横幅30幅、明白卡1.5万份，制作户外宣传牌8块，转移路线牌50块。开展水旱灾害风险普查工作。成立丰顺县水务局水旱灾害风险普查工作领导小组及办公室，编制《丰顺县水旱灾害风险普查实施方案（试行）》，并开展水旱灾害致灾调查和洪水重点隐患调查等。落实抗旱保供水工作。投入3191万元做好县城及农村应急抗旱工作，通过多方寻求引水、抽水、打井等临时应急水源，缓解旱情影响，确保群众的基本生活用水需求。

【水库移民后扶工作】 加快水库移民后期扶持项目验收步伐。完成丰顺县韩江东山水利枢纽工程竣工（丰顺境内）征地移民安置专项验收（自验）工作，并上报申请市级初验。抓好项目实施和资金使用。2021年度共投入后期扶持资金1421万元，其中直补资金共218.22万元，用于大中型水库移民后期扶持人口共922户3637人。投资1177.78万元实施移民安置区和库区美丽家园基础设施建设项目共18宗，不断改善移民村宜居环境条件。投资25万元完成其他移民工作。完成2021年度全县水库移民后期扶持人口核定登记工作，共核减人口112人，其中大中型水库移民人口核减68人，小型水库移民人口核减44人。

【疫情防控】 坚决支持配合县委、县政府的疫情防控工作，把疫情防控作为当前压倒一切重要工作来抓，主动担当作为，积极投身到疫情防控之中。严格落实值班值守，节假日期间坚持24小时领导带班和值班值守，确保节假日平安稳定。持之以恒推进新冠疫苗接种工作。水务局全体干部职工共126人，已接种第一针的120人，接种两针的119人，加强针也接种的107人，动员群众187人接种新冠疫苗加强针，动员60周岁以上老人66人接种第一针，为建立全人群免疫屏障打下坚实基础。

【新时代机关意识形态】 落实意识形态工作责任制。由局党组书记任组长带头抓意识形态工作，研究制定《丰顺县水务局党组意识形态工作责任制实施方案》；召开2次党组会议专题研究意识形态工作，开展1次意识形态工作专项督查。推进学习型党组织建设。制定《2021年中共丰顺县水务局党组理论学习中心组学习计划暨学习型党组织建设工作计划》《丰顺县水务局2021年党建工作计划》《丰顺县水务局开展党史学习教育的实施方案》《丰顺县水务局开展“我为群众办实事”工作方案》，全年共组织支部大会学习21次，支委会学习28次，主题党日学习活动31次，党组理论学习中心组集中学习17次，党组会学习34次，党员领导干部带头上党课18次，职工大会学习7次，宣讲报告2次，专题研究党建工作2次，专题研究党风廉政建设与反腐败工作2次，专题研究部署全面从严治党工作1次，意识形态工作调研2次。做好正能量传播工作。召开警示教育会议，组织干部职工学习《中国共产党廉洁自律准则》和《中国共产党纪律处分条例》，促使干部职工严格遵守党的各项纪律和有关规定；开展爱心捐赠活动，以“广东扶贫济困日”为契机，共筹得善款11200元。

【党史学习教育】 提高政治站位，强化责任担当，召开党史学习教育动员大会，及时组建领导小组，制定党史学习教育方案和“我为群众办实事”工作方案，将党史学习教育纳入党建工作要点、党组理论学习中心组学习计划及干部培训教育计划。精心组织开展系列活动。开展党史学习教育专题研讨学习，组织全体党员前往丰良镇九龙嶂革命根据地、八乡山镇滩良村廉政教育展馆开展红色教育特色主题党日活动，前往东山公园革命烈士纪念碑开展“清明祭英烈”活动，缅怀革命先烈的丰功伟绩。扎实开展习近平总书记“七一”重要讲话精神专题学习，召开动员大会，印发工作方案，安排部署学习宣传工作；召开学习贯彻习近平总书记在庆祝中国共产党成立100周年大会上重要讲话精神专题宣讲报告会，切实推动党史学习教育往深里走、往心里走、往实里走。开展“我为群众办实事”实践活动。开展“为民办实事”大走访活动2次，共解决村民问题4个；下拨19万元切实解决北斗镇北斗村、潭江镇富溪村和溪西村群众“急难愁盼”的问题，不断提升人民群众的获得感、幸福感、安全感；组织开展节水宣传、“两美”卫生清扫、垃圾分类、创文明等志愿服务活动12次，慰问活动2次。加强宣传，营造学习氛围。共编发、上报党史学习教育工作简报14期，利用LED电子屏等形式刊播党史学习教育和宣传标语约3100余次；设置工作宣传栏6块、宣传标语24幅、铁艺雕花艺术造型党建牌1块，立体艺术墙1块、碧道工程宣传牌10块，征订学习资料书籍109套，印发宣传手册200余份，大力营造了良好的党史学习教育宣传氛围。

【机关效能建设】 2021年，局办公室、规划计划和财务、人事等部门团结协作，积极发挥重要作用，认真贯彻落实局党组的安排部署，真抓实干、奋力攻坚，推动各项水务工作任务落实，确保局领导、机关干部职工的服务水平得到全面提高。严格落实综治信访维稳、安全生产和工程质量监督管理方面的工作责任，完善各项规章制度的建设，并取得一定的实效，实现本系统全年整体工作运行平稳，无任何重大事件和安全事故发生。

（办公室）

气 象

【概况】 2021年，丰顺县气象局深入贯彻落实习近平总书记对气象工作的重要指示精神，全面贯彻落实党的十九大和十九届历次全会精神，弘扬“准确、及时、创新、奉献”的气象文化，践行“你的冷暖在我心中，你若安好便是晴天”服务理念，提高预报预测准确率和气象服务覆盖率，推动气象现代化业务体系建设，推进气象高质量发展，发挥气象防灾减灾第一道防线作用，为丰顺地方经济建设做出了应有的贡献。

【2021年气候特点】 2021年全年气温偏高、日照偏多、雨量偏少，阶段性明显。年内热带气旋影响弱，年度影响本县的冷空气较为频繁，春季无低温阴雨天气过程，秋季无寒露风天气和霜降风天气过程。气象干旱阶段性严重，年末寒潮致大幅降温。年平均气温为23.4℃，较常年平均偏高1.7℃，年极端最高气温39.0℃，出现在7月27日；年极端最低气温0.0℃，出现在1月13日；年内各月平均气温偏高。年总降水量为1267.6毫米，较常年偏少32.1%；年内雨量分布不均匀，降水较为集中在6月至8月，其中整个汛期降水量1151.2毫米，较常年汛期相比降水量偏少24.23%；全年日降水量大于0.1毫米的雨日有112天，大于50毫米的暴雨日有2天；年日降水量最大为79.0毫米，出现在8月10日。年日照时数为2209.5小时，与常年比较偏多393.2小时。全年有雷暴日45天，较常年偏少；大雾日2天。

【气象服务】 2021年，围绕气象防灾减灾和中国共产党成立100周年，全力做好各项气象服务，统筹做好重大活动保障，继续发挥气象防灾减灾“第一道防线”作用，大力发展专业气象服务，不断提高气象服务供给水平。全年在预报预警信息方面共计报送决策服务材料66份，其中《重大气象信息快报》45期，《重大天气专报》9期，《重大天气报告》13期；发布预警信息87期，其中暴雨预警24期，雷雨大风预警24期，高温预警13期，森林火险预警14期，寒冷预警6期，大雾预警1期，台风预警4期，冰雹预警1期；发布各类服务短信共计约195万条。

【气象生态文明建设】 2021年，气象预报人员切实增强责任感和使命感，坚持24小时值守班和领导一线带班制度，加强对台风、强对流、寒冷天气等的预测预警预报工作，为全县人民群众提供及时有效的气象服务。为了更全面地做好丰顺县气象预报预警工作，最大程度地预防和减轻灾害性天气带来的影响，县气象局通过有线电视、手机短信、电子显示屏、微信、微博等多种通信手段及时发布预警预报信息，扩大了气象预报预警信息的发布覆盖面，实现了第一时间向政府、相关部门、重点单位相关责任人和社会公众提供气象灾害预报预警信息。时刻注重为重大节假日、重大活动等提供最为精细化的气象预报预警服务，全年除为公众提供各重大节假日出行、高考、中考期间气象预报外，10月还为全县农户提供了秋种秋收服务专报，助力全县农耕生产；7月开始，气象局积极参与县防范化解恶劣天气交通安全风险工作，每日通过微博、微信、“丰顺发布”App等渠道发布未来24小时、48小时天气预报，同时将相应气象服务信息发送给省桥路公司路达分公司；制作天气预报视频、语音发往电视台、电台等单位，每周再发送一次一周总结至县安委办。全力推进“丰顺高山茶·中国气候生态优品”品牌落地应用，通过前期走访调研，确定试点茶企，12月县政府印发品牌使用授权程序规范品牌使用授权，加强品牌监督管理。11月联合丰顺县应急管理局、第三方可研报告编写单位组成调研小队，开展融入丰顺基层应急管理体系建设前期调研。2021年，丰顺局开展人工影响天气作业共12次，发射火箭弹48枚，有效缓解丰顺县旱情、缓解县城供水压力、降低森林火险、助力农业生产。

【气象灾害防御及宣传】 2021年“3·23”世界气象日、“4·15”全民安全教育日、“5·12”防灾减灾日、安全生产月等重大安全宣传教育节日中，气象局积极开展宣传教育，进一步宣传和普及防灾减灾知识，提高公众防灾避险能力，共同营造应急知识“五进”的良好氛围。8月份，县气象局联合县应急管理局、县住房和城乡建设局、县文化广电旅游体育局等单位组成联合检查组，对旅游景区等开展气象灾害防御专项执法检查；9月，县气象局将《广东省防御雷电灾害管理规定》的宣贯提交县政府常务会议；11月，县气象局对丰顺县的乡镇防灾责任人、气象信息员开展了气象灾害防御、安全生产相关知识的培训。

【气象灾害监测】 推进X波段双极化相控阵天气雷达的选址工作。丰顺县天气气候复杂多变，推进X波段双极化相控阵天气雷达建设可有效减少梅州市多普勒天气雷达探测盲区，提高丰顺及周边地区的灾害性天气监测水平和气象防灾减灾能力，对进一步提高丰顺气象灾害防御能力、保障人民群众生命财产安全和促进经济社会可持续发展具有十分重要的意义。

（何剑钳）

工　业

科工商务

【概况】　2021年，丰顺县科工商务局坚持以习近平新时代中国特色社会主义思想为指导，全面贯彻十九届四中、五中、六中全会精神，增强“四个意识”，坚定“四个自信”，坚决做到“两个维护”，在市工业和信息化局、市商务局、市科技局的指导下和县委县政府的领导下，坚持疫情防控和经济社会发展“两手抓、两促进”，紧紧围绕“六稳”“六保”等工作要求，牢固树立“产业兴市、项目为王、企业第一”理念，积极培育县域先进制造业集群，强化提升工业制造能力，奋力推动丰顺县工业经济高质量发展。

【工业经济运行情况】　工业企业产值稳中有进。2021年，全县56家规模以上工业企业产值83.1亿元，上年产值69.67亿元，实现规模以上工业总产值同比增长19.3%，超额完成上级下达任务，完成工业增加值12.6亿元，同比增长5.4%。工业固定投资情况。2021年，上级下达工业投资目标13.6亿元，全县在库工业项目共有53个，共14个已完工。全年工业投资10.48亿元，同比下降18.1%，其中，技改投资1.89亿元，同比下降28.5%，技改奖补资金共1058.97万元，县级配套19.01万元。工业投资全市排名第6名，技改投资全市排名第6名。利用外资取得较大突破。2021年，丰顺县外资企业增资实现较大突破，丰顺县粤海水务有限公司新增境外资金5216.4万元，完成市商务局下达任务2400万元的217.35%，超额完成全年实际利用外资任务。进出口完成情况。全年完成出口约9.3亿元，2020年同期10.16亿元，同比下降8.5%，2021年全年无进口。社会消费增速趋于平稳。2021年，丰顺县社会消费品零售总额完成55.72亿元，同比增长0.7%，两年平均下降4.0%，限额以上企业24家。商品零售消费49.74亿元，同比增长0.4%，餐饮收入5.98亿元，同比增长2.8%。

【重大项目建设】　2021年，积极推进青恒疫苗、代米食用菌、金亨制罐等工业重点项目建设，建立了每周动态跟踪服务机制，深入了解企业投资过程中遇到的难点，进一步加强沟通协调，为企业做好固定资产投资打通“最后一千米”服务。同时，全力谋划推进电子电声产业综合整治工作进程，将县城内现有6家电镀、14家线路板等20家企业搬迁入园，实施统一管理和污染物的集中处理，促进丰顺中心城区扩容提质和人居环境改善，推动丰顺县电子电声产业可持续集聚化健康发展。已组织开展了《丰顺县电子电声产业综合整治规划环境影响评价》和《丰顺县电子电声产业综合整治规划》编制工作。目前规划环评已过初审。

【工业经济企业发展】 规模以上企业逐步壮大。2021年，共组织培育申报广东雅太郎实业有限公司、丰顺新誉华电子发展有限公司、丰顺县富润投资有限公司、丰顺县鸿江电子有限公司等14家企业达到规模以上，其中第一批通过有雅太郎、新誉华、富润投资3家企业。“专精特新”企业逐步增长。2021年，通过财政资金引导，促进上下联动，将培优中小企业提上议程，加快培育一批专注于创新能力强、成长性好的“专精特新”中小企业，助力实体经济特别是制造业做实做强做优，提升产业链供应链稳定性和竞争力。2021年，共组织申报华立风实业、佳丰电子、锦顺科技、代米生物科技4家企业为“专精特新”企业，其中广东代米生物科技有限公司和丰顺县锦顺科技有限公司2家企业成功申报。至年底，全县共有“专精特新”企业4家，之前申报成功的是华于、泰雅达2家。

数字化转型逐步推广。2021年共推进20家企业实施了数字化转型项目，其中规模以上电声行业企业13家，占比56.5%，共计投入资金超过1500万元。推动“上云上平台”，为推动工业化与信息化深度融合，加快丰顺县工业互联网发展，积极支持工业企业依托互联网平台和服务商，围绕研发设计、生产管控、经营管理、售后服务等核心业务深度合作，利用工业互联网新技术、新模式，实施数字化、网络化、智能化升级，进一步降低经营成本、提升生产效率、提高产品质量、降低能耗排放、优化产业协同。已推动丰顺县鸿润电子有限公司和丰顺锦顺科技有限公司“上云上平台”升级改造，得到了县级财政奖励资金共计15万元。引导企业接入工业互联网标识解释二级节点，目前，丰顺县接入工业互联网二级节点解析体系的企业是鸿润电子和广东华于科技股份有限公司2家，鸿润电子是梅州市首家接入工业互联网标识二级节点的企业。

【科技创新】 完善科技创新制度保障。深入贯彻落实习近平关于科技强国重要讲话精神，落实国家、省、市关于科技创新发展战略，为加快补齐丰顺县科技创新短板，着力提升科技创新能力，起草制定了《丰顺县科技强县行动方案》，并扎实推进做好实施工作。落实《丰顺县支持实体经济高质量发展若干措施（试行）》中的奖励政策，2021年对2019年度获认定的国家高新技术企业、省市级工程技术研发中心和高新技术产品进行了奖励，累计奖励金额206.5万元。

加强企业创新主体的建设。引导和鼓励企业成为科技创新主体，培育骨干企业组建研发机构，2021年丰顺县获认定的市级工程技术研发中心2家（完成市下达工作任务）。累计省市级工程技术研发中心35家，其中规模以上工业企业组建市级以上的研发机构28家，占规模以上工业企业的比例达到46.2%，实现了5亿元以上工业企业组建研发机构的全覆盖。培育高新技术企业和科技型中小企业，实施“高新技术企业树标提质行动”，重点培育一批规模工业企业成长为高新技术企业，2021年获认定的国家高新技术企业6家（其中首次认定4家），高新技术企业保有量达到27家。深入实施国家科技型中小企业评价工作，培育形成一批具有自主核心技术和行业竞争优势的科技型中小微企业，2021年获批准认定广东省科技型入库中小企业26家，比上年新增1家。

强化产学研合作。构建和完善了以企业为创新主体，高等院校或科研院所为依托的研发创新体系，与华南理工大学、嘉应学院、广州大学、工信部广州电子五所、中科院广州化学所、广东省科学院和广东省科学院梅州研究院等合作，在电声、智能制造、新材料、绿色饲料等领域或企业中分别与嘉应学院、广州大学、工信部电子五所等高校或科研院所建立产学研基地12个，特别是在2021年7月组建成立了广东省科学院梅州产业技术研究院“丰顺产业创新服务中心”。在电声电子、新材料、现代农业等产业开展联合技术攻关和成果转化，累计组织实施科研项目6项，解决了产业共性或关键技术问题，有力提升产业科技创新能力和技术含量，如嘉应学院与丰顺县泰雅达实业有限公司合作，开展了“无序不规则零件智能抓取技术研究”正在扎实推进中。同时，邀请组织华南理工大学、嘉应学院、广东省科学院、广东省科学院梅州市产业技术研究院、广州技术师范学院等高校或科研院校的专家教授到丰顺县企业指导交流、调研工作，指导咨询服务共6批40人次。

加强科技业务工作管理。组织做好科技计划项目的实施与管理，做好实施完成项目的结题验收，完成验收16项。做好高新技术企业自查管理，2021年10月，科工商务局联合财政局、税务局在全县组织开展高新技术企业认定管理工作检查，按照国家、省厅抽查数量要求和梅州市科学技术局《关于组织开展高新技术企业认定管理工作检查的通知》文件精神，及时制定了工作方案，依照市局分配给丰顺县抽查存量高新技术企业数量6家的要求，丰顺县从2018—2020年存量高新技术企业中进行随机抽查6家，均符合申报认定的要求。对2016年取消高新技术企业资格的1家企业，及时收回省、市、县的入库补助或奖励资金，合计60万元。

【科技助农】 2021年，丰顺县的广东新南方青蒿药业股份有限公司与广州中医药大学等合作的项目“青蒿素哌喹复方灭源控疟方案的创新与推广”获得2020度广东省科技进步奖一等奖；广东龙星茶叶发展有限公司与中国科学院广州能源研究所合作的“基于多能互补技术的茶叶烘焙工艺研究项目”获2020年度“叶剑英基金科学技术进步奖”（三等奖）。一年来，累计有150多项专利或科技成果实施了转化。同时，组织省农科院茶叶所、省林科院、中科院华南植物园等科研院所的省级农村科技特派员到龙岗茶叶专业镇、留隍青榄专业镇等7个镇进行技术指导、咨询，开展科技特派员科技下乡活动，推进农业新技术、新良种的示范推广，一批茶叶加工新装备、新工艺也获得应用。

【信息化管理工作】 科工商务局全力推动丰顺县信息化基础设施建设工作，目前丰顺县三大运营商5G基站实现171个开通运营。推动4G、光纤等信息基础设施建设，积极协调县各运营商和铁塔公司加快光纤网络等信息基础设施建设，丰顺县

20户以上的自然村已经全部实现通宽带。加快丰顺县通信基础设施建设，丰顺区域现有维护基站1026个，其中移动基站544个，电信基站293个，联通基站189个，实现全县通信信号全覆盖。2021年以来科工商务局联合市无线电管理站和三大基础运营商解决了城中村邓屋村的信号干扰问题，并对全村信号进行优化，消除了信号死角问题。

【企业安全生产】 2021年，科工商务局始终坚持“安全第一，预防为主”的方针，牢固树立“以人为本”和“安全是各项工作的生命线”的思想，不断加强对安全工作的组织领导，进一步做好安全生产工作。与县政府签订了安全生产和消防工作责任书，成立了安全生产工作领导小组，局各股室分别签订了安全生产责任书，认真开展企业安全生产隐患自查和整改，制定切合实际的安全事故应急预案、重大火灾应急预案，严格落实一岗双责制度、安全生产“一票否决”制度、安全生产举报制度、事故隐患整改和公示制度，层层落实责任，切实提高了科工商务局安全生产工作的系统协调性。加强了安全生产、消防安全工作宣传。根据县安委会要求，认真做好企业宣传发动工作。利用会议、简报、网络信息、标语等形式进行了大量宣传，大力提高了企业的安全生产意识。

【电子商务进农村】 强化农村电商服务平台建设，自2019年被评为“丰顺县电子商务进农村示范县”以来，在全县电子商务进农村示范县领导小组成员单位的共同努力下，电子商务进农村综合示范工作扎实推进，至年底，第一批1500万元资金已基本列支完毕，两年多的时间里建成了1个县级电商服务中心，1个县级物流服务中心，17镇级电商服务站，185个村级电商服务点。拓宽丰顺县农特产品网络销售渠道，加快推进丰顺县电商蓬勃发展。强化农村电商人才培养，农村电子商务人才培训已完成培训177场，累计培训8299人次，其中贫困户843人次，带动创新创业人数110人，培养本地取得电子商务相关证书讲师6名。

【疫情防控】 积极落实物资保障组工作，指导督促商贸流通、外资招商企业落实好常态化疫情防控措施。组织上报了丰顺惠丰华商贸有限公司、丰顺县鹏泰千江商贸有限公司为广东省疫情防控重点保障和应急保障企业。制定了丰顺县新型冠状病毒肺炎疫情防控指挥部物资保障组各种工作方案，组建丰顺县生活必需品供应应急运输专班，为下一步做好疫情防控期生活必需品运输、调配等工作提供了运输保障。在大润发购物广场有限公司丰顺分公司一楼成功举办丰顺县新冠肺炎防控指挥部物资保障组应急处置演练。协助有关部门落实农贸市场的升级改造项目，配合落实农贸市场和进口冷链食品疫情防控工作专班工作。开展疫情防控检查，配合省市县有关领导部门开展商贸流通领域疫情防控检查，督导商贸流通企业落实常态化疫情防控措施。

（王志达）

经济开发区

【概况】 2021年，园区以习近平新时代中国特色社会主义思想为指导，认真学习党的十九大和十九届二中、三中、四中、五中、六中全会精神及中央经济工作会议精神，全面贯彻落实习近平总书记对疫情防控工作的重要讲话和重要指示精神，按照党中央的决策部署和省委、市委、县委的工作要求，围绕市第八次党代会和县第十四次党代会会议精神，认真贯彻落实好以“八个聚焦”推动“八个提质”决策部署，坚持先进制造业强县目标不动摇，努力推动制造业高质量发展，助力实现丰顺苏区振兴发展。截至2021年12月，园区实现工业总产值55.08亿元，规模以上产值48.58亿元，全口径税收2.01亿元，固定资产投资24.38亿元，其中工业项目固定资产投资为7.89亿元，园区基础设施固定资产投资为2.67亿元。

【主要工作】 “三个一批”项目现场推进会。园区贯彻落实省、市、县招商引资相关优惠政策，坚持“产业兴县、项目为王、企业第一、服务至上”的理念，开展精准招商、以商招商，为推动丰顺经济社会高质量发展注入了强大动力。2021年协助举办了先进制造业“三个一批”项目现场会，此次现场会涉及50个项目，项目涵盖电子电声、康养旅游、生物制药等领域，总投资额达153.3亿元。其中，18个项目集中动工建设，计划投资总额达80.1亿元；9个项目竣工投产，投资总额达10.5亿元；23个项目集中签约落地，预计投资总额达62.7亿元。

重点项目落地。2021年以来，园区继续大力推进产业招商落地工作，强化部门联动，积极协调解决建设项目推进中的困难和问题，切实推动园区产业项目建设，致力打造电子电声、绿色饲料、生物制药、智能装备制造4个产业集群。至年底，园区共引进广东讯源实业集团、深圳双十科技、万洋众创城等工业项目49个，总投资169.49亿元。已投产项目16个，总投资38.59亿元；在建项目22个，预计总投资65.5亿；已供地未开工项目共6个，预计总投资36.1亿元；新签约入园企业5家，预计投资29.3亿元。

【党建工作】 全面推进园区党建工作和非公有制企业党建工作，全面提升党支部建设承载力，充分发挥党员先锋模范作用，进一步扩大党组织影响力，促进园区企业经营和党建工作共同发展，以党建促发展，以发展强党建。2021年，开发区被评为梅州市先进基层党组织，进一步激发干部干事创业活力。

【园区道路】 园区加快完善软硬件基础设施建设，至年底，已建成“三纵三横”的交通网络，其中园区大道、科技路、和谐路、海珠路等道路相继通车。

【绿色饲料园】 在原有8家饲料企业入驻的基础上，持续运营饲料园自来水供水工程，扩大饲料园生产规模，推动绿色饲料产业扩能增效，打造全省最大饲料生产集群基地。

【国际声谷项目】 该项目计划投资100亿元，总规划用地3.46平方千米。至年底，已供地7.13公顷，完成1500平方米的国际声谷小镇展厅、声谷研究院工作站建设。

【梅州丰顺万洋众创城项目】 为引进电子电声、智能装备制造等行业企业入驻，承接珠三角及潮揭汕地区中小微优质企业转移，致力于打造粤东西北地区制造业集聚平台建设运营的标杆项目和中小企业集群服务的示范项目，该项目一期26.67公顷，已供地21.77公顷，已建设封顶12栋厂房约10万平方米，引进耐速电子、顺为科技、鑫峰科技等签约进驻企业27家。

【标准化厂房建设】 为吸引国内外高端智能制造业企业来丰投资，打造丰顺未来高端制造业聚集地，占地约20公顷，投资11.37亿元的高端智能制造基地标准厂房主要建设标准化厂房、研发楼、宿舍楼及配套设施。一期已完成投资3.52亿元，2栋厂房2021年3月底建成第一批厂房、宿舍并交付立讯精密等大型制造企业使用，力争5月底投产。

【公共服务】 不定期举办党史教育宣讲会，深入开展对企业、群众的党史宣传教育工作，及时了解企业及群众存在的各种问题，为企业、群众办实事、办好事。持续完善丰顺县人才驿站，致力于为企业发展引才纳智、培训提升、信息交流等，协助园区重点企业进行招工，着力解决企业用工难等问题。广州海珠（丰顺）产业转移工业园智慧园区之平安园区建设项目委托中国电信股份有限公司梅州分公司执行，提供平安园区视频监控服务、园区展厅及大楼优化网络服务、平安园区移动监控服务，降低企业运营成本，提高工作效率，增强园区服务能力。提供2条线路、3台运营车辆接送员工往返汤坑至埔寨车辆服务，并根据企业需要，灵活调整发车时间及途经站点。持续完善园区企业管理制度，贯彻执行《丰顺县工业园区入园企业（项目）及其投资管理办法》。2021年已通过ISO 9001质量管理体系认证，行政管理与服务等方面向国际化、程序化、规范化、标准化迈进，夯实管理基础，努力提高园区管理工作的科学化、标准化水平，努力为园区企业营造创新创优、和谐优美的创业环境。

（柯达雄）

国有资产投资

【概况】 2021年，丰顺县国有资产投资有限公司（丰顺县电业发展有限公司含下属八乡一级水电站、木头凹水电站和竹子坜水电站）主营水力发电、售电。由于遭遇连旱，年降雨量严重减少，全年累计（以八乡水库数据）只有1245毫米。售电各项指标均大幅减少，全年完成上网售电1333万千瓦时，售电（含税）收入661万元，上缴销售税款77万元。

【维保修缮】 电力企业生产安全是重中之重，坚持不断开展安全生产巡视检查，对检查中发现的问题和隐患，强化跟踪管理，不断提高设备健康水平，确保设备、设施的安全高效运行，全年共投入维保修缮项目资金约160万元，完成了下属木头凹水电站、竹子坜水电站陂头、圳道、前池清淤补漏维修和竹子坜水电站上网线路改接等工程，以及八乡水库大坝安全评价前期工作、设施完善和电站厂区楼房修缮等。

【清偿债务】 由于企业改制、技改扩容等因素，公司债务繁重，想方设法努力清偿历史债务，2021年1—12月共归还银行贷款本息合计约96万元。

【投资入股】 按县委、县政府的决定，以国有资产投资公司八乡一级水电站抵押向县农商行贷款入股“丰顺讯达先进制造产业投资合伙企业（有限合伙）”股份，总认缴出资额为1.41亿元，2021年本公司已按合伙协议完成认缴出资金额9000万元。

【组织机构】 中共丰顺县国有资产投资有限公司党总支下设公司党支部、八乡一级水电站党支部、木头凹水电站党支部和竹子坜水电站党支部共4个党支部。工会组织有丰顺县国有资产投资有限公司工会委员会及各电站设立的工会小组。

（陈达行）

交通运输

交通建设与管理

【概况】 2021年，丰顺县交通运输局在习近平新时代中国特色社会主义思想指引下，认真贯彻落实县委、县政府工作部署，在上级交通运输主管部门的大力支持和指导下，全力推进交通建设大会战，进一步提升交通运输管理水平，为丰顺县加快振兴发展筑牢了交通基础。2021年度，单位先后获得“丰顺县创建国家信访工作‘三无县’先进单位”等多项荣誉称号。

【交通工程建设】 2021年，县交通运输局继续全力配合推进丰华高速、梅汕高速等高速公路建设前期各项工作，重点谋划全长294.65千米、总投资32.43亿元的交通建设项目合计22个，年度完成投资3.5亿元。

高速公路建设方面。积极配合做好大丰华高速建设，其中丰顺至五华段于2021年6月28日建成通车，大埔至丰顺段正在开展前期工作。积极配合做好汕梅高速改扩建、梅潮高速建设前期工作，争取丰顺至揭西高速项目列入建设规划。

省道建设方面。重点谋划、推进全长123.47千米、总投资12.64亿元的省道项目6个，其中省道233线马汕线大龙华至留隍北洞段、省道239线丰顺县天狮碑至高基段、省道242线丰顺县马图至江坑段3个续建项目加快实施路基、路面工程；计划新开工项目省道227线丰顺县潭江出米田至留隍横居段正在开展前期准备工作。与此同时，积极做好省道228线丰顺县戏潭至赤竹坪段改建工程、省道255线丰顺县茶背至玉湖段改建工程等2个新谋划省道重点项目前期工作。

旅游路、产业路、资源路建设项目方面。推进全长81.5千米、总投资12.67亿元的乡道051线东里至段桥、汤南镇海沟路、二中至隆烟大桥等11个续建项目。抓好全长17.93千米，总投资5.4亿元的丰顺县学院路及国际声谷附属配套工程、丰顺县紫琳大道及附属配套工程等一批准备新开工项目的前期工作，计划2022年年初开展招投标，尽快启动建设。

农村公路建设方面。按照省、市工作

部署，2021年完成“通建制村公路单车道改双车道工程”21千米；全面提升农村公路建、管、养、运服务水平，积极创建“四好农村路”省级示范县。

【交通综合执法】 切实抓好年初制定的各项执法工作任务，确保全县道路运输市场安全、有序。全年共出动执法人员12016人次，执法车辆4503车次，检查车辆18890辆，立案204宗，结案204宗，卸载重量1767.77吨，罚款总额73.39万元。

强化超限超载治理。加大联合执法力度。会同公安交警建立长效联合治超机制，严厉打击超限超载车辆违法行为，2021年以来共出动联合执法人员5311人次，出动执法车辆2657车次；立案147宗，结案147宗；卸载1767.77吨；罚款总额65.4万元。提升科技治超水平，完成交通运输应急指挥中心和金贵大道、附城治超非现场执法监测点建设，2021年上半年已投入使用。年底前计划启动建设汤西傅屋寨、留隍茶背、留隍长林、留隍盐坪4个非现场执法超限检测点。严把源头治超关，积极推进重点货运源头技术监控，27家主要源头单位正在加快推进货运源头监管系统建设。

开展专项整治行动，严厉打击道路旅客运输违法违规行为。对客运站、火车站、高铁站、旅游集散地、乘客集中出行路段、高速公路客运线路等重点区域重点路段开展专项整治行动，2021年共出动执法人员5495人，出动执法车辆1462辆次，查处违法车辆49辆，罚款7.44万元。

强化路域整治，消除安全隐患。积极开展路政宣传月活动，重点对公路两侧违法设置广告标牌设施、建筑控制区内违法修建建筑物、地面构筑物等违法行为进行整治。共出动执法人员942人次，出动执法车辆294车次，巡查公路里程10800千米，纠正涉路违法行为5宗，罚款0.55万元。

做好港航防汛应急巡查。港航执法中队安排执法队员坚持每月例行巡查2—3次，重点对丰顺县东山电站引航道、韩江航道，以及潭江、留隍、蔗溪口等渡口和渡船进行不定期执法巡查。据统计，共出动执法人员268人次，出动执法车辆90辆次，巡查韩江航道2900多千米。

【地方公路管养】 进一步转变观念，务实创新，以公路安全生命防护工程、绿色廊道建设等工作为重点，切实加强公路养护管理工作，提升建、养、管水平，确保了地方公路安全畅通。

推进公路安全生命防护工程工作。完成2021年补助村道安防项目投资274.8万元，共13条线路20.89千米隐患整治工作，整治完善钢护栏、示警桩、标志标线等交通安全设施。

绿色廊道建设工作。全年共投入资金270万元，完成国道235线潘田至黄金段、县道027线砂田至潭江段以及汤南镇海沟路共30.02千米绿色廊道建设。

积极开展地方公路管养工作。投入资金20多万元，完成省道227（原县道072）线潭江至东留段破损路面整修回填，新增（更换）标志牌100块。投入215.6万元，完成“一清一灯一带”整治196处、“平安村口”建设372处。同时，投入20多万元完成省道227、228线的标志、标线公路提质工程。

危桥改造（加固）建设。2021年危桥乡道216线志扬水面桥已完成，乡道306线初祖桥、国道032线花园桥至年底已完成主体工程。此外，投入150万元完成潭江大桥、溪北大桥、葛布大桥、庶溪大桥维修加固工程。

【交通运输行业管理】 大力发挥交通运输部门先行官的作用，积极推进交通运输行业管理各项工作高质量科学发展。

抓好运输行业管理各项工作。通过进一步完善行业管理机制，积极抓好机动车辆维修、驾驶员培训市场的专项治理工作，以及营运车辆经营资质年度查验的工作，全年共办理普通货车行政许可36项。

加强公共交通管理。按照丰顺县开展"美丽丰顺·美好家园"三年行动工作任务，全力开展公交站亭（车）设施卫生整治，组织工作人员对县城内所有公交车站亭、牌进行了专项排查整治，在城区新建公交站亭（牌）76个。继续推进丰顺县城区60周岁以上老人及残疾人、优抚对象免费乘坐公交车事项，计划2022年1月起公交线路增加到13条，每年县财政投入补贴资金达450万元。

深入抓好交通行业安全生产和疫情防控工作。加强水陆客货运输和交通建设领域的安全督查，在春运、"五一"、国庆等假期重点加大对易燃品、易爆品和危险品查堵力度，及时排查可能存在的隐患，严厉查处违法行为。加大对客货运输站场、建筑工地的日常监管力度，督促企业认真落实安全生产主体责任。通过认真做好各项工作，确保了交通运输领域安全生产工作形势稳定。全力落实要求防控工作要求。牵头成立交通运输疫情防控工作专班及入境人员集中隔离后闭环接转工作专班等，每天抽调约20名工作人员，在汕梅高铁丰顺东站、高铁建桥站、丰顺火车站、附城客运站、丰良客运站等5个联防联控检疫点，参与联防联控值班值守，筑牢疫情防控安全防线。

（张志荣）

公路事务

【概况】 2021年，在县委、县政府的正确领导和市公路事务中心的大力支持下，丰顺县公路中心坚持以习近平新时代中国特色社会主义思想为指导，认真学习贯彻党的十九大和十九届历次全会精神，落实习近平总书记对广东工作重要讲话重要指示批示精神，紧紧围绕2021年的公路建设任务，大力推进国、省道工程建设和工程筹备的管理协调工作，不断提高公路技术等级和提升通行能力。较好地完成了公路建、养、管和精神文明建设等各项工作任务。

【公路建设】 2021年，公路事务中心共实施国省道项目5个，其中已完成项目3个；已立项项目2个，估算总投资6.5亿元；全年累计完成投资1.02亿元。

已完成项目：

省道226线（原省道228线）丰顺县分水坳至汤坑段路面改造工程。全长24.5千米，总投资6806万元，2020年10月进场施工，主要工作是对路面综合病害处理，铺筑沥青砼路面，工程于7月底已全部完成。

国道206线丰良大径口至北斗苏山村路面改造工程。全长13.8千米，投资3324万元，2021年3月进场施工，主要工作是对路面综合病害处理，铺筑沥青砼路面，工程于8月中旬已全部完工。

省道226线K143+380至K173+180段灾害防治工程。全段共6处，总投资443万元。主要是对沿线的部分水沟、边坡、挡土墙等进行整治，工程于12月完工。

已立项项目：

国道235线丰顺县砂田丰埔桥至三合

段公路改建工程。全长24.7千米（其中隧道1座，1260米），估算总投资5.9亿元。按二级公路标准建设，路基宽12米，路面宽10.5米。目前已完成立项、工程可行性研究和施工图设计批复前期审批工作，现正进行工程招投标有关工作，争取尽早进场施工。

国道355线隘隍至潘田段路面改造工程。全长17.24千米，估算总投资6281万元。主要工程为：完善排水设施，对破损路面进行挖补等综合病害处理，加铺沥青路面，建设方案省交通运输厅已批复，施工图设计已报市交通运输局审批。

【公路养护】 坚持建养并重的原则，切实把养护工作摆在重要位置。进一步优化路网管理结构，加强科技管理创新，落实责任，打造一支高素质的养护队伍。

日常保养及小修工程全面推进。全年累计完成清挖边沟82千米；投入约80万元进行沿线绿化修剪；投入约45万元完成国道206线预防性养护工程；投入约10万元，完成国道206线K2247+300—K2257+720段安装凸起道钉自发光路标工程；清除路边坡塌方36处，共0.8万立方米；填补路基缺口和培路肩7360立方米；整修路肩边坡24150平方米；修补路面坑槽6880平方米；疏通桥涵排水55座；管养路树199.14千米；补植绿化带路肩草2670平方米，补画路面标线13250平方米。全线路面灌纵横缝、不规则裂缝88千米；对管养的54座桥梁进行二次安全隐患排查；养护车等机械设备完好率达到98%，无丢失损毁。

推进“美丽公路”建设。紧紧围绕绿水青山增光添彩，提升自然人文价值的理念，按照“四季有花，全年有景”和“百里绿道”建设的总体要求，继续推进“美丽公路”建设，实施了国道206线建桥镇政府至北斗镇铁路桥下约23千米的“美丽公路”的建设，投资380万元。

充分利用国道206线改建工程的弃土场、填平区和废弃老公路打造小景点共8个，栽植具有观赏性的美丽木棉等苗木，积极营造“畅、安、舒、美、绿”的公路环境。

完成了“十三五”期间各项养护专项工程的结算、收尾归纳整理。完成了5条线路的公路安全生命防护工程的现场检测、结算审核，“迎国评”路面改造工程的现场检测、结算审核等；投入约400多万元，实施省道226线丰顺县K143+380~K173+180段灾害防治工程；投入约9万元，完成国道355线冷水坑桥维修加固工程；投入费用约150万元，委托检测公司完成管养的28座桥梁的技术状况检测。

储备安全物资，提升安全保障能力。全年共购置储备标志标牌130多块，爆闪灯90多个，反光路锥300多个，麻袋500多条等，安全方面总投资约200多万元，有效提高全中心应对公路交通突发事件的能力，确保公路事务中心管养的国省道公路快捷、安全、畅通。

【路政管理】 坚持“内增素质、外树形象、依法治路、规范管理、文明执法、热情服务”的管理目标，履行保护路产、维护路权的职责，保障公路畅通。

提高路政巡查质量，做好事案处理。严格按照巡查计划组织巡查，2021年参加公路巡查共1149人次，巡查公路里程共32678.2千米，清除各种违章占用公路167处3479立方米，发出各种违章行为法律文书115份，移送交通综合执法局1宗案件，拆除违章广告标牌（条幅）2751平方米，共155块，处理损害公路路产案12宗，路政许可审批15宗，其中公路路产赔（补）偿费收入35495.2元，实现公路完好、安全、畅通。

积极开展“路政宣传月”活动。6月，紧紧围绕“学党史，当先锋，护公路，优服务”为主题，以学党史，促担当，以公开，促规范的要求，开展“路政宣传月”活动，以不断提高路政管理。共出动路政宣传车6台次，28人次参加宣传活动，张贴宣传画册100张，悬挂宣传横幅6张，发放宣传单300张。在全县范围形成广大群众关心公路、爱护公路的良好氛围。

【安全生产】 坚持“安全第一、预防为主、综合治理”的工作方针，扎实推进安全生产“一岗双责”制度，强化宣传教育培训和应急演练力度，加大安全隐患排查治理，努力消除各类道路交通安全隐患。

抓好安全隐患排查与整治工作。加大排查力度，及时发现，科学应对，科学处理；特别对韩山隧道管理，加强监控，坚持每月至少一次主要领导带队的安全隐患排查，由分管领导督办隐患整治。同时，做好森林防火工作，节假日加强值班值守，启动应急预案，积极采取有效措施抢险，有效保障了公路畅通。

实施公路行业系统防范化解道路交通安全风险整治工程。

切实做好系统防范化解道路交通安全风险整治工程，实施县乡道与国省道平交路口“一清一灯一带”89处，“平安村口”207处，共计296处，工程预算为197万元。“一清一灯一带”“平安村口”建设已于6月全部完成。

专项活动开展得有声有色。6月24日，联合县消防大队在206国道韩山隧道开展消防安全应急演练活动，增加一线养护工人的消防安全意识和防火救灾能力。

（李瑞华）

邮政·通信

邮　政

【概况】　2021年，丰顺邮政分公司坚决贯彻落实习近平总书记重要讲话精神，认真贯彻落实党中央、集团公司和省、市分公司工作要求，积极克服疫情影响，围绕有效益规模发展目标，扎实做好党建引领、金融转型、寄递改革、效益提升、安全服务、队伍建设等工作，奋力开创丰顺邮政有效益规模发展新局面。2021年，丰顺邮政分公司全年累计收入同比增长8.30%，完成市分公司下达收差目标102.9%。

【金融业务】　2021年，丰顺县分公司牢固树立“目标是用来超越的”的观念，扎实推进代理金融业务高质量发展，全县代理金融收入完成市公司下达目标进度100.3%。围绕五大战役，规模走访、规模宣传、规模获客，扎实推进“场景生态、权益服务、财富营销”三大体系建设，夯实客户基础，提升网点点均产能，做强做大总资产。推进网点开展网格化营销，按照市分公司要求推进网点网格化管理，明确网格责任人，检查分析客户经理每日、每周网格开发的规定动作、营销效果，强化过程管控，聚焦新客户（一类账户）、快捷支付绑卡、VIP客户、财富客户管理等。持续做好线上活动宣传推广，利用好省公司推出的名医直播、新客享好礼、逢8抽奖、社保卡惠民等线上活动，加大宣传推广力度，借助活动做好新客户开发、老客户维护。抢抓政府代发及征地补偿款，加大复垦项目的代发跟进，做好后期维护工作，沉淀款项拉动余额增长。

【寄递业务】　2021年，丰顺邮政分公司紧跟市公司发展思路，坚持有效益规模发展。全年实现寄递业务收入同比增长21.7%。加强与法院的合作，主动上门拜访，多次沟通商谈，就集约打印和公告送达等增值合作进行了深入交流，促成项目合作目标。有效提升牌托销售转化率，通过制定牌托销售转化专项奖励，激发一线的营销积极性，加强牌托销售转化率的督导通报，同时加强投递端、支局网点营销话术培训。“医邮”项目有所突破，以

“互联网+出生医学证明+邮寄到家”项目为切入点，针对在医院未取好新生儿姓名及相关资料未带齐的家长群体，通过在妇产科病房张贴温馨提示等加大宣传力度，推动业务上量。投递员业绩激励考核方式重新调整，深入宣贯“特快发展人人有责”的理念，推进揽投挂钩考核，引导揽投员转变观念。

【邮务类业务】 2021年，函件、集邮、报刊三大业务完成收入进度为72.63%，累计同比负增长31.07%。其中函件业务收入同比负增46.08%。集邮业务收入同比负增61.73%。报刊业务收入同比增11.28%。

【普遍服务】 丰顺邮政全力保障普遍服务和特殊服务提质达标，认真落实“六个100%、三压降三确保一杜绝（6331）”要求，普服网点营业时间达标率、乡镇普服网点覆盖率、邮件全程时限达标率、建制村直接通邮率、县及以上城市党政机关《人民日报》当日见报率均达100%；普通给据邮件丢损率0，条码平信丢损率0，报刊短缺率0；普遍服务满意度达标，未发生重大质量事故，无中央级媒体负面曝光事件，无邮政监管部门行政处罚事件，无触碰两条“红线”的情况。

【疫情防控】 在疫情防控方面，坚持生产防疫两手抓，着重做好节假日期间人员流动较大时间段的防控工作，对国内出现疫情反复的时间点，及时召开疫情防控领导小组会议，传达上级疫情防控最新要求，重点抓好寄递环节和各营业网点的防疫管控工作，确保安全生产。一年来，丰顺邮政认真落实执行集团公司党组有关疫情防控要求，全力配合地方政府持续做好疫情防控工作，落实落细重点人群、重点环节、重点岗位的防控措施，备足防疫物资，疫苗应种接种率达100%。

【乡村振兴】 2021年，在实现全面脱贫的基础上，积极响应县委、县政府要求，发挥邮政渠道优势推动乡村振兴，与丰顺县农业农村局签订战略合作协议，完成政企对接，落实集团公司2021年与农业农村部签署的战略合作协议的相关内容，同时借助邮政电商渠道、寄递渠道，助力农产品进城。

（翁荣太）

电信通信

【概况】 2021年是中国“十四五”规划开局之年，也是中国共产党成立一百周年纪念之年。中国电信丰顺分公司以习近平新时代中国特色社会主义思想为指导，全面贯彻落实党的十九大和十九届二中、三中、四中、五中、六中全会精神，深入贯彻庆祝中国共产党成立100周年大会精神和习近平总书记系列重要讲话和重要指示批示精神，按照党中央、省、市、县重大决策部署，统筹发展与安全，践行初心使命，保持企业和谐稳定，推动企业高质量规模发展取得了新成效。

【企业荣誉】 荣誉感是一个团队的灵魂，高度重视荣誉选树工作。丰顺分公司汤坑党支部荣获“梅州分公司党委先进基层党组织”；丰顺分公司团支部荣获“梅州分公司五四红旗团支部”；2人获评广东公司第十五届“创优杯”技能竞赛个人奖铜奖；1人被授予“梅州分公司劳动模范”称号。

【疫情防控】 2021年，公司党委坚决落实党中央、上级公司和地方政府的决策部署，快速动员，周密部署，严格落实各项防控措施，全力维护人民群众生命安全和健康，保障全县党政军各单位及广大用户的通信畅通。坚守岗位，闻令而动，全体一线维护人员24小时待命，零时延响应开通了县应急指挥中心、中医院等视频专线和办公电话，100%完成政府各类疫情防控应急电视电话会议保障72次，保障了党政、医疗等重要防控部门的通信需求。同时，公司做好内部联防联控工作，积极配合疫苗接种应接尽接，统筹推进疫情防控与经营生产，企业各项工作平稳有序开展。

【社会责任】 积极响应县委县政府号召，主动履行社会责任。严格按照县全民反诈工作领导小组办公室的工作部署，积极配合县公安局开展推广安装“国家反诈中心”App行动，公司全员完成注册安装，并派员到留隍、黄金、潭江等丰北片区参与App安装推广工作，取得良好成效。全力支撑县创文、“两美”工作，落实县创文办实地测评发现城市营业厅存在问题的整改；组织人员参与城西社区创建文明城市志愿活动5场共计52人次；持续开展线网、管线整治、市政迁改工作，美化了城市空间。扎实做好乡村振兴驻镇帮镇扶村工作，派员驻镇帮扶，在春节等重要节日对帮扶对象开展上门送温暖活动。圆满完成庆祝中国共产党成立100周年大会、高中考等多个重要时点的网络通信保障工作；100%完成政府各类电视电话会议联调维护工作共150次，保证丰顺县各项活动、会议的网络畅通。

【企业经营】 2021年经营业绩持续向好。全业务收入同比增长5.43%；移动份额提升2.51%，5G渗透率达到26.56%，较2020年年底提升近20%。

【网络建设】 全年完成了1800万元信息基础设施建设，打造丰顺县实力雄厚的信息经济，朝着建设网络强国的战略部署与“两个一百年”奋斗目标不断前进。巩固光网优势。持续深化光网覆盖，完成全部乡镇政企OTN（光传送网）建设项目，实现全县乡镇以上区域政企OTN全覆盖，为丰顺打造网络强县、推动信息化发展奠定了坚实的基础。落实新基建。新建5G基站57个，累计共建112个，实现县城重点区域和室外连续基本覆盖；新建4G基站40个，20户以上自然村4G网络覆盖能力不断加强。优化网络成环，建设双路由，增强网络健壮，提升网络安全。完成了市县骨干环及中兴汇聚环等重要传输系统双路由的同路由隐患整治，有效防止了环网双向阻断，实现重要链路故障客户无感知。

【信息化建设】 全年投入1000万元服务地方信息化建设。配合完成了9个市政道路工程的管道、杆线迁改工作。配合县委县政府及各镇村开展“创文创卫”整治工作和“美丽梅州·美好家园”的建设工作，完成线路迁移和隐患整治共111处，为打造宜居宜业宜游的美丽梅州、美好家园做出应有的贡献。不断推进“平安丰顺”社会治安视频监控系统升级改造建设，为社会管理及“平安丰顺”建设提供了强大的保障，助力政府打造宜居城市。

【党建工作】 构建“大党建”工作格局。按照“大党建”体系“横向到边、纵向到底”的思路，把党建工作抓实抓细，推动党建工作责任县、责任中心层层落实，推动党建工作质量提升；创新工作方法，通过开展基层党支部示范点、党建指导员建设、党委委员对基层党支部挂点帮扶、“一部一品”党支部品牌创建活动、严格执行三会一课等，基层组织力得到增强；从严落实责任制，实施分层级、分维度全面从严治党责任制考核，管党治党主体责任得到落实。构建大监督工作体系。全县党支部纪检委员、兼职纪检人员共12名，比2020年新增配2名，壮大纪检力量，“末梢”监督更加有力；扎实推进党风廉政和纪律教育月活动，组织全体党员干部共28人次观看警示教育片，开展纪委书记廉洁宣讲4场次，覆盖42人次，持之以恒营造正风肃纪的良好氛围；开展迎巡自查自纠及整治整改工作，经过50天的集中整改，已100%完成。

【工会工作】 落实“五必访五必贺”常规慰问制度。全年共投入慰问金2.2万元，慰问住院员工、老领导、80周岁以上老员工、困难党员共50人。坚持开展“夏送清凉”“冬送温暖”及业务发展鼓劲慰问活动。全年累计投入金额12万元，共慰问近600人次。发挥互助会作用，为员工排忧解难。全年共为73人次会员争取帮扶，累计获得12.18万元互助会资助金。坚持提升职工之家品牌形象，推进“四小”常态化管理。共筹集资金9万元对潘田、隬隍生活场所进行修缮，为一线员工创造更加和谐、更加舒适的工作生活环境。坚持开展员工主题活动。开展“三八”女工户外拓展活动、“多彩六一”才艺线上展示活动、足球赛等，舒缓员工压力，增强企业凝聚力。开展服务企业纪念活动。为服务企业满30周年的男性员工和满25周年的女性员工颁发服务企业荣誉证书及纪念品，重温企业发展历程，增进员工的企业归属感。

（吴艳婷）

移动通信

【概况】 2021年，中国移动广东公司丰顺分公司（以下简称“丰顺移动”）在县委、县政府的正确指导下，紧扣县委、县政府一系列决策部署，同时紧紧围绕公司发展战略部署，贯彻落实“我为群众办实事”和“党建引领、融合发展”实践活动，巩固网络优势，提升服务水平的同时，主动履行社会责任，全力支持和配合县委县政府各项工作。2021年丰顺移动连续22年被评为广东省守合同重信用企业。

【聚焦优质服务】 为贯彻落实“我为群众办实事”和“党建引领、融合发展”实践活动，丰顺移动应势而动，以弘扬为民办实事精神、履行社会责任为纲领，以客户为中心、实现高质量发展为主线，聚焦优质网络服务、信息化服务、常态化疫情防控服务等工作，在民生福祉等方面加大工作力度，展现作为。

以“我为群众做实事，老旧宽带设备免费换”“周末宽带服务日”等多种服务形式，持续加强队伍建设，进行装维管理体系、标准化服务、考核体系改革，并做大数字家庭规模，以真正服务客户为宗旨，提高群众的满意感知度。

文明服务创实效，志愿共建新美好。在党建带团建的工作指导下，丰顺移动广大党员、团员和青年员工一起，以“为群众办实事”为依托，开展线上、线下、厅里、厅外的全方位优质服务，彰显模范先锋作用。线上在移动营业厅LED大屏幕上集中播放青年文明号宣传口号。线下在厅内佩戴党徽、团徽，设文明先锋岗、摆设文明号表示、志愿者服务岗窗口等，以显性化、亮身份，传承和延续青年文明号的精神理念和服务。更多的优质服务更是“走出去”。服务靠前，走进企事业单位、医院、工厂、学校、大型社区和各村街道驻点服务，将“敬业、协作、创优、奉献”的理念融入到工作中，积极主动上门服务，为更多的客户解决更多的移动通信问题。积极组织志愿者们参加丰顺县创卫、创文志愿者的活动，如清理小广告，清扫门前三包等活动。组织开展了乡村振兴驻镇帮扶工作队员的选拔工作，选派2名驻镇驻村帮扶工作人员，落实乡村振兴驻镇驻村帮扶工作人员待遇保障工作。

有效支撑疫情防控服务工作，全力保障并推动经济社会持续健康发展。丰顺移动充分发挥信息化服务能力，优化防疫健康服务，完善健康通行码“一码通行”、多“码”融合，为多个乡镇卫生院在健康码状态、核酸检测、疫苗接种查询及体温检测等方面提供非接触式组合服务，在解放人力、保护人民群众，促进人员安全有序流动等发挥关键作用，提高疫情防控效率；利用信息化手段和自助服务技术，为新冠疫苗接种使用管理和信息系统提供有力保障，为丰顺县防控疫情工作作出了积极的贡献。与此同时，丰顺移动通过从严、从细、从紧落实好各项防控措施，及时分发防疫物资，推动全员接种新冠疫苗，落实人员排查、测温、健康码核验、科学佩戴口罩、场所清洁通风消毒、保持安全社交距离等防护举措，构筑疫情防控屏障，守护客户与员工的安全健康。

电信诈骗案件高发，电信诈骗已经成为人民群众财产安全的最大威胁之一。丰顺分公司一直以来持续为居民群众提供反电信诈骗宣传和服务。通过联合政府、渠道、商家等，齐心反诈，为区域内的客户提供防止电信诈骗的宣传促销活动，有效提高了相关人员的防诈意识，远离电信网络诈骗犯罪。

【夯实网络质量】 丰顺移动以市场客户需求为导向，持续开展亮剑行动，加快网络覆盖速度、提升网络质量。2021年，丰顺新址新建39个，新建皮飞站点38个，直放站改造7个，700M站点115个，2.6G站点38个，有效提升丰顺无线覆盖能力。通过迁改优化传输网络结构，提升安全性，降低故障率，提升客户感知。

全力支撑丰顺大型通信保障。丰顺移动在2021年圆满完成丰顺县坚真国际会议中心应急通信保障工作、汤南镇东方村梅州丰顺国际声谷项目地块应急通信保障工作，得到政府与群众的高度好评。

攻坚克难，解决丰顺县无线信号覆盖盲点。2021年累计排查出超过64个小区干扰，解决了县政府周边、城北市场、黄屋坝等区域的信号问题，提升了用户口碑。通过嶹隍区域专项优化、八乡第二路由建设、盒式OLT（光线路终端）退网、OLT双上联等，迁改优化传输网络结构，提升安全性，降低故障率，提升客户感知。

【提升信息化服务水平】 丰顺移动承接国产办公自动化系统建设，对接粤政易系统，服务137个单位，有效保障政务办公系统的安全，实现快速、稳定的访问。

参与丰顺县惠民信息公开平台建设。该平台于2017年9月正式启用，已开展3次升级改造，13个县直单位和17个乡镇单位进驻平台，公开38个事项，累计发布惠民补贴信息1297.44万条，监管资金

84.78亿元，受益群众1291.82万人次。

参与防疫临时疫苗接种点和数字化门诊系统建设，在会展中心设立了39个接种卡位，完成了17个卫生院的门诊系统建设，在疫苗接种期间，提供相关的运营保障服务，确保临时接种点的正常运行。

（陈 雁）

联通通信

【概况】 2021年丰顺联通在县委、县政府的大力支持下，在上级公司的领导下，积极响应国家网络强国、数字中国战略，致力加快本地信息基础设施建设，推进“双兆”发展，打造千兆5G网络、千兆宽带，坚持5G网络、应用双领先的发展原则，高起点规划建设5G网络；聚焦影响客户感知的重点区域和重点问题，规建维优一体化、网业服协同推进，采用智能化、大数据工具，打通从数据采集到质量分析到问题处理的全环节，实现全数字化管理，为丰顺县政府事业单位的信息化建设、企业与农村信息化应用普及提供更加优质、丰富的服务。

【党建工作】 坚持以习近平新时代中国特色社会主义思想为统领，深入贯彻党的十九届六中全会精神，落实新发展理念，坚持以高质量党建引领高质量发展，县分公司党支部始终坚持党对企业领导不动摇、围绕经营发展不偏离、建强基层党组织不放松，持续推进党建工作与生产经营实践相结合，把党建成效转化为促进公司发展的内生动力和强大优势。加强学习，树立正气，做到诚信经营，全面落实上级党委党建统领全局、融入全局、推动全局工作要求，实现业务发展全面提速。扎实推进党史学习教育，积极开展“我为群众办实事”实践活动，举全公司之力接续推进脱贫攻坚和群众生活改善，以数字技术持续赋能数字乡村建设，与社区签订乡村振兴战略合作协议，共同探索助力乡村振兴方式，为推动乡村全面振兴作出贡献。

【生产经营】 2021年，丰顺联通坚持党建引领，坚定价值提升，总体经营稳定，规模和业绩平稳增长。累计完成年度预算的96.5%，全市排名第六。

【通信工程建设】 2021年，丰顺联通累计完成基础网络建设投资882.8万元（其中5G基站室分建设投资435万元），投资完成率102.8%，其中光纤建设（含续建）10个项目，开通4G基站10站，新增100M以上光纤接入端口0.1万端，较好地完成本地信息基础主要指标任务。基础4G主要完善对大峡谷、金德宝、东海电大、铜鼓嶂等场景的覆盖，服务民生，网络覆盖得到进一步改善。5G建设发展全市初显成效，2021年丰顺联通累计开通5G基站58站，完善丰顺县城5G基本覆盖（含法院、人民医院、丰顺中学、会展中心、喜多多、大宝山、丰顺公安、鹿湖和千江酒店等口碑区域）、完成乡镇级5G广覆盖（重点覆盖埔寨工业园、留隍等发达乡镇），顺利完成年度5G网络建设开通目标。

（曾琦雅）

城乡建设·环境保护

住房和城乡建设

【概况】 2021年，在县委、县政府的正确领导下，县住建局坚持以习近平新时代中国特色社会主义思想为指导，全面贯彻党的十九大和十九届五中、六中全会精神，深入贯彻落实省委“1+1+9”、市委“123456”思路举措和县委“1333”工作思路以及“八个争先”目标任务，致力于优化城乡布局、完善城市功能、加强城市治理、推动乡村振兴，充分履职尽责、努力奋进，推动丰顺县住房城乡建设各项工作取得了新的进展和成效。

【房地产市场】 2021年以来，县住建局坚决贯彻落实上级关于房地产发展的调控政策，努力实现“四稳目标”。严格房地产公司设立审核和事中监管，将全县在建在售的项目进展情况、预售许可信息通过多种渠道向全社会公开、公示，接受社会监督。2021年，丰顺县房地产固定资产投资完成11.97亿元，房地产固定资产投资比去年同期下降24.8%。其中，投资额超5000万元的主要有浩志碧桂园二期、美景城、御景、誉华电子、京华、敏捷等6个房地产项目。2021年，丰顺县房地产在建楼盘有18个，共发出预售证14宗，商品房10622套、商铺25套，预售面积15.52万平方米；全年共销售2338套，成交面积27.84万平方米，成交金额18.3亿元，成交均价6571.32元/平方米；商品房库存面积91.12万平方米，其中住宅库存面积73.6万平方米，库存消化周期22.46个月。

【城市扩容提质】 扎实推进老旧小区改造。按照国家、省、市开展老旧小区改造工作要求，加紧推进总投资金额2650万元的老县城片东园等5个片区老旧小区改造工作，项目建设主要涉及10个小区共45栋住宅楼，总改造户数863户，2021年累计完成投资额414万元。扎实推进城建项目。继续推进县城截污改造、雨污分流工程项目建设，增强县城区排水防涝能力。总投资约1882.5万元的丰顺新城区沿江路雨污分流工程已竣工验收；总投资约6375.9万元的丰顺县城老城区（汤湖沟）

污水截流改造工程，至年底已基本建设完成；总投资7117.73万元的丰顺县污水处理厂提升改造及管网建设工程（第一期），至年底已完成形象进度50%。总投资4265.21万元的丰顺污水处理厂提升改造第二期工程（内岭片区雨污分流工程），至年底处于施工图预算阶段；总投资2708.98万元的丰顺污水处理厂提升改造第二期工程（市政大道雨污分流工程），至年底处于规划许可证办理中。扎实推进供水服务保障项目。加快建设总设计供水规模为14.6万吨/日、总投资估算约6.74亿元的丰顺新区供水工程项目。至年底，丰顺县新区供水工程（一期工程）项目已全面开工建设，大罗水厂整体形象进度完成98%，管网工程累计铺设11556米。2021年累计完成投资额为17021万元，本年度投资完成率98.50%；项目至年底累计完成投资额为32568万元，完成一期总投资的65.56%。推进扎实燃气工程建设。组织编制《丰顺县域燃气专项规划》，科学指导丰顺县城镇燃气事业的发展；推进"县县通"工程建设，不断完善燃气基础设施。丰顺县天然气接收门站项目于2022年5月完成备案，至年底该项目用地正在公示中，并已按照要求进行施工前的设计、招标等工作。稳步推进配套管线建设，2021年先后建设了汤西环城路（锦江B区-117乡道）、嘉应学院路、金河大道、埔寨园区规划道路建设等敷设中压管线。丰顺县城镇燃气气化率约为98.7%，其中瓶装气气化率约为45%，预计2021年全年实现供气730万立方米。扎实推进垃圾分类工作。按照"试点先行、逐步推进、城乡统筹"的原则，在汤坑镇汤泉社区的基础上，2021年增加五一、城西、城南、城北4个社区作为垃圾分类试点推进社区，在试点社区中开展小型宣传活动8次，发放宣传品5000余份，同时协助指导物管小区开展垃圾分类工作，在碧桂园一期、锦江美景城、千江花园、滨江湾花园等小区建设垃圾分类集中投放点14个，扩大垃圾分类基础设施建设，助力垃圾分类工作开展。推进政府机关、事业单位、医院、学校等公共机构生活垃圾分类工作，县城公共机构实现生活垃圾分类全覆盖，切实发挥好党政机关等公共机构的示范引领作用。扎实推进住房保障体工作。做好低保户住房困难补贴发放工作。2021年丰顺县新增发放低保户住房困难补贴10户；对符合发放条件的69户发放廉租房租金补贴，全年发放金额7.28万元。对保障性住房实物配租住户进行年审，将租户和申请人及其家庭成员信息报送到国土、人社、公安、工商等相关部门进行核查，核查结果符合租住资格的租户进行合同年审续租工作。对个人申请原单位房改房办理不动产权证的房产信息进行核实251宗，出具未享受过房改售房等福利证明65份。做好保障房红狮小区的物业工作，2021年9月通过政府采购购买服务的形式，聘请有专业资质的物业公司对保障房红狮小区进行入场管理。

【乡村振兴】 大力推进历史文化建筑保护工作。按照《广东省历史建筑建档测绘三年行动计划（2020—2022年）》的工作要求，委托有资质的第三方服务公司，针对丰顺县各镇村36处历史建筑开展县历史建筑建档测绘工作，至年底已完成外业现场扫描测量工作，正在内业绘制成果。大力推进城乡生活垃圾治理。全面完成"一县一场、一镇一站、一村一点"建设项目工程任务，村庄保洁覆盖率达到100%。为加快推进丰顺县农村生活垃圾治理市场化，提升农村生活垃圾治理水平，优化人居环境，丰顺县投资9811.88万元，开展丰顺县城乡生活垃圾转运一体化PPP项目（含各村垃圾收集点建设，镇中转站升级改造，压缩运输等），已完成项目立项、招投标、设计等前期工作，汤坑镇河滨中转站正在改造中。预计2022年年底16个中转站建设、改造工程全部完成并投入使用。大力推进镇村生活污水治理。组织实施丰顺县全县域环境综合治理与修复PPP项目，截至年底，完成9座镇级和55座村级生活污水处理设施的建设，完成镇级配套管网91千米，村级配套管网134.37千米，已建成的污水处理设施相继投入使用。大力推进农村住房安全保障工作。开展2021年农村危房改造工作，保障农村低收入群体等重点对象住房安全。2021年89户危房改造户任务，截至2021年11月底，89户全部竣工，完成2021年农村危房改造任务。推进农村削坡建房风险点整治工作，防范农村削坡建房周边区域发生地质灾害，根据《丰顺县农村削坡建房风险排查整治工作方案》的工作要求，2021年整治任务共870户，已全面完成2021年整治任务。

【城市治理水平】 加强市容市貌管理。综合整治清理出店经营和乱搭乱建、乱堆乱放等现象，规范广告门牌，依法拆除乱拉乱挂横幅、布篷，对流动摊贩及游商占道经营行为依法进行规劝及暂扣，累计纠正占道经营15473宗，拆除违规具有重大安全隐患的大型户外广告招牌3处，累计纠正占道灯箱、招牌约150个，拆除条幅约100条。加强中小学校周边校园环境整治，开展专项行动3次，累计出动执法人员约238人次，累计纠正占道经营208宗，暂扣乱停放共享电动车26辆，规范广告牌15个，纠正乱摆放、占道破轮胎和雪糕筒38处，拆除乱拉乱挂9处。开展“六乱”专项整治。10月创文专项行动共出动约340人次，加大“六乱”、占道经营等整治力度，以良好的市容面貌迎接“创文”测评工作。加强城市管理执法。根据《丰顺县打好违法建设治理攻坚战实施工作方案》的工作方案，住建局依法协助汤坑镇对城区违法建筑进行治理，对违法施工的现场采取暂扣施工工具，严厉打击违法建设，违法建设“零容忍”。截至2021年年底，累计出动执法人员约145人次，累计出动执法车、铲车约46车次，检查违规改建扩建33次，针对违规改建扩建临时搭建累计发出责令整改通知37份，协助县政府、汤坑镇进行违法建设拆除9宗（2300平方米）。落实整改中央环保督察组信访投诉件。在中央环保督察期间共牵头落实整改4宗信访投诉件，分别是河滨消夜档、大山背体育公园、风度圆盘路口、兄弟大排档。整改落实期间共发出责令整改通知书25份，通知19家消夜档进店经营，共劝退33家流动摊贩。截至10月，上述4宗信访投诉件均已整改完毕。

【建筑业】 加快推进工程建设项目审批制度改革。完成与省级工程建设项目审批管理系统对接，实现工程建设项目各审批和服务事项“一窗通办”模式，推进电子证照签发和联合验收。2021年窗口共受理包括工程建设项目审批在内的业务149件，办结149件，存量房网签54套，一手房备案2624套。加强建筑市场监管。开展特殊工程的消防设计审查业务，2021年以来共受理19宗消防设计审查；继续全面推进在建项目用工实名制管理，到目前为止已开通实名制系统管理账号的项目达18个，覆盖率达100%；推进工程勘察劳务类等资质许可下放工作，2021年共受理资质类行政许可申请6宗；开展2021年“安管人员”安全生产继续教育培训班，共培训127人次；继续加强房屋建筑和市政基础设施工程招标投标活动监管，严厉打击招标投标环节违法违规行为，维护建筑市场秩序。开展房屋建筑和市政设施工程在建项目发承包违法行为专项整治行动，对县内16个在建项目随机抽查，特别是对公建项目100%抽查，共出动21人次，检查项目7个，发出整改通知书7张，整改意见数量7条。做好建设工程造价管理工作，及时发布丰顺县工程造价信息，为政府部门和企业提供信息服务，引导建筑市场主体对建材价格的变化进行研判，为工程造价的合理确定和有效控制提供支撑。认真执行人防“结建”新政策执行，上半年共收取人防工程易地建设费360万元；审批防空地下室建设项目13577平方米；竣工验收防空地下室16835.79平方米。加强工地安全监管，全面排查消除隐患。坚持“源头防控、防范风险”的理念，积极组织人员对在建房屋市政工程进行安全生产检查工作，对排查出的安全隐患，切实做到安全隐患100%“回头看”，闭合管理环节，确保整治措施落到实地。2021年，对在建项目共出动检查人员485人次，共检查建筑工地230个次，共发出限期整改通知书156份，整改意见443条，针对检查发现的安全隐患，责令立即整改，并指定专人负责，加强隐患整改跟踪落实，及时消除安全隐患，使得丰顺县在建工地安全生产工作平稳有序。

（谢国锋）

供电

【概况】 2021年是党和国家历史上具有里程碑意义的一年，丰顺供电局坚持以习近平新时代中国特色社会主义思想为指导，深入学习贯彻习近平总书记重要讲话和重要指示批示精神，坚决贯彻落实网省公司、梅州局和县委县政府工作部署，统筹抓好改革发展生产经营各项工作，有力支撑省公司全面完成创建全国最好、世界一流省网企业目标任务，实现了“十四五”良好开局。

电网连续安全稳定运行超过29年。2021年完成售电量14.76亿千瓦时，同比增长5.40%。2021年电费回收率100%。地方政府公共服务评价全市排名第一。荣获梅州供电局2019—2021年度任期考核A级佳绩。

【落实上级重大决策部署】 全力服务“双碳”战略，高标准推动上级战略部署落地，助力丰顺地区建设。完成需求侧节约电量493.85万千瓦时。为282个光伏项目提供并网服务，全额消纳区域内新能源2156.47万千瓦时。当年投产可量化类电能替代27项，规模以上项目2项，完成可量化类电能替代电量484万千瓦时。助力地方融湾发展，规划至2025年建成110千伏内岭站，35千伏砂田站、建桥站、东留站配套新出线项目，解决中压线路供电半径超15千米问题。全力服务乡村振兴战略，派出1名干部参与1个帮扶点助镇帮镇扶村工作，投资5006万元改善农村电网基础设施，巩固脱贫攻坚成果同乡村振兴有效衔接。

【安全生产】 牢固树立安全发展理念，

未发生五级及以上电力安全事件。落实设备重过载管控措施，及时消除设备紧急重大缺陷249项。全面开展“机巡为主+人巡为辅”的配电巡视，配电线路紧急重大缺陷下降2.63%。扎实推进从严治安20条举措，成立作业风险监控中心，落实“1+4”作业风险管控机制，外力破坏引起的电力安全事件减少84%，成功消除汤南非法占用电缆通道及省道改造引起上八线基础滑坡等重大安全隐患历史遗留问题。实现5339件工器具全生命周期信息化管理。加强基层基础基本技能建设，汤南供电所荣获省公司“安全生产先进集体”称号。圆满完成庆祝中国共产党成立100周年等重要保供电任务18项。常态化落实疫情排查、风险防控举措。

【扛实电力保供政治责任】 深入学习贯彻习近平总书记关于能源电力保供的重要指示批示精神，积极应对电力供应紧张形势，落实“四保”要求，全社会用电量同比增长5.35%。建立用户分群管理，配合政府开展“两高”企业用能管控，签订灵活调减负荷22.29万千瓦时，未发生影响民生、公共服务、社会稳定和电网安全事件。落实分时电价政策，提前完成全县664只分时电表改造任务。持续优化营商环境，实现全域160千瓦及以下小微企业用电报装“零投资”。构建前中后台架构，实现基础性服务向综合性服务转变，9项增值服务产品上线“南网在线”，赢单金额164.86万元。提高设备运维水平，开展差异化运维，实施线路防雷改造，没有故障超24小时和停电10次以上用户。超额完成低电压台区治理任务，进一步提升供电可靠性。

【电网规划建设】 高质量开展“十四五”电网规划年度修编，优化完善丰顺电网建设，配合完成110千伏丰南片区网架完善结构工程共112基铁塔征地及5项主网工程的前期属地化管理工作。全年新增配变容量12885千伏安，中压线路273.66千米，低压线路665.63千米，实现长期挂账工程全部清零。投产35个基于标准设计V3.0的智能配电网项目。积极拓展智慧能源业务，新建充电桩（站）52个，县域公共充电站点全覆盖，累计充电电量20.89万千瓦时，同比增长100%。深化配电智能巡检技术应用，完成全局127回线路的通道建模及航线规划，精细化飞行2391.5千米。加快自愈线路建设，55回线路投入自愈功能，自愈线路覆盖率51.4%，配网自动化有效覆盖率70%。成功实现9回线路有效动作。提升数字化支撑能力。完成577个台区的低压GIS（地理信息系统）普查、绘制。

【经营管理】 全力谋经营、强管理，奋力开创经营发展新局面。助力梅州局在全省率先通过ISO 55000资产管理体系认证。降损增供增收取得显著成效。提炼“线损分析七步法”，精准定位损失电量，完成高损台区治理68个，节省投资超70%，退出空轻载配变28台，线损异常率1.53%，同比下降2.14个百分点，降损电量955万千瓦时，全市第一。计量数据精准查窃再立新功。查处窃电80宗，追补电量122.45万千瓦时，补收电费及违约金298.57万元，分别同比增长145%、1451%、1090%，其中查处单笔最高金额达65.62万元。警企携手维护用电秩序，联合开展窃电查处30余次，推动刑事立案5起涉13人。推进员工法律底线教育，开展“送法到基层”2场次。该局获丰顺县“七五”普法工作先进集体称号。

【改革发展】 改革攻坚取得新突破。实施三项制度改革行动，经理层全部完成任期制和契约化管理。增强创新发展动能。累计有效发明专利拥有数4件。课题《降低供电所各类会议路途耗时》获梅州市优秀质量管理小组成果发布三等奖。深化管理减负和提升，上线5个场景应用。“丰翼创新工作室”被认定为2021年省公司劳模（技术能手）创新工作室。深入推动数字化转型和数字电网建设，互联网客户服务渠道累计用户数6823户，累计绑定用户量4463户。落实电价市场化改革政策，推进代理购电业务，核查代购电用户档案27298户，签订补充协议911户，改造计量装置664台。推动一般工商业用户全部进市场，高效完成2.6万户工商业用户的政策告知和638户中压用户代购协议签订。“一户多人口”优惠电价政策惠及738户用电客户。

【党建引领】 扎实开展党史学习教育，推进“我为群众办实事”专题实践，实施“民生十件实事”解决基层员工“急难愁盼”问题。落实干部人才培养“三项举措”，4名干部职工到梅州局学习锻炼，公开竞聘22个空缺岗位。全面加强班站所长队伍建设，班站所长公开选聘比例61%。新增聘任专业技术专家6人、技能专家5人。更加关心关注员工“医食住行养”。与县中医院合作开展9场次“健康咨询”活动；完成职工医疗保险和门诊报销3749例累计401.13万元。持续提升职工小家建家质量，砂田供电所被梅州市总工会授予“梅州市模范职工小家”称号。大力弘扬劳模工匠精神，一批青年人才蓬勃成长，生产计划部配网综合班获评“梅州市青年安全生产示范岗”称号。

（徐丽芹）

城市供排水

【概况】 2021年，丰顺县供排水服务中心紧紧围绕县委、县政府确定的目标和工作任务，始终把安全供水、县城污水收集处理作为首要任务来抓，促进县城供排水事业的稳步发展。

【供水发展】 2021年，丰顺县从2020年秋起连续干旱，虎局水库因库容减少，已近干涸。2021年2月27日，库容处于死库容状态，人民群众生产生活用水受到极大影响，供水形势严峻，丰顺县提前启动抗旱应急保供水工作，全力确保群众的基本生活用水需求。为做好抗旱保供水工作，储备宝贵的水源，丰顺县充分做好“防大旱、抗久旱”的思想准备，采取打深井—抽水—引水应急取水方式，全力做好城区供水保障工作。2021年实施了石联水库应急调水工程、打深水井、应急抽取磜下潭河水、虎局水库死库容及在虎局村黄屋桥建临时拦水坝抽取河水等措施。为能长远解决丰顺县城区及丰顺新区的正常供水，按照县委、县政府的工作部署及《丰顺县新区供水工程》，截至2021年12月30日，完成投资额为3.73亿元，完成一期工程形象投资的70%。2021年丰顺粤海水务有限公司售水总量965.21万立方米。

【水源水质安全管理】 虎局水库作为全县城集中式饮用水水源地，根据《丰顺县虎局水库饮用水水源水质保护管理办法》有关规定，建立和完善虎局水库的保护管理规划，确保集雨库区范围内的生态安全，切断污染源，保证水源水达到环境地表水Ⅱ类水质标准，配合环保局建立的集中式饮用水水源区水源水质检验确保饮用水水源安全。

【雨污改造工程建设】 积极推动实施县城区截污改造、雨污分流等民心工程。

丰顺县老城区（汤湖沟）污水截污改造工程。主要建设内容为：改造建设老城区（汤湖沟）面粉厂段、太平路段、镇台路段、居民区段、西市路段、南市路段、学校段、建设路和顺发路的截污管网工程及其他项目。

丰顺新城区沿江路雨污分流工程。主要建设内容为：建设沿江路、修试大道（培英桥至七娘庵）的排水管道。该项目工程已竣工验收。

丰顺县污水处理厂提升改造及管网建设工程（第一期）。主要建设内容为：铺设雨水箱涵，起点为狮山路，终点为汶水河。至年底工程进展按计划有序推进。

2021年，污水处理厂全年共处理污水1254.63万吨，削减COD总量615.47吨，削减总磷10.69吨，削减氨氮151.27吨，处理污泥3058.10吨，完成丰顺县的污染物总量减排任务。

【服务意识】 丰顺县供排水服务中心大力抓好供排水基础设施建设，不断完善管理制度，强化员工责任意识，严抓纪律，着力抓好队伍建设，不断提高员工素质，树立单位良好的社会形象。

（徐文畅）

市政公用事业管理

【概况】 2021年是“十四五”的开官之年，是实现第一个百年奋斗目标、全面建成小康社会的第一年，县市政公用事业管理中心在县委、县政府的正确领导下，坚持以习近平新时代中国特色社会主义思想为指导，认真贯彻落实习近平总书记对广东工作重要讲话重要指示批示精神，以党史学习教育和习近平总书记在中国共产党成立100周年重要讲话精神为契机，紧紧围绕县委、县政府中心工作，以“江山就是人民，人民就是江山”为理念，以“服务社会发展，服务经济发展，提升城市品位”为目标，积极推进城市管理服务各项工作的落实，为推动丰顺苏区高质量发展步伐作出更大贡献。

【疫情防控】 2021年以来，针对国内特别是广东省新冠病毒小范围暴发、局部扩散、疫情反复等情况，县市政中心党组坚持把疫情防控工作作为“我为群众办实事”实践活动首要任务，号召全体党员同志身先士卒、带头服务大局、坚守岗位，以主动担当的实际行动自觉践行共产党员的初心和使命，全力以赴，持续做好疫情防控工作，重点对丰顺公园、农贸市场、垃圾中转站等重点场所进行重点管控，加大消毒清洗力度，严防死守。同时，强化宣传力度，坚持以LED电子屏、公益海报、公益宣传栏等方式进行疫情防控宣传，强力推进新冠疫苗接种工作力度，确保疫苗接种按时完成，筑牢了疫情防控安全屏障。

【重点民生工程建设】 2021年来，县市政中心先后投入2270多万元，完成热电路改建工程、珠光新城御景规划路、太平西路新建工程等重点市政工程建设。在建工程共9宗，总投资1.65亿元，计划开工建设工程7宗；其中新世纪国有农贸市场及周边配套市政基础设施改造工程，总投资为9525.74万元，申请专项债券6500万元，利用汤坑镇邓屋村安置房一楼新开发

1座农贸市场，并对新世纪片区的市政道路进行沥青路面铺设，农贸市场总面积为3280平方米，按照市场标准化进行装修（市场投资约467万元），共有125个档位，12间店铺，设置有鲜肉、蔬菜、活禽、水产等区域，正在抓紧做好工程收尾工作，确保12月底前移交并投入使用；全力推进小圆岭公园（碧桂园标段）的建设，确保12月底完成债券资金的支付；全力推进丰顺公园东门除险加固项目，确保春节前完工；全力组织实施“两河”景观灯修复工程，力争2022年春节前亮灯；维修完善城区基础设施和修剪城市绿化树木，有效改善人居环境，为创建全国文明城市提供坚实基础。

【安全生产工作】 县市政中心作为县系统防范化解道路交通安全风险的成员单位，深入贯彻落实习近平总书记关于安全生产的重要指示批示精神，认真贯彻落实县委、县政府的工作要求，按照县道安办的工作部署，全力开展道路交通安全隐患排查，针对206国道及连接处进行认真排查，梳理安全隐患点，计划对路灯、标识标线、绿化树木、垃圾桶放置等进行整改，在县公安局路口、港丰红绿灯路口、东里三岔路口加装12米三头射灯，对沿途光衰严重的路灯进行更换，修剪遮盖路灯光线的绿化树木，完善标识标线，安装交通警示牌，安装垃圾分类亭，规范放置垃圾桶等；接下来，将组织人员对城区市政道路的标识标线、隔离栏等交通安全设施开展大排查，梳理安全隐患点，逐项落实整改，确保安全。同时，抓好在建工程安全生产，做好年底工人返乡工作；做好丰顺公园冬季防火工作；加强五斗种生活垃圾填埋场和建筑垃圾消纳场的监管工作，规范操作流程，确保中央环保督察整改效果持续下去；提前做好生活垃圾填埋场封场的前期工作（已经委托省环保设计院编制方案）；加强对农贸市场的管理，做好食品安全卫生工作。

【党的建设】 切实加强党的建设，着力推进全面依法治县工作，强化意识形态工作。县市政中心坚决以习近平新时代中国特色社会主义思想为指引，认真贯彻落实党中央全面从严治党要求，积极开展党史学习教育和“我为群众办实事”活动，深入学习贯彻落实党中央五中、六中全会精神和习近平总书记“七一”重要讲话精神，切实加强党的建设，积极培养发展党员干部，全年共发展入党积极分子3人，吸收预备党员1人、正式党员1人，组织党员干部到八乡山东江苏维埃纪念馆开展革命传统教育，全力支持县纪委监委派驻县住建局纪监组的工作。着力推进全面依法治县工作，切实履行第一责任人的责任职责，深入贯彻落实习近平总书记关于法治建设的重要指示精神，贯彻落实党中央、省、市、县关于全面依法治国的决策部署，推动落实本单位依法治县各项工作的落实。深入贯彻落实习近平总书记关于意识形态工作的重要论述，切实把思想和行动统一到党中央决策部署上，大力加强网络意识形态安全能力建设，强化责任意识，不断压实党组意识形态工作责任制，全方位筑牢意识形态安全的“防火墙”，牢牢守住意识形态安全的“大门”。

【城市管理】 持续做好环境卫生保洁工作，积极开展“创国文”工作。全力做好城区环卫保洁工作，加强清扫清洗频率，特别是重点地段的环境卫生和背街小巷的综合整治工作，全面清理卫生死角，确保垃圾日产日清；强化余泥渣土巡查监管力度，做好无主余泥渣土的清理工作；按时完成河道杂草的清除工作，确保河道整洁干净无漂浮；积极推进垃圾分类工作，全力做好“创国文”工作，积极开展“我为群众办实事”实践活动，投身于社区共建，营造“全民动员、人人参与”的良好氛围。

全力以赴做好中央第四生态环境保护督察交办案件的整改落实工作。五斗种生活垃圾填埋场因直线距离县城区不足2千米，受城市热岛效应影响，填埋场产生的气味外溢影响周边环境，周边市民意见比较大。8月30日，县五斗种生活垃圾填埋场臭气扰民事件被列为中央生态环境保护督察督办案件（第3批19号来信）。收到案件后，市政中心迅速向县委、县政府报告，并立即组织人员赶赴县五斗种填埋场现场检查，召开专题整改工作会议，成立工作专班，制定整改落实工作方案，明确整改时限，派专人驻点现场负责落实整改进度。加快对渗滤液收集池进行密闭覆盖工程进度，防止臭气外溢，并购置安装除硫设备，铺设导气管将池内发酵气体抽送到新增的除硫设备进行脱硫处理后，抽送到火炬塔进行燃烧，同时继续增大雾炮除臭处理，并采取生物除臭剂进行除臭，双管齐下，全力降低对居民生活的影响。规范填埋场操作规程，要求填埋场每次作业完毕后必须及时覆盖，减少作业裸露面，及时填埋压实、除臭和消杀，防止恶臭散发。加强运行管理。要求所有垃圾运载车辆必须做好垃圾遮盖密闭和防渗漏处理，同时对厂区环境卫生进行整治，疏通厂区排水系统，确保厂区整洁、卫生。通过采取一系列的整改措施，实事求是地落实整改，填埋场的臭气扰民问题得到了明显改观，取得了效果，群众反映良好，案件如期办结，整改落实工作受到市领导和上级部门的肯定。

2021年，丰顺县创建国家文明城市提名资格工作已顺利完成迎检工作，县市政中心将继续做好“创国文”工作，将各项创建指标融入日常管理工作中，进一步加大宣传力度，强化基础设施建设，加大维修力度，着力开展市容环境卫生整治，全力推进垃圾分类试点工作，以良好的城市环境服务，为丰顺县“创国文”工作提供有力的保障。

（黄培鸿）

生态环境保护

【概况】 2021年，梅州市生态环境局丰顺分局在县委、县政府的正确领导和上级生态环境部门的精心指导下，坚持以习近平新时代中国特色社会主义思想为指导，深入学习贯彻党的十九届六中全会精神，全面贯彻落实习近平生态文明思想，坚持“生态优先，绿色发展”的发展理念，在做好新冠肺炎疫情日常防控的同时，不断增强法治思维、生态思维，加强环境监督管理，加大环境执法工作力度，狠抓群众关注的污染防治攻坚战重点任务落实，努力满足广大市民对美好生态环境的需求。2021年，县城环境空气质量优良率达97.5%。水环境质量达标率保持100%，特别是榕江北河龙溪断面年平均水质达到了地表水Ⅲ类水标准，为丰顺苏区高质量振兴发展提供良好的生态环境保障，以优异的成绩迎接党的二十大召开。

【加强组织领导】 成立生态环境保护委员会，并制定《丰顺县生态环境保护委员会工作规则》和《丰顺县生态环境保护委员会办公室工作规则》，明确细化相关部门生态环境保护责任，充分发挥协调作用，统筹解决突出环境问题，提升全县生态文明建设水平。根据生态环境保护有关法律法规和相关文件要求，结合丰顺县实际制定《丰顺县生态环境保护工作责任清单》，明确了各级各部门的生态环境保护职责，强化全县生态环境保护工作。不断加强党对生态文明建设的组织领导，将生态环境质量上级“只能更好、不能变坏”作为党委和政府生态环境保护的责任底线。按照“属地管理”原则，严格落实生态环境保护“党政同责”“一岗双责”，层层压实全县各级各部门职责，坚决打好污染防治攻坚战。

【强化防疫管控】 疫情就是命令，防控就是责任。市生态环境局丰顺分局认真贯彻落实习近平总书记关于做好疫情防控工作的系列重要指示精神，科学防治，精准施策，有序开展疫情防控工作，加大防疫宣传教育，积极动员干部职工及退休人员新冠疫苗接种，加快构建人群免疫屏障。全力做好隔离点疫情防控检查工作，定期检查隔离点废水配套处理设施、生活废物收集、贮存和转运、生活污水消毒等各项处理措施是否能够达到疫情防控标准，仔细核对消毒台账记录。督促隔离点持续做好日常管理工作，加强巡查检查，强化生活废物收运和污水消毒，确保疫情防控万无一失。同时，通过发函的形式，督促各镇（场）履行“属地管理”，加强镇、村卫生机构医疗废物及医疗废水管理，确保环境管理不留死角、全覆盖。

【提升环境质量】 蓝天保卫战紧抓不松懈。组织加强锅炉和挥发性有机物污染整治，大力发展清洁能源，推广电动公交车及其他新能源汽车，开展柴油货车污染治理，不断加强施工工地和运输扬尘管理，全面禁止露天焚烧，全面加强烟花爆竹燃放管控，促使县城空气质量明显改善。碧水攻坚战稳中求进。组织加强饮用水水源地环境保护，完善乡镇饮用水水源地标准化建设，推进新区供水工程水源地保护区规划工作。根据监测结果显示，2021年，县级集中式饮用水水源地水质达标率均为100%。扎实开展省市民生实事12个自然村的生活污水治理工作，丰顺县4个自然村建设管网就近接入县镇村污水处理设施，8个自然村新建人工湿地治理设施，新建污水处理能力420吨/日，累计投资814.26万元。落实入河排污口排查工作，制定专项整治方案，建立排污口管径长效监管机制。全县共排查名录河流16条、碧道河流3条、水库3个，排查河流长度506.5千米，湖库周长22.99千米，排查出1739个排污口（排水口），现场快速检测823个排污口（排水口）。净土持久战持续发力。全面开展丰顺县土壤污染状况调查，对土壤重点监管企业进行核实土壤情况，并对建设用地土壤污染状况进行现场调查，建立相关污染地块清单，完成风险隐患排查报告编制，排查风险隐患点4个，已全部完成整改。强化重点监管单位风险管控，定期对企业用地进行土壤环境监测，落实好重金属污染管控。6家电声配套企业治理设施已与县生态环境部门联网，通过督导指导企业落实好重金属污染综合防治任务，进一步提升企业治污水平。

【严抓整改落实】 在中央生态环境保护督察进驻广东期间，市生态环境局丰顺分局在做好文件资料保质保量、按时调度的基础上，牵头做好信访举报问题整改落实工作。丰顺县共收到中央生态环境保护督察组交办的信访举报件55件，重复投诉件7件。已办结47件，办结率85.5%。立案查处6家，已落实行政处罚约23.08万元，约谈73人次。市生态环境局丰顺分局严格贯彻落实督察组反馈意见，对标对表，对丰顺县存在问题主动认领，照单全收，逐项梳理，形成工作方案，坚决抓好问题整改落实不打折扣。针对未办结信访件，成立督导组，召开协调会，梳理每个信访件存在问题的难点、堵点，细化整改措施和办理时限，全力推行整改，确保尽快整改到位。

【优化管理与服务】 严格控制排放总量。通过重点项目减排、结构减排、监管减排等主要方式落实减排工作；组织专人加强对各年减排台账审核，完善台账资料，进一步确保丰顺县“十三五”四项主要污染物总量减排顺利完成。严把环评审批关。管理保持力度，服务持续温度，在建设项目及审批上坚持一手抓管理、一手抓服务。2021年，共受理建设项目环评申报41份，审批41份（含告知承诺制审批4份），环评审批率为100%。其中，报告书2份，报告表39份，登记表备案57份，豁免环评登记表备案约20份。未收到对建设项目环评审批的相关投诉。积极配合梅州市“三线一单”编制工作，保障梅州市“三线一单”成果文件如期颁布实施。强化许可证核发和质量核查工作。2021年，共计发证32家，其中新申请12家，重新申请2家，整改后申请4家，变更4家，延续3家，注销7家；已完成26家的质量核查工作，发现其中8家存在问题，针对发现问题督促企业进行整改落实。

【整治榕江北河】 市生态环境局丰顺分局深入贯彻落实梅州市污染防治攻坚战指挥部令《关于全市决战决胜污染防治攻坚战的命令》（2020年第1号）要求，保持对养殖、生活、工业污染整治高压态势。根据不同时期水质状况，定期组织召开协调会，协调联系各镇（场）、各职能单位，多措并举，标本兼治，做好城镇农村生活污水治理、河长制、畜禽养殖整治等工作。强化对污染源企业巡查监管，确保水环境安全。落实“属地管理”原则，加强协同整治，全面提升龙溪断面水质。2017年至2021年连续五年榕江北河龙溪断面平均水质达到地表水Ⅲ类水标准。

【加强监测监管】 坚持以污染源监督性监测、重金属污染监测和韩江潭江及县城集中饮用水水源虎局水库生态环境自动监测网络监测为重点，加强空气质量、环境水体、噪声的监测。认真做好建设项目监测服务，加强对排污企业污染物排放情况和电镀等重点行业的跟踪监测，努力实现污染源稳定达标排放。加强固体废物集中处置管理，严格落实转移联单制度，逐步建立危险废物环境监管长效机制。认真抓好辖区内违法违规建设项目清理和“三同时”现场监察工作。在工作过程中，如发现有环境违法行为的，发现一宗，查处一宗，对环境违法行为实行“零容忍”，坚决不向污染企业“开绿灯”，全力保障全县环境安全。据统计，2021年，共出动执法人数1547人/次，检查企业629家，办理生态环境信访件共250宗，办结率100%。发出《责令改正环境违法行为决定书》6份，立案6宗，结案6宗，累计落实处罚罚款50.7万元。

【加大宣传教育】 为进一步增强全社会保护生态环境的自觉性和主动性，市生态环境局丰顺分局持续做好生态环境保护普法与宣传教育活动。认真安排部署依法治县工作。根据相关文件要求，制定《梅州市生态环境局丰顺分局2021年普法工作计划》，明确普法内容，强化落实。强化生态环境保护执法全过程中的普法服务，在开展环境保护执法行动中进行法治宣传，通过上门走访积极向执法对象解读法律法规和执行标准等问题。巧搭“媒体桥”，开展多元化“六五世界环境日”宣传月活动。通过县广播电视台、新媒体、环境文化橱窗等媒体开展多形式、多层次、多渠道的宣传活动，做到形式略减“温度”不减，为纪念“六五世界环境日”宣传月活动营造浓厚氛围。引导社会力量参与宣传活动。通过组织志愿者上门宣传活动，向广大群众普及各类生态环境保护知识，带动大家自觉保护我们的生态环境，共同建设美丽家园。

【加强党建工作】 市生态环境局丰顺分局高度重视队伍建设，2021年，新招录用公务员4名，入党积极分子转预备党员1名，新提拔1名副局长，职级晋升11名干部，提任2名副股级干部。坚持将生态环境保护队伍建设与党史学习教育相结合，将党史学习教育作为一项重大政治任务，列入党组重要议事日程。结合生态环境实际，紧紧围绕“学党史、悟思想、办实事、开新局”的重大部署，第一时间拟定学习教育实施方案，针对具体工作要求，在完善好规定动作的基础上，创造多类型、多层次、务实管用的载体活动，不断增强学习教育的针对性、实效性。2021年，市生态环境局丰顺分局党组组织开展“铭记光辉历程·传承红色基因·赓续红色血脉”革命传统教育主题党日活动，观看党史学习教育电影《生死坚守》，邀请党史学习教育县委宣讲团成员卢胜文宣讲《从中国共产党百年辉煌看丰顺革命斗争历史》，以此党史学习教育为契机，结合生态环境保护实际，提高干部职工的思想认识，把思想统一到县委、县政府关于做好生态环境保护各项工作上来，服务丰顺高质量发展。

（黄立威　邱雪雯）

住房公积金管理

【概况】 2021年，在县委、县政府的正确领导和市中心的指导下，住房公积金丰顺分理处部认真学习贯彻落实党的十九届五中、六中全会精神，学习习近平总书记在中国共产党成立100周年大会上的重要讲话精神，坚定“四个自信”，树牢“四个意识”，落实“两个维护”，自觉与党中央保持高度一致。严格按照《住房公积金管理条例》和市管委会有关规定，依法依规办好住房公积金业务，扎实做好住房公积金的运营和管理，实现住房公积金管理工作又好又快发展。2021年，全县归集住房公积金3.88亿元，同比增长9.72%；发放贷款584户共1.34亿元，比上年减少3.7%；提取公积金共2.87亿元。

【归集扩面】 面对新冠肺炎疫情的影响，住房公积金丰顺分理处在抓好疫情防控的前提下，深入企业宣传发动，积极宣传公积金政策，切实开展住房公积金归集扩面工作，共发放宣传册1560份。截至2021年年底，全县缴存单位346个单位，共19290人，新增缴存单位29个共228人。

【便民服务】 根据县委县政府关于“我为群众办实事”实践活动的要求，住房公积金丰顺分理处以方便群众办事，减少办事流程，提高办事效率为原则，深入开展为群众办实事业务，进一步提高便民服务水平，简化办事手续，提高办事效率。大力推进政务服务“指间办”，通过宣传推广“梅州公积金”微信公众号、“粤省事”和全国住房公积金小程序，引导干部群众通过线上办结部分公积金业务。梅州市住房公积金统一全市账户资金，实现全市住房公积金业务通存通取通办，大大节省缴存职工的时间成本、交通成本，方便缴存干部职工。进一步推动“放管服”改革的深入开展，住房公积金丰顺分理处积极引导贷款职工办理签约对冲还贷业务或划拨还贷业务，签约率位居全市前列。

【依法依规办理业务】 严格按照梅州市住房公积金管理委员会三届四次会议通过的管理规定办理公积金归集、提取、贷款业务，并依法审批。在提取方面，认真审核提取材料，对有嫌疑的提取，实行暂缓办理并对资料的真实性进行调查分析，防止违规提取的发生，对使用伪造证照材料骗提住房公积金的，列入住房公积金系统黑名单。严格遵守住房公积金提取业务审批流程，有效防范化解资金风险。在贷款方面，按照住房公积金贷款规定，自受理之日起3个工作日内作出给予贷款或不予贷款的决定，10个工作日内完成审核工作。

【贷后管理】 2021年，住房公积金丰顺分理处认真加强公积金贷后业务管理，及时跟踪贷款户还款情况，还款前及时提醒，一旦发现逾期情况，及时电话通知，督促其尽快还款。一旦发现有贷款逾期2期以上的，及时上门做好督促落实，最大限度减少逾期发生，有效防范金融风险，逾期率控制在0.1%以内。

【机构调整】 根据梅州市委办、市府办《关于梅州市住房公积金管理机构调整工作方案》（梅市明电〔2020〕147号）通知精神，住房公积金丰顺分理处全力协助梅州市住房公积金管理中心做好机构调整工作，2021年已完成资金核算、活期账户资金上划至市中心并销户，以及定期存款移交、会计档案归档和在编人员人事、工资关系转移等工作。

（李舒琴）

商业贸易

招商和企业服务

【概况】 2021年，县招商和企业服务中心在县委、县政府的正确领导下，坚持以习近平新时代中国特色社会主义思想为指导，认真贯彻落实习近平总书记对广东工作重要讲话重要指示批示等文件精神，认真贯彻落实中央和省、市关于推动制造业高质量发展的部署要求，围绕“重点产业、重点区域、重要客商”的主线，坚持“以情招商、以商招商、以诚招商、以信招商、精准招商”的工作思路，树立“产业兴县、项目为王、企业第一”的理念，充分发挥招商引资工作职能，明确招商引资工作目标，主动接洽招商引资项目，切实做好招商引资工作，取得一定成效。

【招商引资】 在县委、县政府领导的正确领导下，坚持组织、参与开展“每月走出去，每季请进来”的招商引资系列活动，多次走访珠三角地区重点企业、商会，力邀商会、企业到丰顺考察。2021年，招商中心拜访、接待商会和企业达104次。企业类型涵盖智能装备、新材料、食品包装、物流等产业领域。同时，围绕丰顺县重点产业，积极组织、参与专题、特色产业宣传、招商活动，推介丰顺投资环境。2021年，丰顺县顺利签约项目25个，投资额超10亿元项目1个，3亿元以上工业项目共4个，亿元以上项目20个，预计投资总额约72.3亿元。丰顺县14家总部经济企业共纳税25074万元，其中县级留成共6284万元。3月8日，在丰顺万洋招商中心举行丰顺招商引资“每季请进来”企业交流会暨丰顺万洋·揭阳市塑胶行业协会座谈会，邀请揭阳市塑胶行业协会组织40多家企业代表走进丰顺万洋众创城恳谈商机，寻求发展。7月14日，积极配合、参与丰顺县在梅州丰顺国际声谷项目建设现场举行的梅州市丰顺县产业项目“三个一批”现场会的各项前期准备工作，现场会共涉及50个项目，总投资额达153.3亿元。

【联席会议】 在县委、县政府领导主持下，组织开展丰顺县招商引资工作联席会议6次，研究讨论了约20家企业项目入园评审、协调推进等工作事宜，进一步推进铭薪电子、金亨制罐、海新厨电等项目的落地、征地事宜及深华物联网众创城等项目的入园事宜，联席会议共评审通过了广东供销（丰顺）天业冷链物流产业园项目、广东钢之家科技有限公司项目、惠州铭薪电子有限公司项目等十几个优质企业项目。

【宣传资料】 结合丰顺县实际情况，重新修编《丰顺县投资指南》和《丰顺县关于促进民营经济发展政策汇编》等招商引资的相关宣传资料；精心设计、定制了一批向外推介丰顺名片的财丰人顺平安扣。力求以多种形式和手法展示、推介丰顺投资环境，提高对外知名度。

【项目落地】 积极开展招商项目落地工作，帮助企业谋划加快推进项目落地，切实提高丰顺县招商引资工作成效。巡查期间，县主要领导及中心主要负责同志都高度重视，陪同市商务局领导一行开展巡查工作，每到一家企业，都详细了解该公司项目的具体规划、建设进度等情况，帮助企业协调解决项目征地、施工建设中存在的问题和困难，强力推动丰顺县项目招引、签约、落地、开工、投产，全力推进项目建设。2021年，签约项目23个，动工11个，未动工9个，投产3个。

（黄舒琅　罗　悦）

供　销

【概况】 2021年，县供销联社坚持以习近平新时代中国特色社会主义思想为指导，深入学习贯彻习近平总书记对供销合作社工作的重要指示精神，认真贯彻县委、县政府决策部署，牢记服务“三农”的初心，持续深化综合改革，以夯实为农服务平台、增强为农服务功能、提升为农服务水平为方向，着力推进冷链物流骨干网、农产品直供配送、消费帮扶、“三位一体”综合试点、基层组织建设等工作，努力推动全县供销事业和丰顺苏区高质量发展。2021年度，在全省供销合作社系统综合业绩考核中获得改革发展奖。

【疫情防控】 供销社认真贯彻习近平总书记关于防控新型冠状病毒肺炎的重要讲话、重要指示精神，建立完善应急处置机制，落实好人员情况摸查、个人卫生防护、公共场所消毒灭菌等具体措施，加强疫情防控信息宣传和正确舆情导向，协调组织好本系统相关工作，确保全县供销社系统企业粮、油、肉、菜等重点农副产品和春耕农资商品及生活必需品的正常供应，全力做好促生产、保供给、稳价格工作。

【党建党廉】 严格执行第一议题制度，认真学习习近平新时代中国特色社会主义思想，学习贯彻党的十九大、十九届历次全会和习近平总书记重要讲话精神，全面加强政治理论学习。持续提升基层党建工作水平。严格落实“三会一课”制度，积极开展主题党日活动、集中学习等活动，走访慰问老党员、困难党员。严格抓好发展党员工作，严格按照成熟一个，发展一个的原则，着重从业务骨干和优秀工作分子中培养发展年轻党员干部，切实增强党员队伍活力，加强队伍建设。2021年来，供销社机关党支部严把质量关口，培养吸收1名预备党员。推进全面从严治党治社工作，制订了党风廉政建设和反腐败工作计划，履行“一岗双责”，积极开展纪教月学习活动，组织观看专题警示教育片《特权之蚀》。严格落实中央八项规定实施细则，加强作风建设，勤俭节约办公，严格执行接待标准，不违规使用公车，坚持民主集中制，落实“三重一大”集体决策制度，充分发扬民主，规范办事程序。

【党史学习教育】 供销社党组出台了党史学习教育和“我为群众办实事”工作方案，通过多种形式引导党员干部深入学习“四史”知识，开展阅读红色经典、瞻仰革命遗址，观看红色影视、致敬英雄模范、唱响红色赞歌等革命传统教育活动，撰写心得体会和读书笔记，引导党员干部坚定理想信念，坚守宗旨使命。召开党史学习教育专题组织生活会，查找差距和不足，深刻检视并落实整改，达到了红脸出汗、相互帮助、增进团结、促进工作的良好效果。同时，以开展大走访、深调研活动、加快冷链物流骨干网建设、建立完善放心农产品产销对接网络、开展联农带农、助农为农服务和志愿服务系列活动为重点，把党史学习教育融入联系群众、服务群众的全过程中，努力为人民群众做好事、办实事、解难事。

【重要工作】 助农服务示范体系赋能升级。以助农服务平台（中心）为载体，为农户提供农资农技服务、冷链物流配送服务、农产品购销加工服务、日用消费品供应服务、农业机械服务、农村电商服务、农村金融保险服务等服务，开展双季稻统防统治农业社会化服务2万亩，飞播紫云英1万亩，投入费用30多万元，2021年来，紧紧围绕丰顺县“一村一品”及种植大户等，开展了15期农技培训，并发放了100吨高效有机肥料。通过专家团队对近500名农户进行了科学实用的种植管理技术培训，进一步提升了广大种植户的科学管理水平，促进了农户增产增收，助力丰顺县乡村振兴。

“粤菜（客家菜）师傅”工程稳步推进。

供销社携手省供销电子商务高级技工学校、省供销财经职业学校、丰泰职业技术培训学校先后在建桥、龙岗、黄金和丰良等镇成功举办了8期培训班，共培训399名“粤菜（客家菜）师傅”，并在龙岗镇供销社助农服务中心成功举办了“粤菜（客家菜）师傅”培训班优秀学员就业推荐会，现场成功推荐了15名优秀学员到丰顺县各知名餐饮企业及月子中心工作。全年推荐优秀学员就业、引导创业50多人。

“三位一体”综合合作试点工作开创新局。供销社深入贯彻落实习近平总书记关于“三位一体”综合改革的指示和《中华全国供销合作总社办公厅关于申报生产、供销、信用“三位一体”综合合作试点的通知》精神，开展生产、供销、信用“三位一体”综合合作试点工作。通过积极申报，丰顺县被全国总社列为全国试点县。供销社与客家村镇银行、中国农业银行丰顺支行签订了战略合作协议，并在潭江镇挂牌成立了梅州市系统首家“三位一体”新型基层供销社，建设了8个金融便民服务站点，为农业专业合作社和中小农户提供授信贷款等金融服务，其中已为官上村和潭江镇茶叶流通协会分别授信3000多万元，4家农民专业合作社、200多户茶农、水稻、青榄等种植户提供低息无抵押贷款累计700多万元，打造以生产、供销、信用“三位一体”综合合作为主线的公共型农业社会化服务体系。

丰顺县公共型农产品冷链物流基础设

施骨干网项目加快建设。广东供销（丰顺）天业冷链物流产业园项目总投资约1.8亿元，规划总用地面积约49.7亩，县供销社系统作为骨干网建设实施牵头单位，负责项目推进。因用地指标等原因，项目分两期供地，第一期项目面积约33亩，正在有序施工，一号冷库二层板模完成50%，二号加工车间基础完成30%，已完成累计投资额近4000万元，第二期土地正积极与各相关部门协调中。

乡村消费帮扶持续升温。开展农村电商人才培训1145人次、品牌建设+直播电商实操暨讲师培训班237人次、丰顺县益农信息社信息员暨电商人才培训班279人次，总共1661人次。县域助农服务平台（中心）积极对接帮扶各镇种植户，通过丰鼎电子商务有限公司运营的微信商城、“丰农优品”小程序，及111个镇村电子商务服务站点，帮助农户销售有机番薯、有机米、放养鸡、蜜柚、番薯粉等农产品，销售额达500多万元。

广东供销放心农产品直供配送丰顺县子平台平稳运营。项目总投资600万，采取合资新设的合作方式，由供销系统牵头并控股，社会合伙人参股，共同打造广东供销放心农产品直供配送丰顺县子平台。丰顺子平台于2021年12月29日正式开始运营，建成后，将大力拓展机团配送、中央厨房、消费扶贫等业务，推进丰顺县优质农产品进机关、进学校、进医院、进企业、进社区，积极对接珠三角和粤港澳大湾区“菜篮子、米袋子、果盘子、油瓶子、茶罐子”工程，打造产供销一体化的新型农产品流通枢纽。

基层组织建设恢复完善。2021年，通过县委、县政府的大力支持和供销社的努力，丰顺县乡镇基层组织建设已恢复50%。供销社整合社有资源，改造基础薄弱基层社，对小胜镇供销社危房商铺进行拆除重建。

（朱自朋）

烟　草

【概况】 2021年，丰顺县烟草专卖局（分公司）在县委、县政府和梅州市烟草专卖局（公司）的正确领导下，坚持以习近平新时代中国特色社会主义思想为指导，认真贯彻全市烟草工作会议精神，以创建“五好县级局”为有力抓手，各项工作稳步推进、成效初显，先后荣获梅州市委农村工作领导小组颁发的“2020年度梅州市扶贫济困铜奖”、丰顺县人民政府颁发的“2020年度丰顺县扶贫济困银奖”等荣誉称号，局（分公司）主要负责人被丰顺县委、县政府评为丰顺县“七五”普法工作先进个人。

【党的建设】 站稳政治立场。坚持党对一切工作的领导，严格落实“第一议题”制度，依托“三会一课”、专题党课、观看影片、专题辅导等形式，全面贯彻落实党的十九届六中全会精神，巩固深化“不忘初心、牢记使命”主题教育成果，扎实开展党史学习教育。保持政治定力。高度重视意识形态工作，召开专题会议对相关工作进行研判，并聘请专家对全体党员进行专题授课，牢牢掌握意识形态工作领导权，严格落实意识形态工作责任制。同时，严格贯彻落实民主集中制，凡是涉及“三重一大”的事项，严格执行请示报告制度，主动对表对标，推动上级各项重大决策部署在丰顺烟草落细落实。提升政治能力。持续压紧压实“两个责任”，促进党建与业务有效融合，努力使各项工作迎头赶上。通过领导班子挂点基层、带头讲党课，增强做好群众工作的能力，扎实开展了“我为群众办实事”实践活动，其间共列出“办实事”清单16项，全部完成销号。其中，“我为基层服好务”和“我为烟农办实事”的创新做法，分别被刊登于《广东省烟草专卖局（公司）党史学习教育工作简报》的第23期和第25期。

【社会责任】 局（分公司）强化大局意识，带头响应号召，积极加强宣传引导，主动与相关部门对接登记接种新冠疫苗，三针疫苗的接种速度与接种率在全市系统内均处较高水平，并积极协助地方政府开展疫情防控演练。同时，在2021年烟叶生产中，与县政府共同出资5.98万元为全县烟农购买烟叶种植保险，在5月9日冰雹灾害发生后，局（分公司）第一时间协助受灾烟农做好灾害理赔41.82万元，并号召员工捐款1.37万元，争取政府拨付专项资金1.6万元帮扶受灾烟农，最大限度挽回烟农损失。2021年，局（分公司）调整了乡村振兴帮扶镇为丰顺县潘田镇，帮扶该镇15万元用于建设光伏发电项目。创文工作期间，组织全体职工向创文挂钩村大山背村捐款14200元，助力创文工作开展。10月至12月，为残疾、困难等零售客户解决了一些“急难愁盼”的问题，发动公司员工集体捐款7300元，让帮扶一直“在线”。2021年，丰顺县烟草专卖局党总支部深入丰顺区域农网569余户，开展精准帮扶60余人次。打造“红色合作店”，推进特色货架建设，扎实开展乡村振兴工作，助力地方经济发展。通过这些鲜活的实例，切实发挥了基层党组织的战斗堡垒作用，树立了县局党员干部为民服务的良好形象。

【卷烟销售】 稳状态保效益。以市场需求为导向，认真做好零售客户销售指导和品牌培育工作。加大双喜一、二类卷烟品牌培育力度，着力提升客户销售利润，稳定辖区卷烟总体销售，为实体门店经济提供有力支持，为丰顺当地经济增长、财政增收做出应有贡献。抓重点促提升。加强与零售客户的沟通力度，第一时间通知最新货源情况，指导客户合理库存与资金周转，稳步挖掘市场销售潜力。强落实赢支持。全方位推进诚信互助小组建设转型升级，全县已建120组自律互助小组（含5组“示范小组”），小组成员1886户，占全区总客户数97.27%。推进“二十支”连锁零售网络建设，建设完成投入运营的形象店1家、加盟店1家、合作店6家。

【烟叶生产】 落实好合同签订工作。严格按照上级下达的187.5吨烟叶生产收购调拨预安排计划，与全县12户烟农签订烟叶种植收购合同，约定种植面积98.8公顷。做好烟叶收购工作。丰顺县收购烟叶186.6吨，完成收购计划的99.52%。加大技术推广。加大小苗深栽、绿色生产、均衡营养管理、成熟采烤等重点技术推广力度，烟叶生产标准化、绿色化、精益化水平不断提升；购置烟叶生产基础设施建设项目55件，涵盖烟叶烘烤及大田作业等主要生产环节，协调政府及有关部门建设333.33公顷高标准烟田，进一步夯实烟叶生产发展基础。

【专卖管理】 依法履职，保持打假打私的高压态势。2021年烟草局共受理核查群众举报32起，举报查实并立案22宗，市场检查查获立案57宗，合计立案79宗。上缴财政罚没收入12.44万元。移送公安机关涉刑案件2宗、移送市场监管部门行政案件10宗。累计办理结案80宗

（含2020年立案案件8宗）。责令卷烟零售户停业整顿2户次、取消从事烟草专卖零售业务并列入黑名单2户次。协助司法机关依法拘留3人，逮捕2人，判刑2人。加强证件管理工作。全县共有持证卷烟经营户1961户，持证零售户1936户，减少1.27%。2021年年底，丰顺县常住人口为47.87万人，持证率为4.04‰。加强电子烟市场监管。烟草局联合县市场监管局共开展电子烟市场专项整治执法行动30次，检查校园周边商户463户次、检查电子烟实体经营店128户次，清理校园周边电子烟经营户2户；协助市场监管部门立案查处电子烟案件2宗。

【企业管理】 强化设施建设。丰顺县潘田烟叶工作点建设项目占地面积5443.8平方米，建筑面积为2087.21平方米，年收购仓储量为500吨烟叶，预计2022年可完成工程建设。打造多元化党建阵地。线上依托“学习强国”App、网络学院，领导干部、党员同志、广大职工一起学，推进学习全覆盖。2021年“学习强国”积分1万分以上48人；总积分4万分以上19人，最高分达50555分。线下突出以党建促创新，打造阵地建设新标杆。编印百年党史海报、党的十九届六中全会精神宣传报，并以“七一勋章”获得者为榜样，专题编制“向榜样学习，七一勋章获得者”海报，宣传榜样先进事迹，引导全体职工致敬榜样、学习榜样、争做榜样，阵地建设亮点纷呈。建设法治烟草。高标准严要求启动“八五”普法工作，抓好法治宣传培训教育、专卖案件审查、合同管理，扎实做好法律风险防控。着力岗位实践。以“四个突出”扎实推动新版标准的宣贯工作，推广落地对标工作等精益管理成果，采取外派培训、开班授课、以会代训等方式，不断提高员工综合素质。强化安全管理。落实安全生产责任制，加强安全监管，举行了2次消防安全演练活动，巩固高效规范的安全防控机制。

（黄　熠）

财税・金融

财　政

【概况】　2021年，丰顺县财政工作坚持以习近平新时代中国特色社会主义思想为指导，全面贯彻党的十九大和十九届历次全会及中央经济工作会议精神，深入贯彻落实习近平总书记对广东系列重要讲话、重要指示批示精神，严格按照省财政工作会议和县委、县政府工作部署要求，坚持稳中求进工作总基调，坚定不移地贯彻新发展理念，坚决落实积极的财政政策要提质增效、更可持续要求，积极应对疫情，做好“六稳”“六保”任务，推动全县经济社会健康稳定发展，为“十四五”取得良好开局。

财政收入　2021年，全县财政总收入58.85亿元，其中：一般公共预算收入7.92亿元、上级各项补助收入（含专款）38.83亿元、调入资金7.81亿元（其中政府性基金调入5.79亿元、国有资本经营预算调入208万元、盘活存量资金调入2亿元）、债务转贷收入3.84亿元、上年结余4438万元。

县级一般公共预算收入7.92亿元，完成年初预算7.73亿元的102.50%，比去年同期7.36亿元增收5612万元，增长7.63%（增幅排全市第五位）。

财政支出　2021年，财政总支出55.68亿元，其中：一般公共预算支出51亿元、债务还本支出3.2亿元、安排预算稳定调节基金1932万元、上解支出1.29亿元。收支相抵，结余3.16亿元。

【协同发展】　面对错综复杂的国内外经济形势和国际疫情反复冲击的影响，县财政部门坚持贯彻新发展理念，继续深入推进供给侧结构性改革，落实上级减税降费各项政策，全力争取上级政策资金支持，服务县域经济发展。把握政策机遇。紧紧抓住横琴粤澳深度合作区建设、前海深港现代服务业合作区建设、老区苏区振兴发展、绿色发展、乡村振兴战略等重大政策机遇，积极争取上级财政转移支付资金和债券资金支持，增加可用财力。全年全县共收到上级财政转移支付38.83亿元，新增债券资金12.94亿元，为支持实体经济发展提供了坚实保障。深入优化营商环

2021年丰顺县一般公共预算支出表

表2　　　　　　　　　　　　　　　　　　　　　　　　单位：万元

序号	支出科目	2021年累计支出	2020年同期累计支出	比2020年同期	
				+-金额	+-%
1	一般公共服务支出	50210	51746	-1536	-2.97
2	公共安全支出	16387	20847	-4460	-21.39
3	国防支出	106	85	21	24.71
4	教育支出	99427	98392	1035	1.05
5	科学技术支出	1653	4388	-2735	-62.33
6	文化旅游体育与传媒支出	4379	7015	-2636	-37.58
7	社会保障和就业支出	110377	105786	4591	4.34
8	卫生健康支出	68229	76443	-8214	-10.75
9	节能环保支出	4191	10280	-6089	-59.23
10	城乡社区支出	11045	28376	-17.331	-61.08
11	农林水支出	83724	83305	419	0.50
12	交通运输支出	35786	35410	376	1.06
13	资源勘探信息等支出	236	612	-376	-61.44
14	商业服务业等支出	964	1963	-999	-50.89
15	自然资源海洋气象等支出	3811	4425	-614	-13.88
16	住房保障支出	12709	9525	3184	33.43
17	粮油物资储备支出	1076	955	121	12.67
18	灾害防治及应急管理支出	2431	3304	-873	-26.42
19	金融支出		40	-40	-100.00
20	债务付息及发行费支出	3272	3084	188	6.10
21	其他支出	—	—	—	—
合计		510013	545981	-35968	-6.59

境。推进“三去一降一补”工作，提升供给侧结构性改革的质量和成效。进一步落实各项减负降费政策，全年累计减免行政事业性收费2800万元，有效减轻企业负担，大力降低实体经济成本。大力推进企业转型发展。为推动企业转型升级，县财政部门积极发挥资金扶持激励作用，推动丰顺县实体经济发展，培植壮大基础财源，全年共争取各类企业扶持资金2698万元。狠抓交通基础设施建设。路通则财通，县财政部门积极争取各项资金来源，保障交通基础设施建设，全年累计投入资金3.2亿元。

【乡村振兴】 全面改善农村宜居环境，促进农民增收，着力发挥资金优势，履行财政监管职能，全面支持乡村振兴战略，巩固拓展脱贫攻坚成果与乡村振兴有效衔接。扎实推进涉农资金统筹整合改革。认真抓好涉农项目库建设、涉农项目典型示范引领和涉农资金的分配、使用、管理工作。2021年，省下达丰顺县涉农资金总额3.74亿元，百分之百完成支出，集中财力办成了涉农领域的重点项目。全力支持生态美丽宜居乡村建设。紧紧围绕县委、县政府连线成片、全域推进生态美丽宜居村庄建设目标，进一步加大上级专项资金争取力度，保障建设资金需求。全年累计拨付连线连片建设生态美丽宜居乡村项目资金1916万元。积极落实各类强农惠农政策。全年累计拨付生态公益林效益补助资金4309万元，农村饮水建设工程948万元，高标准农田资金3311万元，大中型水库移民后期扶持资金387万元。

【民生发展】 兜牢底线民生保障。认真落实困难群体救助政策，稳步提高困难群众的生活保障水平，不断织密扎牢全县兜底保障网。全年全县财政社会保障支出11.04亿元。推进公共卫生体系建设。全力保障医疗卫生机构、医疗救治、疫情防控、应急处置等经费需求，大力支持公共卫生体系和重大疫情防控救治能力体系建设，不断补齐公共卫生领域短板。全年全县财政卫生健康支出6.82亿元。促进教育事业发展。围绕落实《丰顺教育振兴发展五年行动计划》，健全财政教育投入持续稳定增长的长效机制，加快推动城乡义务教育均衡优质发展，不断提升丰顺县各阶段教育质量和水平。全年全县财政教育支出9.94亿元。全力保障基层组织正常运转。加大党的基层组织建设经费保障力度，全面落实村（社区）“两委”干部补贴和各项工作经费保障，全年累计拨付资金1.32亿元。

【财政监督】 严格贯彻落实中央八项规定精神，厉行节约严控财政支出政策，进一步树立长期过“紧日子”思想，充分发挥财政监管职能，加强对经费支出，特别是“三公”经费的细化公开监管和检查力度。加强预算执行管理。严格遵循“先有预算、后有支出”的原则，细化预算编制，硬化预算约束，规范预算调整使用，全面实施财政资金绩效目标和支出进度“双监控”，强化“花钱必问效、无效必问责”的理念，扩大财政专项资金绩效评价范围，绩效评价质量持续提高。积极盘活财政存量资金。加大对各预算部门实有账户资金的清理力度，坚决清理收回结余结转资金，并将收回的资金统筹用于急需的基本民生、疫情防控、重点项目建设等刚性支出。全力推进化解政府隐性债务。为做好丰顺县隐性债务清零工作，坚决完成广东省全域无隐性债务试点任务，县财政部门制订周密的计划，多措并举，稳步推进，提前完成隐性债务化解工作，化解隐性债务3.23亿元。

【服务保障】 深化财政预算管理制度改革。继续深入贯彻深化省级预算编制执行监督管理改革工作要求，积极主动对接“大专项+任务清单”模式，承接省级下放的审批权，推动预算执行主体归位预算单位。积极推进“数字财政”建设。认真贯彻落实省市“数字财政”建设部署要求，加快推进全县“数字财政”建设步伐，通过时间倒排、任务倒逼，全力加快工作进度，如期实现“数字财政”系统上线运行，全面铺开财政电子票据改革。深化政府采购管理制度改革。严格落实《广东省政府集中采购目录及标准》文件精神，深化政府采购制度改革，实施政府采购集中采购项目电子化采购管理，进一步落实政府采购“放管服”改革要求，提高采购效率，规范集中采购机构采购项目的采购活动。全年全县采购预算金额2.11亿元，实际采购金额1.79亿元，节约资金3182万元，资金节约率为15.09%。加强政府投资评审管理。全年全县工程预、结算送审247宗，送审金额9.62亿元，审定金额为8.4亿元，核减金额1.21亿元，核减率为12.58%。

税　务

【概况】 2021年，在市税务局党委和丰顺县委、县政府的正确领导下，县税务局始终坚持以习近平新时代中国特色社会主义思想为指导，紧紧围绕“带好队伍、干好税务”的总要求，对标对表贯彻落实上级局和县委、县政府决策部署，税收治理现代化得到提升，税收营商环境不断优化，在高质量推进丰顺新发展阶段税收现代化建设中实现开好局、起好步。

【党史学习教育】 县税务局先后举办党史灯谜晚会、红色经典诵读会、党史知识竞赛、微党课大赛等活动，开展红色现场教学14场，结合“我为纳税人缴费人办实事暨便民办税春风行动”，切实把党史学习教育与税收工作统筹起来、贯通起来，共为群众办实事22件，使党史学习教育活起来、动起来、实起来。

【服务社会经济发展】 减税降费精准有力。以“坚守底线、落实责任”为原则，坚决落实好各项减税降费政策，找准落实政策的着力点，分类推进优惠政策直达快享。2021年，全年累计新增减税降费5600万元。组织收入稳中有进。坚持依法依规组织收入，科学统筹好各级次、各税种管理，凝聚内外工作合力，推动税收与经济发展相协调，与减税降费政策要求相一致。全年共组织税费收入24.15亿元，同比增收7047万元，同比上升3.01%。其中：税收收入12.22亿元，同比增收291万元，同比上升0.24%；费金收入11.92亿元，同比增收6756万元，同比上升6.01%。全年县级收入为4.41亿元，同比增收4102万元，同比上升10.26%。缓税纾困力度空前。落实制造业中小微企业阶段性缓缴税费措施，为468户次企业缓缴税费金额1249万元，有效缓解企业资金压力，有力支持制造业中小微企业平稳发展。以税资政作用明显。深化税收大数据运用，持续做好有针对性的政策效应分析，注重与本县政策对接，跟踪评估减税降费政策实施效果，先后撰写各类分析报告25篇。

【税收发展和安全】 难点行业税收风险防控取得突破。通过制定税收风险防控工作方案，组织开展难点行业重点核查，落实一户一风险报告，不断加强和规范加油站、轻质循环油、采石场等相关行业的税收管理，全年合计增收1600万元。重点涉税风险防控能力普遍提高。紧盯发票管理、出口退税、注销登记、土地增值税清算、社保补缴和超龄初次参保等高风险业务，狠抓现金税费征缴专项整治，发挥绩效考核作用，有效压实工作落实的“最后一千米”。

【税收改革】 税收征管改革“丰顺样本”创新树立。创新打造风险任务“电子案例库”，“县局—分局—纳税人”三级优惠政策推送机制有序运行，优惠政策实现及时精准推送，与县环保分局、住建局、社保局等部门协作更加紧密，环保税、耕占税规范征收和“交房即发证”、非税项目划转和城乡“两险”等工作有效落实。创新推出“事不过日，办结零逾期”办税服务新模式，优化45项流程管理，精减10项资料，办税缴费速度整体提高50%，542项涉税事项实现1个工作日办结。

【税费管理】 重点项目、重点地方税种管理全面加强。围绕“四大百亿”产业和“三个一批”项目建设，采取“统筹分析、主动采集、专人管理、跟踪服务”的征管模式，建立起管理台账，确保税收及时足额安全入库。2021年，188项市、县级重点建设项目全年计划投资金额69.91亿元（其中13.85亿元暂未实现投资），已缴纳税款8337.59万元。专票电子化试点扩围工作稳步推进。按照国税总局“专票电子化‘1+1+5’工作制度机制”要求，落实好网格化机制，依托“一户式”信息归集功能，建立网格化服务管理机制，做好Ukey发放和系统维护等保障工作，密切监控相关信息系统运行，做好系统的平稳运行和软硬件保障工作。非税收入划转征收工作协调有序。坚持“平稳划转，有序推进”的原则，主动加强与非税主管业务部门的协作配合，充分利用非税协同平台做好防空地下室易地建设费、水土保持补偿费等五项非税收入划转征收，除城镇垃圾处理费暂不划转外，其余五项均顺利划转、各项征收工作正常运行。全面摸清国有土地使用权出让收入、矿产资源专项收入等非税收入状况，为顺利划转做足准备。

【“放管服”改革】 税收执法责任制严格落实。行政执法“三项制度”全面落实，证明事项和涉企经营许可事项告知承诺制全面推行，行政处罚自由裁量权规范执行，税务轻微违法“首违不罚”清单制度有效实施，对首次发生情节轻微并及时纠正的违法行为不予行政处罚，纳税人税法遵从度进一步提高。便利化办税新举措利企便民。出口退税审核流程进一步优化，设立“出口退税绿色快办通道”，做到退税日审、日清、日退。2021年，丰顺出口退税平均办理时长为3个工作日，最快一个工作日内完成，为全县40户企业办理出口退（免）税超1亿元。

【营商环境】 全面推行财产和行为税合并申报，为企业减负成效显著，原来30张申报表整合为8张，大幅减轻纳税人的填报负担。“交房即发证”服务新模式便民惠民，已有3个楼盘纳入发证范围，103户实现“交房即发证”，缴纳契税208万元。纳税信用成果转化步伐加快。通过对失信扣分纳税人的扣分情况进行分析，针对扣分原因采取“一对一”上门辅导、远程在线解答、实操示范（广东办税模拟学堂）、实地走访等多项服务结合，对错误申报数据能够及时发现和改正，有效防范税收风险。通过实施“银税互动”落实诚信贷款95笔，贷款总额9511万元。咨询热线升级改造逐步完善。设立对外电话总分机服务，将丰顺县辖区内4个办税服务厅对外咨询热线进行全面升级改造，将传统的“一号一机”升级为“一号多机”，定制系统应答脚本，实现纳税人根据系统语音按键转接，纳税人可根据语音提示，精准对接各具体办税大厅，畅通纳税人缴费人业务咨询渠道，提高咨询电话接通率和答疑专业化水平，大大减轻征纳双方人员成本和时间成本。宣传工作给力助力向上向好。结合第30个全国税收宣传月活动，持续宣传办税缴费服务的新举措。全年县税务局新闻稿件被市级以上媒体采用65篇，其中新华网、《人民日报》（海外版）、“学习强国”等中央级媒体采用25篇，占比近40%，进一步传播丰顺税务正能量，营造良好舆论氛围。

（李晶晶）

中国人民银行丰顺县支行

【概况】 2021年，丰顺支行深入贯彻落实中央决策部署和总行、分行、中心支行各项工作要求，主动作为，勇于担当，加强党的建设，全面深化从严治党、治行，落实各项金融政策，支持地方经济发展，防范化解县域重大金融风险，践行金融为民理念，不断提高金融服务和内部管理水平，努力提升履职成效，各项工作迈上新台阶。

【党史学习教育】 把党史学习教育作为一项重要政治任务抓实抓细抓好。认真学习贯彻习近平总书记在党史学习教育动员大会上的讲话精神和“七一”重要讲话精神，将《中国共产党简史》《论中国共产党历史》等七本书，纳入中心组学习会、“三会一课”等必学内容。用好红色基地，在五华古大存故居、坚真纪念馆、丰顺东山公园革命先烈纪念碑开展红色革命历史教育活动。组织离退休干部在支行开展党史学习教育活动，为老干部开展政治理论学习提供保障，在离退休党支部掀起学习理论、赞颂党恩的热潮。在落实民生实事上下功夫。科学制定“我为群众办实事”实践活动实施方案、清单。深入金融机构、企业、社区开展调研，搞清楚企业、群众对人民银行工作的需求在哪儿、问题在哪儿，做到有的放矢。各股室认真梳理涉及企业和群众切身利益的工作，深入调查研究，找准企业和群众的“急难愁盼”问题，确定了28项工作任务，并定期更新活动清单，结合新情况新问题对清单进行补充完善，促使工作任务落地落实，确保实事办好，好事办实。

【党的建设】 强化政治机关意识。不断巩固“不忘初心、牢记使命”主题教育模范机关创建成果，认真落实“三会一课”制度，将党建工作与全行工作同安排、同部署、同考核，压实两个责任，要求党建业务同步进行，促进党建工作与业务工作深度融合。2021年以来，支行“一把手”讲党课1次，班子成员讲党课3次，召开支部大会13次、支部委员会15次，组织开展主题党日活动10次。

加强党员队伍建设。按照学习专题化、活动常态化、帮带导师化和践悟实际化思路，不断增强党员干部履职尽责的能力，并从中培养优秀干部作为党员发展对象，积极引导青年员工向党组织靠拢。选送2名优秀年轻干部参加了发展对象暨入党积极分子培训班学习，培养了1名预备党员。

抓好意识形态。加强组织领导，组织成立了意识形态管理及突发事件应急处置工作领导小组，明确了班子成员及部门负责人管理职责，对照《市中支意识形态工作责任制督查考核细则》分解责任，列出清单，确保意识形态管理工作落到实处。严守意识形态阵地。认真学习贯彻党中央和总行党委关于意识形态工作决策部署，及时传达学习上级行和地方文件精神。加强微信群管理，明确了专人审核把关，严格微信群日常监督管理。常抓分析研判，深入推进文明创建活动。支行定期召开党组（扩大）会议，专题研究意识形态工作，及时分析出现的新情况、新问题，有针对性地采取措施。

认真贯彻落实上级行关于党风廉政建设工作的部署要求，严格落实以党风廉政建设为中心，持续推进全面从严治党，坚持将党风廉政建设工作与业务工作同部署、同落实、同检查、同考核，协调推进党风廉政建设与支行发展稳定各项工作。明确班子成员及各部门负责人的党风廉政建设责任，将责任分解到股室、到个人，层层压紧压实党风廉政建设责任。坚持加强对党组履行主体责任情况的监督提醒，及时发出廉政提示，管住重要环节。严格贯彻《中共中央关于加强对“一把手”和领导班子监督的意见》的要求，认真落实“三重一大”等议事规则，落实群众监督机制，切实加强对“一把手”和领导班子的监督。

【金融服务实体经济】 以开拓创新为引领，挖掘工作新亮点。绿色金融取得新突破。推动农行丰顺县支行成功发放碳配额质押贷款，实现了粤东首笔碳配额质押贷款落户丰顺，标志着丰顺县在绿色金融创新上的新探索和新实践。“政采贷”业务顺利落地。推动“粤信融”平台银行查询量、企业注册数、融资金额、信用贷款等指标如期达标，推动首笔“政采贷”业务顺利落地，实现梅州首例。抓好政策落实“最后一千米”。积极推动支农支小再贷款、信用支持、延期支持等金融政策工具，覆盖特色农业经营主体、诚信纳税主体、特定优质小微企业等，合理减费让利，减轻企业负担，更好实现“量增、面扩、价降”融资服务目标。截至12月，发放普惠小微信用贷款支持计划额度8867万元；实施普惠小微贷款延期还本付息1.25亿元；发放支农支小再贷款5254万元。

牢牢守住风险底线，有效防控金融风险。加强横向联系，完善县域金融风险监测网络。强化与金融局、公安局等部门的沟通联系，在监管合作、风险处置、信息共享等方面加强协作。坚持“房住不炒”理念，协调县住房与建设管理局落实房地产领域各项金融政策，防范房地产、地方隐性债务等重点领域风险。进一步完善金融风险防控机制。落实好重大事项报告制度和金融稳定联络员工作机制，及时掌握辖区重要金融信息，做到对辖区金融风险概况手中有数，心中有度。完善辖区金融机构应急处置预案，按计划组织开展应急演练，增强防范化解金融风险能力，维护地方金融安全稳定。加强对地方法人机构的风险监测。配合市中支对地方法人金融机构开展综合执法检查，多维度、全方位检验丰顺农商行经营管理情况和金融风险防控情况，促进其深化依法合规稳健经营理念，加强和提升金融风险防控能力。

【金融生态示范区建设】 全力开展移动支付示范镇建设。2021年度，支行督导丰顺农商行、梅州客商银行积极拓展“智慧校园”“智慧旅游”“智慧公交”等移动支付便民支付场景，推动“龙归寨智慧旅游项目”、丰顺“智慧公交”项目、丰顺校园一卡通项目有序推进建成。通过建成三个项目，促成交易笔数19.96万笔，交易金额达606.49万元。丰顺潘田镇移动支付示范镇建设工作达到预期建设目标。

加强社会信用体系建设。加强老、少两个关键群体金融知识宣传。全年开展主题线下宣传8次，线上宣传3次，覆盖县全部13所中学、少数民族集聚地畲族凤坪村、丰良镇璜溪村、潭江镇大胜村等6个偏远村落。发力金融支持乡村振兴工作。指导地方法人加大整村授信力度，选派业务骨干驻村服务，主动上门解难题，满足广大农村普惠金融服务需求，激发农村特色产业发展活力，加强对小微企业、农村这两个重点领域和薄弱环节的信用建设，不断促进农村信用环境改善。

完善金融消费者权益保护机制。通过与县金融工作局、县法院签订《全面推进金融纠纷多元化解机制合作协议》，建设完善金融多元化纠纷解决机制，切实发挥人民银行在化解金融纠纷中的规范指导作用。组织支行职工入驻法院调解系统，加入县域纠纷调解员队伍，加强在纠纷调解、经验交流等方面的联系，不断提高支行处理金融消费权益保护纠纷的工作质量。2021年，支行接到公安局转办金融纠纷1件并圆满解决，成功处理3起金融消费者投诉。

提高国债监管质效。通过“线下+线上”方式开展国债巡查工作，切实履行好中国人民银行国债管理工作职责，强化对办理国债业务的商业银行的监管。截至2021年12月末，丰顺县支库加共开展国债现场巡查次数共9次，涉及网点个数18个，巡查发现问题2个，约谈承销机构行领导2次。

做好基础工作。夯实核算基础，确保国库资金运行安全稳定，及时准确办理各项国库收支退业务，平稳开展2021年个税汇算清缴工作。持续加强银行账户监督管理。持续加强对辖区商业银行的账户排查工作，加大企业账户风险防控力度，对辖区银行网点个人银行账户和企业银行账户开户服务、负面清单情况进行暗访和督查。

（办公室）

中国工商银行丰顺支行

【概况】 2021年在分行党委的正确领导下，在分行各职能部门的大力支持下，丰顺支行紧紧围绕分行党委提出的各项工作部署，紧紧围绕省行行长提出的“与客户共同成长、靠服务创造价值”工作要求，牢牢把握“力拼一季度、决战二季度、进位三季度、完善四季度”工作节奏，切实增强责任感和使命感，一户一策推进客户拓面提质工作，全力提升金融服务实体经济能力。

【经营基本情况】 存款业务方面。至12月末本外币全部存款余额11.98亿元，比年初增加1.1亿元，其中：公司存款余额2.58亿元，比年初增加1655万元，机构存款余额1.74亿元，比年初增加4590万元，个人存款余额7.65亿元，比年初增加4754万元。

贷款业务方面。至12月末本外币各项贷款余额14.53亿元，比年初增加1.56亿元。其中：公司贷款余额5.01亿元，较年初增加7405万元（其中：一般流动资金贷款余额1.11亿元，较年初增加6123万元；小企业贷款余额9197万元，较年初减少655万元；项目贷款余额2.98亿元，较年初增加1937万元）；个人贷款余额9.53亿元，比年初增加8188万元。

中间业务方面。至12月末实现中间业务收入641万元。

拨备前利润方面。至12月末，拨备前利润达4886万元。

信贷资产质量方面。至12月末，不良贷款余额89万元。

安全运营工作情况。内控案防方面。实现安全运营零案件、零重大差错事故目标；防疫到位，护一方平安。疫情发生后，支行迅速进入应急状态，由支行班子牵头建立支行应急预案，执行防疫措施，实现全年各项工作安全、稳定、正常开展。

【主要工作措施】

持续加强党建工作，发挥党建引领作用。贯彻落实全面从严治党、从严治行的工作要求，狠抓“严、紧、实、细、新”作风建设，持之以恒抓好风险管控工作，毫不放松做好疫情防控工作，切实守好疫情防控、风险防控和内控案防三道防线。

夯实存款业务基础。重点关注公私联动，打通公司、机构及储蓄存款的联动通道，针对公司、机构高管大力拓展私银、大额存单等业务，加强服务黏性，为客户提供全方位的金融服务。针对银行拳头产品如商户二维码、代发工资等，大力开展场景营销、客户群营销，对当地的特色经济客户如食品百货、医药、电声协会、建材、教育等行业全面加强扫楼扫街等外拓活动，同时努力培养客户活期理财市场，建设好支行理财“蓄水池”，形成良性循环，更进一步夯实存款业务基础。

加大客户拓展力度，扩大客户基础资源。重点围绕个人和法人客户支付结算、投资等服务需求，推动产品营销；加强客户源头性的挖掘工作，对会计师事务所、市场管理局、招商服务中心展开全面合作，倾斜资源，专人跟进，专项考核，努力扩大支行客户面。

严格管控，保持资产质量优良。把好新增准入关，完善新建信贷关系客户准入机制，针对普惠金融、民营企业等重点发展领域，加强线上线下交叉验证，提高风险预警效率和精准度。严格落实贷后管理，持续关注形势变化带来的外部冲击以及疫情下企业风险变动，加大重点客户风险筛查和重点业务风险防控。

持续夯实风险管控的基础。全面加强内控案防管理，抓实员工异常行为排查，强化合规文化培训，提升反洗钱治理能力，认真细致抓好常态化疫情防控及安全稳定工作，实现安全运营。

（简竞文）

中国银行丰顺支行

【概况】 2021年，中国银行丰顺支行认真贯彻落实县委、县府的工作，立足丰顺实际，围绕构建“一区一带”发展新格局和中国银行省、市分行部署，坚持以习近平新时代中国特色社会主义思想为指导，全面落实新时代党的建设总要求和党的组织路线，以党建为引领，认真开展党史学习教育，认真组织学习宣传贯彻党的十九届历次全会精神以及习近平总书记“七一”重要讲话精神；全年工作围绕总行战略目标，贯彻落实省行发展战略部署，突出“以一流党建引领全球一流现代银行集团建设”，全力推动支行全年各项任务完成。2021年度在职员工37人，其中女员工10人、男员工27人，支行班子实行1正4副。

【扩大收入来源】 2021年支行高度重视省、市分行的考核方案，每季度组织全行员工认真研读方案内容，通过争揽各项低成本存款，加大贷款投放，积极续做高收益产品，不断拓宽非息收入来源和渠道。

【深化政银和银企合作】 支行牢固树立存款立行的意识，坚持“早抓抓早抓主动”的策略，积极做好核心客户的关系维护，防止大额资金和核心客户的流失；进一步密切政银合作，积极承接各项财政预算划拨资金，重点拓展政府产业基金、最大限度地争取政府财政资源，推动行政事业单位存款持续增长。截至12月末，对公存款余额2.35亿元，比2020年负增370万元。对私储蓄存款余额14.02亿元，比2020年净增5363万元。人民币零售贷款余额4.49亿元，比2020年净增1.12亿元。

【内控合规建设】 开展全员合规宣讲工作，狠抓案件风险防范，组织全行员工观看案例警示教育片等相关活动。每季度由机构负责人牵头做好员工行为异常排查和家访工作，加强对重点人员和重点业务的风险排查，加大反洗钱核查工作，不断提升员工主动合规意识和能力，确保支行无重大违规和反洗钱风险。为全面夯实内控基础，严密遏制各类案件及内控合规操作风险，为全行稳定健康经营管理保驾护航。

【服务管理技能】 支行成立了行长任组长的优质高效服务领导小组，制定和完善本行优质高效服务的具体措施和办法，每月对服务工作情况进行检查、通报、总结和提高。在上级部门支持下不断扩大业务服务功能，推出智能柜台、移动柜台等设备，向客户提供个性化、有特色、体贴入微的服务，努力提高电子化利用水平，引领客户需求，使客户体验满意度不断提升。积极组织党员、业务骨干到党建共建活动单位宣传支付结算、个人征信、反假货币、金融知识、反洗钱等主题宣传活动，派发大量金融知识资料，面对面接受业务咨询，受到社会各界好评。同时加强岗位练兵、提升服务技能。

【脱贫攻坚】 全行积极落实乡村振兴战略，不断加强总行“公益中国”App推广力度，积极参与丰顺“创文”工作，积极支持配合当地扫黑除恶工作，支行将持续加强动员组织，以实际行动体现“担当社会责任。

【党的建设】 加强支部建设，抓好“三会一课”制度落实，深入开展“两学一做”的学习教育和党史学习教育活动，激发党员自主学习热情，唤醒广大党员的党章意识、纪律意识、规矩意识，通过立标杆、树典型，营造干事创业的良好氛围。支行班子成员以身作则，主动作为增强担当意识和责任意识，带头营销攻关、带头遵规守纪，切实做到守土有责、守土尽职。积极开展2021年“悟党史、学案例、践廉行”纪律教育学习月活动，结合党史学习教育工作安排，突出党的历史、全面从严治党、作风建设、纪律建设等方面历史内容的学习，突出典型案例学习，以案示警、以案明纪、以案释法，督促党员领导干部和广大员工廉洁从业，自觉远离违纪违法。坚持群众路线，激发员工的工作热情。积极倾听员工心声，多从员工的角度出发，帮助员工解决实际问题，为员工减负减压，充分调动员工的积极性。

【疫情防控】 坚决克服麻痹思想、厌战情绪、侥幸心理、松劲心态，压实主体责任，加强组织领导，保持战时状态，建立健全常态化疫情防控工作方案，不放松不懈怠地抓好常态化疫情防控工作。坚持属地管理，做好科学应对。与属地政府部门、街道社区、行业主管、医疗机构加强联系、做好沟通，结合属地实际情况，动态调整疫情防控措施，统筹好疫情防控和正常生产生活秩序，做好科学、精准应对。注重以人为本，加强关心关爱。始终将保障员工和客户身体健康和生命安全为首要原则，加强防疫措施，做好关心关爱。关注员工思想动态，积极做好健康引导。加强统筹协调，适当做好防疫物资储备。履行社会责任，确保服务顺畅。切实履行金融企业的社会担当，对各类金融需求及时响应，服务好实体经济和社会大众；高度关注重点地区、重点场所、重点人群、重点岗位，确保业务连续性不受影响。

（张文佳）

中国建设银行丰顺支行

【概况】 2021年，丰顺支行认真贯彻落实市分行党委工作要求，紧紧围绕分行经营管理目标，认真履职、团结协作，以党建引领业务融合，扎实推进各项工作的有效落实，推动支行业务高质量发展。

【业务总体情况】 2021年，一般性存款时点余额22.48亿元，比年初新增5.94亿元；各项贷款余额12.39亿元，比年初新增1.89亿元。其中：企业存款时点余额11.24亿元，比年初新增4.98亿元；个人存款时点余额11.19亿元，比年初新增9810.56万元；个人贷款余额8.34亿元，比年初新增1.58亿元。

中间业务　实现中间业务收入1173万元。

国际业务　国际收支量3266万美元。

资产质量与风险控制　不良贷款余额1.15亿元，比年初减少2050.16万元；不良贷款比年初下降3.6个百分点。

【党建与业务工作融合】 加强党建与业务工作融合。围绕落实省、市分行党委，特别是刘军行长提出的“三大战略”党员先行“三个一”（开展一次专题讨论，召开一次专题组织生活会，开展一次主题党日活动。）党建要求，推动基层党组织建设，落实了数字党建平台建设。坚持落实“三会一课”制度，以学习贯彻党的十九大精神、十九届六中全会精神等，以及组织党员、青年员工到红色教育基地参观学习，以数字党建平台上为党员、员工推送党性教育、红色印记、党团活动展示等内容学习以及以革命先烈为榜样、向张富清等先进事迹的学习，党员坚定理想信念，不忘初心，树立全心全意为人民服务宗旨。同时，以结对共建、“三会一课”、党日活动等，深入贯彻习近平总书记在党史教育动员大会上的重要讲话精神，高标准推进党史学习教育走深走实，教育引导广大党员学党史、悟思想、办实事、开新局，进一步凝聚新时代履职担当的精气神，为高质量接续推进乡村振兴发展奠定坚实思想基础。

【信贷投放】 加强政府、企业沟通联系，紧紧围绕丰顺工业园区建设，城镇化建设项目、重点民生工程、冷链物流、等重点项目等进行业务拓展。重点企业维护与业务拓展。2021年对广东南方青蒿药业有限公司、广东讯源建筑工程公司分别授信1亿元、1.5亿元。加强中小企业信贷资金支持。至年底，为小企业提供共5000多万元的金融支持。积极开展便民服务，积极拓展代发工资业务，2021年新增代发工资累计1200户，月发放额850多万元。加强城市安居服务，促进民生工程建设，持续跟进辖内各房地产楼盘，受理住房贷款按揭业务，全年累计新发放住房贷款525笔金额2.23亿元；委托住房公积金贷款166笔金额3740万元。

【乡村振兴】 认真落实市分行乡村振兴

战略工作要求，加快建设银行分行乡村振兴业务发展，围绕市分行乡村振兴业务推动方案，为落实市分行乡村振兴战略工作要求，在2020年签订协议基础上，2021年又与农村农业局签订了“农村集体三资监管平台合作协议”，进一步助推乡村振兴发展打下良好的基础。

【金融知识宣传】 进镇村、社区、学校普及金融知识、乡村金融服务，提高全民反假、反诈骗能力，助推乡村振兴发展。

【“两防”工作落实】 认真落实预防腐败和案件防控工作，实现全年安全运营目标。2021年年初召开开展预防案件防控和预防腐败动员大会，进行了工作部署和要求，做好疫情防控的同时始终把“两防工作”全年工作放在首位，为业务发展保驾护航。通过各种会议贯彻学习党的十九大会议精神以及十九届五中全会精神和《习近平谈治国理政》第三卷的学习，落实全面从严治党、从严治行的要求，扎实推进党风廉政建设以及预防腐败和案件防控工作。

（杨光生）

中国农业银行丰顺县支行

【概况】 2021年，中国农业银行丰顺县支行坚持以习近平新时代中国特色社会主义思想为指导，认真贯彻落实上级行各项工作部署，紧紧围绕县委、县政府“五个百亿”产业推进和巩固脱贫攻坚成果及乡村振兴实施的战略部署，全面加强党的领导，对标对表同业，强化营销拓展，实现各项业务统筹稳健发展。至2021年12月末，全行本外币各项存款余额41.89亿元，比年初净增5.45亿元；各项贷款余额30.75亿元，比年初净增7.43亿元。实现中间业务收入2274万元，实现经营利润1.04亿元。

【党建引领】 坚持把党的政治建设摆在首位，增强政治意识，提高政治站位，强化政治本色，从讲政治的高度做好本职工作。坚持谋发展、控风险，深入推进党建工作，将党风廉政建设贯穿于全行经营管理全过程。以党史学习教育开展为契机，强化党员干部教育，不断夯实党建基础。组织开展党史学习教育专题宣讲、讲授专题党课、到红色基地开展主题党日等活动，通过重温党史、缅怀先烈，增强党员历史使命感和社会责任感；全面提高党员干部政治判断力、政治领悟力和政治执行力；组织党员参与“爱心公益”、创文志愿者等活动，提升党员社会服务精神。把“我为群众办实事”作为党史教育的重要内容，先后组织开展了“4·15”国家安全教育宣传活动、开展送金融知识下乡暨“国债恢复发行40周年”主题宣传活动、开展反诈宣传志愿活动、普及金融知识万里行宣传等活动，组织业务骨干深入企事业单位上门开展金融服务等，以实际行动推进“我为群众办实事”实践活动深入开展。

【营销拓展】 农行坚持“存款立行、存款增效”的理念，切实加大市场拓展力度。牢固树立客户是业务发展基础的理念，全力提升存款市场主体地位。在信贷投放上，围绕“六稳”“六保”战略，聚焦服务国家战略、支持民营和小微企业、服务乡村振兴、服务实体经济等上级决策部署，认真落实各项工作措施，全面加大对重点工程、高端制造、乡村振兴、中小微企业、园区经济、农业产业园、饲料产业园、新兴农业主体、新兴消费市场等领域的信贷投放力度。坚持抓大不放小的原则，服务中小微企业发展，助力县域实体经济，实现对公贷款净增3.02亿元，比年初增长55%。发挥惠农e贷的产品优势，加大“三农”普惠金融支持力度，全年累计投放惠农e贷3.1亿元。

【乡村振兴】 农行义不容辞扛起服务“三农”和乡村振兴的责任和使命，积极发挥“服务三农”国家队、主力军作用，着力围绕服务实体经济，紧扣本地产业特色，持续加大主流行业、主流客户支持力度，全面深化普惠金融服务，提升普惠金融服务广度和深度。为进一步响应乡村振兴政策落地，在巩固脱贫攻坚的基础上，继续抓好产业帮扶、项目帮扶、爱心帮扶，以省农行“千人驻镇助力乡村振兴行动”的契机，派驻金融助理全覆盖丰顺县各乡镇开展驻镇帮镇扶村工作，更好地发挥金融对经济提升的重要作用，有效推动整村推进、一村一品、农户信息建档、深耕乡村市场、村居工程等项目，为乡村振兴提供“融资+融智”服务，全方位多渠道推进金融扶贫与乡村振兴各项工作有效衔接和落实。至2021年年末，全行涉农贷款余额达23.12亿元。

【围绕民生金融服务】 着力围绕民生金融服务，持续大力推进数字化转型，加强公私联动营销，大力推进互联网场景建设。重点围绕医疗、教育、物业等民生领域，加快互联网消费场景建设，包括校园缴费、慈善捐款、智慧饭堂等，提升移动化便民服务水平；扎实做好社会治安综合治理、信访维稳、打击和防范非法集资、“断卡”行动、“国家反诈中心”App下载推广、“六城同创”等工作；加大公众宣传力度，通过“送金融知识下乡”等宣传活动，强化客户风险防范意识，做好金融消费者权益保护、打击电信网络诈骗工作，保护人民群众财产安全。

【案件防控】 坚持开展党章党规和党风党纪教育，通过做细做实“三线一网格”各项规定动作，发挥正反典型的示范和警示教育作用，做好员工行为分析，及时纠错，将苗头性、倾向性问题消除在萌芽状态，切实控制风险。加强全行员工廉洁作风建设，组织学习相关廉洁提示和农行有关制度规定，提高廉洁自律的思想认识，时刻保持清醒和警惕，自觉抵制不正之风。通过召开警示教育大会、反腐倡廉形势报告，传达学习上级行警示教育会议精神，通报近期系统内的数起典型案例，用“身边事”警醒“身边人”，有力督促全行员工深刻汲取违法违纪违规案件的沉痛教训，时刻绷紧廉洁自律这根弦，严守道德底线，警钟长鸣，防微杜渐。加强风险预判和合规管理，严控信贷风险，加强常态化风险排查、风险预警、风险化解和清收处置管理，严控新发生不良和化解存量不良。扎实做好安全保卫工作，实现了全年安全生产无事故。持续夯实内控基础，制订并严格落实季度监管检查计划，进一步加强运营线条人员对业务和相关制度的学习，推动运营工作安全运行，扎实做好反洗钱、扫黑除恶专项斗争。

【企业文化建设】 农行坚持“以人为本”，落实人文关怀，切实加强企业文化和员工队伍建设。高度重视员工身心健康，组织员工健康体检，积极组建篮球队参加梅州分行员工篮球比赛，丰富员工业余生活，营造团结、和谐、向上的企业文化氛围。积极组织开展各类企业文化活动，先后组织开展党员外出参观活动、文艺晚会、户外烧烤等团队活动，进一步增强全行凝聚力和向心力。关心员工的成长，加强对青年员工的关注和培养，正向引导员工积极参与多岗位锻炼，激发青年活力和积极进取意识，提升队伍整体素质。

（陈晓菊）

中国农业发展银行丰顺县支行

【概况】 2021年，农发行丰顺县支行按照年初工作目标，坚持政策性银行定位，以转型发展为主线，深化改革破题，挖掘客户资源，聚焦发展难题，提升服务助力，加强财务管理和风险防控，强化内部管理和队伍建设，做好安全保卫工作，各项工作有序开展。至2021年年末，各项贷款余额2.52亿元，日均贷款余额4.12亿元；各项存款余额3300.71万元，日均存款余额4813.76万元；贷款本息收回率100%；无不良贷款。

【党建引领】 加强班子建设，落实主体责任，开好支委会。聚焦主题教育，拓宽党员活动渠道。规范组织生活，落实“三会一课”。对照目标任务，开展党史学习教育，顺利发展1名预备党员，确定了1名积极分子，规范合理使用回拨党费。严格落实党风廉政建设主体责任，落实领导班子成员“一岗双责”，扎实做好廉政党课、廉政谈话、节日期间紧盯“四风”、银企廉政共建等工作。

【服务群众】 坚持内外双关怀，牢筑企业社会责任榜样。对内加强关怀慰问，对外坚持帮贫助农。开展扶贫捐款，累计捐款3920元。参与消费帮扶，向多个贫困地区购买农特产品共计33935元，促进脱贫地区发展生产和农民增收，为脱贫成果添色增彩。

【疫情防控】 做好防控物资采购，准备好口罩、消毒水、酒精等防控物品。落实人员安排和防控知识宣传，严格落实疫情监测“日报告、零报告”等请示报告制度，确保工作正常运转。做好测温查码工作，对办公大楼入口加强管理和防控，进入人员需测量体温、出示粤康码、行程卡，设立一米线标识。做好疫苗接种工作，督促全体员工尽快接种疫苗，确保做到“应种尽种”，全员接种率100%。

【转型发展】 牢牢抓住“产业振兴”牛鼻子，引金融活水精准灌溉产业田，发放粮油购销流动资金贷款3000万元。重点支持PPP项目，累放贷款2.22亿元，用于丰顺县全县域环境综合治理与修复项目。落实减费让利，助力企业发展。减免企业人民币结算手续费等合计3200元，履职尽责惠民生。做好金融保障工作，引导客户采用电子渠道办理业务，及时维护客户网银账户。

【防范风险】 加强现有项目贷款的管理。及时足额收回到期贷款，合规合法支付工程进度款。规范了贷款资金支付管理，督促企业加快项目信贷资金使用；全年累计对7个存量贷款客户及新营销客户进行了信用等级评定，对6家企业进行了授信，对符合条件的3家企业按集团客户管理，贷款质量风险十二级分类认定及非信贷和表外信贷资产风险分类监测等工作；每月召开贷后管理例会，分析风险点，并制定相应防范措施。

【强化管理】 做好合规管理，做好各种检查整改工作，对自查要点进行深入自查，针对问题落实整改。严格落实会计内控制度，合理均衡安排财务开支，加强反洗钱工作，清理解决历史遗留问题。抓好办公综合，做好内外部公文收发、信息报送、保密和印章管理以及支行安全保卫。扎实开展各项宣传，加强公务用车管理、固定资产管理。

【队伍建设】 落实重要岗位人员轮岗工作。全年完成柜员等轮岗工作。组织员工参加各条线开展的业务培训。积极开展企业文化建设，开展了“趣味跳绳，悦动风采”职工趣味跳绳比赛活动等。坚持谈心走访制度，认真开展员工家访活动，帮助员工解决实际困难。

（罗朝辉）

丰顺农商银行

【概况】 2021年是中国共产党成立100周年，是“十四五”规划的开局之年，是农商行全面推进转型升级的关键之年。一年来，在省联社和梅州市农商银行系统党委的正确领导下，农商行坚持把握“坚守法治”的总要求和“稳中求进”的总基调，围绕推动党领导数字化时代“勤劳金融”发展的总目标，开展百团大战，“回归本源、一齐发展”，坚定支农支小、服务乡村振兴，以服务“三农”、小微企业、县域经济为中心，践行普惠金融为动力，力推“四大转型”，聚焦业务发展，破解发展难题，推动改革创新，各项工作取得了一定成绩。截至2021年年末，全行资产总额93.38亿元，负债82.99亿元。全行各项存款余额突破80亿元大关，达到80.46亿元，比年初上升3.06亿元，增幅3.95%。各项贷款余额49.78亿元，比年初上升2.78亿元，增幅5.92%。各项存款、贷款市场占有率为35.62%、39.42%，继续占据当地金融机构首位。

【党建引领】 加强党的基层组织建设。本年度共发展党员8名，接收预备党员8名，入党积极分子8名，结合庆祝建党百年活动，开展“两优一先”评选表彰，本年度，辖内1名同志被评为“广东农信系统优秀共产党员”。大力开展“我为群众办实事”实践活动。制定了“我为群众办实事”实践活动重点项目清单，提出了6个方面14项办实事重点任务。推进党风廉政建设和反腐败斗争。2021年，提醒谈话33人，批评教育35人，纪律处分1人，经济处理11人次，有效维护了纪律的严肃性。坚持“能者上、平者让、庸者下”的选人用人导向，严格执行异地任职、到期交流、到龄退出、亲属回避等四项制度，本年度，四项制度全面完成。队伍建设取得扎实成效。2021年共招聘22名新员工（2名社招），选拔了中层正职后备2名、中层副职2名、经理26名，开展了后备会计主管选拔，为农商行“人才森林”工程打下坚实基础。

【普惠银行建设】 2021年度，农商行紧紧围绕省联社在全省范围打造“广东农村金融（普惠）户户通”的服务平台，开创“你帮我·我帮你·共促乡村振兴”的银政合作新模式，在第三季度正式启动农村金融（普惠）户户通网格化营销活动。至2021年年末，总计录入“户户通”小程序43322户，其中非存量类新建档10191户，包括个人／农户类7491户，个体工商户2149户，小微企业551户。在营销建档的同时，全行各类业务的办理情况也明显增加，效果显著，分别表现为：新增对公账户93户，其中基本户72户，专用户

1户，一般户20户；新增手机银行3514户；新增悦农E付182户；新增普惠型小微企业授信210户，3.73亿元；新增非普惠型小微企业授信273户，1.23亿元。

【服务地方经济】 为地区创造税费收入。本年度实缴税款5689.32万元，反哺当地经济发展，通过金融信贷资源扶持促进本地企业发展壮大，与企业共同为全县财政收入作出应有贡献。加大县域信贷资源投放。2021年，农商行新增投放贷款1602户、金额21.74亿元。其中新增投放至丰顺地区贷款资金达16.04亿元，占新增投放贷款金额的73.78%。支小支微有新进展。2021年农商行累计发放小微企业贷款20.32亿元，平均利率6.36%，比2020年下降了0.55个百分点，按年计算降低贷款融资成本约1117.65万元。持续履行惠民惠农责任。在全县投放了301“粤智助”政府服务一体机，实现全县各镇（场）、村（居）委全覆盖，政务+金融服务“更方便”。热心公益捐赠，反哺地方经济。2021年以来，农商行向凤坪畲族村小学、八乡山镇马山村、潭江镇然新村等定向捐赠92.78万元资金，以实际行动践行乡村振兴事业的农商银行担当。2021年度，农商行连续第二年荣获了广东省扶贫济困红棉杯铜杯奖、梅州市扶贫济困铜奖、丰顺县扶贫济困先进单位等荣誉称号。

【改革创新】 创新推出“悦丰顺”信贷拳头产品。大力开展业务创新，推出了“悦丰小微贷”“悦丰园区贷”“悦丰乡村振兴贷”“悦丰智造贷”等20余款“悦丰顺”信贷系列产品，全方位丰富产品矩阵，满足了县域“三农”和小微企业的信贷需求，为进一步拓展小微信贷市场提供有力支撑。截至2021年末该系列产品累计发放272户，合同金额5.16亿元，余额3.2亿元。成功上线运行全省非税收入一体化POS平台，便民缴费更添“新渠道”。成功上线第三代社保卡即时制卡机，社保卡制卡周期从传统的25个工作日缩减到5分钟，实现了社保卡“即时申请，立等可取”的一站式服务。

【企业文化建设】 丰富文化建设载体。先后举办篮球赛、登山徒步、朗诵比赛、演讲比赛等形式多样的文体活动，增强全体职工的向心力和凝聚力。加大银媒合作。通过当地电视台、《南方日报》、《梅州日报》、全国金融刊物等方式，加大对品牌、业务、服务以及优惠措施等宣传力度，扩大市场影响力，信息工作取得了较好的成效。2021年度，农商行在全省综合信息考评进入全省第18名，辖内1人荣获广东农信系统优秀信息员荣誉称号。履行社会责任。积极开展扶贫济困、公益捐赠、金融知识宣传等活动，常态化开展帮扶贫困户、爱心捐赠、无偿献血、送金融知识下乡进校、志愿服务等活动，充分体现了丰顺农商银行的责任与担当。

（办公室）

中国人民财产保险股份有限公司丰顺支公司

【概况】 2021年度，中国人民财产保险股份有限公司丰顺支公司始终在政治立场、政治方向、政治原则、政治道路上同以习近平同志为核心的党中央保持高度一致，遵循“求实、诚信、拼搏、创新”的企业文化精神，以市场为导向，以客户为中心，坚持“诚信、效益、规范经营”，坚持内强素质外强形象，认真实践科学发展观，重视保险企业的社会效益和经济效益，发挥了保险的社会稳定器和经济助推器作用，为丰顺县经济、社会发展做出了一定的贡献。

【基本情况】 丰顺支公司内设经理室、综合部、商团业务部、营销业务部、车商业务部和理赔分部，截至2021年年底，共有在职员工19人。

【业务情况】 2021年丰顺支公司总保费收入为5564万元，已决支付赔款金额为3123.4万元，表决利润411.2万元。

签订2021年度党风廉政建设岗位责任状，依法合规经营承诺书，以制度约束员工行为。

实践“发展是第一要务”具体化。年初制订年度发展思路和目标，全体员工讲发展。抓个人业务发展。抓渠道合作发展目标，成立专门的团队，抓车行、修理厂、邮政、中石化等合作发展。经理室亲自抓大项目等司控业务发展。

推动了智能化工作。一年来员工们已能熟练掌握手机线上化办公和手机操办业务，包括报价、出单等业务一条龙服务，大幅度提高了工作效率。

诚信为本，规范理赔服务。根据上级公司安排，支公司成立的理赔分部，专门负责车险理赔业务。

（王木生）

中国人寿保险股份有限公司丰顺县支公司

【概况】 2021年，中国人寿保险股份有限公司丰顺县支公司立足“成己为人，成人达己”的企业文化核心理念，紧紧围绕习近平新时代中国特色社会主义思想，以党建为统领，搭平台促发展，夯实工作作风、严把风险管控，努力提升保险保障服务。

【保费收入与支出】 2021年，中国人寿丰顺支公司实现总保费8901万元，比上年增长26%；全年支出2382万元，与2020年持平，其中死亡给付261万元，赔款支出430万元，医疗给付172万元，满期给付557万元，年金给付342人，退保金620万元，为丰顺县的经济发展和人民群众的生活安定起到了良好的风险保障作用。

【业务推动】 配合县卫健局，组织并推进“银龄安康”行动。加强政府部门汇报沟通，联合卫健局和老龄股召开全县各镇分管计生领导和计生主任会议，推进“银龄安康行动”。政府为全县符合条件的12.16万人投保“银龄安康行动”老年人意外伤害综合保险，共计150.19万元，其中统保派发保单凭证数4.87万份。计生方面，政府为农村独生子女家庭、农村二女户家庭及计生困难家庭等三类计生家庭共80399户统一办理人身意外伤害综合保险。组织春秋学生险推广普惠工作，企业员工意外险推广，人身保障产品等推广。

【疫情防控】 2021年以来，为保证人民生命和财产安全，根据上级公司和支公司总经理室的部署，丰顺支公司高度重视，做好所有伙伴、临柜人员的体温测量、佩戴口罩工作，并做好人员分流，每天两次对办公场所、柜面环境、设备进行消毒清理，确保“零感染”。

【党的建设】 加强思想政治水平建设。为提高党员干部的政治理论水平，坚持把学习作为提高干部职工素质的重要手段，丰顺党支部积极组织党支部月度学习、开展党日活动，认真组织学习上级公司重要会议精神，认真学习贯彻习近平新时代中国特色社会主义思想、开展“不忘初心、牢记使命”主题教育，使广大党员干部正确地领会精神实质；鼓励干部职工积极参加公司各项业务培训，提高业务专业及服务水平，结合理论学习，进一步激发工作效能。

认真落实党建工作机制，做到党建工作上下半年工作有计划、有总结，认真组织开展支部各项集中学习、党课、组织生活会等，并做好党建信息的记录与报送，完善工作台账。

【保险服务】 科技赋能：推广电子化流程，在无纸化投保、保全管家、电子保全、电子理赔，以多样化形式为客服提供服务。严抓日常管理：仪容仪表、服务礼仪作为日常管理重要内容，也是每年暗访重点项目，通过每天早会进行自检互检和话术演练，加强对柜面环境、功能区域的管理，维护正常营业秩序，为客户提供舒适、便利的场所。强化服务一线意识：为更好提升服务技能，客服中心定期或不定期送培训进职场，通过交流学习，为持续做好金融保险服务工作，持续提高保险服务能力奠定坚实基础，更好地解答办事群众的疑难问题，更加高效服务于群众。

【风控管理】 积极做好风险防范基础工作，定期召开案件风险防范会议，组织开展防范非法集资、反洗钱、扫黑除恶、合规经营等活动，把防范非法集资、反洗钱、扫黑除恶的风险排查和保监销售管理风险排查深刻融入日常工作当中。包括做好对外宣传工作，在营业厅和各职场网点畅通举报渠道，张贴或用展架展示非法集资举报途径和奖励标准，扫黑除恶专项斗争线索举报、奖励通告；在宣传阅览区放置远离非法集资，反洗钱，扫黑除恶宣传彩页给社会公众取阅等宣传方式，保持对非法集资，反洗钱，涉黑涉恶问题的敏感，与社会公众一起打好防范金融风险攻坚战。强化内控管理，坚持合规经营。公司内成立防范非法集资、反洗钱、扫黑除恶专项斗争工作领导小组，进一步加强内控管理，将防范非法集资、反洗钱、扫黑除恶专项斗争融入合规文化建设当中，利用员工大会，大早会对全员进行教育培训，定期对工作环境自查清理，提升全员对风险防范的重视程度，提高遵纪守法意识，做好警示教育工作，坚守合规经营的红线和底线。认真开展重点风险监测工作，开展防范非法集资宣传教育与反洗钱宣传教育，对关键岗位人员进行检查，加强营业场所和经营执照规范管理，并开展销售风险教育进职场活动，提升销售人员合规展业意识。积极配合，巩固战果。全体员工切实履行工作职责，积极接受人民银行，银保监等上级组织督导检查，配合政法机关调查取证，共筑平安金融护城河。

（巫春林）

教　育

综　述

【概况】　丰顺县教育局位于丰顺县县城汶水河河滨顺风路1号，主要负责全县教育教学管理工作。2021年有公务员17人、事业编制15人。内设机构有办公室、计划财务股、基础教育股、职业教育与终身教育股、体育卫生与艺术教育股、德育与学校安全管理股、督导室、人事股、党务股等9个股室，所属事业单位机构有县教师发展中心、县人民政府教育招生委员会办公室、勤工俭学办公室、县青少年宫。

2021年，丰顺县共有高（完）中7所，初中14所，九年一贯制学校12所，完全小学77所（其中中心小学18所，面上完全小学59所），教学点91间；合计高中学生数9251人，初中学生数22485人，小学学生数44341人；幼儿园118所（公办25所、集体办29所、民办64所），在园幼儿18011人；教师发展中心1所；职业学校1所，学生1661人；特殊学校1所，学生30人（其中在校生21人，送教上门9人）；校外教育培训机构26家。全县公办教职工共有5839　人，其中高中1288人、初中1544人、小学2752人、幼儿园162人、特殊学校9人、职业学校84人；专职督学43人；幼儿园教职工2530人（含民办幼儿园）。

【党的建设】　加强党对教育的全面领导，牢记为党育人、为国育才的初心使命。扎实推动党史学习教育走深走实。用习近平“七一”重要讲话精神武装头脑指导实践，积极开展“四史”宣传教育、纪律教育学习月活动。开展党史进校园系列活动，组织各学校开展935多场致敬英雄模范、唱响红色赞歌等活动。用心用情用力解决痛点难点问题，完成“我为群众办实事”306件。

【教育保障水平】　深入推进丰顺教育现代化建设。根据《广东省教育研究院教育现代化实验区（丰顺）合作协议》，多途径开展系列教育现代化理论与实践培训，全面提升师资队伍能力和水平。联合华师大科学编制教育事业“十四五”规划。围绕县委、县政府关于老区苏区振兴发展和“一核一带一区”区域发展战略，结合丰顺实际，通过顶层设计，开展体制机制改革探索，建设高质量教育体系，打造“新时代教育现代化先进县”。

完成县十件民生实事教育系统任务。积极响应社会对普惠性学前教育学位的需求，全县新增360个普惠性幼儿园学位，其中公办幼儿园学位360个，推动全县公办幼儿园在园幼儿比例达50%以上、公办和普惠性民办幼儿园在园幼儿比例达80%以上。普惠性幼儿园生均经费最低标准由每生每年400元提高至500元。培育1项学前教育“新课程”科学保教示范项目，不断完善县学前教育“新课程”资源体系，提升幼儿园办学内涵。从食堂条件最差的学校开始，有序推进各类学校食堂硬件设施改造提升，为师生提供良好的就餐环境。全县改造20间食堂，惠及17所学校。

加大计划财务投入力度。认真谋划市、县“十四五”规划重大项目。市重大项目5项，总投资21.5863亿元；县重大项目8项，总投资21.7453亿元。加快基本投资项目建设进度，完成了2021年固定资产投资4亿元计划。

加强信息技术应用。积极推动信息技术与教育教学、教学研究和教育管理深度融合。在实验小学举办了丰顺县首届“小小科学家”科学实验成果展示。启动“丰顺县智慧教育公共服务平台”。与国家、省、市资源平台对接工作，为专家、名校对丰顺县教育帮扶指导提供技术支持。在实验小学举办主题为“智慧教研助力教师专业成长”的2021年广东省中小学智慧课堂交流展示活动，来自全省的教研员、教师代表等约150人参加了现场活动，线上点播量累计135.85万次。

【教育供给能力】 提高高考、中考备考质量，超额完成目标任务，科学管理，精心部署，抓好高考中考备考系统工程。认真落实义务教育质量监测工作，实现了义务教育质量监测全覆盖。有序开展教育科研课题研究。2021年度，全县教师积极开展课题研究，共有省级课题3项、市级课题40项、县级课题157项。认真组织、开展各类评比活动。11人获省级奖，196人获市级奖，755人获县级奖。做好中小学“聚焦课堂教学变革，构建科学评价体系”课堂教学评比展示活动实施工作。全面贯彻上级各项招生考试政策和要求，强化服务意识，狠抓考风考纪建设，圆满地完成了2021年春季高考、夏季高考、成人高考、学考和中考等各项招生考试工作任务。2021年高考600分以上8人；特殊控制线以上132人；地方专项线以上312人；本科线以上1203人。

【立德树人】 德育工作。落实立德树人根本任务，努力践行社会主义核心价值观，牢固树立“德育为首”的思想。投入150多万元建设校内及校外未成年人心理健康辅导站，丰顺中学等3所学校评为市2021年中小学心理健康教育特色学校。上好思政课，全县学校党支部书记（校长）上思政第一课共71节。组织禁毒巡讲进校园活动39场。

文体工作。在市第14届中学生运动会中，丰顺县金牌总数和总分全市第一名，创下历史最好成绩。成功举办了2021年“县长杯”青少年校园足球联赛，创丰顺县该赛事历史新高。县第47届中小学生田径运动会圆满落幕，共打破9项县运会纪录；在2021年市学生体质健康抽测工作中，丰顺县6所必测学校优良率均达45%以上、合格率均达95%以上，成绩排全市第一；成功举办了教育系统庆祝中国共产党成立100周年中小学生文艺会演等活动。

劳育工作。全面加强劳动教育，落实中小学劳动教育课每周不少于1课时；建设专兼结合的劳动教育教师队伍；学生接受劳动教育达100%。至年底，全县有省级劳动教育特色学校2所，市级劳动教育特色学校和劳动教育基地各2个。

【教师队伍建设】 善谋划，服务教师专业发展。依托省、市、县网络平台，开展教师全员网络研修活动。新任教师岗前培训常态化，对180名新入职教师进行培训。全面实施中小学教师信息技术应用能力提升工程2.0项目培训。共遴选13人为丰顺县首届“三名”工作室主持人，并举行了工作室启动暨授牌仪式。

有序做好教育系统人事工作。公开招聘了本、专科教职员工88名、合同制幼儿园教师31名，引进9名硕士研究生。评选了200名“县优秀教师”和教育系统2020—2021学年度“最佳校长”1名、“十佳教师”10名。498名教师专技岗晋升为六级，1070名教师专技岗晋升为九级。

【校园和谐稳定】 抓严抓实校园疫情防控。贯彻落实上级有关疫情防控工作文件精神和工作要求，坚持每天排查约10.8万名师生健康状况，稳妥推进疫苗接种工作，学生接种新冠疫苗接种完成率全市第一。

全力保障校园安全。创建县级“安全文明校园”82所，实现全县学校“安全文明校园”100%全覆盖。全县共聘请492名安保人员，实现校（园）安保100%全覆盖。邀请法制副校长及交警到校园开展专项交通安全宣传教育活动265场；联合公安交警、交通等部门进行安全大检查2次；开展各类应急疏散演练126场，制定防溺水“十二项必须”措施；联合公安等部门开展学校安全“六无”（无校门、无围墙、无视频监控、无专业保安、无证照、无一键报警设施）工程大排查4次，排查涉校安全36处。

【教育服务水平】 认真落实“双减”政策精神。深化校外培训机构治理，规范校外培训机构办学行为，共有30所校外培训机构全部停办或转为非学科类培训。全面落实“五项管理”。全县学校全面压减作业总量和时长，减轻学生过重作业负担，健全作业管理机制。扎实开展义务教育课后服务。各校认真开展课后服务，实现义务教育学校和有需要的学生“两个全覆盖”。落细落实各项教育资助工作。2021年丰顺县共发放学生资助资金3169.6万元，受助学生约3.6万人次；受理生源地助学贷款1072人，发放贷款1096万元。

【丰顺教育新形象】 2021年，继续与县电视台合作办好专题栏目《相约杏坛》；丰顺教育微信公众号发布原创文章853篇、转载185篇；在“广东政府网站集约化平台”发布文章197篇；认真做好信访调查落实和回复工作，全年处理信访件125件，切实解决群众“急难愁盼”问题。

【督导监管】 切实做好2021年迎接省对县级人民政府履行教育职责评价工作，现进入省级审核环节。在2020年履职评价工作中，丰顺县被评为优秀等次，全市排第二名。顺利开展2021年国测现场测试工作，被评为2020年国家义务教育质量监测实施优秀组织单位。

加强学校食堂食品安全监管。定期与县市场监督管理局联合到学校进行检查，开学检查、飞行检查全覆盖共3次，不定期检查共10次。完成了“为群众办实事”重点民生项目“食堂革命”共17所中小学校20间食堂。

【教育优质均衡发展】 学前教育方面，全县学前（3—6周岁）幼儿三年毛入园率98.26%。

义务教育方面，全县小学适龄儿童入学率100%，小学五年保留率98.09%，小学毕业生升学率100%。初中学龄人口入学率141.84%，初中三年巩固率（保留率）104.68%，初中毕业生升学率99.9%，九年义务教育完成率93.9%。（小学五年保留率和九年义务教育完成率偏低的原因是，丰顺县每年有一部分学生家长外出务工或经商随迁外地就读。）

高中教育方面，丰顺中学是广东省国家级示范性普通高中，为梅州市十所重点中学之一；全县有市一级普通高中5所，分别是华侨中学、丰顺县第一中学、东海中学、球山中学、黄金中学。实验中学是按照省一级学校标准配置的中学。全县普及高中阶段教育比率不断提高，2021年全县普通高中招生3181人，高中阶段毛入学率97.52%；普通高中毕业生2964人，升学率99.5%。

中职教育方面，丰顺县职业技术学校是全县唯一一所公办职业技术学校，2021年共开设了计算机应用、航空服务、动漫制作、社会文化艺术等专业。继续加大与丰顺县培英电声有限公司、丰顺泰昌电声元件有限公司、旺兴达（丰顺）电子厂等县内10多家大企业开展校企合作。积极做好丰顺县职业技术学校的招生工作，确保“毛入学率”达标，“普职比”大致相当。积极推进丰顺县职业技术学校多样化、多形式办学，扩容提质、上规模、上省重工作。

2021年全县中学现有理化生实验室181间，理化生仪器室120间，图书室38间，阅览室41间，电子阅览室25间，音乐舞蹈室44间，美术教室47间，计算机室66间，计算机10554台，网络多媒体教室899间；全县小学有科学教室87间，仪器室71间，图书室168间，阅览室86间，电子阅览室35间，音乐舞蹈室83间，美术教室82间，计算机室145间，计算机13246台，网络多媒体教室1434间。全县中小学现有纸质图书324.02万册；现有普教仪器价值总金额2.05亿元。

（黄接顺　冯柏灿）

丰顺开放大学

【概况】 2021年，丰顺开放大学以《中华人民共和国国民经济和社会发展第十四个五年规划纲要》“建设高质量教育体系”的要求，发挥在线教育优势，完善终身学习体系，建设学习型社会。始终坚持以全民学习和终身教育理念为先导，认真开展远程开放教育的各项工作，努力推进丰顺开放大学的改革、发展和稳定工作，促进开放教育事业的转型升级发展，努力推进丰顺开放大学社区教育的探索推广工作。丰顺开放大学每年春秋两季招生，2021年入学新学员422人，毕业学员713人。

【基础发展】 2021年以来，学校以习近平新时代中国特色社会主义思想为指导，全面贯彻落实党的十九大和十九届二中、三中、四中、五中、六中全会精神，坚决贯彻党的基本理论、基本路线、基本方略。

严格遵守政治纪律和政治规矩，更加坚定维护习近平总书记党中央和全党的核心地位，更加坚定维护党中央权威和集中统一领导，更加坚定在思想上、政治上、行动上同以习近平同志为核心的党中央保持高度一致，切实把思想和行动统一到中央、省委、市委和县委的工作部署上来。同时，不折不扣做好党史学习教育的各项工作，持续推进“我为群众办实事”活动，为完善终身学习体系，建设学习型社会做出应有的贡献。聘用了钟生泰等16名拥有相关专业职称的教授、老师等担任学校行政管理、文化产业管理、法学、会计学、学前教育、工商管理、建筑工程管理、物业管理等本、专科专业课程的教学和实践环节指导及其评审的兼职教师，聘用期为3年（2020年9月1日至2023年8月31日）。在聘用期间教务处将加强教师队伍管理，严格遵守相关法律法规，根据其完成工作量给予相应薪酬。

做好无接触招生工作。学校在做好疫情防控工作的情况下，要求进校人员必须量体温、进入办公区域必须佩戴口罩，招生工作人员全程佩戴口罩，在招生办门口设置桌椅及手部喷雾消毒机，进行零接触收录材料，做到招生和疫情防控双保障。保障了教职员工及学员的生命安全。进一步加强各项考试疫情防控预案工作，学校根据相关要求积极推进开大及各合作高校考试预案和安排工作。考前形成《丰顺开放大学2020年春季学期期末考试期间疫情防控工作的方案》，在做好疫情防控要求的基础上，要求全体学员持三证佩戴口罩进校，并为全体工作人员及监考员发放口罩，及时向南方电网、电信、汤坑镇城北派出所发放公函汇报考试相关情况，得到相关部门的大力配合支持，做到未雨绸缪，确保学校考试期间电力、网络的正常使用和校园的安全。

【招生工作】　为提升招生宣传效果，加大春季招生宣传力度，采取点线面结合的方式开展招生宣传。在各乡镇的主要交通干道悬挂招生横额；在报纸、杂志中夹带招生简章；在县电视台定时播放招生广告；及时在公众号及时更新学校招生动态；在丰顺论坛公众号发布招生广告。2021年，在学校领导班子带领和做好疫情防控的情况下，实现了招生人数稳中有增的良好态势。开大的发展要紧跟社会经济形势，通过借势取得实质性进展。进一步与丰顺县人力资源和社会保障局、食品监督管理局、政管办等合作进行学历与技能双证培养合作。同时，借助国家奥鹏教育学习中心的院校支持，增加东北农业大学的招生，填补了农学等专业缺失的空白。

【教务教研】　进一步健全教学管理工作。教学实施工作规范化。学校针对开大及合作高校的教学计划、大纲要求制订与实施，教学形式和方法，各项教学环节的组织，教研活动的开展，教师队伍建设工作作了进一步调整和修改，使教学管理在疫情防控期间依然能够得到规范化、科学化、网络化运作。教务管理的规范化。学校进一步抓好自学环节的管理、辅导环节的管理、作业环节的管理、实践环节的管理。实现教务管理的现代化、制度化、规范化。班主任管理的规范化。要求班主任利用学习通平台、校情通信息平台、QQ群、微信群，打造学员与班主任的简便、无障碍交流平台，让学员的疑问和诉求第一时间能够得到解决，为学员提供便捷，贴心的在线教育教学指导服务。2021年各类考试，在全体教职工和外聘教师的共同努力下，一方面加大疫情防控的宣传，严格执行上级开大及合作院校各种形式考试的要求。另一方面不断创新疫情防控期间学员考试指导工作，完善各项在线考试指导机制，在线考务工作有序开展，得到上级领导部门及社会的认可。

【就业服务】 丰顺开放大学继续完善《关于推荐大中专毕业生就业工作的实施意见》，充分调动有关部门和教职工参与学员们就业服务的积极性，帮助毕业学员们走上工作岗位，他们有的参加各类在编考试成为公职人员；有的进入国企或私企单位或是进行自主创业，学校顺利完成2021届学员们的就业推荐工作。

（办公室）

丰顺县教师发展中心

【概况】 丰顺县教师发展中心是整合原县教师进修学校、县教育局教学研究室、县教育局电化教学仪器站、县教育局信息中心和县教育局学生助学工作管理中心的职能组建设立的丰顺县教育局领导和管理的公益一类正科级事业单位。2019年12月13日，在原县教师进修学校举行挂牌仪式。2021年6月4日，梅州市教育局组织专家组对丰顺县教师发展中心开展了评估认定工作，是梅州市首批通过认定的县级教师发展中心。中心设6个内设机构：教师专业发展部、教学科学研究部、教育信息技术部、教仪装备管理部、学生助学工作管理中心和办公室。中心地处汤坑镇东兴路，占地面积8000平方米，总建筑面积约6000平方米，包括研训综合大楼、学员接待中心大楼各1幢、学员宿舍36间；新建或扩建了学术报告厅、直录播室、软件制作室、心理健康辅导室、虚拟演播室、抠像微课室、书画艺术室、书画艺术室、名师工作室、基础教育质量检测中心、运动场、食堂等各类功能场室；可以同时满足100名学员的教科研训和食宿需要。中心在编人员共63人，其中具有副高级职称的29人，中级职称的12人；聘任了30多名县内外有一定影响力的兼职研训员；建立了广东省吴小为名师工作室。

2021年，丰顺县教师发展中心深入贯彻习近平新时代中国特色社会主义思想和习近平总书记重要讲话精神，落实党的十九大和十九届二中、三中、四中、五中、六中全会精神，增强“四个意识”、坚定“四个自信”、做到“两个维护”，深入开展党史学习教育，贯彻落实“全面从严治党”的总体方略，切实加强党的思想、组织、作风和制度建设，加强领导，明确职责，狠抓落实，以改革创新的精神努力推进党建工作。在丰顺县委、县政府和市、县教育局的坚强领导和大力支持下，坚持“一个导向，两个核心，四轮驱动”，即以提质增效为导向，紧抓教学科研和教师培训这两个核心，教育科研、教师培训、教育信息化和教学装备管理“四轮驱动”，助力打造高质课堂，促进教师专业发展。

【高效教研模式】 灵活开展调研。常规调研、专题调研有机结合，如中、高考专题调研，九年一贯制学校专题调研，“为群众办实事”赴八乡山中小学幼儿园调研，召开小学、初中、高中各学科教研会等，每次调研结束，均召开统一反馈会议，向学校行政、级组长、科组长、备课组长反馈调研情况，并形成书面反馈报告下发学校，实事求是反映优势、存在问题及整改措施。

强化质量监测。统一命制全县各学段、各年级阶段性限时训练，并组织进行全县统一网上评卷，强化质量监测，通过有效数据衡量进退、得失，尽早发现不足与存在问题，及时补齐短板。

【构建高质课堂】 聚焦课堂教学变革，积极探索课堂教学的新模式和新方法，2021年7月15日，全面启动全县中小学“聚焦课堂教学变革，构建科学评价体系”课堂教学评比展示活动，在广大教师中掀起开展课堂教学变革研究的热潮，提高课堂教学效率，促进教师专业发展。

【备考效率】 开展全县高三一轮、二轮复习研讨会及后期备考调研，高三各科科任教师全员参加，教研部各科教研员特别加强了针对二轮复习的研究与指导工作，全面提高二轮复习效果。全县中考各学科备考研讨会不再分片区，统一集中到一个学校共同参与教研活动，以“同课异构”为主要形式，为全县初三级各科科任教师搭建一个共同学习与交流的平台。

组织教学比赛。组织全县各学段、各学科、全覆盖的教师教学技能比赛，帮助教师提高个人教学能力走向卓越。

教育教学质量得到提升。2021年高考，全县600分以上8人，其中物理方向最高分624分，历史方向最高分603分；特殊控制线以上132人；地方专项线以上312人；本科线以上1203人。2021年中考，全县32所学校共5916人参加考试，满分840分，全县平均分427.74分，全县最高分为768.7分。东山中学线（716.2分）以上38人，宪梓中学线（687.3分）以上156人，丰顺中学线（631.2分）以上544人。

【多维培训模式】 聚焦为丰顺建设一支高素质、专业化、创新型教师队伍的目标，结合广东省“三区”教师全员培训工作方案，积极开展各类教师培训，努力探索教师发展专业化建设。

抓严抓实教师全员职务培训，强化师德建设。坚持贯彻落实《广东省中小学教师继续教育规定》，依托省、市、县网络平台，有计划、有目的、有效地开展教师全员网络研修活动，通过聆听专家讲座和教师之间交流学习，丰富知识，开阔视野，与时俱进，顺利推进新课改，强化师德师风建设，全面提高丰顺县教师综合素质。

新任教师岗前培训常态化。根据教育部和广东省中小学教师继续教育规定的有关新任教师培训的要求，结合丰顺县实际情况，开展新入职教师培训，培训模式采用集中面授、跟岗实践、校本培训和网络学习相结合。为妥善解决工学矛盾，确保培训实效，充分利用周末和暑假休息时间，分批进行封闭式集中面授培训。同时实施县、镇、校三级培养策略，充分发挥校本培训的优势作用，给出并要求落实任务清单，学校制订培养计划，指定导师，导师制定培养方案，与新入职教师签订师徒结对协议，由导师带领、指导和评价新入职教师教育教学实践，学员提交有关校本培训的材料，专业发展部建立规范培训档案。2021年5月21日至7月24日，共培训新任教师186人。

加强信息化应用能力提升培训。为贯彻落实《教育部关于实施全国中小学教师信息技术应用能力提升工程2.0的意见》和《广东省中小学教师信息技术应用能力提升工程2.0实施方案》，进一步推动丰顺县教师主动适应信息化、人工智能等新技术变革，积极有效开展教育教学，全面促进教师信息技术与教学融合创新发展，专门成立丰顺县中小学教师信息技术应用能力提升工程2.0领导小组，并于2021年6月21日上午在县教师发展中心举行项目启动仪式，2021年6月起全面实施中小学教师信息技术应用能力提升工程2.0项目培训，指导信息化中心校开展各项试验工作，指导各校、教师开展信息技术与教育治理、学科教学融合创新应用工作。至10月31日，全县中小学（含中职学校、特殊教育学校、幼儿园）教师约5600人已完成网络研修，正全力推进校本研修阶段的工作。

启动“名教师、名校（园）长和名班主任”工程建设。为进一步完善丰顺县教师培养培训体系，着力培养一批中小学名教师、名校（园）长、名班主任，提高中小学骨干教师、校（园）长、班主任培训培养的质量和效益，打造丰顺县中小学名师品牌，推动丰顺县教育高质量发展，全力建设好丰顺县“三名”工程。2021年，马满芳、徐金丝、陈跃芝、刘慧慧、钟美华、罗安娜、陈瑜玉、罗岱兰、黄玉玲、彭织娇等10位教师入选为丰顺县首届中小学名教师工作室主持人，谢锐、郭文娟入选为丰顺县首届中小学名校（园）长工作室主持人，邓旋入选为丰顺县首届中小学名班主任工作室主持人。各工作室已先后举行了揭牌仪式，并已开展研修活动。

【信息化水平】 持续开展“丰顺县智慧教育公共服务平台”全面应用，启动平台与国家、省、市平台对接工作。平台融合学校各类教育教学资源，为深化校务管理、教务管理、学生管理、评价管理、家校互通管理等信息化进程以及建设以共享学习空间为载体的教育资源库等方面提供有效解决方案，助力教育提质增效。

开展“小小科学家”科学实验活动。自2020年12月以来，鼓励有条件的学校相继开展科学实验活动，于5月15日在实验小学举办了丰顺县首届“小小科学家”科学实验成果展示，全县26所中小学校360多人参加活动。从2021年10月起，开展丰顺县第二届“小小科学家”科学实验活动，在全县各中小学全面推广。

全县中小学教师信息技术应用能力得以明显提升。参加教育部开展的“基础教育精品课”遴选活动，丰顺县共征集精品课37节，获省优课8节，在梅州市各县区排行第一。按省教厅要求，积极开展粤教翔云数字教材应用推广工作，丰顺县数字教材用户注册率95%培训率达92%，在梅州市各县区排行第一。参与2021年广东省中小学智慧课堂交流展示活动筹备、组织工作，起草丰顺县活动筹备方案，协调省教育院、丰顺县实验小学、各技术支持单位开展各项准备工作，完成各项任务，活动取得圆满成功。

【教育技术装备管理】 制订了《丰顺县中小学功能场室规范管理与使用的实施方案》，使学校的教育技术装备管理工作有规可依、有章可循、有制可守，进一步加大对学校教育技术装备工作的监管力度；以活动促应用，充分发挥教育技术装备效益，积极组织全县师生参加省、市、县级各项竞赛活动；开展县级培训和积极组织参加省、市各项培训，来提高实验室、图书室管理人员整体水平；组织学校开展危险化学品安全综合治理工作，常抓不懈，确保学校实验室安全管理工作万无一失；根据教学需要，对中小学教学仪器、化学药品进行统一补充，以便实验教学正常开展；组织开展基础教育装备产品质量专项检查行动，确保中小学教学仪器设备质量合格，保护师生的身心健康，切实保障教育教学顺利实施；组织全县中小学开展中小学图书馆（室）馆配图书适宜性评价工作，通过自查摸底、督促检查，切实改善中小学图书馆（室）馆藏图书质量，全面发挥中小学图书馆育人作用，促进中小学生健康成长全面发展。

（罗敬奎）

丰顺中学

【概况】 丰顺中学是广东省国家级示范性普通高中学校、广东省一级学校、广东省普通高中教学水平优秀学校、广东省现代教育技术实验学校、广东省体育（田径）传统项目学校、广东省（首批）安全文明学校、广东省绿色学校、梅州市十所重点中学之一。

【办学规模】 截至2021年9月，学校有69个教学班，学生3189人，教职工303人，其中特级教师1人，广东省名教师1人，中学高级教师112人，中学一级教师138人，研究生学历教师23人，专任教师队伍结构合理，整体素质优良。

【工作情况】 党的组织建设情况及党总支规范化建设情况。

加强党务工作者队伍建设和制度建设。抓好党组织活动阵地建设。现建有党群活动室3个，开设红色书吧1个。

党内政治生活开展情况。加强意识形态建设。深入学习党和国家的各项方针政策，学习并领会习近平总书记2021年全国两会重要讲话、“七一”讲话，在十九届五中、六中全会会议上的重要讲话精神；开展“学党史、悟思想、办实事、开新局”系列专题研讨活动；组织教职工师德师风专项学习教育。重视理论中心组学习，党总支书记、党支部书记带头学党史、讲党课，积极开展党员固定日活动。

学校党建工作和教育教学工作深入融合情况。结合丰顺中学学生的思想特点和现实需求，全力推动课堂改革创新，打造特色“金课”。开展“一个党员一面旗”活动，设置党员示范岗。

德育工作有条不紊。德育以活动为载体，以体验为中心，增强德育实效性。学校组织了多种活动，如庆祝中国共产党成立100周年暨五四文艺会演、秋季校运会、500人规模的硬笔书法比赛、“经典阅读”读书分享会等。认真开展包括“爱国主义教育”“诚信教育”“校训教育”等在内的主题讲座与班会。常规管理分级交叉检查与落实。面向全体学生，继续深入开展以后进生为重点的系列活动，获“丰顺教育宣传优秀组织单位”荣誉称号。

安全工作常抓不懈。通过升旗仪式、校长国旗下的讲话、主题班会等形式落实安全文明教育。继续完善学校安全应急机制，做好疫情防控常态化工作。制订心理健康排查应对制度，进行班级心理教育，开展心理讲座，出版心理健康报。常规工作抓常规、主题工作抓创新、临时工作求实效。通过校讯通、微信群、板报、橱窗等多渠道、多方位向学生及家长宣传各项安全防范知识。

教研工作积极开展。教育教学科研立项工作顺利开展。2021—2022学年度8项课题获县级立项，3项课题获市级立项，1项课题获省级立项。参加各级各类比赛，成绩喜人。县级各学科教学、论文、实验技能等比赛均有教师获一等奖1人次以上；陈海云、蒋智等5位老师获得2021年梅州市教育学会学术年会论文特等奖；等等。

完善硬件建设，提高服务教学能力情况。为了更好地适应当前新课程改革的教育新形态，学校先后建设了初中部阅读书屋以及智慧图书馆——文博苑，增建3间高考英语听说训练室。

【办学成绩】 在丰顺县委、县政府及县教育局的正确领导和大力支持下，在2021年高考中，丰顺中学全体师生团结奋进，科学备考，取得优异成绩。600分以上7人，比2020年增加6人。物理方向最高分624分，历史方向最高分603分。特殊控制线以上130人，上线率11.3%，比2020年7.9%增加了3.4个百分点；另外，取得地方专项资格181人；共311人。本科上线率再创新高：全校参加高考1142人，本科上线908人，上线率79.5%，比2020年的63.3%增加16.2%。其中腾飞班本科上线率100%。

（罗空辉）

华侨中学

【概况】 丰顺县华侨中学创办于1957年，重建于1987年，是县内第一所全县性的侨办学校，是县一所规模较大的普通高级中学，为梅州市一级学校。

2021年学校有34个教学班，学生人数1690人（其中普通高中生1309人、职业高中生381人），教职工146人，其中特级教师1人，中学高级教师66人，中学一级教师43人。

【党建工作】 扎实推进党史学习教育，全面贯彻落实习近平总书记在庆祝中国共产党成立100周年大会上的重要讲话精神，深入学习党的十九届六中全会精神，持续抓好“三会一课”“主题党日”和“两学一做”等党的组织生活形式，按时高质量召开了党史学习教育专题组织生活会和领导班子民主生活会，扎实开展查摆问题整改，促进教学教研高质量发展。学校领导班子严格履行全面从严治党管党主体责任，切实维护校园政治安全和意识形态安全。

【疫情防控】 进一步落实疫情防控常态化要求，实行内宿生封闭管理，外宿生上学时段只进不出，放学时段只出不进的管理制度。每天实行晨检、午检、“零报告”和“日报告”制度。每月一次对校园进行全面消杀，确保校园环境安全。备齐备足防疫物资，做好校园体温监测和来访人员登记。

【学校德育】 学校坚持德育为首，五育并举的原则，全面落实“立德树人”的根本任务，坚持依法治校，健全各项规章制度，着力加强师德师风建设。教育学生践行社会主义核心价值观，努力培育传播正能量。

实行班主任评优评先综合量化管理制度和五项评比制度，从体制机制上强化教师队伍管理，激活教师潜能，优化育人环境。开展“学习、安全、防疫”家访宣传教育活动，加强家校联合。全校教职工严格履行“一岗双责”责任制，努力践行“赓续百年初心，担当育人使命”。

完成高一和高二学生军训、校运会、元旦文艺会演、校园安全演练等各项专题活动，促进学生德智体美劳全面发展。

夯实家校社联合基础，形成合力，切实提升学校德育实效。

【教学教研】　学校落实教学常规工作的同时，采取“走出去”“请进来”的教研活动，大力支持骨干教师外出参加培训，拓展教师培训渠道，不断提升教师业务水平。持续深入开展“新课标、新教材、新高考”研究活动，组织教师参加教学能力大赛、论文评比活动，实行集体备课制度，发挥集体力量，推广“三项工程”（青蓝传帮带工程、教师继续教育工程、骨干教师引领工程）和岗位练兵活动。

【办学成果】　2021年，办学成绩稳中有进，鼓励全体教师积极参加各种业务学习及教育信息技术新技能培训，狠抓教学常规，创新教学方式，善教勤学，在教学教研及高考方面取得了可喜的成绩。本年度，教师获县级以上奖励94人次，其中梁就莲被评为2021年广东省普通高考优秀评卷员，曾小林被评为梅州市优秀教师，蔡素芬被评为县学生资助先进工作者，刘小芳、郑美琼等获县优秀教师奖，朱梅茹获县优秀班主任奖，陈勤惠被评为县优秀学籍管理员，危帅被评为县教学工作先进个人。2021年学生高考本科上线9人，专科线以上录取率为90%，被评为“广东省绿色学校”“梅州市文明校园”“丰顺县校园应急避险安全疏散演练达标单位”。

【办学条件】　学校不断完善后勤安全保障条件，由顺安保安有限公司、军穗物业公司和金笃公司中标参与安全管理和后勤服务。进一步完善明厨亮灶阳光食堂建设，实行值日行政人员陪餐制。深入开展“我为群众办实事”活动，对学生宿舍进行维修升级改造、对教室老旧灯管进行全面更换为LED灯管、为高三尖子生延长晚修时间、购置现代化格子办公桌改善教师办公条件、落实科任老师全员行动参与对学生家访、安装抽水机和布局新的水管线路解决用水难及水质差难题、对学校食堂进行硬件改造提升、对学校田径运动场跑道和篮球场进行维修翻新，助力“五育”并举。

（林振兴）

实验中学

【概况】　丰顺县实验中学是2017年9月新开办的一所完全中学，位于丰顺新区红狮宫，背靠206国道，面临榕江北河，校园占地8.92万平方米，总建筑面积7.66万平方米，总投资约2.8亿元。学校现有4栋教学楼、4栋学生宿舍（配备空调）、2栋教师宿舍、1栋师生饭堂、1栋体育馆，学校还拥有标准游泳池和400米环形跑道运动场。校园分为教学区、运动区、生活区，布局合理、设计美观。多媒体综合电教室、理化生实验室等功能场室一应俱全。通过智慧校园等项目建设，实现智慧化校园管理。2021年有62个教学班，学生有3400多名。教职工252人，其中高级教师49人，研究生学历6人，本科学历238人，教师队伍结构合理，平均年龄38岁，是一所朝气蓬勃、充满活力的现代化学校。

【办学理念】　学校严格遵循教育规律，全面贯彻国家的教育方针，以“明德、刻苦、务实、创新”为校训；坚持“因材施教、厚德崇文”的办学理念；努力形成严谨、高效、敬业、精细、优良的校风与学风；以“以法治校、以研兴校、以质强校”为管理理念；以“爱国、爱校、自爱”为教育理念；以“质疑、探究、评价、创新”为教学模式；提出了“向管理要质量，靠教研上台阶”的指导方针，以教学质量为中心，全面推进素质教育。

【德育工作】 德育是学校教育的灵魂，是学生健康成长和学校工作的保障，学校自开办以来一直把德育工作放在学校的首位。围绕社会主义核心价值体系，以“三有三讲”（有感恩心、有责任心、有进取心；讲文明、讲礼貌、讲道德）为抓手，做好学生的德育工作。成立了丰顺县实验中学中国少年先锋队工作委员会，加强学校少工委建设，切实发挥少先队在立德树人中的重要作用。

加强班主任队伍建设。班主任队伍是学校德育工作的主力军，班主任工作直接关系到学生的身心健康成长，关系到学校德育工作的成效。学校坚持精选优秀教师担任班主任，严格对班主任工作的考核，充分调动他们的积极性，搞好班级管理工作。以上好班会课为突破口，每月一个主题，系统地进行思想品德教育，构建健全的班主任工作考核评估机制，真实、客观地衡量班主任工作。着力表彰在教书育人中成绩显著的班主任和德育工作者。

加强养成教育。养成教育是学校德育工作的基础，学校以《中学生守则》《中学生日常行为规范》为准则，制定了班级量化管理细则，对学生一日常规提出明确要求，使学生的行为规范最终能达到要求。

大力开展德育主题活动。充分利用升旗仪式、班会课、德育课、礼仪课，对学生进行爱国主义、集体主义、法制安全和思想品行的教育。通过国旗下讲话、主题班会课，培养学生热爱祖国、热爱社会主义、热爱集体、热爱家乡、遵纪守法、文明礼貌，做时代新人。同时为了让师生充分感受到学校对思想政治教育的重视，吴丽璇校长走进教室，深入课堂，分别为师生们带来了一堂堂别开生面的思政课。在开学工作会议上，为全体教职工上一节题为《稳定压倒一切——中国不能“乱”》的思政课；在9月23日为七年级上了一堂以“如何更好更快地适应初中生活”为主题的思政课；在10月14日为全体高一级新生上了一堂以“如何适应高中学习和生活”为主题的思政课。通过“校长上思政课”这一行为，把学校思政课教学和思想政治工作推动上了一个新的台阶。

加强家校联系。探索“双减”背景下学校与家庭新型关系，建立健全家长学校，并依托家长学校、家长委员会加强家庭教育指导工作，开发适合学校学情的家校共育课程，特别是信息化、体验式等课程的开发建设，并纳入教学计划有效实施。学校通过教师力量打造高素质、专业化的家庭教育指导师专业队伍。通过举办家长学校培训、家校联系、告家长书等形式对家庭教育的内容、方式、方法进行指导，及时向家长通报学校各方面的情况，宣传当前教育新理念，新方法，积极详细解释学校的新措施，新做法。使家长对学校有了更全面的了解，同时更提高了家长的家庭教育水平。

【师资建设】 2021年，以习近平新时代中国特色社会主义思想为指导，全面贯彻党的十九大和十九届二中、三中、四中、五中、六中全会精神，围绕“立德树人”根本任务，牢记为党育人、为国育才使命；积极响应国家、广东省、梅州市的教育战略布局，立足于办好让人民满意的教育，深化课程教学改革，大力推进优秀教学成果应用，完善选课走班、综合素质评价和学生发展指导工作。以“明确职责，搞好服务，提高效率”的准则要求每一个班子成员每周集体学习管理理论知识，形成一支责任心强、业务过硬的干部队伍；狠抓教师的职业道德水平和法治、纪律观念建设，坚持以法治校，强化团队精神、敬业精神、奉献精神和创新精神；加强了学校廉政风险防控机制的建设、强化级组管理。学校行政班子全部挂级到各个年级，并到级组办公室办公，加强学校与教师的人性化管理和有效联系；积极地创造条件做好骨干教师的培养工作和青年教师的帮扶工作，各科组都制定了帮扶对象和帮扶目标，从备课、上课、常规管理及辅导等多方面给予指导，促进了青年教师的成长。大批青年教师已经成为学校的教学骨干。

【教学成果】 2021年，在县委、县政府、教育主管部门的正确领导和全校师生的共同努力下，开办4年多的实验中学，取得了众多优异的成绩。在2021年高考、中考中，学校成绩再创辉煌。2021届高三学生生源入学成绩差（本地生源1200名仅8人，外市生源折成重点线21人，往届生有效分理科本科370分，文科350分仅11人，合计42人的基础上），高加工产出本科线152人，重本14人（特控线7人、地方专项7人）的好成绩，是全县最“低进高出”“加工能力”最强的高完中。中考考生人数仅468人（含学区生），考入全县全十名3人；700分以上41人，600分以上203人，荣获2021年丰顺县初中教学成果一等奖；10月，学校选送的作品《客潮童谣》参加“梅州市第五届客家童谣传唱活动”荣获三等奖；12月，学校被评为丰顺县“七五”普法先进单位。

教师获奖方面：校长吴丽璇荣获丰顺县优秀共产党员称号；何梅君荣获丰顺县“十佳教师”；钟铁、陈秉城、吴小娟等9名老师获丰顺县优秀教师称号；郑明虹、陈利萍、陈霞萍3名老师获丰顺县优秀班主任；郑良暖获丰顺县安全管理工作先进个人称号；朱勇获丰顺县优秀学籍管理员称号；张增有、吴文旋获丰顺县“七五”普法先进个人称号；邱楚娇在评卷工作中被市教育局评为“优秀工作者”；朱就娇、罗妍、徐永梅等5名老师在2021年梅州市初中英语学科素养大赛中荣获优秀指导教师奖；黄兴仲的作品《自制平行板电容器》荣获广东省中小学实验教学说课高中物理组三等奖；郑旭东的作品《探究碳和浓硫酸的反应产物》被评为省中小学实验精品课。

（陈庆娟）

东海中学

【概况】 丰顺县东海中学建于1984年，是一间侨建县属完全中学、市一级学校。学校位于埔河文庙，依山傍水，风景秀丽，是一所环境优美、教学设施完善、校风良好的学校。学校占地面积6公顷，校舍建设达1万多平方米。自建校以来，学校坚持“德育为首，教学为主，育人为本”的办学原则，积极实施素质教育，走特色办学之路。

【教学特色】 学校在抓好教学的同时，充分发挥自身优势，积极探索“艺术特色”的新路子，着力培养和发展高中艺术（美术和音乐）教育，为高等艺术院校输送了一大批优秀的学生。经过多年的实践、探索，学校高中艺术教学已初具规模，形成了自己的特色，艺术教学的成绩在梅州市也名列前茅。2018年被广东省教育厅评为“广东省艺术教育特色学校”，被梅州市教育局评为2016—2018年梅州市优秀艺术特色学校。

【学校德育】 学校建立和健全了由校长、党支部为核心的德育工作领导机构。成立以校长、抓德育的副校长、政教处主任组成的德育领导小组，以及由年级组长、班主任、政治教师和生活管理老师组成的德育骨干队伍，健全和完善各项规章制度。全校教职工齐抓共管，充分发挥教书育人、管理育人、服务育人的功能，寓德育于教学和管理之中。

学校组织教师积极开展德育科研。依据学生身心发展不同阶段的不同特点，分年级实施《中学德育大纲》，深入、有效地开展爱国主义、集体主义和社会主义教育，培养学生科学的人生观和世界观以及正确的价值取向。发扬中华民族的优良道德传统，养成良好的道德情操、行为习惯和个性心理素质。加强对学生的爱国主义教育、理想前途教育、道德品质教育、行为规范教育和法治观念教育。搞好三化建设，建立德育基地，如校史室、本校师生美术作品陈列室等，形成良好的德育氛围。充分利用学校的特色教学，如美术展和文艺会演，通过寓教于乐的方式，提高学生们的审美水平和鉴赏能力。

【师资建设】 加强教师的思想建设，关心教师的政治生活。多年来学校始终切实加强社会主义精神文明建设，依据国家教委颁发的教师职业道德规范，在教师中开展职业道德建设，加强师德教育。做到“一个坚持、三个结合”。“一个坚持”，即坚持正面引导，重视提高教师队伍的师德建设水平。“三个结合”即把加强教师职业道德建设和建立教书育人机制结合起来；把加强师德的建设和加强法治观念，提高教师政治素质结合起来；把加强师德建设和校风、教风建设结合起来，逐步形成良好的教风。

经常鼓励教师特别是青年教师要“双向成才”。学校鼓励教师积极参加培训、进修、努力提供教师培训，进修的机会，在资金上给予补助。如今，学校教师的学历达标率高中98%，初中100%。学校制订有奖励条例，对撰写论文、发表文章和得到各种荣誉称号的教师给予奖励。学校重视教师个人的发展，给教师提供表现的机会，每学期组织优质课评比活动，对优胜的教师给予一定的物质奖励和精神鼓励。以上的做法大大提高了教师的自信心和成功感，使他们的创造需要、成就需要得到满足，让他们感到在教师岗位上，聪明才智同样可以得到发挥。

【教学业绩】 该校通过加强教师队伍管理和狠抓校风学风的建设，使教育教学质量有了很大的提高，取得了优异的成绩。中考和高考频传佳报，2021年高三级110人参加高考，上特优线3人，上本科线17人，单考单招1人。初三年级参加毕业考，298人参考，其中700分以上5人，上东山中学线18人、上宪梓中学线25人录取，上丰顺中学线55人，上重点线率高达18.4%。该校荣获县初中教学成果一等奖。

2021年学校教研成果喜人：高一、高二级学生参加文化科竞赛一等奖1人，二等奖13人，三等奖20人；在艺术比赛方面：3个节目获一等奖，1个节目获二等奖，其中《出水莲》选送广东省评比获一等奖。体育项目取得骄人成绩，学校2021年度参加广东省中学生田径锦标赛，有3人次获国家二级运动员资格，参加丰顺县中小学生田径运动会，高中组获得第一名、初中组第四名的好成绩。

教师撰写的论文获县级以上的奖项的有25篇；此外，教师中取得县级荣誉的共有15人次。

（徐永新）

丰顺县第一中学

【概况】 丰顺县第一中学是一所完全中学，梅州市一级学校，创办于清光绪二十九年（1903），是丰顺县历史最悠久的百年老校。学校包括丰顺县第一中学校本部和仙洞教学点。

【办理规模】 2021年8月学校共招收320名高一新生和332名七年级新生。2021年年底，学校有37个教学班，在校学生共计1817人，其中校本部33个教学班，含高中17个教学班，在校生820人，初中16个教学班，在校生871人，仙洞教学点4个初中教学班，在校生126人。全校教职工144人，含督学6人，其中高级教师62人。

【人事变动】 2021年，学校共有3位教职工办理退休手续。1位老师调出，1位老师辞职。8月，从2019年县管校聘落聘教师中招聘5人，并调进10位教师。

【党的建设】 为进一步加强学校党建工作，2021年12月，中共丰顺县第一中学总支部委员会成立，下设三个支部。党总支书记张裕煌，第一支部书记郑春浇，第二支部书记刘富源，第三支部书记谭益雄。

【党史学习教育】 2021年，在县委教育工委、县教育局的正确领导下，学校坚持以习近平新时代中国特色社会主义思想为指引，深入学习贯彻习近平总书记在庆祝建党一百周年大会上的重要讲话精神和党的十九届六中全会精神，持续深入开展党史学习教育，把基层党组织锻造得更加坚强有力。

2021年4月，学校组织教职工到汕尾市海丰县红宫红场旧址、彭湃故居和丰良镇九龙村榕树塘永昌居等地瞻仰革命旧址，追寻先辈足迹，聆听红色故事，重温入党誓词。

6月，学校组织师生开展了党史演讲比赛和“书写红色经典，致敬建党百年”书法展等“党史进校园”活动，在师生当中掀起了一股学习党史的热潮。

7月，学校党支部召开党史学习教育专题组织生活会，会上全体党员认真学习了习近平总书记在庆祝中国共产党成立100周年大会上的重要讲话精神，并交流学习体会。

学校党组织还立足实际，以政治建设为统领，以落实全面从严治党主体责任为主线，以规范党内政治生活为重点，以提高党员干部素质为根本，全面抓好党建、党廉、意识形态工作。

【队伍建设】 学校加强师德、师风建设。继续发扬“敬业、爱生、严谨、奉献”的优良教风。张裕煌校长提出了“一中光荣我光荣，我为一中争光荣”的口号，激励学校师生勤教苦学，为学校争光，并奖励勤奋苦干有业绩的教师，树立敬业爱岗为人师表的典型，努力塑造团结勤奋的领导班子形象，爱岗勤恳的职工服务形象，敬业勤勉的师表形象，进而达到立德树人，教书育人，管理育人，服务育人的目的。提倡爱教育，爱学生，爱自己，兢兢业业，无私奉献的高尚品德。

【量化管理】 学校把全面贯彻党的教育方针，全面实施素质教育，全面提高教学质量，作为学校的办学宗旨，逐步建立健全了学校的各项规章制度，通过制度力求做到“各就各位、各尽其责”。学校继续推行《丰顺县第一中学学生量化管理条例》。对学生的管理依据管理条例进行。学生秩序井然，条例彰显成效。

【全封闭式管理】 学校继续实施全封闭式管理。

学校成立领导小组，制订方案，由政教处牵头，建立学校、年级、班级、宿管、饭堂齐抓共管的工作机制。明确责任，落实工作。

严格学生仪容仪表管理。学生在校期间应穿校服，佩戴校牌，文明守纪，讲究卫生。疫情防控期间，坚持戴口罩，勤洗手。

严格就餐就寝管理。总务处根据实际情况，分高中部、初中部错峰就餐。所有学生在食堂就餐，严禁快递和外卖进入校园，严禁学生通过校园围墙叫买商品和食品。学生严格按照作息时间起床和就寝，入寝后不得串寝和在室外逗留，生活教官严加管理。

严格校园进出管理。学生在校期间未经允许不得出校门。请假须班主任批准，家长接送。

疫情防控期间实行严格体温晨午检制度管理。进入校门必须接受体温检测。有发热、咳嗽症状，建议返家观察。所有学生早晨、中午、晚上进入教学楼，须接受体温检测，有发热、咳嗽症状不得进入教学楼，安排至学校医务室留观。值班人员和班主任及时全面掌握有发热咳嗽症状学生情况，迅速按防疫工作流程处理，并及时通知家长。每日晨午检情况由各年级汇总学校统一上报。

严禁手机、刀具、香烟等违禁物品进校园。学生返校时，必须接受学校校门值班人员检查。

严肃违纪处理。学生违反量化管理规定，由政教处、年级组通知家长到校协同教育并回家自省。

经过校园封闭式管理，学校面貌发生了巨大变化，社会反响良好。

【办学条件】 为保证学生每天一小时课外活动时间，满足正常开展体育运动以及中考考试需要，打造足球特色学校，在上级领导的高度重视下，10月底，耗资260万元的带300米环形塑胶跑道的7人制标准足球运动场改造完工。

7月底，由深圳鹏湖文化促进会、广州市丰硕乡村助学促进会捐建的希沃教学平台在全校教室安装完工，改善了办学条件。

【主要成绩】 2021年高考取得了较好的成绩。本科以上8人，比2020年增加5人，增长率为267%。

中考进入市重点指标线13人；进入丰顺中学指标线27人。李睿祺中考成绩759.7分，为全县第三名。

（谢玉宏）

球山中学

【概况】 丰顺县球山中学是县属普通完全中学，梅州市一级学校，梅州市“语言文字规范化示范学校”和“德育示范学校”、广东省“书香校园”、广东省“依法治校达标学校”、丰顺县“安全文明校园”“丰顺县文明校园”“梅州市文明校园”。学校分东、西两个教学区，占地面积50650平方米，其中建筑面积28660平方米，两个校区相隔约1.5千米。2021年有36个教学班，学生1889人，教职工135人。

【主要情况】 9月17日，举办了球山中学第五届教学基金颁奖大会，共颁发奖金123.8万元。

9月，成立学校教师、学生读书会，成立学校德育宣讲团。

11月，学校被丰顺县教育局、丰顺县文化广电旅游体育局评为丰顺县“县长杯”足球联高中组“体育道德风尚奖”。

12月，邱壮龙补选为支部委员，江远望任支部委员会副书记。

12月，学校被丰顺县教育局评为“2021年度丰顺县教育宣传优秀组织单位”。

【高考中考情况】 2021年高考情况：特控线（重本线）以上6人，本科以上28人，本科率达11.91%，重本率达2.55%；比2020年高考重本人数增加4人，本科人数增加19人。中考情况：700分以上3人；东山中学录取分数线10人；曾宪梓中学录取分数线17人；丰顺中学录取分数线45人。

【学校发展状况】 加大资金投入，改善办学条件。瑠隍教育发展基金会捐赠价值39.41万元的太阳能热水供给系统6台及教学一体机5套，解决了加装太阳能热水供给系统及教学一体机难题，满足了师生生活和教学的现实需求。刘跃龙捐款30多万打水井4口，朱逢才校友为学校捐赠空调35台，何振怀发动周开胜、周跃武、周跃冰、张泽阳周慧夫妇、邱胜元、何振雄、徐启发郑爱霞夫妇、邱国亮、邱小美夫妇、何宁波彭佳炜夫妇、郑建福郑佳凤夫妇、林佳森郑雪霞夫妇共捐三匹空调4台，1.5匹空调10台，手提电脑5台，钢琴1台。杜育喜捐钢琴3架、琴房3间，刘斌捐架子鼓一套，柯电光叶砚君夫妇捐凤凰树一株，何钦成、陈育华捐凤凰树一株。后勤部门高度重视师生民生工程，现在学校已完成电的改造、水的改造，包括张芳荣大楼地埕下水管道的改造，学校更加整洁有序。

【学校管理】 球山中学坚持以习近平新时代中国特色社会主义思想为指引，树立“立德树人，办人民满意的教育”的办学理念，实行依法依规治校。继续实施《球山中学工作纪律条例》《球山中学内宿生管理制度》，制定、完善《球山中学德育量化管理考核细则》并实施学生德育量化管理。大力抓常规管理，提高教学质量；坚持校本教研，提高课堂效率；严抓班级管理，强化安全卫生工作。开展习惯养成教育，以贯彻实施《中小学生守则》和《中学生日常行为规范》为准则，对学生进行爱国主义教育和良好的行为习惯教育，教育学生树立规矩意识，以理想前途教育、养成教育和安全教育为重点，以学生自我教育为中心，以体验教育为特色，促进学生健康全面发展，形成了“文明、进取、合作、创新、和谐”的校园文化。认真做好疫情防控和学生返校工作，经过周密细致的谋划并精心做足做好了准备，球山中学复课复学后确保了师生健康安全，教育教学秩序井然。

【队伍建设】 坚持立德树人，力抓师德工作，建设和谐团队。球山中学强化师资队伍建设，提高队伍素质，改善队伍形象，建立健全师德建设规章制度，把师德作为学校教师考核评估的一项重要内容，确保了师德教风建设活动的顺利开展。

（李美秀）

龙山中学

【概况】 丰顺县龙山中学位于丰顺县南端的汤南镇，创办于民国二十八年（1939）春，是一间侨建完全中学，经过三迁校址五易校名，办学规模和质量不断提高，成为“梅州市一级学校”，近年来荣获“广东省绿色学校”“梅州市安全文明园”“梅州市创建教育强市先进单位”“丰顺县中考工作先进单位”等荣誉称号。学校占地面积66667平方米，建筑面积22600平方米。校园布局合理，分教学区、运动区、生活区，设计美观。2021年有教学班36个，其中初中24个、高中12个，学生1732人，教职工125人。

【学校管理】 学校以“团结、感恩、求实、创新”的校训，持“创办适合学生成长的学校，培养适应社会需要的人才”的办学理念，秉承“内强素质、外树形象”的办学宗旨，注重领导班子建设，采取半封闭式的管理模式；以师德师风建设为核心，加强教师队伍建设，以聚焦高效课堂大比拼提升教师教学水平，全力以赴创办“魅力初中、特色高中”办学新模式，努力打造龙中教育教学新品牌，取得了较好的效果，中考、高职考成绩逐年向好。

【学校德育】 在加强中考、高职考备考基础上，学校注重开展爱国、核心主义价值观、感恩、励志等意识形态教育活动，厚植学生爱国主义情怀，提升思想道德的修养，开展了“龙山中学中考百日冲刺誓师大会”、家长会等感恩系列活动，把感恩教育作为学校德育的重要内容。2021年8月荣获“梅州市文明学校”称号。

在学校工作宣传方面，为打造“魅力初中、特色高中”新品牌，做好“内强素质、外树形象”的宣传工作，学校以“丰顺县龙山中学”公众号为平台，积极做好学校各项活动的宣传，得到上级部门和人民群众的一致好评。“迎新年·颂党恩”文艺会演、“禁毒宣传教育”进校园、“庆建党颂党恩，传承红色基因”演讲比赛、龙山中学“师德师风演讲比赛”“化学课程融入实践活动”特色高中第二课堂等学校举办的活动或在丰顺县电视台播放，或在县教育局创办的“丰顺教育”公众号中发布，或在《梅州日报》上刊登，在社会上取得良好的效应，在教育同行中赢得较好的口碑。

【办学成果】 2021年中考、高职考取得了理想成绩，各项教育教学工作呈现喜人的势头。其中高职高考“3+证书”考试取得优异成绩，高职类考生121人，全部考进大专院校，其中本科入围人数20人、大专入围人数101人，突破近年来本校记录，较好的教学质量得到社会的认可，赢得良好的口碑，职业高中部共12个班级，创历史新高。

初中部学生参加中考进入县重点围人数60人，2020—2021学年度荣获丰顺县教育局“初中教学成果三等奖”。

师生获奖方面：2021年罗晓畅老师荣获“梅州市优秀教育工作者”，罗少京老师荣获“梅州市教学工作先进教师”荣誉称号；罗少宏、罗明坤、冯明华等6名老师荣获“丰顺县教学工作先进教师”称号；袁奇辉、简怡欣、吴素花等4名老师荣获“丰顺县优秀教师”称号；张潜荣获“丰顺县优秀班主任”称号；罗汉斌荣获

"丰顺县国防教育工作先进个人"称号;蔡金龙荣获"丰顺县体育工作先进个人"称号。26位学生获县、市级以上各类荣誉称号、证书。文体方面,2021年学校篮球队荣获丰顺县第四十七届中小学生田径运动会甲组季军,足球队荣获"县长杯"校园足球联赛初中组第八名。

【未来展望】 龙山中学将积极响应梅州市教育大会"一校一品"会议精神和《丰顺县教育发展"十四五"规划》,围绕"办人民满意的教育"目标,继续做强做大"魅力初中、特色高中"新品牌,全力推动学校教育教学事业发展,开展感恩励志教育、初中部"星级学生"评比、完善高中部"校长助理"管理模式、开展"特色高中"实践活动等,努力将学校打造成为一所理念现代化、管理精细化、办学特色化、教育优质化的品牌特色高中。同时以教育现代化建设为主抓手,以提升工程2.0市级试点校为契机提升教师的教学技能,注重教育内涵建设,狠抓教育质量提升,促进基础教育优质发展。

(罗明坤)

龙泉中学

【概况】 龙泉中学创建于民国三十年(1941)3月。曾改名为"埔寨中学",1985年恢复"龙泉中学"校名。1988年6月,将"丰顺县冠山农业中学"并入龙泉中学,改称"丰顺县龙泉职业中学"(现为丰顺县职业中学龙泉分校)。龙泉中学是一所农村完全中学。

【学校情况】 龙泉中学占地面积6万平方米,校舍建筑面积14620平方米,学校建有教学大楼4幢(其中1幢为实验室,1幢为功能室,2幢为教室),图书馆1幢,大礼堂1座,办公楼1幢,食堂和学生宿舍1幢,教师宿舍楼4幢共80多套。学校有400米环形跑道的标准运动场(2021年10月开始改造成塑胶跑道,2022年3月完工)。校园按花园式设计,布局合理,校园环境优美,校园绿化率达到100%。2021年全校15个班,其中高中职业教育3个班,学生710人,教职工60人。

【教育教学成果】 2021年,龙泉中学在上级党政的领导下,加强学校内部管理机制,全面贯彻教育方针,坚持"德育为首,教学为主,育人为本"的原则,全体教师发扬"勤、严、细、实"的精神,积极开展教育教研活动,教育教学成绩稳步提高,体育运动蓬勃发展,形成了良好的教育教学环境,得到社会的肯定。2021年中考、高考(高职)取得较好成绩,2021年职业高中毕业生参加高考(高职3+证书)90%以上考上大专院校。学生积极参加体育锻炼,学校田径队2021年11月参加县第47届中小学田径运动会获得初中甲组第二名的好成绩。2021年学校有4次获得市县荣誉称号;教师共有27人次获国家级论文相关奖项、市县学科辅导奖或荣誉称号;学生有43人次获市县学科比赛奖或荣誉称号。

(谢群辉)

丰顺县职业技术学校

【概况】 丰顺县职业技术学校是于1991年由梅州市政府批准开办的一所市级骨干职业技术学校,隶属于丰顺县教育局,是丰顺县唯一的公办职业技术学校,是梅州市职业技术教育先进单位,是梅州市农村劳动力技能培训转移就业定点培训机构。

学校现有学生1661人（含三年级实习生及分校学生），开设了电子技术、计算机应用、动漫与游戏制作、社会文化艺术、康养休闲旅游服务等专业；教职工47人，其中高级职称教师18人，中级职称教师20人，“双师型”教师19人。

【学校规模】 学校位于丰顺县城区，占地面积约30亩，建筑面积1.6万平方米。其中教学楼1幢，实验楼1幢。学生宿舍2幢，学生食堂1幢，教师宿舍（含办公楼）1幢。有教学设施设备包括可使用课室15间，多媒体专用课室1间，电脑室4间，电子实验室1间，电拖实验室1间，音乐室1间，舞蹈训练室1间，美的实训室1间等，功能室均配备了多媒体电教平台。学校有图书室1间，阅览室1间，电子阅览室1间，美术室1间，心理咨询室1间，卫生保健室1间，图书室藏书共5.2万册，带200米环形4条塑胶跑道的田径运动场1个，篮球场2个，排球场1个，五人制足球场1个，羽毛球场2个。学校依山傍水，环境幽雅，是读书求学的理想场所。

【教育教学】 学校全面贯彻党的教育方针，以培养“以教书育人为基础，以人民满意为根本，以师生发展为原则”的实用型技术人才为办学宗旨，与时俱进，开拓创新，坚持以德育为首，加强师生政治思想素质建设，加强法治教育、职业道德教育和竞争意识培训教育，形成“务实、创新、进取、合作”的良好校风。坚持以教学为中心，培养学生动手能力为目的，突出实践教学、技能教学，使学生学有一技之长，构建职业学校的办学模式和办学特色。以市场经济发展为导向，不断调整专业设置，2021年共开设了动漫制作、社会文化艺术等专业。为落实习近平总书记对职业教育体系提出“培养更多能工巧匠、大国工匠”的高素质技术人才，使更多劳动者长技能、好就业的要求，学校从2021年秋季开始，扩大招生规模，创新办学模式，与美的集团签订校企合作协议，实现强强联合，开设的电子技术、计算机应用、动漫与游戏制作专业，通过校园招聘会，为企业培养更多实用型技术人才和管理人才，体现“以服务为宗旨、以就业为导向”的办学方针；走中高职贯通升学方向，通过春季高考，与汕头职业技术学院、广州东华职业技术学院合作对接三二分段。自办学以来，培养11023多名适合市场需要的初、中级专业技术人才，遍布全省各地，深受用人单位的好评，并在各自的岗位上发挥积极作用，成为单位的佼佼者。学校师生参加各类竞赛（比赛）活动，上下一心，开展建党百年华诞的主题教育活动。

【师资建设】 学校以全面提高教师队伍素质为中心，不断加强专业教师的建设，培养中青年专业带头人和骨干教师为重点，建立有利于教师资源配置和优秀人才脱颖而出的有效机制。学校定期或不定期选派教师参加国家、省、市、县举办的各级各类专业培训和师德师风建设培训，加快“双师型”教师建设步伐。2021年学校共选派9人次参加各级各类专业培训和师德师风建设培训。

（徐名旺）

汤西中学

【概况】 丰顺县汤西中学位于汤西镇和安村的田畴绿野中，创办于1956年秋，历办初中、高中、职中，是丰顺县一级学校、丰顺县文明学校、丰顺县安全文明校园、梅州市安全文明校园、广东省依法治校达标学校、嘉应学院实习基地、梅州市青少年校园足球推广学校。学校占地面积32500平方米，学校全面贯彻落实党的教育方针，全面实施素质教育，秉承“文明奋发、勤学进取”的校训，发扬“崇德尚理、诚信友善”的校风和“严勤细实”的教风，树立“勤奋好学、团结进取”的学风，以“规范化、特色化、优质化、现代化”作为学校的办学目标，深入挖掘学校内部的发展潜力和发展机制，形成学校特色，推动学校可持续发展。

【党建工作】 学校党支部围绕教育、教学、教研、建设队伍开展工作。加强党风廉政建设主体责任意识的落实，不断强化党员责任制压力传导。进一步履职尽责，班子成员带头履行“一岗双责”，按照一把手负总责和分管领导各负其责的要求，严格执行目标责任和分工责任制。抓好廉政警示教育，组织班子成员学习《中国共产党廉洁自律准则》《关于新形势下党内政治生活的若干准则》，观看警示教育片，进一步加大了警示教育力度。坚持把党建工作同业务工作同谋划、同部署、同落实、同检查、同考核，定期召开会议专题研究，传达学习上级文件和会议精神，分析研讨本学校党建工作。

【疫情防控】 学校牢固树立师生“健康第一、生命第一”的基本理念，始终将师生安全、生命健康放在第一位，严格按照“两案九制”的原则建立新冠肺炎疫情防控体系，健全学校、年级、班级、家庭“四级防控体系”，坚决执行好落实“四精准”“六分”“一独立”“三全”“五管”要求，切实做好疫情防控工作。学校制定疫情防控应急预案，按疫情防控要求，积极开展应急处置模拟演练和实战演习。

【德育安全】 为更好地开展“养成”教育，构建德育安全管理体系，形成校领导、政教、团委、年级组、班主任、教师及学生团体齐抓共管的“养成”教育、安全管理网络，学校制订切实可行的工作计划，修订切合初中生年龄特征的《汤西中学班级量化管理评比方案》《汤西中学学生德育量化评分细则》《汤西中学一日常规》等相关制度，编印《汤西中学学生入学教育手册》，开展“新时代好少年·校园之星”等评比活动，对学生的日常行为提出具体要求，为教师的教育行为提供有力依据，为学校的检查考核提供严格标准。汤西中学积极开展道德讲堂、入学教育、校运会、文艺会演、书画作品比赛、科技小制作比赛、师生篮球赛、毒品预防教育、法治宣传教育、宪法知识进校园、读书月活动等各种丰富多彩、富有特色的校园文化活动，塑造学生健全的人格，促进学生全面发展。

【办学成果】 在上级领导部门的正确领导下，通过师生共同的努力，学校步入规范化、特色化的发展轨道，走内涵式发展之路，取得了一定的成绩。学校在丰顺县教育系统庆祝中国共产党成立100周年的中学生文艺会演中获三等奖，获评为2021年梅州市文明校园、2021年广东省绿色学校，在丰顺县第四十七届中小学田径运动会中获初中甲组第六名，在丰顺县第四十七届中小学田径运动会中获体育道德风尚奖。

（办公室）

汤坑中学

【概况】 丰顺县汤坑中学位于县城汶水桥头汤坑路1号，地处汶水河西岸，背靠金瓯山，面临汶水河，依山傍水，绿树葱茏，楼宇错落有致，环境幽雅，是培育人才的理想场所。2006年2月，为促进教育全面协调发展，优化教育布局，丰顺县委、县政府、教育行政部门根据教育布局调整的需要，将汤坑镇第一中学、第三中学两间初级中学合并迁至原丰顺中学老校区，也是汤坑中学老校址，定名为“丰顺县初级中学”。同年5月将“丰顺县初级中学”恢复“汤坑中学”老校名，并于2006年秋季复办高中。2007年5月通过县一级学校评估，晋升为丰顺县一级学校，2008年5月被丰顺县教育局评为“美丽校园”。2014年，学校为迎接“教育强县”和市一级学校的评估验收，继续加大资金投入，加强了教育教学设施等硬件建设，使学校的办学条件和环境得到很大的改变。同时，学校加强了内部管理，使教风和学风均有了较大的转变。2014年12月顺利通过了省专家组对学校进行“教育强县”的“创强”验收。2015年2月通过了市一级学校评估，晋升为梅州市一级学校。2017年秋季，高中停止招生。学校坚持依法治校，形成了依法决策、民主管理相结合，管理科学化、制度化和规范化的格局，被广东省教厅认定为2018年省依法治校示范学校。2021年七年级招收新生1472人，全校共有师生4000多人。

【德育工作】 德育是实施素质教育的灵魂和核心，汤坑中学一直把德育工作放在学校工作的首位。为加强德育工作，学校不断探索创新，深化改革，从学校领导班子到一线的教职员工，上下团结一致，群策群力，全面推行“信心德育”，做好学生的德育工作，包括“文明礼仪教育”“好习惯养成教育”“励志教育”“感恩教育”“爱班、爱校、爱国教育”“珍爱自我教育”“惜时和理想教育”“榜样教育”“扣好人生第一粒扣子”等课题教育。在丰顺县2021年学校德育与安全工作目标管理考核中，汤坑中学考核结果为优秀。

建立和完善信心德育工作制度。认真执行并实施《中共中央关于改革和加强中小学德育工作的意见》《中学德育纲要》《中小学德育工作规程》等政策法规，在学生中深入开展爱国主义教育，以及“三个好”（在校做好学生、在家做好孩子、在社会做好青少年）和“三个习惯”（良好的学习、行为、生活习惯）的养成教育等。实行“德育工作领导小组”例会制度，定期召开会议，针对学校各方面的情况，讨论研究德育工作，对学生实施全方位、全过程、全员的德育管理和教育。期末做好优秀班主任、三好学生、优秀班集体等荣誉的评选工作。

发挥“信心德育”的特色。培养老师“信心德育”的理论基础，以思想指挥行动。通过班主任专题培训会议，提高班主任“信心德育的理论基础”。德育宣讲团老师根据学生在不同年龄成长阶段的发展要求，进行针对性、专业化的引导，通过在不同年级开展各类专题讲座，对学生进行教育，发展学生内在潜能，科学培育人才。

利用黑板报、“学生信箱”、宣传栏等进行心理健康知识宣传，通过讲座、个别心理辅导等形式加强对学生的心理健康教育与疏导，消除学生的心理障碍，让学生快乐健康地成长。

为加强家校联系，提高对学生教育的

实效性，每周通过微信群、校讯通等媒体给家长发信息，强调安全、学习等事项。通过班主任主动家访、电访，及时与家长交流，共同探讨教育子女的最佳办法。通过给家长一封信的形式，及时掌握学校德育工作的中心任务和有关“安全健康教育”“信心德育”等内容，并要求家长在回执上写意见，使家校教育步调一致，更有实效。

【师资建设】 2021年，学校结合县委开展的党史学习教育和学习党的十九届四中、五中、六中全会精神等活动，与时俱进，开拓创新，狠抓教师的职业道德建设，不断增强教师的法制和纪律观念，坚持依法治校，强化团队精神、敬业精神、奉献精神和创新精神，不断加强学校廉政风险防控机制的建设，强化级组管理。为进一步提升教师的工作执行能力，学校的教师考评及专业发展中心，加强了教学常规管理工作，引导年轻教师积极开展教研活动，深化“构建激励型德育体系的探索”的课题研究和《目标导向三三教学模式》的课堂教学改革。学校行政领导全部挂级到各个年级，并到级组办公室办公，加强学校与教师的人性化管理和有效联系；为不断提高学校的办学质量，学校逐步建立并完善了奖教奖学制度，对在教育教学过程中取得好成绩师生给予奖励，从而激活老师的工作热情。同时，学校要求教师特别是青年教师不断提高综合素质，增强竞争意识和能力，并努力为教师参加培训、进修提供机会。大批年轻教师已经成为学校的教学骨干，李众、黄江玲、黄凤眉、罗海燕、蓝爱娟、谢颖莹、房金凤、陈细花、张巧辉、廖惠周、邱振茂被评为县优秀教师；黄玉莲、刘荣金、杜院坚、傅云燕被评为县优秀班主任；廖满珍被评为县优秀德育工作者；罗海燕、邱冬梅、游文彬、李素芬被评为县先进教学工作者；张红被评为县特殊教育优秀工作者；谢锐被评为市优秀教育工作者；马顺辉被评为县“十佳教师”和市优秀教育工作者。全年累计申报各级教研立项课题9个，其中省级1个、市级2个、县级6个。黄春红、林文敏、张红、向君君、余志辉、成芸芸、贺小东、胡军、谢飞如、张培云等教师的教学论文分别在市教学论文评选中获奖。罗海燕、徐斌彬、徐淑玲、罗淑玲、张瑞君、傅云燕、罗怀珍、彭小亮、陈细花、冯优香、李育琴、刘荣金、蔡文静、扶娇容、陈燕玲、巫丹霞、张旭等教师的教学论文分别在县教学论文评选中获奖。刘茹春老师的论文《用心做个好老师》在国家级刊物《学校教育研究》中发表。刘慧慧、杜院坚、吕恺斌在梅州市“阅读本土经典，传承客家精神”读写大赛中被评为市优秀指导老师。罗怀珍、巫丹霞老师在丰顺县初中英语学科青年教师教学技能大赛中获二等奖。

【教学成果】 学校在狠抓师生德育工作的同时，坚持“以质量求生存，以创新谋发展，以务实出效益”的原则，坚持“以人为本，发展潜能”的办学理念，以“打造示范性中学，办人民满意学校”为办学目标，强化常规管理，深化教学改革，让学生的德、智、体、美、劳全面发展，教育教学质量稳步提高。2021年8月3日，广东省副省长王曦到学校调研，充分肯定汤坑中学的办学成果。在全县统一的教学质量抽测中，各个年级均取得优异成绩，2021年的中考成绩再上新台阶，总分排在全县前五名的有3人，其中胡育铭获第一名，蔡昀锋获第三名，陈榉源获第五名。在2021年全县中小学生田径运动会中，获得初中甲组冠军。

（彭锡壮）

黄金中学

【概况】 丰顺县黄金中学创办于1959年，坐落在山清水秀、人文荟萃的黄金镇。2008年5月升格为完全中学，8月迁入由旅新侨领何侨生捐资兴建的新校区，广洋中学并入。学校花团锦簇，绿草如茵，占地面积330多亩，是全县校园面积最大的花园式学校。学校先后被评为“梅州市尊师重教先进集体”“梅州市最美校园”“广东省依法治校达标学校”“广东省安全文明校园”，多次被评为“高考工作先进单位”，2021年被评为“最美热心消防公益事业先进集体”“广东省绿色学校”。

全校现有42个教学班，初中部每个年级6个班，共18个班；高中部每个级8个班，共24个班。全校学生2642人，初中1156人，高中1486人。教师157人，专任教师151人，管理人员6人，拥有高级职称的40人，中级职称43人，本科学历以上152人。

【设备设施】 学校按省一级学校标准设计，建有各种现代场室。教学区、办公区、运动区、生活区布局合理，井然有序，是一所崭新的、现代化的、花园式的美丽学校。至2020年年底，学校已有420多台电脑，42个教室安装电子白板、语音室1个、多功能电脑室5个，通用技术室1个、电子图书阅览室2个（140多台电脑）。所有办公室、教室都安装空调，每位老师都配了电脑；共有3栋教师宿舍150个教师住房，教师办公用房充足。由黄金中学校友捐款建造、投资180多万元的“黄金中学建校60周年纪念项目文砚池”已竣工验收，学校的校容校貌又提升一个档次。由教育局专项拨款110多万的黄金中学消防给水管道修复工程已竣工验收，解决消防工作的安全隐患问题。2021年暑假，由校友捐款约45万元，全部学生宿舍都安装空调，大大改善学生的住宿条件。

【领导关怀】 2021年8月23日，丰顺县教育局党组书记、局长张武珍，黄金镇党委书记彭晓东，黄金镇镇长刘远辉等一同参加了“黄金中学教育基金颁奖大会”。在大会上，张武珍对黄金中学这几年来取得的成绩表示肯定，对受奖的学生表示祝贺，向谢小章表达敬意。她在讲话中指出，获本次奖教奖学金的老师、同学们要戒骄戒躁、再接再厉，要学会感恩，回报社会；全体教师要继续辛勤耕耘，遵循教育规律，坚持改革创新，培养德智体美劳全面发展的社会主义建设者和接班人，办好人民满意的教育，让黄金中学的教育水平再上一个台阶。

【教育教学成果】 学校以“办好初中，发展高中”为目标，坚持“五育并举”，制订了一套严格的教学管理制度，实行半封闭式管理，建立完善的班主任、科任工作责任制，对学生实行全方位、全天候的关爱和呵护，践行办好人民满意的教育，打造了丰北片的一张亮丽的教育名片，也使黄金中学成为家长心中值得信赖的一所好的学校。2021学校高考继续取得优异的成绩：高考高分优先投档线6人，其中张志权同学高考成绩600分，创造历史新高；7人成功申报地方专项计划，本科以上80人，实现预期的目标，得到群众的一致肯定和好评。2020年中考考入市属重点中学线17人，考入县重点中学线的同学28人。2021年8月，师生荣获由黄金镇外出乡贤、深圳黄金同乡会荣誉会长、旅加拿大侨民谢小章捐资1480万元设立的“黄金中学奖教奖学金”。约有290人次获得奖励，奖励金共54.09万元。教师获县教育局以上奖励56人次，市教育局以上奖励5人次。学生获市教育局奖励3人次，县教育局以上奖励68人次。学校获省级奖励1次。

（办公室）

文化　旅游　体育

综　述

【概况】　文化旅游体育局以党的政治建设为统领，切实履行管党治党责任，深入落实全面从严治党要求和领导干部“一岗双责”，严格落实“第一议题”制度，深入学习贯彻党的十九届六中全会精神，继续巩固“不忘初心、牢记使命”主题教育成效，扎实推进党史学习教育，深入学习“四史”，旗帜鲜明讲政治抓政治，牢牢掌握意识形态工作。积极抓实党员发展，全局共有正式党员72名，预备党员4名；入党积极分子7名。

文　化

【群众文化活动】　扎实发挥文化阵地作用。文化旅游体育局积极组织开展线上线下活动共489场，其中，举办了396场线上阅读类活动和16场线上文化惠民、文艺作品征集等活动；组织举办线下活动77场，其中文化公益讲堂2场、全民阅读活动1场、关爱未成年系列活动2场、图片和摄影展3场、庆祝中国共产党成立100周年市文化惠民演出共16场、庆祝中国共产党成立100周年歌咏活动1场、戏曲、“非遗”进校园进乡村系列文化惠民演出20场、举办“非遗”展览活动3场、组织公益性辅导培训9场、“光辉历程·红色记忆——庆祝中国共产党成立100周年”电影海报下乡巡回展20场，有效丰富了群众文化生活。另外，坚真纪念馆共培养了25位优秀的小小讲解员和10位大学生讲解员，开展形式多样的红色文化教育活动和人民群众喜闻乐见的社会科学普及知识活动，2021年前来参观的党员干部和群众共16万多人次，充分发挥了爱国主义教育基地、反腐倡廉教育基地和党员教育基地的阵地作用。

【文艺创作】　2021年度群众文艺作品获奖情况为：罗文熙、房宝湘创作的相声《我很忙》获省三等奖、市二等奖；CK螃蟹、吴亚方创作的歌曲《只给妈妈听的歌》获市一等奖；彭佳良、邹曼创作的歌曲《逆风的你》获市二等奖；彭佳良、欧阳红创作的小品《特殊的生日》获市二等奖；欧阳红创作的小品《大妈的烦恼》获市三等奖；罗文熙创作的小品《一起摆摊去》获市三等奖；黄姗创作的畲族舞蹈《凤坪茶歌》获市三等奖。

【文化设施建设】 做强做细公共基础设施建设。文化旅游体育局积极推动丰顺县坚真文体中心项目建设力度，至2021年年底，正进入全面装修阶段。大力实施县十件民生实事。完成韩山历史文化生态区、龙归寨温泉瀑布景区、丰顺县粤东大峡谷景区3个新型阅读空间“粤书吧”项目建设，已正式免费对外开放。同时，完成2021年公共文化服务“三百工程”惠民活动，完成“我为群众办实事”31件。

【文物、文化遗产】 完成吴逸志旧居、冯剑南故居、曾史文故居和市级文物保护单位丰顺县苏维埃政府旧址的修缮工程；完成对省级文物保护单位种王上围的修缮工程设计方案，同时积极推进李坚真故居、他信英拉祖居、蓝田书院的保护修缮工作，并申报具有重大历史价值、科研价值的名人故居、红色革命遗址如广东工农革命军东路第十团成立旧址、蓝田书院、西河旧家等成为第十批广东省文物保护单位。切实做好文物、红色资源活化利用。完成对省级文物保护单位见龙居的设计布展，配合丰良镇和八乡山镇分别做好永昌居——中共丰顺（临时）县委成立旧址、普善堂——中共丰顺县支部成立旧址和东江革命根据地史料陈列馆的设计布展。制作完成《丰顺县红色旅游发展规划（2021年—2036年）》。编制了《丰顺县名人故居（旧居）、历史建筑大型图片史料展》，推广其进社区、进校园。

【非物质文化遗产】 继续挖掘非物质文化遗产项目及传承人的保护。进一步充实整理丰顺县市级“非遗”项目，其中，马图茶制作技艺、黄金姜糖、砂田菜花灯、埔寨走马灯制作技艺4个项目申报第八批省级非物质文化遗产名录。充实整理丰顺县“非遗”项目，成功将春兴门、丰顺金狮、朱氏正骨、丰顺山歌、铁坑永禄酒传统酿造技艺、下埔老爷生、隮隍橄榄菜共7个项目列入第五批县级非物质文化遗产名录。积极开展“非遗进乡村”活动，组织畲族舞蹈、丰良山歌、丰顺埔寨纸花技艺走进东兴学校、后安学校、千顷学校等校园，在校园开展传承活动12场次。在全县乡镇进行“非遗”图片巡回展览20场次，编辑出版《丰顺非遗》专辑。

以迎接客家文件（梅州）生态保护实验区验收宣传工作为契机，深入宣传丰顺县非物质文化遗产代表性项目。广泛宣传梅州正在创建国家级客家文化生态保护区。在乡镇村道路口、村（社区）所在地、公交汽车、出租车、高铁站、广场、公园、“非遗”传习所、高速路口等公共场合、人口集中区悬挂横幅标语60余条，制作海报400多份进行宣传。发放倡议书15万份至各村、学校、文体中心、“非遗”传习所等开展宣传工作。

体 育

【体育运动】 圆满完成市第九届运动会目标任务。丰顺县体育运动健儿队在市第九届运动会上，共获得（加省运会）83金45银47铜，总分2410分，金牌榜第五、综合总分榜第四名。此届市运会，丰顺县代表队在武术套路、田径、拳击、女子篮球、男子篮球比赛中都获得金牌和团体总分第一的佳绩，尤其是男、女篮球项目连续两届蝉联冠军，女甲足球创下丰顺队历史记录，获得该年龄段第四名的好成绩，得到市、县领导的表扬和高度评价。同时，丰顺县武术套路、男子篮球两个项目代表市参加省运会的比赛。

【体育事业】 根据市振兴足球之乡足球场地建设要求，2021年完成建设7人制足球场地1块，社区体育公园2个（汤坑镇新田村、铜盘村），为27个行政村配置27套体育健身设施。有100名三级社会指导员参与上岗培训，体质测定指导站圆满完成常态化测试任务1500人次，健身气功站点年检工作如期完成。体育场地录入数据人均2.04平方米，体育进社区、进农村活动覆盖面超过80%（各社区、行政村）。业余体校向省输送田径运动员2名、武术套路2名、举重1名。体育彩票销售1400多万元，超额完成市下达1100万元的营销任务。良好的产业发展和经济建设，为丰顺体育产业与文化旅游融合发展提供强劲动力。同时，积极开展全民健身活动，2021年年初，在省疫情基本清零的情况下，举办6场体育赛事活动，以比赛推动全民健身活动在全县蓬勃发展。

旅　游

【文旅融合发展】 2021年丰顺县旅游业受疫情影响，预计2021年丰顺全县接待游客约200万人次，旅游综合收入10.58亿元，分别比降67.98%和69.3%。

推进文旅深度融合发展。文化旅游体育局积极开展旅游项目引导申报工作，指导韩山历史文化生态区、大宝山旅游度假区、嘉洪农林有限公司申报2021年广东文化和旅游产业投融资对接会；组织开展“春游丰顺　锦绣韩山”梅州韩山第六届杜鹃花节暨徒步节活动，进一步推动文旅体融合发展。积极推动民宿高质量发展，稳步推进景区、酒店提质升级工作。协助指导砂田镇铜峰生态民宿获评梅州市三星级民宿；协助指导金德宝凯悦国际温泉酒店获评四星级旅游饭店，金德宝都喜公主温泉度假酒店获评广东省文化主题旅游饭店；推进韩山历史文化生态区、粤东大峡谷的国家AAAA级旅游景区创建工作，铜鼓峰生态旅游度假区、八乡山镇滩良村和潭江镇凤坪村创建国家AAA级旅游景区工作，为丰顺旅游业发展提供新动力。尝试“非遗+旅游+研学”，增强青少年维护和传承“非遗”文化的使命感。实施“非遗+旅游”，在大宝山温泉旅游度假区设立“非遗”艺术团1个，“非遗”乐园1个，让“非遗”不再局限于单一形态，推进文化与旅游的深度互融，促进丰顺县“非遗”产业的健康发展。推进乡村旅游助力乡村振兴。指导汤坑镇申报广东省乡村旅游提质升级优秀案例，策划两条乡村精品线路申报广东省乡村旅游精品线路，指导留隍镇口铺村、八乡山镇滩良村、汤南镇新楼村、小胜镇大南村申报广东省文化和旅游特色村。同时，开展广东省驿道乡村酒店申报工作，鼓励发动符合要求的民宿和乡村酒店申报，推荐八乡山杜鹃精品酒店、韩山硒湖酒店、龙归寨温泉瀑布酒店、佳百惠酒店、铜峰宾馆、铜峰生态民宿为广东省驿道乡村酒店。

【加强综合执法力度】 严格落实中央、省、市、县疫情防控工作相关要求，对全县文旅体企业进行安全生产及疫情防控工作督查，重点做好疫情防控、消防安全、食品安全等安全事故预防，持续深入推进旅游景区预约管理工作，落实各项安全措施，切实消除各类安全隐患，推动产业有序发展。推进简政便民，2021年来共办件14件，办结率100%。加强市场秩序监管，2021年累计出动执法人员1202人次，检查各类文旅体经营场所226家次，其中检查景区38家次、酒店32家次、娱乐场所65家次、网吧70家次、旅行社21家次。另外，配合县扫黄打非办联合执法3次，检查图书经营单位6家次、印刷企业6家次，切实履行起安全生产的监管责任。一年来，检查发现各类安全隐患52处，发出责令整改通知书11份，至年底已全部整改完成。

（陈小军　徐美萱）

社会科学

史　志

【概况】　2021年，丰顺县史志办公室在县委、县政府的正确领导和上级业务主管部门的指导帮助下，在各级各部门的关心支持和密切配合下，按照县委、县政府的统一安排部署和要求，以习近平新时代中国特色社会主义思想为指导，紧紧围绕全县中心工作大局，依法编史修志，进一步强化“资政、存史、育人”的使命担当，有序开展党史学习教育、红色文化宣传、党史书籍编写、年鉴编纂和地情资料挖掘研究等工作，为全县经济社会全面发展提供坚实的史实支撑。

【党史学习教育】　县史志办紧密结合党史学习教育和史志工作要求，多形式开展各类学习培训教育，做好全办党员干部的日常教育管理工作。抓好政治理论学习。县史志办领导班子带领全办党员干部充分利用“三会一课”、主题党日和专题研讨等形式，通过系统学、原本学、透彻学，把深入学习贯彻习近平新时代中国特色社会主义思想作为首要政治任务。组织党员干部到海丰县、丰良镇、八乡山镇、坚真纪念馆等地开展革命传统教育，通过一系列的学习教育活动，切实提高全办党员干部的政治素养和作风水平，进一步增强“四个意识”、坚定“四个自信”、做到“两个维护”，切实做到“学史明理　学史增信　学史崇德　学史力行”。2021年共开展集中学习25次，组织前往革命遗址和党史教育基地开展14次专题学习，召开了12次支委专题学习研讨会。抓好业务知识的学习。定期举行业务知识专题研讨会议，各业务骨干在会上交流经验，通过集中研讨、相互学习等方式进一步提升业务知识水平。组织参与各类专题业务培训，开拓全体干部职工的视野，积极调动工作积极性，提高工作效率。

【革命遗址挖掘利用保护】　2021年，县史志办深入挖掘丰顺地区红色革命资源，打造一批红色教育平台。在全县范围深入挖掘八一南昌起义军汤坑战役、红十一军旧址群、红四军进驻马图旧址群等重要红色革命遗址，有效挖掘和活化利用红色资源。完成第二批“梅州市中共党史教育基地”申报（八乡山镇东江革命根据地史料陈列馆和丰良镇中共临时县委成立旧址史料展，全县有1个省级中共党史教育基地和3个市级中共党史教育基地）。高质量完成“中共丰顺（临时）县委成立旧址”“中共丰顺县支部成立旧址”和“丰顺县苏维埃政府成立旧址”3个展馆史料布展审核工作。其中“中共丰顺（临时）县委成立旧址”“中共丰顺县支部成立旧址”于2021年3月30日开馆，为全县乃至周边市县区的广大干部群众提供党史教育、爱国主义教育场所。开馆当天，在永昌居召开县委理论学习中心组集体学习现场会，县史志办主任卢胜文讲授《从中国共产党百年辉煌看丰顺革命斗争历史》，创新了中心组学习方式。

【《广东中央苏区丰顺革命简史》《烽火潘田》出版】 《广东中央苏区丰顺革命简史》于2021年7月1日出版，为庆祝中国共产党成立100周年、中央苏区正式成立90周年献上一份厚礼。该书简要讲述在新民主主义革命时期，丰顺地方党组织坚持贯彻上级党组织的指示精神，带领当地人民群众进行艰苦奋斗的革命历史，深化了丰顺县作为中央苏区范围的革命历史研究，对宣传丰顺苏区革命历史，传承红色基因，弘扬红色文化，推动老区、苏区振兴发展等具有重要的现实意义。《烽火潘田》于2021年6月印刷出版，并于6月25日举行首发仪式，为党的百年华诞献礼。该书是集革命故事、革命歌谣和绿色家园等为一体的革命文化专集，旨在让革命先辈的英雄事迹更好地激励后人不忘初心、牢记使命。

【《中共丰顺县地方历史第二卷（1949.10—1978.12）》《丰顺苏区别样红》编纂】 县史志办深入研究丰顺地方党史，编撰出版了一批党史红色书籍。按照上级党史工作部门和县委的工作部署，严格按照《地方党史二卷及专题资料编写编辑规范》，积极推进丰顺党史二卷编纂工作。稿件已纂修完成，并提交市委党史研究室审核把关。与政协文史委编著红色文化故事集《丰顺苏区别样红》，已完成编审工作并出版。

【党史宣讲和送书活动】 县史志办依托丰顺丰富的红色文化资源，深入结合党史学习教育，面向干部群众广泛开展专题宣讲和送书活动。2021年以来，县史志办分别深入到丰良镇、八乡山镇、汤坑镇、县武警中队和学校等地，通过讲述革命历史、红色故事、专题宣讲等方式，广泛开展党史宣讲和送书活动，面向干部群众开展党史宣讲活动41场次，受教育人数2700多人次，开展送书活动16次，送出红色书籍、地情书籍700多册，送出党史学习资料1600多份。切实为基层解决党史学习教育开展难、党史宣讲宣教难、党史学习教育资料缺乏等难题。

【红色文化宣传】 县史志办充分发挥媒体宣传作用，加强宣传报道，扩大红色文化影响力。2021年，先后在《南方日报》、广东卫视等中央省级媒体发表报道20多篇，在《梅州日报》、梅州电视台等市级媒体发表新闻报道30多篇，向上级部门报送简讯30余篇，广泛宣传报道丰顺县重要红色事件。《东江第一次工农兵代表大会的召开及其影响》《丰顺县红色革命遗址现状分析》两篇论文入选市委“铭记光辉历史，传承红色基因”调研论文，并作为唯一的县级党史部门代表在市委成果交流会上发言。录制一批红色专题视频，协助拍摄“红色印记·光辉历程”系列专题片，专题拍摄丰顺地区12个红色革命遗址，制作《“红色印记·光辉历程”丰顺篇》《南昌起义军汤坑苦战 朱德军长马图送茶种》等3集均已在梅州市广播电视台播出。与八乡山镇党委政府联合策划出品红色革命歌曲《红薯情》，在中央电视台15频道播出，为丰顺县有史以来第一次本土自创的红色经典歌曲在央视频道播放。通过丰富多样的宣传方式，为全县广大干部群众提供丰富的红色教育资源。

【自然村落历史人文普查】 该项普查工作涉及全县17个镇场1422个自然村，意义重大。经过县、镇、村三级联动，共同努力，自然村落历史人文普查工作基本完成，《全粤村情》（丰顺卷）共四册均已送出版社，待出版。

【编纂出版《丰顺年鉴》】 严格执行一年一鉴的工作要求，集中力量，精心编辑，规范条目。《丰顺年鉴（2021）》于3月开始统稿编纂，12月顺利出版，完成一年一鉴当年出版的任务。与此同时，县史志办还积极配合上级有关部门做好《梅州年鉴（2021）》丰顺部分、《广东年鉴（2021）》丰顺部分的编纂工作。

【指导编修志书】 县史志办充分履行利用地方志资源、服务经济社会发展的重要职责，积极致力于加快地方志资源开发利用，在编写好县志和年鉴的基础上，积极开拓思路，开发地情资源，为建设新时期的丰顺做出更大的贡献。2021年指导编修《丰顺档案志》，已基本完成。

【地方志数字化工作】 认真抓好存量图书数字化入库及历史已数字化入库图书的审核校对工作，按时按质完成《丰顺年鉴》等书籍入库工作。2021年已完成《丰顺年鉴（2016）》《丰顺年鉴（2017）》《丰顺年鉴（2018）》的数字化审核发布工作，并将数字化建设剩余资金用于《丰顺革命简史》《烽火潘田》《丰顺年鉴（2021）》等7本书的数字化建设工作。

【制作省情微视频】 充分利用史志工作成果，发挥特有的史实资源、信息优势，服务于社会发展和经济建设。配合省地方志完成制作“东江第一次工农兵代表大会遗址”专题微视频；积极开展地情资料征集和咨询服务，为各级领导决策提供资料；同时以志书、年鉴为媒，宣传丰顺，扩大丰顺的知名度，为人文资源、旅游资源开发和城镇规划、项目规划等提供科学的历史依据和丰富的史料。

【名人故居（旧居）保护修缮工作】

2021年，丰顺县有12处名人故居（旧居），按照“保护为主，抢救第一，合理利用，加强管理”的文物工作方针，史志办积极参与深入挖掘名人故居（旧居），如曾史文故居等。全面调查核实，把与名人有关的历史、红色文化资源以及其他有价值的资源进行系统梳理，让名人故居（旧居）等历史文化建筑“活”起来，助推丰顺苏区振兴发展。

【中心工作和其他任务】 县史志办紧紧围绕全县中心任务和工作重点，有序地开展各项工作任务。以党的政治建设为统领。2021年，县史志办深入开展党史学习教育，不断增强“四个意识”、坚定

"四个自信"、做到"两个维护"，着力抓好模范机关建设、制度建设，进一步落实好"一岗双责"。充分发挥党员干部的先锋模范作用，进一步强化支部建设，支部凝聚力、战斗力不断增强，在中国共产党成立100周年之际，荣获丰顺县"先进基层党组织"荣誉称号。持之以恒强化正风肃纪，深入推进反腐倡廉工作。定期专题部署党廉工作，通过研究制定党廉主体责任清单、党内谈话制度、严格执行财经纪律等方式，结合纪教月活动，全面有效推进了反腐倡廉工作。切实落实意识形态工作责任制。重点抓好意识形态工作，定期研究制订意识形态工作计划，组织召开专题研究会议，2021年共开展2次专题学习。深入开展创建全国文明城市工作。根据全县统一安排部署，县史志办全体干部职工按照网格化工作安排，定期下沉基层，助力社区基层创文工作。选派党员干部参与"我为群众办实事 文明出行"——城区文明交通志愿服务活动，助力全县创文工作。推进疫情防控工作。全办干部职工坚决落实各项防控措施，自觉志参与疫情防控工作，下沉社区协助基层开展疫情防控、疫苗接种推广等工作，为坚决打赢疫情防控攻坚战发挥党员先锋模范作用。助力乡村振兴。县史志办主动为各乡镇、各相关老区村出谋划策，结合红色文化和地情资源的开发利用，为推动乡村振兴提供党史县志乡情等史料支撑。

（叶铭杰）

档　案

【概况】 2021年来，在县委、县政府的正确领导下，县档案馆坚持以习近平新时代中国特色社会主义思想为指引，认真贯彻落实党的十九大和十九届历次全会精神，深入学习贯彻落实习近平总书记对档案工作的重要批示精神，紧密围绕重点工作，以新思路、新方法、新举措，全面推进档案业务工作的落实，较好地完成了各项工作任务。县档案馆于2021年4月在梅州市2017—2019年三年一评的县级综合档案馆业务建设评价中排名第一，评为合格等级。截至2021年12月，已进馆112个全宗号，馆藏档案35734卷又103389件，馆藏照片6486张，馆藏资料5153册，实物106件。

【思想政治建设】 把牢档案工作政治方向。县档案馆牢牢把握"档案工作姓党"的政治方向，落实"第一议题"制度，加强政治理论学习，馆班子成员理论中心组集中学习研讨2次，支部党员集中学习讨论6次。严格执行"三会一课"制度、组织生活会、谈心谈话等制度，党内政治生活规范严肃。把牢档案工作思想方向，认真落实意识形态工作责任制，深入开展党史学习教育，将党史学习融入档案日常工作，真正做到党史学习教育入脑入心。把牢档案工作纪律方向。及时调整馆党风廉政建设领导小组成员，促进全馆党风廉政建设工作有序开展。加强党章党规党纪学习教育，组织全馆党员干部观看纪律教育警示片等，严明纪律规矩。

【档案馆新馆建设】 县档案馆及时跟进衔接新馆室内装修设计、恒温恒湿空调安装、消防设计安装和智能密集架设计安装等重要环节，多次到新馆建设工地查阅施工图纸，了解新馆建设进度，严格按照标准加强审核指导，现场协调解决新馆内部功能布局问题，加快施工进度，已进入室内装修资金的筹备阶段，2021年9月基本完成档案库房恒温恒湿空调系统、惰性气体灭火系统管线的安装。

【档案资源建设】　县档案馆积极加强档案资源体系建设。坚持依法接收，丰富馆藏资源。2021年有移交进馆任务的单位13个，档案馆联合相关职能部门通过上门指导或电话交流等方式对档案整理归档进行了重点指导，新接收档案51卷又5653件、照片87张、资料197册、实物10件，进一步丰富馆藏资源。做好“两类”档案验收进馆工作。通过精心组织部署、全程跟进督导、现场验收整改、加强协调配合等方式，有序有效推进丰顺县脱贫攻坚档案和2020年度疫情防控档案归集整理和移交进馆工作，于12月初全面完成全县脱贫攻坚档案、2020年度疫情防控档案验收进馆工作，其中脱贫攻坚档案共409卷又18617件、照片4004张、光盘2张，2020年度疫情防控档案共314件，照片77张。

【档案信息化建设】　2021年投入约20万元完成新一期纸质档案数字化扫描工作，新增完成扫描40万页。合计扫描18320卷，181万页，占2021年馆藏基数（35734卷又103389件）比例为39%，达到2021年度平安广东建设档案安全考评中30%以上的目标。

【档案安全体系建设】　县档案馆进一步提高馆库规范化管理水平，严格按档案库房“八防”（防火、防盗、防潮、防光、防尘、防水、防鼠、防虫。）的要求，加强档案防虫防潮防火防尘等安全措施，定期检查库房温湿度监测和档案保管状况，落实档案管理相关制度，馆领导班子也不定期对库房进行巡查，确保馆内档案实体安全和信息安全。

【馆藏档案开放】　2021年，县档案馆组织精干力量，相关股室部门密切协作，集中全力做好第十一次馆藏文书档案开放鉴定工作。经初审，确定中共丰顺县委员会1983年至1985年拟开放档案共120卷863条，拟暂不开放档案共150卷2309条。经市档案局批复，档案馆按程序在县政府网站公示公告栏发布第十一次开放档案公告，以方便社会各界利用。

【档案宣传】　县档案馆积极开展形式多样的“6·9”国际档案日宣传活动，联合县档案局深入农户家中“送档案知识下乡”，制作档案宣传小视频在社区LED屏滚动播放。进一步增强群众的档案意识，了解档案工作价值，并结合党史学习教育“我为群众办实事”实践活动，对汤坑镇邓屋村、汤南镇新楼村的档案整理员进行业务指导，进一步提高村级档案整理水平。

【查档便民服务】　县档案馆牢记“为党管档，为国守史，为民服务”宗旨，全力做好现场查档、电话查档、来函查档等档案查阅利用服务，始终保持认真细致和热情周到的服务态度，对于不属于馆藏档案范围的，为查档者提供查档线索。2021年累计接待阅档人员177人次，复印文书档案294份1528页，满足查阅者学术研究、获取佐证材料、个人档案完善或审核、著书立志等各项档案需求。

（吴　清）

融媒体中心

【概况】　2021年，丰顺县融媒体中心基本完成机构改革。初步建立起融广播、电视、报刊、微信公众号、客户端为一体，机构人员集中统一办公，各项制度逐步完善，机制体制运行顺畅，新闻“一次采集、多种生成、多元传播、全方位覆盖”的“中央厨房”体制，成为具有较大传播力、引导力、影响力、公信力的县级融媒机构，为打造一流县级媒体，更好地宣传群众、教育群众、关心群众、服务群众打下坚实的基础。

【发挥舆论导向作用】 融媒体中心始终坚持严守意识形态阵地，始终坚持党对新闻舆论工作的领导，进一步加强意识形态工作的统筹管理，切实把“党管媒体”原则贯穿到媒体融合发展的各环节、全过程，牢牢掌握意识形态阵地的领导权、管理权。围绕中心创新宣传，不断提升丰顺整体形象，内宣方面，紧紧围绕县委、县政府中心工作，统筹做好各平台发布，重点宣传丰顺县党的建设、疫情防控、复工复产、脱贫攻坚、乡村振兴、扫黑除恶专项斗争、民生工程、文明创建等方面取得的显著成效。继续挖掘融媒体“新闻+政务+服务”功能，“丰顺发布”App上线运营以来，与粤省事、丰顺教育、气象、网信、医保、人社、惠民平台、政务服务平台、便民服务平台（天气、交通、美食、住宿）等单位进行信息对接，开通便民、惠民服务，不断强化融媒体中心的舆论引导功能和服务功能。外宣方面，坚持团结稳定鼓劲、正面宣传为主的方针，加强与上级主流媒体沟通对接，大力宣传推介丰顺县工作亮点和闪光点。

【基础设施建设】 为升级改造传输网络，巩固网络传输阵地，提供更好更安全的数字电视节目服务，2021年以来，融媒体中心投入资金150多万元，对县域范围内原有的有线电视网络进行光纤化升级改造，提高网络传输质量，已完成主干网和锦江A区、万江府、培英锦绣城、河滨、锦江B区等区域的网络升级改造，电视节目传输质量大幅提升。2021年9月，融媒体中心继续投入资金60多万元，扎实推进全县应急广播（乡村大喇叭）体系项目建设，对县内16个乡镇的中心村、人口密集村、党史学习教育示范村，新增开通35个行政村的应急广播（乡村大喇叭）终端，进一步扩大应急广播覆盖面。该项目于2021年9月开始实施，至10月中旬已全部完工。项目建成后，丰顺县共有96个行政村完成应急广播系统覆盖，进一步深化融媒体平台及新时代文明实践中心、县级融媒体中心“一平台两中心”的建设，推动建设高速数字骨干网络和光纤接入网络，实现文明实践进村入户，进一步打通宣传群众、教育群众、关心群众、服务群众的“最后一千米”。

【电视新闻节目提质】 融媒体中心积极发挥“主流引导”核心作用，精心策划外宣选题、选准报道方式，发挥好融媒体作用，打造新闻外宣精品，切实推进新闻宣传工作发展。一年来，新闻中心采集新闻2112条，上送市台新闻435条，上送省台10条，上传学习强国广东学习平台120多条，丰顺电视频道播出新闻12672条（次），比2020年增长8%；“丰顺发布”微信公众号发布和转发新闻2682条，月平均阅读量28.2万次。“财丰民顺”微信公众号发布和转发新闻2861条，月平均阅读量8.6万次，比2020年增长6%；“丰顺发布”App发布和转发新闻12977条，同比2020年增长10%，制作新闻专题《主播说党史》和红色信仰·时代之声系列节目如《主题演讲比赛》《创建全国文明城市　打造丰饶和顺之城》《中国共产党丰顺县第十四次代表大会》等，其中，《许应裘：跟着共产党走就是我的信仰!》《致敬！数百名医务人员坚守新冠疫苗接种一线　创造疫苗接种“丰顺速度”》分别获评为2021年度广东省广播电视新闻评析二等奖和三等奖；推送“微视频”95期，比2020年增长5%，其中有《大美丰顺，年味浓郁》《缅怀坚真大姐弘扬革命精神》《护航高考　一起加油》《汤坑战役》《走红色线路　扬红色精神》《党啊亲爱的妈妈》等12期微视频浏览量突破10万多次；滚动播出公益广告超15万条次，比2020年增长10%；《悦读丰顺》报共发行25期132版，比2020年增长2%；丰顺人民广播电台播出新闻12672条（次），播出党的十九届六中全会精神、党史学习教育、疫情防控、疫苗接种、森林防火、扫黑除恶、扫黄打非、反诈骗、非法集资等宣传标语65700条（次），比2020年增长5%。

【队伍建设】 融媒体中心积极培养锻造政治强、业务精、纪律严、作风正的全媒体人才。定期对全中心干部职工进行思想教育，特别是新闻工作者意识形态工作的教育培训，不断增强责任意识，进一步提高政治敏锐性和政治鉴别力。另外，建立完善人才激励机制，采取“走出去、请进来”等方式，不断加强中心人才培养和队伍建设。2021年，融媒体中心派出一批业务骨干到梅州市广播电视台接受主题报道策划、新闻采写、舆情引导、后期制作等业务培训，努力锤炼“脚力、眼力、脑力、笔力”，提升业务能力；同时，充分发挥融媒体改革后灵活的用人机制，加大人才引进力度，采用事业单位招考和聘用的方式，不断充实采、编、制、播、网络技术、业务营销人才，新媒体、制作人才，不断壮大人才队伍，为中心发展提供人才支持。

（刘琪洁）

卫　生

卫生健康

【概况】　2021年，丰顺县卫生健康局在县委、县政府的正确领导下和上级卫生健康主管部门的指导下，深入贯彻落实党的十九大和十九届历次全会精神，以习近平新时代中国特色社会主义思想为引领，以创建"健康丰顺"为奋斗目标，以抓好新冠疫情防控为重点，持续改善基础设施环境，抓重点攻难点、补短板强弱项，在资源布局、医疗卫生、公共卫生等方面实现新突破。

【疫情防控】　新冠肺炎疫情得到有效防控。强化重点人员排查管控。快速高效完成大数据信息核查，第一时间完成重点人员落地核查和核酸检测。加强涉疫中高风险、重点关注地区来（返）丰顺人员主动排查，严格落实好分类健康管理措施。2021年1月1日起至12月24日15时，大数据推送人员信息5424条，落实数据核查5424条，核实在丰顺县3436人，其余核实在外市（县），落实健康管理3271人，全部核酸检测结果均为阴性。加快推进疫苗接种工作。进一步压实镇（场）属地和县直行业主管单位责任，将到期尚未完成第2针、第3针人员名单分解推送到各镇（场）、各单位，督促尽快完成接种。对人员集中的村（社区）、企业、单位通过上门接种、开设专场等优化接种服务，加快推进接种工作。全县3岁以上人群接种目标任务46.01万人，至12月底，累计完成接种36.92万人75.47万剂次，第1针接种覆盖率80.42%，第2针接种覆盖率77.04%。其中：3—11岁人群接种情况：目标任务7.34万人，累计接种6.06万人11.70万剂次，第1针接种覆盖率82.70%，第2针接种覆盖率76.79%；核查上报市外接种15450人，视同接种率103.76%。60岁以上人群接种情况：目标任务9.96万人，累计接种7.66万人14.51万剂次，第1针接种覆盖率77.02%，第2针接种覆盖率70.16%。加强针接种情况：截至12月底，可接种加强针人数69484人，累计接种36659人，完成占比52.76%。落实好常态化防控措施。落实属地、部门、单位、个人四方责任，强化密闭场所、重点场所、特殊场所的疫情防控措施。强化医疗机构、药店、农贸市场等多渠道预警监测。做好大规模核酸检测的预案、培训和演练。研究部署做好元旦春节期间防控工作。加强应急演练和物资筹备工作。2021年以来丰顺县疫情防控组共开展3次应急演练工作，2次桌面加实战演练、1次桌面推演，分别针对农村地区疫情防控开展演练，及本地疫情防控应急处置全要素、全流程、综合应急演练。加强疫情处置机动队规范化建设，完善队伍装备与物资，保持应战状态。

【设施建设发展】 医院建设进一步提速增效。完成县级医院的发热门诊、各镇卫生院的发热诊室建设，完成县人民医院、县中医院、县疾控中心的核酸检测PCR实验室建设和验收，大大增强丰顺县疫情防控医疗检测力量。县人民医院综合门诊楼、汤南镇中心卫生院综合业务楼、县"120"急救指挥中心已完成主体建设，已进入收尾装修工作。县中医院整体搬迁工程、妇保院改扩建工程已投入使用。县中医院康复楼已封顶，第二人民医院二期工程按照计划进度推进。启动了县人民医院内科楼、感染疾病科大楼、县疾控中心卫生应急与检测综合楼疾控中心应急立项建设。

【完成民生实事】 县十件民生实事按标准完成。免费地中海贫血血红蛋白筛查5292例，完成率100%。产前唐氏免费筛查2705例，完成率81.5%（达标）；产前结构畸形超声免费筛查3559例，完成率100%；新生儿疾病筛查3576人，完成率86.2%（达标）；新生儿听力筛查3519人，完成率84.8%（达标）。城乡妇女"两癌"免费筛查率137%，超额完成任务。

【医疗技术发展】 医疗服务水平和质量持续得到提高。县人民医院完成胸痛中心、卒中中心、肿瘤防治中心建设，被列入国家第二批符合县医院医疗服务能力推荐标准医院；县中医院新院区开诊，新设了重症医学科（ICU）、内三科（介入）、儿科、新生儿重症医学科（NICU）、妇产科等科室。服务能力的提升为提高县域住院率、实现"大病不出县"的医改目标具有重要推动作用。医疗各项业务指标均实现增长：县人民医院业务收入约3.19亿元，同比增长12%；门诊总诊疗人数预计64.23万人次，同比增长65.7%；出院病人数预计20502人次，同比减少4.33%；住院各类手术9961人次，同比增长16.6%。县中医院业务收入1.12亿元，同比增长19.5%；门诊病人14万人次，同比增长34%；出院病人数7841人次，同比增长17.5%。

【医药卫生改革】 医药卫生体制改革纵深推进。县人民医院医共体总院和中医院医共体总院法人代表已完成变更，药械和财务统一文件已制定并开始实施，人员统一、质量统一、信息统一等工作正有序推进中。村卫生站的医生统一聘用已完成，各村卫生站法人代表为镇卫生院院长，村卫生站的村医由当地镇卫生院统一聘用。在管理上实行统一管理，实现县、镇、村管理一体化。县级医院与镇级卫生院、村卫生站的信息一体化建设已基本完成，县、镇、村远程会诊系统已完善，医学影像中心、双向转诊系统等已启用，基本实现与省、市三甲医院的互联互通，初步建成全县公立医疗机构"互联网+医疗"系统。在信息化建设方面，2个总院与汤南分院、丰良分院先实现信息互通。

【中医能力提升】 持续壮大中医药人才队伍。大力实施嘉应岐黄人才培养工程，进一步加大中医药高端人才的培养。2021年丰顺县共有5名中医临床骨干参与梅州市“十四五”优秀中医临床骨干研修项目，2名中医临床骨干成为广东省中医师承“薪火工程”继承人。积极开展中医药适宜技术培训工作。举办了中医药适宜技术培训，参训人员累计达500多人次。不断完善丰顺县中医药服务体系建设。县中医院完成了整体迁建，正式运营。在汤南镇中心卫生院打造了一个总面积约350平方米的五星级中医馆。扎实推进治未病服务。召开试点工作启动会，印发《丰顺县中医治未病服务体系建设工作规划（2021—2023）》。开通并运营“丰顺治未病”公众号，发布“丰顺治未病信息平台”。

【公共卫生服务】 全县居民健康档案电子建档495400人，电子建档率100%。预防接种建卡率为100%，国家免疫规划疫苗接种率达95%以上；0—6岁儿童健康管理率为80.15%，访视率为99.8%，儿童眼保健和视力检查覆盖率70.59%；产后访视率为98.88%。65岁及以上老年人健康管理率为60.96%，高血压管理任务完成率103.69%，规范管理13502人，规范管理率62.01%，血压达标人数15320人，血压控制率70.36%。糖尿病患者管理任务完成率109.22%，规范管理5633人，规范管理率62.90%，血糖达标人数6083人，血糖控制率67.92%。严重精神障碍患者规范管理率为92.62%，结核病患者管理率为100%；中医药健康管理服务率66.50%，0—36个月儿童服务率61.89%；卫生监督协管信息报告率100%。家庭医生签约已签约的居民人数198206人，签约率40.01%；重点人群137274人，重点人群签约数88064，签约率64.15%。

【依法行政执法】 落实责任，执法能力建设全面提升。先后制定《丰顺县卫生健康系统2021年普法依法治理工作计划》《丰顺县卫生健康局关于印发2021年“谁普法谁执法”责任清单》等工作计划和制度，加强对卫生健康行政执法权力的监督。为规范卫生计生行政执法行为，落实行政执法责任，确保依法行政、廉洁行政，根据国家有关法律法规和《广东省行政执法责任制条例》，卫生健康局先后制定《丰顺县卫生和计划生育局推行行政执法公示制度、行政执法全过程记录制度、重大行政执法决定法制审核制度实施方案》《丰顺县卫生健康局行政执法人员行为规范用语指引》等制度和规范。开展“双随机”监督抽查工作。2021年共制订抽查国家双随机任务118家，截至2021年年底共监督完成118宗，完成率100%。依法开展执法稽查工作。加大执法力度，以打击非法行医为重点，对疫情防控期间各医疗机构的预检分诊、发热门诊（发热诊室）、隔离留观室、感染防控、临床实验室、集中隔离留观场所、医疗废物管理处置、医疗污水处理方面开展专项监督检查。2021年共出动卫生监督执法人员2588人次，检查医疗机构、学校卫生室、公共场所、集中供水单位、餐具集中消毒服务单位、学校卫生、放射诊疗机构、工矿企业721家次，共发出卫生监督意见书1361份，立案查处医疗机构5家、罚款11000元，责令停业整改医疗机构7家，监督覆盖率达100%。宣传引导，提升职业卫生监督水平。全面实施职业卫生宣传教育活动。全面开展职业卫生预评价和职业卫生项目申报工作。以企业自查、卫生监督执法检查、专项检查有机结合，推进职业健康卫生审查率。开展乡镇体制改革，下放行政职权工作。卫生健康局高度重视卫生健康下放职权工作，先后组织开办2期培训班，确保下放乡镇的行政职权“放得下、接得住、管得好”。积极推进“放管服”改革优化营商环境工作。做好行政审批事项下放承接工作；全面完善行政审批标准化和行政事项一体化建设工作；不断优化审批服务能力；全面推行公共场所卫生许可告知承诺制工作。全面推进生育登记“零”跑动网上办理工作。卫生健康局被县委、县政府授予丰顺县“七五”普法工作先进集体。

【推进其他工作】 2021年，卫生健康局认真开展党风廉政建设学习教育工作。以“党史学习教育”、“两学一做”、反腐警示影片教育等形式，提高局机关全体干部的廉政意识。落实好乡村振兴工作、无偿献血工作任务，做好计划生育关爱工作，计划生育宣传工作，做好老龄人健康服务和家庭发展等工作。

（林少鹏）

县人民医院

【概况】 丰顺县人民医院是一所集医疗、急救、科研、教学、预防保健、康复为一体的“二级甲等综合医院”“爱婴医院”，是嘉应学院医学院、梅州市卫生职业技术学校教学基地。医院占地面积4万多平方米，业务用房建筑面积约3万平方米。截至2021年年底，全院在岗职工数为742人，其中：编制人数为456人，合同制人数为286人；卫生专业技术人员638人，正高职称8人，副高职称83人，中级职称136人，执业医师和执业助理医师177人，注册护士322人。编制床位数600张；住院科室16个，分别是呼吸内科、心血管内科、神经内科、消化内科、感染性疾病科、普外科一区、普外科二区、骨科、神经外科、妇产科、普通儿科、新生儿科、康复医学科、眼耳鼻喉科、肿瘤防治中心、重症医学科，其中骨科、普外科、呼吸内科、心血管内科为梅州市医学重点专科。肿瘤防治中心于2021年5月揭牌成立。

2021年，县人民医院在县委、县政府和县卫生健康局的正确领导下，坚持以习近平新时代中国特色社会主义思想为指导，深入学习贯彻党的十九大和十九届二中、三中、四中、五中、六中全会精神，认真贯彻落实习近平总书记关于做好疫情防控工作的系列重要讲话和重要指示批示精神，统筹抓好常态化疫情防控和医院中心工作，紧紧围绕“三甲医院”创建目标，狠抓医疗质量与安全，全面提升医院综合服务能力，有力推动了医院高质量发展。2021年，全年门诊总诊疗人数达642297人次，同比增长65.7%；出院病人数20502人次，同比减少4.33%，其中C型、D型病例11534例，同比增长11.74%；住院各类手术9961人次，同比增长16.6%，其中：三、四级手术3294例，同比增长31.4%；微创手术共3369例，占33.8%，同比增长51%；住院抢救成功率98.5%；病床使用率75.43%；出院病人平均住院日7.1天。自身业务收入3.19亿元，同比增加3458.02万元，增长8.97%。

【疫情防控】 县人民医院始终把疫情防控工作作为最重要的政治任务来抓，严格按照“外防输入、内防反弹”的工作要求，建立常态化疫情防控自查巡查工作制度和例会制度，改进完善各项防控措施；发热门诊完成规范化改建并正式投入使用，实现发热患者闭环管理，防止人流、物流交叉，严防院内感染。PCR实验室中心加强核酸检测能力，实现能满足每天最多2000单人份核酸检测需求。全院各栋大楼设置预检分诊处并加装智能闸机，实现粤康码和体温智能监测，进一步提升分诊能力和对高危人群的识别能力；各住院病区实行门禁管理，全面加强住院病区闭环管理；持续开展防护条件下的业务知识技能培训100多场次，组织实操演练4场次，做好防护训练，提升业务技能；专门搭建了疫苗接种点，做好新冠疫苗接种工作，并组建了疫苗接种队，深入基层社区和学校开展新冠疫苗接种。2021年发热门诊累计接诊11289人次，核酸检测标本271157份。

【“二甲”复审】 以高标准、高质量通过“二甲”（二级甲等医院）复审工作为目标，成立“二甲”复审工作领导小组，制订了“二甲”复审工作实施方案，签订责任书，落实工作责任，深入开展“二甲”复审工作。9月完成“二甲”复审自评工作，并向梅州市卫生健康局提交了复审申请书；修订完善《绩效奖励考核及分配方案（试行）》等一系列规章制度，不断健全完善现代医院管理制度体系；全面推行PDCA循环管理，将医疗质量和医疗安全与绩效考核紧密挂钩，持续加强医疗质量与医疗安全管理，促进医疗质量持续改进，为创建三级甲等综合医院打下坚实基础。

【技术水平与服务质量】 成立卒中中心。4月，县人民医院启动卒中中心建设，建立以神经内科、颅脑外科、介入中心、急诊科、医学影像科等多学科协同合作的急性脑卒中患者绿色通道；11月，成功获省卫健委“防治卒中中心”认证授牌。胸痛中心建设成效显著。通过近两年的建设，胸痛中心实现急性心肌梗死急诊介入治疗门球时间平均约35分钟，远远低于国际标准要求的90分钟，胸痛患者救治率不断提升。成立肿瘤防治中心。5月，肿瘤防治中心揭牌成立，设开放床位120张，是集临床、科研、教学和培训为一体的肿瘤防治综合性科室，有效地破解县内肿瘤患者“看病难、看病远”难题，对提高县域住院率、实现“大病不出县”的医改目标具有重要推动作用。全面推动优质医疗资源提质扩容。积极打造县区域乳腺中心，挂牌成立广东省中医院乳腺科广东省中西医结合乳腺中心——丰顺分中心、广东省中医院妇产科名医工作室，开设“不孕不育”特色门诊、乳腺外科门诊；新增李奇根教授工作室；与广州医科大学附属肿瘤医院建立专科联盟，依托广医肿瘤医院的强大实力和优质资源，补齐医院肿瘤专业诊疗的发展短板，全力提升肿瘤诊疗水平；与中山大学附属第三医院粤东医院建立多学科专题联盟，深化肝脏内科、肝胆外科、神经内科、心血管内科、肾内科、胃肠外科、麻醉科学科的专业合作，建立行之有效的业务指导帮扶与合作机制，使医院综合服务能力创新高。新技术不断突破，疑难重大诊治能力得到提升。肿瘤防治中心开展的生物靶向治疗及免疫治疗，新辅助化疗、同步化疗，介入微波治疗、介入热灌注化疗和体腔热灌注化疗等特色治疗；神经内科引入宏基因组学第二代测序技术；神经外科开展的脑肿瘤切除术、脑室镜辅助下血肿清除术、开颅颅内动脉瘤夹闭术等；呼吸内科开展呼吸慢性气道炎性疾病慢病管理；普外一区开展的双下肢大隐静脉腔内激光消融及曲张静脉泡沫硬化剂注射治疗；普外二区开展的输液港置入术、输尿管软镜钬激光碎石术、结直肠肿瘤经自然腔道取标本手术；心血管内科开展的无导线起搏器植入术，左心耳封堵术、三腔起搏器植入术以及烟窗技术应用腹主动脉破裂急诊介入治疗；骨科开展后路颈椎板开门椎管减压术、儿童骨折弹性髓内钉内固定术、经椎弓根胸腰椎体植骨术、关节镜监视下胫骨平台复位内固定术等等。2021年，医院被列入国家第二批符合县医院医疗服务能力推荐标准医院；DRGs（综合服务能力）指数进入全省268家二级综合医院前24位。医疗质量核心指标持续向好。2021年，急危重症抢救成功率：门诊为90.38%，住院部为98.5%；入院诊断符合率99.75%；无菌手术切口甲级愈合率99.63%；无菌手术切口感染率0.19%；病理诊断准确率99.65%；择期手术患者术前平均住院日2.5天；CD型病例同比增长11.74%；三、四级手术同比增长31.4%；微创手术共3369例，占37%，同比增长51%。

【人才强院战略】 县人民医院继续大力引进高层次人才。2021年，引进博士1名、硕士2名、主任医师1名，引进应届/往届本科毕业生共13人。同时，选派医务人员到三甲医院进修或住院医师规范化培训共15人次，院内线上线下业务授课培训30场次，其中分别与汕头大学医学院第一附属医院联合举办“丰顺县胃肠道肿瘤研讨会”、与中山大学附属第三医院联合举办“围产医学学术交流会”等大型学术活动；充分利用对口帮扶资源邀请中山大学附属第三医院、汕头大学附属第二医院和广州医科大学附属第三医院教授前来看诊、手术、指导业务、培训教学，借助“教授工作室”“乳腺中心”和“名医工作室”，为人才培养搭建了良好平台，不断提升医务人员专业技术水平。2021年，申报市级以上科研课题项目8项，在省以上刊物公开发表专业论文66篇，其中核心期刊有1篇。

【信息化系统】 在不断完善信息化应用系统的基础上，2021年进行网络线路改造与二级等保安全建设，上线电子票据系统等，信息系统进一步健全完善，已初步建成数字化医院，网络覆盖全院的每个部门，系统支持各方面的管理，电子病历水平达到国家三级应用水平。

【重点项目建设】 投资总额约1.4亿元的新门诊综合大楼建设项目进入收尾阶段；总投资1800万元的“120”医疗急救指挥中心大楼将在2022年3月投入使用；总投资额8000万元的新感染疾病科大楼建设项目已完成国土规划、立项批复，勘察、设计等的招标工作，并开始将原感染科大楼进行拆除；总投资为28932.3万元的内科大楼建设项目，已完成项目用地规划、立项工作。

【医改重点工作】 深入推进紧密型医共体建设。在县卫健局的统一部署下，4月组织成立丰顺县人民医院医共体理事会，并制订《理事会章程》和管理相关制度文件。同时，选择条件比较成熟的汤南镇中心卫生院作为紧密型医共体试点，积极推行同质化管理；大力推动优质医疗资源下沉，安排业务骨干和上级帮扶专家深入医共体成员卫生院进行技术指导和业务培训，着力提升基层卫生院综合服务能力。2021年，派出本院骨干专家到各乡镇卫生院50多人次，派出中山大学附属第三医院、广州医科大学附属第三医院帮扶专家到各乡镇卫生院20多人次；开展义诊活动3次；学术讲座6次；免费接收乡镇卫生院医务人员进修学习共6人。通过积极帮扶，各乡镇卫生院综合服务能力得到提升，开展多项新诊疗技术，如：汤南分院开展的肺通气功能检测、脊柱小关节紊乱矫正术、无痛胃镜下特殊治疗、无痛肠镜下特殊治疗、静脉全麻术、包皮环切术（吻合器法）。9月，医共体双向转诊管理中心成立，与汤南分院开展联合门诊和联合病房试点工作，有动双向转诊和分级诊疗制度的落实。加强临床路径和单病种管理。全年实际进入临床路径管理313个诊断，符合病种管理总人数13634例，入径例数7730例，入组率达56.7%（上级规定入组率＞50%），完成例数6385例，入组完成率达82.6%（上级规定完成率＞70%），入组率和完成率双达标；全年开展10个单病种管理，对应实施“绿色通道”管理，有效保障病人得到连贯医疗服务。全面加强药品、耗材监管，减轻群众负担。医院严格贯彻落实药品国家集采政策和医用耗材带量采购政策，加强医保政策执行的日常监管，坚决杜绝违反医保相关政策的诊疗行为，切实减轻群众就医负担。全年人次均门诊费用180.29元，同比下降42.45%，百元耗材28.99元，同比下降10.05%，相关费用均得到合理控制。另外，全面加强药品、医用耗材使用监管，实施阳光用药合理用药监测，不断促进临床安全、合理、经济用药，药品使用金额占比逐步下降，全年药比为23%，同比下降0.52个百分点，抗菌药物使用率为57.3%，使用强度为39；基本药物采购品种数占比56%，同比增加4.2个百分点；国家基本药物配备使用金额比例49.83%，同比增加8.73个百分点，均符合国家要求。深入开展平安医院建设工作。进一步完善安全防范体系，与汤坑镇派出所签订《警医联动协议》，在院内设立警务室，保障医务人员和就医群众生命财产安全。

【党建工作】　加强党的核心领导作用。按照上级党组织的部署要求，1月份选举成立中共丰顺县人民医院委员会和纪律检查委员会。进一步强化党组织在医院发挥“把方向、管大局、作决策、促改革、保落实”的领导作用。扎实开展党史学习教育。县人民医院党委自觉对照习近平总书记在党史学习教育动员大会上的重要讲话精神，认真贯彻落实中央、省委、市委、县委决策部署和工作要求，从强化组织领导着手，注重调动全院各党支部和党员干部的积极性，重点围绕党史学习教育的目标任务和各项要求，狠抓学习教育质量，扎实为群众办实事、解难题。学习教育开展以来，全院开展党史专题学习61场次，开展“我为群众办实事”共7件，志愿服务3场次，文明实践活动12场次。继续加强重点领域监控。加大对外购药物的监管，制定下发《关于进一步加强外购药物管理推进医药购销领域行风建设的通知》，坚决杜绝医药购销领域和医疗服务中的不正之风。开展专项整治行动。成立了专项行动领导小组，并制订《开展不合理医疗检查专项自查行动实施方案》，在全院开展不合理医疗检查专项自查整改行动，坚决杜绝违规违纪行为，切实保障人民群众健康权益。常态化开展谈话提醒工作。从党政“一把手”到中层干部层层进行谈心谈话提醒，推动“两个责任”压紧压实，把抓早抓小、全面从严治党的要求落到实处。全年，全院开展谈话提醒共63人次，其中：提醒谈话1人次，警戒和诫勉谈话共10人次。

【脱贫攻坚】 县人民医院以实际行动巩固脱贫攻坚成果，结合党史学习教育“我为群众办实事”实践活动，与广东省陈绍常慈善基金会和中山大学附属第三医院联合开展“扶贫复明”惠民公益活动，为县内百姓免费开展白内障复明手术。截至12月，累计已成功完成白内障复明手术270多例。另外，向小胜镇修建坚真大道捐款5万元，积极助力革命老区巩固拓展脱贫攻坚成果。

【精神文明建设】 县人民医院以创建全国文明城市工作为抓手，推动精神文明建设深入开展并取得良好效果。2021年，心血管内科主任李雪锋先后荣获“广东好人”“梅州好人”“梅州市道德模范”称号，陈润森、徐冠雄荣获“梅州好医生”称号，黄查琼、郑珊荣获“梅州市优秀护士”称号，呼吸内科荣获“梅州优秀护理集体”称号等荣誉，呈现出精神文明建设参与面越来越大、影响力越来越深的良好局面，极大地提高了全院干部职工的思想道德素质和文明程度。

（医院办公室）

县中医院

【概况】 丰顺县中医院医共体总院创建于1986年，是在原汤坑镇卫生院的基础上改建而成。原址位于汤坑镇南门路，占地面积约2800平方米，建筑面积约7000平方米。建院初期医院有职工32人，固定资产12.5万元。医院已于2021年8月顺利搬迁至新院区。新院环境优美，功能完备，设施完善，占地面积约39855平方米，总建筑面积约65786平方米。医院2021年开放床位300张，设临床、医技科室共19个。

【工作建设】 丰顺县中医院以质量为目标，以医院管理为核心，强化医疗队伍建设。扶持特色专科建设，促进专病诊治水平的提高。2021年3月26日，广东省中医院腹部外科与县中医院外科顺利签订了科室共建合作协议，并在广东省中医院领导和帮扶专家的指导下，成功举办了丰顺县中医院专科建设论证会。此次科室共建协议的签订活动，标志着广东省中医院帮扶丰顺县中医院工作进一步往纵深发展。2021年6月完成PCR核酸检测实验室建设，并通过梅州市检验临床质量控制中心的验收及梅州市卫生健康局新冠病毒核酸检测实验室备案，截至2021年12月，累计检测标本数73720个，检测人数是378164人。2021年9月11日，在县卫健局关心及广东省中医院驻点专家梁洁莎博士的技术指导下，丰顺县中医院妇产科正式开科运行。新开设妇产科拥有优秀的医疗团队，团队成员全部有三甲医院工作或进修的经历，包括1名广东省中医院妇产科驻点博士专家、2名副主任医师、2名主治中医师、3名住院医师，具有丰富的妇产科临床工作经验，让基层老百姓在家门口就能享受省级高水平三甲医院专家的医疗服务。开科至年底，共收治住院患者215例，开展手术110台，接生107个新生儿。2021年10月丰顺县中医院的肺病科和康复科通过梅州市中医重点专科验收，外科通过梅州市中医特色专科验收。2021年门诊工作量14万人次，比上年度年增长34%；出院7841人次，比上年度年增长17.5%；医疗业务总收入11191万元。

【疫情防控】 2021年，丰顺县中医院全员在“感控工作间”参加新冠肺炎感控线上培训，并在线上考核，合格率100%。开展定点医学隔离观察点工作，预检分诊、发热诊室医务人员严格按照防控标准穿脱防护用品。发热诊室，门、急诊科等重点科室在新冠疫情期间在感控督导员督导下安全地进行诊疗护理工作。

【市级以上获奖情况】 丰顺县中医院肺病科荣获“梅州市中医重点专科”称号，丰顺县中医院康复科荣获“梅州市中医重点专科”称号，丰顺县中医院外科荣获“梅州市中医特色专科”称号。

【项目建设】 丰顺县中医院规划建设用地面积2.83公顷（28292平方米），规划建筑面积33670平方米（地上25690平方米，地下车库7980平方米），其中业务用房面积25500平方米，一期设置病床300张，总投资2.2亿元，其中土建安装工程费用1.3亿元，专用设施约4000万元，医疗设备约5000万元。

康复综合大楼建设项目：在上级部门悉心指导下，康复综合大楼建设进一步加快，截至2021年12月主体结构已完成封顶。外墙已完成喷石漆到3层，外架拆除到5层。水管道安装防水到6层。电线管暗铺布线到7层。消防喷淋到7层。占总体进度的65%。

（徐晓辉）

妇幼保健服务

【概况】 2021年妇幼保健工作在县委、县政府和县卫健局的正确领导下，坚持“以保健为中心、以保障生殖健康为目的，保健和临床相结合，面向群体、面向基层和预防为主”的工作方针，坚持以习近平新时代中国特色社会主义思想为指导，深入学习贯彻落实党的十九大、十九届历次全会精神、习近平总书记对疫情防控的重要指示和批示精神、深入学习习近平总书记在党史学习教育动员大会上的重要讲话精神，不断提高党性认识，做到政治学习与业务工作“同频共振”圆满完成了上级交办的各项任务。

内设科室及人员编制情况：行政科室设有办公室、计财科、保健科、医务科、护理部、信息科、总务科等；医技科室设有门诊产科、住院妇产科、门诊儿科、门诊妇科、超声科、心电图室、检验科、放射科、麻醉科、药房、输液室、收费处、药械科、医保办、消毒供应室、婚孕检中心等。全院现有职工140人（其中在编职工127人、编外人员13人），医技人员120人，占90%，其中中、高级职称39人，占医技人员的40%。

全年门诊诊疗人次46052人，2020年43243人，比增6.50%；住院总人数1002人，2020年1307人，比减23.34%。全年业务收入共1598.63万元，2020年1671.32万元，比减4.35%。

【妇幼卫生业务】 妇女、儿童保健工作。全县产妇总人数4043人，住院活产数4062人，产前检查4013人，产前检查率98.77%；农村住院分娩率达到99.98%，非住院分娩新法接生率为

0.02%，新生儿破伤风病例0例，孕产妇死亡0例，孕产妇系统管理率90.23%，5岁以下儿童死亡20人，死亡率4.92‰，婴儿死亡13人，死亡率3.2‰，新生儿死亡10人，死亡率2.46‰，新生儿疾病筛查率98.72%，7岁以下儿童保健管理率94.73%。

出生缺陷综合防控项目工作。根据《广东省卫生健康委　广东省财政厅关于印发〈广东省出生缺陷综合防控项目管理方案（2021—2023年）〉的通知》（粤卫妇幼函〔2020〕12号）和《梅州市出生缺陷综合防控项目管理方案（2021—2023年）》（梅市卫妇幼函〔2020〕4号）及《丰顺县出生缺陷综合防控项目管理方案（2021—2023年）》（丰卫妇幼函〔2021〕26号）文件要求组织实施，此项目是省民生实事之一。全县目标人群预测数3318人，结合婚/孕前优生项目工作，免费血红蛋白电泳筛查1936人，免费进行基因检测964人，夫妻同型地中海贫血患者已怀孕共22对，需产前诊断的有22例，已接受产前诊断22例，重型地中海贫血胎儿3例，终止妊娠3例。唐氏筛查3405人，筛查阳性496人，唐筛异常进行产前诊断90人，确诊7人，终止妊娠7人；对3826人进行产前致死性畸形筛查阳性3人，产前诊断3人，确诊致死性畸形3人，终止妊娠3人；新生儿疾病筛查4011人，阳性172人，确诊甲低2人，新生儿听力筛查4011人，阳性237人，转诊2人，对筛查阳性的新生儿父母均给予相关的咨询服务和指导。

婚检情况及孕前优生健康检查情况。全县结婚登记5832人，婚检4748人，婚前医学检查率81.41%，疾病筛查阳性1468人，对筛查阳性人员均给予相关的卫生咨询和指导。免费孕前优生健康检查共3586人，完成全年任务的89.65%。

重大公共卫生服务项目及预防艾滋病母婴传播工作。全县叶酸新增应服用人数1757人，服用人数1755人，服食率99.99%。全年初诊孕妇数2924人，接受HIV抗体、梅毒及乙肝两对半检测2924人，检测率100%，查出11例梅毒感染孕产妇，已进行规范治疗；全县住院产妇3478人，艾滋病、梅毒及乙肝两对半检测3477人，检测率99.97%，梅毒感染产妇所生儿童14人已进行预防性治疗，同时做好梅毒感染母亲所生儿童随访工作。乙肝表面抗原阳性产妇所生活产婴儿全部接受注射乙肝高效免疫球蛋白，乙肝高效免疫球蛋白使用率100%，开展乙肝表面抗原阳性母亲所生儿童注射高效免疫球蛋白后干预效果评估，为符合月龄的阳性儿童进行乙肝两对半检测。

丰顺县城乡妇女“两癌”筛查工作。丰顺县于2020年7月6日开始启动城乡妇女免费“两癌”检查项目工作，2021年丰顺县城乡妇女免费“两癌”筛查任务数4167人，2021年4月6日至2021年9月17日免费筛查人数5711人，宫颈癌筛查率137%，其中宫颈癌及宫颈癌前病变51人，宫颈癌及宫颈癌前病变检出率929.13/10万；宫颈癌早期诊断人数51人，宫颈癌早诊率100%；乳腺癌及癌前病变人数5人，乳腺癌及癌前病变检出率106.61/10万；乳腺癌5人，乳腺癌检出率106.61/10万，乳腺癌早期诊断人数5人。

做好全县出生医学证明管理工作。全县首次签发3555份（其中当年出生签发3340份、历年出生215份），机构外出生医学证明签发15份，补发和换发出生医学证明共234份，废证14份。

【新业务开展情况】　为贯彻落实《广东

省出生缺陷综合防控项目管理方案（2021—2023）》（粤卫妇幼函〔2020〕12号）精神，做好新生儿广域视网膜筛查工作，经市妇幼和各县妇幼保健共同商议，从2021年5月起，市妇幼五官科医师于每月9日、24日下午携带设备到妇保院联合开展新生儿广域视网膜筛查工作，共筛查119人。

开展导乐分娩，通过检查评估、母婴监护、精油按摩、芳香疗法和音乐催眠、导乐球的使用、按摩、抚触、情感支持自由体位指导等，导乐师全程“一对一”陪伴服务，根据产妇个体差异化需求，为孕妇提供专业、全面、周到、细致、人性化的医疗服务，让产妇安心、舒适地度过产程。

使用空气波压力治疗仪，该仪器的主要作用是帮助产后妇女避免深静脉血栓症状的出现，提升护理服务质量，对剖宫产术后恢复有着重要作用。

【提升医疗服务能力】　通过丁香园网招聘一名儿科执业医师，为开展新生儿科做好人才储备。

为深入开展对口帮扶活动，广州医科大学附属第三医院选派生殖医学中心应瑛博士为期一年的业务帮扶，为女性不孕症治疗、辅助生殖技术诊疗、妇科内分泌疾病治疗和女性月经病的诊治提供很大的技术支持，让老百姓在家门口获得省级专家诊疗服务。

继续选派专科骨干人员到上级医院进修学习，为即将要开展的儿科、新生儿科做好人才储备，通过培训学习，医务人员的业务水平得到很大提高。

【升级改造建设情况】　丰顺县妇幼保健院改扩建工程建设内容为改造原有综合楼、新建业务用楼一栋、升级智能化系统、购置重要设施设备等。工程总建筑面积12949平方米，其中新建3449平方米，改建9500平方米。建设项目业务用房改扩建及配套设施投资0.71亿元，项目于2018年6月底取得开工许可，9月4日正式开工建设。新建楼已完工，并于12月28日投入使用。

【疫情防控】　中心领导班子在县委、县政府、县卫生健康局的正确领导下，高度重视疫情防控工作，做到统一部署，群防群守。继续做好妇保院疫情防控，医疗院感部门工作是重中之重。疫情防控期间，医务科跟护理部两个部门紧密配合，全面贯彻落实好疫情防控知识培训及防控指导工作。完善预检分诊、发热门诊、核酸采样室设置，优化流程布局，让防控效率大大提升。为更好地推进丰顺县新冠疫苗接种工作，本着安全有序、就近方便的原则，经丰顺县新冠病毒疫苗接种工作领导小组、疫苗接种实施和医疗救治组研究，抽调医院医护工作人员到临时接种点开展接种工作，为践行“我为群众办实事”实践活动，组建临时接种队伍，下企业、下学校、下社区、下村为企业职工、学校教师、学生、老年人等接种新冠疫苗，确保丰顺县疫苗接种工作顺利进行。

（办公室）

卫生防疫

【概况】　2021年是“十四五”规划开局之年，也是全面建设社会主义现代化国家新征程开启之年。全县疾控工作以习近平新时代中国特色社会主义思想为指导，坚持预防为主方针，落实常态化疫情防控为重点，全面推进健康丰顺建设，为全县人民群众身体健康和生命安全提供有力保障。

【疫情防控】 新冠肺炎疫情防控取得"零疑似""零确诊""零报告"阶段性成效。开展疫苗接种，筑牢免疫屏障。始终坚持政治引领，精心组织部署，多措并举开展疫苗宣传，有序、高效推进疫苗接种服务工作，构建坚实长效的新冠免疫屏障。2021年累计接种799525剂次，其中第一针371505剂次、第二针355079剂次，第三针72941剂次，接种新冠病毒疫苗未接到严重的异常反应报告。开展各类监测，实行应检尽检。充分利用县、镇、村三级预防保健网开展排查监测工作，严格落实中高风险地区来丰人员的健康监测和追踪管理措施。2021年应急处置2例密接人员、113例次密接人员；流调溯源推送人员信息5511条，落实数据核查共5511条，核实在本县3486人，落实健康管理3321人；PCR实验室共检测21032人次，全部标本均为阴性。开展技术培训，提高防控技能。全县实行"一盘棋"，统筹开展流调溯源、检验检测、核酸采样、环境消杀培训、演练，2021年共培训12期819人次，各场次演练6次，有效提高了公卫人员处置公共卫生事件能力。开展卫生宣教，增强防控意识。坚持预防为主，大力普及疫情防控知识，树牢"每个人是自己健康第一责任人"理念。联合县电视台，开展电视专题宣传5次，印制发放防控宣传资料30万份，有效提升公众自我防控能力。

【法定传染病报告】 2021年，全县无甲类，报告乙、丙类传染病2096例，总发病率为437.83/10万，比2020年同期减少7.38%（2096/2263），法定传染病平稳下降，筑牢防疫大堤。

【突发公共卫生事件】 2020年10月18日，丰顺县实验中学发生一宗聚集性胃肠炎，中心快速反应，及时准确处置，各项应急措施到位。10月22日，患病学生全部治愈，无新增病例，事件及时解决。

【免疫规划】 2021年辖区内建证率100%（48634/48634），适龄儿童国家免疫规划疫苗接种率达95%以上，无疫苗可控传染病发生流行，筑牢免疫屏障。

【水质监测】 建立健全饮用水水质卫生监测网，完成集中式供水监测396份，其中县水厂生活饮用水72份2520项次、农村集中式安全工程水质303份10908项次、二次供水21份；群众送检水样786份。

【登革热防控】 根据方案，3—10月份开展伊蚊专项监测，共布放诱蚊诱卵器2520个，完成入户布雷指数调查14640户。

【艾滋病防治】 2021年全县报告HIV/AIDS发病11例（感染者8例，病人3例），同比减少18.19%，新增抗病毒治疗7人，免费开展CD4检测7人，随访和规范抗艾滋病病毒治疗比例达98%。全县艾滋病检测率为14.1%（69567/494700），知识知晓率达92%。

【地方病防治】 完成氟斑牙监测13600人，碘盐监测310人份，尿碘监测310人份，进一步健全地方病防治监测体系，防治工作取得了显著成效。

【慢性病管理】　2021年完成全县人口死亡4088例的原因监测；开展2019年度1816例，2020年1179例肿瘤患者的随访，完成2021年前三季度患者的登记；抽取汤坑、埔寨、汤西3个乡镇，对500名重点人群完成口腔健康监测和问卷调查工作。

（罗林涛　刘万丰）

县慢性病防治院

【概况】　丰顺县慢性病防治院创建于1978年，是一所国家公立的慢性病防治专业机构，属副科级一类公益事业单位，院址设在汤坑镇城南开发区站前路35号，专科用房面积约3400多平方米，环境优美，交通便利，加挂丰顺县精神卫生中心牌子，是一所集医疗、预防保健为一体的专科医院，为城乡居民医保定点单位，2007年，被梅州市物价局、梅州市卫生局评定为（准二乙）医疗卫生单位。2021年有职工53人，其中在编人员48人，合同人员5人；专业技术人员44人，其中副高职称4人，中级技术职称5人，本科19人。医院设有内科、妇女保健科、儿科、皮肤科、精神科、结核病科、医学影像科、激光科、医学检验科、医疗保险科、公卫防治科是承担着丰顺县16个镇约47万名常住人口的慢性病防治机构，医院坚持慢病工作“预防为主、防治结合”的方向，积极做好丰顺县慢病防治工作各项工作任务。在县委、县政府和县卫计局的正确领导下及全院工作人员共同努力下，每年完成上级下达的“五病”（结核病、麻风病、皮肤性病、重性精神疾病、慢性非传染性疾病）防治工作任务。

【党的建设】　推进党史学习教育和党风廉政建设。由于人员调整及党支部到届，为配齐配强班子，慢病院党支部于2021年3月份进行换届选举。新班子成员带领全体党员深入学习贯彻党的十九大和十九届五中、六中全会精神，抓好思想政治工作，夯实党员干部思想基础。医院党支部紧扣“学党史、悟思想、办实事、开新局”的工作要求，精心组织，认真开展党史学习教育，以党史学习教育的实际成效向县委交上一份合格答卷，以优异成绩迎接中国共产党成立100周年。

【疫情防控】　疫情期间做好预检分诊工作，严守疫情防控第一防线。自出现疫情以来，慢病院全体职工迅速行动起来，全面投入疫情防控的战斗，为打赢这场无硝烟战斗，慢病院领导高度重视，做出全面部署，全院干部职工上下同心，众志成城，做好疫情的防控工作。预检分诊工作是整个防控战的第一道关卡，慢病院认真做好预检分诊工作，坚决打赢疫情防控阻击战。

【人才培养】　慢病院始终把培养人才，提高专业技术水平为重点。慢病院选送2名医护人员到上级医院进修以及多次派医务人员到省、市参加医疗学习培训班。通过培训学习，切实提升慢病院医护人员的诊疗技术水平，做到更好地为病患服务。

【结核病防治】　2021年慢病院结防科门诊免费检查可疑肺结核病人394例，初诊查痰385人，发现活动性肺结核病人158例，其中病原学阳性总共108人，病原学阳性率76.59%。同期完成疗程结核病患者160人，规则服药156人，规则服药率97.5%，均达到项目工作指南要求。

2021年，丰顺县有1所中学的1名学生确诊为结核病，两间学校各1名教职员工确诊为结核病，但无相互关联，及时开展学生结核病筛查工作，均未发现其他教职员工和学生有活动性肺结核患者。

2021年7月至10月，对全县高中高职一年级新生、初一新生、小学一年级、幼儿园小班新生进行入学结核病筛查。全县新生总人数17566人，已筛查人数17222人，筛查率98%。对筛查结果发现PPD（结核菌素）强阳性的学生，通知到慢病院做胸部DR检查（X线检查），按规范要求预防抗结核治疗。

【性病防治】 截至12月慢病院皮肤性病门诊诊治了各类性病人约1000多人次，发现各类性病266例，其中：梅毒143例、淋病68例、生殖器疱疹2例、尖锐湿疣15例、非淋菌尿道炎（宫颈炎）0例，生殖道沙眼衣原体感染38例，各医院能够按照性病诊疗规范对患者进行规范治疗，疗效良好，并开展性伴侣的跟踪监测工作。

【麻风病防治】 丰顺县1例现症患者于2018年7月由蔗溪麻风病院转梅县松口镇康乐医院托管治疗，现病情稳定。按照规范多次对其家属进行密切接触者的筛查及对周边人群进行流行病学的筛查，通过筛查没有发现新病例。

【精神病防治】 截至2021年12月，广东省精神卫生信息平台全县在册严重精神障碍患者3224例。报告患病率6.55‰，管理率93.65%，规范管理率93%，服药（治疗）率90.84%，精神分裂症规律服药率79.56%，面访率92.76%。各镇卫生院对3035例在管患者加强随访管理，不断查询追踪失访和非在管的患者，提高管理率。评估3级以上的患者271例，做到1—2周随访一次，配合家属及时监护患者，指导家属做好护理工作。2021年丰顺县未发生精神疾病患者肇事肇祸行为。

2021年，慢病院门诊管治各类精神病共55例，其中：精神分裂症24例，情感性精神障碍16例，癫痫所致精神障碍6例，老年性精神分裂症3例，其他6例。这些病人规则治疗46人，显著好转35人，好转16人，为社会的和谐安定做出应有的贡献。

2021年丰顺县在各镇卫生院推行精神病长效针剂的使用，通过开展精神病长效针剂的使用，有效减少丰顺县精神疾病患者肇事肇祸行为的发生。

【其他工作】 居民健康档案情况：全县常住居民数495400人，建立电子健康档案人数450949人，健康档案建档率91.02%；档案中有动态记录的档案数70119份，健康档案使用率14.15%，全县健康档案使用率偏低。

老年人健康管理情况：全县65岁以上老年人总数为54494人，已建立健康档案人数47395人，老年人免费体检人数35064人，接受健康管理人数35064人，健康管理率64.34%，均达到项目要求。

老年健康与医养结合服务管理情况：全县老年健康与医养结合服务总人数为29936人，医养结合服务率54.93%；为65岁以上失能老年人提供健康评估与健康服务641人，65岁及以上失能老年人健康指导率100%。

肺结核患者健康管理情况：今年登记在管活动性肺结核患者158人，县慢病院督促镇、村两级管理员加强随访、服药监管，随访率达100%，规则服药153人，规则服药率96.83%。严格按照规范积极指导全县各镇卫生院完善结核病防治工作和患者规范管理。

高血压、糖尿病患者健康管理情况：至12月，全县已管理高血压患者21930人，管理任务完成率103%、93%，规范管理16288人，规范管理率74.27%，血压达标人数18507人，血压控制率84.39%。已管理糖尿病患者9108人，管理任务完成率100.08%，规范管理6880人，规范管理率75.53%，血糖达标人数7384人，血糖控制率81.07%。高血压、糖尿病管理任务完成率、高血压、糖尿病规范管理率和血压、血糖控制率均达到上级的要求。

麻风病监测情况：全县积极开展门诊麻风病症状监测工作，今年已完成监测人数295人，转诊人数48例，可疑病例诊查没有开展。

认真做好医疗保险即时补偿工作。2021年慢病院共办理结核病、精神病患者门诊即时补偿11555人次，医药总费用为127.47万元，办理即时补偿手续费用为113.89万元。通过医疗保险即时补偿，切实减轻丰顺县肺结核病、严重精神障碍患者的医疗费用，解决结核病、严重精神障碍患者买不起药品的问题。

门诊业务工作情况。2021年门诊总诊疗人数32063人次，同比增长11.6%；业务收入约523万元，同比增加30万元，增长6%，药品收入占医疗收入比例57%，同比下降6%；人次均门诊费用为163.08元，同比下降0.5%。慢病院继续以皮肤性病等一系列特色专科建设为发展的道路，继续拓展新特色专科项目，方便广大人民群众就诊，切实解决人民群众看病难的问题。

电网和信息化建设方面。慢病院在7月进行主线路、用电量大的科室、空调线完成改造。确保生产生活安全。

在上级的支持下，9月完成了医院信息化工程建设，全面提升了医院内部信息交流系统，提升了医院的接诊效率，大大缓解市民排队问题，为市民提供了安心、便利、便捷的就医服务。

（邱清妹）

社会生活

人力资源和社会保障

【概况】 2021年以来，县人社局坚持以习近平新时代中国特色社会主义思想为指导，深入贯彻落实党的十九大、十九届五中、十九届六中全会精神，从百年党史中汲取奋斗力量，在县委、县政府的正确领导下，在市人社局的精心指导下，在保障和改善民生上下功夫，以实际行动践行为民初心使命，深入开展党史学习教育，持续深化“我为群众办实事”实践活动，统筹推进人社系统疫情防控和人社事业高质量发展，为稳就业、促改革、兜底线、防风险、打赢脱贫攻坚、推进乡村振兴作出积极贡献。

【就业工作】 2021年，丰顺县城镇新增就业人数2371人，完成年度任务2300人的103%；城镇失业人员再就业1402人，完成年度任务1400人的100%；就业困难人员实现就业150人，完成年度任务150人的100%；城镇登记失业率为2.53%，控制在3.5%的目标以下。

搭建供需交流平台稳就业保就业。组织开展“线上+线下”招聘活动，举办2021年“梅州—广州”人才劳务交流对接暨广东“三项”工程就业服务专场招聘活动，邀请广州市和丰顺县各类企业共70家，提供了包括护工、产康师、厨师、文员、财务、机电工、普工等多种就业岗位及就业创业政策解读服务，积极为求职人员和用工企业“牵线搭桥”。同时，定期收集企业岗位需求信息，组织举办“春暖梅州”“迎新春送温暖、稳岗留工”“就业援助月”“就业扶贫行动周”等网络招聘活动，全天候全覆盖开展网络招聘。通过由村（居）书记组成的微信群（丰顺县就业岗位信息推送群），将定期收集整理的企业招聘岗位信息推送至各村民手中，动员有就业意愿的劳动者自愿踊跃转岗到丰顺本地，扩大招聘信息知晓度和覆盖面；2021年，共组织开展线上和线下招聘活动46场，提供就业岗位6352个，达成就业意向1314人。

积极推进校地合作学生顶岗实习工作。积极落实2021年县领导到市区相关院校开展“校政企”合作工作的要求，按照县政府与梅州农业学校签订的校地战略合作框架协议要求，主动作为，主动服务。2021年5月起，积极对接市农业学校了解实习学生人数、专业和实习要求等情况，邀请市农校等院校领导和学生代表到丰顺县双十科技、培英、万洋众创城、泰昌等企业实地参观了解企业生产、食宿等情况；同时组织企业人员到市农业学校等院校组织宣讲，加深企业与学生之间的相互了解。通过搭建校企合作发展平台，进一步促进高职院校学生等各类人才与企业融合发展，为丰顺企业创新发展提供人才保障和智力支撑。2021年，共组织61名学生到丰顺县企业顶岗实习。

开发公益性岗位安置就业困难人员等重点群体就业。根据《关于开发兜底安置类公益性岗位保居民就业的通知》（丰人社函〔2020〕35号）文件精神，引导各镇（场）申报开发劳动就业、社会保障、劳动关系协调、治安巡防、保洁、保绿等相关兜底安置类公益性岗位，同时加强政策宣传，开展摸底调查，动员符合条件的就业困难人员报名参加兜底安置类公益性岗位，由镇政府结合岗位要求，优先安置无法实现市场就业并被认定为就业困难人员或有就业意愿的建档立卡贫困劳动力。2021年通过兜底安置类公益性岗位安置就业困难人员21人。

加大就业创业政策宣传扶持力度。加大就业扶持政策宣传，落实就业创业政策。依托镇（村）平台加大就业创业政策宣传力度。大力开展政策落实，服务落地活动，扩大就业创业政策信息的覆盖面，增强就业创业政策的知晓度，激发广大城乡劳动者的就业创业激情，营造“大众创业，万众创新”的良好氛围。

扎实做好2021届高校毕业生报到接收和就业工作。全年共为152名高校毕业生提供就业服务；接收和整理学生档案共3238份；共为691名高校毕业生提供档案转递服务。举办招聘会，累计为58家企业发布了1250个岗位信息，初步达成就业意向120多人；实施高校毕业生就业见习行动，计划发布就业见习岗位50个，组织就业见习45人。发放一次性创业资助金共4万元，发放基层岗位补贴共18.91万元，发放基层就业补贴共22.5万元，发放求职创业补贴共3.6万元。

开展“乡村工匠”的培训工作，带动解决更多人的就业创业。出台丰顺县“乡村工匠”实施方案，明确部门职责，细化分工，做好“乡村工匠”相关工作。全年共培训“乡村工匠”人数761人，其中橄榄种植管理技术培训交流会49人；丰顺县2021年高素质农民项目培训120人；生产应用系列人才（茶叶生产）4人；农产品加工1人；农业电商3人；林下种植培训51人，网商运营55人；其中取得合格证书人数53人；粤菜师傅478人，取得专项合格证书人数80人。

【三项工程】 积极开展“粤菜师傅”工程培训。积极联系相关责任单位，共同商讨制定丰顺县“粤菜师傅”工程高质量发展的实施方案和打造埔寨新鲜牛字辈特色镇重点项目的相关事宜，进一步拓宽城乡就业创业渠道，实现就业创业，带动发展客家菜产业，传承弘扬丰顺县特色客家美食文化，推动丰顺县“粤菜师傅”工程高质量发展。采取“送教上门、送教下乡”的形式，深入开展“粤菜师傅”技能培训，全年培训“粤菜师傅”478人，提高城乡劳动力职业技能水平，为农村劳动力实现就业创业夯实基础，助推乡村振兴发展。

“广东技工”工程培训有序推进中。

积极开展企业新型学徒制人才培训，通过电话和实地走访等形式，组织业务人员到培英电声有限公司、广东万圣科技有限公司、泰昌电声元件有限公司以及深华药业有限公司等企业，宣传各类职业技能提升培训项目和新型学徒制相关政策，指导企业积极参与。动员企业自行组织和鼓励个人参加各类技能培训。引导企业自行组织开展专业“职业技能提升”培训，提升员工专业技能和综合能力水平，拓展技能提升和就业创业渠道；鼓励个人积极踊跃参加“个人技能提升”培训。全年开展各类职业技能培训1069人，其中企业职业技能提升培训277人、个人技能提升培训666人、企业新型学徒制培训126人。

大力推动“南粤家政”工程各项发展。组织举办以“铸南粤匠心，展家政风采”为主题的丰顺县首届“南粤家政”技能大赛，组织获奖选手组成丰顺县代表队参加梅州市首届“南粤家政”技能大赛和“南粤家政”企业风采展示，丰顺县选手赛出“八人出征五人获奖”的优异成绩(其中一等奖1人、二等奖1人、三等奖3人)，企业展示优质风采得到省、市、县领导的高度赞扬。积极推进“南粤家政”技能培训。

组织开展普惠性技能培训，县科工商务局联合县总工会等单位通过送教下乡和夜间培训等方式在丰顺县汤西镇、龙岗镇和留隍镇等镇村组织开展居家服务普惠性培训，提高城乡劳动力的家政服务技能。鼓励城乡劳动者提升家政服务技能。通过个人技能晋升培训补贴，鼓励城乡劳动者根据自身实际通过自学或者就近参加技能培训的方式，考取妇婴护理、保育员和育婴员等专项技能证书。2021年，丰顺县“南粤家政”培训工程共培训学员444人，完成年度任务400人的111%。

积极做好“南粤家政”培训学员就业创业服务。通过建立学员微信群和电话联系等方式了解学员就业情况，充分了解学员就业创业需求，为有就业意愿的学员推荐本地及深圳等珠三角地区的家政服务就业岗位。对于因照顾家庭或身体不适等原因暂无就业意愿的学员，引导其关注“梅州就业”和“丰顺发布”等就业微信公众号，了解就业岗位信息和就业创业扶持政策，充分利用“互联网+”保证就业服务“不打烊”。

【社会保障】 全面落实社会保险费征缴和支付工作。截至11月底，全县参保情况为：机关事业单位养老保险参保人数12459人；企业职工养老保险参保人数43188人；城乡居民基本养老保险参保人数24.7万人；失业保险参保人数30012人；工伤保险参保人数40311人。

全县各项社会保险费征收情况：企业职工基本养老保险征收35359万元，完成市下达全年任务的108.86%；失业保险征收712万元，完成市下达全年任务的101.71%；工伤保险征收317万元，完成市下达全年任务的93.24%。城乡居民基本养老保险参保缴费人数45335人，完成市下达缴费任务的92.07%。

推进机关事业单位养老保险。做好机关养老和职业年金正常征缴工作，督促各参保单位按月缴交社保费，维护好参保单位信息和人员增减变动信息，按月准时发放待遇。截至2021年10月，已开展226个参保单位累计105万人次的正常征缴工作，累计征收养老保险费约15.34亿元，职业年金6.99亿元。

基本上完成了机关养老保险参保人改革前的机关个人缴费退费与改革后的重复缴费退费，累计退费1.3万人，累计退费金额2.65亿元。

有计划推进职业年金做实和投资运营前补计息工作。截至2021年10月，已征收职业年金做实本金1.26亿元，投资运营补计息0.4亿元。

正常开展转移接续工作。机关事业单位养老保险采用省集中式系统进行业务操作，截至2021年年底已转移接续216人，转移接续基金904万元。

完成了存量退休中人视同缴费认定工作，视同缴费工作日常化。2021年5月至2021年8月集中攻坚2014年10月至2021年8月退休人员视同缴费工作，完成1683份视同缴费认定。2021年9月起视同缴费业务日常化。

启动退休中人新办法计发待遇工作。从2021年7月起启动退休中人新办法计发待遇工作，已完成2014年10月至2017年12月退休人员中的干部和固定工已完成新办法计发待遇工作。

严格按照程序受理工伤认定。全年共接受来访工伤咨询案件257多宗，受理工伤立案59宗，认定工伤55宗。工伤劳动能力鉴定受理57宗，劳动能力鉴定51宗，咨询158宗，行政诉讼1宗。保障了受伤职工和用人单位的合法权益。

开展被征地农民养老保险工作，做好征地社保报批等各项手续。全年共完成4批次征地农保上报审批。做好审计整改工作。下发《关于做好被征地农民养老保障审计整改和留存资金分配工作的通知》到有关镇政府核实上报人员的参保情况。县政府召集各镇政府县直有关单位负责人召开专题会议，县政府分管副县长在会议上要求镇政府县直有关单位高度重视审计整改工作，加强领导，落实责任，严格按要求做好被征地农民养老保障人员确认工作。认真按要求落实被征地农民养老保障人员。计划2022年3月底前将对1.8万名参保人员名单的参保情况进行核实，完成对各镇上报人员名单进行参保情况核实工作。2022年6月底前对未参保的被征地农民，配合各镇政府做好参保工作，落实参保任务，全面完成审计整改任务。

积极做好留存资金分配工作。丰顺县留存资金共852.3万多元，其中可分配的资金670多万元，还有182万多元为梅汕高铁征地保证金。积极跟县财政部门协调配合，请县财政局与相关镇政府加紧协调沟通，加快资金分配进度，力争于12月底前完成670多万元分配工作任务。同时做好高铁征地保证金处置工作。

加强稽核防范经办风险。加强多单位联动，分解追缴任务、电话回访、实地走访等多举措对违规领取待遇人员进行追缴。共接受来访工伤咨询案件257多宗，受理工伤立案59宗，认定工伤55宗。工伤劳动能力鉴定受理57宗，劳动能力鉴定51宗，咨询158宗，行政诉讼1宗。保障了受伤职工和用人单位的合法权益。追缴违规领取的养老金。定期召开专题会，一把手亲自挂帅，分管领导分片包干督促，分人落实追收。2021年协助收回各项违规领取养老金411040.53元，发现一宗及时处理一宗，加强落实养老保险待遇的合法合规发放，切实保护国有财产，维护国家利益。

用心用情提供社保经办服务。以“让数据多跑路，百姓少跑腿”为指导思想，加快“互联网+社保”融合力度，认真做好社保窗口服务工作。本着“服务于民，方便群众”的工作理念组建“中国社会保险志愿服务丰顺支队”，现有志愿服务者50人，2021年以来组织志愿小队下乡宣传5次，志愿小队现场服务、协助群众办理业务70余次。

【政务服务】 加快推进政务服务事项下放。贯彻落实市、县有关文件精神，加快推进政务服务事项下放（委托）乡镇的工作，进一步深化乡镇机构改革，加快政府职能转变，向乡镇下放城乡居民养老保险待遇申领等部分公共服务事项共7项。涉及下放事项的相关股室认真做好下放公共服务事项的指导、监督、培训、承接工作，确保事项规范运转。

推进政务服务事项标准化规范化。以省通用目录为基础，按照统一清单规范，实现设定依据、办理流程、时限、材料目录等内容要素的“十统一”。目前，“广东政务服务网”共录入人社局服务事项253项，其中，依申请类事项6类共20项，公共服务116项，全部实现网上办理，“网上办”“就近办”“一次办”均达100%，“马上办”达83.82%。服务事项证明材料精简比例36.16%，时限压缩减少比例64.95%，实现打包办“一件事”63项，一窗通办涉及事项20项，占比31.74%，最多跑一次事项数130项，占比97.01%，政务服务“好差评”好评率达99.59%。

落实“减证便民”工作部署，减轻群众和企业办事负担。根据《广东省人民政府办公厅关于印发广东省全面推行证明事项告知承诺制工作实施方案的通知》，人社局结合实际从5月1日起，对参保人员户籍关系转移证明、无固定收入证明、章程和管理制度证明等27个证明事项实行告知承诺制，很大程度地方便了企业和群众办事。

【人才人事】 组织实施各类事业单位公开招聘8次约241人，办理9名订单定向培养农村卫生人才和6名公费定向培养中小学教师的工作安排。全年受理审核审批了54个事业单位岗位设置或重新设置的工作，受理393次事业单位人员的新进、调动、转隶等类型的增人计划卡登记工作，办理事业单位工作人员1202宗的岗位聘用或转聘审批工作。办理借调人员登记表共54人次。

规范职称评审程序，加强职称评审管理，指导协助本县各专业技术人员在广东省专业技术人才申报系统中网上申报上传评审材料等相关工作，完成《丰顺县农业林业初级职称评审委员会报备》工作，添加组建丰顺县“乡村工匠”初级职称评审委员会。审核并核准了2600多份专业技术资格证书。

根据省厅关于开展2021年广东省博士工作站新设站遴选推荐及有关工作的通知，积极动员并协助丰顺县泰雅达实业有限公司申请建站，该企业于5月获批博士工作站和建站补贴50万元。

积极做好省人社厅派遣到丰顺县共26名2021年高校毕业生“三支一扶”志愿者的接收、安置工作和19名2019届“三支一扶”志愿者服务期满考核工作。

认真落实省、市、县有关人才工作的要求，按照市委组织部、市人社局统一部署，做好丰顺县2021年事业、企业单位引进急需紧缺人才需求表的编报工作，配合组织人社相关部门和用人单位认真做好梅州市2021年引进急需紧缺人才招聘工作。

认真做好2021年度人力资源服务机构年检及系统信息维护工作，综合管理人力资源市场相关工作，指导和监督人力资源中介机构服务工作，批准2家企业申请人力资源服务机构许可。

落实中央办公厅、国务院办公厅《关于加快推进乡村人才振兴的意见》和省委、省政府，市委、市政府，县委、县政府相关工作部署，结合实施乡村建设行动，规划建设县、镇两级乡村振兴人才驿站，正在对现有的县人才驿站进行升级改造中，全县16个镇级乡村振兴人才驿站也正在规划建设中。

【根治欠薪】 在全县范围内全面排查劳资矛盾纠纷，及时掌握矛盾纠纷，做到底数清、情况明。联合各行业主管部门开展专项执法检查，重点检查在建工程项目落实《保障农民工工资支付条例》规定的情况，检查在建工程项目50个，动态监控在建工程项目工资发放情况，对不按时发放工资的工程项目采取约谈、通报、整改、处罚等措施予以惩戒，约谈了2个在建工程项目。

认真做好工资保证金缴存工作。从源头上切实预防和解决了拖欠农民工工资问题，为88个在建工程项目办理工资保证金缴存备案手续，工资保证金缴存金额共3799.05万元。积极妥善处理欠薪问题，维护社会和谐稳定。

及时处置和化解矛盾纠纷。2021年以来，接收“全国根治欠薪线索平台”欠薪线索93件，按期办结欠薪线索86件，按期办结率100%，7件欠薪线索正在核处中；接受劳动者来电来访投诉登记443件，劳动保障监察举报投诉案件结案率100%，拖欠农民工工资举报投诉案件结案率100%，主要通过协调等非立案方式解决举报投诉，为1559名劳动者追发工资共2623.2万元。在2021年9月开学前后，协调解决珠光·新城御景项目拖欠工资问题，为226名农民工追发工资277.35万元；协调解决永江·幸福里项目拖欠工资问题，为179名农民工追发工资104.35万元。扎实开展根治欠薪冬季专项行动，自开展专项行动以来，处理解决6宗建筑工程项目欠薪问题，为203名农民工追发工资287.22万元；协调解决3宗劳资纠纷问题，为196名农民工追发工资100.36万元。

扎实开展“双随机、一公开”抽查工作。组织双随机抽查6次，抽查企业23家，对发现存在问题3家企业，当场责令整改，及时教育和纠正企业违法行为；部门联合双随机抽查4次（其中牵头2次，参与2次），联合抽查企业9家，进一步提高事中事后监管效能。

行政许可、行政强制开展情况。2021年，劳务派遣经营许可5宗、注销2宗，进一步规范管理丰顺县劳务派遣企业。办理了4宗违规领取社会保险待遇行政强制案件，法院裁定不予以执行的1宗（因当事人已死亡），予以执行3宗，其中1宗已执行完毕、1宗正在执行中、另1宗行政裁定书公告送达（行政裁定书还未生效），有效地追回部分社会保险基金；办理1宗拖欠农民工工资行政强制案件，法院裁定予以执行，9名农民工工资6.9万元已执行完毕，维护农民工的合法权益。

畅通仲裁“绿色通道”，采用协商调解方式化解争议。2021年仲裁院处理劳动争议案件63宗，立案63宗，其中：仲裁裁决11宗，以仲裁调解方式结案52宗，法定结案率100%。为当事人挽回经济损失1495915元。按照要求建立查阅、调阅记录本，做好平时案卷的管理工作。实行立审分离，灵活办案。按照省厅、市局要求，全面规范开庭审理案件程序，实行立审分离，灵活选择办案方式，提高办案效率。对事实清楚、案情简单、双方协商一致的案件，启动简易程序，推行“一步到庭”的新路子，召集申诉人、被诉人，实行当庭举证、当庭质证、当庭调解、当庭裁决；简易案件采用独任仲裁员办案的方式；对不便进行工伤认定的职工，根据当事人的要求采用案前调解的办案方式。

【党史学习教育】 抓好党史学习教育，强化思想政治根基。根据中共丰顺县委党史学习教育领导小组办公室的文件要求并结合工作实际，人社局迅速成立了党史学习领导小组并拟定《县人社局党史学习教育工作安排表》落实教育活动。通过理论中心组、“三会一课”、到丰良镇九龙村老县委旧址开展主题党日、专题培训、观看红色影视等形式，推广运用“学习强国”“广东党建云”“梅州党建”等学习平台，组织党员干部进行党史专题学习教育。在抓党员党史学习教育中，人社局注重在“学”“实”“严”上下功夫，引导广大党员干部转思想、提素质，强引领、抓落实，促进党史学习教育常态化。及时做好各项台账资料的收集、整理和上报工作。

“七一”前后开展“光荣在党50年”纪念章发放和慰问党员工作。2021年3月，局机关党委完成入党50年党员信息统计上报工作，并组织两个支部的党员干部在6月25日前通过走访慰问上门颁发的形式向老党员们颁发“光荣在党50年”纪念章。通过走访慰问和召开座谈会的方式向人社局4名困难党员发放慰问金，送去党组织的关怀和慰问。

抓好党风廉政教育活动。用习近平新时代中国特色社会主义武装头脑，加强廉政教育和监督管理，强化不敢腐的震慑，扎牢不能腐的笼子，增强不想腐的自觉，扎实推进人社系统党风廉政建设和反腐败工作。落实领导干部廉洁自律制度，积极推进党风廉政建设责任制落实，严格遵守“四大纪律、八项要求”等各项规定。

抓实抓细党员日常管理。认真做好党费收缴工作，做到每季度规范、足额地完成党费收缴工作。认真贯彻“坚持标准，保证质量，改善结构，慎重发展”的方针和党章有关规定，全面掌握入党积极分子的培养、考察、培训基本情况，严格把好审核关，对拟吸收为发展对象、入党积极分子的同志进行严格考察，有效地确保新发展党员的质量。2021年人社局有3人被确定为发展对象，2人被吸收为入党积极分子；结合开展“灯下黑”“两张皮”问题整治活动，对照《中国共产党党和国家机关基层组织工作条例》规定，逐项对机关党建进行一次排查，列清单、建台账、抓整改，提升机关党建质量；结合服务疫情防控、精准扶贫工作，完成党组织和党员到村、社区“双报到”活动，发挥党员先锋模范作用。

扎实推进模范机关创建活动。认真落实县委关于开展模范机关创建活动的部署要求，聚焦“三个表率”目标，切实把模范机关建设融入县人社局中心工作之中。用好模范机关创建“找差距、议举措、抓落实”方法。深入开展“四对照四看”活动，进一步强弱项、补短板、提质量。

【财务核算和财务监督】 加强对保就业资金使用的监管和风险防控，尤其是就业专项资金支付，做到专款专用，杜绝不合理支出，做到出有凭入有据，坚决把风险隐患化解在萌芽状态，严格执行中央八项规定，加强“三公”经费支出监督，提高支出透明度；参加培训会并到现场进行请教及实操，确保“数字财政”上线实施不影响各类专项资金的支付。保障行政正常运转主动与财政部门协调沟通，及时申请各项资金；根据预算有关规定，按各股室业务进度拨付相关资金。

（罗　敏）

社会保险基金管理

【概况】 2021年，深入学习贯彻习近平总书记关于社会保障体系建设的重要讲话精神，坚持人民至上，坚持共同富裕，把增进民生福祉、促进社会公平作为发展社会保障事业的根本出发点和落脚点，使改革发展成果更多更公平惠及全体人民。同时紧紧围绕全县重点工作目标和任务，牢固树立全县社保经办机构“一盘棋”思想，统揽全局，把握重点，采取积极措施，突出重点、突破难点，不断深化社保体制机制改革，推动社会保障水平稳步提高。

【扩面征缴】 全面推行全民参保进程。不断拓展灵活就业人员参保缴费，全力推进城乡居民基本养老保险参保。配合相关单位做好降费减负工作。做好职工基本养老保险缴费比例和缴费基数调整，确保丰顺县阶段性降低失业保险、工伤保险费率。推进社会保险贫困人员参保的全覆盖，确保建档立卡贫困人口、低保对象、特困人员、重度残疾人等困难群体实现应保尽保、应享尽享。做好新业态人员和村干部单独参保工伤保险工作，根据上级政策，积极发动全县村干部1900多人单独参加了工伤保险，保障了村干部工伤保险权益。努力做好疫情防控期间社保工作，积极宣传、实施社保免、减、延、缓政策，疫情防控期间企业养老保险、工伤保险、失业保险单位缴费退费1096家，减免各项社保费用300多万元。

【养老保险】 至2021年年底，全县企业职工基本养老保险征收4.04亿元，城乡居民基本养老保险征收1718万元。全县机关事业单位养老保险领取待遇人数6223人，人均5646元；企业职工养老保险领取待遇人数（含灵活就业人员）37590人，人均1883.6元；城乡居民基本养老保险参保领取待遇人数90083人，人均204.5元，总体来看，丰顺县的社保基金收支总体平稳，职工保险征收工作在全市处于中上水平。

【失业保险】 2021年，失业待遇总支出357.26万元，其中，发放失业金1541人次，金额198.7万元；代缴职工医疗保险1541人次，金额53万元；发放求职补贴1211人次，金额41.95万元；发放失业补助金1281人次，金额58.85万元；发放失业技能提升补贴4人次，金额6000元；发放省外一次性失业保险待遇3人，金额3.08万元；发放一次性生育，同时向1人发放失业保险金，金额3807元。

【工伤保险】 工伤保险征收361万元，工伤待遇一次性待遇发放人数165人，发放金额542.36万元。

【稽核防范经办风险】 加强与法院、司法局、卫生健康、民政等单位数据联动，推进信息共享机制建设，印发《丰顺县社会保险待遇领取资格核查认证部门联动工作方案》着力解决当前信息共享不及时、不全面的问题，及时核查对应违规类型，涉及违规领取待遇人员，及时停止发放待遇、按规定追缴违规领取待遇，确保社保基金安全。

民　政

【概况】 2021年，在县委、县政府的坚强领导和省、市民政部门的关心支持下，县民政局坚持以习近平新时代中国特色社会主义思想为指导，深入学习贯彻党的十九大和十九届历次全会精神，全面贯彻落实县委、县政府各项决策部署，积极践行“民政为民，民政爱民”的工作理念，统筹推进民政各项工作，圆满完成各项目标任务，民政事业得到新发展，民政队伍呈现新面貌，向县委、县政府和全县人民交上了一份圆满的答卷。

【疫情防控】 县民政局认真贯彻落实习近平总书记关于新冠肺炎疫情防控工作的重要指示精神和省、市、县疫情防控工作部署，及时成立机构，制定工作方案和应急预案，落实责任，将民政服务机构疫情防控作为重点政治任务，坚决执行民政部及省、市、县有关民政领域疫情防控最新工作指南，民政服务机构实行按高于社会面的防控要求管理，认真落实困难群众基本生活保障，坚决守住“民政服务机构不发生疫情”和“民政服务对象不因疫情影响而挨饿受冻”的“两条工作底线”。

【社会救助】 全面完成县十件民生实事涉及民政事项。城乡低保、特困人员供养等补贴标准全面达标，做到全县困难群众求助有门、受助及时。截至2021年12月底，全县共有低保对象7321户14583人，低保金全年支出5892.01万元；全县共有特困供养对象2364户2365人，特困供养全年支出2565.41万元。全县全年临时救助2607户2774人次，临时救助支出171.73万元。低保专项治理成效显著。2021年，全县动态管理清理对象945户1943人，新增低保对象397户1038人，实现“应保尽保，应退尽退”动态管理。有效有力巩固脱贫攻坚成果。截至2021年12月底，扶贫部门提供完全丧失劳动能力和部分丧失劳动能力的相对贫困人口3233人，其中纳入低保1846人、特困供养1340人、孤儿6人、事实无人抚养儿童41人。扎实做好生活无着流浪乞讨人员救助工作，建立健全完善寻亲送返服务机制。全县共救助生活无着流浪乞讨人员等困难群众68人次，寻亲成功16人次。

【慈善和福彩】 县慈善会围绕“安老、扶幼、助学、济困”的宗旨，通过赈灾济贫、扶残济困、助学兴教等公益事业积极开展慈善活动。宣传慈善先进典型，提升慈善活动的社会影响力，营造良好的慈善氛围。2021年，县慈善会获评全市首家5A级慈善会。县慈善会全年共接收捐款4.24亿元。其中，慈善公益捐款6144万元，扶贫济困捐款3.63亿元。2021年，全县共销售福利彩票1308万元，超额完成市福彩中心下达的1300万元年度任务。

【社会福利和事务】 全县“广东兜底民生服务社会工作双百工程”第一阶段工作任务全面完成。全县17个镇（场）社工站、22个村（居）服务点挂牌成立运作，121位社工上岗开展为民服务，如期实现全县17个镇（场）社工站全覆盖的工作目标。做好殡葬管理工作。为群众减轻和免除基本丧葬服务费445.81万元，接待丧属44337人次。大力推进殡仪馆升级改造工程。投入364万元完成火葬场四号火化炉及尾气处理、骨灰寄存架和污水处理装置等项目建设并投入使用。做好婚姻登记工作。2021年全县共办理结婚登记2916对，离婚登记申请871对，离婚登记479对，补发婚姻登记证583对，做到了合格率100%，归档率100%。

【基层政权和社区建设】 圆满完成全县

280个村（社区）“两委”换届工作。选举产生新一届村（社区）“两委”成员共1622名，村党组织书记、主任“一肩挑”率达98.5%，村（社区）“两委”干部交叉任职727人（村委666人），丰顺县新一届村（社区）“两委”班子整体呈现年龄结构优化、学历层次提升、带富能力增强的新面貌。同时，全面完成了村民小组长、村（居）务监督委员会、村级集体经济组织的换届工作。健全民主决策管理机制，强化农村基层民主监督。印发《丰顺县加强城乡社区协商的实施方案》，推进全县基层民主决策管理的规范化、制度化。扎实推进实施村级综合服务设施提升工程。全县280个村（社区）全部建立党群综合服务站，村级综合服务设施覆盖率达100%。

【养老服务】 全县现有居家养老服务站、农村幸福院、老人活动室等各类城乡社区养老服务设施454个，养老机构16间（公建民营1间、镇级敬老院15间），从业人员84人、入住老人227人，养老床位（含医疗床位）4921张，每千名老年人拥有床位40张，基本建成以居家为基础、社区为依托、机构为支撑的社会养老服务体系。全面落实高龄老人津贴制度。全县80周岁以上老人享受高龄津（补）贴每人每年200元，百岁老人“长寿保健金”每人每月500元，全部按时足额发放到位。全县“公建民营”养老机构供给侧改革取得突破性进展。按照五星养老机构标准打造的全市首家公建民营专业性养老服务机构丰顺县顺康护理院正式运营投入使用。

【社会组织管理】 依法开展社会组织登记和管理。2021年成立社会组织8家，注销5家。加强社区社会组织培育管理，推动成立社区公益性社会组织3家丰顺县顺康社会工作服务中心、丰顺县顺康养老护理院、丰顺县家政服务行业协会。做好社会组织党建工作。全县社会组织共建社会组织党组织14个，覆盖社会组织19家，共有党员62人。加强与相关部门的沟通、协作配合，建立健全协作机制，进一步加大打击整治非法社会组织的工作力度。

【区划地名】 加强地名管理，做好标准地名词典、地名志的编纂工作。严格地名命名更名审批管理，做好路牌街牌设置及地名的确认，规范建筑物、住宅小区、街道等命名、更名管理规定，加强城镇、村地名标志设置和质量管理。县城已命名的道路街巷有113条（路83条、街巷30条）。

（朱耿标　朱柏新）

医疗保障

【概况】 2021年，丰顺县医疗保障局以习近平新时代中国特色社会主义思想为指导，全面贯彻党的十九大和十九届历次全会精神，认真贯彻落实中央、省、市和县委、县政府系列决策部署，在梅州市医保局的关心指导下，坚持以人民为中心的发展思想，坚持保基本、可持续、全覆盖，坚持“尽力而为、量力而行”满足人民日益增长的美好生活需要，全力抓好基本医疗保险参保宣传发动、报销审核、基金监管和医药采购招标等工作，多措并举、优化服务，各项工作取得了新的成效。

【扩面征缴】 丰顺县医疗保障局积极利用电视台、微信公众号和印制宣传资料等方式对参保缴费工作进行宣传，实行全覆盖方式宣传以提高参保率。同时联合税务和银行等部门深入企业、乡镇、村（社区）进行宣传；通过举办现场咨询活动、派发宣传资料等多种方式进行政策宣传和讲解，让人民群众懂政策、了解政策，自觉、自愿进行参保。截至2022年1月12日，全县完成城乡居民医保缴费到账人数499553人，完成市下达计划任务的94.88%，当前正针对应保未保人员进行参保缴费查漏补缺工作，力争做到不漏一人，实现“应保尽保”。同时，医疗保障局积极宣传梅州商业补充医保“保尚保”，推动项目在丰顺落地实施。从“保尚保”保障正式生效至今，丰顺县已有不少居民享受了“保尚保”支付待遇，2020年为丰顺县1600多人次报销370多万元，从中得到了实惠，报销了大部分医疗费用，切实减轻了家庭负担。

【疫情防控】 实行特殊医疗保障政策，将确认疑似、确诊新冠肺炎等患者发生的医疗费用全部纳入医保基金支付范围，将医保门诊带药时间延长至3个月。加强与药品和医用耗材采购平台、生产和配送企业的沟通联系，为抗击疫情提供充足药品和医用耗材保障。将新冠肺炎筛查对象、核酸检测排查人员符合规定的费用纳入医保支付范围，要求定点药店对购买退热类药品人员进行实名登记，并及时上报跟踪，发挥疫情防控“哨点”作用。

【服务民生】 做好定点医药机构协议管理、日常巡查，做好定点医疗机构执行医疗服务协议年度考核和各项专项检查工作。指导和监督全县基本医疗保险业务经办管理服务工作，加强医疗费用审核把关，强化定点医疗机构的日常监管。2021年3月，成立了医疗保障事业管理中心，加强经办工作力量。积极开展困难群众医疗救助。丰顺县医疗救助经费投入合理、政策执行有力、资金落实到位、资金使用规范透明、对资金的监督及时准确。切实开展困难群众医疗救助工作，把特殊困难群众全部纳入基本医疗保险、大病保险和医疗救助中。2021年，丰顺县共完成医疗救助44082人次，人数为20751人，救助金额支出3189.72万元。其中住院人次11237人次，救助金额2501.09万元，门诊救助人次32845人次，救助金额688.63万元。另外医疗救助资金用于资助参保人数26510人，资助金额860.26万元，在一定程度上缓解了丰顺县困难群众“看不起病、看病难”的问题，提高城乡困难群众的生活质量。

【基金监管】 丰顺县医疗保障局牢固树立防堵并举理念，成立专项治理工作小组，结合日常监督检查、飞行检查、联合检查等多种形式开展专项整治，聚焦“假病人”“假病情”“假票据”等“三假”打击欺诈骗保问题，发现一起，严肃查处一起，公开曝光一起。贯彻落实基金监管存量问题“清零行动”，对医保局组建以来至2020年12月底，经飞行检查、信访举报、自查自纠发现但未查处完结的问题进行清零。2021年8月开展医保基金监管“护金行动”，对违法违规、欺诈骗保参保人进行查处和对定点医疗机构进行全覆盖检查。

【药品带量采购】 根据省、市工作要求，丰顺县医疗保障局认真督促并监管丰顺县各定点医疗机构对省、深圳、广州平台的上线品规进行全面上线采购。2021年，丰顺县各定点医疗机构药品采购总品规数为24258个，采购总金额为1.44亿元。其中线上采购总品规数为23910个，采购金额为1.43亿元，线下采购总品规数为348个，采购金额为78.39万元；耗材采购总金额为9801.58万元。其中线上采购金额为9368.27万元，线下采购金额为432.86万元。通过交易平台集团采购，有效预防和遏制药品购销领域腐败行为，降低医疗机构运行成本，切实减轻患者医药费用负担。

（办公室）

应急管理

【概况】 丰顺县应急管理局为县政府工作部门，正科级，并设立应急管理局党委。内设机构有办公室、应急指挥股、综合协调股、风险监测和综合减灾股、地震和地质灾害救援股、安全生产基础股、执法股。下属事业单位为丰顺县应急中心、丰顺县“三防”指挥部办公室、加挂丰顺县森林防灭火指挥部办公室。全局共有干部职工34人。县应急管理局有4名领导班子成员。丰顺县人民政府成立“三部三委”议事协调机构，均设在应急局。“三委”为安全生产委员会、减灾委员会、突发事件应急委员会；“三部”为森林防灭火指挥部、“三防”指挥部、抗震救灾指挥部（正在筹建）。

【安全情况】 2021年，在县委、县政府的正确领导下，在市应急管理局的指导下，丰顺县应急管理工作坚持以习近平新时代中国特色社会主义思想为指导，认真贯彻习近平总书记关于安全生产重要论述，全面落实国家、省、市关于安全生产、应急管理的各项决策部署，取得了良好成效。

1—12月，全县道路交通事故371宗，死亡21人，受伤443人；一般生产安全责任事故5宗，死亡5人，受伤2人；火灾142起，未发生较大以上火灾事故；森林火灾10起，没有发生重特大森林火灾和人员伤亡事故。全县安全形势总体保持稳定，为丰顺县经济社会发展提供有力保障。

【重点工作】 2021年，应急管理局深入学习贯彻习近平总书记关于安全生产、应急管理重要论述，牢固树立“人民至上、生命至上”理念，强化“红线”意识和“底线”思维，深化改革创新，不断提升防范化解重大风险、牢牢守住安全生产“基本盘”，坚持统筹协调安全生产与疫情防控，全力推进应急管理各项工作平稳向前发展。加强领导，推进责任体系建设，确保安全生产和消防工作落到实处；宣传手段多样化，入脑入心，群众意识从“要我安全”向“我要安全”转变；重拳出击，专项整治，确保安全生产领域持续稳定；部门联动，强化执法，全面夯实安全生产基础；强化基础，提升防灾减灾救灾能力，时刻保持临战状态。

（范晓燕）

消防救援

【概况】 2021年，是丰顺消防救援队伍深化改革、提质强能的一年，也是奋斗不息、逐梦前行的一年。县消防救援大队在市消防支队党委和县委、县政府的坚强领导下，坚持以习近平新时代中国特色社会主义思想和重要训词精神为指引，以推进消防治理体系和治理能力现代化为目标，以加快队伍转型升级和提质强能为手段，全力防风险、保安全、护稳定、争先进，重破局、务实行、补短板、勇创新，圆满完成了全年各项工作任务，实现了消防救援事业稳中有进、队伍建设稳中向好的局面。

【火灾防控】 紧盯上级要求和丰顺实际，致力于打造“共建共治共享”消防工作格局。实体化运行消防安全委员会，推动政府落实领导责任、部门落实监管责任；探索设置消防所和消防管理岗，指导基层落实属地责任；大力开展消防“五化”管理，督促单位落实主体责任。圆满完成了中国共产党成立100周年等重大活动期间的安保工作，火灾形势安全稳定。

【灭火救援】 积极适应“全灾种”“大应急”职能任务，规范训练场和灭火救援现场秩序，着力提升国家队攻坚能力、专职队初战能力，建立社会联勤联动协作关系，大队连续两年在全市岗位练兵考核中名列前茅，全县综合应急救援能力有效提升。成功处置“2·10”汤西民房火灾、“6·14”八乡山交通事故救援等，得到领导和群众的一致认可。

【基层基础建设】 始终坚持围绕中心、面向基层、服务一线，新增购置2辆消防车、522件器材装备。完成营区外观标识、营貌更新，营区环境焕然一新。

【争先创优】 1名消防员荣获团省委“优秀共青团员”、3个文艺宣传作品受到应急管理部消防救援局、省消防总队表扬。2021年度大队党委、站党支部班子考核分别列全市第三名、第一名。2022年年初，县委、县政府为大队记集体三等功。

（温振宇）

退役军人事务

【概况】 丰顺县退役军人事务局坚持以习近平新时代中国特色社会主义思想为指导，认真贯彻落实县委、县政府各项决策部署，以县委党史学习教育工作为统揽，着力提高政治站位、深化思想认识，牢固树立“以退役军人为中心”工作理念，结合星级示范创建工作机遇，不断加强退役军人服务保障体系建设，全力抓好退役军人服务保障各项工作，弘扬拥军优属光荣传统、营造全社会尊崇军人的良好氛围，争创退役军人工作高质量发展的新局面。

【机构建设情况】 根据《丰顺县机构改革方案》，丰顺县退役军人事务局全面抓好单位、人员转隶工作及县镇层级服务机构建设工作，为推进退役军人工作高质量发展奠定坚基。2021年，局机关内设办公室、优抚安置股、双拥工作股开展工作。丰顺县复员退伍军人服务中心、丰顺县双拥工作领导小组办公室、丰顺县光荣院等事业单位移交丰顺县退役军人事务局接管。其中撤销丰顺县复员退伍军人服务中心，成立丰顺县退役军人服务中心。经丰顺县委编委会议审议通过，全县设立县镇、村三级服务保障机构，其中，将县退役军人服务中心设为公益一类正股级事业单位，核定人员编制10名，设主任1名、副主任2名；将镇级退役军人服务站设为公益一类正股级事业单位，核定人员编制18名；全县共设17个镇级退役军人服务站。

【党史学习教育“我为群众办实事”】

2021年，围绕党史学习教育主线，结合“我为群众办实事”实践活动，退役军人事务局多措并举推动退役军人工作开展。推进“六送”工作开展。“送政策”，深入社区把党的惠民政策和退役军人相关法律法规政策送到退役军人和其他优抚对象手中；“送岗位”，举办退役军人专场招聘会，解决退役军人急难愁盼的问题；“送技能”，通过组织退役士兵短期技能培训班，宣传引导他们多学习一项职业技能、多掌握一份就业机会；“送帮扶”，开展退役军人党员结对帮扶工作，全面建立退役军人党员与党员、党员与非党员的紧密联系，兜牢困难退役军人基本生活保障底线；“送保障”，根据市相关文件精神，选送退役军人参与2021年第一批短期疗养；“送尊崇”，全面开展走访慰问烈士遗属活动，自活动开展以来共走访慰问47户烈士遗属。推进志愿服务工作开展。2021年，丰顺县组建梅州市退役军人红梅志愿服务队丰顺分队，该志愿服务队于中秋节慰问参战立功对象2人。在烈士纪念日，走访慰问烈士遗属2人。“八一”前夕，联合丰顺县新的社会阶层人士联合会慰问困难退役军人、参战老兵及优抚对象。开展退役军人党员结对帮扶工作。2021年，丰顺县加强退役军人党员教育管理。在摸查基础上，丰顺县印发《丰顺县退役军人事务局开展退役军人党员结对帮扶工作实施方案》，开展退役军人党员结对帮扶工作，在充分发挥基层党组织和退役军人服务站作用的基础上，以“个人自愿，组织统筹”为原则，结合实际情况采取“一对一”“一对N”“N对一”“N对N”等方式，大力推进结对帮扶工作开展。

【星级示范创建】 自星级示范创建开展以来，丰顺县退役军人事务局以习近平新时代中国特色社会主义思想为统领，着力对标星级示范创建任务要求，通过专门成立指导小组、分片分区落实创建工作、县镇村三级协同努力，丰顺县圆满完成全国示范型退役军人服务中心（站）创建工作和全省服务中心星级创建工作，获得全国示范型退役军人服务中心及省五星级退役军人服务中心称号。截至2021年12月31日，全县17个镇级退役军人服务站顺利完成“双创工作”，汤坑镇城西、留隍镇万江2个社区退役军人服务站完成全国示范型退役军人服务站创建工作。

【优抚安置】 补助金、优待金及各类保障资金按时精准发放。全面确认、核查“两参”人员和优抚对象。通过召开全县专题培训会议、逐人核查、清点档案、建立台账，在县、镇、村三级协同努力下，如期完成“两参”人员审核任务和优抚对象的年度确认工作。部分退役士兵社会保险接续工作。线上线下通过电话、邮寄缴费单、服务站等宣传引导，办结社保缴交费。

【军人合法权益保障】 退役军人信访工作。丰顺县退役军人事务局高度重视军人信访工作，在县委、县政府的大力指导下，专门成立信访工作领导小组，严格按照相关规定进行信访处理。在妥善处理当前信访件的前提下，针对2019年度及以前解决安置的历史遗留问题，退役军人事务局信访工作领导小组结合相关信访件进行排查梳理，并针对调查核实情况多次召开专题会议进行讨论，起草可行方案报县委、县政府研究决定。退役军人应急救助工作。2021年退役军人事务局共收到多名困难退役军人关于应急救助资金的申请，截至2021年12月初，已向上级提交审核合计60.3万元。

【双拥工作】 开展走访慰问。2021年，丰顺县退役军人事务局扎实开展走访慰问工作，大力宣传示范带动，营造全社会尊崇军人的浓厚氛围。全年发放光荣牌人数共107人次，向立功受奖官兵送喜报75人次。在春节、“八一”期间向退役军人、烈士父母等发放慰问金及体检费共计192.45万元，向退役军人及其他优抚对象发放春联。全力支持驻地部队建设。为确保驻丰顺部队建设事业有序推进，丰顺县持续加大拥军力度，优先保障拥军经费投入。进一步改善驻军工作和生活条件。助推地方经济社会发展。驻丰顺部队官兵在完成战备、训练等各项任务的同时，深入开展“爱第二故乡，建设新丰顺”为主要内容的拥政爱民活动，主动承担各种急、难、险、重任务。2021年驻丰顺部队出动官兵、车辆，为支持地方经济建设、重建家园、灾区、学校等项目保驾护航。在扶贫济困、抗灾救助活动中，驻丰顺部队先后共捐款2.3万元；武警中队、建桥等部队，先后资助3名贫困学生完成学业，受到当地群众高度好评；抢险救灾110余人（次）。

【褒扬纪念宣传】 加大褒扬纪念工作宣传力度，积极营造文明祭祀新风。结合“守护·2021清明祭英烈”活动，线上通过政府网站、电视台等发布文明祭扫倡议书，线下通过印制1600份文明祭扫宣传手册、在烈士陵园入园处做好相关政策公告和解释工作，为烈属、退役军人、社会群众有序参与网上祭扫活动提供便利，积极营造致敬英烈、缅怀英烈的浓厚氛围。全面修缮烈士纪念设施，大力提高纪念设施保护水平。2021年，退役军人事务部门联合县检察机关组成专项行动工作组，对丰顺县县级及以下烈士纪念设施零散烈士纪念设施管理保护问题进行全面排查，依托专项行动建立保护常态化协作机制，对发现的烈士纪念设施管理保护自查工作所出现的问题进行及时督促整改，并通过成立烈士纪念设施保护管理中心，配备2名编制人员，加强对烈士纪念设施管理保护。2021年5月至9月，针对新建烈士英名墙，新建设施周边护坡、爱国主义宣传栏等进行修缮，共投入经费114万元。

【退役军人保障法宣传工作】 组织人员对全县退役军人服务中心（站）《中华人民共和国退役军人保障法》进行专题学习，召开培训会议，进一步提高县、镇、村三级相关工作人员业务水平。结合党史学习教育，开展退役军人保障法进社区的宣传活动，围绕该法的颁布施行与主要内容、退役军人保障工作基本原则、移交接收与退役安置措施等，向退役军人、军属及其他社会大众进行宣讲，耐心解答社会公众提出的问题及困惑，努力营造全社会关心关爱退役军人的浓厚氛围。

（张　炼）

镇（场）

汤 坑 镇

【概况】 汤坑镇位于县城东南部，位处北纬23°46′、东经116°11′，地处丰顺、揭阳交界处，也是连接梅州、汕头市的交通枢纽，上距梅州市58千米，下离汕头市85千米，属县城所在镇，是全县政治、经济、文化中心，也是梅州市对外开放的重要窗口。汤坑镇于2004年10月由原汤坑镇、东联镇和附城镇等三镇合并而成，全镇总面积为233.23平方千米，已建成城区面积约为25平方千米。2021年11月新成立城东社区居民委员会，下辖11个居委、32个村，户籍人口约144854人，其中农业人口26657人、非农业人口118197人。

【疫情防控】 全力以赴做好疫情防控，张弛有度推进疫苗接种。汤坑镇严格按照省市县疫情防控指挥部工作部署要求，强化新冠疫情常态化防控举措，通过多渠道多方式引导外地返丰人员尤其是中高风险地区来丰返丰人员第一时间向所在单位、居住地村（社区）和属地疾控机构报备，严格落实各村（社区）“三人小组”责任制，对重点地区返丰人员实行网格化管理和监测，做好重点人员信息登记、核酸检测结果查验、健康监测和异常状况处置等工作。截至12月23日，共排查重点地区来（返）丰顺人员共1352人。通过入户宣传、动态摸排、送苗下乡等多方合力，全力推进汤坑镇新冠肺炎疫苗接种工作，2021年以来共召开46次疫苗接种工作推进会议，共发放宣传册约6万份，张贴疫苗接种宣传海报约1500张，横幅500余条。截至12月31日，汤坑镇3周岁以上新冠肺炎疫苗接种第一针人数为142828人，接种率达到99.87%，完成第二针接种人数为138003人，接种率达到95.23%。

【经济建设】 汤坑镇坚持稳中求进的经济工作思路，进一步统筹推进疫情防控和经济社会发展，狠抓发展第一要务，积极落实重点项目建设，千方百计壮大实体经济、推动高质量发展，做到稳增长、促改革、调结构、惠民生，为梅州苏区加快振兴、共同富裕做出丰顺新的贡献。深入挖掘汤坑温泉资源、电声、茶叶、食用菌等优势产业，抓好创新发展，形成主导产业，努力提升企业的竞争力。抓好紫琳学院附属工程等重点项目土地房屋征收工作，推动经济扩量提质。充分利用交通区位和温泉资源优势，深入实施“旅游+”，加快旅游、酒店、“农家乐”等第三产业发展，因地制宜结合东秀美食名村特色推进沿线“农家乐”建设，不断提升经济发展的质量。一年来，汤坑经济保持平稳健康发展，至2021年年底，全镇规模以上工业总产值达34.57亿元，同比增长1.4%。

【党的建设】 着力加强党的政治建设。坚持以习近平新时代中国特色社会主义思想为指导，全面加强党的领导和党的建设，全年共开展22次理论中心组学习，围绕党史学习教育，努力提升党员干部政治判断力、政治领悟力、政治执行力，充分利用镇委党校和新时代文明实践站所作用，积极开展党员教育培训和政策宣讲，组织开展民主评议、谈心谈话活动。在党史学习教育中组织镇村（社区）党员干部500多人次参观红色基地、烈士纪念园等，接受革命传统教育；邀请县委宣讲团成员开展主题宣讲，召开专题民主生活会提升思想水平。“学党史、悟思想、办实事、开新局”取得扎实成效，解决群众“急难愁盼”问题183件。

全面完成换届选举工作。汤坑镇于2021年2月圆满完成42个村（社区）、村集体经济组织换届选举工作，共选举产生村（居）民委员会干部286人，并于11月圆满完成城东社区居民委员会筹建工作，选举产生“两委”干部7人。当前，汤坑镇43个村（社区）共有“两委”干部293人，党组织书记“一肩挑”率达100%，“两委”干部交叉任职率为64%，学历、年龄实现“一升一降”。2021年9月底圆满完成镇党委、纪委、人大、政府换届选举工作，选出新一届领导班子共17人，干部结构得到进一步优化，队伍综合素质和战斗力明显提升。

认真抓好组织力提升。贯彻落实丰顺县新一轮三年行动计划，以完善组织体系为重点，不断强化基层党组织政治核心功能，发挥农村党组织在乡村振兴、发展集体经济等重点工作中的领导核心作用，借力“第一书记”助推村级党组织的决策力战斗力不断增强。开展庆祝中国共产党成立100年系列活动，发放“入党50周年”纪念章420份，慰问困难党员587人，拨付慰问经费11.79万元。第37个教师节镇政府通过专门拨付及乡贤赞助资金共6.4万元对各学校教职员工进行慰问，表彰奖励镇级优秀教师和优秀教育工作者52人。

【城乡建设】 全力推动乡村生态振兴。持续推动巩固拓展脱贫攻坚成果同乡村振兴有效衔接，主动加强与驻镇帮镇扶村工作队的沟通衔接，多次召开联席会议共同商讨推动各项工作顺利开展。扎实稳妥推进黎峰村、洋田村、虎局村、下村村集体经济试点村工作，继续培育打造以食用菌等特色种养为主乡村振兴产业。积极谋划生态宜居美丽乡村建设和汤坑老街改造提升项目、“两区三村”继续提升项目、文化体育设施改造、金河大桥至汤西桥段约5千米的一河两岸景观、金贵大道沿线周边环境美化、亮化工程等重点项目。大力推进农村人居环境整治，通过“三清三拆三整治”“厕所革命”，全面改善乡村风貌，提升发展品位。

全力做好生态环境保护工作。加大重点路段重点时段环境卫生保洁工作力度，结合“我为群众办实事”“创国文”“两美”等志愿活动，以提升宜居宜业水平为工作方向，推动全镇特别是城区环境卫生面貌不断优化。坚持“绿水青山就是金山银山”的发展理念，全面落实“河长制”“林长制”，做好水资源、森林资源保护。加强对榕江北河水环境治理，开展河堤维护和河道清理、清障工作，加强巡查监管，打击非法排污，严查严惩破坏生态环境和自然资源的违法行为。加强防火工作宣传，按照网格化管理要求，加强巡查和值班值守，强化野外火源管控和防火物资储备，层层落实防灭火责任。

【民生工作】 惠民利民，增强民生服务保障。积极宣传发动做好2022年度城乡居民基本医疗保险参保工作，城镇居民医疗保险参保率进一步提升。落实好城乡低保、“五保”、特困及残疾人权益保障及社会兜底等基本保障措施，完成全镇1730名残疾人两项补贴年度资格认定工作。加强帮扶弱势群体，民政部门临时救助累计支出（折合）140419元，联合广东金秋慈善基金会开展“金秋童梦成真项目”，并获广东省民政厅选评为优秀项目。开展农村危房改造、村屋安全隐患排查，共排查出存在风险房屋304户，整治农村削坡建房风险点27户。加快推进汤坑镇农村生活污水治理、农村自来水村村通和全域自然村集中供水工程。扎实推进“粤菜师傅”“南粤家政”“广东技工”项目，持续做好稳民生保就业工作。关注群众心理健康，建设镇、村（社区）“粤心安”社会心理服务站（室），积极推进“中心+网格化+信息化”制度建设，加强对重点人员心理疏导，排查化解各种不稳定因素。

便民利民，提升一体化政务服务能力。加大“放管服”工作力度，落实政务服务“马上办”，加快“数字政府”建设，全面推进政务服务“掌上办”。完善镇政务服务中心和村（社区）公共服务中心软硬件建设，规范业务办理流程，服务效能进一步提升。国土资源办证大厅全年共受理不动产登记业务970宗，接收群众用水用电申请表500余份，接收并解决群众纠纷投诉50余起，接收住宅增设电梯申请10余宗；卫生计生窗口受理生育登记业务共1977项；市场监督管理服务窗口全年共办理各项业务3521项，新设立登记2129户。

建设精神文明。文化站获评“省特级文化站”。文化活动中心总面积五层楼共3500平方米，内设11个功能室，藏书量达2万多册。因设备设施残缺不全，镇财政总投入3万多元，更新完善文化站的弱势群体（残疾人轮椅、老花眼镜、幼儿轮椅、幼儿活动室）等功能设备设施。

基础设施逐渐完善。2021年上半年，埔河村建成了五人制的足球运动场，目前有铜盘、黎峰和埔河3个村级足球场。下半年，新田和铜盘村建成了2个体育公园，全镇有32个行政村和2个社区共34个村（居）安装有健身器材或健身路径，比上年增加2个。另外，汤坑镇有22个村（居）广场舞场所和22个广场舞队伍，分别比2020年增加各2个。

积极组织活动，丰富群众文化生活。全镇全年共组织举办各村文化室负责人（文体协管员）培训班、少儿二胡、少儿琵琶、少儿美术书法、老人健身、舞蹈等分别培训1—2次；文艺创作培训1次，文艺作品上送稿件38篇。认真实施“2131”工程，全镇32个行政村共放映电影128场次，观众人数达23000多人次；组织文化、“非遗”保护文艺晚会2场，灯谜和象棋赛活动各4场次；组织参加丰顺县“龙归寨杯”机关企事业单位篮球联赛和丰顺县首届职工羽毛球预选赛共2次。

做好文物保护工作。汤坑镇文化保护单位有33处，“非遗”项目有9个，2021年新挖掘了丰顺山歌、丰顺金狮、春兴门3个“非遗”项目申报为县级第五批保护项目。经努力，丁日昌故居修缮保护完成。

【平安汤坑】 深入推进治理电信网络诈骗犯罪工作。严格按照上级要求，加强组织领导、加大投入力度，全力以赴推动挂牌整治各项工作，年底完成汤坑镇电信网络新型违法犯罪问题挂牌整治摘帽。深入重点摸排，建立四人管控小组开展重点人员摸排造册，共出动警力530多人次，核查重点区域1133处，落实签订承诺书、责任书670份，建档管理从事电信网络诈骗犯罪四类高危人员101人。加大反诈宣传，通过发出12万余份各种反诈宣传资料、发送5800多条防范电信诈骗微信信息、举办“汤坑镇党建引领创建无诈好乡镇”主题文艺演出、投入6.9万元建设沿江路反诈长廊等多种宣传途径增强民众反诈意识，提高防骗能力。多方协作助力，加强与派出所、警务中队、电信网络运营商和银信部门等相关单位协调联动，全年破获涉电信网络诈骗案件23件，捣毁诈骗窝点12个，立案审查41人、惩戒21人，涉案财产损失256.1万元，同比下降90%，抓获户籍地涉诈人员64人，同比下降50%。推进反诈App安装下载，汤坑镇“国家反诈中心”App软件推广安装使用74580人，完成比例达90%，排名全县第一。

深入抓牢安全生产和各项专项整治工作。开展“安全生产月”“安全宣传丰顺行”和“消防宣传月活动”等宣传活动9场次。落实各项专项整治行动，制止无证摆卖烟花爆竹商店18家、整改非法燃气供应点14间、责令3459间“三小”场所消防安全设施进行整改。重点排除埔河村建筑安全隐患、邓屋村河道无栏杆安全隐患、大宝山景区安全隐患等安全隐患6处，坚决维护人民群众生命安全。

深入高效整合综合行政执法工作。经乡镇机构改革，镇党委科学部署和规划，使综合执法大队部门各项业务从无至有、从有至专，使各方面处于良好的运行状态。共查处违法案件187宗，处罚金额约34.7万元。全年共出动执法人员2800人次，执法车辆600车次，抓好乱占耕地摸排造册工作，对占耕建房行为保持“零容忍”高压态势，拆除违法违规建筑16处，制止违法建设93处，切实从源头上把控好“两违”防控工作；制止非法挖山采砂行为17起，制止违法倾倒建筑废料、工业固体废物4起，扣押非法作业的挖掘机、泥头车等车辆35辆，处罚及整治整改量位于全县前列。

深入做好综治信访维稳工作。坚持“打防结合，预防为主”方针，积极预防和有效化解矛盾纠纷，依法按照政策及时妥善解决群众合理诉求，纠正损害群众利益的突发性问题，受理并完结来信、网访共85宗，共接收满意度评价案件32宗，参评率达100%，群众评价满意率达96%，确保了社会和谐稳定。

（蔡洪彬　王三灵）

北　斗　镇

【概况】 北斗镇地处榕江北河上游，位于丰顺县中西部，距县城9千米。东与汤坑镇交界，西北与兴宁市、五华县接壤，南接汤西镇，北联建桥、丰良两镇，其中206国道、大丰华高速、梅汕高速、广梅汕铁路、梅汕高铁穿境而过，交通区位优势明显。全镇总面积90.29平方千米，境内四面高山环绕，其中山地9000公顷、耕地366.2公顷、林地面积7333.33公顷，森林覆盖率达88%。下辖8个行政村，2021年总人口17822人，常住人口5717人。镇内基础产业为农业，主要作物为水稻和番薯，特色产业为茶叶和红花油茶。2021年财政拨款预算收入914.80万元，同比减少2.6%。

【党史学习教育】 自开展党史学习教育以来，北斗镇认真贯彻落实习近平总书记关于党史学习教育的重要论述、重要指示精神，聚焦“学史明理、学史增信、学史崇德、学史力行”的目标要求，贯彻党中央和省委、市委、县委的部署要求，按照党史学习教育的工作安排，统筹谋划，精心组织，扎实开展各项工作，取得了良好成效。扎实开展党史学习。以4本“指定书籍”为主要学习内容，通过党委理论中心组集体学、班子成员带头学、干部职工随时学，进一步促使党员干部读原著、学原文、悟原理，找差距、抓落实。深入开展主题活动。依托本地红色教育资源，结合庆祝中国共产党成立100周年系列活动，组织机关党支部全体党员、各村党支部书记到桐新村桐梓洋开展“追寻红色足迹、传承革命精神”主题党日活动，通过追寻红色足迹，重温入党誓词，进行深刻的党史学习教育和革命传统教育；组织党员干部100余人次观看系列红色电影；先后邀请县政协副主席陈新化、县史志办主任卢胜文开展党史学习教育宣讲活动；组织妇女代表、学生代表讲好红色故事。深入开展“我为群众办实事”实践活动。将“我为群众办实事”实践活动作为党史学习教育的重要内容和突出抓手，围绕党建民生工程重点工作，聚焦交通难题、人居环境、疫情防控、饮水安全等群众关心问题，共梳理出“我为群众办实事”项目70项，并以实际行动践行初心使命为群众排忧解难，进一步增强了老百姓的获得感、幸福感和安全感。

【党建工作】 全面提升基层党建水平，切实发挥党员先锋模范作用，筑牢基层党组织战斗堡垒，确保省委、市委、县委各项决策部署在北斗镇落地生根。严格依法依规，高质量完成镇村两级换届选举。按照省、市、县关于换届工作的安排和部署，北斗镇严格遵守选举工作有关规定，认真履行法定程序，通过成立换届工作领导小组、制定换届工作实施方案、严格开展资格审查、采取各项措施严肃换届纪律、加强换届风气监督，圆满完成镇、村换届选举工作，其中镇级完成党委、纪委换届选举工作，村级共选出了43名村“两委”干部，新进村“两委”干部17名，书记、主任“一肩挑”8个，村“两委”干部中党员37人，选拔妇女“两委”干部10名；在此换届工作的基础上选举出县、镇党代表，其中县党代表8名，镇党代表100名，同时积极配合县委组织部完成市党代表的考察工作。庆祝中国共产党成立100周年，精心组织“七一”系列活动。组织镇全体干部职工、村党支部集中收听收看庆祝中国共产党成立100周年大会直播盛况，共同回望党的百年奋斗历程，展望未来光明前景；积极做好“两优一先”的推荐、评选和表彰工作，其中北斗镇获评丰顺县优秀共产党员1名、丰顺县优秀党务工作者1名、丰顺县先进基层党组织1个（茜坑村），并结合党史学习教育，积极组织党员干部向先进典型学习，推动形成见贤思齐、争做先锋的良好氛围；结合“我为群众办实事”实践活动，有序开展“光荣在党50年”纪念章颁发工作，为老党员上门颁发纪念章共37枚。提升基层治理能力，全方位开展干部培训。依托镇委党校采取集中学习与网上培训相结合的方式开展全市村（社区）党组织书记任职培训——北斗分会场、村“两委”干部培训班，进一步巩固村换届选举成果，努力打造一支勇挑重担、创新争先、为民谋利的基层干部队伍，有效拓展了基层干部的工作思路，提升村“两委”的综合素质和履职能力，夯实基层党组织的战斗堡垒作用。抓好细则要点，扎实开展固本强基工程。充分利用镇委党校、学习强国、党员远程网络教育等平台，通过理论中心组学习、“三会一课”、主题党日活动、专题学习教育和干部自学等形式，深入学习贯彻习近平新时代中国特色社会主义思想，十九届五中、六中全会精神和习近平总书记重要讲话精神；根据上级要求和部署，北斗镇全年发展党员共10名，其中女党员1名，35岁以下6名，大专以上文化程度6名；在市重点企业嘉洪农林有限公司设立党支部，扩大“两新”组织党建工作覆盖面，以党建引领带动产业振兴。强化干部管理，激发基层干部队伍活力。从关心干部的角度出发，镇党建办根据相关工作条例认真做好干部待遇、解决历史遗留问题、增资、干部年休假、公务员平时考核等工作，切实提高机关干部的福利待遇和工作积极性；做好乡镇机构改革工作，包括将原下属发展服务中心等7个事业单位的21名同志转隶进新设立的经济发展和财政服务中心等5个事业单位的相关工作、附城市场监督管理所和北斗镇自然资源所共5名干部转隶到北斗镇机关，扎实推进乡镇体制改革和党组织规范化建设工作，完善基层治理体系，全面提高基层管理水平。

【疫情防控】 北斗镇始终坚持以人民至上、生命至上的原则，做好疫情防控常态化各项工作，筑牢“外防输入、内防反弹”严密防线，坚决打好疫情防控阻击战。严格落实疫情常态化各项防控措施。有效发挥“大数据+网格化”管理模式，迅速组织党员干部、工作人员和志愿者开展重点场所测温扫码、入户排查、宣传劝导佩戴口罩和爱国卫生运动等疫情防控工作，形成上下一心、齐抓共管的防控工作格局，确保了全镇疫情“零发生”。扎实推进新冠疫苗的接种工作。镇村干部坚持党建引领，慎始慎终抓好疫情防控，细化落实常态化疫情防控措施，为做好疫苗接种工作，镇防疫指挥办科学规划、周密部署、精心组织，积极发动适宜人群及时到镇卫生院完成疫苗接种，经过全镇上下努力，北斗镇疫苗接种率始终保持在全县排名前列。

【乡村振兴】 坚持以项目建设为引擎，推动脱贫攻坚与乡村振兴有效衔接，精准发力“五大振兴”促进乡村全面振兴发展。狠抓基础设施引领经济发展。加快交通基础设施建设，构建内联外畅的路网结构，持续推进“四好农村路”建设，全面铺开乡道128线升级改造和200人以上自然村的道路硬化工程，为北斗镇发展全域旅游、实现乡村振兴打通交通运输“最后一千米”；完成“村村通自来水”建设工程，全面推进2019年度和2020年度全域自然村集中供水覆盖攻坚行动，工程涉及5个行政村13个工程点，覆盖4500余人，各工程点已通水进入验收阶段；建成并营运1个镇级污水处理设施，4处村级高标准生活污水处理池；完成小河流治理及完善配套，切实加强水环境治理，助力丰顺县“百里碧道建设”。狠抓经济建设壮大镇村集体经济。依托“一村一品、一镇一业”政策，鼓励支持福稻生态科技公司、文发农林有限公司等一批优质农业项目发展壮大；发挥嘉洪农林有限公司在省内农业、林业龙头企业的优势，突出抓好特色高山茶、中草药等重点产业，加快建设瑞泰四季果园、年年春家庭农场、南防背香柠综合家庭农场等观光采摘农业项目，加快推进镇级助农服务中心建设，全力推进旅游示范点基地建设，着力构建全域旅游，将一村一景串珠成链形成集红色教育、观光休闲、生态康养为一体的旅游业发展态势，让乡村“美丽资源”转化为“美丽经济”，实现一、二、三产业的深度融合。狠抓人居环境整治建设美丽乡村。加快推进新农村建设，在全镇范围内持续开展“厕所革命”垃圾污水处理、“两美”行动、“三清三拆三整治”和村庄清洁行动，在农村生活垃圾、污水处理、厕所卫生治理方面取得了新成效，经省级专家评审，北斗镇成功获评“广东省卫生镇”的称号；加大建筑外立面整治力度，加强规划设计、整治修缮，实现沿街沿路建筑物旧貌换新颜；落实好镇村“河长”日常巡河，出动近200人次开展河道清漂、淤泥、杂物等污染水体行动，使榕江北河断面水质长期保持在三类水标准；加大大气污染防控力度，制止烧田坎、焚烧垃圾等行为，使北斗空气保持优良。加强文化建设倡导北斗文明新风尚。建成运行新时代文明实践站、县图书馆北斗分馆和县文化馆北斗分馆，完成乡镇二级文化站升级改造，完善农村书屋，提升公共文化服务水平，满足群众精神文化需求；组织评选年度“道德模范”“好媳妇”“最美庭院”等优秀典型评选表彰活动，深入推进社会主义核心价值观建设，营造良好社会风气，提升乡风文明，其中桐宷村赖秀春荣获第十届梅州市道德模范之孝老爱亲模范荣誉称号。

【安全生产】 北斗镇始终坚持“人民至上、生命至上”的方针，抓好全方位隐患排查治理，落实企业安全生产主体责任，扎实开展各类专项行动。扎实开展安全生产风险隐患大排查，防范化解各类安全生产风险。联合派出所、综合行政执法队不定期对辖区内的重点企业、加油站、“三小”场所、校园、交通开展安全检查，对发现的风险隐患进行立查立改、即知即改，全年检查次数20余次，加装消防门13个。积极开展“安全生产月”活动。联合司法、卫生等多个部门开展“安全生产咨询日”活动，通过发放宣传资料、悬挂横幅、现场解答等多种方式做好安全生产宣传，切实提高群众安全生产意识，确保安全生产月主题深入人心。切实做好森林防灭火工作。由于气候异常，持续干旱少雨，森林防灭火形势严峻，北斗镇始终保持森林防火高压态势，组织镇村干部严格落实网格化管理，多措并举狠抓森林防火，实现了“零火情”目标；不断完善应急管理工作，加强信息报送和提升应急处置能力，不断提升防灾减灾救灾能力，切实保障人民群众生命财产安全。

【社会治理】 做好信访维稳。落实好综治网格化责任制，做好网格内维稳及隐患排查工作，确保辖区内无重大安全信访事件；全面排查精神病患者，准确掌握严重精神障碍患者底数情况，做好诊断评估、救治求助、分类管理和信息交换工作；排解矛盾纠纷，解决群众问题，2021年以来全镇共发生矛盾纠纷13宗，成功调处13宗，调处成功率100%，成功处置各类网信案事件6件，治安案件5宗，查处3宗，刑事案件6宗，破案2宗；帮教对象27名，社区矫正2名，戒毒在册人员2名；“七五”普法工作获得上级部门肯定，党委书记刘旭良荣获“‘七五’普法先进个人”荣誉称号。

狠抓综合执法工作。依法依规履行自然资源、规划建设、生态保护、市场监管等职责，全面加大日常巡查和监督管理力度；全年开展自然资源日常巡查监管共派出316人次，发出责令停工通知书2份，到企事业进行食品安全检查96人次，开出现场检查记录文书46份，行政许可4份，助力创建省级卫生镇，进行圩镇卫生检查76人次。

全力做好新冠肺炎疫情防控工作及社会舆情管控。通过网格化和“三人小组”对中高风险地区来（返）北斗人员进行全面排查，全年共排查人数71人，同时倡导群众喜事缓办、白事简办、宴会不办；加大对社会舆情管控力度，通过流动广播、悬挂横幅等方式，宣传新冠肺炎相关科学知识，引导群众做好科学防控，确保社会舆情稳定。

加强反诈宣传，严厉打击电信诈骗、非法集资行为，促进全镇经济持续平稳发展。在辖区内广泛发动群众安装“国家反诈中心”App，呼吁群众共同参与“全民反诈”行动，同时在庆瑶村打造无诈社区宣传广场，切实营造全民防诈、反诈的浓厚氛围。

【社会民生】 践行以人为本的理念，加大民生投入，加强基层管理，不断提升服务水平，扎实做好保障和改善民生工作。提升服务保障水平。大力推进城乡居民养老保险参保和城乡居民医保缴费工作，严格落实好低保、“五保”、残疾人补助、百岁老人保健金、医疗求助、高龄津贴发放等工作；规范镇社工站建设，扎实做好兜底民生服务社会工作，共服务各类服务对象153人，入户91户。解决群众饮水困难问题。为解决因干旱引起的缺水问题，镇党委和相关部门通过调研勘察寻找水源，打水井共14个，切实保障北斗镇相关村片区的生活用水安全以及农田灌溉水源问题。提升文体教育水平。建成并运行新时代文明实践站（所）、县图书馆北斗分馆（县文化馆北斗分馆），完成乡镇二级文化站升级改造，完善农村书屋，提升公共文化服务水平，满足群众精神文化需求；千顷学校初中部在2019—2020学年度教学工作中，荣获丰顺县初中教学成果三等奖，且在全县统一水平测试（含中考）中取得名列前茅的优异成绩。

（党政办）

汤西镇

【概况】 汤西镇位于丰顺县境西南部，县城汤坑的西郊，与梅州市相距72千米，与揭阳市相距35千米，与汕头市相距78千米。全镇总面积196.26平方千米，下辖12个村民委员会和1个社区居民委员会，共有112个村民小组。总人口13368户，60028人，党员1259人。全镇共有3间中学、10间小学、5个教学点和2间公办幼儿园，共有教职工516人、在校生7665人。

【经济概况】 汤西镇财政收入2412.57万元，同比增长23.2%；财政支出2414.57万元，同比增长23.42%。全镇规模以上工业企业5家，产值16.28亿元，同比增长6.27%。

【党建工作】 强化党建引领作用，加强理想信念教育。全年，汤西镇组织17次会议研究部署意识形态工作，先后组织镇干部到龙岗马图、丰良九龙嶂等红色根据地进行学习，开展“光荣在党50年”纪念章颁发仪式，不断加强对干部理想信念教育。同时，深入开展党史学习教育，积极开展“我为群众办实事”实践活动，共为群众办199项实事，其中117项已完成，82项正在积极推进中。其中影响较大的有修建石江村中学路、维护修缮双鹿村将军第、重建大罗桥等。

优化基层组织建设，提升党建管理水平。推动基层党组织优化设置。通过落实村级换届选举工作，全镇13个村（社区）实现“三个一肩挑”，干部年龄结构、文化结构呈现“一降一升”。石江村获评“丰顺县先进基层党组织”。加强党员干部学习教育。全镇现有18个党组织，共有党员1259人。为保障党员学习教育工作，汤西镇进一步收集流动党员信息，完善党员信息库，确保全体党员干部学习不缺位。并依托镇村党校、学习强国、党员干部远程教育平台、干部培训网络学院等平台，“线上+线下”同步学习，进一步推动党员干部学习教育落到实处。

加强作风整治力度，筑牢干部思想防线。加强日常监督，长抓干部队伍作风建设。在节假日前后，开展常态化明察暗访，纠正“四风”问题，坚决查纠违反中央八项规定精神以及相关纪律规定的行为，培养优良工作作风。年内对镇机关各部门、各村（社区）共开展明察暗访15次。推动职责落实，强化监督执纪问责。全镇共开展日常谈话90人次、其中对新任党组织一把手提醒谈话16人次，提醒谈话85人次、警诫谈话1人次；立案4宗4人，结案4宗，党纪处分4人。严肃换届纪律，确保换届风清气正。严格按照上级关于镇、村换届工作的要求，广泛宣传换届选举政策法规和纪律规定，严格审核换届候选人，规范换届工作流程，确保换届工作依法依规进行。

增强精神文明力量，凝聚文明建设合力。开展新时代文明实践活动。全镇建设有1个实践所，12个村级实践站和1个左岭实践点，全年组织开展志愿服务共50多场，覆盖人群超过7200人，开展新时代文明实践活动200多场，覆盖人群超过12000人。梅州市新时代文明实践中心建设工作推进现场会在汤西镇召开，与会人员在汤西镇新时代文明实践所现场进行参观交流指导，对汤西新时代文明实践所的发展经验给予了充分肯定。发掘乡村文化。汤西镇以传统节假日为契机，举办文艺联欢会共计3场次，大锣鼓表演3次，汉乐表演5次，各村篮球友谊联赛15场次。配合相关职能部门做好2021年度梅州市文化惠民演出，为群众送戏下乡，丰富群众文化生活。

【重点项目建设】 民生项目建设取得新的成效。大丰华高速一期于6月28日正式通车，汤西服务区与高速公路同步投入运营。基本完成丰顺新区供水项目一期15.53公顷征地任务，全长6.8千米的原水隧洞完成约5.5千米，自来水厂主体架构已完成80%，15千米的清水管网已推进约8千米，各项工程正有序推进。大力推进揭岭飞泉快速旅游干线的土地征收工作，已征收8公顷。民生实事工程大罗桥重建、农村集中供水、污水治理设施等当前重点工作的主体工程建设已基本完成，配套设施工程正在稳步推进中。投入10多万元落实颖川温泉修缮改造工程，为群众打造焕然一新的温泉去处。投入30多万元，撬动水务等部门资金100多万元开展双鹿将军第外墙维护修缮工作，建筑外围样貌逐渐还原呈现，周边配套基础设施建设一并推进。统筹规划大罗红十一军旧址、勤厚公祠、河西秋收保卫战遗址、高砂阻击战旧址等红色资源开发与保护，为讲好汤西红色历史提供内容基础。

产业建设发展取得新的突破。结合各村实际，大力发展一村一品特色产业，持续推动大罗林下“景天三七”中药材种植、蜜蜂养殖，新兴紫薯、新岭高效生态现代化肉鸡养殖、鱼藤及牛大力种植等特色种养产业发展壮大，切实抓好双鹿300亩梅州柚种植基地建设。大罗村（景天三七）获评“广东省一村一品、一镇一业专业村”荣誉称号。投入资金366.47万元，利用镇政府办公大楼、综合行政执法办公楼、文化站办公楼、应急仓库等建设光伏发电项目，建设占地面积4622平方米，装机容量约727.5千瓦，预计年收益28万元。

【基础设施建设】 年内，汤西镇投入580万元，完成新兴村南寨沿水圳道路、石江中小学道路扩建工程、河西村高砂林场公路等17条（段）路的道路硬底化、桥梁建设。投入692.2万元建设新兴村南寨和大新活动中心、新湖村石湖文化广场、南礤村完子埂活动中心等13项文体设施、文化广场建设，涉及面积9860平方米；投入260.54万元，推进新兴村新南水圳、双鹿村村道排水渠改造工程等15项总长5.3千米的水圳建设，提高农业生产效率。

【乡村振兴】 制定编制乡村振兴五年规划，定好发展方向。2021年7月，由省直工委、中石化广东分公司、农业银行等单位组成的驻镇帮镇扶村乡村振兴工作队正式进驻汤西镇，通过深入调研走访，积极对接谋划，做好乡村振兴基础资料收集；聘请梅州市城市规划设计院有限公司进行实地调研，切实编制好汤西镇乡村振兴五年规划，指导今后乡村振兴建设。

开展农村人居环境整治工作，建好美丽乡村。统筹组织各村开展村庄清洁行动，累计出动2915人（次），共开展清洁行动769次，清理村内水塘数量17口，清理沟渠23.3千米，清理农村生活垃圾数量1577.1吨。投入资金245万元推进“厕所革命”工作，共新建公厕43座、维修公厕10座，新建户厕10座，维修户厕1座。积极开展“三清三拆三整治”工作，对农村内露天厕所茅房、废弃工具房、破烂泥砖瓦房、废弃猪牛栏和乱搭乱建进行清理、拆除和整治，已清拆面积达16609.34平方米。

巩固脱贫攻坚成效，做好防范保障。2021年度防返贫监测工作共纳入6户防返贫监测对象，其中纳入2户突发严重困难户（共10人）、4户（共20人）边缘易致贫户。针对纳入的6户防返贫监测对象，汤西镇综合多方研判，结合实际制定“一户一方案、一人一措施”帮扶方案，精准落实就业、信贷、政策保障、社会帮扶、防贫保险等帮扶措施。

【城乡治理】 积极开展乡镇体制改革工作，完善基层治理体系。加强组织领导，合理配置机构人员，统一设置党政综合办、党建工作办、综合行政执法队等9个综合性办事机构（纪检监察办公室不计入机构限额），规范设置农业农村服务中心、经济发展和财政服务中心等5个事业单位，切实开展好机构改革工作。全县机构改革现场会在汤西镇召开，相关经验得到县的肯定和推广。加强平台建设，提升为民服务水平。汤西镇认真梳理和对接职权事项，将与群众生产生活紧密相连的302项（其中全权实施事92项、委托实施23项、初步审核187项）上墙公布，让群众好办事少跑腿。贯彻落实网格化管理工作制度，提升基层治理能力。汤西镇通过召开专题会议，研讨制定《关于进一步强化汤西镇重要工作实行网格化管理的通知》文件，统筹部署网格化管理责任制落实的措施、奖惩、区域划分等内容，建立镇、村干部日常工作管理台账，层层压实领导干部主体责任，形成齐抓共管的整体合力，推动网格内的各项重要工作得到落实。

全面落实社会治安综合治理，保障社会和谐稳定。年内全镇共排查调处各类矛盾纠纷93件（不含民生网访咨询），其中镇村联合调处20件，成功调处19件，成功率达95%；村工作站调处22件，成功调处21件，成功率96%；镇中心调处16件，成功调处15件，成功率93%。镇村调处的55件矛盾纠纷均妥善化解并签订协议。全年开展扫黑除恶专项行动共处理线索案件4宗，完结4宗。省信访案件40件，全部及时答复并着手解决，全年无调解不当而发生民转刑或非正常死亡的情况。

扎实推进一村（社区）一法律顾问工作，构建反诈骗工作宣传网络。不断强化普法讲法。汤西镇开展律师进村（社区）提供法律顾问服务共100多次，开展法制讲座55次，现场解答群众法律咨询。全面落实反诈骗宣传工作。汤西镇共动员群众27000多人次安装注册登记“国家反诈中心”App，发放宣传册1万多份，宣传海报170多份，切实保障人民群众的财产安全。自防诈骗反诈骗工作开展以来，接上级劝阻警情8宗，成功劝阻7宗，挽回群众损失10.2万元。

全力抓好突发事件应急预案，落实开展安全生产和消防检查工作。编制了《汤西镇突发事件总体应急预案》，并针对自然灾害、事故灾难、公共卫生事件和社会安全事件四大方面风险隐患编制了各类专项应急预案10个，全力做好应急准备。年内汤西镇共组织安全生产及消防安全检查116次，出动658人次，发现安全隐患76宗，现场整改6宗，限期整改70宗，均已完成整改。

【生态环境保护】 生态保护严格落实。不断强化畜禽养殖污染治理，严厉打击非法排放行为。结合网格化管理职责，切实抓好辖区内86户规模以上养殖场、77个河排污口（排水口）的巡查管理。做好镇级饮用水水源保护区（南礤村竹头围饮用水水源保护区）维护，开展立界标、警示标志、宣传牌以及隔离防护栏设置等相关建设工作。落实中央督察组进驻期间交办汤西镇的两例案件，回应群众关切，做到结案率100%，投诉群众满意率100%。

人居环境持续改善。扎实开展创建“广东省卫生镇”工作，累计组织500多人次，清“两违”治“六乱”；积极开展爱国卫生运动和“两美”志愿服务活动，共悬挂爱国卫生运动横幅30多幅，发放《致全镇人民群众的一封信》5000多份、倡议书2000多份，动员1800多人次参与到清洁工作中，进一步推动圩镇周边人居环境保持干净整洁，创卫工作得到省、市检查组的现场检查和认可。

执法工作有力推进。打击违法违规行

为。2021年以来，汤西镇共出动650多人次进行30多次执法行动。其中，打击非法成品油案件3宗，处理非法成品油27吨。严守耕地红线。全面整改疑似违法用地行为图斑点，拆除农村乱占耕地建房12宗，拆除违法建设占地面积8260平方米；处罚无证采伐林木案件1宗。

“河长制”工作全面推进。汤西镇严格抓好8宗水库、44宗山塘和河道综合管理，落实执行“河长制”工作。2021年以来，开展镇级河长巡河69次，村级河长巡河293次；投入资金清漂34.21万元，清理河道长度24.53千米，打捞清运漂浮物约546.81吨，完成6宗水利移民工程和3宗水利项目工程的管理和竣工验收。

绿水青山共同守护。严格落实“林长制”工作责任制，进一步做好守山护林，设立26个临时检查站，7个流动检查站，出动1300多人次，严厉打击违规用火行为，全年未发生重大山火。同时，定期开展林地风险隐患大排查，已排查整改298个隐患点，整改森林督查图斑23个。植树节期间组织全镇职工进行义务植树，植树1250棵。

【民生保障】 做好医疗教育保障。严格抓好疫情管控工作。为进一步落实好新冠疫情防控工作，汤西镇积极号召和动员党员领导、干部职工带头参与新冠疫苗接种，推动各村群众主动参与疫苗接种，共同构建全民防疫。截至12月22日，共监测重点地区来汤西人员516名；汤西镇3岁以上人群新冠疫苗累计接种第一针27217人次，覆盖率达到71.5%；接种第二针26034人次，覆盖率达到68.39%，接种第三针1781人次。扎实推进汤西卫生院升级改造。在广东国际生命基金会的捐助下，购置设备并对卫生院进行升级改造，为群众医疗救助、疫情防控提供有力保障。加大教育投入。投入127万元开展汤西中心小学300米跑道升级改造工程，投入280万改造颖川中学运动场，完善教育硬件设施，提升教学质量。

做好特殊人群保障。做好低保、“五保”等特殊人群保障。全镇共有低保户数558户1113人，共办理残疾证人员1231人，均按照政策给予补助；共为19名困难群众申请临时救助，下拨资金62950元；共为9名失能、半失能特困人员办理养老中心入住，解决特困人员老无所养的困难。做好拥军保障。汤西镇出台《关于制定汤西籍现役军人立功受奖官兵慰问标准的通知》（丰西府〔2021〕26号），有效推进全国星级服务站创建，扎实开展相关走访慰问工作并发放慰问金。投入经费15万元，按照“三室一库”标准打造规范化基层武装部，先后迎接市军分区、县武装部主要领导现场检查考评，丰顺县基层武装部规范化建设观摩会暨党史学习教育会议也到汤西镇武装部检查指导，有关工作得到了上级领导认可。做好妇女儿童保障。顺利完成13个村（社区）的妇联换届及镇团委换届，扎实推进新岭村全国文明实践巾帼志愿“阳光站”申报工作，并开展妇女儿童慰问工作，累计慰问55人，发放慰问金1.28万元。

做好农村房屋安全保障。开展农村房屋安全隐患排查整治工作，摸底排查房屋数9371户，排查出存在隐患风险的房屋89户，针对隐患问题已进行整改。扎实推进危房改造工作。共有3户纳入2021年危房改造计划，1户已完工，2户将于年底完成改造。做好汤西镇108户削坡建房风险点住户摸底调查工作，为6户农户办理削坡建房风险点整治补助资金申请。依法审查6户农村宅基地和住宅建设申请，规范农村住房建设。

做好市场经营安全保障。汤西镇严格按照相关规定，规范流程，抓好市场监管。2021年以来，新办营业执照219户（包括个体工商户217户、农民专业合作社2户），受理食品经营许可证申请共69户，开展28次“清无”整治行动，要求94家无照经营户进行整改。在食品安全检查工作方面，共出动执法人员217人次，开展学校、幼儿园及周边食品经营单位进行专项检查，累计抽查37户，暂未发现重大食品安全隐患。在疫情防控工作方面，对进口冷链食品经营商铺进行定期检查，对药店、超市和餐饮服务业的疫情防控措施落实进行专项检查，累计抽查商家66户。在蔬菜农药残留检测工作上，共检查本镇蔬菜种植户103批次（户），取样及检测蔬菜样品515次，合格率为99.8%。全年共查处行政违法案件6宗，罚没入库共计12.67万元，切实做到从严从快打击各类经济违法行为，进一步规范汤西镇的营商环境。

（党政办）

汤 南 镇

【概况】 汤南镇位于梅州市的最南端、潮汕平原的西缘，榕江北河贯穿其中，拥有丰富的地热资源，是丰顺新区温泉宜居城的核心区，距丰顺县城中心3千米，距揭阳市中心25千米，国道206、235线、梅汕高速路、广梅汕铁路畲汕线通过镇境，交通网络较发达。全镇包含8个行政村和1个社区，总面积46.32平方千米，户籍人口52380人，其中95%以上为罗姓，语言以潮汕方言为主。主要生产米面制品、扬声器等，特色美食有手工面线、菜粄和菜脯等。在多处历经沧桑却深有韵味的古建筑风貌中，以城堡式建筑为特色的种王上围最为著名，其结构独特，布局新奇，距今已有350年历史，2015年被广东省人民政府列为第八批广东省文物保护单位，具有较高的研究和开发价值。

【经济概况】 2021年全年，汤南镇财政收入1457万元，规模以上工业企业3家，产值5.1亿元，同比增长14.4%；农村从业人员13539人，粮食作物生产面积1007.93公顷，产量8365.8吨，经济作物面积1265.8公顷。

【党的建设】 思想理论学习。2021年全年全镇深入学习领会习近平总书记重要讲话精神，宣传贯彻党的十九届六中全会精神，不断强化思想武装。扎实开展党史学习教育，强化党员干部党性、党风、党纪教育学习，打造一支想干事、能干事、干成事的党员干部队伍。以开展“我为群众办实事”活动为契机，深入群众，倾听民声，为民解忧，把党史学习教育成果转化为工作成效。做细基层党建工作。全面加强党对基层组织和基层工作的领导，制定《2021—2023年加强基层党组织建设三年行动计划》，充分发挥好基层党组织的战斗堡垒作用和党员的先锋模范作用。通过选派工作组、制定整顿工作方案等方式，对软弱涣散党组织长坑村党支部进行整顿，加强党建工作指导与督促。狠抓纪律作风建设。切实履行“一岗双责”，严格落实中央八项规定，持续纠治“四风”，全年立案5宗，结案5宗，另有3人被诫勉，1人被通报，持之以恒推进正风肃纪反腐。严格执行党员发展流程，2021年镇党委吸纳思想先进的预备党员17名，并及时开展入党积极分子、发展对象培训和谈心谈话工作，切实增强了组织凝聚力、号召力、战斗力。

【镇级换届】 按照上级工作要求，准确把握换届工作的总体要求和重点任务，严格人选资格条件，加强组织审核把关，精心组织大会选举，做好相关筹备工作。8月31日，召开中共汤南镇第十八次代表大会，投票选举产生中共汤南镇第十八届委员会和纪律检查委员会，依法选举产生罗炳元、徐小维、陈琳海、罗延泽、罗春迈、彭捷源、刘俊添、叶韩杰、徐妍组成中共汤南镇第十八届委员会，彭捷源、黄蔚玲、徐位俊、王顺生、朱细峰、罗洁华、张玮组成中共汤南镇纪律检查委员会；9月28—29日，召开汤南镇第十七届人民代表大会第一次会议，依法选举出徐小维为汤南镇人民政府镇长，罗春迈、吕宇海、张斯熙、江奕帆、罗贤伟、罗伟师为副镇长，徐华森为汤南镇人大主席，丁海容为副主席。

【疫情防控】 健全完善工作机制。强化联防联控工作机制，各工作组、工作专班常态化开展防控工作。制定《汤南镇大规模新冠病毒核酸检测工作实施方案》，提前谋划全员核酸筛查采样地点，明确最大限度应采尽采人数，拟定辅助人员名单，储备应急物资，做好全员核酸筛查应急准备工作。持续做好防控知识宣传。广泛传播疫情防控倡议书，利用自然村微信群转发《致乡亲们的一封信》，每日在镇机关门口播放科普语音，在全镇主要道路悬挂防疫横幅，张贴宣传海报，全面提高群众的防控意识和防控能力。及时落实健康管理措施。成立9个疫情防控小组，对全镇疫情防控工作实行网格化管理，“三人小组”根据全国中、高风险地区变动，迅速落实“四个一”和居家管控监测等措施。动员群众接种新冠疫苗。按照部署要求，多次入户分别对各年龄段人群宣传疫苗接种工作，摸清底数登记造册，动员群众应接尽接，不断提高群众疫苗接种率。

【项目建设】 重点推进征地工作。紫琳学院征地工作累计完成丈量土地86.47公顷、拆除地面构筑物1821.62平方米、迁坟1160座，基本完成一期项目征地拆迁工作。国际声谷项目征地面积约12.67公顷，3月底前已移交首期7.2公顷。大辽岽片区和规划路征地面积约33.6公顷。稳步开展项目建设。汤南镇110千伏汤金线#22—#34塔段线路迁移改造工程已完成竣工验收并交付使用，海沟路投入使用，卫生院住院大楼将于2021年年底完工，镇道改造提升工作有序推进，汤南中心幼儿园开始动工，初祖桥重建工程正在进行。汤南镇文化活动中心已完成立项、规划许可等手续。汤南镇生态墓园建设项目完成立项，正在办理相关建设审批手续。汤南中心小学已完成土地调规、初步设计，至年底正在征地。龙山中学师生宿舍楼、食堂改建项目已经立项。制定乡村振兴规划。驻镇帮镇扶村工作队入驻汤南后，对全镇8个行政村进行走访，掌握基本情况，特别是对原两个省定贫困村、两个县重点村脱贫成果进行了解，围绕产业发展、基础设施和公共服务等因地制宜谋划光伏发电等乡村振兴项目，并全面收集信息组织开展汤南镇乡村振兴五年规划编制工作。

【生态保护】 有效保护森林资源。完成全镇603.26公顷生态林补偿资金的发放工作，共4400多户、约26万元。建立镇、村二级林长制体系，切实保护好汤南的绿水青山。大力开展森林防灭火宣传教育，配备18名护林员，在进山路口设置20个临时检查站，镇、村干部“包山头、守路口”，严控林区用火，排查整治119个森林火灾隐患点，全镇未发生较大森林火情。强化水域防灾减灾能力。全面落实河长制，面对今春旱情，采取新建机井措施，解决了5500人的饮水问题。编制《汤南镇防汛抢险救灾应急预案》，适时做好汛前河道各涵闸口清淤清杂等准备工作，投入71万元开展水库大坝除草清杂、河道日常清漂和龙车溪专项清漂工作。投资预计397万元实施大坑水库大坝除险加固工程，已经立项。全面推进环境整治。在中央第四生态环境保护督察组驻广东省期间，汤南镇积极配合督察工作，狠抓榕江北河流域畜禽养殖污染整治，推进阳光村污水处理厂建设相关事宜，深入开展“三清三拆三整治”“两美”行动、农村人居环境“冬季战役”专项行动，进一步提升了环境质量。针对新楼垃圾中转站破损老旧的问题，规划新建一处面积为570.63平方米的垃圾中转站，镇和各村均按照要求配备保洁员，同时购置分类垃圾桶等环卫工具，为规范垃圾收运工作、提升环境卫生水平提供了保障。

【政府建设】　深化乡镇体制改革。县直派驻机构自然资源所、市场监督管理所实行下放属地管理，人员全部下沉至乡镇。汤南镇将原自然资源所5人、原市场监督管理所5人全部纳入行政执法平台统一管理，加强业务培训，基层执法力量进一步壮大，基层执法水平得到提升。综合行政执法队2021年进行行政检查26次，行政处罚1次。自然资源卫片执法图斑涉及14个，完成整改14个。办理营业执照214份，食品经营许可证26份。提高综合服务水平。全面落实星级示范创建标准，整体提升退役军人服务站服务水平。深入开展政法队伍教育整顿，以高质量教育整顿引领推动政法工作高质量发展。做好11个普查小区2021年人口变动抽样调查工作。在各村村委安装“粤智助”政府服务自助机，为办事群众提供便利。加强政务公开，在县政府网站上及时更新重点工作动态，做好惠民信息平台基本信息公开，让权力在阳光下运行。排查辖区安全隐患。认真做好食品安全示范县迎检工作，排查牛、羊布病疫情，为汤南镇食品安全形势打牢基础。关注农村住房安全，完成农村房屋安全隐患排查8995户，其中存在风险5户。开展居民自建住宅消防安全专项清查治理行动4436户，全面摸排非法经营烟花爆竹、非法储存销售成品油，对查出安全隐患及时整改。完成削坡建房安全隐患整治35户，其中中风险4户、低风险25户、其他（搬迁、复耕等）6户。

【民生保障】　保障困难群体生活。上报帮扶监测贫困户14户、71人，采取镇领导班子成员结对帮扶监测对象的方式，落实防止返贫动态监测和帮扶机制。完成入户核查、登记低保526户、低收入人员8户、特困人员148户。做好原民办代课教师生活困难补助和春季建档立卡学生生活费免学费补助工作。修缮新铺村居家养老服务站，提供更好的养老服务。提升群众生活质量。开展2021年耕地地力保护补贴工作，补贴面积677.2公顷。打造新埔园村新时代文明实践站、东方村新时代文明实践站示范点，在文明实践服务中凝聚群众，传播文明乡风。完成退役军人优抚对象核查认证240人。组织开展电子商务进农村项目电商人才培训，为农村就业创业提供支持。做好参保思想动员，全镇有33736人参加2022年度城乡居民基本医疗保险，2021年度城乡居民基本养老保险有2254人缴费。完善公共环境设施。通过加快镇道整治改造提升，推进新铺至赤草洋路基改造工程、新埔园至合山沙土路水泥硬底化建设、新楼村古村落路段路面加铺沥青混凝土工程、新楼村“四好农村路”村道升级改造工程、长坑村路面修补工程等，形成了更完善的农村交通网络，群众交通出行更加便利。推进多项民生实事，购买水泵解决新埔园村农田灌溉问题、为四维小学购置教学配套设备、完成新楼二村雨污分流管道铺设、建设汤光村牛角塘旅游公厕，等等，切实改善群众生产生活条件。

【平安建设】 优化干部队伍建设。年初完成村级换届工作，7个村实现“三个一肩挑”，新一届59名村干部为基层工作注入了新鲜血液，并通过加强培训，基层工作人员干事创业的战斗力和凝聚力进一步提升，服务群众质量和基层治理水平有效提升。维护社会和谐稳定。镇级受理矛盾纠纷41件，将矛盾纠纷解决在基层、化解在萌芽状态，做好综治信访维稳工作。2021年1—10月，汤南派出所共受理行政案件58起，立刑事案件57宗，抓获各类违法嫌疑人97人，其中刑事拘留21人，行政拘留27人。增强群众风险防范意识。推广安装“国家反诈中心”App共计15814人次，全力营造“全民反诈”良好氛围，遏制电信网络诈骗，保护人民群众的钱袋子。建立“校、家、地”联防联控机制，持续有效加大防范力度，确保中小学生防溺水安全工作落到实处。提醒群众文明驾驶、安全出行，协调推进镇域临时红绿灯的设置安装工作，系统防范化解交通安全风险，确保群众出行安全。

（巫柯埕）

埔 寨 镇

【概况】 埔寨镇位于丰顺县最南端，总面积95.38平方千米，地处“两市两区两县”交界处，东南与揭阳市蓝城区的龙尾镇、揭东区的玉湖镇相邻，西与揭西县的五经富镇及丰顺县的八乡山接壤，北与汤南镇、汤西镇交界，交通区位优势明显。埔寨镇是华侨之乡、文化艺术之乡和革命老区，有国家非物质文化遗产——“埔寨火龙”和省级非物质文化遗产——“埔寨纸花”。1998年，广东省文化厅授予埔寨镇“广东省民族民间艺术之乡”称号。2000年，埔寨镇被文化部授予“中国民族民间艺术之乡”称号。2016年，埔寨镇获得2014—2016年度“中国民间文化艺术之乡”称号。

【自然环境】 埔寨镇内溪流纵横交错，四周群山环抱，属亚热带季风气候，全年气候暖和，日照充足。温泉和矿产资源丰富，主要有铜矿、铁矿、锡矿、稀土矿、高岭土、花岗石、石墨等，都具有较高的开采价值。

【政区人口】 埔寨镇行政区辖埔南、埔北、塔下、茅园、万安、横坑、学枫、采芝、埔西9个村委会和埔龙社区，46个村民小组。户籍人口约44950人。

【经济发展】 2021年，埔寨镇财政总收入1864.28万元；2021年规模以上工业总产值88491万元，2020年同期累计70256万元，同比增长21.8%，全县排名第二。

【基础设施】 致力于“四好农村路”项目建设。继续加大“四好农村路”建设，不断补齐公共道路基础短板，确保群众出行安全。实施丰顺县埔寨镇工业园科技路至乡道122线道路连接线新建工程（路基、涵洞工程）以缓解乡道122线交通压力，全长1.61千米。进一步完善“生命通道”，经规划，从工业园区广州大道至卫生院开通一条道路，土地征收工作已基本完成，全长约800米，预计投资200多万元。

【园区建设】 土地征收持续推进。主要征地项目有：海新高端智能厨电研发生产项目、金亨制罐项目、标准厂房、物流冷链、广州大道和富强路。进一步保障广州海珠（丰顺）产业转移工业园区建设用地。

配套设施不断完善。做好工业园区的综合配套服务，加强园区道路等基础设施建设，完善供水供电系统建设，建立健全水电保障机制，园区营商环境进一步改善。

【民生保障】 增强社会保障能力。截至12月23日，2021年度已完成城乡居民养老保险缴费人数2061人，缴费比例62.84%。2021年度埔寨镇城乡居民医疗保险参保任务为36182人次，实际参保为33376人次，完成率为92.2%。2021年全年共受理低保申请28户，新增低保23户，67人；受理“五保”申请20户，新增19户；受理医疗救助申请38户，新增医疗救助27人；享受重度残疾人护理补贴572人，享受困难残疾人生活补贴299人。

落实常态化疫情防控工作。树立全镇一盘棋的思想，坚决贯彻上级的部署要求，全面落实网格化管理责任，成立镇综治网格化管理三人领导小组，并建立20个三人排查小组，对照网格管理责任片区划分，按照属地管理原则，详细掌握人员情况，做好疫情防控常态化工作。

【扶贫开发】 埔寨镇下辖9个行政村和1个社区，户籍人口约44950人，2021年年末，全镇共纳入监测对象15户63人，其中边缘易致贫户8户36人；突发困难户4户12人；脱贫不稳定户3户15人。

【科教文卫】 教育方面：新设立的埔南公立幼儿园于2020年6月启动，合计总投资约1600万元，已于12月11日举行奠基仪式。其中，县教育局拨款约1000万元，埔南村和埔寨镇捐资自筹625万元。建设工期为300天，预计2022年10月竣工。

文化方面：成立丰顺县综合性传习中心，加大挖掘保护埔寨镇特色文化力度，举行非物质文化讲座，推动纸花传承入校园，传承好丰顺县传统技艺、民俗风情和火龙、纸花、走马灯等。依托名人故居，开发建设生态美丽宜居乡村，至2021年年底塔下村永昌居修缮，道路改造、排水工程、池塘清淤、池塘挡土墙亮化工程和变压迁改工程已全面实施，预计2022年3月全面完工。

【农业农村】 自开展乡村振兴工作以来，全面推进“三清三拆三整治”、污水处理设施、农村道路硬底化等项目。同时，2021年在镇域范围内实施城乡环境大整治，清理各类垃圾和卫生死角，发动各村开展“两美”城乡环境大提升行动，营造良好的人居环境，提升村容村貌。基础设施建设基本建成、“三清三拆”稳步进行、环境卫生质量显著提升，群众生活生产水平取得长足进步，打造宜居乡村取得成效。

【生态保护】 严厉打击占用耕地、开挖林地、采伐林木等违法行为，执法队加强日常巡查，做好巡查登记，仔细对待群众来信来访，结合群众举报事由，第一时间开展调查工作，及时打击违法行为，对违法行为作出相对应的行政处罚，2021年度共查处各类违法行为8宗，罚款共165880.41元，从源头上杜绝占用耕地、开挖林地、采伐林木等违法行为。

强化水污染治理。完善河长制管理机制，建立“河长+警长”“河长+检察长”工作机制，聘用河道保洁员、巡河员加强巡查，健全完善工作台账、建立巡查督办工作机制。持续做好清四乱、五清、清漂等河流治理工作，对河道滩涂、内坡、堤岸及外坡建筑垃圾和生活垃圾等死角进行全面清理。扎实开展河道综合整治工作，对未取得合法用地和规划建设手续而非法占地堆砂洗砂行为坚决取缔。

不断推进污水整治。埔寨镇全面推行河长制工作稳步推进，镇村严格履行巡河、治河、护河等职责，针对河湖管理保护工作中的突出问题，组织开展水资源保护、水域岸线管理、水污染防治、水环境治理、“清四乱”等方面的专项行动。

推进畜禽养殖整治。常态化开展重大动物防疫工作、加强非洲猪瘟排查工作和强化生猪产地检疫。2021年以来，强制免疫家禽禽流感疫苗春秋季两季合计140万只，免疫率100%；秋季猪口蹄疫疫苗强制免疫生猪4650只，免疫率54%。

【社会治理】 2021年以来，综治办受理群众来访87宗，调解成功86宗，涉及金额约204万元。镇村排查各类矛盾纠纷316宗，成功化解311宗，上级交办24宗信访案件，办结信访案件24宗，办结率100%，全年累计协助派出所开展维稳工作15次，未发生重大群体性事件及进京、到省、上市非法上访案件。

【作风建设】 常抓作风建设，驰而不息纠治“四风”。镇纪委会同镇党政综合办公室、组织人事部门不定期开展明察暗访，在节假日发送提醒信息，在重要时间节点对“关键少数”人员开展党内谈话等方式，促使党员干部在日常工作中遵守纪律、“八小时以外”注重遵法守法、廉洁从政和落实中央八项规定精神，以优良党风政风带动社风民风。

【党的建设】 加强开展党史学习教育。开展庆祝中国共产党成立100周年主题党日活动，对标看齐，营造创先争优的良好氛围，结合“我为群众办实事”实践活动，将其作为重要内容贯穿党史学习教育始终，扎根基层为民办实事、解民困，不断增强辖区居民群众的获得感、幸福感。

圆满完成村（社区）“两委”换届。自2021年村（社区）“两委”换届选举工作启动以来，埔寨镇高度重视，精心谋划，选优配强村“两委”成员特别是党组织书记，推动村“两委”班子实现年龄和学历“一降一升”，扎实稳妥推进换届工作。本次换届中，有29名上一届村（社区）“两委”干部正常离任，选举产生新一届村（社区）“两委”班子成员60人，新一届村（社区）“两委”班子100%实现组织意图，且结构总体上呈现出文化水平提高、综合素质提高、群众认可度提高、年龄降低的“三高一降”特点。其中，埔寨镇10个村（社区）均实现党组织书记、村（居）民委员会主任、村级集体经济组织负责人“一肩挑”。截至2月27

日，全镇10个村（社区）“两委”换届选举工作圆满收官，高质量完成了换届选举工作任务。

高质量完成乡镇领导班子换届。按照县委统一部署，埔寨镇2021年4月正式启动乡镇领导班子换届工作，于2021年9月29日顺利完成换届选举工作。选举产生新一届领导班子16名。此次乡镇领导班子换届工作在县委组织部的具体指导下，埔寨镇党委及时成立工作机构，制定工作方案，严格遵循换届纪律，推进换届工作高效、有序进行，高质量完成此次镇级领导班子换届工作任务，选优配强镇党委、政府、人大主要负责人。

（杨　彼）

埔寨农场

【概况】　埔寨农场位于丰顺县最南端，与揭东区龙尾镇、揭西县五经富镇二市三县交界处，交通方便，气候暖和，环境独特，原是省属国营农场，也是梅州地区唯一能种植和生产橡胶的农场。全场总面积6.8平方千米，下辖半岭、大塘两个管理区。全场总户数585户，总人口2563人，其中农业人口2013人、非农业人口550人。农村耕地面积104.47公顷。

【党的建设】　贯彻落实《加强党的基层组织建设三年行动计划2021年工作要点》《丰顺县贯彻落实〈广东省加强党的基层组织建设三年行动计划（2021—2023年）〉实施方案》的情况。

2021年按照上级党组织的统一部署安排，突出学党史、悟思想、办实事、开新局，把学习贯彻习近平新时代中国特色社会主义思想、习近平总书记重要讲话和重要指示批示精神作为主线，全面落实“三会一课”制度，完善党委书记抓基层党建述职评议考核工作，挖掘先进典型，打造党建品牌，着力解决先进典型示范作用不明显、党建质量整体不高等突出问题。埔寨农场党委高度重视党建工作，对照文件精神、工作要求和农场实际情况，明确目标责任，狠抓落实确保党的基层组织建设全面进步、全面过硬。

加强组织建设，增强党组织的凝聚力、战斗力、创造力。建立和落实机关党建工作责任制。场党委将党建工作目标层层下达，建立了目标考核机制，党政一把手亲自抓，相关负责人逐项抓落实，不定期地对各支部组织开展活动情况进行检查，切实做到党建工作年初有计划、半年有检查、年终有总结，并做好党建研究和信息报送工作，全年按时报送党建工作简报，全面完成党报党刊和其他学习资料的征订任务。

强化党员管理工作。积极发展党员，严格执行相关制度。落实专人负责党费收缴管理工作。具体工作中做到勤检查，多核实，按标准足额收缴，并定期公布党费收缴情况，主动接受监督。

加强作风建设、反腐败斗争。埔寨农场进一步加强干部队伍监督管理。严格落实各项党纪党规，不断强化作风建设，积极预防干部违纪违规，营造良好政治生态环境。建立人员去向告知制度、请假制度，以制度强化干部纪律意识，增强对工作的责任感。

加强政治理论学习。农场党委及各党支部开展党史学习教育，严格落实“三会一课”“党委理论中心组学习”等相关制度，学习习近平新时代中国特色社会主义思想、党的十九届六中全会精神及习近平总书记系列重要讲话和重要指示批示精神，坚持从实际出发，对全场党员领导干部的学习内容、学习要求等作出相应安排，增强学习教育的针对性和实效性。

【疫情防控】 强化组织领导、全面推进网格化管理。建立埔寨农场新冠肺炎疫情防控工作领导小组，由党委书记、场长胡金辉任组长，党委委员、副场长陈华良任副组长，疫情防控“三人小组”和管理区干部为成员。着力构建党委书记亲自抓、班子成员分管、“三人小组”和管理区干部具体落实的联防联控机制，明确责任，细化分工，严格按照县委、县政府安排部署，充分调动各管理区积极性，统筹全场做好疫情防控工作，提供坚强组织保障。

加大疫情防控、疫苗接种宣传工作力度。农场党委发挥基层党组织战斗堡垒作用和党员先锋模范作用，组织党员张贴发放宣传单，并通过LED、微信、横幅等方式加强宣传效果，营造浓厚的宣传氛围，用更贴近生活、更生动的方式，让村民从思想上重视疫情防控、疫苗接种工作。

实行疫情防控网格化管理。对中高风险、重点关注地区来（返）丰、大数据推送等人员进行登记、摸排和健康监测，落实“四个一”防控措施和集中隔离、居家隔离、健康监测等防控措施。由场干部、村医、派出所成立三人行动小组，累计排查走访中高风险、重点关注地区来（返）丰、大数据推送等人员500多人。

组织区域核酸检测工作。埔寨农场制定了区域核酸检测演练方案和工作手册，按流程开展演练活动，积累实战经验，进而有效地开展多次区域核酸检测工作，确保如有疫情发生最大限度地减少对人民群众和社会造成的危害。

全力推进疫苗接种。埔寨农场下辖两个管理区常住人口889人，已接种人数838人，接种率达94%，其中3—11岁人群共108人，已接种108人，接种率达100%；12—17岁人群共89人，已接种89人，接种率达100%；18—59岁人群共440人，已接种422人，接种率达95.91%；60周岁以上人群共252人，已接种219人，接种率达86.90%。辖区内共有7家饲料企业，4家砖厂，各企业员工共658人，已接种655人，接种率达99.54%。埔寨农场干部职工符合接种第三针（加强针）共25人，已接种25人，接种率达100%。为更好地服务群众，上门为行动不便等特殊人群接种累计30多人次。

【征地工作】 农场高度重视丰顺县绿色产业饲料园征地工作。根据县委、县政府安排的旺海项目征收工作任务，旺海项目拟征收土地位于埔寨农场和埔寨镇埔南村（飞地），拟征收土地面积约为2.35公顷，基本完成对旺海项目土地的征收工作，已进入园区旺海地块“三通一平”阶段。埔寨农场作为负责代理绿色饲料产业园区旺海地块“三通一平”业主，埔寨农场认真负责监督“三通一平”工程实施，确保工程项目符合国家的相关规定并如期完工，为企业早日入驻园区做好基础准备。

【巩固脱贫成果】 按省、市、县乡村振兴工作部署，坚持以习近平新时代中国特色社会主义思想为指引，贯彻党的十九大精神，以加强防止返贫动态监测和帮扶工作为首要政治任务，巩固拓展脱贫攻坚成果。2021年埔寨农场一共纳入防监测对象9户17人，其中脱贫不稳定户9户17人。将持续紧盯脱贫不稳定户，继续跟踪收入变化和“两不愁三保障”巩固情况，全面落实低保、特困供养、临时救助、小额信贷、防返贫保险等综合保障政策，做到及时发现、及时帮扶、动态清零。

【乡村振兴发展】 财政、招商情况。埔寨农场财政收入、招商引资稳定、持续增长。丰顺县埔寨农场绿色饲料产业园企业投产数不断增加，带动当地经济快速发展，实现农场的二次腾飞。

农业生产情况。（1）种植业。农场坚定地走特色农业发展道路，依托新南方药厂，大力发展青蒿和名贵树木种植产业。此外农户通过柑橘等经济作物的种植，也切实得到了利益和实惠。（2）水产业。全场整合可利用的土地、山塘等资源，结合本地实际情况，大力发展水产养殖业，提高对水产业的管理水平，2021年水产养殖业发展态势良好，村民鱼塘养殖丰收在望。

加强基层设施建设。埔寨农场结合党史学习教育，开展“我为企业办实事”“我为群众办实事”等活动。在场部打造“职工之家——绿色饲料园区服务驿站”，内设文体活动室、阅览室、党史学习园地、信访调解室、爱心妈妈小屋、信访接待室等，丰富企业员工、干部职工和群众的业余文化娱乐和精神生活，更好地服务人才、留住人才，更好地服务绿色饲料园区、服务招商引资。该项目已被列为2021年度广东工会“三个一批”建设示范点，并已获得省总工会批复认定。筹集2.96万元资金，完成了大塘管理区上学路道路硬地化建设；争取到了县文广旅体局的支持，投放篮球板和健身器材到大塘管理区富二村广场，解决村民运动设施匮乏的问题；开挖深水井，解决了半岭管理区人民群众用水困难问题。

【安全生产及消防安全、森林防灭火工作】 埔寨农场党委坚持党的领导，以问题为导向，把党的建设与安全生产及消防安全、森林防灭火等工作有机结合，积极探索新形势下党建引领的新路子，筑牢基层战斗堡垒，凝聚基层党员力量，发挥党员的先锋模范作用。2021年埔寨农场大力开展安全生产及消防安全专项监督检查工作，分管领导和安全员定期对辖区内企业工厂安全生产及消防安全进行专项督查，同时组织企业负责人，参加县级安全生产及消防安全工作培训，进一步提高了辖区内企业工厂预防事故能力。埔寨农场与各管理区签订责任书，积极开展“敲门行动”活动，各管理区与村民签订森林防火责任书，确保不漏一户、不漏一人，森林防火入户宣传率达100%。按照埔寨农场森林防灭火“网格化”管理规范的要求，驻村工作组、管理区“两委”干部和护林员加大防火巡查力度，严格落实值班和领导带班制度，2021年度森林防灭火工作获得县政府一等奖表彰。2021年以来，农场辖区内未发生过森林火灾。积极开展削坡建房存量整治或工程治理，埔寨农场提前100%完成削坡建房三年整治任务，走在全县前列。

【意识形态工作】 埔寨农场党委始终坚持党管意识形态，把意识形态工作作为农场建设重要内容，不断加强领导，强化措施，埔寨农场成立了意识形态工作领导小组，党委书记亲自抓、带头管，旗帜鲜明地站在意识形态工作第一线；分管领导统筹协调指导工作，按照“一岗双责”要求，抓好意识形态工作，对职责范围内意识形态工作负领导责任；全体干部职工严格按照上级工作要求贯彻落实，按照工作方案逐项落实意识形态工作；加强领导，指导和督促两个管理区意识形态工作，加强对辖区内党员干部的教育培训，增强工作责任意识，提高政治鉴别力。2021年共召开意识形态专题部署会议2次，理论中心学习组开展理论学习12次。

【文明创建工作】 埔寨农场不断创新工作方式方法，加强宣传，制作宣传栏、宣传单，通过横幅、LED、微信等方式宣传文明创建工作，同时通过共建“洁净美好家园”行动、农村人居环境综合整治行动、“三清三拆三整治”活动，美化了村容村貌，优化了农村人居环境。

【经济建设与社会发展】 2021年度场农村社会总户值3550万元，农村年人均纯收入12880元。

经济建设。埔寨农场为丰顺打造全省最大绿色饲料生产基地做出埔农应有的努力和贡献。农场党委借势绿色饲料产业园建设的机遇，以加快振兴发展为龙头，全力推动经济发展。通过土地房屋征收工作，为绿色饲料产业园的发展奠定了坚实的基础，完成了园区的基础设施建设。聚焦绿色饲料特色产业建设。在县委、县政府的领导和支持下，现埔寨农场辖区内共有7家绿色饲料企业，主要生产猪饲料、鸭料、鹅料等禽料及水产配合饲料，2021年全年产值约17.56亿元。埔寨农场将不断完善配套服务设施，优化服务，加强管理，努力打造全省重要的绿色饲料生产基地。

社会发展。信访工作方面。全场社会稳定，无重大事故发生。埔寨农场党委高度重视“平安农场”建设，把信访纳入法治化轨道，让信访问题及时化解在基层，确保小事不出村、大事不出镇。2021年以来，场级全年接访群众共35批次；接到“12345”市民服务热线转派工单8件，办结8件，办结率100%；接到县信访局转来信访件4件，办结4件，办结率100%。科教文卫方面。埔寨农场通过新时代文明实践所、站，开展新时代文明实践活动，繁荣农村文化事业，丰富群众文化生活。把文化建设作为社会主义新农村建设的重要环节来抓。社会救助方面。埔寨农场牢固树立“以民为本，为民解困”的理念，保障农村困难群众的基本生活，解决苦难群众的实际困难。

精神文明建设。场党委在抓好经济建设的同时，加大精神文明建设力度，着力提高全民素质，加强普法宣传教育，增强全民法律意识。广泛开展创文明村、户的竞赛活动，坚决抵制各种赌博活动。求知、求美、求净，群众生活出现新思维，积极在群众中倡导文明健康的村风民风，形成团结互助、邻里和睦、平安和谐的好风气，营造稳定和谐的发展环境。

（温淦承）

八乡山镇

【概况】 八乡山镇位于丰顺县西南部，地处丰顺、五华、揭西三县交界的莲花山脉中段，全镇总面积193.62平方千米，平均海拔600多米，辖15个行政村2.23万人（常住人口0.99万人）。其中，15个行政村中有14个“全国第一批绿色村庄”和1个广东省首批“国家森林乡村”，是客家世界的“香格里拉”。镇中心距县城36千米，40分钟车程到达梅汕高铁丰顺东站，20分钟车程到达大丰华高速汤西出口和郭田出口，镇域范围内省道226、228和正在提质升级的239，县道029穿境而过，区位交通条件优越，交通网络顺畅。

八乡山镇是著名的革命老区，东江苏维埃政府和广东省区域内唯一一支列入中央红军序列的军级建制部队——红十一军的诞生地，拥有“中国特色景观旅游名镇”“国家地理标志保护产品（八乡山番薯）”“全国名特优新农产品（丰顺高山红薯）”“广东省休闲农业与乡村旅游示范镇”“省教育强镇”“省级‘一村一品、一镇一业’茶叶、番薯专业镇”“省乡村治理示范村（滩良村）”“梅州市‘四好农村路’示范镇”“市文明镇”“市十佳乡风文明镇”“省‘一村一品、一镇一业’番薯示范村（银河村、马山村、高基村）”“市文明村（马山村）”“市百佳乡风文明村（马山村、方吉村）”“市客家美食名村（贵人村）”等荣誉称号。

【经济发展情况】 2021年以来，八乡山镇坚持以习近平新时代中国特色社会主义思想为指导，深入学习贯彻党的十九大和十九届历次全会精神以及习近平总书记对广东重要指示批示精神，贯彻落实新发展理念和高质量发展要求，主动适应新常态，努力应对新挑战，积极抢抓省推动老区苏区振兴发展带来的重大历史机遇，统筹推进乡村振兴、脱贫攻坚、生态旅游、交通基础设施等工作，推动了全镇经济保持平稳健康发展，社会大局的和谐稳定。2021年度社会生产总值2.57亿元，比上年增长5.8%。

【生态保护】 践行“两山论”生态发展理念，聚焦高要求、严标准、实举措，坚持积极开展河道水域岸线日常管护保洁、水资源保护、水生态维护、河湖健康等工作，推动水环境治理，全年完成河道清理16.92千米，清理水域面积约0.50平方千米，清理漂浮物、淤积、杂草等92.99吨，有效营造了水清、岸绿的水生态环境。立足丰顺县林长制实施试点镇，严格落实生态资源保护管理制度，落实森林防火责任，做好森林有害生物防治，科学推进造林绿化，全面守护全镇1.67万公顷森林资源。滩良村、和乐村获评“广东省森林乡村”。

【红色产业】 完成滩良“红色村”建设、东江革命根据地史料陈列馆和红十一军旧址群修缮布展项目。东江工农兵第一次代表大会遗址荣获梅州市党史学习教育实践基地、市第二批党员教育基地、市第二批中共党史教育基地等重要名片，入选广东省首批革命文物名录、梅州市红色教育路线、梅州红十景。自2020年11月开馆以来，东江革命根据地史料陈列馆和红十一军军史馆共接待500多批次、3万多人参观学习，包含省、市、县、镇、村五级党组织，以及各民主党派、无党派人士，分别来自广州、深圳、惠州、河源、汕头、潮州、揭阳以及周边县（市、区）。总投资660多万元的小溪村红色革命遗址群保护利用项目有序推进，打造红十一军21位烈士纪念墓、八乡山反“围剿”旧址等红色地标。

【特色农业】 深入实施农业供给侧结构性改革，大力发展“一村一品、一镇一业”，“丰顺高山红薯”获评全国名特优新农产品，八乡山镇获评“第三批省级‘一村一品、一镇一业’专业镇（番薯）”，银河、马山、高基村获评“第二批省级‘一村一品、一镇一业’专业村（番薯）”，“丰顺苦笋烹饪制作技艺”列入“梅州市第九批市级非物质文化遗产代表性项目名单”，特色农品名声愈发响亮。2021年全镇有茶园面积约1066.67公顷，年出产干茶近148万公斤，产值约1.03亿元；番薯种植面积约234.87公顷，年产量近355万公斤，每亩番薯地能带来

1万元左右的收入，带动1300多户农户增加收入，总产值约4000多万元；全镇苦笋种植面积约133.33公顷，年产量近8万公斤，总产值约320万元。

【党史学习教育】 推动党史学习教育学深学实，做到学史明理、学史增信、学史崇德、学史力行。全年理论中心组累计党史学习专题5次，党史学习教育领导小组成员上党史专题党课19次、党支部书记讲党史专题党课106次、利用滩良村红色文化资源开展革命传统教育3次、致敬英雄模范2次。坚持媒体平台联动、线上线下互动、发挥新媒体作用，营造浓厚党史学习氛围。2021年以来，国家、省、市、县主流媒体纷纷到八乡山镇滩良村做红色专题报道，有《人民日报》推出《奋斗百年路　启航新征程——行走南粤学党史》《滩良在红色土地上实现“绿色崛起”》、广东卫视红色故事汇推出《八乡山上星火燎原》、省地方志推出《广东印记梅州篇》、梅州市委宣传部推出《红色根据地》、县融媒体中心推出《党啊，亲爱的妈妈》等系列作品。八乡山镇原创歌曲，以红军在八乡山开展东江革命斗争时当地人民送红薯为题材而创作的《红薯情》荣获梅州市“茶地花杯”最佳歌曲奖和最佳作词奖，并3次荣登央视15套音乐频道，吸引了《南方日报》、南方+、《羊城晚报》《深圳特区报》《广州日报》《中国老区报》、“学习强国”等媒体关注报道和宣传，让“家门口”的红色资源变成党史学习教育的“活教材”。围绕“小切口、大变化”，开展“我为群众办实事”实践活动，完成30个办实事项目，完成率100%。

【乡村振兴】 围绕“五个提升”“九大攻坚行动”等工作，科学编制镇域乡村振兴五年规划，与驻镇帮镇扶村工作队形成合力向上、向外争取更多资源、力量帮镇扶村，推进巩固拓展脱贫攻坚成果和乡村振兴有效衔接，推动规划总投资共5989.36万元的清洁型小流域整治工程、丰顺县五经富水治理工程、丰顺县蝉联水治理工程和总投资406.49万的滩良村大寨移民村道路及亮化工程、八乡山镇八乡水库库区移民机耕道路（龙岭片）建设工程等项目落地实施，用活首批300万元乡村振兴财政计划资金，撬动500万元乡村振兴产业（光伏）项目建设。

持续用力夯实乡村振兴基础，总投资1.2亿元的小溪至滩良红军路和1.7亿元的省道239线等镇域道路提质工程建设有序推进；开展1000万元的生态宜居美丽乡村示范镇工程建设，坚持以乡风文明、村容整洁为目标，扎实推进“三清三拆三整治”、“厕所革命”、爱卫行动、乡风文明建设等，全年“三清三拆三整治”累计拆除824处（间），29631.8平方米，获“广东省卫生镇”“梅州市十佳乡风文明镇”荣誉称号，马山村、方吉村获评“梅州市百佳乡风文明村”。

【社会民生】 坚持以人民为中心，全年累计为85名优抚对象发放优抚优待金98万元，为49名重点优抚对象购买合作医疗24500元，发放节日及各种慰问金7万元；为78户特困供养人员发放特困供养金和护理费100.01万元，为507名低保人员发放低保金193.23万元；累计发放重度残疾人护理补贴940896元，困难残疾人生活补贴295754元。

【社会治理】 广泛宣传发动反电信诈骗App推广安装；全面落实一岗双责，坚决执行安全工作规定，开展重点时段安全生产领域检查，重点落实好交通道路安全、校园周边安全、旅游景区安全、燃气使用安全、重点项目施工安全、农房安全风险排查整治行动等生产生活安全检查，确保社会大局和谐稳定。化解矛盾纠纷历史遗留问题3宗，成功调解30多宗，办结县级以上转来的信访案件和镇级信访件合计8件，行政处罚案件6宗，完成刑事破案6宗，处理违法犯罪嫌疑人29名，收缴非法枪支3支。

【疫情防控】 坚决落实网格化管理职责，对常住人口、风险区返乡人员实现网格化管理全覆盖，发挥“三人小组”作用，严格落实“外防输入”防控策略，强化景区、餐馆、幼儿园、宗教场所等重点场所管理，减少人员流动聚集，加强活动管控，做好应急处置准备。构建人群免疫屏障，贯彻国家和省市县关于疫苗接种安排部署，全面利用微信多媒体、宣传横幅、村大喇叭等各种方式，发放倡议书2000多份、《致八乡山镇人民的一封信》1500多份，悬挂宣传横幅200余条，全覆盖开展疫情防控及疫苗接种宣传。全面精准摸排到位，积极协调落实，把握科学、合理、规范原则，实行卫生院定点、设置临时接种点、组建上门接种服务队“三管齐下”，全力推动实现“应接尽接”。

【基层党建】 深入实施《丰顺县加强党的基层组织建设三年行动计划实施方案（2021—2023年）》，召开1次党代会，34次党委会和3次专题党建工作会，研究部署党建工作，主要领导带头深入各村调研党建工作63次，解决基层党建困难和问题28个。严格落实县委换届部署，选出镇党政班子成员15名，平均年龄38岁，较上一届下降2岁。高质量完成村“两委”换届选举工作，选出村党组织书记15名（1名女性），平均年龄47周岁，较上届年龄下降12岁。实现了村书记、主任、村集体经济组织负责人100%“一肩挑”和村纪检委员、村务监督委员会主任、村监察信息员“一肩三职”，年龄结构优化，文化素质提升。发展党员18名，确定培养38名村后备干部。坚持“党校姓党”根本原则，抓好党校建设，打造形成“1个主校区、15个分教点、5个现场教学点”的教学阵地，充分发挥镇委党校在党员培训教育中的主渠道、主阵地作用，累计举办培训班11次，受训人数约700人，接待各级各部门到八乡山镇开展现场教学累计520余次，超过32000人次，被认定为第二批市级镇街党校示范点。加强党风廉政建设，完善党内监督，聚焦换届风气、疫情防控、乡村振兴等中心工作，镇纪委开展专项督导12余次，提出问题整改意见10个，全镇通报警示教育4次。坚持挺纪在前，以谈话提醒为抓手，强化日常监督，注重抓早抓小，运用谈心谈话、提醒谈话、主动约谈等方式谈话200余人次。同时，结合滩良村“红色村”建设，挖掘红色革命文化和廉政文化，积极谋划廉洁文化教育示范点建设，打造八乡山红色廉政教育示范基地。八乡山镇红色廉政教育展馆相继被《南方日报》《梅州日报》、“客都清风”等省市级媒体宣传报道。深化党管武装，毫不动摇坚持党对人民军队绝对领导，以习近平强军思想和关于新形势下加强国防和军队建设系列重要讲话精神为主要遵循，贯穿国防教育、民兵整组各项工作。中共丰顺县八乡山镇委员会获评“梅州市先进基层党组织”；中共丰顺县八乡山镇滩良村支部委员会获评“丰顺县先进基层党组织”；

获得“丰顺县优秀共产党员”2人、“丰顺县优秀党务工作者”1人。

（罗 淇）

丰 良 镇

【概况】 丰良镇地处丰顺县北部山区，原为丰顺县老县城，是全国重点镇、广东省中心镇，距汤坑（县城）31千米。东北邻龙岗，东连潘田，西南接北斗，西接建桥，西北与梅县水车、径义接壤。镇内国道206线长16千米，途经7个村委会，国道355线长9千米，途经3个村委会。总面积249.61平方千米，山地面积2.13万公顷，耕地面积1800公顷，其中水田1533.33公顷。圩镇建成面积约2.5平方千米，镇政府设在大坝开发区。

丰良镇现辖莘桥、复兴、成东、成西、小椹、黄粗、布新、九龙、丰溪、西厢、丰京、双溪、太平、璜溪、丰田、三山、兵营、仙上、仙洞、新洞、仙龙、下山22个村民委员会和1个社区居民委员会。2021年年底，总户数13909户，总人口64489人，其中农业人口46467人、非农业人口18022人。

【自然环境】 丰良镇属山区，四面高，中间低，形成狭长带形小盆地，在海拔100—400米之间，千米以上山峰有韩山岽、九龙嶂。主要河流为丰良河，该河由西溪（建桥河和大椹水）、南溪（璜溪水）水汇于圩市，东流4.5千米入产溪，为韩江支流；还有仙洞溪流经仙洞片5个行政村15千米入产溪。全镇属南亚热带气候，气候温和，冬季有霜冻，年均气温20.6℃，年均降雨量1500—1700毫米。温泉资源主要位于圩市中心河畔，水温达95℃，日自流量约1500立方米，日可开采量5000多立方米。镇内有稀土矿、高岭土、钾长石。

【经济概况】 2021年，丰良镇坚持以习近平新时代中国特色社会主义思想为指导，全面贯彻落实党的十九大和十九届历次全会精神，认真贯彻省委“1+1+9”、市委“123456”、县委“1333”和“八个争先”等思路举措，全镇上下凝心聚力，务实笃行，抓重点、攻难点，着力做好稳增长、防风险、惠民生、保稳定各项工作，实现了经济平稳发展和社会稳定有序。2021年，丰良镇社会总产值约7.35亿元，同比增长0.4%。其中，农业总产值约3.91亿元，同比增长0.5%；工业总产值约2.23亿元，同比增长-1.3%；服务业总产值1.21亿元，同比增长3.3%。

现代农业提质增效。大力发展绿色生态农业，推动农业全产业链建设。建成蔬菜基地40公顷、茶叶区域400公顷和青柠檬柑橘柚区域200公顷。2021年申报“一镇一业、一村一品”项目1个，2个2020年“一镇一业、一村一品”项目待县级验收。杨焕家庭农场获评为广东省示范家庭农场。建成农产品质量监督体系，构筑农业安全生产防线。完成10余次60多个蔬菜水果样品的检测。全面规范丰良镇农资门市经营发展，9家农资门市获准上市经营。设立全县第一个蔬菜产地农药残留检测室——丰顺县绿天源蔬菜专业合作社，全力保障农产品质量安全。

休闲经济蓬勃发展。依托得天独厚的地理环境和生态优势，积极探索“文化、旅游、休闲”三位一体发展新模式。大力推进乡村休闲项目建设，韩山历史文化生态区、三山村桃花溪生态观光游、丰京村百香果采摘休闲游等项目。同时，韩山生态旅游度假区被认定为广东省人文社会科学普及基地。投资20亿的韩山泉项目已进入征地前期准备工作阶段。

【党的建设】 丰良镇始终坚持把抓党建放在首要任务，全面从严治党提升组织力，推动新时代党的组织路线在基层落地落实。

不断增强党的政治引领。坚持把政治建设摆在首位，严格落实第一议题制度，执行省委坚决落实“两个维护”十项制度机制。坚持把学习习近平新时代中国特色社会主义思想作为第一议题和常设议题，组织镇党委会学习22次，组织党委理论学习中心组专题学习19场次。领导班子成员充分发挥“领、带、督”作用，坚持到挂点支部上党课、讲党史，镇委党校举办培训班16期，不断提高党员干部的政治判断力、政治领悟力、政治执行力，切实增强“四个意识”、坚定“四个自信”、做到“两个维护”。认真落实党风廉政建设，立案21宗，不断营造风清气正的良好政治生态。

不断增强党的思想引领。认真开展“光荣在党50年”纪念章颁发工作，全镇共颁发纪念章175枚。全面加强镇委党校建设，择优配强教师队伍，规范建章立制，打造“1个主校区、23个分教点、3个现场教学点”的教学阵地，获评为梅州市市级镇街党校示范点。深入开展专题学习、培训、宣讲及革命传统教育，开展专题党课80次、专题培训2场、专题宣讲24场，开展革命传统教育活动185场次。开展困难党员走访慰问活动239人次，切实了解慰问对象的困难与诉求，送去党的关怀和祝福。开展“我为群众办实事”实践活动及志愿服务64场，办理民生实事301件。

不断强化党在基层的全面领导。深化党组织规范建设，按期完成2021年村（社区）“两委”干部换届。换届后实现“三个一肩挑”100%，“两委”干部交叉任职比率提高至68%。健全各村（社区）村务监督委员会，完善民青团妇等配套组织，做好村级换届“后半篇文章”。开展“扶上马、送一程”专项帮带行动，举行新任“两委”班子轮训2场次。规范党组织设置。成立丰良镇驻镇帮镇扶村临时党支部，并向乡村振兴任务重的丰溪、九龙两村选派驻村第一书记。结合机构改革工作，撤销党支部2个。同时，完成辖区内6个机关企事业单位、1个“两新”组织按期换届，推动各领域党的建设工作全面提质。严肃党内政治生活。优化党员队伍结构，2021年共发展党员53人，新吸收入党积极分子83人。确定软弱涣散党组织1个，已成立相应的整顿工作领导小组，制定相应的整顿工作方案，并选派1名第一书记到村指导工作。

不断加强干部队伍建设。完成乡镇领导班子换届。中共丰良镇第十七次党员代表大会选举产生镇党委班子成员9名、镇纪委班子成员7名，丰良镇第十七届人民代表大会第一次会议选举产生人大主席1人、镇长1人、人大会副主席1人、副镇长7人，圆满完成丰良镇领导班子换届工作。完成机构改革。设置十大办公室、五大工作委员会、五大中心。承接县级下放丰良镇职权事项519项，完善乡镇街道政务服务事项和权责清单目录，进一步明晰县镇权责关系。提振干部干事创业精气神。做好乡镇干部职级、职务晋升考察工作。增加新生力量，2021年入职18名干部职工。现培养党组织书记后备干部46人，“两委”后备干部54人。

不断加强红色文化保护传承。深挖掘红色文化，多方筹集资金，完成中共丰顺县第一个支部成立旧址——普善堂和中共丰顺（临时）县委旧址——永昌居的修缮工作。组建红色讲解员团队，释放红色资源的“育人”效能，2021年年底累计有146个单位12804名党员干部群众在永昌居和普善堂接受红色教育。永昌居和普善堂已被县委认定为首批县级党员教育基地、党史学习教育实践基地、丰顺县爱国主义教育基地。同时，丰顺县九龙村柑子窝红色遗址保护利用项目已完成修缮工作，待布展，柑子窝、菩萨耳、刘肚山自然村工农革命军东路第十团旧址正在进行修缮保护。

【乡村振兴】 立足新发展阶段、贯彻新发展理念、构建新发展格局，丰良镇高质量实施乡村振兴战略。

科学谋划发展蓝图。自实施乡村振兴战略工作以来，丰良镇坚持以丰良圩镇建设作为乡村振兴的主战场，以“一汤两河润古城，三区四色助振兴”的口号，充分发挥丰良自然山水、温泉资源的优势，协同古镇文化、客乡文化，带动城镇经济、文化共同发展，大力实施镇域乡村振兴，全力打造“红色丰良、多彩古镇”。《丰顺县丰良镇镇域乡村振兴规划》的编制工作已完成，正在抓紧开展项目前期工作。

项目建设多点开花。合理建设村级光伏项目，整合各村资源，兴建屋顶分布式光伏电站，总面积约1.8万平方米，计划投资500万元，实行1∶1奖补措施，增加各村村集体收入，目前已进入立项阶段。圩镇中心老街道改造项目，拟投资348万元升级1.3千米道路及地下管网改造等，已立项实施。进城路口改造项目，计划投入265万元在206国道进镇区两个入口设置镇标、绿化美化等。巩固拓展脱贫攻坚成果项目，预计投入42万元，对5户脱贫不稳定户、7户边缘户以及下来可能存在的返贫户开展户项目帮扶，确保巩固脱贫攻坚成果同乡村振兴有效衔接。

帮扶单位鼎力支持。省委党史研究室、省铁投集团第一时间动员选派五名优秀骨干进驻丰良镇，驻镇帮镇扶村工作队深入实地调查，全面了解镇村现状，通过产业、消费帮扶，推动丰良建设红色古镇和美丽圩镇。省委党史研究室、省铁投集团在资金方面给予了大力支持，截至2021年12月底共筹集拨付帮扶项目资金155.2万元。驻镇帮镇扶村工作队实地考察了解村产业情况、土地利用现状和面临的问题，以实际需求为导向，逐步开展产业引进工作，如：研究孵化柚子、米粉、茶叶等地方品牌，引进蓝莓产业、有机肥等项目。

【城乡建设】 丰良镇紧紧围绕改善城乡人居环境工作主线，精心谋划，统筹推进，使城乡面貌更加亮丽，让人民生活更加幸福。

人居环境不断改善。全面落实“两美”三年行动工作，投入220多万元聘请专业环卫公司对圩镇进行保洁和清运垃圾。大力推进环卫基础设施建设，发放600多个垃圾桶，建立健全环卫清洁常态化机制，生活垃圾清运处理做到日产日清。开展“六乱”整治专项行动，集中治理了佳百惠门口至西厢小学河堤路段的占道经营、乱摆乱卖行为。全面做好农村房屋建设和管理工作，制定出台《丰良镇城乡房屋建设管理实施细则（试行）》，大力开展专项整治行动，拆除重大违章搭建，制止超高建设行为。深入开展农村房屋安全隐患排查6241户，完成率100%。农村危房改造13户，削坡建房风险点整治43户。积极推进传统古村落的保护建设，实施完成璜溪村邹家围的修缮工作。

基础设施不断完善。完成圩镇主要道路沥青铺设改造共10千米，同时提档升级雨污管网、亮化绿化等配套设施。完成建设辖区内“四好农村路”40千米，打通农村公路毛细血管，完善路网格局。2019年、2020年、2021年全域饮水工程全面开工，至年底总体进度为85%。验收2016年仙洞片饮水工程及2018年村村通自来水工程，2017年村村通自来水工程进入竣工收尾阶段。中心幼儿园项目已接近竣工。

生态建设成效显著。全面推行河长制工作，增加自然村河长83名，开展清漂专项行动，清理垃圾达20多吨，推动生态环境持续改善。投资2200多万元的九韩片生态清洁型治理工程正在加紧实施，预计2021年年底完工。协助完成小椹水治理工程和下良角段河道治理工程测设和设计工作。累计放流鱼苗10万尾，增强丰良河的水生态绿色发展能力。镇级污水处理厂正常运行，月均处理污水量12万吨。收到中央生态环保督察组交办信访举报案件4个，整改完成率100%。多部门联合执法开展专项整治行动，日常加强巡逻，从严从快打击环境违法行为，确保丰良镇生态环境质量得到有效提升。

【疫情防控】 面对严峻复杂的新冠肺炎疫情防控形势，丰良镇坚持人民至上、生命至上，及时落实各项防控措施，取得了“零输入”“零疑似”“零确诊”的阶段性重大胜利。

积极动员接种疫苗。为构建强有力的免疫屏障，积极组织群众接种新冠疫苗。精准摸排全发动，力争区域人员不漏一人。组织镇村干部逐家逐户摸清底数，建立疫苗接种工作台账。宣传引导总动员，力争氛围营造不漏一处。通过微信群、电视广播、入户走访等方式广泛宣传，积极引导群众主动接种、及早接种。后勤保障紧跟随，力争接种工作不断一节。注重服务细节和人文关怀，采取专车接送、送苗上门、搭设遮阳帐篷等方式，确保接种服务有温度。2021年年底全镇3周岁以上接种第一针、第二针、第三针人群分别为28929人、27595人、1720人。

加强重点人群管理。充分利用镇村两级“大数据+网格化”的管理模式，指定专人开展返镇人员情况排查和信息登记工作，详细掌握相关信息。对不同风险程度的返镇人员实施分类精准管理，督促落实防控措施。对丰顺县卫健局、丰良派出所发来的大数据重点排查人群均已严格按要求落实健康管理措施。同时根据指挥部通知，重点场所重点人群等都实现应检尽检。

抓实重点场所督查。对全镇的商场、超市、农贸市场、药店、银行网点、宾馆、敬老院、校园、KTV、餐馆、宗教场所、旅游景点等重点场所不定时开展督查巡查，严格落实公共场所“扫码+测温+戴口罩”和日常消毒等防控工作。对集贸市场、餐馆、车站、垃圾中转站等重点场所进行卫生整治监督检查。

强化大型活动监管。按照“非必要不举办”的原则，严格管控各类大型会议和聚集性活动，不组织大规模聚会聚餐，倡导红事缓办、白事简办等。确需举办的，按照“谁举办、谁负责”原则，减小活动规模，落实测温、扫码、戴口罩等防控措施。

【社会民生】 一大批惠民举措落地实施，人民对美好生活的需求得到更好的满足，人民群众的获得感、幸福感进一步增强。

社会民生持续改善。核实低保户1057户2116人，特困供养人员253户253人，发放低保金约857万元，特困供养护理费约286万元。全镇残疾人1581人，发放重度残疾人补贴约286万元，发放困难残疾人补贴约133万元。累计为8554名非困难群体老年人、1619名困难群体老年人购买“银龄安康险”。全镇居民医保参保48741人，城乡居民养老保险年度资格认证8353人。按照公益性岗位人员有关政策，落实相关岗位补贴和社保补贴，积极落实“客家菜师傅”工程，帮助更多的困难人员实现就业。落实优抚政策，结对帮扶困难退役军人，向退役军人提供就业岗位，帮助退役军人免费报读全日制大专。

惠农政策持续发力。11030户农户领取耕地地力补贴共800多万元。积极支持农业种植大户购置农业机械进行精细化规模化农业种植，累计向23户农户发放补贴约11.17万元。利用无人机对133.33公里晚稻进行免费农药喷施，组织对328.67公顷农田播撒紫云英及向农户发放有机肥246.5吨，增强土壤肥力，稳定种粮预期收益。实施新型农业经营服务主体经营者、产业扶贫带头人、农村实用人才带头人、返乡入乡创新创业者等培养计划，2021年培育新型职业农民、科技示范户6人。完成全镇22个行政村的水稻保险全覆盖，并构建以村委干部为基础的农村保险协保员制度。遭受水稻病虫害损失的261户农户获得约16.6万元理赔金，有力地挽回了财产损失。韩山86.67公顷茶叶从2021年起也纳入农业保险范畴，共向6394户发放生态公益林补偿金约429.15万元。

便民服务持续优化。服务窗口严格按照“放管服”改革工作要求，做到程序能简则简，申报资料能少则少，办理时限能短则短，不断优化便民服务职能，着力提升效能建设，切实打通联系服务群众“最后一千米”；建成22个行政村“A级”益农信息社，推进“互联网+”农产品出村进村；完成23个村（社区）“粤智易”的安装工作，有200多项便民利民功能。

文化体育持续繁荣。举办“欢庆元旦”乒乓球赛、汉乐演奏、山歌表演等活动，开展汉乐、声乐、舞蹈等培训，极大地丰富了人民群众精神文化生活。组织“身边好人”、星级文明户和文明家庭申报工作。丰良镇新时代文明实践所、西厢村新时代文明实践站和三山村新时代文明实践站被评为省级示范所（站），共开展284场新时代文明实践活动。

【基层治理】 丰良镇持续优化完善机构职能体系，扩大镇级管理权限、强化人员编制保障、完善供给体制等措施，推动基层治理体系治理能力迈上新台阶。

增强平安建设能力。坚持和发展新时代“枫桥经验”，加强综治规范化建设，构建了“纵向到底、横向到边”治安管理网格，成功调处各类民事矛盾纠纷52宗，办结16件信访案件，最大限度地把各类矛盾解决在萌芽状态。在三山村开展“无诈”社区（村居）创建活动，常住村民安装“国家反诈中心”App率达100%；完善基层社会治安防控体系，健全防范涉黑涉恶长效机制；圆满解决丰田嶂历史遗留问题。

增强行政执行能力。成立综合行政执法队，打通基层执法“最后一千米”，已经执法288次。加大土地动态巡查力度，做好耕地保护工作，2018年至2020年每年实行基本农田保护面积约1846.67公顷，每年下拨保护经济补偿约83.39万元。开发补充水田项目约25.57公顷，土地开发项目约6.66公顷，垦造水田项目约27.98公顷。专门针对非洲猪瘟、学校食堂、餐饮行业、特种设备监管等进行了一系列专项检查，确保市场秩序有序发展。林业卫片督查10宗，办理滥伐林木案件4宗。

增强应急管理能力。健全基层应急管理组织体系，构建多方参与的社会动员响应体系。成立丰良镇消防所，出动救援12次。联合各部门，累计出动600多人次，抓严抓实抓细安全生产，确保辖区安全形势稳定。严格选聘专职护林员，保护森林资源。对新入队的基干民兵和应急排民兵开展了战备训练，民兵骨干参加了梅州军分区民兵干部骨干集训和应急排骨干集训，进一步提高民兵应急处突能力。

（黎港濠）

建桥镇

【概况】 建桥镇位于梅州市丰顺县西北部，东接丰良镇，西与兴宁、五华县相邻，南连北斗镇，北与梅县区接壤，离县城37千米，与梅州市相距51千米（高速），206国道贯穿全镇，梅汕高铁（丰顺段）建桥站设在建桥镇岗围村。全镇总面积94.1平方千米，山地面积8364.67公顷，林地面积5718.6公顷，耕地面积825公顷，其中水田732.07公顷。镇政府设在建桥村下坝。

【自然环境】 全镇地处南北两山高耸，一水直流地势。境内群山环抱，南部有海拔897米的鸡公髻岽，东部有韩山高巅，海拔1047米。发源于兴宁市境内的建桥溪，由西向东横境内平川，在丰良莘陂与大椹溪汇合流入丰良河。建桥属南亚热带季风气候，一年常绿，四季分明，气候温和，雨量充沛、阳光充足，无霜期长。镇内森林、水力、矿产（优质石板、甲长石、河沙为主）资源丰富。

【政区人口】 全镇辖新和、三和、建桥、建安、三社、环东、岗围、郑屋、环中、环西10个行政村。2021年全镇共有5745户29986人。

【经济概况】 2021年，全镇完成社会生产总值23478万元，同比增长3.6%；完成农业生产总值7938万元，同比增长4.2%。全镇经济运行稳中向好，圆满完成了各项经济任务目标。

【农业】 全镇以农业为主，农作物主要有水稻、花生、玉米、甘薯、马铃薯，经济作物主要有大豆、西瓜、冬瓜、蔬菜等。镇党委、政府高度重视农业发展，全力助推科技兴农。定期检测农产品样本农药残留，加强农产品安全监管；大力推动一批新型职业农民培训，大力发展“一村一品”工程，建桥沙田柚、环西和三社红肉蜜柚、建安米粉、郑屋薯粉丝等初具规模，有效带动农民掌握新技术、提高收入，辐射效应明显，村集体和农民经济实力稳步增强。

【林业】 境内林业资源丰富，林木资源主要有马尾松、湿地松、竹和灌木林。镇党委、政府继续强化镇级专职护林队和村级应急扑火队的管理，明确森林防火责任，建立森林防火预案，加强森林火灾监控巡查；加强伐木捕禽巡查监管工作，严厉打击乱砍滥伐、乱捕滥杀、破坏森林生态的违法违纪行为。2021年，全镇共完成森林抚育669.49公顷，环西、建安、三和村村道旁植树约6000株。

【水利交通】 建桥镇有山塘5座、水库4座、小水电站7座。镇水利部门坚持依法治水，加强对山塘、水库的安全隐患排查，有效防治洪涝洪毁灾害；继续全面推行河长制工作，严厉打击“乱占”“乱采”“乱堆”“乱建”违法行为；顺利完成丰顺县2021年度建桥镇全域自然村集中供水工程，全镇自然村集中供水覆盖率99.5%以上，解决人民群众生产生活用水问题；中小河流域治理管护持续加强，修缮陂头水圳，打造和保障了水清、河畅、岸美的生态环境。梅汕高铁建桥站正常运营，为周边的群众提供了快捷的出行方式。高铁安置区建设有序推进，解决被征收房屋农民住房问题。

【文教卫生】 镇党委、政府积极落实文化惠民工程建设，补充完善镇综合文化站相关器材，大力宣传并认真践行社会主义核心价值观，扎实做好新时代文明实践活动，成功举办各类文体活动；继续推进建桥镇11人制以上足球场建设工作。

坚持把教育摆在优先发展的地位，持续加大教育投入，积极开展奖教奖学活动，不断巩固和提升“教育强镇”成果。2021年以来，中小学、幼儿园软硬件设施不断完善，教育教学质量不断提高，教师安教乐教，学生愿学乐学，尊师重教蔚然成风。2021年建桥中学235人参加中考，升重点高中人数36人，优秀率15.3%，全县排名第五，普通高中录取率达62.5%。

全镇10个村卫生站全面运营，大力推进爱国卫生运动，重点加强新冠肺炎疫情防控和妇幼保健工作，组织送医送药下乡、下乡义诊等活动，服务群众水平能力进一步提升，医疗环境得到进一步改善，人民的健康意识不断增强，健康水平不断提高。

【社会保障】 镇全面落实城乡居民保险、救灾救济、特困救助、低保核发、“五保”供养、优抚和残疾人权益保障工作。2021年全镇有低保户339户622人，全年发放低保金约20.84万元，“五保”供养92人，发放“五保”金约8.85万元，重度残疾407人，共发放补助约118.68万元。2021年度全镇参加城乡医疗保险20225人，完成任务比例86.9%。

【疫情防控】 开展新冠疫情防控工作以来，建桥镇认真履行主体责任，深入贯彻落实中央、省、市和县防疫工作要求，充分发挥各级领导班子、基层党组织和广大党员干部作用，织密全镇联防联控网络，建立健全常态化疫情防控机制，维持来之不易的疫情持续向好的良好态势，以最严措施、最严纪律、最严作风，坚决打赢疫情防控阻击战。疫苗接种工作有序推进，截至2021年12月31日，3—11周岁人群已接种新冠疫苗第一剂次1982人，覆盖率100.3%，第二剂次1926人，覆盖率97.5%；12—59周岁人群已接种新冠疫苗第一剂次5237人，覆盖率72.8%，第二剂次5246人，覆盖率72.9%；60周岁以上人群已接种新冠疫苗第一剂次2555人，覆盖率71.7%，第二剂次1956人，覆盖率54.9%。

【乡村振兴】 以县委、县政府大力实施“百村示范、千村联动、万众行动”为新起点、新动力和新契机，深入实施乡村振兴战略，持续推进人居环境综合整治、

"三清三拆三整治"等工作。加快推进实施污水处理厂项目，已建成镇级污水处理厂1座，村级污水处理设施2座。加大人力物力和资金投入，对人居环境综合整治工作进行地毯式整改，将"三清三拆三整治"工作融入日常生活工作中，同时不断加大宣传力度，从而提高村民的环保意识、卫生意识以及垃圾分类意识。充分依托好山好水、人文景观等自然资源优势，因地制宜培育发展乡村特色产业，继续稳步推进美丽宜居乡村建设，打造出郑屋村美丽宜居乡村示范点，开创"郑屋村——十里花溪"的良好局面。

【综合治理】 全面加强资源监管工作，建立完善县、镇、村巡查网络系统，加强对违法用地、违规建设的整治，加强地质灾害防治，不断加大耕地保护资金投入，在郑屋村、环中村大力推进耕地开发工作，共有建设规模用地4.41公顷。

全面加强安全生产管理工作，狠抓安全生产、消防、食品药品的监管工作，严格执行"党政同责、一岗双责、齐抓共管、失职追责"，督促各村、企业单位签订安全生产责任书，推行网格化管理，广泛开展宣传教育活动，深入开展"打非治违"犯罪行为。2021来共开展28次安全生产隐患排查行动，及早发现问题，及时整改落实，实现安全生产零事故。

夯实全面从严治党主体责任，强化机关作风督查，狠抓落实巡视巡察问题整改，严格执纪审查，深化扶贫领域腐败和作风问题专项治理。2021年镇纪委共初核各类问题线索7条，党纪立案3宗，已办结3宗，给予党纪处分3人。

全面加强综治信访维稳工作，创新社会管理，建立健全扫黑除恶专项斗争工作机制，继续巩固法治镇创建工作成果，充分发挥"中心+网格化+信息化"作用，全力做好维稳工作，全镇各级调解组织共排查矛盾纠纷40起，受理并成功调处纠纷40起，调处率100%。此外，在加强刑事释放人员安置帮教、社区矫正在册人员管理、加强精神病患者日常排查管护、推行"一村一法律顾问"、打击涉毒涉盗行为等方面均取得了显著成效，有力维护建桥镇社会治安和谐稳定。

【党建工作】 建桥镇党委高度重视、认真落实2021年县委提出的党建重点工作。认真落实新时代党的建设总要求，坚定不移推进全面从严治党向纵深发展、向基层延伸。认真学习党内法规、工作条例和习近平新时代中国特色社会主义思想、习近平总书记"七一"重要讲话和对广东系列重要讲话指示批示精神、党的十九届六中全会精神，组织党委理论中心组学习12场次，部署以"党员进党校"、书记讲党课、主题党日、"干部网络学院"等形式，构建线上线下学习联动机制，带头上党课4次，各班子成员挂点讲授党课30多次，学习覆盖人数近千人。不断完善学习场地，在已经具备11个党校教育基地的基础上，将郑屋村的廉政长廊打造成一个廉政教育基地，作为党校的现场教学点。抓细抓实疫情防控工作，主动靠前、全力投入，成立了13个党员突击队共87人，共同参与疫情防控工作，把常态化疫情防控作为各项工作的前提和基础，同时统筹好疫情防控与经济社会发展，做到同部署同推进。全力落实换届工作，优化干部队伍。经过精心部署动员，深入摸底研判，共选配村"两委"干部51人，配优配强了9名年轻化、高素质、高学历的后备干部作为新一届的村党组织书记，100%实现村党组织书记"三个一肩挑"，

"蓄水储粮"让基层党组织不断焕发生机活力。

（曾洁梅）

龙 岗 镇

【概况】 龙岗镇位于丰顺县北部山区，靠近丰梅边界处，东邻大龙华镇、黄金镇，西南连接丰良镇、北与梅县梅南镇接壤，与梅州市区相距62千米，距县城汤坑38千米，县道028线横贯集镇，于丰良接国道206线至梅州市或县城汤坑，有县道949线（龙岗—马图—梅县梅南）长42千米。全镇总面积111.88平方千米，镇政府设在龙华路28号。

全镇下辖松江、新华、新合、梅桥、吉演、上林、松梅、江坑、田坑、坪丰、马图11个行政村，共56个自然村，在册户数5657户，总人口22885人。2021年底，全镇有机关干部、职工共59人，村"两委"干部共51人。

【自然资源】 龙岗镇属山区，四面高山环抱，群峰连绵，蜿蜒围绕，地势西北高、东南低，山脉由东北向西南走向，北部有北山嶂，连接望州岽、阿婆岽、洋西坑岽、三凹岽、新茶亭岽、关壬凹岽、双髻岽；西北部有角公顶岽；东部有扁嶂岽；南部有丰良塔山。龙岗镇为亚热带气候，全年气候温和，雨量充沛，阳光充足，四季常青。主要河流为丰良河，从丰良双溪村入境，流经龙岗镇10千米，流入黄金镇后为产溪，其他水流有族祖村的胡胜坑，石垅岽的大坑，三坑肚的三坑，古祥岽的洋西坑等。

【经济概况】 2021年，在县委、县政府的正确领导下，龙岗镇上下坚持以习近平新时代中国特色社会主义思想为指导，深入学习贯彻党的十九届五中、六中全会精神，以党史学习教育为抓手，以庆祝中国共产党成立100周年为契机，持续加强党的思想、组织、作风和制度建设，努力完成上级交办的各项任务。通过加快实施乡村振兴战略，不断调优结构增效益，补齐短板强基础，以茶叶、红色党建示范村、生态游产业为品牌，逐步将龙岗打造成红色生态特色镇。

2021年，龙岗镇社会总产值2.359875亿元，其中，农业总产值1.164亿元，工业总产值6397万元，其他总产值2300万元，财政收入3261.75万元。

【特色发展】 借助马图节日文化，打造红色生态旅游。为更好推动龙岗"红色文化+绿色生态"的综合发展，龙岗镇深入挖掘红色资源，传承红色历史，发扬光大。通过举办2021年赴圩节·丰顺龙岗镇"四月八"活动暨茶香节活动，将乡村文化的底蕴和现代产业的发展相结合，在现有产业发展的基础上，辅以龙岗客家特色经典美食、特色传统节日、自然人文景观，不断促进绿色茶文化和红色文化有机融合，把独特的茶叶文化、客家美食、民宿等乡村特色休闲旅游发展起来，把马图打造成红色党建示范村、绿色生态游和客家乡村特色相结合的美丽乡村。

牢抓茶叶发展，助推乡村振兴。龙岗镇茶叶种植面积约1466.67公顷，省、市级农业龙头企业有马山茶业、龙丰、华承、马图茶业等4家公司，茶叶种植专业合作社50多家，直接带动马图村800多户并辐射带动周边村200余户茶农从事茶叶种植，为龙岗镇乡村振兴发展提供了充足的动力。为强化龙岗镇"茶叶生产与加工"专业镇定位，2021年度开展了茶叶生产加工技术培训会，通过茶叶技术的交流培训，加强农技人员对茶叶产前、产中、产后各环节的指导；大力推行科技入户工程，真正让农户掌握相关的农业生产技术，并在改进栽培技术的基础上，推进精加工，加强产品推介，不断提升产品质量和知名度，使马图绿茶成为具有明显地方特色、品牌优势和市场竞争力的农业主导产业。

【党建工作】 突出抓学习，深入开展党史学习教育。闻令而动、广泛动员。在省、市、县召开党史学习教育动员大会后，龙岗镇紧随其后召开全镇党史学习教育动员大会，深入学习贯彻习近平总书记在中央党史学习教育动员大会上的重要讲话精神，为龙岗镇开展党史学习教育工作打牢了思想基础。亲力亲为、精心部署。成立了由镇党委书记任组长的党史学习教育工作领导小组，建立健全了领导机制。切实履行第一责任人责任，动员工作部署，制定工作方案，对领导组织、学习方式、活动形式等内容进行细化，确保教育实效。健全机制、细化落实，制定了《龙岗镇“我为群众办实事”实践活动工作方案》《龙岗镇党史学习教育简报分送工作方案》等专项方案，形成了各项工作机制，使各项任务、各个环节紧紧相扣、无缝衔接。跟踪推进、强化指导。结合镇党机关支部、各村党支部和“两新”党组织的不同特点，细化、量化学习任务，明确学什么、怎么学。同时召开党史学习教育专题组织生活会，及时推进党史学习教育成果转化为龙岗镇干部职工实际行动，切实为群众办实事、办好事。加大宣传、营造浓厚氛围。为进一步加强党史学习教育学习氛围，龙岗镇结合新时代文明实践所打造了党史学习教育基地，通过制作横幅、LED电子屏、“学习强国”、广东省网络干部学院等多形式多媒介，进一步强化党员干部学习党史提供浓厚学习氛围。

突出抓党建，全面从严治党不断向纵深发展。落实责任制是搞好党建工作的关键。党建联络员严格履行“一岗双责”，牢固树立“抓好党建是本职、不抓党建是失职、抓不好党建是渎职”的责任意识，始终坚持围绕中心、服务大局，坚持全面从严从实，把党建工作与中心工作紧密结合，不断创新思路、拓展载体，始终把党建作为重要工作列入议事日程，研究制订党建工作计划、制度和措施，精心安排部署年度工作任务。严格落实党建工作责任制，与各支部书记签订党建目标管理责任书，将党建责任层层分解，做到了年初有工作部署、半年有督促检查。下大力气整改巡察检查中发现的问题，举一反三开展自检自查。把党的政治建设摆在首位，旗帜鲜明讲政治，带头锤炼对党绝对忠诚的政治品格，严格遵守政治纪律和政治规矩，增强“四个意识”、坚定“四个自信”、做到“两个维护”。及时跟进学习习近平总书记重要讲话精神，第一时间传达学习中央和市委重要会议、重要文件精神。积极践行“马上就办”的工作理念，确保党中央决策部署和市委工作要求落到实处、见到实效。严格落实深化全面从严治党的各项纪律要求，各支部定期组织召开党员大会、支部委员会，党建联络员、支部书记定期讲党课，不断提高党员党性觉悟。坚持落实组织生活会、民主评议党员、谈心谈话、党员领导干部参加双重组织生活等制度。对党费收缴情况进行自查，进一步推动了党费收缴工作规范化、制度化。坚持抓早抓小、防范在先，采取多种措施，前移监督关口，扎实推进党风廉政建设。坚持严在平常，确保防微杜渐。压实领导班子党风廉政建设“一岗双责”，定期召开党风廉政建设专题会议，逐级签订责任书。完善谈心谈话、工作纪律检查等制度，紧盯重点，及时解决苗头性倾向性问题。强化警示教育，筑牢思想防线。以市委、市纪委印发的典型案例通报为反面教材，以本市及周边党员干部违纪违法案例为重点镜鉴，召开警示大会，开展对照自查，做到警钟长鸣。

加强组织领导，不断深化龙岗镇乡镇体制改革建设。为进一步落实“放管服”改革，优化营商环境，龙岗镇党委、政府制定《关于印发〈中共丰顺县龙岗镇委员会龙岗镇人民政府职能配置、内设机构和人员编制规定〉的通知》《关于印发丰顺县龙岗镇所属事业单位机构编制方案的通知》，按照方案切实开展工作，明确龙岗镇职能配置、内设机构和人员编制规定，对照各事业单位的主要职责任务进行定编定岗，现有党政综合办公室等办公室10个及经济发展和财政服务中心等事业单位6个。

【乡村振兴】 巩固脱贫攻坚成果，落实跟踪审计。为巩固省、市、县关于巩固拓展脱贫攻坚成果，持续推进全面脱贫与乡村振兴有效衔接，省审计局于2021年11月2日对龙岗镇扶贫项目、扶贫资产管理、脱贫攻坚成果同乡村振兴有效衔接等内容开展了审计。通过此次扶贫审计，及时整改存在问题，确保扶贫资金的精准使用。

全力做好“回头看”，建立健全防返贫长效机制。加强防止返贫动态监测和帮扶，是守住不发生规模性返贫底线的关键抓手；健全防止返贫动态监测和帮扶机制，是守住不发生规模性返贫底线的重要举措。2021年，龙岗镇切实履行工作责任，做好巩固扩展脱贫攻坚成果工作，做到动态排查、精准识别、有效帮扶，以扎实的工作成效迎接省、市、县关于开展健全防止返贫动态监测和帮扶机制“回头看”工作。龙岗镇通过继续加强对“三类人员”的监测，确保脱贫效果落到实处。

精心组织，认真谋划乡村振兴总规划。龙岗镇成立了实施乡村振兴战略工作领导小组，由镇党委书记担任组长，镇党政领导班子、农业农村办公室干部担任成员，负责指导全镇开展乡村振兴。通过聘请专业规划设计工程师到龙岗镇进行调研，科学编制五年规划，厘清驻镇帮镇扶村工作思路，制定切实有效的帮扶措施，有步骤、更全面地发挥乡村振兴工作的成效。

【镇村换届】 2021年龙岗镇按照上级部署和安排，切实按照县委、县政府的部署决策，开展村“两委”换届工作。龙岗镇11个村已顺利完成了村“两委”换届选举，全面落实“三个一肩挑”工作，100%完成组织意图人选，两委交叉率达88.6%，为更好落实基层职能，服务群众奠定了坚实基础。

在镇级换届选举工作中，坚持把发扬党内民主、保障党员权利、体现群众意愿贯穿代表选举的全过程中，顺利选举产生了镇党代表101名，并于2021年8月31日在龙岗镇二楼大会议室召开中国共产党龙岗镇第十七次党员代表大会，大会采用无记名投票方式，选举产生了新一届中共龙岗镇委员会领导班子、镇纪律检查委员会领导班子。

龙岗镇根据选举法和地方组织法的规定，部署开展镇人大换届选举工作，镇第十七届人大一次会议于2021年9月29日胜利闭幕，依法选举产生新一届镇人大主席、镇长和镇人大副主席、副镇长。

【疫情防控】 坚持常态化疫情防控措施。优化疫情防控指挥体系、责任体系、工作体系、落实体系，不断调整和完善工作预案，确保接到相关指令后实现“快速到岗、迅速落实、急速处理”。镇村干部、派出所民警、医务人员组成“三人小组”，勇当疫情防控的中流砥柱，走街串巷、入户走访，开展辖区内居民健康监测、上门核酸采样、落实隔离监管等职能，构筑起坚固的疫情防控屏障。统筹推进疫苗接种工作。坚持早谋划、早行动，接种开始前组织镇村干部逐户入户登记底数台账、进行宣传发动、帮助填写登记表、手机预约信息等。按照上级要求，积极完成接种工作，通过完善现场配套服务，强化部门协同配合，坚持中心接种点、流动接种点及上门为不便出行人群接种相结合，有力地构建起健康防护屏障。

【人居环境】 完善新农村工程建设。龙岗镇以贫困村和省级新农村连线连片生态宜居美丽乡村建设项目为抓手，不断完善垃圾污水处理、安全饮水、道路交通等基础设施配套工程，提升服务村民水平。

开展美丽镇区提质行动。组织整治圩镇临时集贸市场环境，实现干净整洁有序，杜绝流动商贩占道经营摆卖，引导至安全集中区域摆卖设点，彻底消除马路市场；组织清除龙华路道路两边占道乱堆放、占道经营、占道洗车修车现象，保持人行道路面干净整洁，路面黑底化，完善标识标线等，加强派出所上路交通执法常态化；加强镇区背街小巷整治，重点对小巷龙新街、龙新后街路面整洁及“六乱”进行整治。

完善道路工程建设。龙岗镇不断加快推进农村交通道路建设，并取得了较大成效。对圩镇区域加铺沥青路面，完善圩镇道路交通设施；配合县交通局做好全长13千米的丰顺县省道242线（原县道949线）马图至江坑段公路路面扩建工程。

贯彻落实“河长制”工作。为进一步保护龙岗镇辖区内水生态环境，龙岗镇全面开展水面漂浮物清理专项行动工作，重点清理丰良河新华段以及江坑支流全域等，清理河流长度7.6千米，确保河道沿线无漂浮物。加强水域岸线巡查监管，实行“一河一档一策”的河道管理办法，全面地掌握所管河道周边的污染源，积极推动农村养殖污水、农村生活垃圾污水综合防治，促进丰良河龙岗段的河流水生态环境进一步改善，并不断加大对盗取河砂等违法违规行为的监管力度，全面落实做好河长制各项工作。

加强森林保护。龙岗镇地处山区，森林防火范围广，针对这种情况，龙岗镇多次召开专题会议对护林防火工作进行部署，制定森林防火、灭火工作方案和镇、村干部森林防火包村包片责任表，印发《龙岗镇森林防火应急预案》，为森林防火、灭火工作不断完善制度建设；截至2021年年底，龙岗镇有28名专职护林员，配备灭火设备一批；大力推广森林火灾隐患采集App的安装使用，至年底，全镇已排查隐患点539个。在重点节假日前夕，龙岗镇还召集扑火队伍进行拉练，检查应急物资、机器装备的准备工作情况，并在各村进山路口设置临时森林防火检查站，进行轮岗值守，从源头上减少火种进山；同时根据上级下发的国家森林督查图斑，对涉嫌破坏森林资源的行为立即组织查处整改，已复绿面积1.4公顷，有效维护好龙岗镇绿水青山。

坚决遏制乱占耕地建房行为。严格按

照2020年7月3日国务院关于农村乱占耕地建房问题整治的工作要求，全面摸排辖区内所有在2020年7月3日后新建、加建、装修等违法行为，发放停工通知书，并依法进行了强制拆除、复耕复绿，截至2021年年底共拆除违建3宗。同时，加大宣传力度，全方位、多渠道、广覆盖进行宣传教育，引导群众规范建房，共同保护耕地红线。

【加强建设】 加强行政执法规范化建设。建立健全乡镇综合行政执法的统筹协调机制，积极组织在职在编公务员参加行政执法专项考试，参加县级执法业务培训和行政执法文书规范化培训，提高综合执法人员专业素质，加大执法人员、经费、资源、装备等。同时，深化全省统一的行政执法信息平台和行政执法监督网络平台的推广应用，自从行政执法下移至乡镇，龙岗镇综合执法队严格按照法律法规开展行政执法，严格执行行政执法公示制度、执法全过程记录制度、重大执法决定法制审核制度，并完善行政执法投诉举报和处理机制。截至2021年12月，龙岗镇共开展行政执法101宗。

加强民主法治建设。龙岗镇通过宣传教育和拓展各项法治惠民工程为抓手，不断提高依法行政水平，切实加强法治建设。同时，制定龙岗镇“谁执法谁普法”普法责任清单，各部门按照职能分工开展普法活动，重点加强领导干部、青少年、农民工、退伍军人等群体法治宣传教育。充分发挥基层人民调解委员会、妇女联合会、司法所、学校等部门的职能作用，让人民调解员、妇女干部、教师参与到未成年人保护、反家庭暴力等工作中，加强对民法典、未成年人保护法、反家庭暴力法等的宣传，有效预防和处置家庭暴力和建立健全未成年人保护工作协调机制。

积极筹资，巩固教育创强成果。为巩固教育创强工作成果，营造全镇尊师重教的良好氛围，推动龙岗镇教育事业再上一个新台阶，本着奖教奖学的理念，龙岗镇教育促进会于2021年召开了2020年度总结会，通过总结会的召开，推动奖教奖学形成一种长效机制，营造尊师重教的氛围。同时，在镇财政困难的情况下，仍不断加大学校软硬件投入，优先安排镇级财政资金解决学校教育创强复评遗留资金缺口，积极开创为龙岗教育新局面。

因地制宜，营造浓厚文化氛围。龙岗镇不断加大文化投入，结合“我为群众办实事”实践活动，了解群众需求，开展赠书活动。2021年度累计赠送群众图书400册，赠送龙岗中学、马图小学、龙岗中心小学各500册，梅州市体彩赠送马图小学图书3500册，进一步丰富了龙岗镇群众的文化生活，营造全民阅读的浓厚氛围。同时，龙岗镇积极推动2021年十件民生实事之一“文化惠民工程”的有效落实，联合县文广局举办“我们的中国梦 · 文化进万家”文艺会演实践活动，丰富了群众的业余文化生活，营造了浓厚的文化氛围。

【平安龙岗】 各项社会事业顺利推进。龙岗镇坚持维护和保障优抚对象、贫困家庭及残疾户的生产和生活，实行弱势群体社会帮扶及救助工作动态管理，使困难群众得到有效救助。同时，积极做好农村养老保险申领认证、就业服务工作；大力宣传金融知识及打击非法集资行为，全面维护农村金融稳定；切实开展打假打私工作，维护市场稳定；积极创建全国示范性退役军人服务站和广东省退役军人服务站星级示范；保障征兵工作的有序进行，被评为丰顺县征兵先进单位，多方面多举措地推进龙岗建设平稳发展。

落实安全生产责任。继续坚持“一把手、抓到底”的安全工作机制。通过镇主要领导亲自抓，分管领导具体抓，各部门配合抓，社会各界共同抓的模式形成良好安全生产格局，确保安全生产得到落实。2021年度，镇党政主要领导多次带队检查安全生产工作，全面参与排查安全隐患，针对所发现问题督查相关单位及时整改。同时，扎实开展“全国第十九个安全生产月”活动。通过开培训会、设咨询点、散发资料、张贴标语、收看县电视台安全教育片等多种形式，在全镇干部群众中进行了广泛宣传。在镇政府门口、各企业、学校、主要街道（或主干公路）张贴、悬挂、书写宣传标语、横幅、墙标，为全镇安全生产建设营造出良好氛围。

信访工作有序进行。继续推进“减库存、控增量”攻坚战，积极实行案件销号制。2021年度，龙岗镇受理各类信访案件11件；人民调解委员会调解民事纠纷33宗，全部成功处理，全镇没有发生一起因工作失责引发的重大群体性事件和重大信访事项。该镇进一步健全信访维稳工作网，优化以镇党委书记、镇长牵头，分管领导主抓，班子成员、包村领导及干部包片，村“两委”成员组成的三级维稳工作网，掌握信访案件处理主动性，提高信访问题属地处理效率。同时积极开展“国家反诈中心”App宣传注册工作，通过横幅、微信平台等媒介多措并举推进防范电信网络诈骗工作，有效保障龙岗镇辖区群众财产安全。

（徐　谦）

潘　田　镇

【概况】　潘田镇位于丰顺县中部，素有“两个之最”的美誉：地理位置居全县最中心。东邻留隍镇，西接丰良镇，南壤汤坑镇，北连黄金镇，与县城汤坑相距28千米，国道235线和国道355线贯穿境内，交通便利。平均海拔全县最高，达426米，全镇总面积146.04平方千米。

【自然资源】　潘田镇四面环山，中间成高山小平原，整个地势由中间向四面倾斜，属丘陵地带。南北两溪及吉畲溪流经镇域，注入韩江。潘田属亚热带季风气候区，气候温和清爽，光照充足，雨量充沛，年平均气温20.8℃，无霜期长，四季常青。主要资源有森林、水力资源，矿产以瓷土、高岭土、铅锌矿、铜矿、锡矿为主，矿源分布广、品位高，有较好的开发前景。

【政区人口】　镇行政辖流坑、华亭、石坑、松柏、中心、潘田、填江、铁坑、集群、新东、上吉、新联、新南等13个村民委员会和潘新社区居民委员会，共108个自然村。全镇户籍总人口41669人，常住总人口21183人。

【经济概况】　在各级党政的正确领导下，主动适应经济新常态，寻求发展新机遇，克难攻坚，稳中求进，团结和带领广大干部群众奋发进取，推动经济社会各项事业快速发展。2021年，全年全镇农村社会总产值达20297万元，同比增长5.8%，工农业总产值20048万元，其中工业总产值1624万元，同比增长5.6%；农业总产值18424万元，同比增长5.1%；农村人均收入16723元，同比增长7.6%。

【乡村振兴】 潘田镇围绕“一核两带三产业四能力”的发展布局和思路，以美丽宜居圩镇为核心、重点建设沿河沿路美丽乡村风貌两带，大力发展现代种植、光伏新能源、乡村文化旅游三大产业，以党建引领力、文化凝聚力、公共服务能力、社会治理能力四大能力，助力潘田乡村振兴走在全县前列。2021年，潘田镇建设完善南溪水碧道一期、铁岽寨观景台、水口公园等景观节点，全镇各村“四小园”建设有序推进。在圩镇街道范围内基本完成了街道沿线绿化美化亮化、雨污分流、“四线合一”等工程，以上工程令潘田镇在“两美”三年行动测评中被评为“优秀”等次。其中，圩镇雨污分流工程投入资金共计835万元，建设管道长度3千米，途径3个行政村。2020—2021年度全域自然村集中供水项目共17个工程，总投资1036.7万元，可覆盖解决1.3万人饮水需求。充分发挥驻镇帮镇扶村工作队资源优势，推进农业产业化融合，与广州市初心优品商业有限公司签订《烟稻轮种产业合作项目战略协议》，初期计划打造20公顷的烟稻轮种产业基地。为潘田镇打造一镇一业现代农业产业体系打下坚实基础，为乡村振兴铺就开阔大道。

【环境治理】 严格落实净化美化亮化工程，提升潘田“颜值”。潘田镇不断完善配套设施设备，确保垃圾日产日清，并且定期开展宣传和集中整治活动，建立了“河长+警长”工作机制，对流域进行全面防控，保护流域生态环境。2021年，潘田镇积极开展河湖“清四乱”“五清”专项行动，13个行政村每村配备1名河道管护人员，全年开展巡河工作820人次，发现并整改问题26个，实施河道清漂专项行动2次，专项清理行动30次，累计清洁河道80.1千米，清理各类漂浮物约178.2吨。“三清三拆”累计拆除各类危旧房、废弃牛栏、猪舍等1131间合计13993平方米，超额完成2021年的清拆任务。清运各类垃圾约1.1万吨。促进人居环境卫生细优化、大提升，扮靓镇容村貌。

【农业生产】 全面贯彻落实农业农村基本政策。贯彻耕地保护工作，下拨至各村基本农田补偿金73.65万元；落实耕地整改工作，通过验收水田净面积0.14公顷、旱地净面积33.45公顷；开展拆除非法占用农用地违建5宗，共涉及面积4000多平方米。全镇13个村已经全面完成农村集体产权制度改革，涉及农户约有8034户、38258人。立足良好生态发展特色产业。打造出以烟草、高山番薯、云雾绿茶、优质大米、有色米等特色农产品为主的生产基地。2021年，全镇种植烟草42.66公顷，水稻面积593.33公顷，产量4450吨；番薯种植面积94.93公顷，产量2151吨；茶叶种植面积有77.79公顷；柑橘、柚规模化种植面积112.2公顷。农业保持平稳发展态势，实现绿色富农。

【社会保障】 公共事业和社会保障得到全面发展，全镇342户低保户612人，全部应保尽保；养老保险参保率98%；城镇新增就业人数完成全年任务，城镇登记失业率控制在2.5%以下；优抚对象172人全部落实优抚政策，悬挂退役军人光荣牌工作全部完成；为进一步推进数字政府改革建设工作，推动政务服务向基层群众延伸，在全镇投放30多台“粤智助”、身份证阅读器、服务评价器等政务服务终端，实现全镇全村覆盖，提升农业农村大数据服务能力。

3个特色农产品种植基地不仅实现贫困户增收目标，还有效解决了贫困人口剩余劳动力就业问题。此外，还创造性地发展电商平台助扶贫项目，有效扩大扶贫产品市场销路。

【教科文卫】 推进潘田第二学校教学大楼新建工作，加强学校教学条件建设和保障，推动教育资源再升级，全面提升潘田教育教学水平，完成镇中心卫生院人员配置以及设备的调配工作。做好疫情防控、计生等服务，着力提升服务水平。依托新时代文明实践志愿服务队，定期开展新时代文明实践活动，努力培育和践行社会主义核心价值观，推动习近平新时代中国特色社会主义思想更加深入人心。全镇开展新时代文明实践活动16场次、志愿服务30场次，各项活动涵盖“我为群众办实事”“创文”“两美”等志愿服务。

【社会治理】 2021年，全镇无非法集会和越级上访事件，无邪教组织，无重大群体性事件和重大刑事案件，无涉黑涉恶案件发生，无重大安全事故发生。全镇排查并成功调处化解各类矛盾纠纷83宗，涉及人数达到280人，法律顾问为村（居）民提供法律服务224次，其中接访咨询168次，全年法治讲座56场次，受教育村民达807人次。

为进一步加强潘田镇森林防火工作，共设立检查站（含临时）28个，不定期派出检查组督导检查，查处、制止违规用火行为100多起，收缴鞭炮烟花等易燃物品100多件，坚决不让火源上山。新建森林防火入山路口视频监控系统，监控范围内系统可智能识别人脸，喇叭播报森林防火提示音，并可随时调取监控。

【党的建设】 坚持党要管党，从严治党，推进党的建设取得明显成效。全镇在思想上更加统一，政治上更加团结，行动上更加一致，党的政治领导力、思想引领力、群众组织力、社会号召力显著加强。全年开展理论学习中心组学习15次，召开党风廉政工作专题班子会2次，全面从严治党学习会2次，镇、村换届纪律工作部署会8次。2021年，组织各部门、各单位签订党风廉政建设责任书52份，组织全镇在职在编镇干部职工、村“两委”干部签订廉洁承诺书158份。开展全面从严治党主题党课和纪律教育，受教育党员干部共800多人次。潘田镇党的领导制度体系不断完善，党的领导方式更加科学。

（党政办）

大龙华镇

【概况】 大龙华镇位于丰顺县东北部，毗邻梅县区、大埔县，东接小胜、砂田镇，西连龙岗镇，南邻黄金镇，北靠梅江区西阳镇、大埔银江镇，与县城汤坑镇相距53千米，与梅州市区相距50千米。下辖大田、田东、岗背、长布、华东、叶华、石门、松坑、北溪、双罗、长埂、径门、上溪、罗洋、龙北、铜山16个行政村，全镇总面积220.39平方千米，耕地面积526.67公顷，总人口为21904人，常住人口9817人。镇政府设在田东村田东街88号。

2021年，成功创建“省特级文化站”，先后获评梅州市先进基层武装部、梅州市先进基层党组织、梅州市平安建设先进集体、丰顺县五四红旗团委、丰顺县创建国家信访工作“三无”县先进单位等称号。

【自然环境】 大龙华镇属亚热带海洋性气候，气候温和，年均日照时数1980小时，年平均雨量1625毫米，平均气温21.8℃，无霜期长，四季常绿。自然条件优越，资源丰富，主要有森林、水电、矿产等。全镇有两条属韩江二级支流的主溪水，即白溪和龙溪。全镇山区水系密布、水力资源理论蕴藏量19825千瓦。矿藏有铅锌矿、锡矿、钨矿、金矿、瓷土、稀土、云母、水晶等，有开发前景。境内莲花山脉主峰——铜鼓嶂，海拔1559.5米，属粤东第一高峰，自然生态环境优异，野生动植物种类繁多，为发展山区经济提供了宝贵条件。

【重要工作】 盘活红色资源。宝田庐——丰顺县革命委员会、丰顺县苏维埃政府成立旧址，位于大龙华镇叶华村。1927年6月，中国著名妇女运动先驱、华夏女杰李坚真在宝田庐入党，并当选为丰顺县革命委员会副委员长。在中国共产党成立100周年之际，大龙华镇党委、政府以党史学习教育为契机，以乡村文化振兴为抓手，积极争取上级支持，统筹整合各方力量，顺利完成了宝田庐的保护修缮和红色史料展布展工作，并于2022年1月8日举行揭牌仪式，重焕宝田庐红色光彩，成为丰北片富有特色的革命传统教育基地，教育、引导、激励苏区党员干部“不忘初心、牢记使命”，继续坚定不移地走好新时代“赶考路”。

激活绿色经济。大龙华镇始终坚定践行“绿水青山就是金山银山”理念，积极抢抓新能源发展机遇，镇村同步规划、同步建设、互联互通，在着力推进镇村光伏产业发展的基础上，聚焦“光伏+”发展，打造了大田村“光伏+”体验中心（文体活动、物资仓储、产品展示），不断探索土地集约利用方式，提升用地水平，形成创新价值链，为大龙华高质量发展提供新路径。

【党史学习教育】 大龙华镇紧扣“学史明理、学史增信、学史崇德、学史力行”目标要求，立足工作实际，创新活动载体，拓宽学习形势，丰富教育内涵，着眼群众关心的细微处，全力为群众办实事办好事解难题，确保了党史学习教育走深走实接地气、出新出彩见实效。全年广泛征求意见建议200多条，有针对性地推出惠民政策、民生工程和便民举措174项，开展文明实践活动26场，覆盖群众2000余人，着力解决乡村振兴、医疗教育、办事办证等共性问题，让群众共享改革发展成果。

【经济概况】 2021年财政收入（含上级预算内拨款）2184.62万元。全镇社会生产总值2.82亿元，比2020年增长2.1%。

【疫情防控】 面对复杂严峻的疫情防控形势，大龙华镇始终坚持把人民生命安全和身体健康放在首位，加强领导、周密部署，全面排查、加大宣传。通过在各村主要街道、人口密集处张贴防疫海报、悬挂防疫横幅、设置防疫宣传滚动标语LED屏、发放防疫宣传单，并利用大喇叭、微信等方式进行全方位、多维度的防疫知识宣传。始终坚持从维护群众健康安全出发、从方便群众出发，为保障群众高效接种，通过成立专班、统筹调度，强化宣传、积极引导，示范带动、营造氛围，网格管理、摸清底数，强化服务等多方面举措扎实推进新冠疫苗接种工作，构建全民免疫屏障。始终绷紧思想之弦，充分发挥“三人小组”防控职责，构筑“外防输入、内防反弹”防护网。深入开展健康宣教和爱国卫生运动，加强校园疫情防控，规范敬老院管理，加强中高风险地区返来人员信息登记和追踪，严格做好居家隔离、健康监测工作，始终在防控工作上做到标准不降、力度不减、始终如一，确保全镇“零疑似、零病例”的良好局面。

【产业振兴】 大力发展本地支柱产业，积极引导农民种植茶叶、番薯、辣椒、仙草等经济作物。深入推动“一村一品、一镇一业”建设，大力发展本地番薯粉丝、辣椒酱、高山绿茶等优质产品。不断强化镇内华东百果园基地、岗背柑橘园、大田沃柑园，龙北茶园、柚园项目管理。大力推动水电站全面清理整顿，镇属杨梅渊、黄潭围电站技改基本完成，实现电站活力重焕和资产增值。坚持因地制宜，大力发展光伏等绿色产业，推动大田、长布、华东、径门、龙北等5个村建成光伏电站13座，不断壮大村级集体经济。立足生态优势，高质量建成控肚“绿美古树乡村”，串联网红潜力景点“网红坝”和“快乐小岛”及周边基础设施，结合“省特级文化站”，连线连片打造生态特色文旅产业形成规模。

【人居环境】 全镇已完成清拆总量共293间5334.6平方米，清拆进度达到112.24%。在成功创建“广东省卫生镇”的基础上，继续开展农村人居环境整治工作“冬季战役”专项行动，全面完成288处清理整顿。大力投入环境整治资金，镇村生活垃圾无害化处理率、村庄保洁覆盖面、农村生活垃圾有效处理率保持100%。日处理能力500吨的镇级污水处理站建成，进入试运行阶段，结合已建成的7个村级污水处理设施，大大推进农村污水有效处理，镇村环境卫生得到有效保障。全面落实河长制工作，扎实推进河湖专项综合整治，镇级河长巡河794人次，村级河长巡河2057人次，全面排查问题并开展河道垃圾清理、生态修复专项行动，提升水生态底蕴，实现河清岸绿景色美。

【民生保障】 加速推进总投资约1500多万元的全域农村饮水供水工程，在12个村建设27个饮水供水点，至年底建设形象进度完成90%，建成后能为相关村1万多名群众提供更安全稳定的饮用水。全面完成长布坝休闲广场、篮球场等娱乐健身场所建设，长度1.5千米的径门村龙溪河岸护坡休闲绿道和路灯安装已完工，为径门片周边群众提供了休闲娱乐场所。活用富民兴镇政策，高效率推进拆旧复垦，已完成交易16.47公顷，正在施工6.74公顷，实现农户、村集体双增收，使土地变活、乡村变美、农民变富。认真落实政策兜底保障，做到“应保尽保”，全面完成全镇低保户209户468人、特困户112户112人家庭经济状况核对和入户核查评估。全力推进城乡居民基本医疗保险、养老保险参保缴费，2021年全镇参加城乡居民医疗保险人数14626人，参保率94%；养老保险扩面征缴完成率158%，养老认证、申领完成率100%。

【社会治理】 全面遏制宗教势力渗透蔓延，深入推进扫黑除恶专项斗争，切实解决影响镇村稳定的源头性、基础性、根本性问题。大力开展法治宣传和“国家反诈中心”App安装推广工作，严厉打击突出违法犯罪和新型网络诈骗犯罪，高水平建设平安之乡、法治大龙华。狠抓信访维稳和矛盾纠纷调处，全年共受理网上信访案件6宗，接待处理直接来访案件38宗，全部完成办结。协助村综治工作站处理矛盾纠纷45件，开展法治宣传68场，受教育近4000余人次，全年无群体性上访事件发生。认真落实严重精神障碍在管患者监护责任落实补助发放工作，全年无严重精神障碍患者肇事肇祸事件发生。深入开展安全生产隐患排查和专项整治，举办形式多样的“安全生产月”和“119消防宣传月”活动，确保安全生产形势稳定。全体镇、村干部及60名护林员按照“镇—村—村民小组—护林员”网格化管理，做到任务明确、责任到人，确保全年无森林火情火警和火灾发生。

【党的建设】 坚持以习近平新时代中国特色社会主义思想为指导，深入贯彻新时代党的建设总要求和新时代党的组织路线，推动基层党建全面进步全面过硬。扎实开展党史学习教育，全面落实“第一议题”学习制度和“三会一课”等组织生活制度，不断强化理论武装。组织开展党委中心组理论学习12次，围绕学习习近平新时代中国特色社会主义思想、党的十九届六中全会精神、习近平总书记“七一”重要讲话精神、习近平总书记关于党史学习教育的重要论述和在党史学习教育动员大会上的重要讲话精神等重要专题共21个。组织全镇655名党员干部自主进行党史学习，开展党史专题党课2次，主题党日活动2次。先后举办村党支部书记“三个一肩挑”培训班6次，不断提升党组织带头人能力素质。镇党校开设基层党员培训班共22次，累计培训405人，实现党员教育培训常态化。组织镇、村党员领导干部到丰良镇九龙村永昌居、大龙华镇叶华村宝田庐等红色教育基地参观学习，教育引导大家牢记初心使命，传承红色基因。创新开展党员政治生日主题活动，进一步增强党员荣誉感、归属感。扎实推进基层党支部标准化、规范化建设，从严从紧把好党员发展质量关和程序关，不断优化党员队伍结构，全年共发展党员24名，转正18名。深入推进党风廉政建设和反腐败斗争，不断深化全面从严治党，持之以恒正风肃纪，营造风清气正良好政治生态。

【党管武装】 坚持党管武装思想不动摇，以习近平总书记关于强军兴武重要讲话精神为指导，高标准严要求扎实完成民兵整组、兵役登记、征兵等各项工作任务。全镇18周岁青年兵役登记率100%；圆满完成2021年度征兵工作，超额完成全年征兵任务数，荣获“2021年度征兵工作先进单位”。

（谢伟雷）

黄　金　镇

【概况】 黄金镇位于县东北部，总面积158.42平方千米，东界留隍镇，西邻龙岗镇，南连潘田镇，北接小胜、大龙华镇。山地面积1.39万公顷，耕地面积1266.67公顷。镇政府设在黄金圩镇。

【自然环境】 境内四面群山环抱，南部的鸳鸯寨为最高峰，海拔383米；全镇一半属山区，一半属水涝地区。丰良、大龙华和径门3条小溪汇集至境内成产溪，自西北向东流，在留隍站口汇入韩江。黄金镇属亚热带季风气候，气候温和，雨量充沛，地势低，属典型水涝地区。

【辖区人口】 镇行政辖径双、清溪、望楼、俄湖、启明、松青、遍沙、双灵、三合、三联、龙山、嶂背、湖田、光明、深田、东坑、芹寨洋、埔东、埔头角、杨石、隍洞、坑尾、罗江、黄金等24个村委会，1个黄金中心社区居委会。2021年年底，全镇有8386户，38086人。

【交通通信】 扎实推进交通公路项目建设，完善国道235线黄金段设施和50千米砂土路和农村“四好”公路建设，推进省道233线大龙华至留隍北洞段、松青大桥以及永记观光大桥建设，做好大丰华高速和梅潮高速前期各项工作。持续推进丰顺县禽畜固体废物无害化处理处置场建设项目（二期建设）和市级文物保护单位（绍阳书室）修缮项目；交通、水利、新型基础设施得到进一步完善，有力推动乡村振兴战略落地落实。镇内设有邮政支局、电信支局，移动、联通、电信网络信号覆盖全镇25个行政村（中心社区），各村实现无线高速局域网全面覆盖。

【市政建设】 黄金镇现有沿江街、建新街、中兴街、金山街、金塘街、金华街、湖田街等七条街道，逐步形成商业区、行政区、农贸区、住宅区等功能齐全的新集镇，投入1000多万元，占地约1.2万平方米的黄金文体综合广场投入使用。

【扶贫开发】 现镇建档立卡贫困户407户、1191人，相对贫困人口及相对贫困村均达到退出标准，退出率达到100%。在防止返贫监测和帮扶工作上，全镇407户贫困户都已经购买了扶贫返贫救助责任保险；同时，因地制宜，精准施策，为贫困户打造最佳的脱贫致富产业，投入27.78万元，发展番薯、水稻、梅片、散养等项目，产值高达65.9万元；共投入1224.13万元发展光伏产业，2021年发电200多万千瓦，预计收益92.8多万元。销售方面鼓励贫困地区搭载淘宝、拼多多等电商平台，建立线上销售渠道，搭建订单销售平台销售农特产品，完善物流进村服务模式，提升物流快递服务速度，同时引进广东金田生物科技有限公司为镇扶贫产业销售提供有力物流支撑，丰顺县文田种养农民专业合作社为镇贫困户提供技能培训、劳动力转移等方面，为消费扶贫的推进，提供了技术支撑。

【经济状况】 通过积极抢抓新机遇、迎接新挑战，振兴发展步伐不断加快。全镇农村社会总产值从2016年3.13亿元增加到2021年的4.33亿元（预计）；财政收入从1449.53万元增加到2462.33万元（预计）；人均年收入从7810元增加到12756元（预计）。社会固定资产投资总额、社会消费品零售总额、城乡居民收入稳步增长，社会经济体量得到科学有效的发展。

【旅游产业】 完成投入2000多万元的鸳鸯寨森林公园一期工程，二期工程已完成登山道、牌坊建设，将继续完善配套设施、观光道路等工程建设，有力夯实绿色旅游经济基础。逐步推进丰顺龙鲸河旅游发展有限公司总投资10亿元、首期投资3亿元，总面积约1266.67公顷的大型农业生态旅游产业项目。成功引进竹海渔乡田园综合体项目，打造总占地200公顷，总投资16亿元，以休闲、观光、旅游、种养为一体旅游开发。“廉政教育基地”——李坚真大姐故居，李坚真故居坐落于广东省梅州市丰顺县黄金镇径双村蕉头窝，是中国著名的妇女运动先驱、华夏女杰、老红军战士李坚真成长成才、参加和开展革命工作的策源地，她曾在蕉头窝居住长达20余年，故居于2005年被列为“广东省（第一批）红色旅游经典景点”；2012年10月20日，李坚真故居被广东省人民政府公布为第七批广东省文物保护单位。

【文化、教育】 镇内有完全中学1间（黄金中学），完全小学3间，教学点9个，幼儿园4所。为构建现代文化服务体系建设步伐，丰富公共文化产品，提高文化供给能力，推动文化事业科学、全面发展，全镇共打造1座综合文化大楼和24间农家书屋。

【党建工作】 开展党史学习教育主题党课26次、主题党日活动15次；“我为群众办实事”活动完成64件群众重点关心的事情，参与的领导干部36人次，有效扩展了基层教育学习的途径和影响力，进一步坚定了党员干部理想信念。督导使用党群服务经费用于服务党员群众，切实提升群众满意度；购置党的学习教育资料309册，制作党建海报、党建宣传牌、党群服务专栏张贴设立在主干道两侧等显眼处，党的基层理论宣传建设阵地得到进一步强化；坚持党对意识形态工作的绝对领导，投入4万多元升级改造2处新时代文明实践示范站，开展了24场次新时代文明实践活动；利用远程教学点全镇共组织学教活动20多场次，参加的党员干部群众1200多人次，丰富了党员干部群众政策法规和实用专业技术知识，全镇主思潮持续积极向上、主旋律亢进响亮，正能量强劲有力。

【综治维稳】 充分发挥镇村两级人民调解组织在社会和谐稳定中的“第一道防线”作用。2021年黄金镇共调解各类纠纷54起，调解成功54起，调解成功率为100%。其中镇调委会调处52件，调解成功52件。村级调委会调处2件，成功2件。不断推动新时代人民调解工作的创新发展，实现矛盾不上交、不激化，保障人民群众合法权益，维护社会公平正义和谐稳定。

【农业种植】 境内土地大部分属黄土壤，适合种植水稻，经济作物有南姜、甜玉米、鱼藤、甜竹笋等。黄金镇积极发展柠檬（尤力克）、番薯、梅片种植、优质水稻等绿色产业，全面完成光明、埔头角农田垦复项目，成功引进丰顺县金英种养专业合作社等企业实施丝苗米种植项目。黄金镇以丰顺县成功创建全国绿色食品原料（甘薯）标准化生产基地为依托，积极引导各贫困村开展番薯种植绿色扶贫产业，打造现代农业产业发展。

【林业资源】 境内林木资源丰富，有林面积1.29万公顷。全镇盛产竹子，有竹林面积约6666.67公顷，素有“竹乡”之称，2007年被市评为“竹具专业镇”。黄金镇充分利用、开发黄金竹资源禀赋，坚定不移地走“绿水青山就是金山银山”的绿色发展道路，积极推动现代竹产业发展，谱写竹乡振兴新篇章。

【水利河道】 投入192万元实施黄金镇丰良河广洋段疏浚清理工程，对河道进行清淤疏浚，有效整治了河道环境。2021年度，开展河湖专项行动36次。全年，镇级河长巡河360次、村级河长巡查1104次。

【圩日贸易】 黄金镇设有圩场1处——

黄金圩，逢3、6、9为圩日。是全镇及潘田、留隍、大龙华、小胜、潮安等地农副产品集散地。

【名优特产】 研发丰顺特产黄金可口姜糖系列产品、金竹牌姜茶（颗粒饮料）、金竹牌柚皮糖等系列产品。黄金可口姜糖采用生姜提炼姜汁，配以高级淀粉精制而成，肉质细腻，柔韧透明，味道甜中带辣，是走亲访友的馈赠佳品。

（江泽彬）

留隍镇

【概况】 留隍镇位于丰顺县东北部，居潮州、梅州、揭阳三个地级市之间，广东省第二大江——韩江纵贯镇域，县内与汤坑、潘田、黄金、小胜和潭江等5个镇接壤，距离县城汤坑镇40千米、潮州市区40千米、汕头市区65千米、揭阳市区50千米。在春秋战国属百越地，汉时隶属南海郡揭阳县，北宋宣和三年（1121）揭阳县城设于此，南宋绍兴二年（1132）撤销揭阳县城，并入海阳县。宋末皇帝赵昺到万江古庙求神庇护并于此留宿，取“万江庙小可留皇”而将万江改称留皇。后为躲避元朝追查，将“留皇”各加左耳旁而成“留隍”，留隍之名便沿袭至今。明、清初隶属潮州府海阳县；清乾隆三年（1738）划入丰顺县。2004年10月原东留、茶背两镇并入留隍镇，全镇总面积428.23平方千米，下辖36个行政村和1个社区，有人口10.5万人。先后获得广东省中心镇、广东省生态示范镇、广东省青榄专业镇技术创新试点单位、广东潮客小镇特色小镇创建工作示范点、全国重点镇、第三批国家新型城镇化综合试点地区、第二批全国特色小城镇等众多荣誉称号。

【资源优势】 留隍镇地形以低山丘陵为主，地势北高南低，地貌形态较为简单，沿江两岸自然生态环境保护良好，乡村生态环境保持良好，森林覆盖率达40%以上。具有丰富温泉资源、水力资源、生态资源、矿产资源。东留鹿湖天然温泉含有丰富的氡等有利于保健养生的元素，平均水温65摄氏度，日溢流量3880吨，水质好、水温高、流量大。留隍区域内水力资源丰富，有大小水电站64座，总装机11.4万千瓦，包括有留隍“韩江小三峡”之称的韩江枢纽水利工程（东山电站），总装机容量7.5万千瓦，年发电量3.11亿度。区域内河沙、瓷土、稀土、叶蜡石、铅锌矿、多色辉绿岩等矿产资源储量丰富。

留隍镇春夏季节盛产枇杷、杨梅、龙眼、荔枝等水果，秋冬季节盛产青榄。全镇青榄种植面积2533.33公顷，总产近5万吨，主要品种有香榄、三棱榄、青皮榄、甜橄榄等。1999年特色产品“铜峰牌”青榄获全国第三届水果展销会“中华名果”称号，“大乌脐、青边”枇杷获广东省“优质水果”奖。全手工艺又具有除湿功能的留隍草席颇受人喜爱，于2016年9月入选梅州市非物质文化遗产代表性项目名录。同时，留隍还有留隍云片糕、留隍姜糖等传统特色食品。

【经济社会发展】 2021年，留隍镇社会总产值17.9亿元；农业总产值4.5亿元；工业总产值5.7亿元；固定资产投资1.64亿元；完成税收收入1747万元，其中中央级收入554万元，省级收入347万元，县级收入846万元；财政总收入3820.04万元，其中一般公共预算收入3777.51万元。

【党建工作】 镇党委严格落实管党治党主体责任，始终把党的建设摆在首位，按照新时代党的建设总要求和组织路线，以政治建设统领党的各项建设，全面从严治党不断深入。持续深入推进习近平新时代中国特色社会主义思想学习宣传贯彻工作。坚持把学习贯彻党的十九大精神、习近平总书记重要讲话精神、作为首要的政治任务，作为基层党支部“三会一课”长期主题，作为领导干部教育培训的必修课。党委先后购置发放《习近平谈治国理政》第三卷等各类学习教材，并以党委中心组学习、专题党课、座谈研讨等形式，引导广大党员干部深入领会精神实质，不断增强“四个意识”坚定“四个自信”，自觉在思想上政治上行动上同以习近平同志为核心的党中央保持高度一致；引导广大党员干部切实在学懂弄通做实上下功夫，在深学笃用中打牢听党话跟党走的思想根基，把理论学习转化为理论自信，把真理力量升华为信仰定力，把对党绝对忠诚内化于心、外化于行，进入头脑、融入血脉。深入学习贯彻党的十九届五中全会精神、习近平总书记出席深圳经济特区建立40周年庆祝大会讲话精神和视察广东重要讲话、重要指示精神。组织镇领导班子和全体干部职工收听收看深圳经济特区建立40周年庆祝大会，先后召开镇党委会扩大会议和全体干部大会专题学习习近平总书记出席深圳经济特区建立40周年庆祝大会讲话精神和视察广东重要讲话、重要指示精神；布置各党（总）支部通过“三会一课”、专题学习会等形式深入开展学习贯彻党的十九届五中全会精神、习近平总书记出席深圳经济特区建立40周年庆祝大会的讲话精神。全年共开展理论中心组学习16次，党员干部政治理论学习培训2场次。集中学习活动39场次。认真贯彻落实习近平总书记关于疫情防控的重要批示指示精神和省、市、县相关工作部署，留隍镇及时成立疫情防控处置工作领导小组，制定新型冠状病毒感染的肺炎疫情防控工作方案和紧急情况处置预案，明确为疫情防控工作提供制度保障。成立综合协调、疫情防控、交通联防、应急保障等工作组，坚决落实各项防控措施，指导战疫情、防风险、促发展、保稳定工作。广泛发动各村（社区）、企事业党支部发挥基层党组织战斗堡垒作用和党员先锋模范作用，各党支部带头，组织党员群众自发参与疫情防控和复工复产工作。开展防控工作以来全镇共设置村级临时劝返站33个，劝返人员约11550人；参与疫情防控工作的党员干部共计2000多人，党员捐款1958人次共174950元，形成了全镇党员干部积极投身疫情防控和复工复产的工作格局。抓好村（社区）“两委”换届工作。坚持目标、问题、结果“三个导向”选优配强党支部书记和党支部班子，做到组织领导、分析研判、优化结构“三个到位”，圆满完成了37个村（社区）“两委”换届工作，村（社区）书记、主任“一肩挑”比例由原来的7%提高至98%。全镇共有村干部235人，45周岁以下114人，大专以上学历49人，年轻党员比例逐年提高，老龄化、低学历问题得到有效解决，党支部凝聚力战斗力明显增强。加强镇领导班子和中层干部队伍建设，坚持正确的选人用人导向，严格干部的选拔任用。2020年以来共提拔了10名年轻干部成为镇领导班子成员，至年底镇领导班子平均年龄38岁；此外还提拔重用了10多名中层干部，逐步解决了留不住人才和无人才可用的问题，广大党员干部干事创业的劲头大大提升，干事创业的氛围更加浓厚。坚持统筹谋划促责任强化，坚持把党风廉政建设和反腐败工作纳入全镇工作总体布局，同研究、同部署、同落实、同考核，不断强化管党治党的政治责任。多次召开会议专题研究部署党风廉政建设工作，深入研究推进纪检监察体制改革工作，进一步完善党风廉政建设制度机制。坚持示范带动促履职尽责，党政领导班子牢固树立“四个意识”，以身作则、敢抓敢管，对党风廉政建设工作做到及时部署、及时督促，对牵头负责的党风廉政建设工作坚持亲抓亲管、务求实效，自觉把党风廉政建设主体责任扛在肩上、抓在手上，坚持率先垂范、以上率下，带动形成全面从严治党的良好局面。坚持严格追责促责任落实，严格执行《中国共产党问责条例》和《广东省党的问责工作实施办法》，不断改进问责方式方法，强化问责严肃性，唤醒责任意识，激发担当精神。

【机构改革试点】 留隍镇自2019年8月被确定为丰顺县行政管理体制改革试点镇以来，先后制定出台了《关于深入推进留隍镇行政管理体制改革试点的实施方案》《关于调整丰顺县留隍镇职能机构编制的通知》《关于印发贯彻落实〈关于深入推进丰顺县留隍镇行政管理体制改革试点的实施方案〉政策措施工作方案》等文件，各项改革试点工作正在按上级要求稳步推进。加强组织领导，全力推动行政体制改革工作。成立以党委书记为组长，其他党政领导班子为副组长，各单位部门负责人为成员的留隍镇深化乡镇体制改革完善基层治理体系工作领导小组，制定并印发《留隍镇深化乡镇体制改革组织实施工作方案》，全力推进留隍镇行政管理体制改革工作。根据《中共丰顺县留隍镇委员会留隍镇人民政府职能配置、内设机构和人员编制规定》设置党政工作办公室9个，同时对改革后的机构部门负责人和部门人员进行重新安排调整，转任6名正股级干部，新提拔任用3名正股级干部，把想干事、能干事的干部调整到重要岗位，为留隍镇党政工作机构配齐配强人员。突出重点，全面激发改革活力。按照“既要放得下，又要接得住、用得好”“能放则放、宜放则放、依法放权”的原则，留隍镇全面梳理县级管理权限，提出具体下放权力需求清单202项，其中行政许可8项，行政处罚163项，行政强制9项，行政检查18项，行政征收2项，行政给付1项，公共服务事项类及其他1项。改造留隍镇文体活动中心一、二楼作为政务服务办公室和便民服务中心使用，构建“两中心、两平台”，探索一站式便民服务功能，推进规范化建设。综合行政执法队设立城市管理、交通管理、文化旅游管理、市场管理、农业农村管理等五个行政执法分队，分别行使城市、交通、文化旅游、市场、农业农村等领域的行政执法管理权限，实现统筹辖区内派驻和基层执法力量实行联合执法的“一支队伍管执法”。创新财政管理模式。在县委、县政府的大力支持下，留隍镇乡贤在丰顺县注册的总部经济企业产生的县本级税收收入，以2017年、2018年、2019年县本级税收的平均值为基数，从2020年起，超过基数部分县本级收入的50%返还给留隍镇。

【强农惠农】 立足生态农业根本，围绕农业增效、农民增收的目标，发展农业特色产业，推动农业稳步发展。严格落实惠农政策。按要求发放耕地地力保护补贴、基本农田保护补助金、生态公益林补偿金，进一步加强涉农资金使用管理。推广优质粮种，提高粮食产量。2021年全镇谷物种植面积累计2678.93公顷，水稻杂交良种播种面积2540.8公顷，占比94.8%，全年粮食总产13770吨。大力发展茶产业。鼓励茶农扩大茶叶种植面积，引进改造新品种，改进产茶制茶工艺，提升茶叶质量，提高经济效益，实现以茶兴农、以茶富民。做强做大橄榄产业。发挥"青榄专业镇"优势，扩大橄榄种植规模，扶持青榄产销专业合作社、裕兴橄榄庄园等龙头企业，培育优质品种，探索深加工方法，增加橄榄附加值，提升品牌知名度。全镇橄榄种植面积1333.33公顷，年总产量达1.7万吨。

【基础设施完善】 加快推进中小河流域治理。蔗溪中小河流治理工程、西洞溪中小河流治理工程和凤凰溪中小河流治理工程都已验收通过，投入使用。全面加强"四好农村路"和村内道路建设：环市至葛布、田站和葛布大桥至九河、富足至高华、环城路至溪南村后山等多条"四好农村路"已完成建设，沥青铺设总长约52千米，累计投资3000多万元。提高农村供水保障水平。留隍镇9个省定贫困村里共有56个20户以上的自然村，均完成村村通自来水工程，水质均通过质量检测。加强现代农业设施和农村信息基础设施建设，已完成20.27公顷高标准农田建设，全镇37个村（社区）均已实现4G网络全覆盖。加强农村公共文化服务。全镇37个村（社区）已实现基层综合性文化服务场所、体育服务场所建设全面覆盖，文明村镇覆盖率100%。

【重点项目建设】 项目是全镇创新发展的"引擎"，留隍镇以特色产业为核心，以项目为抓手，着力谋划实施涉及产业、交通、环保、医疗、教育、新农村建设等20多个重点项目。截至2021年年底，人民广场及地下停车场、同心圆广场已建成向群众开放；留隍幼儿园扩建工程已顺利竣工交付使用；丰顺县第二人民医院已挂牌启用，留隍中心卫生院实现整体搬迁；潮客古镇环境提升工程首期示范段已完成，二期工程已基本完工；慈善堂修建工程、东留农贸市场新建工程已经完成；红崇山文化公园廊道和主要节点基本完成；十里凤凰项目、骑楼古街改造工程、留隍市场改造工程、东留片补充饮水工程正在加快建设中；茶背新型绿色建材工业园、坚真大湖天池等项目进行征地拆迁、优化规划、土地调规等前期工作。

【城乡风貌整治】 按照《丰顺县开展"美丽丰顺·美好家园"三年行动计划》的工作部署，积极推进"两美"提升工程，加快改善城乡人居环境，实现美丽与发展共赢。抓好农村人居环境综合整治。加强路边、水边、村边、屋边、山边环境综合整治，深入开展"厕所革命"专项行动，推动生活垃圾分类处理，努力改变农村"脏、乱、差"现状；扎实推进"三清三拆三整治"工作，2021年以来，已拆除危、旧、弃房、旧猪牛栏及乱搭乱建、违章建筑等561间，共计面积12970平方米，截至2021年年底，累计已拆除2123间，面积64468平方米。全面落实"河长制"。层层签订责任书，明确责任分工，积极开展巡河工作；加强盗采河砂整治工作，组织专门队伍加强对盗采河砂的日常巡查管控，开展专项整治打击行动，有效遏制了非法盗采河砂行为，进一步规范了留隍镇河道管理秩序；切实做好城乡污水处理工作，加快镇级污水处理厂和村级污水处理站规划建设，镇级污水处理厂主体工程已完工，管网铺设工作已完成总进度的90%，已投入使用的污水处理站有12个：黄沙坑2个，茶背1个，九河1个，田玷1个，砂汤2个，高华1个，溪南1个，上围1个，葛布1个，岽下1个；另富足1个还在建设中。加大“两违”管控打击力度。抓好全镇“两违”日常巡查管控，将违建情况进行登记造册，通过严把水、电、网络、电视安装审批关，严厉打击违法用地和违规建设行为，规范留隍镇建设管理秩序。做好护林防火工作。积极开展新一轮绿化大行动，2021年完成造林抚育近426.67公顷，种植近153.33公顷；加大护林防火宣传力度，张贴2000多份防火宣传标语、悬挂200多条横幅、竖立了100多个防火警示牌，利用林业广播宣传车、移动音响播放防火知识，有效增强了广大群众的防火意识；加强队伍建设，重新组建了一支专兼职护林防火队伍，明确责任分工，加强培训演练，增强综合素质，确保做好森林防灭火工作和伐木毁林捕禽巡查监管工作。加快推进美丽乡村建设，“五村连片、十村联动”省级新农村连片示范建设工程和“6+6”新农村建设工程项目进展顺利，推动镇区有效扩容提质，城乡人居环境加快改善，实现美丽与发展共赢。

【脱贫攻坚】 2021年以来，留隍镇严格按照上级党委政府的工作部署和关于脱贫攻坚和乡村振兴衔接的有关文件要求，积极做好防返贫监测、扶贫资金资产登记交接和脱贫攻坚和乡村振兴交接等工作。持续跟踪返贫监测，保证脱贫成果。按照文件要求，留隍镇组织镇、村两级干部会同对口帮扶工作队，对全镇建档立卡贫困人口以及边缘易致贫户、突发困难户等重点对象情况进行严格细致的研判梳理，通过走村入户实地调查了解，详细掌握该类对象的生产生活情况，对涉及因灾减产、因病致贫、因学致贫、突发意外致贫等情况的对象纳入动态监测，初定脱贫不稳定62户，229人。留隍镇党委政府和乡村振兴工作队将持续对此类人群进行关注与帮扶，确保脱贫路上不掉一人、不落一户。认真完成扶贫工作交接。留隍镇农办公共人员与原脱贫攻坚工作队9个省定贫困村4个面上村13名扶贫工作队队长在2021年6月顺利完成扶贫最后的交接工作，包括扶贫资金、资产、收益、档案等，后续并将全镇扶贫档案登对核实后统一移交至丰顺县档案馆。协调好脱贫攻坚和乡村振兴的交接工作。按实际情况，完成防返贫监测对象交接台账、需要接续推进的工作交接台账、扶贫资金资产交接台账、产业扶贫和资产收益项目交接台账、办公资产交接台账、工作经费交接台账、扶贫档案交接等。

【特色小镇建设】 按照上级决策部署，结合留隍镇发展定位，委托广东城乡规划设计院、珠江规划院、广东旅道设计公司等权威设计单位和规划专家团队，对《留隍镇土地利用总体规划（2014—2030）》《留隍镇风貌设计及主要空间街路景观整治设计》《广东潮客小镇发展规划》等进行整合提升，多规合一，做好《留隍镇红岽山文化公园总体规划》《留隍镇军塘湖湿地公园总体规划》《留隍镇西山释迦岽片区概念性规划》等规划编制，不断优化提升发展思路，进一步明确留隍、东留、茶背三个片区协调发展、联动发展的思路。留隍片区以军塘湖湿地公园、红岽山文化公园、宋代古街、万江古庙建设为重点，以点带面、串珠成链，推动老城区功能品位双提升，打造宜居宜业宜游新镇区；东留片区在鹿湖温泉度假村AAAA级景区和“惠仁圣寺”的基础上，以潮客小镇建设为中心，优化提升温泉度假养生和康养文化养生产业；茶背片区以释迦崠和生态工业园为核心，依托释迦崠优美的自然生态资源和黄礤老苏区红色文化资源，通过“红+绿”融合发展，打造生态旅游和产业融合发展示范区。

【基层治理】 572镇坚持党建引领，以人民为中心，加快补齐基层治理的短板弱项，不断健全基层治理体系，努力构建共建共治共享的基层社会治理格局。加强行政综合执法体系建设，全面梳理县级下放的管理权限，理顺职责关系，规范执法程序，完善工作体制机制，加强教育培训和训练演练，不断提高行政执法水平。深入推进党群服务中心平台建设，建立健全工作机制，完善服务功能，全方位受理和代办群众事项，让群众办事“只跑一次路、只进一家门”，享受一站式便民快捷服务，打通服务群众“最后一千米”。不断提高基层社会治理水平，研究出台“两违”巡查管控、河道巡查管理、林业管护、环境卫生整治等多个工作暂行办法，实行县委、县政府正在大力推动的网格化管理机制，不断完善应急管理体制，建立奖惩考核机制，确保责任落实到人，措施落实到位，以制度管人管事，建立健全基层治理体系，推动各项决策部署在留隍落地见效。

【平安留隍】 紧紧围绕创建“平安留隍”的总体目标，创新社会治安综合治理。狠抓综合治理服务平台建设，积极推进“中心+网格化+信息化”工作，同时，留隍镇积极开展矛盾纠纷排查化解，落实重点信访案件领导包案责任制，提升办案结案率，尽力将矛盾化解在基层，解决在萌芽状态，竭力维护社会和谐稳定，全力构建“大防控”和“大调解”工作格局。2021年全年综治信访维稳中心共受理案件57宗，已办结57宗，办结率为100%，比2020年有所上升，答复率为100%。抓好安全生产工作。认真落实安全生产“一岗双责”，建立完善各类预警和应急机制，管控重点领域，消除安全隐患，提升平安创建工作水平。全年共进行各类检查138次，加强地质灾害隐患点整治，对全镇33个地质灾害隐患点进行再排查，汇总基本信息，统一管理。

（许有锌）

潭 江 镇

【概况】 潭江镇地处丰顺东北部、最美家乡河韩江中游，东邻饶平县新塘镇，西接本县砂田镇和小胜镇，南与潮安区凤凰镇相连，北与大埔县洲瑞镇、高陂镇和桃源镇接壤。镇域建置已有上百年历史，是广东省中心镇、红陶专业镇、单丛茶之乡，也是梅州唯一的少数民族（畲族）聚居地。全镇总面积217.71平方千米，辖18个村、1个社区，总人口约3.1万人。镇域内自然资源丰富，有山地1.91万公顷，水田536.67公顷，森林覆盖率达80%，还拥有2400公顷茶叶种植区，在全市建制镇中规模最大。水力、河沙、矿产等资源蕴藏量大，土壤硒含量高。茶叶、红陶、红薯是潭江“三宝”。这里文化底蕴厚重，畲族文化、红色文化、农耕文化交织相融。省道227线、县道027线横纵贯穿镇域，陆域交通脉络畅通高效。

【政区人口】 全镇辖1个社区居委和18个村委，233个村民小组，总人口3.1万多人，其中凤坪畲族村950人（畲族608

人）。是梅州市唯一的少数民族（畲族）聚居地，也是著名的革命老区。

【经济发展】 2021年，潭江镇实现社会生产总值6.03亿元，同比增长2.7%，其中农业生产总值3.61亿元，工业生产总值2.42亿元，居民人均可支配收入达到15873元，同比基本持平，全镇经济增长保持良好态势。多年来，潭江一直致力于茶叶产业的品质提升、品牌打造，春茶年产量已达65万公斤，产值达1.75亿元。并在这个基础上加快建设村级特色产业，2021年获评省级“一村一品”项目专业村6个。

【农业发展】 茶叶是潭江镇的特色产业，茶叶种植主要分布在较高寒的凤坪、银溪、箭竹、官上、官溪、官下、社輋、然新8个村，以凤坪和银溪、官溪片区茶叶较为出名，素有“高山云雾出名茶”之称。近年来，潭江镇茶叶产业飞速发展，茶园面积和茶叶产量逐年提升，全镇茶园面积达到2400公顷，古茶树3.6万多株，潭江镇作为丰顺县茶叶发展集聚镇示范点，茶叶资源丰富、种茶历史悠久，茶文化独具韵味，其中凤畲茶叶发展有限公司、顺兴茶叶发展有限公司均获得多项国家级、省级茶叶荣誉称号，茶叶主导产业发展呈现良好态势。此外，还有丹竹洋村的红薯、粉輋村的百香果、富溪村的马水橘等优质农产品，受到市场的青睐。

【工业发展】 陶瓷业：潭江镇瓷土资源十分丰富，生产陶瓷已有300多年的历史，产品畅销东南亚和欧美等地，素有“陶瓷乡”的美称。2005年，潭江镇被省科技厅认定为红陶专业镇。近年来，潭江镇结合辖区内陶瓷产业现状，充分利用本地区丰富的瓷土资源优势和“红陶专业镇”品牌，深入开展“暖企”行动，为企业发展解决一批困难和问题，陶瓷企业出口份额大增。

水电建设：潭江镇东西两岸较低，全境均为丘陵山地，溪流都汇入韩江，形成了丰富的水力资源。近年来，潭江镇充分利用水资源的优势，大力发展水电资源，辖区内有37宗小水电站，发电量达到28000千瓦时，为全镇安全饮水、农田灌溉、水利工程建设和水土保持提供了强有力的资源保障。潭江镇还有2宗小（1）型水库（凤坪水库设计库容123万立方米，主汛期库容20万立方左右）；1座粉輋山塘。

【文教事业建设】 潭江镇共有中学、九年一贯制学校各1间，其中潭江中学学生约360人，教职工45人，潭山学校约300人，教职工45人。小学4间，教职工总数约为130人，学生总数约1600人，其中潭江中心小学学生约900人，官溪小学学生约330人，大胜小学学生约280人，凤坪畲族小学学生约100人。为传承好当地少数民族特色文化，凤坪畲族小学结合实际设有畲语、畲族舞蹈、茶艺表演等课程。2020年，潭江镇投入372万元对大胜村幼儿园和官溪下村幼儿园进行升级改造，并转制为公办幼儿园，不断完善学前教育公共服务体系，让教育真正“从娃娃抓起”。

潭江镇坚持教育优先发展的理念，积极实施“科教兴镇”战略，逐步形成以学前教育、基础教育均衡协调持续健康发展的良好格局。各级学校教育教学水平再上新台阶，潭山学校、潭江中学均于2021年被评为“广东省绿色学校”“梅州市文明学校”，潭江中心小学于2021年获得“广东省绿色学校”称号、县级教学工作三等奖。教师教研能力显著增强，多位教师于论文撰写方面获得过市、县级奖项。在校学生综合素质全面提升，潭江中心小学于2021年获得梅州市第一届中小学大课间体育活动三等奖、丰顺县庆祝中国共产党成立100周年文艺会演三等奖，潭山学校荣获2021年度丰顺县“县长杯”校园足球联赛第五名、丰顺县教育系统庆祝中国共产党成立100周年暨“五四”中学甲组文艺会演舞蹈第三名。

【城乡建设】 大力整治人居环境。持续推进“三清三拆三整治”攻坚行动，全年累计清理房前屋后乱堆乱放、杂草、清理沟渠池塘溪道淤泥、漂浮物1507处，清拆危、旧、弃房36300.12平方米，客家民居外立面改造提升约14000平方米。常态化开展圩镇“六乱”整治工作。坚决取缔乱摆乱卖和占道经营行为，设置临时摆摊区域，禁止乱停乱放、乱摆乱卖，进一步规范经营秩序，着力营造良好营商环境。在圩镇坚真大道和沿江路两边设置了433个停车位，确保店铺和农贸市场规范经营，行人和车辆有序出行。持续开展村庄清洁行动、“两美”行动和爱国卫生运动，对沿江路、坚真大道、新兴路以及官下村河道沿线开展“三线”专项治理行动，人居环境得到进一步改善。

全力筑牢生态屏障。持续打好蓝天碧水攻坚战，投入清漂资金50万元，开展两次清漂专项行动，专项行动期间，清理河道长度9600米，清漂水域面积42400平方米，共清理淤泥垃圾水藻等漂浮物148.2吨。持续推进河道清“四乱”，打击非法采砂偷砂行为，摸排发现新“四乱”点6宗，已全部完成销号，每月巡查河道8—10次，一年来未发现偷采砂行为。全面推行河长制，全年镇村河长累计巡河1586次，镇河长办督办问题11件，解决问题11件，有效维护了潭江河道的生态安全。投入65万元设置6.6千米防火林带和33个防火检查点，对森林火灾风险隐患进行排查，全年巡查100余次，确保森林防火形势安全稳定。

【社会事业】 巩固脱贫攻坚成果。为进一步巩固脱贫攻坚成果水平，落实“四个不摘”要求，潭江镇建立健全防止返贫监测机制和领导小组，全力抓好脱贫不稳定户、边缘易致贫户、突发严重困难户等三类未消除风险监测对象户的监测帮扶工作，有计划地对全镇脱贫户261户819人进行实地入户和电话回访，根据监测对象的风险类别，排查出2户10人列入未消除风险监测对象，及时开展精准帮扶，明确结对监测帮扶联系人、因户制宜采取针对性帮扶措施，坚决守住不发生规模性返贫底线。发挥扶贫资产项目的增收致富效益，摸清全镇扶贫资产项目底数78个，并做好驻镇工作队与村扶贫资产项目的衔接工作，严格扶贫资产管理，将其作为巩固拓展脱贫攻坚成果的重要支撑。

推进乡村全面振兴。坚持规划先行、精准谋篇布局。联合海珠区驻镇帮镇扶村工作队，在多次入村走访调研、开展专题研究会的基础上，制定《潭江镇“三农”领域突出短板“九大攻坚”行动工作方案》及潭江镇2021年乡村振兴驻镇帮镇扶村资金2000万使用方案，会同规划公司制定乡村振兴五年规划。狠抓产业振兴、促进人民增收。摸排各村撂荒土地，对连片的撂荒土地进行复耕复种，已完成降福村10.67公顷撂荒土地签约种植水稻。投入1300多万元建设凤坪畲族村民俗展示中心、凤凰山北麓潭江高山茶文化推广中心和文化旅游驿站项目，依托广东省少数民族特色村寨的金字招牌，探索文旅融合、茶旅融合新路。坚持镇村互动，建设特色乡村。因地制宜做好新农村建设工作，深入实施村容村貌、基础设施、绿化、亮化、美化等工程。2021年5月7日，成功举办全市农村工作会议暨实施乡村振兴战略现场推进会，活动现场备受上级和群众好评，新农村建设工作取得显著成效。

持续增进民生福祉。提高村民安全饮水保障能力，分别实施2020年度、2021年度全域自然村集中供水工程，解决了30多个自然村群众饮水困难问题。推进社会保障全覆盖，严格落实社会救助政策，向贫困学生、低保户、特困人员、困难残疾人员发放救助金和生活补贴。提升文化惠民水平，积极配合开展送文艺、戏曲、电影下乡活动和各类文化培训志愿活动，极大地丰富了群众精神文明生活。提高社会文明程度。定期开展文明实践宣传教育活动，一年来连续举办文物展览、法治宣传教育、扫黄打非、护苗专项行动和“绿书签”等宣传活动，参加人数达580人次。

持续提高安全生产管理水平。一年来，持续开展安全生产、交通、消防、烟花爆竹、危险民爆物品等专项整治工作。开展“安全生产月”和“安全生产万里行”活动，检查各类场所200多家，发现各类隐患55处。积极推进居民自建住宅消防安全排查工作，行动开展以来共排查房屋1487家，发现隐患71个，整改合格55个，限期整改16个，新开设逃生口176个。全面消除农房安全隐患，在全镇18个行政村开展农村房屋安全隐患排查工作，一年来共计排查3712例，完成率达100%。扎实推进农村房屋削坡建房风险点整治工作，截至2021年年底已完成75处整改任务。全年未发生重特大事故，确保了社会的稳定和安全，全镇安全生产整体水平明显提高。

深入推进平安建设。深入推进“中心+网格化+信息化”建设，全镇共接待信访258人次，受理案件78宗，成功调处76宗，调处成功率97%，梅州市网上信访系统受理12宗信访件，全部按照上级文件做到归口处理，按时办结，全部符合广东省信访业务规范化要求。继续加强对重点群体和重点人员管控工作，在全国两会、“五一”节、中国共产党成立100周年庆期间，实行24小时值班制度和社会稳定情况信息、每日“零报告”制度，召开综治信访维稳分析研判会议，做到信访隐患及时发现、上报、处理，将问题解决在萌芽状态。截至2021年年底共接收社区矫正人员36人，累计解除矫正人员34人，在册矫正人员2人。扎实推进法治潭江建设，镇村协同完成反诈App安装工作，开展辖区法律法规政策和禁毒宣传活动，发放扫黑除恶和禁毒宣传册17000余份，有效遏制各类违法案件发生。

【党的建设】 强化党的领导核心地位。坚持以政治建设为统领，推动全面从严治党向纵深方向发展，全镇党员干部“四个意识”明显增强、“四个自信”更加坚定、“两个维护”更加自觉；全面加强党内政治文化建设，依托洪茵烈士墓、坚真桥头公园和官下龙溪跻宁新时代文明实践点深入开展红色革命教育活动，着力完善官下村、枫坑村内两个省级新时代文明示范站建设，营造风清气正的政治生态；落实好乡镇体制改革工作，重新设置10大办公室和5个事业单位，对照《丰顺县乡镇体制改革工作任务清单》完成各项任务。

狠抓理论学习。坚持把学习贯彻

习近平总书记思想作为头等大事和首要政治任务，切实用以武装头脑、指导实践、推动工作；推进党史学习教育走深走实，镇理论中心组一年来开展专题学习10次，各基层党组织开展党史专题党课29场，党史学习教育专题会54次，同时以镇领导牵头开展“我为群众办实事”实践活动，解决群众“急难愁盼”的突出问题。

建强基层队伍。认真实施加强党的基层组织建设三年行动计划，顺利完成村（社区）“两委”换届选举工作，共选任101名村（社区）“两委”干部，选优配强了村（社区）“两委”干部队伍，大专及以上学历占比13.8%，党员占比91.08%，总体实现干部队伍“年龄变小、学历变高、结构变优、能力变强”的目标。

激发人才活力。做好发展党员工作，2021年新发展积极分子19名，接受预备党员22名，预备党员转正6名。加强年轻干部教育培养，5月组织2名干部参加年轻干部专题培训班，10月组织12名新招录公务员参加初任培训，12月组织7名新任领导干部参加任职培训，进一步提升干部整体素质；发挥榜样作用，3名干部晋升职级，以激发党员干部担当作为、干事创业的热情。完成“两优一先”上报工作，该镇李煜龙被确定为丰顺县优秀共产党员表彰对象，黄萍萍被确定为丰顺县优秀党务工作者表彰对象，官下村党支部确定为丰顺县先进基层党组织表彰对象。

纵深推进党风廉政建设。支持镇纪委制定并实施《2021年潭江镇党风廉政建设和反腐败工作计划》及《2021年潭江镇领导班子党风廉政建设主体责任清单》，每半年召开一次专题会议，层层落实责任，确保党风廉政建设和反腐败斗争抓严抓实；做好村务监督，本届村务监督委员会成员57名，党员31名，全部实现“一肩三职”；认真做好疫情防控、疫苗接种、森林防火监督检查工作，全力保障上级各项部署有效落实；精心谋划开展了“学党史悟思想，守纪律铸忠诚”为主题的纪教月活动，锤炼干部队伍忠诚干净担当政治品格；抓好案件查处工作，全年共收到受理各类线索4条，立案并结案1宗，了解2条，剩余1条初核中。充分运用监督执纪“第一种形态”，一年来镇纪委共开展日常谈话97次、提醒谈话34人次，从源头遏制苗头性问题。

加强党对武装工作的领导。坚持党管武装的原则，成立镇“征兵工作领导小组”，添置完善武装器材设备，以强有力的组织领导和制度保证，促进镇武装工作与经济工作协调发展。

加强党对群团工作的领导。按时完成共青团、妇联换届工作。抓好志愿服务工作，2021年来由镇党委牵头，共青团、妇联联合开展志愿者活动22次，志愿者参加达700多人次，以实际行动在服务群众一线中诠释初心使命、展现群团力量。在镇村干部的共同努力下，潭江镇团委于2021年广东共青团整治软弱涣散基层组织三年行动“命脉工程”中被评为优秀团组织；官下村获评第二批丰顺县家风家教实践基地，3户家庭在县级“弘扬家庭文明新风·共创城乡美好生活”系列新时代文明评选活动中分别获得“最美家庭”“绿色家庭”“美丽庭院”称号；消防所获县消防安全委员会授予的2021年度“最美热心消防公益事业先进集体”。

加强党对政府建设的领导。一年来潭江镇政府在镇党委的坚强领导下，积极履职尽责，做好了自身的建设工作。依法履职提效能。以提高干部能力和素质为重点，持续深入开展“转作风提效能抓落实”活动，严格执行“马上就办，办就办好”工作机制，确保件件有落实、事事有成效。清正廉洁树形象。牢固树立过“紧日子”思想，严控“三公”经费支出，把有限的财力用在保民生、促发展上，严格落实中央八项规定及其实施细则，驰而不息纠正“四风”，进一步提升了勤勉务实、清正廉洁的政府形象。纵深推进新改革。根据相关要求，原自然资源所和市场监督管理所人员归并到综合行政执法部门，并顺利完成固定资产清点、移交和人员整合、安置工作，为提升执法水平提供了物质支撑和人员保障。

（党政办）

砂田镇

【概况】 砂田镇地处丰顺县东北部，距县城汤坑86千米，距梅城53千米，东邻潭江镇、大埔县洲瑞镇，西接大龙华镇，南连小胜镇，北与大埔县银江镇接壤，全镇总面积146.25平方千米，其中山地面积1.2万公顷、耕地面积586.93公顷，境内四面群山怀抱，西北面莲花山脉主峰——铜鼓峰，为粤东最高峰；中间盆地，金沙河自北部向南流经砂田圩镇。

【政区人口】 砂田镇下辖占山、占上、占中、占下、砂田、新塘、岳坑、大坑、荐坪、黄花、茜坑、南溪、南洋、南坑、沙溪、铜峰16个村民委员会和金砂社区1个居民委员会。全镇共有4574户，总人口19541人。

【自然环境】 砂田镇土质肥沃，植被较好；属亚热带海洋性气候区，一年常绿，四季分明，气候温和，雨量较往年偏少，阳光充足，霜雪少。辖区内森林、水力、高岭土、矿产（稀土、花岗岩为主）资源丰富，大部分尚未开发利用，有较好开发前景。自然生态环境优异，野生物、动植物种类繁多，为发展山区经济提供了宝贵条件。

【经济状况】 2021年，砂田镇经济运行稳中向好，农村经济总收入1.6亿元，工业总产值3354万元，农村人均纯收入1.2万元，顺利完成“十三五”规划各项工作目标任务，各项社会事业持续进步。

【旅游景区】 粤东第一峰——铜鼓峰。位于砂田镇西北部，海拔1559.5米，为粤东第一高峰。铜鼓峰顶端方圆，形如铜鼓，山势险峻，巍峨壮观，具有千姿百态的奇石景观，最具形象的有：“玉石佛手”“仙人取宝”“金龟下山”等；在海拔1100米处，还有世界上海拔最高的客家围龙屋及千亩大草原。登山可观日出日落，俯视群山云海；东望韩江凤凰山，西闻鸿图茶片香，南俯潮州湘子桥，北视阴那铁树花，为夏秋探奇，观光旅游的好去处。

教授之乡——黄花村。黄花村总人口约1100多人，共有30多名专家、教授出自该村。其中著名数学家李国平院士，于1955年当选为中国科学院首批学部委员；其他著名教授有：华南理工大学教授李铭盘，华中科技大学教授李德华，武汉大学教授李小川、李健行，华中师范大学教授李工宝等，是名副其实的“教授村”。该村方圆约1.5平方千米，四面环山，群峰竞秀，林木茂盛，地理环境非常独特，素称“狮象把水口，龙虎守山门”。该村主要有八景：李国平院士故居、客家特色民居、笔峰（笔醮墨池）、原始森林公园、仰山公祠、将军庙、油菜花海、黄花天池。该村于2008年被评为“广东省特色旅游村”，2010年被评为“全国生态文化村”，2014年被评为“广东名村”“广东省卫生村”，2016年被评为“广东省文明村”，2019年被评为广东省首批“国家森林乡村”，2020年被评为第六届全国文明村，2021年被评为“第二批广东省文化和旅游特色村”“广东省民主法治示范村”。

【社会保障】 全力做好社会救助工作。完善分层分类社会救助体系，动态管理社会救助对象，合理发放最低生活保障金，加大对困难群众精准帮扶力度，全力保障困难群众基本生活。2021年，为低保户180户383人申请发放了低保救助金1495638元；为特困供养85人申请发放了特困供养金965460元；为残疾人发放两项补贴333人次共889513元；为4名事实无人抚养儿童、5名孤儿发放保障金共132516元。

扎实做好养老服务体系建设。认真做好敬老院日常管理、消防安全、食品安全和疫情防控等工作，投入20多万元完成了敬老院财会室、保卫室、厨房食堂升级改造，投入60多万元建设了茜坑村、岳坑村、沙溪村居家养老服务站，进一步改善了敬老院工作及生活环境，提升了养老服务体系的服务能力。

深入推进双拥共建工作。落实优抚安置政策，积极对50周年党龄退役军人、贫困退役军人、优秀士兵等群体开展慰问。2021年，共慰问贫困退役军人10户10人，发放慰问金0.3万元，并发放大米、衣物等生活用品。同时，健全梅埔丰革命烈士纪念碑长效管理制度，定期对纪念碑进行清扫和管护，确保纪念碑不受污损、周边环境干净整洁，保持庄严肃穆氛围。

积极推进养老保险工作。稳步推进城乡居民养老保险扩面征缴工作，抓实抓细参保开户、年度征缴、信息变更、到龄申领、死亡火化补贴等每一个环节，确保参保人与家属权益不受损，参保人数累计达到8729人，领取待遇人数达3305人，完成缴费任务1104人，完成84.73%。同时，面对政策调整、人口流动、任务数大等压力挑战，超前部署、提前落实，广泛宣传城乡居民养老保险的新政策、新要求，2021年缴费到账人数12849人，参保进度90.24%，走在全县前列。

大力推进农村集中供水全覆盖。不断改善农村生活饮水条件、提高供水质量，确保全镇农村群众喝上干净安全的自来水。截至2021年年底，2019年度砂田镇全域农村饮水工程3个点（铜峰村美营、横石、孩儿坐栏）已进入分部验收阶段，试运行中；2021年度砂田镇全域自然村集中供水工程5个点（茜坑村、沙溪村、占上村、砂田村、南溪村）已进入分部验收阶段，试运行中。

持续抓好疫情防控工作。压实压紧网格责任，常态化开展疫情防控工作，加强返乡人员摸排管控，迅速开展区域核酸检测应急演练，加快新冠疫苗接种步伐，对全镇户籍人口用“粤苗”App、“粤健通”小程序等辅助工具进行覆盖查询，全面开展地毯式入户摸排和发动工作，做到“三个清楚”（情况清、底数清、方向清）；分三步走：按照在家人群（常住人口）、户籍人群、特定人群（含在校学生、救助对象、精神病患者等）的顺序逐一开展入户宣传工作；做好四本账：整理好已接种、因重大疾病等身体原因不能接种、不愿接种、未接种人群的相关台账资料。同时，及时更新第二针、第三针到期未接种人员名单，工作组协助医护人员到村接种，特别是针对行动不便人员进行上门入户接种服务。截至3月11日，3周岁以上人群累计接种第1针人数7669人，覆盖率81.65%，（其中60周岁以上人群累计接种第一针人数2194人，覆盖率86.96%）。

【生态保护】 全面推行河长制工作。高度重视河流生态保护，成立由镇党委书记任第一总河长的砂田镇河长制领导小组，及时调整领导小组成员，扎实推进常态化河长制工作。2021年，共召开5次全面推行河长制专项工作会议，严格按照镇、村河长年度巡河计划对河道进行巡查并督促整改，全年共开展了“五清”、河湖“清四乱”（清理乱占、乱采、乱堆、乱建）两次专项行动，共计打捞清运漂浮物约286吨，清理水域面积约10.31公顷。

持续提升农村人居环境。开展爱国卫生运动、村庄清洁行动、农村人居环境整治冬季战役等，统筹抓好农村生活污水治理，实现生活垃圾无害化处理行政村全覆盖，因地制宜打造“四小园”，积极争创国家生态文明建设示范村镇，促进人与自然和谐共生，努力让砂田“天更蓝、山更绿、水更清、景更美、生态更和谐”。2021年，全镇累计清理房前屋后乱堆乱放854处，拆除危旧房1061间4.2万平方米，统一外立面整治及风貌提升146间16258平方米，整治溪流、圳渠淤泥74千米等。

严格抓好森林防火工作。坚持“绿水青山就是金山银山”的发展理念，践行生态优先、绿色发展之路，时刻绷紧森林防灭火这根弦，落实各项保障，配齐应急设备，优化应急预案，划分责任区域，加大培训力度，做实、做细、做好包山头、守路口、发传单等各项森林防灭火工作，全力保障砂田安全形势总体良好，保护砂田绿水青山。2021年，累计悬挂横幅标语50条，张贴海报130张，发出致群众一封信、禁火令、告知书及签订责任书1.2万余份，切实做到100%入户，宣传全覆盖。

【旅游发展】 深入挖掘红色文化史料。修缮保护革命遗（旧）址，积极申报爱国主义教育基地。埔丰边县游击队旧址、闽粤赣边区纵队第一支队司令部旧址、李国平故居获评丰顺县爱国主义教育基地。

积极建设红色教育基地。修缮保护南溪村黄岗坪土楼，挂牌设立为砂田镇党校现场教学点、砂田镇红色文化教育现场教学点。黄岗坪土楼获评丰顺县首批县级党员教育基地。

弘扬传承市级非物质文化遗产“砂田菜花灯”。积极申报省级非物质文化遗产，强化重要文化遗产系统性保护，充分挖掘特色历史文化资源。

着力建设综合性砂田公园。依托南溪村县级家风家教实践基地和黄岗坪土楼首批县级党员教育基地的平台优势，完善砂田公园环山道路、休憩区、观景台、廊桥、综合服务中心等基础设施建设，着力打造融合旅游观光、生态休闲、文化教育等多种功能为一体的综合性公园，为乡村游增加新亮点。

大力发展文旅康养特色旅游。打好“红色传承”和“绿色发展”两张牌，构建“红色+绿色”产业发展模式，串联国道沿线六村，打造高品质美丽乡村示范带，发展特色旅游新路线，推动经济社会发展，增加当地民众收入，实现农业高质高效、乡村宜居宜业、农民富裕富足。

【乡村振兴】 健全防返贫监测机制。坚持脱贫不脱政策，脱贫不脱帮扶，为原贫困户128户321人购买防返贫保险，组织有劳动力的贫困户开展技能培训，设立12个公益性就业岗位，优先安排贫困户就业。同时，加强摸排走访，对脱贫不稳定户5户30人进行重点巩固、动态监测，从医疗、住房、教育、就业等方面保障贫困户的脱贫成效，有效防止返贫现象的发生，巩固脱贫成果。

大力实施“九大攻坚行动”。深入贯彻落实习近平总书记关于把“三农”短板变成潜力板的重要指示要求，集中力量、汇聚资源，贯彻落实省、市、县委实施乡村振兴战略领导小组《关于“三农”领域突出短板“九大攻坚”行动》相关文件精神，全面做好巩固拓展脱贫攻坚成果同乡村振兴有效衔接的各项工作，加快补齐“三农”领域突出短板，全面提升农村基础设施、公共服务、治理体系等建设水平，确保到2022年全镇乡村振兴“五年取得显著成效”，为全面推进乡村振兴、加快农业农村现代化奠定扎实基础。

发展壮大村集体经济。立足砂田资源优势，积极争取资金扶持，借助帮扶工作队组团式力量，创新发展光伏发电、铜峰茶、富硒米、砂田酿酒等产业，加大力度推进“一村一品”项目，多渠道壮大村集体经济，努力实现“农业增效、农民增收”。2021年，全镇11个村集体经济收入均达到5万元以上，5个村达到10万元以上，其中占中村村集体经济收入从2017年的3000元增长至现在的28.3万元。

【基层治理】 编织基层治理全科网格。全镇划分为17个网格56个子网格责任区域，以“网格化定位，责任化分工，组团式作战”为基本架构，锻造“一专多能、一岗多责、协同作战”的全科网格员队伍，将农业农村、应急管理、综合执法、综合治理等部门业务纳入统一网格体系，精细分解任务，精准责任到人，推动实现大事全网联动，小事一格解决。

强化综治信访维稳工作。严格落实综治维稳工作领导责任制，全面完善综合治理网格化管理，依法严厉打击各类违法犯罪，推动扫黑除恶机制化常态化，强化矛盾纠纷排查化解，加大信访事项依法分类处理力度，进一步强化法治观念和法律意识，有效确保群众生命财产安全、社会大局和谐稳定。2021年，全镇共有3000多名群众安装并使用了“国家反诈中心”App，通过App拦截的诈骗事项9起，共接访群众事项26综，群众信访事项1项，已经全部调解完成。砂田镇获评丰顺县“创建国家信访工作‘三无’县工作先进单位”，镇党委书记邱茹莉获评“创建国家信访工作‘三无’县工作先进个人”。

【精神文明建设】 持续推进新时代文明实践活动。按照“六进”（进机关、进校园、进社区、进企业、进农村、进网络）工作思路，组织开展了家风家教主题宣传暨“看见幸福‘阅’出梦想”亲子阅读活动、“文明健康有你有我”公益广告宣传、“不忘初心、牢记使命”主题党日活动、“党群齐参与、共建砂田美”全民“两美”志愿服务活动、诚信主题系列实践活动、“我们的节日·七夕”主题活动、学习贯彻党的十九届五中全会精神宣讲报告会等新时代文明实践活动共270多场次。

持续推进文化宣传阵地建设。严格按照标准建设砂田综合文化站为一级文化站、县文化馆图书馆分馆，并设立占中村、南溪村和茜坑村为服务点，加强文化队伍专业培训，提升文化服务能力，为群众提供更多选择、更优服务的文化宣传阵地，不断满足群众日益增长的精神文化需求。

持续推进文明镇村创建工作。立足实际，严格依照文明镇村建设要求，从开展创建活动树新风、丰富文化生活促和谐、改善人居环境美乡村等方面入手，多措并举，扎实推进文明镇村创建工作长效化、常态化。2021年，砂田镇获评广东省卫生镇、梅州市文明镇、梅州市“十佳乡风文明镇”，占中村获评广东省乡村治理示范村、梅州市文明村、梅州市“百佳乡风文明村”。

【党的建设】 持续加强政治理论学习。深入学习宣传贯彻习近平新时代中国特色社会主义思想、党的十九大和历次全会精神以及习近平总书记重要讲话精神。牢牢把握学懂弄通做实要求，坚决抓实抓紧抓细学习宣传贯彻工作，把学习宣传贯彻习近平总书记对广东工作重要指示批示精神与实际工作紧密结合起来，深化“大学习、深调研、真落实”工作，做到深入学、持久学、刻苦学，带着问题学、联系实际学，把会议精神转化为实实在在、看得见摸得着的实践成果，把理论学习成果转化为干事创业的强大动力，奋勇当先开创砂田新局面。

深入开展党史学习教育。严格按照党中央和省、市、县委的工作要求，迅速动员部署、成立领导小组，开展多形式、深层次、广覆盖的学习培训、宣传宣讲活动，营造良好学习氛围，确保党史学习教育高标准高质量开展。2021年，理论中心学习组开展专题学习14次，各基层党组织开展学习34次，组织专题党课17场，瞻仰革命遗址3次，观看红色影视4场。同时，广泛开展问计于民、问需于民、问政于民“三问”活动，收集群众诉求和意见建议共76个，已全部处理完成，覆盖人群达3880人，切实将党史学习教育成果转化为为群众办实事的具体实践，让全镇群众的获得感成色更足、幸福感更可持续、安全感更有保障。

圆满完成村（社区）换届工作。专门成立调研组，深入各村（社区）进行调研摸底，全面掌握实际情况，通过召开座谈会、谈心谈话等多种方式，及时掌握个人思想情况，形成“在位1分钟、干好60秒”的良好思想氛围。调整12个村的党组织书记和村委主任共14人，全镇“三个一肩挑”比例100%，“两委”干部交叉任职率69.8%，党员占比率79.7%。村党组织书记平均年龄比上届下降12.17岁，“两委”干部的“一肩挑”比例、年龄和学历均得到明显优化，全面提升了村级干部的综合素质，打造出一支守信念、讲奉献、有本领、重品行的村干部队伍。同时，大力实施新一轮加强党的基层组织建设三年行动计划，严格落实新时代党员干部标准，全面提升砂田党员队伍整体素质和发展的梯次结构，2021年发展党员20名。

不断筑牢基层党组织战斗堡垒。结合“扶上马、送一程”专项行动，组建17个导师团，实行“团队带班子、导师带个人”帮带形式，努力抓好新“头雁”工程。针对相对软弱涣散的村（社区），镇党委书记挂点督促督导，将分管党建的党委副书记刘宇派驻岳坑村，将党委委员朱旭龙派任南洋村党支部第一书记。通过加强思想教育、完善相关制度，实施党员先锋工程，推动基层党组织全面进步、全面过硬。同时，完善“党建+”网格管理制度，为全镇92名无职党员设岗定责，推行在职党员“亮身份、亮职责、亮承诺”活动，探索“网格+党员+志愿服务”模式，推动党员担当“服务先锋”，进一步增强了基层党组织凝聚力。

多措并举抓党建促乡村振兴。以“干”字当头，以“实”字为先，发挥党员先锋模范作用，全镇党员干部扑下身、沉下心、扎下根，扎实推进乡村振兴工作；利用“乡村连片治理”的区域性特点，整合优势资源，统一规划布局，着力打造六村连线连片高品质美丽乡村示范带。通过以实地观摩、现场演讲的方式，在全县率先开展村支部书记抓党建促乡村振兴“打擂台”活动，有效激发了村党支部书记推动乡村全面振兴的内生动力，形成比学赶超、取长补短、共同提高、相互竞争的建设热潮。

【获得荣誉】 单位获奖情况：砂田镇获评广东省卫生镇、梅州市文明镇、梅州市十佳乡风文明镇、丰顺县创建国家信访工作“三无”县工作先进单位。

砂田镇黄花村获评第二批广东省文化和旅游特色村、广东省民主法治示范村、梅州市百佳乡风文明村。

砂田镇占中村获评广东省乡村治理示范村、梅州市文明村、梅州市百佳乡风文明村。

砂田镇南溪村黄岗坪土楼获评首批县级党员教育基地。

个人获奖情况：砂田镇党委书记邱茹莉获评梅州市优秀基层武装部政治教导员、梅州市优秀党务工作者、梅州市三八红旗手、丰顺县创建国家信访工作“三无”县工作先进个人。

南溪村党支部书记梁俊坚获评丰顺县“优秀共产党员”。

砂田镇黄花村党支部书记李俊彬获评2021年丰顺县“身边好人”。

砂田镇占下村村民廖小燕获评2021年丰顺县“身边好人”。

（党政办）

小 胜 镇

【概况】 小胜镇位于丰顺县东北部，韩江中游西岸，东临潭江，西毗大龙华，南连黄金，北接砂田；镇区距梅州68千米，离县城72千米。全镇总人口约1.7万人，下辖11个行政村，总面积75.69平方千米。

【历史建置】 南朝时，陈、林、邱、宋四姓就分别在小胜的背坑、田背、寨坪、庵背塘等地筑祠定居。民国年间至中华人民共和国成立初期，属丰顺县第五区、第二区、第七区。1957年，称小胜乡。1958年，撤销丰顺建制时，并入潭江人民公社，属大埔县。1987年4月，改为乡。1993年，改称镇。

【经济概况】 2021年，全镇实现农村经济总收入1.316亿元；全年实现财政收入2701万元，工业总产值2530万元，固定资产投资2217万元，农村人均纯收入10251元，圆满完成各项目标任务。

【重要人物】 李坚真（1907年1月—1992年3月），女，1907年1月生于广东省丰顺县小胜镇大南东叶畲村，原名李见珍。1926年参加革命，1927年加入中国共产党。李坚真是中国妇女运动的先驱，32位参加长征的中央红军女战士之一。新中国成立后，历任中共广东省粤中区（今佛山市）党委书记、第一书记，中共广东省委书记（时设省委第一书记）兼省纪委书记，广东省人大常委会主任等职。

【自然资源】 境内自然资源丰富，主要有水力、林、竹木和瓷土等。主要经济作物有水稻、木薯、龙眼、香蕉、橄榄、竹子、紫胶等。水利资源也得到较好利用，有马鞍山水库、大南水库、石坑水库、白坟下山塘、田窝山塘、荐江塘山塘等大小山塘水库6座，库容100万立方米以上2座（马鞍山水库、大南水库），2021年全镇开发水电装机容量共4800千瓦。

【基层党组织建设】 选优配强基层党组织队伍。在全县率先实现“三个一肩挑”100%全覆盖，村“两委”班子成员交叉100%任职。圆满高效完成村“两委”换届，换届共选举产生新一届村“两委”干部47人，其中新进班子年轻干部后备干部17人，班子平均年龄45岁。换届后村班子结构全面优化，实现学历、年龄“一升一降”，队伍质量全面提升。全年发展党员11名，预备党员转正9名，培养积极分子88名。

夯实基层党组织战斗堡垒。将坚真党校作为全镇党员和干部学习的主阵地，建成“一镇十一村”党建阵地；立足坚真红色资源，打造集党性教育、红色旅游、农耕体验、产业发展于一体的“坚真党性实践基地”，并在2021年6月获评“丰顺县首批县级党员教育基地”。

【产业发展】 “千万工程”光伏发电项目落地小胜。在全镇11个行政村全力推进光伏发电项目，充分利用村委会大楼、学校、卫生站等闲置屋顶铺设光伏板，并进行“穿衣戴帽”工程。项目总投资1024万元，总装机容量达2200千瓦，预计年发电量达到280千瓦时，年经济收入可达到112万元。项目资金主要来源于“乡贤捐一点、上级拨一点、镇府出一点、村账挤一点、单位帮一点”。项目建成之后，各村集体经济可获得长期稳定的收入，年收入将轻松达10万元以上，有效破除了村级集体经济发展“瓶颈”。

乡村旅游开局良好。小胜镇积极树立“乡村旅游+”思维，探索文旅兴农新尝试，助力实现“以农带旅、以旅兴农”的乡村发展新阶段目标。2021年7月24日，通过“政府搭台，企业唱戏”的模式，梅县中旅组织230余人的旅游团走进小胜，体验农家拗包粟、磨豆腐，品尝当地特色土猪肉，观看山歌剧《初心》，打开小胜乡村旅游新局面。

特色油茶产业继续发展壮大。依托上级专项资金扶持、帮扶单位支持及股份合作等方式，对镇域的荒山、荒地、荒坡进行集中流转，发展特色油茶种植。大力扶持广东泰源农科有限公司扩大油茶生产规模的同时，变茶园为花园，变厂房为民宿，打造茶园观光旅游产业，带动小胜镇农业旅游产业发展。

招商环境更加优化。引进专业农电商公司，充分发挥电子商务在创新农户生产经营模式、提高特色产品销售、增加农民收入、优化资源配置中的积极作用，助推镇域经济发展方式转变；争取广东省青年企业家联合会的支持，鼓励民营企业积极投身“万企兴万村”行动，鼓励他们进村投资兴业，定向消费农产品，开展订单农业，实现“消费促生产、生产成产业”。

【文化发展】 主创主演山歌剧《初心》。实施“三好一正”工程，联合市山歌剧团共同创作，由镇村两级干部出演李坚真题材山歌剧《初心》，“学习强国”、《南方日报》《梅州日报》、梅州电视台等中央、省、市、县新闻媒体作了相关报道、反响热烈。同时，加大对李坚真原创山歌的培训、传唱、制作，活跃乡村农民文化。

成立小胜见珍教育基金会。为全面助推小胜教育的发展，打造教育强镇，培育优秀人才。小胜镇党委、政府克服多方困难，积极争取上级领导、相关单位、乡贤及各界热心人士支持，筹集教育基金约220万元，于2021年8月30日正式成立梅州市丰顺县小胜见珍教育基金会。

【美丽乡村建设】 圩镇提质扩容。大力进行人居环境整治提升，促进圩镇提质扩容；持续推动全镇域“六乱”整治和“五美”行动，加快圩镇及乡村主干道“黑色化”步伐；进一步健全完善生活垃圾上门收集、即时分类、全域保洁、日产日运的“收分保运”机制，像管理城市小区一样管理圩镇农村。

新农村建设成效明显。建设坚真长征碧道、南坑红色农场、坚真纪念广场以及小胜溪6座“拦河景观水坝”，结合水景、岸景、休闲绿道、荷花公园等项目建设，促进人水和谐、水景交融，致力打造“碧水、蓝天、绿岸、青山”的醉美小胜画卷；全力推进拆旧复垦，对清拆出来的边角地块进行篱笆围墙绿化美化，因地制宜打造小菜园、小果园、小花园、小公园，强化“四小园”建设，让村庄更加美丽。

成功重启坚真大道（珠胜公路圩镇段）工程建设。珠胜公路于2015年完成招投标工作，由于种种原因，仅完成部分路基工程，一直处于停工状态。多年来，小胜及周边乡镇群众，晴天在尘土中穿梭，雨天在“水、泥”中“溅”行。为有效解决历史问题，小胜镇党委、政府深度研判，采取乡贤捐、群众筹的方式，对珠胜公路小胜镇段1.86千米先行开工建设。

（杜金喜）

名　录

组织机构及负责人

中共丰顺县委员会

县委书记：曾永祥（任至8月）
　　　　　张志锋（8月任职）
县委副书记：廖茂忠（任至9月）
　　　　　　罗达祥（9月任职）
　　　　　　梁玉辉（9月任职）
县委常委：林　剑
　　　　　曹志辉（任至9月）
　　　　　凌晓文（任至9月）
　　　　　罗小平
　　　　　石远平
　　　　　张晓山
　　　　　廖月芝
　　　　　张学鹏（9月任职）
　　　　　钟凌玮（9月任职）
　　　　　徐晓东（9月任职）
　　　　　陈少洲（挂职）

丰顺县人大常委会

县人大常委会主任：邱翠茂
县人大常委会副主任：
　　　　　廖若旦（9月任职）
　　　　　刘超平
　　　　　陈诺文（任至11月）
　　　　　曾命城（任至11月）
　　　　　吴伟明
　　　　　林楚辉（任至11月）
　　　　　刘雪峰（任至5月）
　　　　　马扬闲（11月任职）
　　　　　张良生（11月任职）
　　　　　谢仕华（11月任职）

丰顺县人民政府

县　长：廖茂忠（任至9月）
　　　　罗达祥（11月任职）
副县长：梁玉辉（任至9月）
　　　　林　剑（9月任职）
　　　　罗裕权（任至9月）
　　　　罗小天
　　　　钟凌玮（任至9月）

李吉祥
曾小丽
张晓山（11月任职）
谢定雄（11月任职）
罗　灏（11月任职）

政协丰顺县委员会
县政协主席：黄建斐
县政协副主席：陈美琼
蔡运林
曾庆珠（任至11月）
陈新化
郭春山（任至11月）
陈春妮（任至9月）
彭水利（11月任职）
罗炳元（11月任职）
党组成员：郑春鹏（保留副处职）
傅伟芳　陈奕鹏
秘书长：陈奕鹏

中共丰顺县纪律检查委员会
县纪委书记：凌晓文（任至9月）
张学鹏（9月任职）
县纪委副书记：王　琳（任至9月）
王湘阳
朱传讯（10月任职）
常务委员会：邓春帆　李小宁　郑春铃
林培海

丰顺县监察委员会
县监委主任：凌晓文（任至9月）
张学鹏（11月任职）
县监委副主任：王　琳（任至12月）
王湘阳
朱传讯（12月任职）
监委委员：李小宁　郑春铃

中共丰顺县委办公室
主　任：石远平
常务副主任：傅丽文
副主任：李　威　李逊浩　徐增辉
县纪委监委派驻组组长：杨　润

丰顺县机关事务中心
主　任：罗剑峰
副主任：李蕊青　谢　旭　王桂珍

中共丰顺县委组织部
部　长：曹志辉（任至9月）
徐晓东（9月任职）
常务副部长：李显益
副部长：黄小舟　黎新辉　马文腊
朱耀辉（兼职）
部务委员：徐燕琳

中共丰顺县委宣传部
县委常委、宣传部部长：钟凌玮
常务副部长、县网信办主任：张加钦
副部长、县新闻出版局（版权局）局长：
吴宏伟（2021年11月退休）
副部长、县文明办主任：刘　烨

中共丰顺县直属机关工作委员会
书　记：吴鹏鸟
副书记：刘海燕　谢福祥

中共丰顺县委政策研究室
主　任：朱德平
副主任：吴焕鑫　朱　浩

丰顺县机构编制委员会办公室
主　任：黄瑞剑
副主任：黄祖景　郑雁鸿　黄正发

中共丰顺县委统一战线工作部
县委常委、部长：廖月芝
副部长、县民族宗教事务局局长：陈武炜
副部长、县工商联党组书记、常务副主席：陈洁华
副部长、县委台港澳办（台港澳事务局）主任（局长）：张世奖
党支部副书记、工会主席、一级主任科员：高兴泰

中共丰顺县委党校
校　长：曹志辉（任至8月）
　　　　徐晓东（8月起任）
常务副校长：吴建军
副校长：曾令权

丰顺县人大常委会办公室
主　任：徐柳明
副主任：丘奕芬　曾庆溢

丰顺县人大常委会选举联络人事任免工作室
主　任：蔡满文
副主任：黎绍庆

丰顺县人大常委会法制工作室
主　任：刘钦泰
副主任：郑伟平

丰顺县人大常委会监察和司法工作委员会
主　任：朱报锋
副主任：陈秋丽

丰顺县人大常委会财政经济工作委员会
主　任：吴裕强
副主任：邱淑民

丰顺县人大常委会预算工作委员会
主　任：吴剑锋
副主任：连细芝

丰顺县人大常委会城乡建设环境与资源保护工作委员会
主　任：郑建忠
副主任：叶细庄

丰顺县人大常委会农业农村工作委员会
主　任：徐文生
副主任：吴小铧

丰顺县人大常委会教育科学文化卫生和华侨宗教工作委员会
主　任：吴道远
副主任：徐玉茹

丰顺县人大常委会社会建设工作委员会
主　任：马建生
副主任：陈爱辉

丰顺县人民政府办公室
党组书记、主任：谢定雄
党组副书记：张壮生
副主任：陈新云　杜嘉雄　蔡汉祥
　　　　罗剑峰（4月份调出）
　　　　罗　坤（6月份调出）

丰顺县政务服务数据管理局
党组书记、局长：罗　铭
党组成员、副局长：王湘辉　邹　瑜
　　　　李思思

丰顺县应急管理局
局　长：罗长军
副局长：李志盟　陈照阳

政协丰顺县委员会机关

办公室主任：陈奕鹏
提案科科长：刘集贤
提案科副科长：杨　星
文史科科长：陈其旭
文史科副科长：蔡东霞
提案专委会主任：谢悦练
提案专委会副主任：张小芳
文化和文史资料专委会主任：朱焱桥
文化和文史资料专委会副主任：蔡丹红
经济专委会主任：谢录丰
经济专委会副主任：谢丽君
农村和农村专委会主任：张炽礼
农村和农村专委会副主任：曾学军
科教卫体专委会主任：杲粤平
科教卫体专委会副主任：王柳欣
社会法制和人口资源环境专委会主任：
　　徐海生
社会法制和人口资源环境专委会副主任：
　　陈声礼
港澳台侨外事专委会主任：陈红伟
港澳台侨外事专委会副主任：詹国双

丰顺县总工会

主　席：陈诺文
常务副主席：刘盛生
副主席：罗旭娜

共青团丰顺县委员会

书　记：王凌凌
副书记：徐德林　张超丽

丰顺县妇女联合会

主　席：罗丽娜
副主席：马惠兰　徐育琴
　　罗燕兰（挂职）
　　刘慧慧（兼职）
　　罗日红（兼职）

丰顺县归国华侨联合会

主　席：张镇有
副主席：罗洁营　罗乾凤

丰顺县工商业联合会

主席、总商会会长：徐代燎
党组书记、常务副主席兼县委统战部
　　副部长：陈洁华
党组成员、专职副主席：蔡伟彬

丰顺县文学艺术界联合会

主　席：彭汉如
副主席：何宝玉　简国敦

丰顺县残疾人联合会

党组书记：张环琪
副理事长：张暹春
理　事：赵永新

丰顺县关心下一代工作委员会

主　任：刘德姜
常务副主任：巫自华
副主任：马文腊　李献强　梁干辉
　　黄晓阳　江智强

丰顺县老区促进会

会　长：陈修忠
副会长：钟廷壁　黄光心（兼秘书长）
　　李少级　廖金发　陈富柱

丰顺县坚真老干部（老年）大学

校　长：卢广甜
副校长：蔡礼轩　曾献跃

丰顺县委政法委员会

县委常委、县委副书记、政法委书记：
　　梁玉辉
常务副书记：罗勇胜

专职副书记：吴洪段　易锦洲
专职委员：曾宇宁　刘向新　黄　程
　　　　　黄佳龙　黄梦瑶　何道明
　　　　　曾瑞华

丰顺县公安局

副县长、县公安局党委书记、局长：
　　　　罗小天
党委副书记、政委：刘辉林
四级高级警长：罗　欣
党委委员、副局长：李毅峰　彭展兴
副局长：魏耀阳　张　波
党委委员、驻县公安局纪检组组长：
　　魏泽权

丰顺县人民检察院

党组书记、检察长：李炎飞（3月任）
党组副书记、副检察长：戴志勇
党组成员、副检察长：黄丽玲　郑旭芳
党组成员、检委会专职委员：邹贵鹏
党组成员、政治部主任：李　欣

丰顺县人民法院

党组书记、院长：邹宇平
党组副书记、副院长：吴木生
党组成员、副院长：廖俊洪　郑志刚
党组成员：刘振环
党组成员、政治部主任：徐春瑶

丰顺县司法局

党组书记、局长：徐淑斌
党组成员、副局长：陈爱宁　刘及华
　　　　　　　　　张加席
党组成员、政工办主任：卢宝敏

丰顺县消防救援大队

大队长：李　官
教导员：古键成

丰顺县退役军人事务局

局　长：罗旭丰
副局长：谢贤亮
副局长：蔡国彪

丰顺县发展改革局

局　长：张良生
副局长：陈春晓　李小丽　曾德胜

市场监督管理局

党组书记、局长：徐显涛
副局长：郑春广　巫书平　徐国南
　　　　徐雪光　蔡征涛

丰顺县开发区

党工委书记、主任：杨愉兆
党工委副书记、副主任：叶永超
党工委委员、副主任：马扬敢
副主任：朱洲丹
　　　　刘哲军（海珠对口帮扶工作队挂职）

丰顺县审计局

局　长：徐名阁
副局长：刘兆陆　张晓明　曾文权

丰顺县统计局

党组书记：黄祖东
局　长：徐名暹
副局长：李东升　范伟东

丰顺县农业农村局

局长、党组书记：卢科峰
副局长、党组副书记：李书灵
副局长、党组成员：刘文勇
党组成员、派驻纪检组组长：卓　辉
副局长、一级主任科员：罗燕波
副局长、党组成员：王长青　刘宋大
副局长：杜卓贤　黄建华

丰顺县林业局
党组书记、局长：李华锐
党组成员、副局长：郑立文　刘　斐
黄荣奖

丰顺县水务局
局　长：徐江生
副局长：林庆丰　张炳坤　冯远欣
党组成员：徐　义　陈文明　谢定胜

丰顺县气象局
局　长：夏泽雄
副局长：张小石

丰顺县科工商务局
局　长：杨愉兆
副局长：彭洪胜　罗英顺　邱文丽

丰顺县国有资产投资有限公司
总经理：邱荣辉（县经济开发区抽调）

广东电网有限责任公司梅州丰顺供电局
党委书记：谢钦朋
总经理、党委副书记：刘少华
党委委员、副总经理：徐显蒲　陈　捷
罗华荣　余海卓

丰顺县招商和企业服务中心
党组书记、主任：张　哲
党组成员、副主任：罗绍松　曾命良
叶武明

丰顺县交通运输局
党组书记、局长：罗灿雄（9月退休）
党组副书记、副局长兼地方公路管理站站长：曾令冰
（9月起负责全面工作）
党组成员、副局长：吴武城　罗泽宏
党组成员、县纪委监委驻县交通运输局纪检监察组组长：谢金润

丰顺县公路事务中心
党委书记、主任：罗伟光
党委委员、副主任：罗　哲　黄济荣
曾祥宝

中国电信股份有限公司丰顺分公司
总经理：许　穗
副总经理：李　敏　胡德镇

丰顺邮政分公司
副总经理（主持工作）：张道雄
副总经理：徐振光　张东明　李爱平

中国移动通信集团广东有限公司丰顺分公司
总经理：张健东
副总经理：杨宇栋

中国联合网络通信有限公司丰顺县分公司
总经理：臧　鸿

丰顺县住房和城乡建设局
党组书记、局长：赖建军
党组副书记、副局长：刘辉忠
党组成员、副局长：许日山　刘荣华
杜戴标　徐　彬
副局长：吴宁金

丰顺县供排水服务中心
主　任：陈俊林
副主任：徐名仓　陈生活　张敬州

丰顺县自然资源局
党组书记、局长：徐奕禄
党组成员、副局长：徐显淳

党组成员、总规划师：陈海捷
党组成员：吴　强　徐俊丰

市生态环境局丰顺分局
局长：黄业宏
副局长：陈茂荣　刘尔堵　张顺良

丰顺县市政公用事业管理中心
党组书记、主任：丘世务
党组成员、副主任：张　斌　饶东升
彭豪杰

梅州市住房公积金管理中心丰顺县经办业务分理处
主要负责人：陈增平

丰顺县供销合作社联合社
党组书记、主任：张亮宏
党组成员、副主任：刘辉稻
副主任：邱嫦雯

丰顺县烟草专卖局
局长、经理：涂　勇
副局长：邹　煌
副经理：田君同
副经理：李龙乔

丰顺县财政局
临时负责人（党组成员、副局长）：杨家业
党组副书记、副局长、县国有资产监督管理局局长：王宁州
党组成员、副局长：罗鸿辉　张喜堂
党组成员、县纪委派驻县财政局纪检监察组组长：郑春铃
党组成员、行政政法股股长：罗建科

丰顺县税务局
党委书记、局长：陈喜望
党委委员、副局长：吴顺荣
党委委员、纪检组组长：蔡润泉
党委委员、副局长：罗伟剑　徐丽梅

中国人民银行丰顺县支行
党组书记、行长：曾国兴
党组成员、副行长：张成良

中国工商银行股份有限公司丰顺支行
行　长：罗　漩

中国银行股份有限公司梅州丰顺支行
行　长：李大戈
副行长：钟其良　陈锦润　陈　泉
邹伟宏

中国建设银行股份有限公司梅州丰顺支行
行　长：吴永斌
副行长：黄济坚　李伟峰

中国农业银行丰顺县支行
党委书记、行长：邱向洪
党委委员、副行长：李于路　姚志刚
朱　婷
党委委员、纪委书记：朱钦州

中国农业发展银行丰顺县支行
副行长：许海洋

广东丰顺农村商业银行股份有限公司
董事长：何镇新
行　长：周杰明
副行长：张云泉　罗苑华　许晓丰

中国人民财产保险股份有限公司丰顺支公司

经　理：林绍宝
副经理：吴才松

中国人寿保险股份有限公司丰顺县支公司

单位领导：李东桦

丰顺县教育局

县委教育工委书记、局党组书记、局长：张武珍
县委教育工委委员、局党组成员、县纪委县监委驻县教育局纪检监察组组长：张顺舟
副局长：陈秋远
县委教育工委委员、局党组成员、副局长：李万福
县委教育工委委员、局党组成员、办公室主任：黄少宏
县委教育工委委员、局党组成员、人事股股长：丁能松
县委教育工委委员、局党组成员、教师发展中心主任：冯习创

丰顺开放大学

校　长：张振华
副校长：曾小皇　张春灵

丰顺县教师发展中心

主　任：冯习创
副主任：吴锦荣　徐　伟　张小忠　彭劲松

丰顺中学

校　长：徐文丰
副校长：罗志烽　徐秋红　张万春

丰顺县华侨中学

校　长：陈名晓

丰顺县实验中学

校　长：吴丽璇

丰顺东海中学

校　长：廖茂镖

丰顺县第一中学

校　长：张裕煌

丰顺县球山中学

校　长：陈镇源

丰顺县龙山中学

校　长：罗金鹏

丰顺县龙泉中学

校　长：张小青

丰顺县职业技术学校

校　长：郑泽昌

丰顺县汤西中学

校　长：罗少哲

丰顺县汤坑中学

校　长：谢　锐

丰顺县黄金中学

校　长：彭恩铁

丰顺县科学技术协会

主　席：罗卫胜
副主席：黎伟东　陈俊辉

丰顺县文化广电旅游体育局
局　长：马扬闲
副局长：邱金水　陈加助　张国良
　　　　叶春晖　罗井泉

丰顺县史志办公室
主　任：卢胜文
副主任：简光瑞　曾杏美

丰顺县档案馆
馆　长：邱劲铭
副馆长：徐淑芬　吴汉疆　张春梅

丰顺县融媒体中心
台　长：李森权
副台长：朱明海　李　迅

丰顺县卫生健康局
党组书记、局长：林延钊
党组副书记、副局长：陈福凑
党组成员、县纪检委派驻纪检组组长：
　　　　陈宗典
党组成员、副局长：周健人　陈东生
县人民医院党委书记、院长：李铁锋
县中医院院长：刘　阳
县妇幼保健计划生育服务中心中心主任、
　　院长：陈　彬
县疾病预防控制中心（卫生检验中心）
　　主任：罗林涛
县慢性病防治院院长：刘辉欣

丰顺县人力资源社会保障局
党组书记、局长：朱耀辉
党组副书记、副局长：林超祥
党组成员、副局长：张卡铝
党组成员、社保局局长：李志坚
党组成员、副局长：王淑芬
就业中心主任：郑铁辉

丰顺县社会保险基金管理局
局　长：李志坚

丰顺县民政局
党组书记、局长：刘震辉
党组副书记、副局长：徐名纵
党组成员、副局长：何广海
党组成员、副局长：巫雪芬
党组成员：刘明华

丰顺县医疗保障局
党组书记、局长：彭要曾
党组成员、副局长：李牡丹
党组成员、副局长：刘　愈

丰顺县汤坑镇
党委书记：张幸辉
党委副书记、镇长：蔡礼堂
人大主席：徐比邻
副书记：钟　锐　张敏敏
　　　　徐瑜姗（挂职）
委　员：陈鹏峰　黄武雄　徐代俊
　　　　张展江　苏尧育
人大副主席：徐益泉
副镇长：杨　华　陈建华　罗　彪
　　　　钟寿禄　蔡洪彬　赖晓冬
镇综合执法队队长：陈志坤

丰顺县北斗镇
党委书记：刘旭良
镇　长：徐凤娇
人大主席：张　剑
党委副书记：徐定军　黄光常
　　　　　　杨　静（挂职）
委　员：黄汉京　谢俊健　丘春妹
　　　　冯丰足　李永东
人大副主席：黄剑森
副镇长：谭国深　徐舸流

综合行政执法队队长：黄俊锋

丰顺县汤西镇

党委书记：饶富将
镇　长：陈泰象
人大主席：郑汉山
副书记：陈泰象　陈　辉　罗惠雄
　　陈兴富
党委委员：陈静波　杨伟浩　徐位南
　　蔡燕华　李裕志
人大副主席：巫旭明
副镇长：陈静波　卢锦山　曾庆瑞
　　曾文铚　罗燕珊　吴春晓

丰顺县汤南镇

党委书记：罗炳元
党委副书记、镇长：徐小维
人大主席：徐华森
党委副书记：罗延泽　陈琳海
党委委员：罗春迈　彭捷源　刘俊添
　　叶韩杰　徐　妍
人大副主席：丁海容
副镇长：江奕帆　吕宇海　张斯熙
　　罗贤伟　罗伟师

丰顺县埔寨镇

党委书记、党校校长：罗文畅
党委副书记、镇长：陈明言
人大主席：陈雄辉
党委副书记：张锡林　庞文聪
党委委员、副镇长：罗文海
党委委员：叶碧玉　曾宗朋　张　富
　　黄森文
人大副主席：张惠君
副镇长：吴洪贤　张俊柳　朱志中
　　罗旭武　张小承

丰顺县埔寨农场

党委书记、场长：胡金辉
党委副书记：陈　莲
党委委员、副场长：陈华良

丰顺县八乡山镇

党委书记：陈志国
党委副书记、镇长：朱素明
人大主席：吴金谋
党委副书记：邱海艇　张锡钦　陈子明
党委委员：马扬谷　陈振添　文意明
　　陈彩苹　张秋霞
人大副主席：吴剑东
副镇长：马扬谷　吴炳辉　徐纬龙
　　陈定浩　罗立平
综合行政执法队队长：张锦城

丰顺县丰良镇

党委书记：彭水利
镇　长：朱杭洲
人大主席：黎仁凯
党委副书记：朱杭洲　蓝日蕉　杨晓霞
党委委员：王则杉　刘伟光　陈振坤
　　徐显泓　陈镇方
副镇长：郑素玲　彭国森　罗宇君
　　刘文滔、彭献锋、黎家宝
人大副主席：彭喜辍

丰顺县建桥镇

党委书记：谢仕华
党委副书记、镇长：饶富胜
人大主席：张透影
党委副书记：刘仪商、王希广
党委委员：吴程林　赖惠超　汤伟明
　　刘文山　杨森茂
副镇长：吴程林　王路之　陈伟兴
　　郑文燕　罗琼文
人大副主席：吴　辉

丰顺县龙岗镇
党委书记：巫银海
镇　长：吴育钦
人大主席：彭兆祥
副书记：吴敏林　陈培进
　　杨　润（挂职）
党委委员：饶德州　张新乐　李天德
　　张汉林
人大副主席：谢冬宜
副镇长：饶德州　温舒振　吴桃林

丰顺县潘田镇
党委书记：杨　昆
党委副书记、镇长：王名深
人大主席：陈献威
党委副书记：王金校、郑武玲
党委委员：彭艳奎　刘锦轩　林洁凤
　　高万辉
纪委书记：陈思培
人大副主席：张敬华
副镇长：彭艳奎　刘锐锋　胡伟国
　　王永强　余　文

丰顺县大龙华镇
党委书记：杜京杰
党委副书记、镇长：刘　坚
人大主席：陈亮青
党委副书记：陈雄伟　彭中兴
　　胡家连（挂职）
党委委员：邓　敏　彭世钒　杨锦花
　　吴　杉　阙境晖
人大副主席：朱加灶
副镇长：邓　敏　简志留　朱旭浩
　　谢伟雷　林瑞德
综合行政执法队队长：陈君林

丰顺县黄金镇
党委书记：彭晓东
镇　长：刘远辉
人大主席：彭淡水
副书记：刘远辉　饶增森　林伟根
　　吴建发（挂职）
党委委员：刘辉远　林晓冰　刘　遥
　　陈志铠　文及明
人大副主席：刘锦琪
副镇长：陈政煌　巫志华　吴鹏义
　　邱焕新

丰顺县隍隍镇
党委书记：张晓山
党委副书记、镇长：许能洪
人大主席：刘锡奇
党委副书记：刘亿钦
党委副书记：邹学平
党委副书记（驻镇帮镇扶村工作队
　　队长）：胡增辉
党委委员、副镇长：刘武庆
党委委员：蔡建兵　周爱瑜
　　郑木水（武装部部长）
　　罗红文（纪委书记）
人大副主席：吴伶俐
副镇长：张海军　谭英立　陈龙金
　　郭亿源　吴海辉　曾泽劲
综合行政执法（办）主任（队）队长：
　　洪少跃

丰顺县潭江镇
党委书记：卢科峰
镇　长：罗　坤
人大主席：张建兵
党委副书记：罗　坤　郑培钦
　　黄纯峰　李云波（挂职）
委　员：廖铭东　杨琴英　张巴金
　　李煜龙
人大副主席：邓礼文
副镇长：廖宪平　范政委　吴　栋

张前进　曹　柳

综合行政执法大队大队长：黄　华

丰顺县砂田镇

党委书记：邱茹莉

镇　长：陈堡生

人大主席：林庆超

党委副书记：陈堡生　廖海堤

刘　宇　李兆洵（挂职）

党委委员：范文建　宋慧丹　张铭军

朱旭龙　秦　聪

人大副主席：简光远

副镇长：秦　聪　杨雪凌　李金鹏

丰顺县小胜镇

党委书记：黄洪伟

镇　长：彭剑峰

副书记：彭剑峰　邹耀山　钟伟强

人大主席：吴洪波

党委委员：陈文斌　李燕妮　李长江

刘瑞洲　张　炜

人大副主席：李伟平

副镇长：张　晴　李远航

2021年度获国家、省、市级表彰的先进单位和先进个人名录

2021年度丰顺县获国家级先进单位一览表

表3

单位名称	授予时间	授予单位（会议）	荣誉称号
丰顺县文化广电旅游体育局	2021年9月	国家体育总局	2017—2020年度 全国群众体育先进单位
丰顺县工商业联合会	2021年12月	中华全国工商业联合会	2020—2021年度 全国“五好”县级工商联
丰顺高山红薯	2021年12月	农业农村部	2021年第三批 全国名特优新农产品
北斗镇拾荷村	2021年12月	司法部、民政部	“全国民主法治示范村” 复核通过
汤西镇南礤村	2021年12月	司法部、民政部	“全国民主法治示范村” 复核通过

2021年度丰顺县国家级先进个人一览表

表4

姓　名	授予时间	授予单位（会议）	荣誉称号	单位职务
赵永新	2021年7月	国务院残疾人工作委员会	全国残疾人工作 先进个人	县残联党组 成员、理事
何　琳	2021年10月	司法部	全国司法所模范个人	丰良司法所所长
江智强	2021年11月	《中国火炬》杂志社	优秀通讯员	县关工委副主任 兼办公室主任
徐淑斌	2021年12月	中央宣传部、司法部、 全国普法办	2016—2020年 全国普法工作先进个人	县司法局 党组书记、局长

2021年度丰顺县省级先进单位一览表

表5

单位名称	授予时间	授予单位（会议）	荣誉称号
梅州市生态环境局丰顺分局	2021年2月	广东省第二次全国污染源普查领导小组办公室	广东省第二次全国污染源普查表现突出集体
广东丰顺农村商业银行股份有限公司	2021年6月	广东省扶贫开发领导小组	广东扶贫济困红棉杯铜杯奖
丰顺县骏达电子有限公司	2021年6月	广东省普法办公室、省司法厅、省工业和信息化厅、省人民政府国有资产监督管理委员会、省工商业联合会、省总工会	广东省“法治文化建设示范企业”
广东穗丰食品有限公司	2021年6月	广东省普法办公室、省司法厅、省工业和信息化厅、省人民政府国有资产监督管理委员会、省工商业联合会、省总工会	广东省“法治文化建设示范企业”
丰顺县八乡山镇滩良村：东江第一次工农兵代表大会遗址	2021年6月	广东省文化和旅游厅	广东省首批革命文物名录
丰顺县八乡山镇滩良村：东江第一次工农兵代表大会旧址	2021年6月	《南方》杂志	广东100处重要红色革命遗址
丰顺县人民医院	2021年8月	广东省卫生健康委员会、广东省中医药局	荣获第六届“广东医生”微电影大赛优秀奖
梅州市丰顺县八乡山镇	2021年8月	广东省农业农村厅	第三批省级“一村一品、一镇一业”专业镇
八乡山镇银河村	2021年8月	广东省农业农村厅	第二批省级“一村一品、一镇一业”专业村
八乡山镇马山村	2021年8月	广东省农业农村厅	第二批省级“一村一品、一镇一业”专业村
八乡山镇高基村	2021年8月	广东省农业农村厅	第二批省级“一村一品、一镇一业”专业村
八乡山镇滩良村	2021年8月	广东省林业局	广东省森林乡村
八乡山镇和乐村	2021年8月	广东省林业局	广东省森林乡村

续表5

单位名称	授予时间	授予单位（会议）	荣誉称号
丰顺县汤西镇大罗村	2021年9月	广东省农业农村厅	广东省“一村一品、一镇一业”专业村
丰顺县统计局	2021年10月	广东省第七次全国人口普查领导小组	先进集体
龙山中学 丰良中学 砂田学校 汤坑镇第二中学 华侨中学 黄金中学 潘田中学 汤坑镇第二中心小学 汤坑镇第一中心小学 丰良中心小学	2021年10月	广东省教育厅	广东省绿色学校
县科协	2021年12月	省科协	2021年广东省全国科普日优秀组织单位
丰顺县供销	2021年12月	广东省供销合作联社	改革发展奖

2021年度丰顺县省级先进个人一览表

表6

姓　名	授予时间	授予单位（会议）	荣誉称号	单位职务
徐略军	2021年1月	广东省高院、省人社厅	全省法院先进个人	丰顺法院综合办主任
黄业宏	2021年1月	广东省生态环境厅	重点国考断面水质达标攻坚工作表现突出个人	梅州市生态环境局丰顺分局局长
黄业宏	2021年2月	广东省第二次全国污染源普查领导小组办公室	广东省第二次全国污染源普查表现突出个人	梅州市生态环境局丰顺分局局长
陈茂荣	2021年2月	广东省第二次全国污染源普查领导小组办公室	广东省第二次全国污染源普查表现突出个人	梅州市生态环境局丰顺分局副局长
刘晓森	2021年2月	广东省第二次全国污染源普查领导小组办公室	广东省第二次全国污染源普查表现突出个人	梅州市生态环境局丰顺分局总量控制和环保考核办公室主要负责人
曾志超	2021年4月	广东省教育厅	广东省网安守护者	汤坑镇第二中心小学副校长

续表6

姓　名	授予时间	授予单位（会议）	荣誉称号	单位职务
张志华	2021年6月	中共广东省委农村工作领导小组	2019—2020年脱贫攻坚工作表现突出表扬	县委组织部办公室副主任
简今胜	2021年6月	中共广东省委农村工作领导小组	2019—2020年脱贫攻坚工作表现突出个人	丰顺县人民检察院政治部副主任
陈志达	2021年6月	中共广东省委农村工作领导小组	2019—2020年脱贫攻坚突出贡献个人	县委政法委综合调研室主任、四级主任科员
冯　旋	2021年6月	中共广东省委农村工作领导小组	在2019—2020年脱贫攻坚工作中表现突出	埔寨镇农业农村办公室主任
吴斯斯	2021年6月	共青团广东省委员会、广东省教育厅、少先队广东省工作委员会	2020—2021年度“广东省优秀少先队辅导员”称号	教师
杨梓轩	2021年6月	共青团广东省委员会、广东省教育厅、少先队广东省工作委员会	广东省优秀少先队员	学生
李雪锋	2021年7月	广东省精神文明建设委员会	广东好人	人民医院心血管内科主任
陈瑜玉	2021年8月	广东省人民政府	特级教师	汤坑镇第二中心小学教导主任
马满芳	2021年9月	中共广东省委教育工作委员会、广东省教育厅、广东省人力资源和社会保障厅、广东省总工会	南粤优秀教师	教师
蔡奕彬	2021年9月	中共广东省委教育工作委员会、广东省教育厅、广东省人力资源和社会保障厅、广东省总工会	南粤优秀教师	汤坑镇第一中心小学副校长
冯连花	2021年9月	中共广东省委教育工作委员会、广东省教育厅、广东省人力资源和社会保障厅、广东省总工会	南粤优秀教师	颍川中学党支部组织委员、团总支书记
许树跃	2021年10月	广东省第七次全国人口普查领导小组	先进个人	丰顺县统计局城镇住户调查队职员

续表6

姓　名	授予时间	授予单位（会议）	荣誉称号	单位职务
张昌森	2021年10月	广东省第七次全国人口普查领导小组	广东省第七次全国人口普查先进个人	农业农村服务中心副主任
吴洪贤	2021年10月	广东省第七次全国人口普查领导小组	广东省七次全国人口普查先进个人	埔寨镇副镇长
赖崇胜	2021年11月	广东省交通运输厅	广东省交通运输系统第一届“十大最美公路人”	丰顺县交通运输局地方公路管理站径门道班班长
冯润培	2021年12月	广东省退役军人事务厅	广东省退役军人服务中心（站）优秀主任（站长）	镇退役军人服务站站长
马文腊	2021年12月	中共广东省委组织部、中共广东省委老干部局、广东省人力资源和社会保障厅	全省先进老干部工作者	县委组织部副部长 县委老干部局局长
王石坚	2021年12月	广东省军区	人武部建设优秀个人	县武装部军事科科长

2021年度丰顺县市级先进单位一览表

表7

单位名称	授予时间	授予单位（会议）	荣誉称号
中共丰顺县委办公室总支部委员会	2021年6月	中共梅州市委	梅州市先进基层党组织
丰顺县司法局党总支部	2021年6月	中共梅州市委	梅州市先进基层党组织
中共丰顺县大龙华镇委员会	2021年6月	中共梅州市委	梅州市先进基层党组织
中共丰顺县汤坑镇第一中心小学总支部委员会	2021年6月	中共梅州市委	梅州市先进基层党组织
丰顺县融媒体中心	2021年11月	梅州市政府	梅州市2021年度热心消防公益事业先进集体

2021年度丰顺县市级先进个人一览表

表8

姓　名	授予时间	授予单位（会议）	荣誉称号	单位职务
游常庆	2021年4月	中共梅州市委、梅州市人民政府	2016—2020年梅州市全面推行河长制湖长制工作先进个人	丰顺县人民检察院第四检察部主任
邹耀山	2021年6月	中共梅州市委	梅州市优秀党务工作者	时任潭江镇党委副书记、三级主任科员
邱劲铭	2021年6月	中共梅州市委	梅州市优秀共产党员	县档案馆馆长
刘　烨	2021年6月	中共梅州市委	优秀共产党员	县委宣传部副部长县文明办主任
刘海捷	2021年6月	中共梅州市委	梅州市优秀党务工作者	人民医院办公室主任
徐文丰	2021年6月	中共梅州市委	梅州市优秀党务工作者	丰顺中学校长、党总支书记
吴柳林	2021年7月	中共梅州市委	优秀共产党员	政府办三级主任科员

主题索引

索引说明

一、本索引采用主题分析方法，款目按汉语拼音字母(同音字按声调)顺序排列。

二、文中的类目题、分目题用黑体排版，其余用宋体排版。表格在其款目后注明“表”。

三、索引款目后的数字表示内容所在的页码，数字后面的拉丁字母(a、b)表示栏别(即版面的左右栏)。

四、同一主题的内容在文中多次出现的，在其款目后用不同的页码标明。

五、本索引对《特辑》《社会和民生热点话题》《大事记》《名录》等篇不做内容主题分析。

A

B

C

D

E

F

G

K

L

M

N

P

Q

R

S

T

W

X

Y

Z